리링의
주역 강의

死生有命 富貴在天—《周易》的自然哲學

리링 저작선 06

리링의
주역 강의

죽고 사는 건 운명이며
부귀는 하늘에 달렸다

死生有命 富貴在天

리링李零 지음 | 차영익 옮김

글항아리

차례

제사題辭 :

사람에겐 두 가지 명이 있으니, 하나는 부모가 준 것이고 또 하나는 하늘이 준 것이라.
전자는 생명의 명이요, 후자는 운명의 명일세.
세상사 무상하여 옛사람들 천명이라 불렀네.
천명을 알고자 하면 곧 점복이 있네.

중국에서 종교가 서는 과정을 보면
교校는 묘廟로 바꾸고(학교를 문묘로 고치는 것) 의醫는 교敎로 바꾸니(병원을 교당으로 고치는 것)
지식인들 앞장서서 떠들어대니 인민 군중 또한 즐겁지 않은가?
점치는 일, 진찰, 누구도 막을 수 없네.

월드컵은 관중석에서 보면 완전히 미신이니,
펠레의 예언은 결국 빗나가고 말았네.
『주역』이 영험한지 묻는다면
문어 파울에게 물어보는 것이 가장 좋으리.

자서自序 :

포커 게임으로 말하다

'우리의 경전' 시리즈의 마지막 책이다. 앞의 책이 나온 후로 이미 1년이 지났다.

지난해 내내 나는 선생님의 책 『장정랑논역총고張政烺論易叢稿』[1]를 편집했다. 그 책을 묶어내고서야 내 책을 쓸 수 있었다.

2005년, 선생님이 세상을 떠난 뒤 사모님이 큰 종이상자 하나를 내게 주셨다. 그 속에는 선생님이 생전에 사탄훙러우沙灘紅樓[2]에서 정리하던 마왕두이馬王堆 백서帛書 『주역』 경전經傳의 유고가 들어 있었는데, 내게 그것을 정리해달라고 당부했다.

2005년 하반기부터 2006년 상반기까지 나는 학생들을 데리고 이 유고를 정리하느라 오롯이 두 학기를 보냈다. 나는 유고 정리를 아예 수업과목으로 정해 선생님의 수고手稿를 읽으면서 학생들과 토론을 진행했다. 베이징대에서 『주역』을 강의한 것은 이때가 처음이었는데, 학생들에게 수업한 것이 아니라 나 스스로에게 수업을 진행한 셈이었다. 선생님의 책을 읽노

---

1 장정랑 『장정랑논역총고』, 리링 등 정리, 중화서국, 2011.
2 사탄훙러우는 옛 베이징대학의 건물로 중국 신문화운동의 요람이다. 지금은 베이징신문화운동기념관北京新文化運動紀念館이 되었다.—옮긴이

라면 선생님이 곁에 있는 것만 같았다.

　2008년 4월에 중화서국에서 대형본 마왕두이백서 『주역』 경전을 출판했다. 이 책은 선생님의 수고를 영인한 것이며, 활자본은 『장정랑논역총고』에 포함되었다. 뒤의 책은 일찍 원고를 건네고 중화서국이 활발하게 처리해 석옥石玉 선생을 보내 편집하게 했는데, 이는 주로 작년에 일어났던 일이다. 원고는 대략 갖추어졌지만 원고의 통합과 교정, 도판 배치 등 많은 일을 주위 사람들에게 수고를 끼칠 수 없어 내가 직접 하는 수밖에 없었다.

　작년에 사모님이 병원에 입원했는데, 의사가 병이 위중해 퇴원하기 힘들 것이라고 했다. 이후 나는 줄곧 이 책 작업에 매달려 사모님이 마지막에 한 번이라도 볼 수 있기를 바랐다.

　11월 10일에 중화서국에서 표지 그림을 보내주어 나는 곧장 병원으로 가서 노트북으로 사모님에게 보여드렸는데, 사모님은 말은 할 수 없었지만 눈을 크게 뜨고 계셨다.

　12월 15일에 책이 나오자 나는 급히 차를 몰아 곧장 병원으로 갔지만 내가 도착했을 때는 이미 늦은 뒤였다. 사모님은 두 눈을 감고 혼미한 상태였고, 소리 없는 어둠이 나와 사모님 사이를 가로막고 있었다.

　12월 22일에 사모님이 돌아가셨다.

　올해 4월 1일 사모님을 선생님 묘 옆에 합장했을 때, 나는 책을 묘소에 가져갔다. 이 책을 두 분께 바치는 것 외에 다른 도리가 없었다. 책 앞에 있는 독후감은 선생님에 대한 나의 그리움을 담고 있다.

　선생님은 평소 포커 게임에 빗대어 점복占卜에 대해 말하곤 했다. 예를 들면, 이런 얘기였다.

　　복서卜筮는 인류가 객관규율을 장악할 힘이 없는 상황에서 어떤 부호
의 변화에 도움을 받아 신명의 의향을 엿보기를 바라는 행위다. 이런
부호를 어떻게 얻고 어떻게 식별하는가에 관해 말하자면, 복서인卜筮人
이 사용하는 각종 방법은 모두 인위적으로 만든 규정이며 객관규율이
나 논리적 필연성은 없다. 수많은 놀이와 마찬가지로 모두 추측만 할
뿐이며, 각지에서 수많은 육박六博[3] 기구를 발굴해내긴 하지만 그 놀이
방법을 복원할 수는 없다. 장기나 포커 게임의 경우, 전수해주지 않으
면 누구도 본래의 규칙을 추측해낼 수 없다.[4]

　　이 글에서 선생님의 가르침을 받아 나는 여러 사람과 함께 한담을 나누
며 포커를 치게 되었고, 아울러 이 화제로부터 점복의 원리와 심리에 대해
이야기하면서 『주역』을 이해하는 데 도움을 받았을지도 모른다.
　　『주역』은 트럼프 놀이의 포커와 같다. 『주역』의 64괘는 64장의 카드와
같다. 지금의 포커 카드는 네 종류로 나뉘는데, 스페이드, 다이아몬드, 클
로버, 하트가 그것이다. 각 종류는 13장의 카드로 구성되는데, A부터 10까
지(A는 곧 에이스로 1을 대신한다)가 1~10이며, 다른 세 장의 카드 중
J(Jack, 기사)는 11을, Q(Queen, 왕비)는 12를, K(King, 왕)는 13을 각각 대
신한다. 네 종류의 카드를 더하면 52장이며, 여기에 대·소왕(Joker, 광대)
을 더해 모두 54장이다.

3_ 고대 중국 놀이의 일종으로 여섯 가락의 주사위를 던져 승부를 겨룬다.―옮긴이
4_ 『장정랑논역총고』, 15쪽.

이 54장의 카드는 변화가 무궁하여 놀이 방법을 생각하면 할수록 그만큼의 방법이 생긴다. 카드는 놀이에 쓰일 뿐 아니라 별자리와 역법에도 쓰이며, 점복과 도박, 마술에도 활용할 수 있다.

포커가 점복에 사용되는 것은 전적으로 그것의 상징 의의에 의존한다. 각각의 카드는 모두 일종의 부호다. 대왕과 소왕은 해와 달을 나타내고, 네 종류의 무늬와 색깔은 봄·여름·가을·겨울(각 13주週)을 나타내며, 52장의 카드는 1년 52주를 나타내는데 점수를 서로 더하면 365(네 종류가 각각 91점, 대·소왕은 각각 0.5점으로 계산)가 되어 1년의 일수에 부합한다.

포커는 13~14세기에 시작된 타로tarot에서 기원한다. 어떤 사람은 중국의 엽자희葉子戱가 더 이른 기원이라고도 한다.5 타로는 메이저 아르카나 Major Arcana와 마이너 아르카나Minor Arcana로 나뉜다. 메이저 아르카나는 22장으로 대운大運을 점치는 데 사용되고, 마이너 아르카나는 56장으로 소운小運을 점치는 데 사용된다.

마이너 아르카나는 네 종류의 무늬와 색깔로 나뉘는데, 막대기Wands, 술잔Cups, 검Swords, 별Pentacles이 그것이다. 각 종류는 14장으로 이루어져 두 부분으로 나뉘는데, 한 부분은 1부터 10까지의 숫자 카드이고, 다른 한 부분은 왕King·왕비Queen·기사Knight·시종Page의 궁정 카드다. 이 카드가 바로 포커 카드의 전신이다. 포커와 타로는 매우 비슷한데, 차이점은 대·소왕이 없는 것과 시종이 많다는 것이다.

타로는 무엇이든 다 포함하는 부호 체계이기도 해서 포커와 마찬가지

5_ 타로의 기원에 관해서는 이집트설, 로마설, 히브리설, 페르시아설, 인도설, 중국설 등이 있다. 두야취안杜亞泉은 서양의 카드가 중국 명나라 천계天啓(1621~1627) 연간에 유행한 마조패馬弔牌와 유사하다고 보았다. 두야취안의 『박사博史』(『두야취안저작양종杜亞泉著作兩種』, 롄젠예田建業 교편, 신성출판사, 2007, 175~233쪽) 참고.

로 별자리星座, 역법曆法, 숫자, 방위색과 짝지어 천하 만물을 대신할 수 있다.6

『주역』이 점복에 쓰이는 것은 포커와 매우 비슷한데, 특히 한나라 때의 상수역象數易은 더욱 그러하다. 포커를 완전히 본떠『주역』을 64장의 포커 카드로 볼 수도 있다.

카드 보드게임은 놀이에 쓸 수 있고, 도박에도 쓸 수 있다. 점복과 도박은 기원이 같다. 도박은 인류의 가장 오래된 놀이다.7 도박이 운에 의존하는 것은 현대나 고대나 마찬가지다. 스포츠 도박, 경마, 주식, 복권, 심지어 전쟁에서 선봉대의 선발에 이르기까지 이치는 동일하다. 지금의 세상은 하나의 커다란 도박장이다. 뛰어난 전통문화라고 부르기엔, 도박을 좋아하는 것은 중국 사람의 3대 악습 중의 하나다.

인류에게 가장 큰 유희는 무엇일까? 상업과 전쟁이다. 공자는 "자공子貢은 분수에 만족하지 않고 물건을 사 모았다 팔았는데, 이익을 추측하면 매번 맞아 떨어졌다"(『논어』「선진先進」)고 했다. 카를 폰 클라우제비츠Carl von Clausewitz는 "전쟁은 인류의 활동 중에서 도박과 가장 비슷하다"8고 했다. 전쟁은 속임수를 싫어하지 않으며, 장사는 더더구나 속임수를 싫어하지 않는다. "이익은 최대화로 가는 경향이 있으며", 큰 속임수는 작은 속임수를 대동한다.

요즘 말로 돈의 별명은 왕바단王八蛋(개자식)이다. 『국부론』과 『자본론』은

6_ 원펑雲峰, 『라이더웨이트타로韋特塔羅』, 산시사범대학출판사, 2006, 122~123쪽 타로 부호 대조표 참고.

7_ 리링, 『중국방술속고中國方術續考』, 중화서국, 2006, 15~20쪽 참조. 도도賭는 도색賭塞, 박博은 육박六博으로, 박博과 색塞은 중국 고대에 유행한 두 종류의 장기 놀이다.

8_ 카를 폰 클라우제비츠, 『전쟁론』 제1책, 상무인서관, 1978, 41쪽.

현대의 『화식열전貨殖列傳』으로, 모두 왕바단에 대한 연구다.9 "왕바단이 돈을 벌게 해서는 안 된다"라며, 모두가 돈을 욕하면서도 모두가 왕바단이 되고 싶어한다. 또 이왕이면 큰 왕바단이 되려 한다.

점복의 원리는 무엇일까? 바로 투기投機다. 투投는 돈을 거는 것이고, 기機는 확률이다. 돈을 걸 때 아무것도 보이지 않고 들리지 않는 가운데 신의 도움이 있다면 무작위성을 가장 잘 체현할 수 있다.

'투자投資'의 광둥어 발음은 북방 사람들에게 '투기投機'와 비슷하게 들린다. 많은 투자가는 사실 투기꾼投機家이다. 공자는 "70세가 되어서야 자신의 뜻을 기술했다".(『논어』 「위정爲政」) 생각지도 못했는데 사기꾼도 '뜻을 세운다立志'. 얼마 전 텔레비전 보도를 보니, 젊은 사람들이 줄줄이 수갑을 차고 감옥에 들어갔는데 전부 금융사기범이었다. 그들은 30세에 기업가가 되어야 하고, 40세에는 투자가, 50세에는 교육가, 60세에는 사상가, 70세에는 어르신이 되어야 한다고 말한다. 그들이 말하는 '투자가'는 바로 '투기꾼'이다.

길거리에 포커 판을 벌여놓고 행인들에게 돈을 걸게 하는 사람들이 있다. 남의 돈을 사취하는 이런 사람들은 붙잡혀간다. 모두가 생각지도 못하는 것은 세계 금융업의 우두머리이자 월가의 큰손인 그들도 명백히 사기꾼이며 기실 최대의 사기꾼이라는 점이다. 선진국인 미국이 앞서가는 것은 이제 도박과 폭탄(핵폭탄과 미사일, 각종 스마트 폭탄) 정도다. 금융폭풍과 전쟁폭풍은 돌아가며 우리 세상은 여전히 매우 오래되었다는 것을 가르쳐주고

9 _ 애덤 스미스, 『국민재부의 성질과 원인의 연구』, 궈다리郭大力, 왕야난王亞南 역, 상무인서관, 1972 ; 마르크스, 『자본론』, 중공중앙마르크스·엥겔스·레닌·스탈린저작편역국, 런민출판사, 1975. 전자의 처음 제목은 『원부原富』 『국부론』으로 시장만능론의 경전이고, 후자는 자본주의를 비판한 경전이다.

있다.

점복 중에서도 가장 간단한 점복은 이기는 확률과 지는 확률이 각각 절반인 것을 맞추는 일이다. 예를 들어 축구 경기를 시작하기 전에 심판이 동전을 위로 던지는데, 이때 던지는 것이 바로 '투投'이며, 동전이 땅에 떨어져 앞면 아니면 뒷면이 나오는 것이 바로 '기機'(확률은 각각 50퍼센트)다.[10] 너무 간단하다고 생각하지 말자. 아무리 복잡한 점복도 이런 방식이다.

정正과 반反, 앞면과 뒷면은 점복의 변증법이다. 『주역』의 음양陰陽이 바로 이런 변증법이다. 『주역』의 팔괘는 음양 두 효爻로 구성되어 있다. 음양은 모든 변화의 기초다. 음양은 원수를 좋아한다. "64괘는 둘씩 짝이 되고 뒤집어지지 않으면 변해"(공영달孔穎達의 말) 32개의 쌍으로 나뉘는 것이 마치 사람의 윗니와 아랫니(이론상으로 16쌍의 이빨)가 일대일로 서로 대응하는 것과 같다. 이것은 정태靜態의 음양이다. 톱니바퀴는 이와 다르지만, 역시 이빨이 있어서 서로 맞물려 돌아간다. 고급 점복도 반드시 돌아가야 한다. 음양이 오행을 더해서 끝없이 순환하듯이 오행이 상생하고, 오행이 상극하는 것은 바로 오행이 돌아가도록 하기 위함이다.

고급 점복은 어떻게 하는 것일까? 변수가 많아지고 절차가 늘어나 복잡성을 띨 뿐이다. 동전 던지기에 비해 더욱 복잡한 것이 주사위骰子(투骰의 중국어 발음은 '터우') 던지기다. 주사위는 고서에서 '투자投子'[11]라고도 칭했고, 지금은 대부분 '사이쯔色子'라고 한다. 주사위에는 6개의 면이나 더 많은 면(진시황릉에서 출토된 주사위는 14개의 면이 있다)이 있고, 각 면에는 숫

10_ 중국의 배교杯珓는 두 개의 조개껍데기(또는 대막대기)를 땅에 던져 나타난 앞뒷면을 살펴 길흉을 정하던 것으로, 바로 이런 점복에 해당한다.

11_ 投子와 骰子는 중국어에서 모두 '터우쯔로 발음한다. ―옮긴이

자가 있다. 면이 많을수록 구형에 가까우며 굴릴 수도 있고 멈출 수도 있다. 면을 늘리고 숫자를 늘리는 것은 변수를 늘리기 위해서다. 전 세계의 주사위 모양은 거의 비슷하다.

주사위 던지기보다 더 복잡한 것은 제비뽑기抽籤다. 제비뽑기의 제비는 좋은 제비와 나쁜 제비로 나뉘고, 상상上上에서 하하下下까지 아주 많은 종류로 세분할 수 있다. 제비마다 적힌 시詩는 길흉화복의 비율이 일정하지 않고 마음대로 뽑게 하는데, 이것도 확률을 분배해서 문장을 짓는 것이다.

더 고급의 것으로는 식반式盤12이 있는데, 천지의 운행과 역법曆法의 추이를 모방해 전轉도 있고 산算도 있다. 컴퓨터 점은 연산이 더욱 복잡하지만 기본 원리는 변하지 않아서 모두 무작위성을 모방한다.

미국 차이나타운의 중국 식당에서는 밥을 다 먹고 나면 포춘쿠키를 주는 게 관례인데, 이 과자는 바삭하게 구운 일종의 작은 만두다. 이 '행운의 과자'를 쪼개면 안에 작은 종이 조각이 들어 있는데, 거기에는 대부분 좋은 말(또는 좋지도 나쁘지도 않고 어떻게 해석해도 신령스러운 말)이 적혀 있다. 좋은 말이어야 손님을 끌 수 있기 때문이다. 도박장은 이와 달리 승률이 너무 높으면 돈을 벌 수 없고, 승률이 너무 낮으면 오는 사람이 없기 때문에 기준을 잘 파악해야 한다.

복권은 하늘에서 떨어진 돌이 머리에 맞을 확률과 비슷할 만큼 당첨률이 매우 낮지만, 당첨금이 많고 기회가 공평해서 흡인력이 매우 크다. 모두 자발적으로 지갑을 열어 즐거움을 사면 되는데, 즐겁지 않으면 그만두면

12_ 고대에 역수와 점복을 계산하는 데 쓰인 도구. 천반天盤과 지반地盤으로 나뉘었다. 천반은 원형이고 지반은 정방형이다. 위에는 북두北斗와 28수宿의 성상星象 및 방위가 그려져 있고, 182개의 원점을 새겨놓아 주천도수 365와 1/4도를 대표한다.—옮긴이

그뿐이고 즐거우면 그게 로또다.

『주역』은 "네 가지 뽑는 과정을 거쳐 괘를 얻으며, 열여덟 번의 변수가 한 괘를 이루니"(「계사 상繫辭上」) 8괘가 서로 중첩해 64괘, 384효, 1만 1520책策을 얻을 수 있다. 이것도 변수가 많아지고 절차가 늘어나 복잡성을 띤다. 『주역』의 괘효사는 길흉을 적은 제비와 같다.

확률은 돈을 잃는 경우도 있고 따는 경우도 있으며, 이기는 경우도 있고 지는 경우도 있다. 이기고 지는 것은 일상적인 일이다. 장사도 마찬가지로 손해를 봤다가 벌기도 하고, 벌었다가 손해를 보기도 하는 것이 일정하지 않아서 우는 사람도 있고 즐거워하는 사람도 있다.

운동경기의 경우, 강한 팀이 약한 팀을 너무 쉽게 이기면 재미가 없다. 강한 팀끼리 만나 서로 죽자 살자 겨루어야 볼만하다. 가장 재미있는 경기는 당연히 다크호스가 대이변을 일으키는 것이고, 약팀이 뜻밖에 강팀을 꺾는 것이다.

도박은 집착하지 않으면 도박이라 부르지 않는다. 이겨도 돈을 걸고 싶고, 지면 더 돈을 걸고 싶어져야 도박이라 부른다. 점복은 영험하기도 하고 영험하지 않기도 하지만 이치는 동일하다. 과학은 반복성을 중시하지만, 도박은 이를 따지지 않으며 점복도 마찬가지다.

고대 점복은 각양각색이어서 늘 싸운다. 복卜에는 삼조三兆가 있고 서筮에는 삼역三易이 있는데, 삼조와 삼서三筮가 서로 싸울 뿐 아니라 복과 서, 그리고 복·서와 다른 점복도 마찬가지로 싸운다.

『좌전左傳』을 읽노라면 점복할 때 번거롭게 여러 번 점치는 것을 꺼리지 않는 경우를 발견할 것이다. 이 점술이 영험하지 않으면 다른 점술로 바꾸고, 점치는 사람이 영험하지 않으면 다른 사람으로 바꾸다가 더이상 안 되면 교묘한 말로 해소해버리는 것이다.

한 무제漢武帝가 점술가들을 모아놓고 혼인을 어느 날에 하는 것이 길한 지 물었을 때 7명의 대답이 모두 제각각이자 어떻게 했을까? 마지막에는 황제가 "조칙을 내려 죽거나 흉한 점은 피하고 오행五行을 위주로 하라"(『사 기史記』「일자열전日者列傳」)고 마무리했다. 후대의 점복은 오행을 큰 줄기로 삼았다. 오행은 선택술選擇術의 다른 이름이다.

『역』에 말하기를 "내가 어리고 무지한 사람에게 묻는 것이 아니라, 어리 고 무지한 사람이 내게 묻는 것이다. 처음 점을 칠 때 (와서 결과를 물으면) 나는 어리고 무지한 사람에게 알려준다. 두 번 세 번 물으면 점복을 가볍 게 여기는 것이다. 점복을 가볍게 여기면 나는 어리고 무지한 사람에게 알 려주지 않는다"(몽蒙괘 괘사)고 했다.

점복은 신의 계시를 구하기 위한 것이다. 만약 여러분이 하느님에게 전 화를 건다면 좋은 답을 들을 수도 있고 나쁜 답을 들을 수도 있다. 어떤 사람이 하느님의 회답이 만족스럽지 않다고 억지를 부려 계속해서 연락한 다면 하느님도 번거로워 아예 전화를 끊어버릴 것이다.

우리의 지식은 '아는 것知之'과 '모르는 것不知'으로 구성되는데 '모르는 것' 이 '아는 것'보다 훨씬 많다. '모르는 것'이 있으면 추측해 헤아려보지만, 그 래도 모르는 것이 있으므로 우리는 결코 점복을 버리지 않는다.

미국 국방부 장관을 지낸 도널드 럼즈펠드는 말을 빙빙 돌려서 하기로 유명하다. 그는 어떤 일에 대해서 우리가 알고 있다는 사실을 아는 것, 우 리가 알지 못한다는 사실을 아는 것, 또 우리가 알지 못한다는 사실을 알 지 못하는 것이 있다(대의만 가져온 것으로 원문은 아니다)는 말을 한 적이 있다. 최근에 그는 회고록을 출간했는데, 아예 제목이 『아는 것과 모르는 것『Known and Unknown』이다. 사담 후세인 한 명을 죽이기 위해 이라크 사람들을 얼마나 죽였는지 그가 아는지 모르는지 나는 모르겠다.

중국에도 빙빙 돌려서 하는 말이 있다. 『논어』 「위정爲政」 편에 이런 말이 있다.

공자가 말했다. "아는 것을 안다고 하고 모르는 것을 모른다고 하는 것, 이것이 아는 것이다."

『장자莊子』 「제물론齊物論」 편에는 이런 내용이 있다.

설결齧缺이 왕예王倪에게 물었다. "선생님께서는 만물에 공통된 표준이 있다는 것을 아십니까?"
왕예가 대답했다. "내가 어찌 알겠는가?"
설결이 또 물었다. "선생님께서는 선생님께서 모른다는 것을 아십니까?"
왕예가 대답했다. "내가 어찌 알겠는가?"
설결이 다시 물었다. "그렇다면 만물을 알 수 없단 말입니까?"
왕예가 답했다. "내가 어찌 알겠는가? 그래도 내가 시험 삼아 말해보겠네. 내가 안다고 말하는 것이 모르는 것이 아닌 줄 어찌 알겠는가? 내가 모른다고 말하는 것이 아는 것이 아닌 줄 어찌 알겠는가?"

공자는 우리의 지식을 '아는 것'과 '모르는 것' 두 종류로 나누었는데, 관심의 초점은 '아는 것'에 두었다. 왕예는 이와 다르다. 그의 화두는 "그것을 내가 어찌 알겠는가?"다. 그는 내가 말하는 '아는 것'이 '모르는 것'이 아닌 줄 그대가 어찌 알겠으며, 내가 말하는 '모르는 것'이 '아는 것'이 아닌 줄 그대가 어찌 알겠느냐고 말하고 있다. '아는 것'과 '모르는 것'이 한 쌍의 커다란 모순임을 알 수 있다.

'모르는' 일을 어떻게 '알 수 있을까'에 대한 옛사람들의 회답이 점복이다. 점복은 예측할 수 없는 일에 대해 예측하는 것이니, 예측학이라기보다는 추측학이라고 부르는 편이 낫다. 예를 들어, 그릇을 손에 들고서 아래쪽을 두드려보고 안에 든 물건을 알아맞히는 것을 옛사람들은 '사복射覆'이라고 불렀다. 이것도 가장 간단한 점복이다. 사실 모든 점복은 이런 성질을 가지고 있다.

점복은 생각을 결정하기 위한 것이다. 대체로 상황이 급한데도 어찌할 수 없을 때, 판단할 수 없는데도 판단해야 할 때, 마음을 정할 수 없는데도 결정을 내려야 할 때면 점복이 생각날 것이다.

『좌전』환공 11년에 다음과 같은 기사가 있다.

초나라의 막오莫敖인 굴하屈瑕가 이貳와 진軫 두 나라와 결맹하려고 했다. 운鄖나라 사람들이 군대를 포소蒲騷에 주둔시키고 수隨, 교絞, 주州, 요蓼 네 나라와 함께 초나라 군대를 공격하려고 했다. 막오가 이 일을 걱정했다. 투렴鬪廉이 말했다. "운나라 사람들이 교외에 주둔하면 반드시 경계가 허술할 것이고 네 나라 군대가 오기를 매일 기다릴 것입니다. 그대가 교영郊郢에 주둔해 있으면서 네 나라를 막으십시오. 저는 정예병으로 밤에 운나라를 공격하겠습니다. 운나라는 네 나라에 기대하는 마음이 있고 성곽의 견고함에 기대고 있지만 싸우고자 하는 마음은 없습니다. 운나라 군대를 패배시킨다면 네 나라는 분명 흩어질 것입니다." 막오가 말했다. "어찌하여 왕에게 군대를 증원해달라고 요구하지 않는가?" 투렴이 답했다. "군대가 승리할 수 있는 것은 상하가 마음을 같이하는 데 있지 사람이 많은 데 있지 않습니다. 상나라가 주나라를 대적하지 못한 일을 그대도 알 것입니다. 군대를 정돈하여 출병시키는데 또 무슨 군대를 증원하겠습니까?" 막오가 말했다. "점을 쳐보았는가?" 투렴이 답했다. "점은 의심나는 일을 결단하기 위한 것이니, 의심나는 일이 없는데 무슨 점을 치겠습니까?" 이에 포소에서 운나라 군대를 격파하고 이와 진 두 나라와 맹약을 맺고 돌아갔다.[13]

옛사람은 "점은 의심나는 일을 결단하기 위한 것이니, 의심나는 일이 없는데 무슨 점을 치겠습니까?"라고 했으니, 명명백백한 일은 모두 점칠 필요가 없으며, 점칠 필요가 있는 일들은 대부분 예측할 방도가 없는 것이다. 베이징말로 하면 "길이 없으면 길을 생각한다沒轍想轍"는 것이다.

전쟁은 늘 다급하고 위험하다. 주도면밀하게 정찰하거나 대비책이 충분하더라도 여전히 예상치 못한 일이 발생한다. 일이 벌어지면 아무리 총명한 사람이라도 이미 알고 있는 것과 아직 모르는 것을 함께 묶어서 지혜를 짜내 예측하지 않을 수 없다. 생각해내지 못하면 한번 운에 맡겨보는 수밖에 없다.

과학이 발달한 현대라도 '모르는 것'이 도처에서 우리를 에워싸고 있으

13_ 楚屈瑕將盟貳·軫. 鄖人軍於蒲騷, 將與隨·絞·州·蓼伐楚師. 莫敖患之. 鬪廉曰, "鄖人軍其郊, 必不誠. 且日虞四邑之至也. 君次於郊郢, 以禦四邑, 我以銳師宵加於鄖. 鄖有虞心而恃其城, 莫有鬪志. 若敗鄖師, 四邑必離." 莫敖曰, "盍請濟師於王?" 對曰, "師克在和, 不在衆. 商·周之不敵, 君之所聞也. 成軍以出, 又何濟焉?" 莫敖曰, "卜之?" 對曰, "卜以決疑. 不疑何卜?" 遂敗鄖師於蒲騷, 卒盟而還.

며, 우리의 인식 능력을 훨씬 넘어선다는 것을 우리는 분명히 알아야 한다. '아는 것'은 우리의 지식 가운데 애처로울 정도로 일부분에 지나지 않으며 도처에 빈틈이 있다. '불의의 재난'은 언제 어디서라도 발생할 수 있으며 과학도 구제할 방법이 없다.

점복은 종종 점占을 연속시키고 복卜을 연속시키는 것이다. 점복을 하는 사람은 옛 기록을 조사해 종종 두 가지 무관한 일을 하나로 꿰어내는데, 앞의 일을 '인因'이라고 하고 뒤의 일을 '과果'라 하여 우연을 연결시켜 필연으로 만들어 합리적인 것처럼 보이는 인과의 고리를 창조해낸다. 점복을 하는 사람은 시간을 거슬러 조사하기 때문에 참언讖言은 대부분 옛일을 기술하는 데서 나온다. 역사가는 모두 '사후 제갈량事後諸葛亮'이다.

『서경書經』「홍범洪範」편에 "세 사람이 점치면 두 사람의 말을 따라야 한다"라는 말이 있다. 세 사람이 점치면 두 사람의 말을 따르니, 소수가 다수를 따르는 것은 민주정치의 원칙이며 점복의 원리이기도 하다.

축구 경기에서 붉은색 옷을 입고 여러 번 이기면(주의: 매 경기 이기는 건 아니다), 붉은색이 승리의 원인이다. 흰 옷을 입고 여러 번 지면(주의: 경기마다 지는 건 아니다) 흰색이 패배의 원인이다. 예외적인 일은 반드시 신경 쓸 필요 없으니, 신경을 쓰지 않아야 신통한 결과를 낼 수 있다. 역사와 점복은 근원이 같으니, 오늘날의 역사학자라도 이런 습성에서 벗어나지 못한다.

내가 생산대生産隊[14]에 있을 때의 일이다. 마을 사람들은 저수지에서 물고기를 요리해 먹으려고 내가 내려가서 물고기를 잡아주기를 기다리곤 했다(그들은 수영을 할 줄 몰랐다). 내가 저수지에 갈 때마다 물고기는 숨어버

---

[14]_ 문화대혁명 시기에 도시의 간부와 학생들을 농촌이나 공장에 보내 노동에 종사하게 한 일을 말한다.—옮긴이

려서 잡을 수가 없었으나, 내가 가버리면 큰 물고기가 물 위로 떠올랐다. 정말로 귀신이 곡할 노릇이었다.

사람들은 기대가 클수록 실망도 크고, 기대가 작을수록 실망도 작다. 속담에 "일부러 심은 꽃은 피지 않고, 무심히 심은 버드나무는 무성하게 자란다"는 말이 있는데, 『역』에 나오는 '무망无妄'괘는 바로 이런 심리 법칙을 말한 것이다.

도박에서 확률의 실제 분포와 심리적 분포는 별개다.15 심리적 변수는 상대 팀과 경쟁하는 일체 활동 가운데서 가볍게 여길 수 없으니, 심리적 변수가 '현장의 실력 발휘'에 직접 영향을 미칠 수 있기 때문이다. 예를 들어, 운동선수는 골을 넣고 싶을수록 제대로 실력을 발휘하지 못하고 마음을 다스리지 못하게 된다. 결과적으로 형세가 역전되어 얻어야 할 점수도 잃게 된다. 거꾸로 마음에 따라 상황이 변하는 것도 불가능한 일이 아니라는 것을 알 수 있다.

이런 경우는 「계사」에서 잘 말하고 있다.

이런 까닭에 군자가 가만히 있으면서 편안할 수 있는 것은 『주역』의 차례를 살폈기 때문이며, 즐거워하면서 음미할 수 있는 것은 괘효의 문사 때문이다. 이런 까닭에 군자가 평소 거처할 때는 『주역』의 상징을 살피고 문사를 음미하며, 하는 바가 있을 때는 『주역』의 변화를 살피고 점괘를 음미한다. 이 때문에 하늘에서 도와주어 길하고 이롭지 않음이 없

15_ 이길 확률과 질 확률이 각각 50퍼센트라면, 60퍼센트의 확률로 돈을 걸지 않으면 의외로 상실할 10퍼센트의 가능성이 있다. 반대로, 40퍼센트의 확률로 돈을 걸면 의외로 좋은 일이 생길 10퍼센트의 가능성이 있다.

는 것이다.¹⁶

『역』은 일종의 정신적 유희다. 『역』을 음미하는 방법은 두 가지인데, 하나
는 괘효사를 음미하는 것이고, 다른 하나는 점괘를 음미하는 것이다. 여러
분은 어느 것을 선택하겠는가? 공자가 점복을 어떻게 보았는지는 새겨볼
만하다.

공자가 말했다. "남방 사람들의 말에 '사람이 항심恒心이 없다면 무당
이나 의원도 될 수 없다'고 했는데, 좋은 말이다."『역』의 항괘恒卦 효
사에 '그 덕을 변함없이 지키지 못하면 수치스러운 일을 당할 것이다'
라고 한 것에 대해 공자는 "항심이 없는 사람은 점을 칠 필요가 없다는
뜻이다"라고 했다.¹⁷

『논어』「자로」¹⁸

16_ 是故君子所居而安者, 易之序也; 所樂而玩者, 爻之辭也. 是故君子居則觀其象而玩其辭, 動則觀其變
而玩其占, 是以自天祐之, 吉无不利.

17_ 子曰: "南人有言曰: '人而無恆, 不可以作巫醫.' 善夫!" "不恆其德, 或承之羞." 子曰: "不占而已矣."

18_ 『예기禮記』「치의緇衣」 편에 다음과 같이 말했다. "공자가 말하기를 '남방 사람의 말에 '사람
이 일정하지 않으면 점복을 칠 수가 없다'고 했는데, 이는 옛사람들이 남긴 말이다. 점복으로도
길흉을 알 수 없는데, 하물며 사람이겠는가? 『시경』에 '내 거북이가 이미 싫증내니 내게 길흉을
알려주지 않네'라 했고, 「열명兌命」 편에 '작위는 덕행이 좋지 않은 사람에게 주지 않고, 백성은
관리가 된 다음에 일을 담당해야 한다' '오로지 신에게 제사를 지내는 것은 신에 대한 불경이다.
일이 지나치게 번거로우면 어지럽고 신에게 제사해도 복을 받기 어렵다'고 했으며, 『역』에 '덕을
변함없이 지키지 못하면 수치스러운 일을 당할 것이다' '덕을 유지하면 부인에게 길하고 남자에게
흉하다'라고 했다." 『논어』의 말은 이와 유사한 뜻이다.

자공子贛이 말했다. "선생님께서도 점을 믿습니까?" 공자가 답했다. "나는 백 번 점을 치면 겨우 맞는다. 주량산周梁山의 점이라도 역시 많은 경우를 따를 따름이다." 공자가 말했다. "『역』에서 나는 축복祝卜은 뒤로 하고 먼저 덕과 의를 살펴볼 따름이다. 모르는 가운데 신명의 도움을 받아서 수數에 도달하고 밝게 헤아려 덕德에 도달한다. 인의가 있는 사람은 덕으로 행할 따름이다. 신명의 도움을 받았으나 수에 도달하지 못하면 무巫가 되고, 헤아렸으나 덕에 도달하지 못하면 사史가 된다. 사와 무의 점은 예전부터 있어왔던 것이지 처음 시작된 것은 아니다. 후대의 사들 가운데 나를 의심하는 사람들은 혹 『역』 때문인가? 나는 그 덕을 구할 따름이다. 나는 사나 무와 길은 같이하면서 돌아가는 곳은 달리한다. 군자가 덕행을 행함에 어찌 복을 구하겠는가? 그러므로 제사가 적고, 인의를 행함에 어찌 길함을 구하겠는가? 그러므로 복서가 드문 것이다. 축무祝巫와 복서卜筮는 나중의 일이다."

마왕두이백서 「요要」

공자는 자신이 사나 무와 같은 길을 가면서도 지향하는 바는 다르다고 했다. 공자가 『역』을 좋아한 것은 그 안에 있는 덕을 좋아한 것이지 점을 좋아한 것이 아니다. 덕은 닦지 않으면서 희망을 모두 점에 건다면 차라리 점을 치지 않는 편이 훨씬 낫다. 공자는 이런 부분을 잘 말하고 있다.

순자荀子는 점복을 어떻게 보았을까? 그 역시 두 단락의 말을 남겼다.

기우제를 지내자 비가 오는 것은 왜일까? 대답하여 말한다. "이것은 다를 바가 없다. 기우제를 지내지 않아도 비가 오는 것과 같다. 해와 달에 일식과 월식이 생기면 구원하고 날씨가 가물면 기우제를 지내며 점을 친 다음에 큰일을 결정했는데, 옛사람들은 이런 행위로 구하는 바를 얻을 수 있다고 여기지 않았으며 다만 일종의 문식文飾으로 삼았다. 그러므로 군자는 이런 행위들을 문식이라고 여기지만, 소인은 신기한 현상이라고 여긴다. 이것을 문식이라고 여기면 길하지만 신기한 현상이라고 여기면 흉하다."[19]

『순자』「천론天論」

『시』를 잘 공부한 사람은 해설하지 않고, 『역』을 잘 공부한 사람은 점치지 않으며, 『예』를 잘 공부한 사람은 의례를 행하는 것을 돕지 않으니, 이들의 마음은 동일하다.[20]

『순자』「대략大略」

순자는 비를 기원하면 비가 내리기도 하고 안 내리기도 하니, 다를 바가 없다고 했다. 날씨가 가물어 비를 기원하는 것은 관례에 불과한 의식이다. "점을 친 다음에 큰일을 결정하는" 것은 단지 의식에 불과하다. "군자는 이런 행위들을 문식이라고 여긴다君子以爲文"에서 '문식'은 의식이다. 한번 점복을 쳐보는 것은 단지 바라는 바를 마음에 새기고 운을 시험해보는 것에 불과하며, 전심전력을 다하는 것도 아니고 조짐이 어떤지 시험해보는 것에 불과하다. "소인은 신기한 현상으로 여긴다小人以爲神"에서 원문의 '신神'은

19_ 雩而雨, 何也? 曰: 無何也, 猶不雩而雨也. 日月食而救之, 天旱而雩, 卜筮然後決大事, 非以爲得求也, 以文之也. 故君子以爲文, 小人以爲神. 以爲文則吉, 以爲神則凶也.

20_ 善爲詩者不說, 善爲易者不占, 善爲禮者不相, 其心同也.

영험한 것으로, 백성의 하늘에 대한 바람은 기도하면 반드시 응답한다는 뜻인데, 하늘이 응답하지 않으면 백성이 힘을 다해 구하는 수밖에 없다.

군자는 영험한지 아닌지 상관하지 않지만 오히려 영험할 수 있다. 소인은 영험하지 않으면 안 되지만 오히려 영험하지 않을 수 있다. 이것이 군자와 소인의 다른 점이다. 그래서 순자는 "『역』을 잘 공부한 사람은 점을 치지 않는다"고 한 것이다. 얼마나 좋은 말인가!

하늘에는 예측할 수 없는 바람과 구름이 있고, 사람에게는 조변석개하는 화와 복이 있다. 우리와 무관한 일을 어떻게 할 수 없을 뿐 아니라 우리 눈앞의 일은 또 어떤가? 일상생활에서 마음대로 되지 않는 작은 일이나 여의치 않은 큰일에 이르기까지 얼마나 많은 일이 있는가? 살고 싶지 않을 만큼 고통스러워 빨리 죽기만을 바란다면 다 소용없는 일이다.

패배에 승복하지 않거나 명을 인정하지 않는 것은 그렇다 치더라도 운을 바꾸는 것도 어찌 쉬운 일이겠는가? 아무리 노력해도 실패하게 된다면 어떻게 대처해야 할까?

항우項羽는 유방劉邦과의 전쟁에서 패한 뒤 부하 장수들을 돌아보며 "하늘이 나를 버렸으니 잘못 싸운 탓이 아니다"라고 말하고는 자살을 선택했다. 왕망王莽은 죽음이 임박했을 때도 자신의 생각을 굽히지 않고 "하늘이 나에게 덕을 내렸으니 한나라 병사가 나를 어떻게 하겠는가?"(이 말은 공자를 흉내낸 것이다)라고 말했다. 담사동譚嗣同은 북받치는 마음으로 죽으러 가면서 마지막으로 "도적들을 죽이고자 결심했으나 '형세를 전환할 힘이 없어無力回天' 가치 있게 죽음을 맞이하니 기쁘고 기쁘도다"라는 말을 남겼다. 생명의 마지막 순간에 그들은 모두 '하늘'을 생각했다.

공자에게 사마우司馬牛라는 제자가 있었는데 송나라 사람이었다. 사마우에게는 네 형제가 있었는데 모두 송나라에서 난을 일으켰다. 그중 맏이가 바로 공자가 송나라를 지나갈 때 공자를 죽이려고 했던 사마환퇴司馬桓魋다. 이 일을 사마우는 매우 수치스럽게 생각했다. 사마우는 차라리 천지를 떠돌아다니더라도 형제들을 보지 않으려고 했다. "사람들에겐 모두 형제가 있는데 나만 없구나!"라고 하면서 그는 몹시 마음 아파하고 탄식했다. 이 말은 맹인이 사람들은 모두 눈이 있는데 왜 나만 없느냐고 말하는 것과 같다. 자하子夏는 이런 말로 그를 위로했다.

내가 듣자하니, 삶과 죽음에는 명이 있고 부귀는 하늘에 달렸습니다. 군자가 공경하는 마음을 잃지 않고 다른 사람들에게 공손하면서 예의가 있다면 천하가 모두 형제일 것입니다. 군자가 어찌 형제가 없는 것을 근심하겠습니까?[21]

『논어』「안연顏淵」

자하의 말은 이런 뜻이다. 사람이 얼마나 오래 살 수 있는지는 각자의 운명에 달려 있고, 부귀하게 살 수 있는 것도 그대가 직접 어떻게 할 수 없는 일이다.[22] 군자가 응당 해야 할 일은 하늘을 원망하고 다른 사람을 비난할 것이 아니라, 하늘을 공경하고 사람들을 예로써 대하는 것이다. 하늘의 명을 경외하고 사람들에게 예를 지키면 온 세상 사람이 모두 형제다.

"삶과 죽음에는 명이 있고死生有命 부귀는 하늘에 달렸다富貴在天"는 공자

21_ 商聞之矣: 死生有命, 富貴在天. 君子敬而無失, 與人恭而有禮. 四海之內, 皆兄弟也. 君子何患乎無兄弟也?

22_ 왕충王充의 『논형論衡』에 '명命'에 대한 토론이 가장 많으니 참고할 만하다.

가 한 말이라고 전한다(최소한 한나라 사람들은 이렇게 말한다). 공자가 『역』을 전한 지 2500여 년이 지났다(그가 살았을 때 『역』을 전했다). 대대로 점에 미혹되었지만, 나는 오직 괘효사를 중시한다.

속담에 사람이 할 일을 다하고 하늘의 명을 기다린다盡人事待天命고 했으니 이렇게 할 따름이다. 사람은 사람의 일에만 관여할 수 있고 하늘의 명에는 관여할 수 없다. 듣는 사람은 믿져야 본전이니, 이 말을 따라 맡겨보고, 하고 싶은 대로 이 말을 한번 따라 가보라.

축구 경기에서 승패의 관건은 무엇인가? 기술인지 운인지 말하기 쉽지 않다. 운은 당연히 중요하지만 어떻게 할 수 없는 것이다. 감히 말하건대, 훈련이 점복보다 중요하다. 어떤 유니폼을 입을지, 어떤 문어에게 물어볼지는 단지 대중의 오락에 지나지 않는다.

옛사람들은 "성인은 두 번, 세 번 점을 치지 않는다"(『좌전』 애공哀公 18년 "군자왈君子曰"에서 인용)고 했다. 성인은 어떤 사람인가? 고대의 총명한 사람이다.

여러분도 총명한 사람이 되고 싶은가?

2011년 5월 8일
베이징 란치잉藍旗營 거처에서

덧붙이는 말

『역경』은 구절이 짧아 사람들에게 몽롱한 인상을 주는데, 이것이 오히려 상상의 여지를 둔다. 나는 이런 몽롱한 느낌이 좋다. 몽롱한 느낌은 일종의 고풍古風에 속한다.

옛사람들의 말은 짧아서 마치 시 같은 느낌을 준다. 일반적으로 단지 네 글자에 지나지 않으며(『시경』처럼), 길어도 일곱 글자를 넘지 않는다(『초사』처럼). 백성들이 하는 말도 짧은데, 짧아야 비로소 거침없이, 곧바로 상대방의 마음속으로 뚫고 들어갈 수가 있다. 나는 문장을 다듬는 것을 좋아해서 자구를 다듬어 여분의 글자는 한 글자도 원치 않는다.

어떤 사람은 내 글이 정제되어 있다고 말하는데, 사실 이것은 수없이 고친 결과로서 대중에 영합하기 위한 것이 아니라 자연스럽게 하기 위한 것일 뿐이다. 고풍을 추모하는 것은 자연스럽게 하기 위한 것이다.

내가 이해하기로 생각이란 모두 초고草稿에 불과한 것이어서 하루에도 여러 차례 바뀐다. 언어의 참된 실상이란 것도 앞뒤 말이 연결되지 않는다. 선진 제자先秦諸子의 글은 모두 단편적인 문체로 되어 있는데, 그 원인은 바로 여기에 있다. 나는 나이가 들수록 이런 단편적인 문체가 더욱 좋아진다.

『주역』은 어떤 책인가? 그 내력에 대해 얘기해보자.

현재 길거리에는 『주역』에 대해 말하는 서적이 도처에 깔려 있고, 진지한 독자도 인산인해를 이룬다. 나는 이 책이 다른 어떤 것보다 과학에 부합한다든지, 곳곳에 철학적 이치를 내포하고 있다든지, 얼마나 영험한지, 얼마나 신비한지, 얼마나 세상에 널리 퍼졌는지, 얼마나 포함 범위가 넓은지, 얼마나 각급 지도자들을 얼빠진 듯 취한 듯 멍하게 만들었는지, 얼마나 성공한 인사들의 정신과 영혼을 전도시켰는지, 얼마나 광대한 군중을 조급하게 만들고 그들의 각종 수요를 만족시켰는지, 얼마나 세계를 풍미하고 해외를 매료시키고 무수한 외국인들의 머리를 숙이게 하고 중국이 컴퓨터의 고향임을 인정하지 않을 도리가 없게 했는지 등의 뻔한 이야기나 허황된 말은 하고 싶지 않다.

여기서는 모두가 참고할 수 있도록 간단한 사실만 말하고자 한다.

1. 『주역』은 본래 점치는 것에 대해 말하는 책이다

우선 독자에게 말하고 싶은 것은 『주역』은 매우 건조한 책이어서 인내심이 없으면 절대로 읽어 내려갈 수 없다는 점이다. 모두가 울고불고하면서 어쨌든 이 책을 읽는 이유는 주로 이 책에 무슨 사람을 매료시키는 점이 있기 때문이 아니라, 예로부터 지금까지 인류가 가지고 있는 두 가지 흥미로운 사실 때문이다. 그 첫째는 운명을 점치는 것이요, 둘째는 병을 살피는 것이다. 이 책은 바로 운명을 점치는 것과 관계가 있다.

사람이 오래 살 수 있는지 없는지, 운이 좋은지 나쁜지, 승진하고 재산을 모을 수 있는지 없는지는 모두가 가장 관심을 갖는 일이다. 만약 그 질문에 답을 제시할 수 있는 책이 있다면 복권에 당첨된 것과 다름없지 않을까? 점복에 관한 책은 『주역』이 가장 오래되었다. 모두가 이 책은 신묘하기 그지없다고 말한다.

틀린 말은 아니다. 『주역』은 점치는 것과 관계가 있다. 『주역』은 시작부터 점괘를 말한다. 하지만 중국의 점복은 여기에 그치지 않고 변화가 다양하며 종류도 많다는 사실을 알아야 한다. 『주역』을 이해하려면 우선 『주역』이 어떤 점복에 대해 말하는지, 『주역』의 점복이 다른 점복과 무슨 차이가 있는지, 중국의 점복 체계 안에서 어떤 위치에 있는지에 대해 알아야 한다. 이것은 마트에 가서 물건을 사려고 할 때 어느 마트의 어느 곳에 진열되어 있는지 찾아봐야 하는 것과 같은 이치다.

앞에서 몇 차례 언급했듯이, 중국 고대의 지식인들은 두 가지 큰 계통으로 나뉜다. 먼저 사람에 대해 연구하고 사람의 행위를 연구하는 고인의 지혜는 병서兵書에 모여 있다. 그리고 자연에 관한 연구는 다시 두 부문으로 나뉘어 하나는 '수술數術', 다른 하나는 '방기方技'라고 부른다. 전자는 천지 만물을 연구하는 것으로, 천문과 역산曆算 같은 과학 지식을 포함하고 각 종 신비한 점복과 원시 무술巫術도 포함한다. 후자는 사람의 신체를 연구하는 것으로, 의학을 포함하고 각종 축유술祝由術과 신선가神仙家의 설도 포함한다. 이 두 부문의 지식을 합쳐 옛사람들은 '방술方術'이라 불렀다.

방술은 중국 고대의 '자연과학'인데, 순수하지 않으면서도 순수한 과학이며, 미신에 과학이 더해진 '과학'이다. 과학과 미신은 모두 자연을 연구하는 것으로 대상이 같고, 동일한 지식 체계에 속한다. 당시에는 과학과 미신을 나누는 이분법이 없었다. 우리가 옛사람들의 생각으로 문제를 보면 추호도 의심할 바 없이 이것은 당시의 '과학'이다.

사마천은 『사기』에서 방술에 관한 열전 세 편을 지었는데, 「편작창공열전扁鵲倉公列傳」 「일자열전日者列傳」 「귀책열전龜策列傳」이 그것이다. 「편작창공열전」은 진료에 관한 내용으로 '방기'에 속한다. 「일자열전」과 「귀책열전」은 점복에 관한 내용으로 '수술'에 속한다.

『주역』은 무엇을 말하고 있는가? 당연히 점복이다. 하지만 같은 점복이면서도 '귀책龜策'과 '일자日者'는 서로 다르다. 당시의 점복에서 일자의 술術은 기일이나 기한을 선택하는 일에 대해 말하는 한 부류였다(후대의 통서通書와 황력黃曆이 이런 부류에 속한다). 귀龜는 거북으로 점치는 것이고, 책策은 시초蓍草로 점치는 것이니 다른 부류다. 『주역』은 후자에 속한다.

『사기』보다 뒤에 나온 『한서漢書』 「예문지藝文志」에서는 유향劉向과 유흠劉歆의 분류에 따라 수술을 여섯 종류로 분류했다.

① 천문: 점성술과 절기의 변화에 대해 말한다.

② 역보曆譜[1]: 역법과 산술算術에 대해 말한다.

③ 오행: 때나 날時日을 선택하는 것에 대해 말한다.

④ 시귀蓍龜: 거북점과 시초점에 대해 말한다.

⑤ 잡점雜卜: 기타 점복과 염핵술厭劾術(흉한 일을 피하고 길한 일로 나아가는 무당의 방술)에 대해 말한다.

⑥ 형법形法: 상을 보는 방법相術과 풍수風水에 대해 말한다.

시초점은 네 번째 분류, 즉 시귀류에 속한다. 시蓍는 시초점이고 귀龜는 거북점이다.

우선 우리가 알아야 할 것은 『주역』의 '역易'이 시초점을 가리킨다는 것이다.

2. 시초점은 숫자로 치는 점數占이다

복卜과 서筮는 아주 오래되고 아주 원시적인 점복이다. 이 두 종류의 점복은 초기에는 서로 결합되었으며 최소한 한나라 이전까지는 줄곧 합쳐져 있었다. 『상서』 「홍범」에서 그러하고 『좌전』과 『국어國語』에서도 그러하며, 『주례周禮』 등의 책에서도 그러하다. 한나라 때에는 이미 복법卜法이 쇠락했어도 『한서』 「예문지」에서는 여전히 복과 서를 하나의 부류로 나열하고 있으며, 후대의 역사 기록도 이 분류를 계승했지만 복과 서는 이미 분리되었다.

복과 서는 무슨 차이가 있고 무슨 관계가 있는지, 무엇보다 분명히 알아

1_ 역보는 천문 계산을 거쳐 연월일을 배열한 표를 말한다.—옮긴이

야 한다.

1) 거북점卜

복卜은 동물의 뼈로 점을 치거나, 뼈의 갈라진 문양으로 신탁을 구하는 것이다.[2] 초기의 인류는 동물의 뼈(사람의 뼈도 포함)가 매우 신령해서 사람과 신을 소통시킬 수 있다고 여겼는데, 특히 거북뼈는 다른 뼈보다 더욱 신령스럽다고 생각했다. 재미있는 것은 점치는 거북 자체를 '영靈'이라고 불렀다는 사실이다.

은대殷代의 복사卜辭에서 전국시대 초나라의 죽간竹簡까지, 옛사람들은 줄곧 점치는 거북을 '霝', 즉 후대의 '영靈'자로 썼다. 「귀책열전」에서도 점치는 거북을 '옥령부자玉靈夫子'라고 불렀다. 명나라와 청나라 때까지 점치는 거북의 별명은 줄곧 '옥령玉靈'이었다.

세계의 복은 두 종류로 나뉜다. 하나는 냉복冷卜, apyro-scapulimancy으로, 뼈 표면의 자연적으로 갈라진 문양에 따라 길흉을 정하는 방식이다. 다른 하나는 열복熱卜, pyro-scapulimancy으로, 뼈를 태워서 갈라진 문양에 따라 길흉을 정하는 방식이다. 중국의 복은 후자에 속한다.

상주商周시대의 갑골은 점복을 하기 전에 먼저 뼈 표면에 구멍을 뚫는다. 상나라 사람의 갑골은 원형첩圓形鑽과 북 모양의 끌梭形鑿로 되어 있으며, 주나라 사람의 갑골은 모난 끌 모양에 첩鑽은 없다. 점치는 사람이 구멍을 뚫듯 비비면서 불을 일으키면 뒷면의 갈라진 문양이 종횡으로 갈라지는데, '복卜'자는 바로 이 모양과 흡사하다. '복卜'이라는 이름은 이렇게 해

2_ 영문의 oracle bone(갑골)을 직역하면 '신탁을 받는 뼈'라는 뜻이다.

서 나온 것이다.3

중국의 복은 점치는 재료로 논하자면 두 종류로 나뉜다. 하나는 서북 방면에서 기원하며, 사슴의 견갑골이나 소와 양의 견갑골로 점친다. 다른 하나는 동남 방면에서 기원하며, 거북의 등딱지나 배 껍질로 점친다. 전자가 후자보다 더 오래되었다. 상주 시기에는 이 두 가지 점복 재료가 한동안 같이 사용되었다. 이른바 '갑골문'은 이 두 가지 점복 재료 위에 쓰인 문자를 가리킨다. 뒤에 와서 거북점이 뼈로 치는 점을 압도하고 대체함으로써 점복은 비로소 거북점만을 가리키게 되었다. 예를 들어, 사마천이 말하는 '귀책鬼策'(『사기』「귀책열전」)과 반고班固가 말하는 '시귀蓍龜'(『한서』「예문지·수술략」의 시귀류)는 오로지 거북점만을 점복이라고 여긴다. 한나라 이래로 점복은 주로 거북점을 가리킨다.

2) 시초점筮

서筮는 복卜과 달리 동물을 매개물로 하지 않고 식물을 매개물로 하는데, 풀로 점을 치거나 대나무 가지를 꺾어서 점을 치거나 그밖에 대나무 막대기나 나무 막대기로 동물을 대신한다.4 '시蓍'자는 풀 초艸를 부수로 하고, '서筮'자는 대나무 죽竹을 부수로 하니 문자 자체만으로도 그 재질을 설명할 수 있다.

시초蓍草는 고대에 유명한 풀로서 학명은 아킬레아 시비리카Achillea

3_ 이런 갈라진 문양이 바로 복조卜兆다. 『주례』「춘관春官·대복大卜」에서는 복조를 옥조玉兆(가는 문양)와 와조瓦兆(소략하고 굵은 문양), 원조原兆(더욱 굵은 문양)의 세 가지로 나눈다.

4_ 『초사』「이소離騷」에 이른바 '정전筳篿'이라는 말이 나오는데, 왕일王逸은 주석에서 "정筳은 꺾은 작은 막대기다. 초나라 사람들은 풀을 묶고 대나무 가지를 꺾어서 점치는 것을 전篿이라 했다"라고 풀이했다.

sibirica라 하고, 영어로는 애로yarrow라고 하는데, 주로 시베리아나 중국 북방에 분포한다. 저소손褚少孫[5]은 시초를 취할 때 흰 줄기가 한 뿌리에서 함께 나고 줄기의 길이가 1장丈인 것이 상품이라고 했다. 그 다음으로는 줄기가 80개에 길이가 8척인 것이 좋고, 이것이 없으면 줄기가 60개에 길이가 6척인 것도 괜찮다고 했다.(『사기』「귀책열전」)

「귀책열전」을 읽어보면 시초로 점복하는 것은 신비한 함의가 있다는 것을 알 수 있다. 저소손은 한나라에 "밑에 복령茯苓이 있으면 위에는 새삼이 있고, 위에 톱풀이 있으면 아래에는 반드시 신령한 거북이 그것을 지키고 있다"는 전설이 있다고 했는데, 이는 톱풀과 거북 등딱지를 한데 묶은 것이다. 실제로는 톱풀과 거북 등딱지를 산가지로 충당했던 것뿐이고, 옛사람들은 기타 풀 막대기나 나무 막대기, 대나무 막대기로 대체할 수도 있었다.

옛사람들은 대나무 막대기나 나무 막대기로 산가지를 충당했는데, 이를 '주籌'나 '책策' 또는 '산算'이라 불렀다. 산가지는 가장 오래된 계산 도구다. 계산하는 데 이런 물건을 사용하고, 점복에도 사용했다.[6]

복과 서는 상나라 때 가장 중요한 점복이었으며, 양주兩周 시기에도 마찬가지였다. 상나라와 주나라 시기에는 종종 괘획을 갑골에 새겼는데, 복과 서가 함께 쓰인 것을 증명한다.

초기에 복과 서가 함께 쓰인 방식은 일반적으로 먼저 점복을 하고 뒤에

5_ 저소손은 전한 때의 영천潁川 사람. 왕식王式의 제자이며, 『사기』에 누락된 부분을 보충했다.—옮긴이

6_ 고인들은 점복을 '산算'이라 불렀는데, 바로 '점을 잘 친다能揩會算'고 할 때의 '算'이다. '수술數術'의 '수數'는 算을 강조하지만, 후대에서 말하는 '산算'은 주로 천문역산天文曆算의 산이다. 산은 복卜보다 고급이다. 현대 과학도 산을 강조한다.

시초점을 쳤다. 만약 점복과 시초점에 모순이 발생하는 경우에는 어찌했을까? 『좌전』에 실린 아래의 말은 이런 문제에 대해 말하고 있다.

처음에 진晉 헌공獻公이 여희驪姬를 부인으로 맞이하기 위해 점복占卜을 하니 불길했고, 점서占筮는 길했다. 헌공은 "점서의 결과를 따르겠다"고 말했다. 그러자 복인이 말하기를 "점서는 항상 신령하지 않지만 점복은 항상 영험하니 영험한 쪽을 따르는 것이 낫습니다. 게다가 점사占辭에 '총애만 하면 안 좋은 마음이 생기게 해서 공의 양을 훔칠 것이다. 향초에 악취 나는 풀이 섞였으니 십 년이 지나도 냄새가 날 것이다'고 하니 안 될 일입니다"라고 했다. 헌공은 그 말을 듣지 않고 여희를 부인으로 맞이했다.[7]

『좌전』 희공 4년

원문은 진 헌공이 여희를 부인으로 맞이하려고 먼저 거북점을 치니 불길하다는 결과가 나왔으나, 뒤에 시초점을 치니 길하다는 결과가 나와 거북점과 시초점 간에 모순이 생겼음을 말하고 있다. 헌공은 좋은 결과를 믿고 싶어서 시초점의 결과를 따르겠다고 말하는데, 그렇게 하는 편이 자신의 바람에 더 부합하기 때문이다. 하지만 점치는 사람은 결연하게 반대하며 거북점과 시초점에 모순이 생기면 거북점을 따라야 한다고 말한다. 이른바 '점서는 항상 신령하지 않지만 점복은 항상 영험하다筮短龜長'는 말은 거북점이 시초점보다 우선권이 있다는 뜻이다.

7_ 初, 晉獻公欲以驪姬爲夫人, 卜之, 不吉, 筮之, 吉. 公曰, "從筮." 卜人曰, "筮短龜長, 不如從長. 且其繇曰, '專之渝, 攘公之羭. 一薰一蕕, 十年尙猶有臭.' 必不可." 弗聽, 立之.

옛사람들은 거북점이 시초점보다 우선권이 있는 것은 거북점이 더 오래된 것과 관계가 있다고 말하지만, 원문의 '단短'과 '장長'은 연대가 짧고 긴 것을 말하는 것이 결코 아니다.

거북점과 시초점 중 어느 것이 더 오래되었는지는 고고학적 발견을 살펴보아야 한다. 고고학적 발견으로는 골복骨卜이 확실히 오래되어 신석기시대에 이미 있었으니 지금으로부터 5000여 년 전까지 거슬러 올라가지만, 귀복龜卜은 그보다 늦어 대략 상나라 중기에 와서야 생겼다. 시초점은 현재 발견된 숫자점 가운데 연대가 가장 이른 것이 상나라 말기에 해당한다.

거북점과 시초점에는 세 가지 요소가 있는데, 첫째는 상象(거북점은 조상兆象, 시초점은 괘상卦象, 효상爻象이라 함), 둘째는 수數(거북점은 수를 사용하지 않고 시초점은 서수筮數라 함), 셋째는 사辭(거북점은 복사卜辭, 시초점은 괘사卦辭, 효사爻辭라 하며 통틀어 요사繇辭라 함)가 그것이다. 상은 보는 것에 의지하고, 수는 세는 것에 의지하며, 사는 점복에 대한 해석과 판단이다. 『좌전』 희공 15년 조목에 "거북 등딱지는 형상이고 시초점은 숫자다"라고 했으니, 거북은 상을 주로 하고 시초점은 수를 주로 한다. 시초점의 특징은 주로 세는 데 있다.

시초점은 세는 것에서 시작하니 문자학으로부터 탐구할 수 있다. 『설문해자說文解字』「죽부竹部」에 두 가지 '산算'이 있다. 하나는 산가지의 산筭으로, "筭은 길이가 6촌이고 죽竹을 따르고 농弄을 따르며 항상 가지고 놀아야 잘못되지 않음을 말한다"라고 풀이했다. 다른 하나는 계산의 산算으로, "算은 세는 것이다. 죽竹을 따르고 구具를 따르며 읽는 법은 筭과 같다"라고 설명했다. 하지만 진나라와 한나라의 간독簡牘에서는 계산의 산算과 산가지의 산은 종종 구분되지 않고 모두 '筭'으로 쓰이니, 『손자』「계計」편에

"무릇 싸우기 전에 묘산廟算에서 이기는 것은 계산하는 것이 많기 때문이며, 싸우기 전에 묘산에서 이기지 못하는 것은 계산하는 것이 적기 때문이다. 계산하는 것이 많은 쪽이 계산하는 것이 적은 쪽을 이기는데, 어떻게 계산하지 않을 수 있겠는가?"[8]라고 했다. 금본今本이 이와 같고, 인췌산銀雀山에서 발견된 한나라 때의 죽간본도 이와 같다. 후대에 이르러 '算'이 쓰이고 '筭'은 쓰이지 않게 되자, 모두 '算'이 본래 글자이고 '筭'은 '算'의 통가자通假字라고 여겼으니 이것은 반대로 이해하게 된 것이다. 사실, '筭'과 '筮'(筮의 초기 필법은 같은 글자일 가능성이 높다. 예를 들어, 수이후디진간睡虎地秦簡의 『일서日書』 을종乙種에 나오는 '不可卜筮'은 '不可卜筮불가복서'라고 읽는다. 두 글자는 자형이 비슷할 뿐 아니라 독음도 비슷하다(서筮는 선모월부禪母月部의 글자이고 산筭은 심모원부心母元部의 글자다).[9]

'역易'은 무슨 뜻인가? 옛사람들이 '역'을 해석하는 데는 한 가지 이름에 세 가지 뜻一名三義의 설이 있으니, 이간易簡, 변역變易, 불역不易이 그것이다 (『역위易緯』「건착도乾鑿度」와 정현鄭玄의 『역찬易贊』『역론易論』에 나온다). 사실 '역'의 본뜻은 변역으로 수변數變, 효변爻變, 괘변卦變을 가리킨다. 그밖의 함의는 모두 여기서 확장되었다.[10]

시초점은 산가지를 반복해서 만지작거리거나 늘어놓고 조합해 점을 치

8_ 夫未戰而廟筭勝者, 得筭多也: 未戰而廟筭不勝者, 得筭少也. 多筭勝, 少筭不勝, 而況於無筭乎!

9_ 수이후디진묘죽간 정리소조 편, 『수이후디진묘죽간睡虎地秦墓竹簡』, 문물출판사, 1990, 248쪽. 리링의 『유일한 규칙: 손자의 투쟁철학唯一的規則—孫子的鬪爭哲學』(삼련서점, 2010, 55쪽)을 참고하라. 내 생각에 허신許愼은 항상 통가자 관계가 존재하는 글자를 자형에 따라 분할해 용법을 억지로 끼워 맞춘다. 이를테면 筭을 산가지算籌의 算으로 여기고, 算은 계산計算의 算으로 여긴 것이 하나의 예다. 내 생각에 서筮는 무巫를 따른다. 巫자의 초기 필법은 왕王과 비슷하다. 筮자의 고문은 筭자와 유사한데(『설문해자』「죽부竹部」에 보임), 사무호史懋壺에서 '사무호서史懋壺筮'를 언급하고 筮를 𮾩로 썼으니 筭과 비슷하다. 算은 찬纂과 찬纂이 따르는 바니 다른 글자다.

는데 무궁무진한 변화의 수를 대하게 된다. 옛사람들은 변하는 관점에서 보면 진실로 '역'(변하여 바뀜變易)이라고 칭할 수 있고, 변하지 않는 관점에서 보아도 '역'(바뀌지 않음不易)이라고 칭할 수 있다고 여겼다. 역수易數는 코드code요 역상易象은 부호인데, 만약에 상수象數로 천하만물을 대신 가리키고 간단한 것으로 복잡한 것을 다스리고 불변不變으로 만변萬變에 대응한다면 백성들이 일상적으로 이용하기에 다함이 없으니, 이것도 일종의 '역(간이簡易)'이다. 종합하면, 시초점은 일종의 숫자점numerology으로 숫자를 가지고 노는 것이다.

3. 『주역』의 근원—숫자괘

'역易'은 시초점이다. 시초점은 종류가 매우 많아서 『주역』은 단지 시초점 가운데 하나일 뿐이며, 『주역』 외에도 '역'이 있고 『주역』 이전에도 '역'이 있었다.

『주역』의 근원은 무엇인가? 전통적인 설법은 상고시대에 복희伏羲가 삼획괘를 그렸고, 중고시대에 문왕文王이 삼획괘를 중첩시켜 육획괘를 만들었으며, 하고시대에 공자가 『역전易傳』을 지었다는 것이다. 『한서』「예문지·육예략六藝略」의 역류易類 소서小序(이하 '반서班序'로 줄임)에서는 "사람은 복희·문왕·공자의 세 성인을 거치고, 시대는 상고·중고·하고의 삼대를 거쳤다人更三聖, 世歷三古"고 한다.

10_ 『예기』「제의祭義」에 "점복관은 거북을 안고 남쪽을 향해 선다抱龜易南"라고 할 때의 '역易'은 점치는 사람을 가리키는 것으로 『주역』의 '易'과는 무관하다.

복희가 삼획괘를 그렸다는 말은 복희가 8괘를 발명했다는 것을 가리킨다. 반서는 「계사」를 인용해 그 증거로 삼는다. 「계사 하」 2에서 "옛날에 포희씨包犧氏가 천하의 왕 노릇을 할 때 위로는 하늘의 상을 살피고 아래로는 땅의 법을 관찰하며, 조수鳥獸의 무늬와 땅의 마땅함을 관찰하며, 가까이는 자신의 몸에서 취하고 멀리는 만물에서 취했다. 이에 비로소 8괘를 만들어 신명의 덕에 통하고 만물의 실정에 맞게 나누었다"라고 했으니, 이것은 '상고시대의 성인'을 말한 것이다.

문왕이 괘를 중첩시켰다는 것은 문왕이 8괘를 중첩시켜 64괘를 만들었다는 뜻이다. 한나라 사람들은 늘상 "문왕이 갇혀서『주역』을 미루어 넓혔다"고 말했는데, 이는 상나라 주왕紂王이 문왕을 유리羑里에 가두자 문왕이 감옥에서 매우 초조한 마음으로『주역』을 지어 자신이 상나라 왕조를 바꾸는 점괘를 얻었다는 말이다.[11] 「계사 하」 15에 "『주역』이 흥기한 것은 중고시대일 것이다.『주역』을 지은 사람은 세상에 대한 근심을 가지고 있었을 것이다"라고 했고, 「계사 하」 17에서는 "『주역』의 흥기는 은나라 말기와 주나라의 덕이 융성할 때에 해당하고, 문왕이 은나라 주왕을 섬길 때일 것이다"라고 했다. 반서에서는 "은나라와 주나라가 교체할 때 은나라 주紂가 왕의 자리에 있으면서 하늘의 뜻을 어기고 만물에 해를 끼쳤다. 문왕은 제후로 하늘의 명에 순응하면서 하늘의 도를 행하니 하늘과 사람의 점괘를 얻고 밝게 드러낼 수 있었다. 이에 문왕이『주역』의 육효를 중첩해 상하편을 지었다"라고 하여 보다 명확하게『주역』상하편을 문왕이 지었다고 했다. 이것은 '중고시대의 성인'을 말한 것이다.

11_ 사마천의 「보임소경서報任少卿書」(『문선文選』 권41)와 한나라 시 「유통조幽通操」(『태평어람太平御覽』 권571에 인용된 「고금악록古今樂錄」 등)에 보인다.

공자가 『역전』을 지었다는 것은 고대의 일반적인 견해이며, 최소한 한나라 사람들은 모두 이렇게 말한다. 예를 들어 『사기』 「공자세가孔子世家」에 "공자는 만년에 『역』을 좋아해 「단전彖傳」 「계사전」 「상전象傳」 「설괘전說卦傳」 「문언전文言傳」을 지었다"라고 했으며, 『한서』 「예문지·육예략」의 역류 소서에도 "공자가 「단전」 「상전」 「계사전」 「문언전」 「서괘전序卦傳」 등 모두 10편을 지었다"라고 했는데, 이것은 '하고시대의 성인'을 말한 것이다.

이 세 가지 단계는 분명한 것은 아니다.

첫 번째 단계는 『주역』 이전의 시대다. 옛사람들은 위로 아득한 시대까지 거슬러 올라가지만 실제로는 분명하게 말하지 않고 발명권을 상고시대의 제왕에 소급하고 있다. 복희는 가장 오래된 제왕이니 당연히 그럴 만한 자격이 있다. 옛날 역사나 전설에는 이런 상투적인 격식이 있으니 이상한 일이 아니다.

두 번째 단계는 『주역』이 출현한 연대다. 「계사전」의 설문은 단지 추측일 뿐이며, 『주역』이 출현한 때는 은나라와 주나라의 교체기일 것이라고 추측하고 있다.

세 번째 단계는 『역전』이 출현한 연대다. 한나라 사람들은 왜 공자가 『역전』을 지었다고 할까? 이유는 간단하다. 『역전』에 '자왈子曰'이라는 표현이 많기 때문이다. '자왈'은 당연히 공자가 한 말을 가리킨다는 것이다. 이전 사람들은 이 설을 믿었지만 지금 사람들은 믿지 않는다. 믿지 않게 된 근원을 추적하면 구양수歐陽修의 『역동자문易童子問』에서 비롯된다.[12]

이 세 가지 애매한 사항들은 모두 고고학적 검증을 거쳐야 한다. 여기서

12_ 구양수, 「역동자문」, 『유장儒藏』, 베이징대학출판사, 2009, 제3책, 489~491쪽.

는 우선 첫 번째 단계에 대해 언급하기로 한다.

현재 『주역』 이전 시대를 연구하는 데 가장 관심을 끄는 것은 숫자괘다.

숫자괘는 북송 시기에 발견되었지만 송나라 사람들은 잘 알지 못했다. 이런 괘획은 갑골이나 동기銅器, 도기陶器, 석기石器 등 각종 재료의 출토물에 모두 있는데, 현재 경학자들이 수집해놓은 것만 해도 벌써 100개의 사례가 넘는다.

숫자괘의 상한선이 언제까지인지 억지로 말할 수는 없지만 지금까지 발견된 것으로 보면 최소한 상나라까지 올라가니 『주역』보다는 시기가 이를 것이다. 이런 부호는 아주 오랫동안 수수께끼로 남아서 경학자들의 반복된 토론을 거쳤는데, 특히 장정랑張政烺의 논증을 통해서야 비로소 새로운 국면이 열리게 되었다.[13]

현재 다수의 학자가 이런 숫자괘야말로 시초점의 배경이라고 생각한다. 중국 초기의 숫자괘는 1, 5, 7, 9를 써서 양효陽爻를 나타내고, 6, 8, 10으로 음효陰爻를 나타내며, 2, 3, 4는 생략되거나(획을 쌓아서 만들기 때문에 세워서 쓰면 분별할 방법이 없기 때문에 생략되었다) 숨겨져서(홀수와 짝수의 변화 때문에 나머지 변하는 수의 뒤에 숨어 있다) 모든 수가 다 있기 때문에 나는 '열숫자괘十位數字卦'라고 부른다. 그것은 『주역』과는 다르다. 『주역』에는 9와 6의 수만 있어서 금본의 9는 양효로 나타내고, 6은 음효로 나타낸다. 간백문본簡帛文本에 양효는 일률적으로 1로 되어 있고, 음효는 일률적으로 8로 되어 있는 것은 '열숫자괘'에서 변화되어 나온 것이라 추측된다. 뒤의 『주역』 괘도 숫자괘이지만 두 개의 숫자만 사용하고 나머지 숫자는

13_ 『장정랑논역총고』, 6~29, 44~76쪽.

사용하지 않기 때문에 나는 '두숫자괘兩位數字卦'라고 부른다.

열숫자괘는 전국시대 초간楚簡(천성관초간天星觀楚簡, 바오산초간包山楚簡, 갈릉초간葛陵楚簡 그리고 최근에 발견된 청화간淸華簡)에 있고[14] 쓰촨 성 리理 현에서 출토된 전한前漢 때의 질항아리에도 있다.[15] 『주역』이 출현한 이후 에도 열숫자괘가 사용되있으니 옛깃과 새것이 동시에 사용되었음을 알 수 있다.

두숫자괘는 마지막에 가운데가 끊기거나 연결된 음효와 양효에 대체되 니 연대가 비교적 늦다. 현재 발견된 중에 가장 이른 것은 다음과 같다.

1) 낙랑식반樂浪式盤

1925년 조선의 낙랑 유적지 왕우묘王旴墓에서 출토된 식반은 위에 8괘가 배치되어 있다. 괘획은 가운데가 끊기거나 연결된 형식이고, 괘위卦位는 송 역宋易에서 말하는 후천괘에 속한다. 이 묘가 세워진 연대는 후한後漢 명제 明帝 말기나 장제章帝 전후다(대략 70~80년).[16]

14_ 후베이 성 징저우지구박물관荊州地區博物館 「강릉천성관일호초묘江陵天星觀一號楚墓」, 『고고 학보考古學報』 1982년 1기, 71~116쪽 ; 후베이 성 징사철로고고대荊沙鐵路考古隊 『바오산초간包 山楚簡』, 베이징 문물출판사, 1991 ; 허난 성 문물고고연구소 『신채갈릉초묘新蔡葛陵楚墓』, 대상출 판사, 2003. 천성관초간과 청화초간의 관련 자료는 아직 발표되지 않았다. 바오산초간에는 양효 는 1과 5, 음효는 6과 8로 되어 있다. 갈릉초간에는 양효는 1, 음효는 6으로 되어 있다(왕가대진 간王家臺秦簡 『귀장歸藏』과 같다).

15_ 리쉐친李學勤, 『주역소원周易溯源』, 청두 파촉서사, 2006, 242~249쪽 참고.

16_ 「낙랑오관연왕우의 분묘樂浪五官掾王旴의 墳墓」, 도쿄서원, 1930, 60~62쪽, 도판 112.

2) 희평석경熹平石經

원래 한위漢魏 시기의 낙양성洛陽城 태학太學 유적지에 세워져 있었는데 동탁의 난 때 훼손되었다. 송나라 이래로 계속해서 잔석殘石이 출토되었는데, 잔석 위에도 이런 괘획이 있다. 희평석경은 후한 영제靈帝 희평 4년에서 광화光和 6년(175~184년) 사이에 새겨졌다.[17]

대략 후한 시기에 와서야 이 두 종류의 숫자괘는 역사 무대에서 퇴장하고 가로획에 가운데가 끊기거나 연결된 음효나 양효가 나오게 되었다.

숫자괘에 관해서, 현재 학계에는 다른 의견도 있다. 열숫자괘는 그 점법이 여전히 수수께끼라서 책수策數가 얼마나 되고 조를 어떻게 나누었는지는 『주역』과 다른 것 같다('대연지수오십大衍之數五十'은 열 개의 수를 얻을 수 없을 것이다). 열 개의 수가 어떻게 두 개의 수로 바뀌었는지도 수수께끼다. 장정랑이 잘 말했듯이 우리가 발견한 것은 기껏해야 포커 카드일 뿐이고, 어떻게 하는지는 모른다. 문제는 한층 더 깊이 토론해야 한다는 것이다.[18] 하지만 『주역』은 흐름에 불과할 뿐 근원이 아님은 의심할 여지가 없다.

『주역』과 숫자괘가 무슨 관계인지, 이론적으로 말하면 두 가지 가설을 세울 수 있다. 하나는 양자가 관련이 있고 모두 숫자점을 배경으로 하며, 음효와 양효는 두 개의 숫자괘에서 왔고, 두 개의 숫자괘는 열 개의 숫자괘에서 왔다는 가설이다. 이것은 장정랑의 관점이다.[19] 다른 하나는 양자는

17_ 마헝馬衡, 『한석경집존漢石經集存』, 베이징 과학출판사, 1957 ; 취완리屈萬里, 『한석경주역잔자집증漢石經周易殘字集證』, 타이베이 중앙연구원 역사어언연구소, 1961.

18_ 『장정랑논역총고』, 15~16쪽.

19_ 『장정랑논역총고』, 6~29, 44~76쪽.

관련이 없고, 『주역』의 음양효와 숫자는 다른 근원에서 발전한 것으로 숫자점의 큰 배경과는 관계가 없다는 가설이다. 이것은 진징팡金景芳과 리쉐친李學勤의 관점이다.[20]

시초점은 숫자점에서 기원했다는 큰 배경에서 보면, 그리고 열숫자괘가 두숫자괘보다 이르다는 점, 고본『주역』괘효의 필법에는 여전히 1, 8로 되어 있다는 점, 가운데가 끊기거나 연결된 음양효의 출현이 비교적 늦다는 점으로 보면 전자의 설이 후자의 설보다 더욱 설득력이 있다고 생각된다.

4. 『주역』—공자가 선정한 경전

중국 초기에 복卜과 서筮는 함께 행해졌는데, 양자는 지역의 차이가 있다. 은나라 사람들의 복은 주나라 사람들의 복과 다르며, 은나라 사람들의 시초점도 주나라 사람들의 시초점과 다르다. 『주역』은 그 명칭으로 보면 주周나라 사람의 역易이다. 상나라 시기에 주나라 지역周邦이 있었으며, 주나라 시기는 둘로 나뉘니 서주西周와 동주東周가 모두 주나라다.

『주역』의 주周가 어느 주나라인지는 현재의 고고학 자료로는 답할 수가 없다. 『시』나 『서』 같은 문헌에서는 모두 『역』을 언급하지 않으므로 우리는 『주역』 안에서 증거를 찾을 수밖에 없다.

20_ 진징팡, 『학역사종學易四種』, 창춘 지린문사출판사, 1997, 195~196쪽 ; 리쉐친, 『주역소원』, 제4장 제3절(273~279쪽)과 제4절(280~284쪽). 리쉐친의 책 제4장 제3절은 주샤오하이朱曉海 주편 『신고전신의新古典新義』(타이베이 학생서국, 2001)에 발표되었다. 제4장 제4절은 중국문물연구소 편 『출토문헌연구出土文獻研究』 제6집(상하이고적출판사, 2004)에 발표되었다.

『주역』자체는 대부분의 내용이 괘상과 효상 및 길흉회린吉凶悔吝에 대해 말하는 것이라 고찰할 만한 구체적인 역사적 사실이 없다. 하지만『주역』에는 여덟 가지 자료가 있어 시대를 판단하는 데 도움이 된다.

① '대장大壯'괘 육오효六五爻: "상양우역喪羊于易, 무회无悔."(왕해王亥와 관련이 있음)

② '여旅'괘 상구효上九爻: "조분기소鳥焚其巢, 여인선소후호도旅人先笑後號咷, 상우우역喪牛于易, 흉凶."(왕해와 관련이 있음)

③ '기제旣濟'괘 구삼효九三爻: "고종벌귀방高宗伐鬼方, 삼년극지三年克之, 소인불용小人弗用."(무정武丁과 관련이 있음)

④ '미제未濟'괘 구사효九四爻: "진용벌귀방震用伐鬼方, 삼년유상우대국三年有賞于大國"(무정과 관련이 있음)

⑤ '태泰'괘 육오효: "제을귀매帝乙歸妹, 이지以祉, 원길元吉."(제을帝乙과 관련이 있음)

⑥ '귀매歸妹'괘 육오효: "제을귀매帝乙歸妹, 기군지몌불여기제지몌량其君之袂不如其娣之袂良."(제을과 관련이 있음)

⑦ '명이明夷'괘 육오효: "기자지명이箕子之明夷, 이정리貞利貞."(기자箕子와 관련이 있음)

⑧ '진晉'괘 괘사卦辭: "강후용석마번서康侯用錫馬蕃庶, 주일삼접晝日三接."(강숙康叔과 관련이 있음)

1929년, 구제강顧頡剛은 여기에 근거해『주역』의 연대를 '서주 초엽'으로 단정했다.[21] 이 여덟 가지 자료는 다섯 사람과 관계가 있으니, 왕해, 무정,

제을, 기자, 강후가 그들이다. '상양우역'과 '상우우역'에 대해 이전 사람들은 잘 이해하지 못했는데, 구제강이 고증을 통해 유역有易 씨가 왕해를 죽이고 그의 소와 양을 취한 일이라고 밝혔다. 왕해는 은나라의 선조로 연대가 가장 이르다. '고종벌귀방'에서 고종은 은나라 왕 무정으로 역시 연대가 비교적 이르다. '제을귀매'에 대해 구제강은 은나라 왕 제을이 유신有莘 씨의 딸 태사太姒를 문왕에게 시집보낸 일이며, 연대는 문왕 때에 해당한다고 고증했다. '기자지명이'에서 기자는 은나라 주왕紂王의 삼촌으로 무왕이 상나라를 이긴 이후에도 있었기 때문에 시대가 비교적 늦다. '강후용석마번서'에 대해 이전 사람들은 이해하지 못했으나, 구제강은 강후가 위衛나라의 강숙康叔이라고 고증했다. 위나라 강숙은 주공周公이 섭정할 때 위나라에 봉해졌으므로 연대가 가장 늦다.[22] 최근에 공개된 청화초간의 『계년系年』에 강숙이 처음에 '경구庚丘'에 봉해졌다는 구절이 있는데, 경구가 바로 강康이다.[23]

이전 사람들은 이 다섯 사람 중 무정과 제을 그리고 기자에 대해서만 누구인지 알았다. 이 가운데 기자가 가장 시기가 늦어서 두 왕조를 거쳤다. 「계사전」의 작자는 대개 기자로 연대를 측정해서 『주역』이 은나라와 주나라의 교체기에 지어졌다고 추정한 것이니, 대체로 문왕과 은나라 주왕의 시대에 해당한다. 마융馬融과 육적陸績은 『주역』의 효사에는 문왕 이후의 일이 많다고 이미 지적한 바 있다.[24] 구제강은 『주역』이 '서주 초엽'에 지

21_ 구제강의 「주역 괘효사 중의 고사周易卦爻辭中的故事」는 『고사변古史辨』(제3책 상편, 베이징 박사, 1931, 1~44쪽)에 수록.

22_ 리쉐친의 『주역소원』 1~18쪽 참조.

23_ 리쉐친, 「청화간 계년 및 관련된 고사 문제淸華簡系年及有關古史問題」, 『문물文物』 2001년 3기, 70~74쪽.

어졌다고 했으니, '은나라와 주나라 교체기'에 비해 더 정확하다.

이외에 구제강은 또 『주역』에 나오는 '왕王'을 언급하면서 일반적으로 주 왕周王을 가리킨다고 여겼다. 이것도 매우 정확하다.

『주역』에는 19개의 왕王자가 있다.[25] 이 가운데 친족 호칭인 '왕모王母'를 제외한 나머지 18개의 '왕'자가 어떤 왕을 가리키는지에 대해서는 이전 사람들 간에 논쟁이 있었다.

『주역』에서 언급한 '왕' 가운데 지명과 관련된 두 구절이 있는데 매우 중요하다. 하나는 '왕용향우서산王用享于西山'(수隨괘 상륙효)으로 되어 있고, 다른 하나는 '왕용향우기산王用享于岐山'(승升괘 육사효)으로 되어 있다. 주준성朱駿聲은 "서산西山은 견산岍山이나 농산隴山 같은 여러 산이며, 그중에 높은 것은 오악吳岳이다"라고 했고, "기산岐山은 갈래로 뻗어나간 산으로 옹주雍州 경내에 있으니, 『시경』에 '하늘이 높은 산을 내어주시네天作高山'라는 말이 있다"[26]라고 설명했다. '서산'이 어떤 산을 가리키는지는 정말 토론

24_ 마융과 육적 등이 『주역』의 효사에 문왕 이후의 일이 많다고 이미 지적한 바 있다. 자신의 견해를 정당화하기 위해 그들은 '사성四聖'설을 발명하지 않을 수 없었으니, 곧 복희가 8괘를 그리고, 문왕은 괘사를 짓고, 주공은 효사를 지었으며, 공자는 『역전』을 지었다는 내용인데 주공이 많이 나온다. 공영달이 『주역정의周易正義』 권1 제4에서 논한 '괘사와 효사는 누가 지었는가'에 보인다.

25_ 곤坤괘 육삼효의 '혹종왕사或從王事', 송訟괘 육삼효의 '혹종왕사', 사師괘 구이효의 '왕삼석명王三錫命', 비比괘 구오효의 '왕용삼구王用三驅', 수隨괘 상륙효의 '왕용향우서산王用享于西山', 고蠱괘 상구효의 '불사왕후不事王侯', 관觀괘 육사효의 '이용빈우왕利用賓于王', 이離괘 상구효의 '왕용출정王用出征', 진晉괘 육이효의 '수자개복우기왕모受玆介福于其王母', 가인家人괘 구오효의 '왕격유가王假有家', 건蹇괘 육이효의 '왕신건건王臣蹇蹇', 익益괘 육이효의 '왕용향우제王用享于帝', 쾌夬괘 괘사의 '양우왕정揚于王庭', 췌萃괘 괘사의 '왕격유묘王假有廟', 승升괘 육사효의 '왕용향우기산王用享于岐山', 정井괘 구삼효의 '왕명병수기복王明並受其福', 풍豐괘 괘사의 '왕격지王假之', 환渙괘 괘사의 '왕격유묘', 환渙괘 구오효의 '환왕거渙王居'.

26_ 주준성, 『육십사괘경해六十四卦經解』, 중화서국, 2009, 78·200쪽.

해볼 만하지만,[27] 기산은 매우 분명해서 지금의 산시陝西 성 치산岐山 북쪽의 산을 가리킨다. 이곳은 주나라 사람들의 고향이다. 이 두 곳의 왕이 문왕인지 아닌지는 감히 말할 수 없지만 주나라 왕이라는 것은 의심의 여지가 없다.[28] 서주에 관해서는 많은 말이 무익해도 나는 이렇게 말할 수밖에 없다.

동주 시기의 상황은 서주와 다르다. 당시에 『주역』이 크게 유행했고, 당시에 『주역』이 있었음을 의심하는 사람은 없다.

고서에 인용된 『주역』은 『좌전』과 『국어』에 자료가 가장 풍부해서 22조목이 있다.[29] 『주역』이라는 서명은 가장 이르게는 『좌전』에 나타나며 전후 10차례나 언급된다.[30] 『국어』 「진어晉語 4」에서도 이 서명을 언급한다. 『좌전』과 『국어』의 인용문을 보면 당시의 『주역』은 금본과 대체로 같다.

이 외에 『주역』이라는 서명은 『주례』 「춘관」 편의 '대복大卜'과 '서인筮人'에도 보인다. 『주례』에서 『주역』이라는 이름은 『연산連山』 『귀장歸藏』과 나란히 열

27_ 수隨괘 상륙효의 '왕용향우서산王用享于西山'은 상박본上博本과 마왕두이본에는 '서산西山'으로 되어 있지만, 쐉구두이본雙古堆本에는 '지(기)산枝(岐)山'으로 되어 있다. 리링의 『독상박초간주역讀上博楚簡周易』(『중국역사문물中國歷史文物』, 2006년 4기, 54~67쪽) 참고.

28_ 이곳의 '왕'이 반드시 문왕이라고 할 수는 없지만 주나라 왕이라고 보는 것이 가장 합리적이다. 그렇지 않으면 『주역』이라고 할 수 없다. 문왕을 왕이라 부른 것이 산시陝西 지역에서 스스로 왕이라 칭했는지 아니면 사후에 왕이라 불렀는지에 대해서는 2000년이 지나도록 논쟁이 그치지 않으니 여기서 토론할 필요는 없다. 여기서 지적하고 싶은 것은 문왕을 왕이라 부르는 것은 문왕 생전에 그렇게 불렀는지 여부와 상관없이 후인들이 그를 문왕이라 부른 것에는 아무런 문제가 되지 않는다는 점이다.

29_ 가오헝高亨, 「주역잡론周易雜論」, 『가오헝저작집림高亨著作集林』, 칭화대학출판사, 2004, 제2권, 491~529쪽에 수록.

30_ 『좌전』 장공莊公 22년, 선공宣公 6년·12년, 양공襄公 9년·28년, 소공昭公 원년·5년·7년·29년, 애공哀公 9년 조목에 보인다.

거되어 '삼역三易'이라 불린다.

당시의 『주역』에는 세 가지 특징이 있다는 점에 주의를 기울여야 한다. 첫째, 『좌전』과 『국어』에 보이는 예는 거북점과 시초점이 같이 쓰였는데, 이 것이 당시에 가장 두드러진 점복이었다. 둘째, 당시의 점복은 언제나 거북 점을 먼저 하고 시초점을 나중에 해서 시초점이 거북점만 못했다. 거북 등 딱지를 태우는 것이 작은 나무 막대를 늘어놓는 것보다 더욱 영험했고 더 욱 수월하기도 했다. 셋째, 당시의 시초점은 삼역을 겸용했지만, 『연산』과 『귀장』의 지위는 『주역』만 못했다. 『주역』은 이미 상승기를 맞았지만 아직 '유아독존'의 지위에는 이르지 못했다.[31]

『연산』과 『귀장』은 어떤 책일까? 두 책은 실전된 지 오래되었고 소수의 일문만 보존되어 있어 각종 의혹이나 추측을 야기하는 일을 피하기 어렵 다. 1993년에 왕가대진간 『귀장』이 출토된 것은 참으로 놀랄 만한 일이었 다. 이 일은 고서의 일문에는 내력이 있어서 상당히 믿을 만하다는 것을 증명한다.[32] 『귀장』의 출토는 하나의 공백을 채운 데 불과하지만 하나를 들 어 세 가지를 돌이킨다擧一反三는 말처럼 우리가 고서에서 얻은 인상을 완 전하게 해주었다.

삼역三易의 관계는 다음과 같다.

31_ 춘추시대에 어떤 점복이 있었으며, 거북점과 시초점의 지위나 관계가 어떠했는지에 관해서 는 류잉劉瑛의 『좌전·국어 방술연구左傳國語方術研究』(런민대학출판사, 2006)를 참고할 만하다.

32_ 왕밍친王明欽 「왕가대진묘죽간개술王家臺秦墓竹簡槪述」, 세라 앨런Sarah Allan·싱원邢文 편 『신출간백연구新出簡帛研究』, 26~49쪽. 왕가대진간은 잔간殘簡 394매를 포괄하고 54괘를 포함 하는데 심하게 손상되거나 잘린 부분이 있어 죽간의 차례를 확정하기 어렵다. 원래의 죽간은 이 미 곰팡이가 슬어 거의 발표할 수 없고 이 문장만 소개하고 있다.

(1) 삼역은 산가지를 세는 방법이 비슷하다. 『주역』은 9와 6의 수를 사용해 변화하는 것으로 점을 치고, 『연산』과 『귀장』은 7과 8의 수를 사용해 불변하는 것으로 점을 치는데, 7, 8, 9, 6은 모두 '대연지수大衍之數'의 범위 안에 있다.

(2) 삼역은 괘수卦數도 같으니 "경괘經卦는 모두 8개이고 중괘重卦는 모두 64개다".(『주례』「춘관·대복」)

(3) 삼역은 모두 음양효를 사용하는데, 『주역』의 세 가지 출토 고본(상박초간본上博楚簡本, 마왕두이백서본 그리고 솽구두이한간본雙古堆漢簡本)은 1, 8로 표시하고, 왕가대진간 『귀장』은 1, 6으로 표시한다.

(4) 『주역』은 건乾으로 시작하고, 『연산』은 간艮으로 시작하며, 『귀장』은 곤坤으로 시작해 각각 괘의 차례가 다르다. 하지만 왕가대진간 『귀장』은 삼역의 괘명에 대응관계가 있으며, 같거나 근사한 괘명은 서로 비슷한 효상爻象이 있다는 것을 증명할 수 있다.

(5) 삼역의 괘상은 대표指代와 확장引申의 함의도 서로 비슷하다.

물론 삼역은 차이점도 있다. 차이점은 비교적 큰데 주로 괘효사에서 그러하다. 『연산』과 『귀장』에는 인물이 『주역』보다 많이 등장하는데, 대다수가 전설의 인물이다. 그중 어떤 인물들은 주나라보다 이르지만 『귀장』에는 의외로 주 무왕武王과 주 목왕穆王도 나온다. 『연산』은 하나라의 역夏易이고 『귀장』은 상나라의 역商易이라는 견해는 믿을 만한 것이 못되며, 삼역은 평행관계이지 선후관계가 아님을 알 수 있다. 삼역을 병행해 점을 치는 것은 우리가 무늬가 다른 네 가지 카드나 몇 장의 카드로 동시에 포커를 하는 것과 같으니 단지 변수를 증가시킬 따름이다.[33]

주의해야 할 부분은 『주역』이 나중에 높은 자리를 차지하면서 거북점을 압도하고 그밖의 다른 시초점도 압도해 명성이 혁혁하고 유아독존의 경전이 된 것은 공자의 선택과 관계가 있다는 점이다. 육경은 선택의 결과이며 당시에도 선택된 학문이 있었다.

춘추시대에 귀족 교육에 큰 변화가 생겼다. 오래된 육예六藝, 즉 예禮, 악樂, 사射, 어御, 서書, 수數는 완전히 무사를 훈련시키는 과정이며, 이 과정에서 중시한 것은 군대의 예절과 무덕武德 그리고 군사기술의 훈련이었다. 글과 검을 배우되 주된 것은 검이지 글이 아니었던 것이다. 신숙시申叔時의 구예九藝는 글자를 강조하지만 그 아홉 가지 과정에 역易은 없었으며,[34] 공자 문하의 육예, 즉 시詩, 서書, 예禮, 악樂, 역易, 춘추春秋에 이르러서야 비로소 역易이 포함되었다. 이 새로운 육예는 여섯 가지 과목일 뿐만 아니라 여섯 종류의 책이기도 하다. 『주역』은 공자 문하의 육경六經 가운데 하나다.

공자 문하의 경전 가운데 어떤 것들은 오래된 전적古典이고 어떤 것들은 새로운 전적新典이다.

오래된 전적은 세 가지 중요한 경전으로 『시경』『서경』『역경』이다. 『시경』은 당시의 문학 경전이고, 『서경』은 당시의 역사 경전이며, 『역경』은 당시의 철학 경전이다. 문학文과 역사史와 철학哲 각 부문의 경전인 것이다.

새로운 전적은 주로 공자시대의 서적이다. 예를 들면 『춘추』는 『상서』와

<hr />

33_ 리링 「주역을 벗어나 주역을 본다跳出周易看周易」 참고. 『중국방술속고中國方術續考』, 중화서국, 2006, 234~245쪽에 수록.

34_ 『국어』「정어鄭語」 편에서 언급한 신숙시의 '구예'에는 춘추春秋, 세世, 시詩, 예禮, 악樂, 영令, 어語, 고지故志, 훈전訓典이 포함된다. 이 아홉 가지 과목에는 시가 있으며, 서書에 해당하는 영과 고지 및 훈전이 있으며, 예와 악도 있으며, 춘추도 있다. 또 세와 어는 역사에 해당해 춘추와 관계가 있는데, 유독 역만 없다.

다르다. 『상서』는 고대사, 『춘추』는 당대사다. 이와 같은 책은 당시에 많았는데(신숙시의 구예는 대부분 사서류에 넣을 수 있다) 공자가 선정한 서적은 『노춘추魯春秋』다. 『노춘추』는 당시의 '국사대강國史大綱'이었다. 또 어떤 책들은 예, 악과 관계가 있다. 예와 악은 대부분 당시의 예와 악이기도 하다. 예와 악의 용도는 연습하고 익히는 데 있다. 예를 연습하고 음악을 연주하는 것은 반드시 책에 의존하는 것은 아니며, 책이 있더라도 빨리 익힐 수 있는 것이 아니다. 『의례儀禮』의 연대는 그다지 이르지 않다.

노나라는 주공의 후예로, 주나라가 백금伯禽을 곡부曲阜에 봉하니 '온갖 기물과 서적備物典冊'이 곡부에 있었다(『좌전』 정공定公 4년). 『좌전』 소공昭公 2년 조목에 한선자韓宣子가 노나라 태사가 있는 곳에서 책들을 살펴보다가 『역상易象』과 『노춘추』를 발견하고 놀라서 "주나라의 예가 모두 노나라에 있구나"라고 소리쳤다고 한다. 공자는 이 두 서적에 대해 분명히 잘 알고 있었을 것이다.[35]

공자가 『역』을 배웠다는 명확한 기록이 있다. 공자는 "내가 몇 년 더 살아 오십에 역경을 배운다면 큰 과실은 없을 것이다"(『논어』, 「술이述而」)[36]라고 했다. 50세는 지금은 중년이라 부르지만 당시에는 더 많은 나이라서 완전히 '늙었다'고 부를 만하다. 이 구절은 공자가 출사하기 한 해 전의 일이다. 마왕두이백서 「요要」와 「소력昭力」에 모두 "공자는 늙어서 역을 좋아했다

35_ 리쉐친은 『역상』이 반드시 『주역』을 가리키는 것이 아니고 『설괘』와 유사한 서적이라고 생각했다. 리쉐친의 저서 『주역소원』(56~63쪽) 참조. 내 생각에 『역상』이 『주역』인지 여부는 현재로서는 증명할 수가 없다.

36_ '易'은 『노론魯論』에는 '亦'(『경전석문經典釋文』 권24)으로 되어 있고, 팔각랑八角廊에서 출토된 한간漢簡 『논어』에도 '亦'으로 되어 있으니, 모두 '易'의 다른 필법이다. 리쉐친의 『주역소원』(69~83쪽) 참조.

孔子老而好易"는 구절이 있는데, 양자는 모두 공자와 자공의 대화 속에서 나온 말이다. 자공은 공자가 천하를 주유할 때 비로소 거둔 제자이니 그들의 대화가 믿을 만하다면 시기는 더욱 늦어진다. 사마천은 "공자는 만년에 『역』을 좋아해 「단전」「계사전」「상전」「설괘전」「문언전」을 지었다. 『역』을 읽느라 책을 엮은 끈이 세 번이나 끊어져서 '내가 몇 년 더 산다면 『역』에 대해 문질을 갖추게 될 텐데'라고 했다"고 말했으니, 그는 아마도 『논어』의 구절과 비슷한 이야기를 들었을 것이다.

공자는 주나라를 높이 받들었기 때문에 『주역』에 대해서도 특별한 감정이 있었을 것이다. 점서에서 공자는 시초점만 선택하고 거북점은 선택하지 않았으며, 시초점의 삼역에서도 『주역』만 선택하고 『연산』이나 『귀장』은 선택하지 않았다. 이런 선택은 의의가 매우 크다. 이때부터 비로소 『주역』의 독보적인 국면이 열리게 된 것이다.

5. 『역전』의 출현

『주역』은 경經과 전傳으로 이루어지는데, 경은 서주에서 나오고 전은 후인에게서 나온 것이다. 이 두 가지는 시간 차가 있어도 문제는 없다. 문제는 경과 전이 사상 면에서 무슨 관계가 있는가라는 점인데, 일치한다는 사람도 있고 그렇지 않다는 사람도 있다.

오경五經은 경과 전의 결합이 가장 긴밀한데, 그중에서도 『주역』과 『춘추』가 더욱 그러해서 만약 전을 버리고 경만 읽는다면 아무런 맛이 없어 읽는 사람을 졸리게 할 것이 틀림없다. 하지만 『역전』의 해석이 『주역』의 본뜻에 부합하는지 여부는 다른 문제다.

『역경』 고본의 출토본 가운데 그 연대가 가장 이른 것은 현재의 상박초간上博楚簡『주역』으로 금본과 상당히 근접한다. 하지만 『역전』은 발견되지 않았다. 『역전』 고본의 출토본 가운데 연대가 가장 이른 것은 현재의 마왕두이백서『역전』인데 「계사」와 「설괘」의 첫머리 2장만 있다.

『역전』에는 '공자왈孔子曰'이라는 글귀가 있다. 믿는 사람들이 『역전』이 공자의 저작이라고 말하는 것은 이 세 글자에 근거한다. 의심하는 사람들이 『역전』이 공자의 저작이 아니라고 말하는 것도 이 세 글자에 근거한다. 사실, 이 세 글자는 단지 『역전』이 공자 문하의 후학들이 공자의 사상을 전달했다는 것을 설명할 수 있을 뿐 정확한지 아닌지는 감히 말할 수 없고, 근거가 있는지 여부도 감히 말할 수 없다. 우리는 다만 공자 문하의 후학들이 공자의 사상을 전달한 것이라고 말할 수 있을 뿐이다.

『역전』의 연대는 분명 전한 이전이니 그 이후의 시기를 두고 토론하는 것은 문제가 없다. 하지만 더 이전으로 앞당기는 것은 말하기 쉽지 않다. 일러도 공자가 죽기 이전은 아니며, 늦어도 순자가 죽은 이후는 아니라고 추정된다.[37] 공자는 춘추 말년에 죽었고 그 다음은 바로 전국시대다. 순자는 전국시대 말년까지 살았는데 죽은 시기는 이미 진나라에 들어간다. 대체적인 범위는 전국 시기에 해당한다.[38]

한대에 오경이 성립되었는데, 『역』을 맨 앞으로 하여 여러 경전 가운데

37_ 리쉐친, 『주역소원』(94~176쪽) 참고.

38_ 양수다楊樹達 『양수다문집楊樹達文集』(『주역고의周易古義』, 상하이고적출판사, 2006, 1~123쪽), 가오형 『주역대전금주周易大傳今注』(『가오형저작집집』 제2권, 부록1, 선진제자의 『주역』설, 714~721쪽에 수록) 참고.

으뜸의 위치에 두었다. 후대의 구경과 십삼경도 모두 이 순서를 유지한다.

『한서』「예문지」에서 기록한 『역경』 가운데 금문 삼가三家인 시施, 맹孟, 양구梁丘가 전하는 것은 모두 12편이다. 이 12편은 모두 『역경』 상하편과 『역전』 10편으로 구성되어 있다. 당시에 이른바 『역경』은 모두 경과 전을 포함하고 있었다. 마왕두이백서 「충衷」 편의 마지막 단락에서는 "역왈易曰"을 세 번 인용하는데 모두 「계사 하」 16에서 나온 것이고,[39] 반고의 「예문지」에서 인용한 16번의 『역』도 전부 『역전』에서 나온 것이다.[40] 한위 시기의 고서에서는 모두 이와 같이 인용한다.

『역경』이 상하편으로 나뉜 것은 한대부터 이미 그러했는데, 금본의 상편은 30괘, 하편은 34괘로 이루어져 있다.

『역전』이 10편으로 구성된 것도 한대부터 이미 그러했는데, 금본 가운데 앞의 5편은 경 안에 삽입된 것으로 괘를 나누어서 서술하고, 뒤의 5편은 경 밖에 배치되어 있는데 마치 부록의 형태와 같다.

『역전』은 한대에는 『역대전易大傳』이라고도 불렸다.[41] 예를 들어 『사기』 「태사공자서太史公自序」에 인용된 『역대전』에 "천하의 이치는 하나이지만 백 가지 생각이 있고, 같은 곳으로 돌아가지만 수많은 길이 있다天下一致而百慮,

---

39_ 랴오밍춘廖名春, 『백서역전초탐帛書易傳初探』, 타이베이 문사철출판사, 1998, 41쪽.

40_ 『육예략』에 인용된 『역』은 「계사 하」(역류소서易類小序), 「계사 상」(서류소서書類小序), 「서괘」(예류소서禮類小序), 「상전 상」(악류소서樂類小序), 「계사 하」(소학류소서小學類小序), 「계사 상」(차략대서此略大序), 「제자략」에서 각각 나온 것이다. 「제자략」에 인용된 『역』은 「단전 상」(도가류소서道家類小序), 「상전 상」(법가류소서法家類小序)에서 각각 나온 것이다. 「수술략數術略」에 차례로 인용된 『역』은 「단전 상」(천문류소서天文類小序), 「계사 상」(시귀류소서蓍龜類小序), 「계사 하」(잡점류소서雜占類小序), 「계사 하」(차략대서)에 각각 나온 것이다.

41_ 주보朱伯처럼 『역대전』이 『역전』이라는 것을 부정하는 학자도 있다. 주보의 저서 『역학철학사易學哲學史』(화하출판사, 1995, 제1책, 42쪽) 참고.

同歸而殊塗"(사마담司馬談의 『육가요지六家要指』에 나온다)는 말은 바로 「계사 하」 5에서 나온 것인데,[42] 이런 전傳은 일반적인 전과 달리 한대에는 경으로 간주되었다.

『역위』 「건착도」에서는 『역전』을 '십익十翼'이라 일컫는데, 『역』을 읽는 열 편의 보조 자료라는 의미다. 한대에 십익이 있었다는 데는 이견이 없다.[43]

십익은 구본舊本에는 「단전 상」 「단전 하」 「상전 상」 「상전 하」 「계사 상」 「계사 하」 「문언文言」 「설괘說卦」 「서괘序卦」 「잡괘雜卦」의 순서로 되어 있다(공영달의 『주역정의周易正義』 권1 제6 '부자십익夫子十翼을 논함'에 인용된 일가의 설).[44] 금본에서 「단」 「상」 「문언」이 경문에 삽입된 것은 정현이 비씨본費氏本에 근거해 고친 것이라고 한다(『삼국지』 「위서·고귀향공모전高貴鄉公髦傳」).[45]

이 열 편 가운데 「단전 상」과 「단전 하」는 괘상의 구조를 분석하는 것을 위주로 하면서 아울러 괘명과 괘의를 풀이한다. 「상전 상」과 「상전 하」는 괘사(공영달은 '대상大象'이라 부른다)와 효사(공영달은 '소상小象'이라 부른다)를 통석한다. 「계사 상」과 「계사 하」는 통론의 성격을 지니고 역리易理와 역사易史를 아울러 말한다. 이 세 종류 여섯 편을 한나라 사람들은 가장 중시했다.

42_ 『한서』 「교사지하郊祀志下」에서 유향劉向이 인용한 『역대전』의 "誣神者, 殃及三世"는 금본 『역전』에는 없는 말이다. 『대대례大戴禮』 「본명本命」의 "大罪有五: (…) 誣鬼神者, 罪及二世"는 이와 유사한 말이다.

43_ 『수서隋書』 「경적지經籍志」에 「설괘」 3편은 하내河內의 여자가 뒤에 얻었다는 설이 있는데, 리쉐친이 그 설의 거짓됨을 이미 변별한 바 있다. 리쉐친의 『주역소원』 169~176쪽에 보인다.

44_ 『사기』 「공자세가」에서 『역전』을 언급하면서 「단」 「계」 「상」 「설괘」 「문언」을 차례로 하고, 『한서』 「예문지·육예략」 역류소서에서 『역전』을 언급하면서 「단」 「상」 「계사」 「문언」 「서괘」를 차례로 한 것을 그 증거로 삼을 수 있다.

45_ 류위젠劉玉建, 『양한상수역학연구兩漢象數易學研究』(난닝 광시교육출판사, 1996, 상책, 353~356쪽) 참고.

나머지 네 편은 모두 단편單篇으로 건乾괘와 곤坤괘를 먼저 말하고 다음으로 8괘를 말하며 그 다음으로 64괘를 말하면서 단계적으로 들어간다. 「문언」은 건괘와 곤괘만 말하고, 「설괘」는 건, 곤, 진震, 손巽, 감坎, 이離, 간艮, 태兌 등 8괘를 말하고, 「서괘」는 64괘의 차례를 말하며, 「잡괘」는 이런 차례를 흩어놓고 한 쌍씩 말한다.

『역전』을 연구하려면 마왕두이백서의 『주역』 경전을 읽지 않을 수 없다. 마왕두이백서의 『주역』 경전은 일곱 편의 고서를 포함하는데, 비단에 적힌 이 일곱 편의 고서는 세 부분으로 조성되어 있다.

1) 「육십사괘」와 「이삼자문二三子問」

「육십사괘」는 『역경』에 상당하지만 괘의 차례는 다르다. 편의 제목은 정리자가 보충했다.

「이삼자문」은 공자가 제자들의 질문에 답한 것인데, '이삼자'가 누구인지는 원문에서 말하지 않았다. 이 편에는 세 가지 답이 있는데 모든 답이 거의 "공자왈"에 "역왈易曰"(혹은 "괘왈卦曰")을 더해 구성되었다. 이 편은 금본 『역전』에는 없다. 편의 제목도 정리자가 보충했다.

2) 「계사」와 「충衷」

「계사」는 편의 제목이 편의 말미에 있고, 글자가 훼손되어 완전하지 않다. 상하편으로 나뉘지 않았는데, 금본의 「계사 상」 1~15, 17~20장 및 금본의 「계사 하」 1~8과 11 및 18장을 포함하며,[46] 금본 「계사 상」 16장('대연

---

46 단, 제11장의 "자왈子曰"에서 "길지선견자야吉之先見者也"까지는 마왕두이본에는 보이지 않는다.

지수'장)과 금본 「계사 하」 9, 10, 12~17장은 빠져 있다.[47]

「충」이라는 제목은 원래 있던 것이다(옛 제목은 「역지의易之義」). 주로 64괘의 주지主旨와 괘덕卦德에 관한 설명으로, 『역』을 읽는 데 요점을 제시한 것이라고 할 수 있다. 금본의 「설괘」 1장과 2장 그리고 「계사 하」의 15장과 16장의 일부 그리고 17장을 포함한다.

3) 「요要」 「무화繆和」 「소력昭力」

「요要」라는 제목은 원래 있던 것이다. 내용은 세 부분으로 나뉘는데, 첫 번째 부분은 금본의 「계사 하」 9, 10, 12, 13, 16장의 일부와 17장을 포함한다. 두 번째 부분은 "공자가 만년에 『역』을 좋아했다夫子老而好易"는 내용을 말하고, 세 번째 부분은 손損괘와 익益괘의 도에 대해 논한다. 뒤의 두 부분은 금본 『역전』에는 없다.

「무화繆和」라는 제목은 원래 있던 것이다. 내용은 세 부분으로 나뉘는데, 첫 번째 부분은 공자가 제자의 질문에 답한 내용이다(무화, 여창呂昌, 오맹吳孟, 장단莊但, 장사張射, 이양李羊의 질문에 답한다). 두 번째 부분은 한 그룹의 "자왈子曰"로 구성된다. 세 번째 부분은 괘의卦義와 관련된 이야기로 금본 『역전』에는 없다.

「소력昭力」이라는 제목은 원래 있던 것이다. 내용은 세부분으로 나뉘는데, 각 부분은 모두 공자가 소력의 질문에 답하는 것으로 금본 『역전』에는 없다.

상술한 일곱 편 가운데 제1편을 제외하고 학자들은 모두 『역전』이라고

47_ 단, 제16장 "약부잡물찬덕若夫雜物撰德"에서 "즉거(처)가지의則居(處)可知矣"까지는 마왕두이 본에도 보인다.

부른다. 하지만 이 여섯 편은 단지 역을 배우는 사람들의 총초叢抄일 뿐이다. 그 가운데 십익본과 관계가 있는 것은 「계사」와 「충」, 「요」의 일부분뿐이다. 이 세 편은 두 단락이 「설괘」에 보이는 것을 제외하고는 전부 금본 「계사」에 보이고, '대연지수오십'장을 옮겨놓지 않은 것을 제외하고는 거의 「계사」의 전편을 모은 것이라고 할 수 있으니, 백서 『역전』은 주로 「계사」와 「설괘」의 처음 2장이라는 것을 알 수 있다. 나머지 세 편은 십익본에 속하지 않는다.

마왕두이백서 『주역』의 경과 전이 출토된 곳은 창사長沙에 있다. 옮겨 적은 연대는 최소한 한나라 문제文帝 12년(기원전 168) 이전이니 상당히 이른 편이다. 저작 연대는 더 이를 것이다.

공자 이래 역학의 전수는 『사기』 「중니제자열전仲尼弟子列傳」에 따르면 공자—상구商瞿(자목子木)—간비馯臂(자홍子弘)—교자矯疵(자용子庸)—주수周豎(자가子家)—광우光羽(자승子乘)—전하田何(자장子莊)로 전해졌다.[48] 상구는 노나라 사람이고, 간비와 교자는 초나라 사람, 주수는 연나라 사람, 광우와 전하는 제나라 사람이다. 전파 경로는 노나라를 중심으로 하여 먼저 남쪽으로 초나라에 전해지고 다시 북쪽으로 제나라에 전해졌다.[49] 간비—교자는 남쪽 학파의 대표자이고, 주수—광우—전하는 북쪽 학파의 대표자다. 자홍은 『한서』 「유림전儒林傳」에는 자궁子弓으로 되어 있다. 자궁은 순자의 스승이다.

---

[48] 『한서』 「유림전儒林傳」에는 '자홍子弘'이 '자궁子弓'으로, '교자矯疵'는 '교비橋庇'로, '주수周豎'는 '주추周醜'로, '광우光羽'는 '손우孫虞'로, '자장子莊'은 '자장子裝'으로 되어 있다.

[49] 「중니제자열전」에 교자는 강동 사람, 광우는 순우淳于 사람이라고 했고, 「유림전」에 '순우淳于'는 '동무東武'로 되어 있다. 강동은 초나라에 속하고, 순우와 동무는 제나라에 속한다.

『역전』의 각 편이 남북 양 학파와 어떤 관계이고 순자와는 또 어떤 관계에 있는지는 자세히 음미할 가치가 있다(제나라와 초나라는 음양가와 도가가 활약한 곳으로 순자가 일찍이 직하稷下에 유학했다는 점에 주의할 것).

리쉐친은 진秦나라가 역을 금지하지 않아 『역』이 홀로 살아남을 수 있었지만, 『역전』은 유가의 책이기 때문에 금지되었다가 다시 나왔을 것이라고 말한다. 백서는 초나라 땅에서 출토되고 그 안에 「무화」 「소력」 등의 편이 있는데, 무화와 소력은 초나라 사람이다. 리쉐친은 또 백서 『역전』은 전국시대 초나라 사람의 작품일 것이라고 추측한다.[50]

장정랑의 의견은 이와 그다지 같지는 않다. 그는 「무화」에 주석을 달면서 초나라 사람과 진나라 사람의 두 가지 설을 의심하는 어조가 있기는 하지만 「무화」는 진나라 사람이 지었다는 쪽으로 더욱 기울어졌고, 무화가 가르침을 물은 '선생'은 한나라 초기에 역을 전하는 사람으로 작자는 진나라 사람이라고 생각했다.[51] 이런 추측은 비교적 보수적이라 차라리 이전의 견해가 더 합리적인 것 같다.

앞에서 말했듯이, 공자의 시대에 『시경』『서경』『역경』은 세 가지 중요한 경전이며[52] 유문儒門의 전기傳記에서 인용되는 서적은 주로 이 세 가지다.

50_ 리쉐친, 『주역소원』, 325쪽.

51_ 장정랑, 『장정랑논역총고』, 270~272, 274, 280쪽. 그 설에는 세 가지가 있다. ①'무하가 선생에게 물었다繆和問于先生'의 주석에 "이 선생이 누구인지는 모른다. 아마도 한나라 초기(?)에 역을 전하는 사람일 것이다"라고 했다. 옆의 비주批注에는 "진秦나라인가?"라고 되어 있다. ②"그 다음은 진 목공과 형장, 진 문공, 제 환공이 그렇다其次, 秦穆公·荊莊·晉文·齊桓是也"라는 문장의 주석에 "아마도 진나라 때 사람이 지은 것이다"라고 되어 있고, 그 옆의 비주에는 "진나라가 역을 불태우지 않은 것은 역이 발전하지 않아서이니 진나라 사람인가, 초나라 사람인가秦不焚易, 易不發展, 秦人? 楚人?"라고 되어 있다. ③"서인이 군사를 일으켜 위나라의 들판을 침략했다西人舉兵侵魏野"라는 문장의 주석에 "서인은 진나라 사람이다. '서쪽西'을 칭한 것은 '진秦'을 직접 언급하는 것을 피하기 위해서이니 진나라 사람이 지었다는 것을 알 수 있다"라고 되어 있다.

『시경』을 인용할 때 "자왈子曰 시운詩云"의 체가 있는데, 공자의 말 한 단락을 인용하고 『시경』 한 단락을 인용해 서로 결합해서 말한다. 『서경』을 인용할 때는 종종 "자왈"을 『상서』의 편명에 더한다. 『역경』을 인용할 때는 종종 "자왈"을 "역왈易曰"에 더한다. 예를 들면 『예기禮記』의 「표기表記」「방기坊記」「치의緇衣」 편이 이와 같다. 어떤 이는 이 세 편이 『역전』에 가장 근접하다고 지적한다.53 확실히 "역왈"에 "자왈"을 더한 것은 『역전』 문체의 커다란 특징이다.

『역경』은 만화경처럼 몇 개의 작은 돌을 흔들기만 하면 수많은 꽃무늬로 변화한다. 편폭이 짧고 내용이 추상적이어서 가지각색으로 발휘하기에 가장 적합하다.54 가장 이른 시기에 발휘된 것이 바로 『역전』이다. 이 책은 표면적으로는 『역경』을 해석한 것에 불과하지만 동시에 창조이기도 해서 『역경』에 새 생명을 불어넣었다.

6. 역학혁명의 하나―천관의 방술로의 접근

『역전』의 출현은 매우 중요해서 그야말로 가히 혁명이라고 할 수 있다. 이 혁명의 의의는 어디에 있을까? 사상사를 연구하는 학자들은 『역전』이

52_ 선진 시기의 제자 가운데 유가와 묵가가 두드러진다. 유가와 묵가는 『시경』과 『서경』을 열렬히 칭송해서 이 두 책이 가장 유명하다. 『역경』의 지명도는 상대적으로 조금 떨어진다. 예를 들어 『묵자』에는 『역경』을 언급하지 않았다.

53_ 가오헝의 『주역대전금주』, 『가오헝저작집림』 제2권, 721쪽에 수록.

54_ 한대에 역괘를 시령時令과 배합하고 종률鍾律과 배합한 것이 이미 유행했는데, 지금 사람들도 이 생각에 따라 발휘한 것이 있다.

점복을 철학으로 바꾸었다고 즐겨 말한다. 이 말이 틀렸다고는 할 수 없지만 문제는 이런 철학이 도대체 어떤 철학에 속하느냐에 있다.

중국 근대의 사유 방식으로는 과학과 미신은 물과 불처럼 서로 융합하지 못한다. 점복이 철학으로 변한 것은 꿩이 봉황으로 변한 것과 같으니, 미신과의 결별을 저간에 내포하고 있다.[55]

이렇게 말하는 것은 문제가 있는 것 같다. 옛사람들이 미신에 대해 말하는 것은 너무나 정상이고, 말하지 않는 것이 오히려 비정상이라는 점을 우리는 알아야 한다. 당시 총명한 사람들도 기껏해야 점복에 얽매여서는 안 된다고 강조하는 정도에 불과했다. 점복을 떠난 것이 아니라 점복을 엷게 희석시킨 것이다. 당시 각양각색의 점복이 있었고, 다종다양한 철학이 있었는데, 문제는 점복이 철학으로 변한 데 있는 것이 아니라 어떤 점복이 어떤 경로를 통해 어떤 철학으로 변했는가에 있다.

게다가, 『역경』은 상당히 개방적이고 면면히 이어지는 해석 체계로, 점복의 요소도 있으면서 철학적 요소도 있는데, 점복과 철학은 완전히 분리된 적이 없으며 완전히 통일된 적도 없다. 점복이라고 해서 반드시 나쁜 것도 아니며, 철학이라고 해서 반드시 좋다고 할 수도 없다.

여기서 도대체 무슨 일이 발생한 것인지, 나는 한 가지 새로운 사고의 실마리를 제안하고 싶다. 내 생각은 점복 자체에서 원인을 찾는 것이다. 중국의 점복은 줄곧 여러 가지 점술이 분리되어 존재하거나 적당하게 통일하면서, 각 시기에 따라 그에 맞는 체계가 있었다. 그 각각의 갈래는 내원이 같

55_ 철학은 절대다수의 현대 용어와 마찬가지로 서양을 도입해서 동양으로 포장한 것인데, 일본어 번역을 거쳐 중국어에 융합되었다. 단어는 중국어지만 뜻은 외국의 뜻이다. 중국인들은 이런 단어를 꺼내면 숙연히 공경하며 철학에 어울리는 것은 반드시 매우 이성적이고 매우 이론적이며, 절대적으로 선진을 나타내며 절대적으로 좋은 것이라 여기는데 반드시 그런 것은 아니다.

지 않고 시기도 다른 것들이 공존의 국면을 형성했다. 그 후속 발전의 결과 역시 동일하지 않아서, 살아남거나 소멸하고 번성하거나 쇠락했는데, 열 손가락이 가지런하지 않듯이 어떤 하나가 다른 하나를 대체한 것은 결코 아니었다. 변화는 전체가 변하는 것이며, 소국小局은 대국大局을 따른다. 『주역』은 점복에 대해 말한 책인 만큼 그 존재 역시 전체 점복 체계 안에서 결정해야 한다. 전체적인 국면이 변하면 그 자체도 변할 것이다. 변화는 무엇보다 점복 자체로부터 시작한다.

앞에서 언급했듯이, 한대漢代의 점복은 크게 6가지로 나뉜다. 이 6가지는 또 크게 3가지로 귀납할 수 있다.

첫 번째는 일자日者[56]의 술術, 즉 날짜를 선택하는 방법이다. 이 일자의 술은 천문역법의 술에서 파생되었기 때문에, 천문역법의 술을 모방했다. 하나는 식반式盤으로 날짜를 선택하고, 또 하나는 시령서時令書나 일서日書로 선택한다(『한서』「예문지·수술략」의 앞부분 세 종류에 해당). 체계가 가장 방대하고 내용도 가장 복잡하다.

두 번째는 복서卜筮(『한서』「예문지·수술략」의 네 번째에 해당)로 앞에서 이미 소개했다.

세 번째는 점몽占夢(꿈에 대해 점치는 것), 염핵厭劾(미신으로 재액을 없애는 것), 사양祠禳(풍재나 한재를 막고 흉한 일을 막는 것), 상술相術(관상법) 그리고 풍수다(『한서』「예문지·수술략」의 마지막 두 종류에 해당).

이 세 종류가 어느 자리에 놓이느냐가 역사의 변화를 반영한다. 변화의 규율이란, "땔나무를 쌓을 때, 뒤에 온 것이 위에 놓인다譬若積薪,後來居上"

56_ 점복을 실행해 길흉을 점치는 사람.—옮긴이

(『문자』「상덕」,『회남자』「요칭」과『사기』「급정열전」에도 유사한 말이 있다)는 옛 사람들의 말처럼 원래의 큰 술법大術은 뒤에 작은 술법小術이 되고, 원래의 작은 술법은 뒤에 큰 술법이 된다고 할 수 있다. 이는 장작을 쌓아올릴 때 먼저 쌓은 것은 밑에 놓이고 뒤에 쌓은 것이 위에 놓이는 것과 같다.

예를 들어, 세 번째 부류는 인류학적 지식에서 보면, 무당의 방술적 색 채가 가장 농후하다. 원시시대에는 가장 유행했을 것이나『한서』「예문지」 에서는 제일 뒤에 있다.

복서는 상대商代와 양주兩周 시기에 가장 유행했는데, 문헌학과 고고학 의 관점에서 보면 나머지 점복과는 비교도 안 되는 위치에 있었을 것이 다. 하지만 후대에 어떻게 발전했는지는 두 번째 부류의 점복에 기댈 수 밖에 없다. 복은 예전에는 여러 술법 가운데 으뜸으로, 영광스러운 자리에 있었을 것이다. 하지만 제일 먼저 쇠락했다.

서주 시기의 갑골문은 주원周原[57]에서 가장 집중적으로 여러 해 동안 출 토되어 수량이 가장 많다. 연대는 주로 은나라와 주나라의 교체기에 해당 한다. 동주의 갑골문은 우연히 출토되어 수량이 적다. 한대는 동주 시기에 비해 더욱 적다.『사기』「귀책열전」에 따르면, 한 무제 때 구자명丘子明과 같 은 사람들이 복서로 고술蠱術[58]을 추측하다가 결국 조정에서 무고巫蠱와 한무리인 사악한 유파로 간주되어 타격을 입었다. 한대 이후로 복은 철저 하게 쇠락해 청대까지 명맥을 유지하지만 이미 예전에 성행했던 복은 아니 었다. 역대로 거북점에 대해 말한 서적으로 남아 있는 것은 주로 송대 이 후의 것들이다. 출토된 서적 가운데 가장 시기가 이른 것으로는 상박초간

57_ 서주시대의 옛 도읍지.—옮긴이
58_ 강한 독을 지닌 곤충이나 짐승을 이용해서 사람의 목숨을 빼앗는 저주.—옮긴이

『복서卜書』만 남아 있다.

전국시대와 진한시대에 유행한 큰 술법은 무엇일까? 문헌학과 고고학의 관점에서 보자면 일자의 술법이 분명하다. 이 시기의 고분에는 늘 죽간을 수장했다. 당시에는 각종 실용적인 수첩이 매우 유행했는데, 수술[59]과 방기가 가장 인기가 있었다. 수술은 가장 두드러지게 선택되어 복서와는 비교가 되지 않았다.

이렇게 선택한 서적은 문헌학과 고고학의 관점에서 보면 주로 두 종류로 나뉜다. 하나는 시령時令이고, 하나는 일서日書다. 이 가운데 시령서는 또 두 종류로 나뉜다. 하나는 사시령四時令이고 하나는 오행령五行令이다. 쯔탄쿠백서子彈庫帛書의 『사시령』과 『오행령』이 바로 시령이고, 주뎬초간九店楚簡 『일서』와 수이후디진간睡虎地秦簡 『일서』가 바로 일서다. 일서가 특히 많이 발견되었다. 『사기』에서 「일자열전」을 「귀책열전」 위에 두고, 『한서』 「예문지」에서 오행류를 시귀류 위에 둔 것이 이런 추세를 반영한다.

점복 체계의 전환은 주로 이 두 단계의 사이에서 일어났는데, 복이 쇠하고 일자가 흥한 것이 큰 변화였다. 복과 서는 본래 같이 있었는데, 서는 복에서 떨어져 나간 뒤에 어디로 갔을까? 그 답은 새로운 중심, 즉 일자의 술법으로 모여들었다는 것이다.

『주역』의 출토본은 현재 세 종류가 있다. 상박초간 『주역』은 전국시대의 문헌으로 괘의 차례가 금본과 동일하고 문장 내용도 대체로 같은데, 『역전』은 없다. 한대의 『주역』은 현재 두 책이 남아 있다. 하나는 마왕두이백서 『주역』이고 다른 하나는 솽구두이한간 『주역』이다.

59_ 고대의 천문, 역법, 점복에 관한 학문.―옮긴이

마왕두이백서 『주역』은 건乾, 간艮, 감坎, 진震, 곤坤, 태兌, 이離, 손巽의 순서로 64괘를 8조로 나누었고,[60] 각 조의 순서는 이 여덟 괘 가운데 하나를 취해 상괘上卦로 삼았으며, 하괘下卦는 이 여덟 괘를 순서대로 배열했다. 이런 순서는 금본, 상박초간 『주역』과 다를 뿐 아니라, 백서 『역전』의 괘의 차례와도 다르다. 이런 괘의 차례는 분명 한대에 유행한 괘기설卦氣說[61]과 합치시키기 위하여 일부러 설계했을 것이다. 이렇게 다르기 때문에 정리자는 감히 『주역』이라 부르지 못하고, 처음에는 『육십사괘六十四卦』(장정랑이 이름을 정했을 것으로 추측된다)[62]라고 불렀던 것이다.

솽구두이한간 『주역』은 더욱 재미있다. 이 판본의 가장 큰 특징은 다음과 같다. "괘사와 효사의 뒤에 구체적인 사항을 점친 복사가 많다. 점친 내용은 매우 광범위해서 병의 상태와 혼례, 부부, 자식을 낳는 일에 관한 내용, 죄수와 도망 및 공격, 군대, 먼 길을 떠나는 일에 대한 내용, 상인의 출입, 어떤 물건의 획득 여부, 사냥감의 획득 여부에 관한 내용, 집안일의 길흉, 관직의 승진 여부에 관한 내용, 비가 오거나 날이 갤지에 관한 내용도 있다. 이런 점복의 길흉을 나타내는 복사는 금본과 백서본에는 보이지 않고, 수이후디와 팡마탄진간放馬灘秦簡 『일서』에서 점친 내용과 유사하며, 『사기』의 내용 중 저소손이 증보한 「귀책열전」에 나오는 점복 내용에 더욱

60_ 그 8괘의 순서는 4양괘陽卦(부부─소자小子─중자中子─장자長子)가 앞에 있고, 4음괘陰卦(모母─소녀小女─중녀中女─장녀長女)가 뒤에 있으니 '건곤육자乾坤六子'설의 배열에 속한다. 장정랑 「백서 육십사괘 발」(『장정랑논역총고』, 중화서국, 2011) 참고.

61_ 세상 만물을 표상하는 부호인 괘와 동일 사물의 두 가지 대립 속성인 기를 합친 것이다. 이는 주역의 팔괘로 사물의 음양 대립의 정태적 속성과 소장의 동태적 속성을 표상한다. 주역의 괘사와 효사는 사물의 음양 속성을 묘사한다고 할 수 있으며, 여기서 천기의 시운을 통찰할 수 있다.─옮긴이

62_ 마왕두이 한묘백서정리소조, 「마왕두이백서 육십사괘 석문」, 「문물」, 1984년 3기, 1~8쪽.

근접한다."[63] 리쒜친은 이 쌍구두이한간에 대해 "『주역』 경문을 사용하고 있지만, 역학과는 아무런 관계가 없으며 간단하고 쉬운 점서에 불과하다. 그래서 다른 판본의 『주역』과 구별하기 위해, 『역점易占』이라고 부르는 것이 더욱 실질에 부합하는 것 같다"[64]라고 했다.

한대에는 무엇을 '역학易學'이라 불렀을까? 이것은 중대한 문제다. 어떤 사람들은 한대의 『주역』을 유문역儒門易과 수술역數術易으로 나누는데, 일리가 있어 보이긴 하지만 구분하기는 매우 어렵다. 한대 『주역』의 주류는 상수역이기 때문에 점복은 역학이 아니라고 한다면 지금 남아 있는 것들은 아무 소용이 없게 된다. 게다가 관학조차도 여전히 '별을 보고 점치는 것占候'에 대해 말하고 있다.

한대 주역은 상수학象數學이라고 하는데, 그렇다면 상수학은 무엇을 말할까? 바로 괘를 역법과 결합해 음양점후陰陽占候에 이용한 것이다.[65]

맹희孟喜와 초연수焦延壽, 경방京房 일파는 64괘를 4계절, 12달, 24절기, 72절후에 배치시켜 비복납갑飛伏納甲,[66] 육일칠분六日七分[67] 등에 대해 말하고 있다. 출토된 자료를 연구해보면, 이런 기교나 체계에서 술어術語에 이르기까지 모두 일자의 술법에서 나온 것을 바로 알 수 있다.[68]

63_ 한쯔창韓自強, 『푸양한간주역연구』, 상하이고적출판사, 2004, 45~46쪽.

64_ 리쒜친, 『주역소원』, 301쪽.

65_ 팡마탄진간 『일서』 을종에서는 12율의 괘에 대해 언급했는데(간簡 244~255), 괘를 역법과 결합한 비교적 이른 증거다. 간쑤성문물고고연구소 편, 『톈수이 팡마탄진간天水放馬灘秦簡』, 중화서국, 2009, 99쪽 참고.

66_ 비飛는 볼 수 있게 밖으로 드러난 것, 복伏은 볼 수 없게 뒤로 숨은 것을 나타낸다. 비와 복은 서로 대립되는 형상을 뜻한다. 납갑納甲은 괘나 효를 간지에 배당納하는 것으로, 갑甲은 간지를 나타낸다.―옮긴이

일자의 술법은 전국시대에 매우 발달했다. 쯔탄쿠백서 『사시령』과 『오행령』, 주덴초간 『일서』와 상박초간 『일서』는 모두 이를 뒷받침하는 매우 좋은 증거다. 음양이든 오행이든, 음양오행설은 모두 이런 기술을 배경으로 한다. 이런 기술이 전국시대에 체계를 완비했기 때문에 우리는 한대 역학 가운데 일자의 술법은 결코 근원이 아니라, 하나의 흐름이었다고 단언할 수 있다.

전국시대와 진한대는 일자의 술법과 음양오행설이 크게 유행한 시대였다. 앞에서 기술한 발견은 서점筮占이 거북점에서 떨어져 나와 일자의 술법으로 모여들었다는 것을 말해준다. 본래 거북점과 짝하던 점복이 날짜를 선택하는 술법과 짝하는 점복으로 변화된 것이다. 상대와 양주시대와 비교하면, 이는 점복의 구조에서 중대한 변화다. 『역전』의 출현이 바로 이 시기에 이루어졌다는 점에 주의해야 한다.

7. 역학혁명의 두 단계—음양오행설의 재창조

역학혁명에는 두 가지 단계가 있으니 첫 번째는 술術이요, 두 번째는 도道다. 술은 앞에서 말한 점복이고, 도는 지금부터 논의할 철학이다.

67_ 전한시대에 맹희가 제시한 육일칠분법은 후천팔괘에 근원한다. 육일칠분법은 정사괘인 진, 이, 태, 감으로 춘하추동의 음양소장을 나타낸다. 그리고 나머지 60괘의 360효는 각각 하루를 나타낸다. 하지만 1년은 365.25일이므로 나머지 5.25는 배당할 효가 없게 된다. 그래서 이 5.25일을 60괘로 나누면 하루는 80분이 되고, 5.25일은 420분이 된다. 이것을 40괘로 나누면 매 괘는 7분이 된다. 이것이 절기의 규율을 연구하는 육일칠분법이다.—옮긴이

68_ 양웅揚雄의 『태현太玄』도 괘를 역법과 결합시켜 지은 것이다.

학자들은 점복이 철학으로 변한 것은 매우 혁명적인 일로 공경의 마음이 생긴다고 말한다. 이 변화로 생겨난 철학은 무엇인가? 유물론과 변증법(거의 마르크스·레닌주의라고 할 수 있다)이라고 모두 말한다. 이런 표현은 정확하지도 않고 근본적으로 핵심에 미치지도 못한 것이다.

내가 이해하기로는 역학혁명에서 점복이 철학으로 변한 것은 다른 것으로 바뀐 것이 아니라, 『주역』을 개조해 음양오행설을 융합한 것이다. 음양오행설은 아주 이른 시기에 싹이 텄지만 전국 시기에 체계화되었다. 정확하게 말하면 이것은 음양오행설의 재창조다.

음양오행설은 천지조화의 큰 도리를 말한다. 이런 이론은 서양의 개념으로 말하자면 우주론이나 자연철학이라고 부를 수밖에 없다. 하지만 음양오행설의 뿌리는 달력에 대한 학문이나 달력에 대한 학문과 유관한 점복이라는 점을 잊어서는 안 된다.

1) 음양설

음양이란 무엇일까? 간단하게 말하면 밝음과 어둠이다. 하늘 아래 햇빛이 찬란하게 비치는 쪽이 양면陽面이고 비치지 않는 쪽이 음면陰面이니, 이것이 음양 두 글자의 원뜻이다. 의미가 확장되면 대개 일체의 모순에 이 개념을 씌울 수 있다. 옛사람들은 정반正反, 흑백의 변증법에 대해 말하기를 좋아했다. 음양은 이런 변증법이다. 점복은 아무리 복잡하더라도 긍정是과 부정否에서 온다. 동전에 양면이 있어 던지면 길흉이 정해지는 것도 이런 변증법이다.

『장자』「천하」 편에서 『시경』『서경』『예기』『악기』『역경』『춘추』의 여섯 가지 경전은 추鄒와 노魯 지역의 선비나 관리縉紳先生들만 알았다고 했다. 여섯 가지 경전은 각각의 특징이 있다. 『역경』의 특징은 무엇일까? 세 글자로 '음양을 말한다道陰陽'라고 표현할 수 있다. 「계사 상」 5에서도 "음했다 양하는 것을 도라고 한다"라고 했으며, 『예기』 「제의」 편에서도 "옛날에 성인이 음양과 천지의 실정을 세웠는데 그것을 확립시켜 역이라 했다'라고 말했다. 전국시대의 사람들은 모두 『주역』은 천지음양에 대해 논한 책이라고 말했다.

『주역』은 점복에 대해 말하는데 홀수와 짝수로 나뉘고, 구효九爻와 육효六爻로 나뉘며(음효와 양효로 나타낸다), 한번 점복이 나오면 건과 곤 두 괘로 상대시킬 뿐 아니라 8경괘經卦는 천天-지地, 산山-택澤, 뇌雷-풍風, 수水-화火로 상대시키며, 64별괘別卦도 '두 개씩 서로 짝짓고 뒤집지 않으면 변화하니'(『주역정의』 「서괘」 소疏), 곳곳에서 모두 이원대립을 말한다. 후인들이 괘변卦變과 효변爻變을 말할 때 이 틀로써 속임수를 부린다.

하지만 재미있는 사실은 『주역』을 읽어보면 상경과 하경에서는 한 글자도 음양에 대해 언급하지 않고, 진정으로 음양에 대해 한 말은 모두 전傳의 부분에 있다는 점이다. 예를 들면 곤괘의 「문언」, 태泰괘와 비否괘의 「단사」, 또 「계사」 상하전과 「설괘」 등이 그렇다. 『역경』에서는 천도의 운행과 만물의 생성과 변화에 대해 말하지 않고, 대체로 우주의 질서에 대한 말은 온전히 『역전』 속에 있다.

즉 『주역』에서 천지음양을 말하는 것은 『역전』에 의존한다는 것을 알 수 있다. 『역전』이 『주역』을 일종의 점복에서 다른 점복으로 바꾸어놓고서야 비로소 이런 철학이 있게 된 것이다. 진정한 철학은 『역전』 속에 있다.

2) 오행설

『역전』에 전문적으로 오행에 대해 말한 내용은 없다. 하지만 음양과 오행이 결합하는 것은 필연적인 추세다. 마왕두이백서의 「요」 편은 '오행'을 언급했다.[69] 한역漢易은 음양오행으로 『주역』을 말한다.

옛사람들은 순환론에 대해 즐겨 말했는데 도리는 매우 간단하다. 봄 여름 가을 겨울, 생로병사, 생활의 경험은 본래 이와 같다. 오행설은 일종의 오원五元 순환의 개념이다. 이 개념은 루빅큐브와 같다. 동남서북은 춘하추동에 짝하니 보통 사방에 중앙을 더한 것에는 모두 이 개념을 사용할 수 있다. 옛사람들은 사방四方이 오위五位로 변화하고, 팔위八位가 구궁九宮으로 변화하는 것을 말하면서 사방의 색깔을 사물에 짝지어 층층이 더해나갔으니 무한히 확대시킬 수 있는 개념이다.

오행에도 하나의 경전이 있다. 옛사람들이 오행에 대해 말한 것은 모두 『상서』 「홍범」에서 시작되었다. 「홍범」에서 오행에 대해 말한 것은 "첫째는 물, 둘째는 불, 셋째는 나무, 넷째는 쇠, 다섯째는 흙이다. 물은 스며들어 밑으로 가고, 불은 타올라 위로 가며, 나무는 굽었다 곧고, 쇠는 변혁함을 따르며, 흙은 심고 거두어들인다. 스며들어 밑으로 가면 짠 것이 되고, 타올라 위로 가면 쓴 것이 되며, 굽었다 곧은 것은 신 것이 되고, 변혁을 따르는 것은 매운 것이 되며, 심고 거두어들이는 것은 단 것이 된다"[70]라는 몇 구절뿐이다. 그러나 후인들은 이를 크게 확대시켰다. 한대에 「홍범」에

69_ 마왕두이백서 「요」 편: "그러므로 역에 또 천도天道가 있으나 일월성신으로 다 일컬을 수 없기 때문에 음양이라고 했다. 또 지도地道가 있으나 수화금토목으로 다 일컬을 수 없기 때문에 유유柔와 강강剛으로 조율했다……."

70_ 一曰水, 二曰火, 三曰木, 四曰金, 五曰土. 水曰潤下, 火曰炎上, 木曰曲直, 金曰從革, 土爰稼穡. 潤下作鹹, 炎上作苦, 曲直作酸, 從革作辛, 稼穡作甘.

대해 말한 것으로는 앞에는 복생伏生의 『상서대전尚書大傳』이 있고, 뒤에는 유향의 『홍범오행전洪範五行傳』이 있으니 모두 이런 이론을 발휘한 것이다. 『한서』「오행지五行志」는 『홍범오행전』에 근거해 오행으로 재이災異를 말하는데, 크게는 산이 무너지고 샘이 솟구치는 것에서 작게는 소나 말이 병이 생기는 것까지 무엇이든 다 풀이한다. 이것이 오행설의 경전 근거다. 하지만 오행설이 「홍범」의 몇 구절에 기대서 창조할 수 있는 것이라고 생각해서는 안 된다.

오행설을 창조하는 데는 반드시 기술이 지지하고 지식이 바탕이 되어야 한다. 이런 지지와 바탕은 복서가 아니라 선택술이다. 우리가 알아야 할 것은 선택술이 전국시대와 진한대에 걸쳐 가장 큰 술이었으며, 역대의 사지史志가 모두 수술류數術類(혹은 술수류)에 오행류를 두었다는 점이다. 선택서는 일찍이 크게 시령서와 일서의 두 종류가 있었다는 점은 앞에서 이미 언급했다. 시령은 사시령으로 1년을 사계절로 나누어 24절기를 배치한 것이고, 오행령은 1년을 5단계로 나누어 30절기를 배치한 것이다. 이들은 모두 복잡한 방위색과 짝하는 색깔이 있는데 나누어질수록 세세해지며 미루어 갈수록 넓어지니 무엇이든지 그 안에 포함시킬 수 있다. 일서는 시령을 더욱 세밀하게 해서 일상생활의 모든 것을 그 안에 포함시킬 수 있고 모든 점복도 포함시킬 수 있으니 그야말로 점복의 대전大全이다. 오행설의 가장 중요한 부분은 사실 이 영역이다.[71]

옛사람들은 이 두 가지 이론으로 원을 깨뜨려 사각형을 만들고 사각형을 다듬어 원을 만들 듯이 모든 '술術'을 가지런히 일치시켰다(의서와 병서에

71_ 음양오행설은 중국 기술서에 빠짐없이 거론되고 있지만 체계적인 논술이 결여되어 있다. 이 설을 집중 토론한 책으로는 수나라 소길蕭吉의 『오행대의五行大義』가 있다.

도 모두 이 이론이 들어가 있다).

『한서』「예문지」에 밀접하게 관련된 두 종류의 책이 있는데 하나는 음양가의 책이고 하나는 오행류의 책이다. 음양가는 「제자략」에, 오행류는 「수술략」에 있는데 두 가지는 밀접한 관련이 있다. 사마담의 『육가요지』에 "무릇 음양과 사시, 팔위, 십이도十二度, 이십사절二十四節은 각각 교령敎令이 있으니 이를 따르는 것은 창성하고 거스르는 것은 죽지 않으면 없어진다"고 했는데, 음양가는 이런 부류를 말하고 오행류도 이런 부류를 말한다. 오행류를 보면 앞의 책 여섯 권은 음양을 이름으로 삼고 있는데 그중에『음양오행시령陰陽五行時令』이란 것도 있다. 이 두 종류는 무엇으로 구별할까? 주로 전자는 대부분 작자가 있어 '가家'라고 부를 수 있고, 후자는 단지 일반적인 기술서로 '작자'라고 말해야 하며 고찰할 이름이 없다.

과거에는 모두가 음양오행설은 완전히 철학가의 창조, 즉 추연鄒衍이 주창한 오덕종시설五德終始說의 일종이라고 여겼다. 사실 현재의 인식에 근거하면 음양오행설은 무명의 전문기술자와 유명한 철학자가 공동으로 창조한 것이라고 말해야 한다. 사상이 꼭 철학자가 창조하는 것만은 아니라고(예술처럼 전면에 장인이 있다) 나는 믿는다.

이밖에 보충할 만한 것으로, 중국의 자연철학을 연구하는 데『역전』과「홍범」외에도 소홀히 할 수 없는 자원이 또 있으니 바로 전국시대 도가의 우주론이다. 예를 들면, 『노자老子』는 이 방면의 고명한 의론이고, 궈뎬초간郭店楚簡의 「태일생수太一生水」는 『노자』의 우주론을 상세히 밝혀낸 것이다. 상박초간의 「항선恒先」에는 또 『회남자淮南子』의 도론道論이 나오는데, 이런 것을 수집하자면 적지 않으며 모두 철학의 맛이 있는 것들이다.

한대에 활동한 육가六家 중에서 유가와 도가가 두드러졌다. 한나라 초기에는 도가가 가장 번성했다. 무제 때 유가가 크게 일어나 윗자리에 섰다가 위진시대 이후에는 다시 상황이 뒤바뀌었다.

한대의 학술에서 음양은 유가에 가깝고 법가는 도가에 가까우니 각각 두 학파에 종속된다. 유가는 유―음양가이고, 법가는 도―법가다. 법가와 명가名家, 묵가墨家가 쇠망한 이후에 한대 학술의 유산은 유가와 도가가 맞서서 경쟁하고 음양이 수술로 바뀌었다.

한 권의 역학사易學史는 유가경전 변천의 역사일 뿐 아니라, 상수파象數派의 배후에 음양·술수가 있고 의리파義理派의 배후에는 황로黃老·석도釋道가 있어 이를 살피지 않을 수 없다.

8. 역학혁명의 유산―상수와 의리

『주역』은 두 가지 독법이 있으니 하나는 상수象數를 주로 하고 하나는 의리義理를 주로 한다. 상수는 점복을 위주로 하는데, 『주역』은 단지 도구일 뿐이며 종종 『주역』과는 무관한 내용을 말하기도 한다. 의리는 철학을 위주로 하며 음양오행을 빌려 천지의 조화나 인사의 길흉을 말하는데, 책으로 책을 논하거나 『역』으로 『역』을 풀이하는 경우가 더 많다.

『역』은 복서를 근본으로 하므로 선진 시기의 역설易說은 모두 상수를 위주로 하면서 아울러 의리를 말한다. 『역전』에서부터 점치지 않는다는 설이 생기기 시작했으며, 의리가 점차 두드러지면서 두 가지 다른 독법이 생기게 되었다. 한나라 이래로 역학에서 상수와 의리의 논쟁이 생긴 것은 바로 이런 두 가지 독법을 반영하는 것인데, 그 전후 경과는 다음과 같이 개괄할 수 있다.

1) 한대의 역학

보통 말하는 한역漢易, 곧 한대의 역학은 왕필王弼이 상象을 없애기(한역의 상수학을 뒤집기) 전의 역학이다.

한역은 고금古今으로 구분한다. 금문가는 전하田何를 추종하며, 고문가는 비직費直을 추종한다. 전하는 치천淄川(지금의 산둥 성 칭저우青州) 사람이고 비직은 동래東萊(지금의 산둥 성 라이저우萊州) 사람으로, 모두 제나라 사람이며 앞에서 언급했던 북파에 속한다.

금문역今文易은 전한시대의 관학官學이다. 전하는 진한 교체기에 활동한 사람이며, 한역의 제일인자다. 한나라 초기에 전하가 역을 전했으니 왕동王同과 주왕손周王孫, 정관丁寬, 복선服先이 1세대다. 왕동은 양하楊何에게 전수하고 주왕손은 채공蔡公에게, 정관은 전왕손田王孫에게 전수했으니 이들이 2세대다. 양하는 경방京房(아래의 경군명京君明이 아니다)과 사마담에게 전수하고, 전왕손은 시수施讎·맹희·양구하梁丘賀에게 전수했으니 이들이 3세대다. 『한서』「예문지」에서 말한 삼가역三家易의 시수·맹희·양구는 선제宣帝 때 학관學官에 올랐다. 맹씨역孟氏易은 음양오행설을 끌어당겨 『주역』에 대해 말한 일파다. 맹희는 괘기설을 제창해 한나라 상술역象術易의 창시자가 되었다. 초연수는 『초씨역림焦氏易林』을 지었는데, 스스로 맹희에게 전수받았다고 밝혔다. 초연수는 경방京君明에게 전수했는데, 『경씨역전京氏易傳』이 있다. 경씨역은 전한시대의 상수역을 대표하는 것으로 원제元帝 때 학관에 올랐으며, 전한 말기와 후한 초기의 역학에 가장 큰 영향을 끼쳤다.

고문역古文易은 사학私學이며, 후한과 위진 시기에 주로 유행했다. 비직은 한나라 성제成帝와 애제哀帝의 교체기와 왕망 때의 사람으로 시기가 비교적 늦다. 비씨본은 중고문본中古文本(비부祕府 소장 고문본)과 함께 『고문역』이라 불리는데 전하는 사람이 극히 적었다. 후한 시기에 경씨역이 유행하고 비씨역은 중시를 받지 못하다가 진원陳元과 정중鄭衆 그리고 마융이 비씨역을 연구하고서야 국면이 바뀌게 되었다. 마융이 정현에게 전수해 정씨역이 있게 되었다. 정현은 호체互體와 효진爻辰(『역위』「건착도」에서 빌려옴)을 제창했으며, 맹씨역과 비씨역을 『역위』와 한데 붙이고 아울러 고금을 섞었는데 후한 말기와 위진시대의 역학에 가장 큰 영향을 끼쳤다. 정현은 고문역을 제창하고 비씨역은 전으로 경을 해석할 것을 강조했으니, 위진 의리학파의 원류다. 하지만 정현은 여전히 상수학파이며 순상苟爽과 우번虞翻도 마찬가지다.

한역은 전한의 맹희, 초연수, 경방과 후한의 정현, 순상, 우번 등 육가가 모두 상수에 대해 말했다. 하지만 이른바 상수는 실상 그다지 같지 않은 두 가지 해석을 포함한다. 하나는 『역』으로 『역』을 해석하며 효변爻變을 위주로 한다. 다른 하나는 주제를 빌려 의견을 피력한 것으로, 효변을 빌려 음양점후陰陽占候와 재변구징災變咎徵에 대해 말함으로써 『주역』을 일서화했다. 이 두 가지 사고의 방향은 모두 후대에 영향을 끼쳤다.

2) 송대의 역학

정현 이후에 왕필이 상을 없애고 노자를 빌려 역을 말하며(도교 외에 불교의 영향도 있다) 『주역』을 현학玄學에 집어넣은 것은 당시의 풍조가 그렇게 만든 것이었다.[72] 왕필의 의리는 현학의 의리다. 이것은 하나의 큰 전환점이다. 이때부터 비로소 상수의 설은 잠잠해지게 되었다.

72_ 양웅의 『태현』에 이미 이런 시도가 있었다.

송역宋易, 곧 송대의 역학은 의리를 주류로 하지만 상수에 대해 말하지 않는 것은 결코 아니다. 송역에도 상수파와 의리파가 있는데, 단지 개념이 이전과 다를 뿐이다. 송역에서 말하는 상수는 도수圖數의 학문이고, 이른바 의리는 이학가의 이理다.

송역 상수학파의 근원은 화산華山의 도사인 진단陳摶이다. 진단은 도圖로 『역』을 해석했는데, 그 근원은 『주역참동계周易參同契』와 도교 연단술이다. 진단은 『선천태극도先天太極圖』와 『용도龍圖』 및 『무극도無極圖』를 유목劉牧과 이지재李之才에게 전수했는데, 거기에는 각종 '수학數學'과 '도학圖學'이 담겨 있다. 태극도설을 발명한 주돈이周敦頤와 선천학先天學을 창시한 소옹邵雍은 이 일파의 대표적 인물이다. 그들은 도상을 완상하는 것을 좋아하고 부단히 각종 역도易圖를 창조했으며, 후인들도 이런 학문을 '도서지학圖書之學'(도는 하도河圖, 서는 낙서洛書)이라고 불렀다.

송역 의리파의 근원은 호원胡瑗이다. 이 일파는 의리를 말하는데, 위로 왕필을 계승했지만 현학으로 『역』을 해석하는 데는 반대했다. 송역의 이른바 의리는 왕필과 다르다. 호원 이후로 정이程頤가 이理에 대해 말하고 장재張載는 기氣에 대해 말했는데 각각 주장하는 바가 있었고 서로 다른 많은 유파도 있었다. 하지만 공통점은 상수파에 반대했다는 것이다.

주희朱熹는 비교적 특수한 경우인데, 파로 논하면 정이와 같은 일파이지만 그의 『주역본의周易本義』는 상수를 아울러 채용했으니 송역의 집대성자라고 할 수 있다.

3) 청대의 역학

청대 학술은 한나라와 송나라를 구별했다. 역학도 패션과 마찬가지로 유행하는 추세가 있다. 한역은 상수에 대해 말하는 것이 너무 지나쳐서 상을 없애고 의리를 고쳐서 완상했으며, 송역은 의리에 대해 말하는 것이 너무 지나치고 또 상을 숭상해 한역으로 회귀했다. 건가학파乾嘉學派가 고증하고 수집·정리하는 데는 『주역집해周易集解』가 또 기점이 되었다. 한역을 정리하는 데는 혜동惠棟과 장혜언張惠言, 초순焦循, 손성연孫星衍이 크게 기여했다.

『사고전서총목제요四庫全書總目提要』 권1에 실린 '양파육종兩派六宗'의 설은 역학사를 개괄해 서술한 것이다.

한나라의 유학자들이 상수를 말한 것은 고대와 멀지 않다. 한번 변해 경방과 초연수에 이르러 길흉화복에 들어가고, 다시 변해서 진단과 소옹에 이르러 조화를 힘써 궁구하니 『역』은 마침내 백성들의 쓰임에 절실하지 않게 되었다. 왕필은 상수를 죄다 몰아내고 노장으로 해석했다. 한번 변해 호원과 정자程子는 처음으로 유학의 이치를 천명했고, 다시 변해 이광李光과 양만리楊萬里가 또 역사 사실을 참고하고 증명해 『역』은 마침내 그 논의의 단서를 날로 열어놓았다. 이 양파육종은 이미 서로 논박하기 시작했다. 또 『역』의 도는 포함하지 않는 것이 없이 광대해서 천문, 지리, 악률, 병법, 운학韻學, 산술에서 방외의 연단술까지 모두 『역』을 끌어들여 설로 삼았고, 신기한 것을 좋아하는 자들은 또 이것들을 끌어들여 『역』에 넣었기 때문에 『역』의 설은 더욱 복잡해졌다. 64괘 대상전大象傳에는 모두 '군자이君子以'의 글자가 있는데, 그 효상爻象에는 점을 경계하는 것이 많으니 성인聖人의 정이 글에 드러났다. 그 나머지는 모두 『역』의 한 갈래로 근본은 아니다. 이제 제가의 설을 참고하고 교정해서 상에 근거해 가르침을 세운 것을 종宗으로 삼았고, 나머지 『역』 외에 별도로 전하는 것 또한 아울러 거두어 그 변화를 다해 각각의 의론을 만들어 왼쪽에 갖추어 늘어놓았다.

이 서술이 온전히 정확한지에 대해서는 토론할 만하지만 큰 윤곽은 맞다. 여기서 말하는 '양파'는 한위 시기의 양파(상수파와 의리파)이고, '육종'은 송역에서 분기한 것들이다.

상수파의 대표적 인물은 한대의 경방과 초연수이며, 그 특징은 "길흉화복에 들어가入於禨祥" 음양재이를 말하고 신비한 색채가 매우 농후하다는 것이다. 이 학파는 발전해서 송대에 이르러 진단과 소옹의 두 종파로 나뉘는데, 그 특징은 "조화를 힘써 궁구해서務窮造化" 우주론에 대해 말하고 만물의 생성과 변화에 대해 말한 것이다. 그것의 근원은 도교다.

의리파의 대표적 인물은 위나라 왕필이며, 그 특징은 "상수를 죄다 몰아내고 노장으로 해석한盡黜象數, 說以老莊" 것이다. 이 학파는 발전해서 송대에 이르러 호원·정이의 두 종파와 이광·양만리의 두 종파로 나뉜다. 그것의 근원은 현학이다.

송학은 정통을 강조하지만 그 자원은 결코 순수하지 않다.

근현대의 역학은 여전히 의리파와 상수파가 있다. 여기서는 더이상 상세히 말하지 않겠다. 아래의 서목을 보면 자연히 이해할 수 있을 것이다.

9. 무슨 책을 읽는 것이 좋을까?

『주역』을 읽으려면 어떻게 하는 것이 좋을까? 먼저 원서를 읽고 나서 다음으로 주역의 역사를 읽고, 마지막으로 출토본을 읽기를 권한다. 아래의 책들을 추천한다.

1) 원서 읽기

『주역』의 원문은 매우 어려워서 주석을 보지 않으면 이해할 수가 없다. 주석을 보는 데는 두 가지 번거로움이 있는데, 첫째는 주석본이 너무 많아서 다 읽을 수가 없으므로 하나를 선택해야 한다는 점이다. 둘째로 주석본은 상수파와 의리파로 나누어지고 각 파는 각자의 이치가 있으니 서로 비교해보아야 한다. 독자들이 참고할 수 있도록 몇 권의 책을 골라보았다.

- 당나라 공영달의 『주역정의』

  청나라 완원阮元이 교각한 『십삼경주소十三經注疏』(청 가경 간본: 중화서국, 2009, 제1책, 1~228쪽)에 수록되어 있다.

  이 책은 위나라 왕필이 경經에 주석한 것과 진晉나라 한강백韓康伯이 전傳에 주석한 것에 공영달이 소疏를 단 것으로 당나라 때의 표준 독본이었다. 왕필과 한강백의 주석은 노자와 현학을 숭상하고 양한시대의 상수학을 일소한(상수설象數說도 우연히 인용하긴 했지만) 위진시대 의리파의 대표작이다.

- 당나라 이정조李鼎祚의 『주역집해』

  청나라 이도평李道平의 『주역집해찬술周易集解纂述』(판위팅潘雨廷 점교, 중화서국, 1994)에 수록되어 있다.

  이 책은 앞의 책과 상반된다. 이정조는 옛 주석이 없어진 것을 마음 아파하며 왕필의 주석을 '야문野文'이라고 배척했으며, 한나라와 당나라의 옛 주석을 모아 이 책을 만들었다. 인용된 서적은 '삼십여가三十餘家'(서문에 보인다)인데, 구설舊說은 35가로 되어 있으나 근래에 살펴보니 40종이 있다. 한나라와 당나라의 옛 주석은 대부분 이 책에 힘입어 보존되었다. 양한시대의 상수학을 연구하는 데는 이 책이 가장 중요하다.

- 송나라 정이의 『주역정씨전周易程氏傳』

  정호程顥, 정이 형제의 『이정집二程集』(왕샤오위王孝魚 점교, 중화서국, 1981, 하책, 689~1026쪽)에 수록되어 있다.

  정이는 역을 연구하면서 왕필과 호원, 왕안석王安石을 추중했다. 이 책은 왕필본에 의거해 주석을 달았으며 한강백이 주석한 각 편은 포함하지 않는다. 송역은 상수파와 의리파로 나뉘는데, 의리를 주류로 한다. 이 책은 송역 의리파의 대표작이다.

- 송나라 주희의 『주역본의』(랴오밍춘廖明春 점교, 중화서국, 2009)

  이 책은 『주역정씨전』과 달리 편의 차례가 왕필본을 따르지 않고 여조겸呂祖謙이 복원한 고본을 따른다. 주희는 의리를 헛되이 담론하는 것에 불만을 가지고 시초점으로 역을 해석하고 상수로 의리를 이룰 것을 주장한다. 그는 "『역』은 본래 점서의 책이다"(그의 어록과 서신에서 여러 차례 말했다)라는 명언을 남겼다. 이 책 앞부분에 있는 「서의筮儀」 「괘가卦歌」와 9종의 역도易圖는 바로 서법筮法과 괘상에 대해 말하고 있다. 이는 상수파의 것을 흡수한 것이다. 이 책은 주석이 극히 간결하면서 세련되고, 서술이 극히 명석해서 후대에 큰 영향을 끼쳤다.

• 청나라 혜동惠棟의『주역술周易述』, 부록『역한학易漢學』『역례易例』(정완 경鄭萬耕 점교, 중화서국, 2007)
   건가학파는 고증으로 한역을 중흥시켰는데 이 책이 대표작이다. 혜동 이 말하는 한역은 맹희·경군명·정현·순상·우번의 다섯 사람, 그중에서도 특히 순상과 우번을 위주로 한다. 순상과 우번의 주석은 주로 『주역집해』에 보존되어 있다. 특히 우번의 주석은『집해』에 가장 많이 인용되었다.

• 양수다楊樹達의『주역고의』(상하이고적출판사, 2006)
   양수다는 어려서부터 한나라의 상수설을 옳다고 여기지 않고 송나라 정자의 책만 좋아했다(자서自序). 책 앞부분에 실린 예더후이葉德輝의 서문에서 한역은 상수를 중시하는데 청나라 유학자(혜동과 장혜언 같은)들이 발굴에 전념해 큰 공을 세웠지만 불외효진不外爻辰과 괘기卦氣 등의 제목 외의 말은 본뜻과 무관하며, 문인인 양수다가 근래에 여러 책을 두루 채택해『주역고의』를 편집하니 비로소『역』을 잘 말한 것이라고 했다. 책 이름의 '고의古義'는 의리의 의義다.

• 상빙허尙秉和의『주역상씨학周易尙氏學』(중화서국, 1980)

상빙허는 만청과 중화민국 교체기의 사람이다. 근현대에는 의리학이 다시 주류가 되고 상수학은 미신이라 여겨져 다시 일소되었는데, 상 빙허는 전한의 상수학에 뜻을 두었다. 청나라 유학자들은 한역을 말 할 때 순상과 우번을 가장 중시한다. 상빙허는 한역을 말할 때『초씨 역림』만을 높인다. 그는 한역의 정종正宗은 맹희, 초연수, 경군명이지 마융, 정현, 순상, 우번이 아니라고 말한다. 초연수의 책만 고의古義에 부합하니『좌전』『국어』의 시초점의 예를 검증하면 꼭 들어맞지 않는 것이 없다는 것이다. 하지만 그는 걸핏하면『주역』에 수록되지 않은 상 사象辭를 말하고 무엇이든 부호가 되니 과도하게 규명하고 밝혀낸 혐 의가 있는 것 같다. 상빙허의 저서는 약 10종이 있는데, 이 책은 상象 으로『역』을 풀어 책 전체를 해석한 것으로 그의 대표작이다.

• 가오형의『주역고경금주周易古經今注』(중정본)와『주역대전금주周易大傳今注』

전자는 1984년의 중화서국본과 2004년의『가오형저작집림』본(칭화대 학출판사, 제1권, 1~424쪽)이 있다. 후자는 1979년의 제로서사본과 2004년의『가오형저작집림』본(제2권)이 있다. 문헌 고증은 두 책이 가 장 상세하고 참고하기가 매우 편리하다.

작자는 경經은 경이고 전傳은 전이니, 경은 경으로 해석해야 하고 전 은 전으로 해석해야 하므로 양자를 나누어서 봐야 한다는 점을 강조 하기 때문에 경과 전을 각각의 책으로 써서 그 뜻을 최대한 밝혔다. 『주역고경금주』에서 경에 주석한 것에 대해 작자는 첫째로『역전』을 고수하지 않고, 둘째로 상수를 말하지 않은 것이 특징이라고 말한다.

『주역대전금주』에서 전에 주석한 것에 대해서는 상수를 말해야 하지만 상수에 얽매여서는 안 된다고 말한다. 두 책이 의리를 주로 함을 알 수 있다.[73]

2) 주역사周易史 읽기

두 권의 책을 추천한다.

• 주보쿤朱伯崑의 『역학철학사易學哲學史』(화하출판사, 1995)

  이 책은 모두 4권으로 구성되며, 주역의 전체 역사를 두루 해석한다.

• 류위젠劉玉建의 『양한상수역학연구兩漢象數易學研究』(광시교육출판사, 1996)

  이 책은 이정조의 『주역집해』의 안내서로 주로 한역의 역사에 대해 말한다.

3) 출토본 읽기

다음 네 가지 책은 꼭 읽어보아야 한다.

• 상박초간 『주역』

  마청위안馬承源 주편 『상하이박물관장전국초죽서上海博物館藏戰國楚竹書』(상하이고적출판사, 2003, 도판 11~70쪽, 석문고석釋文考釋 131~

---

[73]_ 가오형의 저서 중에 또 『주역잡론』이 있다. 이 책은 1979년 제로서사본과 2004년 『가오형저작집림』본(제1권, 425~529쪽)이 있는데 역시 참고할 만하다.

260쪽, 푸마오쭤濮茅左 정리)에 수록되어 있다.

이 책은 잔본殘本으로 잔간殘簡 58매가 남아 있는데, 여기에 내가 증보한 1매를 더하면 모두 59매가 된다. 이 59매의 죽간은 34괘와 관련된 것이니 대략 원서의 절반에 불과하다. 옮겨 적은 연대는 대략 전국시대 중기이며, 현존하는 고본 가운데 연대가 가장 이르다. 푸마오쭤의 문구 해석은 내가 예전에 발표한 원고를 기초로 했지만, 별도로 새롭게 해석해 죽간본의 괘의 차례가 금본과 다르다고 생각했다. 나는 독후감 1편을 써서 그의 잘못된 해석을 바로잡는 외에 죽간본의 괘의 차례는 금본과 다르지 않다는 점을 분명히 지적했다.[74] 이 점은 현재 이미 사실로 증명되었다.[75]

• 마왕두이백서『주역』경전, 장정랑 유고 중 2권의 책 참고
영인본『마왕두이백서 주역경전 교독』, 중화서국, 2008; 배인본『장정랑논역총고』하편, 유고, 중화서국, 2011, 89~292쪽.
장정랑 선생의 유고는 대략 1976년 전후에 쓰인 것인데 그동안 발표되지 않았다. 2005~2006년에 나와 내 제자들이 수업시간에 토론을 거쳐 이 수고手稿를 정리했다.

• 쏭구두이한간『주역』
한쯔창韓自強의『푸양한간주역연구阜陽漢簡周易研究』(상하이고적출판사,

74_ 리링,「독상박초간주역」, 54~67쪽.

75_ 쑨페이양孫沛陽,「상하이박물관장전국초죽서 주역의 복원과 괘서 연구」,「고대문명연구통신」, 베이징대학진단고대문명연구중심, 총46기(2010년 9월), 23~36쪽.

2004)에 수록되어 있다.

쌍구두이한간도 잔본으로 잔간 221편이 남아 있다. 잔간은 52괘와 관련이 있는데 잔결이 너무 심해서 괘의 차례를 회복할 방법이 없다.

• 리쉐친의 『주역소원周易溯源』(파촉서사, 2006)

이 책의 원래 제목은 『주역경전소원周易經傳溯源』(창춘출판사, 1992)인데, 14년 후에 수정을 거쳐 『주역소원』으로 바뀌었다. 숫자괘와 상박초간 『주역』, 마왕두이백서 『주역』 경전, 쌍구두이한간 『주역』, 왕가대진간 『귀장』 등을 두루 언급하고 있는데, 지금까지 출간된 책 중에는 관련된 고고학적 발견을 종합하고 가장 깊이 있게 토론한 유일한 저작이다.

『주역』을 읽는 데는 관련 서적이 너무 많은데, 많은 책이 역학사를 연구하기 위해서만 읽을 필요가 있는 것들이다. 『역』을 읽는 데 가장 기본적인 책은 그래도 『역경』과 『역전』이다. 『역경』은 복서卜筮시대의 경전이고, 『역전』은 서점筮占이 복점卜占에서 떨어져 나와 음양오행설과 결합해서 생긴 산물이다. 한역의 특징은 음양점후와 일서화日書化에 있다. 청대의 역학은 한나라를 근본으로 삼되 전한이 아니라 후한과 삼국시대의 한을 근본으로 삼으며, 전한의 역은 전국시대의 역과 다르고 『역전』도 『역경』과 다르다는 점에 주의해야 한다.

마지막으로 몇 마디 말로 끝맺으려 한다. 『역경』은 서주시대 서점의 경전이며, 『역전』은 전국시대와 진한의 신구 점복이 교체할 때의 산물이다. 『역전』을 상세히 해석해야 『역경』은 비로소 중국 자연철학의 원천의 하나가 된다.

　음양은 세상 만물의 이원대립에 대해 말하고, 오행은 세상 만상의 다섯 가지 순환에 대해 말하는데, 음양과 오행은 정靜과 동動을 끊임없이 반복하면서 옛사람들이 세상을 해석하는 두 개의 열쇠를 이룬다. 내가 말하는 자연철학은 바로 이 두 개의 열쇠를 가리킨다.

『역경』은 난해하다. 우선 『역경』의 처음 네 글자가 읽어내기 어렵고 해석이 매우 어지럽다. 이 글자들은 모두 서주 복서의 상용자로 뒤에 반복해서 출현한다. 『역경』을 읽는 데 도움을 주기 위해 나는 특별히 20자를 골라 전면에 두고 말하고자 한다. 각 글자에는 사례辭例를 들고 그 아래에 부연 설명을 하여 정리할 것이다. 독자들이 이 부분을 읽으면 전체적인 인상이 생겨 뒤로 넘어가도 다시 앞으로 와서 살펴볼 필요가 없을 것이다. 뒤에서 이 단어들을 해석할 때 여기서의 이해를 표준으로 삼는다.

1. 가장 ~하다〔元〕

원元자에는 세 가지 기본 함의가 있는데, '으뜸, 처음의, 가장 ~한'이 그것이다. 용례는 다음과 같다.

신명과 가장 잘 통하다元亨(건乾괘 괘사, 곤坤괘 괘사, 둔屯괘 괘사, 대유大有괘 괘사, 수隨괘 괘사, 고蠱괘 괘사, 임臨괘 괘사, 무망无妄괘 괘사, 승升괘 괘

사, 혁革괘 괘사)

가장 길하다元吉(곤坤괘 육오효, 송訟괘 구오효, 이履괘 상구효, 태泰괘 육오
효, 복復괘 초구효, 대축大畜괘 육사효, 이離괘 육이효, 손損괘 괘사·육오효,
익益괘 초구효·구오효, 정井괘 상륙효, 정鼎괘 괘사, 환渙괘 육사효)

점복이 이롭고 오래간다元永貞(비比괘 괘사, 췌萃괘 구오효)

대머리 귀신元夫(규睽괘 구사효)

내 생각은 이렇다. 『역경』의 첫 부분에 네 글자가 있으니 원元, 형亨, 이
利, 정貞이다. 원은 맨 처음 나오는 글자다. 『설문해자』에는 글자를 해설하
는 첫머리에 일一, 원元, 천天의 세 글자가 나온다. 이 세 글자는 모두 옛사
람들이 가장 중요하게 여긴 글자들인데, 그중에 원元자가 있다. 허신許愼은
"처음이다. 일一을 따르고 올兀을 따른다"고 풀이했다. 『이아爾雅』는 글자를
풀이한 책인데, "초初, 재哉, 수首, 기基, 조肇, 조祖, 원元, 태胎, 소俶, 낙落,
권여權輿는 시작의 뜻이다"라는 구절이 있다. 이것은 첫 단락인데, 여기에
원자가 있다. 원元자는 사람의 정수리를 본땄다. 맹자는 두 차례 "용감한
선비는 그 머리를 잃게 될 것을 잊지 않는다勇士不忘喪其元"고 말한 바 있다
(『맹자』「등문공滕文公 하」와 「만장萬章 하」). 원의 본뜻은 사람의 머리다. 예를
들면 '원수元首'라는 단어는 사람의 머리에서 온 것이며, 지금 속어에서도
'머리'를 써서 자신을 영도하는 사람을 가리킨다. 옛사람들은 만물이 처음
뻗어나갈 때 머리가 있다고 생각했다. 시작도 일종의 머리이기도 하다. 『역
경』의 시작은 무엇인가? 건괘다. 건괘의 시작은 무엇인가? '원형元亨'이다.
「문언」에 원元을 설명한 두 구절이 있다. 하나는 "원은 선의 어른이다元者,
善之長也"로 '원'은 선善의 머리라는 뜻이다. 다른 하나는 "건원은 처음에 형

통한 것이다乾元者, 始而亨者也"로 '건원'은 시작해서 바로 형통하다는 뜻이다. 원元은 옛날에는 크다大는 뜻으로 풀이했는데 섞어서 말해도 차이가 없지만 그 뜻을 자세히 살펴보면 다른 점도 있다. 원은 크지만 일반적으로 큰 것이 아니라 가장 큰 것이다. 이 글자는 형용사에 해당한다. 내 생각에 가장 적절한 번역은 '일등의'이며, 다른 형용사 앞에 붙으면 가장 어떠하다는 뜻(영어의 most와 어느 정도 비슷하다)이다. 앞에서 열거한 용례에서 원은 단독으로 쓰이지 않았다. 가장 많이 쓰인 것은 역시 형亨자와 길吉자를 수식해 가장 형통하고 가장 상서로움을 나타낸다. 단어의 용례 중에 이런 용법이 가장 자주 보인다. '원영정元永貞'은 한 차례만 보이는데 점복에 이롭고 가장 장구하다는 뜻을 나타낸다. '원부元夫'도 한 차례 보이는데, '곤부髡夫'로 읽어야 할 것 같으며 점복 술어는 아니다.

2. 신명과 통하다〔亨〕

형亨자는 '신령스럽게 잘 통한다靈通'거나 '신령스러운 빛靈光'(상하이 사람들은 '링광靈光'이라는 말을 즐겨 쓴다)이라는 뜻이다. 『자하역전子夏易傳』(공영달의 소에 인용)에서는 통한다通는 뜻으로 해석한다. 통하는 것을 무엇을 가리키는가? 보통 사람들은 그다지 탐탁하지 않는데, 사실 신명과 통하는 것이니 아래의 문장에서는 '신명과 통한다'로 번역한다. 용례는 다음과 같다.

신명과 통하다亨(몽蒙괘 괘사, 소축小畜괘 괘사, 이履괘 괘사, 태泰괘 괘사, 비否괘 초륙효·육이효, 동인同人괘 괘사, 겸謙괘 괘사, 서합噬嗑괘 괘사, 비賁

괘 괘사, 복復괘 괘사, 대축大畜괘 상구효, 대과大過괘 괘사, 이離괘 괘사, 함
咸괘 괘사, 항恒괘 괘사, 둔遯괘 괘사, 췌괘 괘사(2번), 곤困괘 괘사, 정鼎괘 괘
사, 진震괘 괘사, 풍豐괘 괘사, 태兌괘 괘사, 환渙괘 괘사, 절節괘 괘사·육사
효, 소과小過괘 괘사, 기제旣濟괘 괘사, 미제未濟괘 괘사)

신명과 가장 잘 통하다元亨(건乾괘 괘사, 곤坤괘 괘사, 둔屯괘 괘사, 대유大有
괘 괘사, 수隨괘 괘사, 고蠱괘 괘사, 임괘 괘사, 무망괘 괘사, 승升괘 괘사, 혁
革괘 괘사)

신명과 조금 통하다小亨(여旅괘 괘사, 손巽괘 괘사)

신명과 크게 통하다光亨(수需괘 괘사)

마음이 신명과 통하다心亨(습감習坎괘 괘사)

제사를 지내다用亨(대유괘 구삼효, 수隨괘 상륙효, 승괘 육사효)

형亨과 향享은 본래 같은 글자다. 금본 『역경』에는 亨과 享이 구별된다.
형통亨通의 亨은 일률적으로 亨으로 되어 있고, 향사享祀의 享은 亨으로 쓰
기도 하고 享으로 쓰기도 하여 통일되어 있지 않다. 형통의 형은 상박본에
는 향鄉으로 되어 있고(일률적으로 鄉으로 되어 있음), 마왕두이본에는 亨으
로 되어 있으며(일률적으로 亨으로 되어 있음), 쌍구두이본에도 亨으로 되어
있다. 향사의 향은 상박본에는 향畜(한 차례만 보임)으로, 마왕두이본에는
방芳으로, 쌍구두이본에는 享으로 되어 있다. 세 가지 판본 가운데 앞의
두 종류는 모두 구별점이 있다. 『설문해자』「향부畜部」에 향畜자가 있는데,
허신은 亨은 畜의 전서체라고 했다. 단옥재段玉裁는 현응玄應의 『일체경음
의一切經音義』에 근거해 畜은 주문籀文이고, 亨은 소전체이며, 享은 예서체
라고 했다.[1] 이 설이 대체로 정확하다. 하지만 더 정확하게 말하자면 畜은

고체古體이며, 상주商周 고문자는 모두 이렇게 쓴다. 전국시대의 문자 가운데 6국의 문자도 이렇게 쓴다. 향亨과 형亨은 진秦나라 계통 문자의 필법이다. 형亨은 수이후디진간뿐 아니라 마왕두이백서에도 보인다. 향亨은 상박본에는 향鄕으로 되어 있다. 鄕은 향饗(간체자는 飨)의 본래 글자다. 이 글자는 두 사람이 마주 앉아 함께 한 그릇의 밥을 먹는 모습('한솥밥을 먹는다'는 속어처럼)을 본딴 것인데 매우 형상적이다.[2] 밥을 먹는 것은 매우 중요한 일이며, 고대나 지금이나 똑같이 교제의 수단이다. 「문언」에서는 형亨자에 대해 "형은 아름다움이 모인 것이다亨者, 嘉之會也"라고 풀이했다. 아름다운 모임嘉會이란 무엇인가? 그것은 바로 예의류禮儀類의 사교활동으로, 예컨대 향음주鄕飮酒가 이런 교제활동이다.[3] 밥을 먹는 일은 옛날이 지금보다 훨씬 광범위하다. 옛사람들은 술과 음식으로 친척이나 벗을 초대해 사람과 사람을 연결했을 뿐 아니라, 술과 음식으로 귀신에게 제사를 올려 사람과 신을 연결하기도 했다. 옛사람들이 신에게 밥을 먹기를 청할 때 먹는 것은 밥이 아니라 단지 기운이다. 이렇게 먹는 것을 고인들은 흠향歆饗 또는 歆享이라 불렀다. 사람들이 술과 음식으로 신에게 흠향하면 신은 그 기운을 먹고 기뻐하며 즐긴다. 이런 교류가 향亨자의 본뜻이다. 『좌전』 소공 4년 조목에 "험한 지세와 말을 믿고서 나라가 공고하다고 여기지 않는 것은 예로부터 그러했습니다. 그러므로 선왕은 덕행을 닦아서 신과 사람에 통하기를 힘썼던 것입니다恃險與馬, 不可以爲固也, 從古以然. 是以先王務修德音,

---

1_ 딩푸바오丁福保, 『설문해자고림說文解字詁林』, 중화서국, 1988, 제6책, 2281쪽 정면.

2_ 고문자에서 향鄕과 경卿은 같은 글자다. 경卿은 향대부에서 근원한다.

3_ 양콴楊寬의 『서주사西周史』(상하이인민출판사, 1999, 742~769쪽) 참조.

以亨神人"라는 말이 있다. 이에 대해 두예杜預는 "형은 통하는 것이다亨, 通也"라고 주석했고, 공영달은 소에서 "『주역』「문언」에 '아름다운 모임에 예로써 통하는 것을 형이라 한다'라고 했으니 형은 통한다는 뜻이다. 백성을 다스리고 신을 섬겨서 사람과 신이 통하게 하기 때문에 '신과 사람에 통한다以亨神人'고 한 것이다"라고 풀이했다. 형亨의 뜻이 신과 말을 나누고 신에게 받아들여지는 것, 곧 『효경』「감응장感應章」에서 말한 '신명과 통한다通于神明'는 것임을 알 수 있다. 앞에서 언급한 용례에서 '원형元亨'은 가장 크게 통하는 것이다.[4] 나머지 '형亨'과 '소형小亨'은 조금 작은 통함이며, '광형光亨'은 광형廣亨으로 크게 통한다는 뜻이며, '심형心亨'은 심령이 서로 통하는 것이다. 이런 것들은 모두 형통亨通하다고 할 때의 형이다. '용형用亨'은 이와 달라서 '용향用享'으로 읽어야 한다. 마지막 용법은 점복 술어에 해당하지 않는다.

3. 이롭다〔利〕

이利는 유리함을 나타내고 동사로 쓰이는데, 목적어와 같이 있으면 '~하기에 이롭다利于'는 말로 번역된다. 예를 들면 '이정利貞'은 점복에 이롭다는 뜻이다. 용례는 다음과 같다.

---

4 지금의 대형大亨은 장사하는 사람이 신통함이 넓고 커서 재물신과 통하는 것을 말한다. 이런 '형亨'은 제사에 의지하지 않고 투기에 의지한다. 향을 태우고 땅에 머리를 조아리는 것은 소용이 없고 주로 장사 시기를 파악하는 데 의존한다. 공자는 자공이 "이익을 추측하면 매번 맞아떨어졌다"(『논어』「선진」)고 했는데, 상업상의 기회를 잘 파악했다는 말이다.

1) 이롭다

이롭다利(곤坤괘 괘사)

2) 이로움이 없다

① 이롭지 않음이 없다无不利

이롭지 않은 바가 없다无不利(곤坤괘 육이효, 둔屯괘 육사효, 대유괘 상구효, 겸괘 육사효·육오효, 임괘 구이효, 박剝괘 육오효, 대과괘 구이효, 둔遯괘 상구효, 진晉괘 육오효, 해解괘 상륙효, 정鼎괘 상구효, 손巽괘 구오효)

② 이로운 점이 없다无攸利

좋은 점이 없다无攸利(몽蒙괘 육삼효, 임괘 육삼효, 무망괘 상구효, 이頤괘 육삼효, 항恒괘 초륙효, 대장大壯괘 상륙효, 췌괘 육삼효, 귀매歸妹괘 괘사·상륙효, 미제괘 괘사)

3) 어떤 것에 이롭다

① 점치는 일이 이롭다利貞

점복이 이롭다利貞(건乾괘 괘사, 둔屯괘 괘사, 몽괘 괘사, 수隨괘 괘사, 임괘 괘사, 무망괘 괘사, 대축괘 괘사, 이離괘 괘사, 함괘 괘사, 항괘 괘사, 대장大壯괘 괘사, 명이明夷괘 육오효, 손損괘 구이효, 췌괘 괘사, 혁괘 괘사, 정鼎괘 육오효, 점漸괘 괘사, 태兌괘 괘사, 환괘 괘사, 중부中孚괘 괘사, 소과괘 괘사, 기제괘 괘사)

점치는 일이 조금 이롭다小利貞(둔遯괘 괘사)

암말의 점에 이롭다利牝馬之貞(곤坤괘 괘사)

장기적인 점복에 이롭다利永貞(곤坤괘 용륙, 간艮괘 초륙효)

군자의 점복에 이롭다利君子貞(동인괘 괘사)

군자의 점복에 불리하다不利君子貞(비否괘 괘사)

죄수의 점복에 이롭다利幽人之貞(귀매괘 구이효)

진퇴를 묻는 군인의 점복에 이롭다利武人之貞(손巽괘 초륙효)

여자에 대한 점복에 이롭다利女貞(관觀괘 육이효, 가인家人괘 괘사)

거처에 대한 점복에 이롭다利居貞(둔屯괘 초구효, 수隨괘 육삼효)

어려운 일에 대한 점복에 이롭다利艱貞(서합괘 구사효, 대축괘 구삼효, 명이괘 괘사)

끊임없는 점복에 이롭다利于不息之貞(승괘 상륙효)

② 어떤 일에 이롭다利某事

대인을 보는 것이 이롭다利見大人(건乾괘 구이효·구오효, 송괘 괘사, 건蹇괘 괘사·상륙효, 췌괘 괘사, 손巽괘 괘사)

제후를 봉하는 것이 이롭다利建侯(둔屯괘 괘사, 초구효)

제후를 봉하고 군대를 출동시키는 것이 이롭다利建侯行師(예豫괘 괘사)

직접 적을 맞이하기에 불리하다不利卽戎(쾌夬괘 괘사)

나쁜 짓을 할 수가 없다不利爲寇(몽괘 상구효)

범죄 예방에 좋은 점이 있다利御寇(몽괘 상구효, 점괘 구삼효)

큰 강을 건너는 것이 이롭다利涉大川(수需괘 괘사, 동인괘 괘사, 고괘 괘사, 대축괘 괘사, 임괘 상구효, 익괘 괘사, 환괘 괘사, 중부괘 괘사, 미제괘 육삼효)

큰 강을 건너는 것이 이롭지 않다不利涉大川(송괘 괘사)

나가 다니기에 이롭다利有攸往(복復괘 괘사, 무망괘 육이효, 대축괘 구삼

효, 대과괘 괘사, 항괘 괘사, 손損괘 괘사·상구효, 익괘 괘사, 쾌괘 괘사, 췌괘 괘사, 손巽괘 괘사)

가는 것이 조금 이롭다小利有攸往(비賁괘 괘사)

나가는 것이 이롭지 않다不利有攸往(박괘 괘사, 무망괘 괘사)

처를 내보내는 것이 이롭다利出否(정鼎괘 초륙효)

서쪽에서 남쪽으로 가는 것이 이롭다利西南(건蹇괘 괘사, 해괘 괘사)

동쪽에서 북쪽으로 가는 것이 불리하다不利東北(건蹇괘 괘사)

포로를 많이 잡는다는 예언에 이롭다利執言(사師괘 육오효)

때에 맞게 제지하는 편이 좋다利己(대축괘 초구효)

객에게 불리하다不利賓(구姤괘 구이효)

③ 어떤 일을 하는 것이 이롭다利用某事

죄인을 벌주는 데 유리하다利用刑人(몽괘 초륙효)

인내심을 가지고 기다리는 것이 가장 좋다利用恒(수需괘 초구효)

상대방을 치는 것이 이롭다利用侵伐(겸괘 육오효)

군대를 출동시켜 주위 국가를 정복하는 것이 이롭다利用行師征邑國(겸괘 육사효)

주위 나라에서 조회하러 오는지 보아야 한다利用賓于王(관괘 육사효)

옥사를 판단하는 것이 이롭다利用獄(서합괘 괘사)

토목공사를 크게 일으키는 것이 이롭다利用爲大作(익괘 초구효)

다른 나라로 옮기는 것이 이롭다利用爲依遷國(익괘 육사효)

약제를 지내는 것이 이롭다乃利用禴(췌괘 육이효, 승괘 구이효)

제사를 지내기에 이롭다利用祭祀(곤困괘 구이효[2번])

어떤 일이 이롭다利某事와 어떤 일을 하는 것이 이롭다利用某事는 같은 뜻이 아니다. 전자는 '어떤 일에 이롭다'는 것을 강조하고, 후자는 '어떤 일을 하는 데 이롭다'는 것을 강조한다.

4. 점복, 바르다〔貞〕

정貞은 점복, 복문卜問을 가리키며, 정偵으로 쓰기도 한다. 정貞은 바르다正, 정하다定의 뜻이 있는데, 점복을 사용해서 의혹을 풀고 길흉을 예측하며 생각을 정해 결정을 내리는 것을 가리킨다. 아래 문장에서는 정貞자 뒤에 점복의 대상이 이어지지 않으면 점복의 뜻으로 번역하고, 점복의 대상이 이어지면 복문의 뜻으로 번역한다. 용례는 다음과 같다.

1) 어떤 것에 대해 묻는 점
① 사람에 대해 묻는 점貞某人
   장자에 대해 묻는 점貞丈人(사괘 괘사)
   부인에 대해 묻는 점貞婦人(항괘 육오효)
   대인에 대해 묻는 점貞大人(곤困괘 괘사)
② 어떤 일에 대해 묻는 점貞某事
   질병에 대해 묻는 점貞疾(예괘 육오효)
③ 점복 결과의 길흉貞吉凶
   점복 결과가 길하다貞吉(수需괘 괘사·구오효, 비比괘 육이효·육사효, 비否괘 초륙효, 겸괘 육이효, 예괘 육이효, 수隨괘 초구효, 임괘 초구효, 이

효, 가인괘 육이효, 건蹇괘 괘사, 해괘 구이효, 손損괘 상구효, 구괘 초륙

효, 승괘 육오효, 여旅괘 괘사, 손巽괘 구이효, 미제괘 구이효)

점복 결과가 흉하다貞凶(사괘 육오효, 수隨괘 구사효, 이頤괘 육삼효, 항

괘 초륙효, 손巽괘 상구효, 절괘 상륙효, 중부괘 상구효)

점복 결과가 위험하다貞厲(송괘 육삼효, 소축괘 상구효, 이履괘 구이효·

구오효, 서합괘 육오효, 대장괘 구삼효, 진晉괘 구사효, 여괘 구삼효, 혁

괘 구삼효)

점복 결과가 유감스럽다貞吝(태泰괘 상륙효, 항괘 구삼효, 진晉괘 상구

효, 해괘 구삼효)

2) 어떤 일에 대한 점복

편안함을 묻는 점복安貞(곤坤괘 괘사, 송괘 구사효)

거처를 묻는 점복居貞(이頤괘 육오효, 혁괘 상륙효)

작은 점복小貞(둔屯괘 구오효)

큰 점복大貞(둔屯괘 구오효)

모든 점복永貞(비賁괘 구삼효, 익괘 육이효, 소과괘 구사효)

모든 점복元永貞(비比괘 괘사, 췌괘 구오효)

점복 결과를 돌아보지 않는다蔑貞(박괘 초륙효·육이효)

어려운 일을 묻는 점복艱貞(태泰괘 구삼효)

3) 점복이 이롭다

① 유형 1

점치는 일이 이롭다利貞(건乾괘 괘사, 둔屯괘 괘사, 몽괘 괘사, 수隨괘 괘
사, 임괘 괘사, 무망괘 괘사, 대축괘 괘사, 이離괘 괘사, 함괘 괘사, 항괘
괘사·구사효, 대장괘 괘사, 명이괘 육오효, 손損괘 구이효, 췌괘 괘사, 혁
괘 괘사, 정鼎괘 육오효, 점괘 괘사, 태兌괘 괘사, 환괘 괘사, 중부괘 괘사,
소과괘 괘사, 기제괘 괘사)

점치는 일이 조금 이롭다小利貞(둔遯괘 괘사)

② 유형 2

장기적인 점복에 이롭다利永貞(곤坤괘 용륙, 간괘 초륙효)

거처에 대한 점복에 이롭다利居貞(둔屯괘 초륙효, 수隨괘 육삼효)

어려운 일에 대한 점복에 이롭다利艱貞(서합괘 구사효, 대축괘 구삼효,
명이괘 괘사)

끊임없는 점복에 이롭다利于不息之貞(승괘 상륙효)

③ 유형 3

암말의 점복에 이롭다利牝馬之貞(곤坤괘 괘사)

군자의 점복에 불리하다不利君子貞(비否괘 괘사)

군자의 점복에 이롭다利君子貞(동인괘 괘사)

여자에 대한 점복에 이롭다利女貞(관괘 육이효, 가인괘 괘사)

죄수의 점복에 이롭다利幽人之貞(귀매괘 구이효)

진퇴를 묻는 군인의 점복에 이롭다利武人之貞(손巽괘 초륙효)

4) 점칠 수 있거나, 칠 수 없음

점칠 수 있다可貞(곤坤괘 육삼효, 무망괘 구사효, 손損괘 괘사)

점쳐서는 안 된다不可貞(고괘 구이효, 절괘 괘사)

급히 점쳐서는 안 된다不可疾貞(명이괘 구삼효)

5) 충정忠貞이나 충성忠誠으로 말하는 점

신부가 자신을 지키고 시집가지 않다女子貞不字(둔屯괘 육이효)

어린 종의 충직함을 얻다得童僕貞(여괘 육이효)

어린 종의 충직함을 잃다喪其童僕貞(여괘 구삼효)

정貞자는 두 가지 뜻이 있으니 하나는 복문이고, 다른 하나는 바르다, 정하다의 뜻이다. 『설문해자』「복부卜部」에 따르면 "정貞은 복문卜問이다. 卜을 따르며, 패貝는 폐백贄을 뜻한다. 일설에는 정鼎자를 줄여서 쓴 것이라고 하는데, 경방京房이 말했다"라고 하는데, 사실 貞자는 鼎자에서 분화된 것으로 貝와 무관하며, 貝를 따른 것은 전국시대 이후에 잘못 변화된 것이다. 『역경』에 나오는 貞자는 주로 복문을 말한다. 또다른 함의로는 바르다正 또는 정하다定(定은 정성正聲을 따른다)의 뜻으로도 풀이할 수 있는데 음훈音訓에 속한다. 과거에 정현은 이 두 가지 훈고를 절충해 "일의 바름을 묻는 것을 정貞이라고 한다問事之正曰貞"(『주례』「춘관·천부天府」 주석)라고 풀이했다. 내 생각에는 貞의 원래 뜻은 확실히 正이나 定과 관계가 있는 것 같다. 이른바 문問이란 일문일답으로 뒤에 물음표를 찍는 물음이 아니라 문제를 제기하고 각종 가능성에 대해 헤아려 결정하거나 판단하는 것이다. 貞자의 고음은 正이나 定과 비슷하니, 대대로 지금까지 전해지는 고서로 보든지 출토된 간백簡帛으로 보든지 간에 확실히 正자나 定자로 볼 수 있다. 은허 복사에는 貞자는 없고 鼎자만 있는데, 鼎을 가차하여 貞이라고 한 것으로 그 독음을 취한 것이다. 상대商代의 문자에서 貞과 鼎은 같은 글자로서 번체냐 간체냐의 구별만 있을 뿐이니, 貞은 간체요 鼎은 번체다. 이런 각도에서 보면 경방의 설은 비교적 옳다고 할 수 있다. 貞자는 鼎자 위에 복卜을 더한 것으로5 서주시대의 필법이니, 서주시대의 갑골문뿐 아니라 서주시대의 동기銅器에도 보인다. 글자가 이미 卜을 따르게 되었으니 鼎자에서 분화되어 점복을 전문적으로 나타내는 글자로 고정되었다는 것을 알 수 있다. 당연히 점복과 관계가 있다. 이전 사람들은 『주역』에 대해 말할 때 대부분 정정貞正이나 정고貞固를 그 설로 삼아 貞자는 상서로운 말이라고 여겼는데, 이는 복문卜問과 정정貞正을 절충한 것으로 복문으로도 해석했다가 상서로운 말로도 풀이하니 어쨌든 앞뒤가 맞지 않는 일이다. 사실, 앞에서 열거한 용례를 살펴보면 貞자는 명사가 아니라 동사에 해당하는데 어떤 용법으로 쓰이든지 간에 모두 점복을 가리키니, 바로 상주시대 복사에 반복해서 출현하는 貞자임이 분명하다. 『역경』 첫머리의 네 글자 가운데 '원형元亨'은 신명과 통하는 것이고, '이정利貞'은 점복에 이롭다는 것임을 알아야 한다. 글자는 네 글자인데, 단어는 두 개다. 사람들이 모두 혼란스러워하는 까닭은 주로 「문언」의 사덕설四德說 때문이다. 「문언」에 다음과 같이 말했다. "원元은 선善의 어른이다. 형亨은 아름다움이 모인 것이다. 이利는 의義에 화합함이다. 정貞은 일을 하는 데 있어 근본이다. 군자가 어진

5_ 정鼎자 위에 복卜을 더한 것이 貞이고, 鼎자 위에 비匕를 더한 것이 진眞(지금은 대부분 真으로 쓴다)으로, 모두 鼎자에서 분화되었다.

마음을 본체로 삼으면 존귀한 사람이 될 수 있고, 좋은 회합을 구하면 예에 부합할 수 있고, 사물에 이로움을 베풀 수 있으면 의에 부합하고, 바르고 굳은 절개를 지키면 일을 잘 처리할 수 있다. 군자는 이 네 가지 덕을 행하기 때문에 건괘는 원, 형, 이, 정하다고 말한다." 이 말은 분명한 근원이 있다. 『좌전』 양공襄公 9년 조목에 "원元은 몸에서 가장 귀중한 곳이며, 형亨은 아름다움이 모인 것이며, 이利는 의에 화합함이며, 정貞은 일을 하는 데 있어 근본이다. 인仁을 체현하면 사람들을 이끌 수 있고, 좋은 만남은 예의를 조화롭게 할 수 있으며, 만물에 유리하면 도의를 총괄할 수 있고, 본체가 공고하면 일을 잘 처리할 수 있다元, 體之長也, 亨, 嘉之會也, 利, 義之和也, 貞, 事之幹也. 體仁足以長人, 嘉會足以合禮, 利物足以和義, 貞固足以幹事"라고 했는데, 이것이 「문언」의 출처다. 이 말은 노魯나라 선공宣公의 부인 목강穆姜이 한 것이니 연대가 공자 이전인데도 사람들은 모두 맹목적으로 믿는다. 사실 이것은 전형적인 단장취의斷章取義[6]인데, 옛사람들이 『시경』을 말할 때 단어의 본뜻을 해석하기보다는 도덕적 의미로 해석하는 것과 유사하다. 예를 들면, "정貞은 일을 하는 데 있어 근본이다貞者, 事之幹也"의 경우, 이 문장에서 貞을 정楨으로 해석하는데 분명 貞자의 본뜻이 아니고 원문에서 이미 크게 벗어났다. 공영달은 네 가지 덕四德을 사계절에 짝지었으니 더욱 난해하다.[7] 여기서는 취하지 않는다.[8]

6_ 남이 쓴 시문詩文의 전체적인 뜻을 고려하지 않고 어느 한 부분만을 잘라서 임의대로 해석해 의미를 부여하는 일.—옮긴이

7_ 류바오전劉保貞의 「금서·백서·죽서의 비교를 통한 『역경』의 '형亨'자 해석從今帛竹書對比解易經 '亨'字」 참고. 류다쥔劉大鈞 주편, 『간백고론簡帛考論』(상하이고적출판사, 2007, 59~67쪽)에 수록.

5. 예상한 바와 부합, 신뢰하다〔孚〕

부孚자의 기본 함의는 신信, 특히 신뢰를 얻는 것이다. 『역경』 속의 부孚자에는 세 가지 용법이 있다. 하나는 점복 술어로서 점복이 매우 영험하여 믿을 만하며 마음먹은 대로 이루어지고 구하면 응답한다는 것을 가리키는데 대부분 '유부有孚'로 표현된다. 다른 하나는 점복 술어는 아니며, 일반적인 신뢰로 윗사람이 백성의 신뢰를 얻고 백성이 윗사람을 신뢰하는 것과 같은 의미로 쓰인다. 나머지 하나는 포로와 전리품俘獲을 뜻하는 부俘로 읽는다. 용례는 다음과 같다.

1) 예상한 바와 부합, 신뢰하다有孚

① 예상한 바와 부합하다

예상한 바를 벗어나지 않는다有孚(수需괘 괘사, 송괘 괘사, 비比괘 초륙효(2회), 소축괘 육사효·육오효, 관괘 괘사, 습감괘 괘사, 대장괘 초구효, 손損괘 괘사, 익괘 육삼효, 췌괘 초륙효, 정井괘 상륙효, 혁괘 구삼효·구사효·구오효, 풍괘 육이효, 중부괘 구오효, 미제괘 육오효)

8_ 『좌전』 소공 12년 조목에서 자복경백子服景伯은 "황상원길黃裳元吉"을 다음과 같이 풀이한다. "황黃은 중간색입니다. 상裳은 하의의 문식입니다. 원元은 선善의 으뜸입니다. 가운데가 충실하지 않으면 그 색을 얻지 못하고, 아래가 공손하지 않으면 그 문식을 얻지 못하고, 하는 일이 불선하면 그 지극함을 얻지 못합니다. 안과 밖이 화합하는 것이 충忠이고, 성신誠信으로 일을 행하는 것이 공恭이고, 세 가지 덕을 공양하는 것이 선이니, 이 세 가지가 갖추어지지 않으면 이 괘에 해당하지 않습니다. 또 역易은 험한 일을 점치지 않는 것인데, 그대는 장차 무슨 일을 하려는 것입니까? 중간이 아름다운 것이 능히 황黃이 되고, 위가 아름다운 것이 원元이 되고, 아래가 아름다운 것은 상裳이니, 이 세 가지가 갖추어지면 길할 수 있지만, 하나라도 부족하면 점괘가 길하더라도 성공하지 못합니다." 자복경백이 황, 상, 원을 세 가지 덕三德으로 일컬은 것은 이 사례와 같다.

② 신뢰하는 바가 있다

이미 길에서 잡다有孚在道以明(수隨괘 구사효)

백성이 윗사람을 믿고 경외하다有孚威如(가인괘 상구효)

소인에게 신뢰를 받을 수 있다有孚于小人(해解괘 육오효)

백성을 이롭게 하려는 마음에서 나오다有孚惠心(익益괘 구오효)

백성을 이롭게 하는 것은 자신을 이롭게 하는 일이니 공을 이룰 것이
다有孚惠我德(익益괘 구오효)

2) 기타

어려운 일을 점치니 화가 없다. 점복이 맞는지 걱정할 필요 없다艱貞无咎,
勿恤其孚(태泰괘 구삼효)

이웃에게 돈을 쓰지 않아도 인심을 얻고 두 번 세 번 말하지 않더라도
백성들의 신뢰를 얻는다不富以其鄰, 不戒以孚(태泰괘 육사효)

윗사람이 위엄과 미더움이 있으니 아랫사람이 공경하고 두려워한다厥孚
交如威如(대유大有괘 육오효)

도망범이 가 땅에서 잡히다孚于嘉(수隨괘 구오효)

여의치 않다罔孚(진晉괘 초륙효)

서로 마음이 맞다交孚(규睽괘 구사효)

오히려 더욱 많은 조수가 온다朋至斯孚(해解괘 구사효)

울고 곡하는 소리가 그치지 않다孚號有厲(쾌夬괘 괘사)

9_ 정이의 『주역정씨전』(『이정집』, 왕샤오위 점교, 중화서국, 2009, 하책, 905쪽에 수록)과 주희의 『주
역본의』(랴오밍춘 점교, 중화서국, 2009, 154쪽). 천구잉陳鼓應과 자오젠웨이趙建偉는 이 설을 취했
는데 천구잉·자오젠웨이 공저 『주역금주금역周易今注今譯』(상무인서관, 2010, 79쪽)에 보인다.

조심해야 하니, 묶인 돼지가 계속 발버둥 칠 것이다羸豕孚蹢躅(구괘 초륙효)

과연 이와 같으니 약제를 지내는 것이 이롭다孚, 乃利用禴(췌괘 육이효, 승괘 구이효)

바라는 바를 오래도록 이룰 수 없어 아쉽다匪(非)孚(췌괘 구오효)

시간이 조금 지나야 바라는 대로 될 수 있다巳日乃孚(혁괘 괘사)

진실됨으로 인해 기쁘다孚兌(태兌괘 구이효)

박탈당할 운명이다孚于剝(태兌괘 구오효)

가운데가 마주보다中孚(중부괘 괘사)

『역경』속의 '유부有孚'는 일반적으로 성실하다誠信로 풀이하는 경우가 많다. 정이의 『역전』과 주희의 『본의』도 이와 같이 말한다. 하지만 해괘 육오효의 "유부우소인有孚于小人" 구절에 대한 정이의 해석은 다른 곳과 다르다. 정이는 "유부有孚는 영험이 나타나는 것이라고 말하니, 소인에게 영험이 나타나는 것이다"라고 풀이했고, 주희도 "부孚는 영험이다. 군자가 풀리는 바가 있음에 소인이 물러나는 것을 영험으로 삼았다"고 풀이했다. 이들은 이미 이 단어에 영험의 뜻이 있다고 파악했다.[9]

6. 길하다[吉]

길吉은 길하다, 상서롭다, 운이 좋다는 뜻이다. 용례는 다음과 같다.

1) 길하다

길하다吉(건乾괘 용구, 몽괘 구이효(2회)·육오효, 비比괘 괘사·초륙효·육오효, 소축괘 초구효·구이효, 태泰괘 괘사, 동인괘 구사효, 대유괘 육오효·상구효, 겸괘 초륙효·구삼효, 수隨괘 구오효, 임괘 구이효·육오효·상륙효, 서합괘 구사효, 복괘 육이효, 대축괘 괘사·육오효, 이頤괘 육사효·상구효, 대과괘 구사효, 이離괘 육오효, 둔遯괘 구삼효, 명이괘 육이효, 가인괘 구삼효·구오효, 건蹇괘 상륙효, 해괘 육오효, 익괘 육이효, 승괘 육사효, 혁괘 구사효, 정鼎괘 구이효, 진震괘 초구효, 간괘 상구효, 점괘 육이효·구오효·상구효, 귀매괘 육오효, 풍괘 육이효·구사효·육오효, 손巽괘 구이효·구오효, 태兌괘 초구효·구이효, 환괘 초륙효, 절괘 구오효, 중부괘 괘사)

가장 길하다元吉(곤坤괘 육오효, 송괘 구오효, 이履괘 상구효, 태泰괘 육오효, 복괘 초구효, 대축괘 육사효, 이離괘 육이효, 손損괘 괘사·육오효, 익괘 초구효·육오효, 정井괘 상륙효, 정鼎괘 괘사, 환괘 육사효)

크게 길하다大吉(가인괘 육사효, 췌괘 구사효, 승괘 초륙효, 정鼎괘 상구효, 소과괘 괘사)

오래도록 길하다引吉(췌괘 육이효)

2) 어떤 일이 길하다

① 어떤 사람이 길하다某人吉

대인에게 유리하다大人吉(비否괘 구오효)

군자가 길하다君子吉(둔遯괘 구사효)

소인이 득세하다小人吉(비否괘 육이효)

부인의 점복이 길하다婦人吉(항괘 괘사)

② 어떤 일이 길하다某事吉

집에 있으면 길하다居吉(함괘 육이효)

이 행차가 길하다往吉(둔屯괘 육사효, 무망괘 초구효, 진晉괘 육오효)

상대방이 오니 길하다其來復吉(해괘 괘사)

먼 길을 가는 것이 길하다征吉(태泰괘 초구효, 곤困괘 상륙효, 혁괘 육이효, 귀매괘 초구효)

남쪽으로 가면 길하다南征吉(승괘 괘사)

군대의 모든 일이 길하다在師中吉(사괘 구이효)

장가드는 일이 길하다取女吉(함괘 괘사)

여자아이가 시집가니 길하다女歸吉(점괘 괘사)

암소를 키우면 길하다畜牝牛吉(이離괘 괘사)

큰 희생으로 제사하니 길하다用大牲吉(췌괘 괘사)

③ 과정이 길하다過程吉

일찍 길에 오르는 것이 좋다夙吉(해괘 괘사)

처음은 길하다初吉(기제괘 괘사)

과정은 나쁘지 않다中吉(송괘 괘사)

마지막에 서로 원만해진다終吉(수需괘 구이효·상륙효, 송괘 초륙효·육삼효, 이履괘 구사효, 고괘 초륙효, 비賁괘 육오효, 가인괘 상구효, 정鼎괘 구삼효)

3) 어떤 점복이 길하다

점복 결과가 길하다貞吉(수需괘 괘사·구오효, 비比괘 육이효·육사효, 이履

괘 구이효, 비否괘 초륙효, 겸괘 육이효, 예괘 육이효, 수隨괘 초구효, 임괘 초구효, 함괘 구사효, 둔遯괘 구오효, 대장괘 구이효·구사효, 진晉괘 초륙효·육이효, 가인괘 육이효, 건蹇괘 괘사, 해괘 육이효, 손損괘 상구효, 구괘 초륙효, 승괘 육오효, 여괘 괘사, 손巽괘 구오효, 미제괘 구이효·구사효·육오효)

작은 점복에 길하다小貞吉(둔屯괘 구오효)

편안함을 묻는 점복에 길하다女貞吉(곤坤괘 괘사, 송괘 구사효)

거처를 묻는 점복이 길하다居貞吉(이頤괘 육오효, 혁괘 상륙효)

모든 점복이 영원히 길하다永貞吉(비賁괘 구삼효, 익괘 육이효)

장자에 대한 점복이 길하다貞丈人吉(사괘 괘사)

대인의 점복이 길하다貞大人吉(곤困괘 괘사)

4) 기타

어려움은 크지만 길하다艱則吉(대장괘 상륙효)

위험하지만 매우 길하다厲吉(진晉괘 상구효)

마치 밖으로 나갔다가 비를 만난 것과 같으니 반드시 나쁜 것은 아니다
遇雨則吉(규괘 상구효)

예상했던 결과가 있으니 길하다虞吉(중부괘 초구효)

생각한 대로 되니 길하다有孚吉(미제괘 육오효)

작은 일의 점복에 길하다小事吉(규괘 괘사)

7. 흉하다〔凶〕

흉凶은 길吉의 반의어로 운이 나쁜 것을 가리킨다. 고대의 점복 술어 가운데 길과 흉은 가장 오래되어 상, 주, 진, 한에서부터 송, 원, 명, 청에 이르기까지 줄곧 쓰였으며, 함의는 지금과 차이가 없으니 따로 번역하지 않아도 된다. 용례는 다음과 같다.

흉하다凶(사괘 육삼효, 비比괘 상륙효, 이履괘 육삼효, 예괘 초륙효, 서합괘 상구효, 박괘 육사효, 복괘 상륙효, 이頤괘 초구효, 대과괘 구삼효·상륙효, 습감괘 괘사·상륙효, 이離괘 구삼효, 함괘 육이효, 항괘 상륙효, 익괘 상구효, 곤困괘 육삼효, 정井괘 괘사, 정鼎괘 구사효, 점괘 구삼효, 풍괘 상륙효, 여괘 상구효, 태兌괘 육삼효, 절괘 구이효, 소과괘 구삼효·상륙효)

먼 길을 가는데 불길하다征凶(소축괘 상구효, 이頤괘 육이효, 대장괘 초구효, 손損괘 구이효, 곤困괘 구이효, 혁괘 구삼효·상륙효, 진震괘 상륙효, 귀매괘 괘사, 미제괘 육삼효)

점복 결과가 흉하다貞凶(사괘 육오효, 수隨괘 구사효, 이頤괘 육삼효, 항괘 초륙효, 손巽괘 상구효, 절괘 상륙효, 중부괘 상구효)

큰 점복은 흉하다大貞凶(둔屯괘 구오효)

점복결과가 흉한 것을 돌아보지 않는다蔑貞凶(박괘 초륙효·육이효)

율관 소리가 길하지 않으면 흉하다否臧凶(사괘 초륙효)

매우 안 좋다有凶(쾌괘 구삼효·상륙효)

흉한 일을 당하다見凶(구괘 초륙효)

출발이 흉하다起凶(구괘 구사효)

결과가 엉망이다終凶(송괘 괘사)

뒤로 처질까 두려워하다後夫凶(비比괘 괘사)

남편의 덕이 항상됨을 지킬 수 있는지 점치니 흉하다夫子凶(항괘 육오효)

팔월이 되어야 상서롭지 않은 조짐이 있다至于八月有凶(임괘 괘사)

"공사를 확대해주시기를 청합니다"益之以凶事(익괘 육삼효)

새가 불길한 일을 몰고 온다飛鳥以凶(소과괘 초륙효)

길과 흉은 한 쌍의 술어다. 「계사전 상」 2에 "이런 까닭에 길흉은 득과 실의 모양이다是故吉凶者, 失得之象也"라고 하고, "길흉은 득실을 말하는 것이다吉凶者, 言乎其失得也"라고 했다.

8. 후회하다〔悔〕

회悔는 후회, 회한이다. 용례는 다음과 같다.

후회스럽다悔(예괘 육삼효)

후회스러운 일이 있다有悔(건乾괘 상구효, 예괘 육삼효)

조금 후회가 있다小有悔(고괘 구삼효)

후회스럽다虧悔(정鼎괘 구삼효)

움직이면 허물을 얻으니 매우 견디기 어렵다動悔有悔(곤困괘 상륙효)

후회가 없다无悔(동인괘 상구효, 복괘 육오효, 대장괘 육오효, 환괘 육삼효)

크게 후회하지 않는다无祗悔(복괘 초구효)

오직 잃을까 두렵다悔亡(함괘 구사효, 항괘 구이효, 대장괘 구사효, 진晉괘 육삼효·육오효, 가인괘 초구효, 규괘 초구효·육오효, 쾌괘 구사효, 췌괘 구오 효, 혁괘 괘사·구사효, 간괘 육오효, 손巽괘 육사효·육오효, 태兌괘 구이효, 환괘 구이효, 절괘 상륙효, 미제괘 구사효)

오직 살아가지 못할까 걱정이다悔厲(가인괘 구삼효)

회悔자는 점복에 쓰인 말로 역시 오래되어 은허 복사에도 있는데 당시에 는 매每로 쓰였다. 길흉 판단은 좋은 말과 나쁜 말로 나뉘는데, 회는 나쁜 말이다. 이 단어는 흉凶과는 다르며 주관적 느낌에 더욱 치우친 것 같다. 이 단어는 인吝과 유사한데, 두 단어는 모두 주관적 느낌을 말하고 부정적 함의가 있지만 회悔가 인吝보다 정도가 심하다. 『역경』에서 '회'자는 대부분 효사에 보이며 괘사에는 한 번밖에 보이지 않는다. 이런 용례들 가운데, '무회无悔'와 '무지회无祇悔'(뒤의 본문에서는 '무대회无大悔'로 번역한다)가 가장 좋은 것이고, '소유회小有悔'는 그다지 좋지 않은 것이며, '회悔'와 '유회有悔' 는 매우 좋지 않은 것이며, '휴회虧悔'와 '동회유회動悔有悔'는 그보다 더욱 좋 지 않은 것이다. '회'는 일이 일어나고 난 다음에 후회하는 것이지만 점복에 쓰여서 앞으로 닥쳐올 후회를 말한다. 무엇을 후회하는 것일까? 주로 무언 가 잃을 것을 후회하기 때문에 단어의 용례에 '잃을 것을 후회한다'는 뜻의 '회망悔亡'이 가장 많다. '회망'은 뒤의 본문에서는 '오직 잃는 것이 있을까 두려워한다'로 번역한다. '회려悔厲'는 위험을 두려워하는 것이니 뒤의 본문 에서는 '오직 위험할까 두려워한다'로 번역한다.

9. 유감스럽다〔吝〕

인吝은 안타까움, 유감이 있다는 뜻이며, 그 정도는 회悔만 못하다. 용례는 다음과 같다.

유감스럽다吝(몽괘 육사효, 동인괘 육이효, 비賁괘 육오효, 대과괘 구사효, 구괘 상구효, 곤困괘 구사효, 손巽괘 구삼효, 미제괘 초륙효)
조금 유감스럽다小吝(서합괘 육삼효, 몽괘 육삼효)
조만간 운이 없을 것이다終吝(가인괘 구삼효)
쫓아가면 반드시 유감스러운 일이 있다往吝(둔屯괘 육삼효, 몽괘 초륙효, 함괘 구삼효)
가서 부친을 만나면 크게 안타까움을 느낄 것이다往見吝(고괘 육사효)
점복 결과가 조금 유감스럽다貞吝(항괘 구삼효, 해괘 육삼효)
군자는 유감스럽다君子吝(관괘 초륙효)

회悔와 인吝은 한 쌍의 술어다. 「계사전 하」에 "회린은 근심하고 걱정하는 형상이다悔吝者, 憂虞之象也"라고 하고, "회린은 작은 결점을 말한다悔吝者, 言乎其小疵也"라고 했다. 인吝자는 뒤의 문장에서는 대부분 유감으로 번역한다. 『역경』에는 밖으로 나가는 일出行에 관한 점괘가 잘 나오는데, '왕린往吝'과 '왕견린往見吝'은 모두 밖으로 나가는 일과 관계가 있다.

10. 큰 어려움[咎]

구咎는 꾸짖는 것을 말하며, 여기서 파생되어 악운을 만난다거나 재앙이 있다는 뜻을 갖는다. 용례는 다음과 같다.

근심이 없다无咎(건乾괘 구삼효·구사효, 곤坤괘 육사효, 수需괘 초구효, 사괘 괘사·구이효·육사효·육오효, 비比괘 괘사·초륙효, 소축괘 육사효, 이履괘 초구효, 태泰괘 구삼효, 비否괘 구사효, 동인괘 초구효, 대유괘 괘사·구이효·구사효, 예괘 상륙효, 수隨괘 괘사, 고괘 초륙효, 임괘 육삼효·육사효·상륙효, 관괘 초륙효·구오효·상구효, 서합괘 초구효·육이효·육삼효·육오효, 비賁괘 상구효, 박괘 육삼효, 복괘 괘사·육삼효, 무망괘 구사효, 이頤괘 육사효, 대과괘 초륙효·구오효·상륙효, 습감괘 육사효·구오효, 이離괘 초구효·상구효, 항괘 괘사, 진晉괘 초륙효·상구효, 규괘 초구효·구이효·구사효, 해괘 초륙효, 손損괘 괘사·초구효·육사효·상구효, 익괘 초구효·육삼효, 쾌괘 구삼효·구오효, 구괘 구이효·상구효, 췌괘 초륙효·육이효·육삼효·구사효·구오효·상륙효, 승괘 구이효·육사효, 곤困괘 괘사·구이효, 정井괘 육사효, 혁괘 육이효, 정鼎괘 초륙효, 진震괘 상륙효, 간괘 괘사·초륙효·육사효, 점괘 초륙효·육사효, 풍괘 초구효·구삼효, 손巽괘 구이효, 환괘 구오효·상구효, 절괘 초구효·육삼효, 중부괘 육사효·구오효, 소과괘 육이효·구사효, 기제괘 초구효, 미제괘 상구효)

큰 화가 없다无大咎(고괘 구삼효, 구괘 구삼효)

화가 아니다匪咎(대유괘 괘사)

또 무슨 화가 있겠는가?何咎(수隨괘 구사효, 규괘 육오효)

무슨 좋지 않은 일이 있겠는가?何其咎(소축괘 초구효)

이번 출정에서 이기지 못하면 반드시 큰 어려움이 있다往不勝爲咎(쾌괘 초
구효)

무구无咎는 『역경』에서 가장 일상적으로 사용된 용어다. 은허 복사에 망
재亡災, 무해无害 같은 단어가 있는데[10] 무구无咎는 보이지 않는다. 상대에 구
咎자(아래에 口가 없다)가 있지만 길흉을 판단하는 데 사용된 것은 아니다. 무
구는 주원갑골周原甲骨에 자주 보이는데[11] 서주 시기의 특징인 것 같다.

11. 칭찬〔譽〕

예譽는 구咎의 반의어다. '구'는 꾸짖는 것이고, '예'는 칭찬하는 것을 말
하는데, 여기서 파생되어 좋은 운을 만나고 복이 있다는 뜻을 갖는다. 용
례는 다음과 같다.

비난도 없고 칭찬도 없다无咎无譽(곤坤괘 육사효, 대과괘 구오효)

칭찬을 받아야 한다用譽(고괘 육오효)

가면 어렵고 돌아오면 운이 좋다往蹇來譽(건蹇괘 초륙효)

상을 받고 칭찬을 듣다有慶譽(풍괘 육오효)

10_ 대유괘 초구효에 '무교해无交害'가 있는데 반드시 술어는 아니다.

11_ 차오웨이曹瑋, 『주원갑골문周原甲骨文』, 세계도서출판공사, 2002, 24쪽:H11:28, 30쪽:H11:
35, 58쪽:H11:77, 70쪽:H11:96, 138쪽:H31:3, 139쪽:H31:4.

마지막에는 칭찬을 듣는다終以譽命(여괘 육오효)

'무구무예无咎无譽'에서 '예'는 구咎와 상반되며, '왕건내예往蹇來譽'에서 '예'는 건蹇과 상반된다. 구咎와 건蹇은 모두 흉하고 순조롭지 않다는 뜻이며, 이것으로 미루어 판단하면 '예'자는 반드시 의심할 바 없이 좋은 운에 속한다.

12. 위험〔厲〕

여厲는 위험한 것이다. 용례는 다음과 같다.

위험하다厲(건乾괘 구삼효, 고괘 초륙효, 복괘 육삼효, 이頤괘 상구효, 둔遯괘 초륙효·구삼효, 진晉괘 상구효, 규괘 구사효, 구괘 구삼효, 진震괘 육이효·육오효, 간괘 구삼효, 점괘 초륙효, 기제괘 상륙효)

위험이 있다有厲(대축괘 초구효, 쾌괘 괘사, 태兌괘 구오효)

점복의 결과는 위험하다貞厲(송괘 육삼효, 소축괘 상구효, 이履괘 구오효, 서합괘 육오효, 대장괘 구삼효, 진晉괘 구사효, 혁괘 구삼효, 여괘 구삼효)

살아가지 못할까 걱정이다悔厲(가인괘 구삼효)

가면 위험하다往厲(소과괘 구사효)

13. 어려움〔艱〕

간艱은 본래 가뭄으로 인한 재앙을 가리키는 말이었는데, 나중에는 일반적으로 각종 곤란함을 가리키게 되었다. 용례는 다음과 같다.

어려움艱(대유괘 초구효, 대장괘 상륙효)
어려운 일에 대한 점艱貞(태泰괘 구삼효, 서합괘 구사효, 대축괘 구삼효, 명이괘 괘사)

상대 및 서주 시기의 간艱자는 줄곧 간囏으로 썼는데, 그 필법은『설문해자』「근부堇部」에 속하는 간艱자의 주문籀文과 같다. 허신은 간艱자에 대해 "흙을 다스리기 어려운 것이다土難治也"라고 풀이했는데, 이처럼 흙土과 연결시킨 까닭은 艱이 근堇을 따르고 堇은 토土를 따라서 글자가 속하는 부수部首의 각도에서 설명했기 때문이다. 艱은 한暵, 한熯과 관계가 있다.『설문해자』「일부日部」에서 "暵은 말리는 것이다暵, 干也"라 하고, 「화부火部」에서 "熯은 마른 모양이다熯, 干皃貌"라고 했는데, 사실 같은 글자다. 熯자는 은허 복사에 있으니, 가뭄을 뜻하는 한旱의 초기 문자다.『설문해자』「일부」에 "旱은 비가 오지 않는 것이다旱, 不雨也"라고 했는데, 은허 복사에서 '내간來囏'는 '내우來雨'와 상대된다. 囏이 가뭄으로 인한 재앙과 관계가 있음을 알 수 있다.

14. 재난[災]

재災는 재해, 재화災禍, 재난이다. 용례는 다음과 같다.

화재를 입다災(여괘 초륙효)
큰 어려움災眚(복괘 상륙효, 소과괘 상륙효)
무엇을 '무망의 재앙'이라고 하는가?无妄之災(무망괘 육삼효)
소 주인의 뜻밖의 불행邑人之災(무망괘 육삼효)

『역경』에서 재災자는 여괘 초륙효에서만 화재를 가리키고, 나머지 세 가지 용례에서는 모두 일반적인 의미의 재앙이다. 『설문해자』에는 다섯 글자의 재災가 있는데, 하나는 물로 인한 재앙을 가리키고, 나머지 네 글자는 불로 인한 재앙을 가리킨다. 전자는 巛로 쓰여 있고, "해로움이다. 일一을 따르며 내를 막는 것이다. 『춘추전』에 '내가 막혀 못이 되니 흉하다'고 했다 害也. 從一雝川. 春秋傳曰, 川雝爲澤凶라고 풀이되어 있다(『설문해자』「천부川部」). 후자는 네 가지의 글자체가 있으니, 烖, 灾, 灻, 災이다. 烖는 한자 부수의 윗머리 글자이며, 灾는 烖의 이체자이며, 灻는 고문자이며, 災는 주문이다. 해석은 '자연적으로 발생한 불天火'(『설문해자』「화부」)이다. 이 다섯 종류의 필법은 모두 은허 복사에 보이니 매우 오래되었음을 알 수 있다.

15. 재해〔眚〕

생생眚은 본래 눈병을 말하는 것이었는데, 나중에는 일반적으로 각종 재해를 가리키게 되었다. 용례는 다음과 같다.

큰 어려움災眚(복괘 상륙효, 소과괘 상륙효)
의외의 재난이 있다有眚(무망괘 괘사·상구효)
큰 어려움은 없다无眚(송괘 구이효, 진震괘 육삼효)

살펴보면, 『설문해자』 「목부目部」에 "생생眚은 눈에 병이 생겨 흰 반점이 생긴 것이다眚, 目病生翳也"라 했으니 본래 백내장을 가리킨다. 『한서』 「오행지」에 오행의 재이災異를 말하는데 요妖, 얼孽, 화禍, 아痾, 생眚, 상祥, 여沴의 7종류가 있다. 그 가운데 사람과 관계가 있는 것은 '아'와 '생' 두 종류인데, '아'는 "병든 모양으로 점점 깊어지는 것을 말하며" "아가 심해져서 다른 물질이 생기는 것"을 '생'이라고 한다. 眚자는 역병과 관계가 있는 것 같다. 은허 복사에도 이 글자가 있는데, 순시하며 살핀다巡省는 의미의 성省으로 쓰여 이 경우와는 다르다. 주원갑골에 '망생亡眚'이 있는데,[12] 여기서의 '생'과 같은 의미다.

12_ 차오웨이, 『주원갑골문』, 79쪽; H11: 113.

16. 병이 나다 〔疾〕

질疾은 병이 나는 것이며, 희喜는 병이 낫는 것이다. 용례는 다음과 같다.

병에 대해 점치다貞疾(예괘 육오효)

들고나는데 병이 없다出入无疾(복괘 괘사)

무엇을 '무망의 병'이라고 하는가? 약을 먹지 않아도 좋아지는 것이다无妄之疾, 勿藥有喜(무망괘 구오효)

병이 생기다有疾(둔遯괘 구삼효)

급히 점쳐서는 안 된다不可疾貞(명이괘 구삼효)

그 병을 덜어내어 되도록 빨리 회복하게 하다損其疾, 使遄有喜(손損괘 육사효)

나의 배우자가 병이 있다我仇有疾(정鼎괘 구이효)

과거에 얻었던 난치병往得疑疾(풍괘 육이효)

큰 병이 낫다介疾有喜(태兌괘 구사효)

살펴보면, 『역경』에는 병病자는 없고 질疾자만 있다.

17. 기분이 좋아지다 〔喜〕

희喜는 기분이 좋은 것으로 우憂와 상반된다. 용례는 다음과 같다.

먼저는 운이 없고 뒤에는 기분 좋다先否後喜(비否괘 상구효)

'무망의 병'이란 무엇인가? 약을 먹지 않아도 좋아지는 것이다无妄之疾, 勿藥有喜(무망괘 구오효)

그 병을 덜어내어 되도록 빨리 회복하게 하다損其疾, 使遄有喜(손損괘 육사효)

큰 병이 낫는다介疾有喜(태兑괘 구사효)

『역경』에 언급된 '희'자는 위의 첫 번째 경우를 제외하고는 모두 병세가 호전되는 것을 가리킨다.

18. 근심〔憂〕

우憂는 근심하는 것이며 희喜와 상반된다. 용례는 다음과 같다.

백성들을 위해 근심하다旣憂之(임괘 육삼효)

걱정할 필요 없다勿憂(풍괘 괘사)

살펴보면, 전국시대 이래 '무우无憂'가 매우 유행하는데, 예를 들어 초나라 점복의 죽간에 이 말이 자주 나온다. 은허 복사에 '无田'가 있는데 어떤 학자들은 '무우无憂'로 읽기도 한다.[13] 우憂는 희喜의 반의어다. '희'와 '우'는 주관적 느낌을 강조하는 것이기도 하다.

13_ 추시구이裘錫圭,「說田」(추시구이,『고문자논집古文字論集』, 중화서국, 1992, 105쪽에 수록).

19. 비난〔言〕

『역경』에 언급된 언言자는 말을 의미하는 일반적인 뜻으로 쓰인 것들도 있지만, '유언有言'류의 용례는 이와 달리 어떤 불길함을 나타내는 것 같다. 용례는 다음과 같다.

사람들에게 몇 마디 욕을 듣지만 결과는 좋다小有言, 終吉(수需괘 구이효, 송괘 초륙효)

군자는 지상에서 걸어가며 삼일 동안 밥을 먹지 못한다. 외지에서 여행하는데 객사의 주인이 욕을 한다君子于行, 三日不食, 有攸往, 主人有言(명이괘 초구효)

마치 양을 모는 것과 같아서 낙오하는 병사가 있을까 두렵다. 사병들의 욕을 듣더라도 마음에 둘 필요는 없다牽羊悔亡, 聞言不信(쾌괘 구사효)

대인의 길함을 묻는 점에 화가 없으며 욕하는 사람이 있더라도 마음에 둘 필요는 없다大人吉, 无咎, 有言不信(곤困괘 괘사)

이때 장가들고 시집보내면 분명 사람들이 비난한다无咎, 婚媾有言(진震괘 상륙효)

막내아들이 위험하니 욕은 듣지만 화는 없다小子厲, 有言无咎(점괘 초륙효)

이 여섯 가지 용례는 '문언불신聞言不信'을 제외하고 나머지는 모두 '유언有言'으로 문장을 이룬다. '문언불신'은 '유언불신有言不信'과 비슷한 용례로 같은 종류에 속한다. '유언'은 문장의 의미에서 보면, 분명히 부정적 의미를 가진 말로 '유견有譴'으로 읽어야 한다. 앞의 첫 번째 용례에 대해 공영달이

"질책하는 말이 조금 있으나 결국은 길함을 얻는다"로 해석한 것은 바로 이런 이해에 해당한다. 은허 복사에 '지(有)견屮(有)遺'이 있고, 서주시대의 금문에 '망견亡遺'이 있는데, 많은 학자가 모두 이런 유의 견遺자는 견譴이나 건愆으로 읽어야 한다고 생각한다.[14] 원이둬聞一多가『주역』을 인용해 말할 때도 이 설을 지지했다.[15]『역경』의 언言자는 도대체 건愆에 해당할까, 아니면 견譴에 해당할까? 내 생각에, 이 두 글자는 음과 뜻이 비슷해서 통용 가차할 수는 있지만 용법에는 여전히 구별이 있다. 건愆은 과실, 견譴은 비난의 뜻으로 완전히 같은 것은 아니다. 여기서는 견譴으로 읽는 편이 낫다.

그밖에『역경』에는 또 다섯 개의 언言자가 있는데 용법이 달라서 언어의 '언'으로 읽어야 한다. 예를 들면 '이집언利執言'(사괘 육오효), '혁언삼취革言三就'(혁괘 구삼효), '소언아아笑言啞啞'(진震괘 괘사·초구효), '언유서言有序'(간괘 육오효)가 여기에 해당하는데, 뒤의 괘효사 설명에서는 문장에 따라 해석할 것이다.

20. 의외의 일〔它〕

유타有它는 의외의 흉함을 가리킨다. 용례는 다음과 같다.

14_ 위성우于省吾의 『갑골문자고림甲骨文字詁林』(중화서국, 제4책, 3048~3051쪽: 3007)과 궈모뤄郭沫若의 「서주금문사대계도록고석西周金文辭大系圖錄考釋」(상하이서점출판사, 1999, 하책, 27~28쪽), 양수다의 「적미거금문설積微居金文說(증정본)」(과학출판사, 1959, 87쪽) 등을 참고.

15_ 원이둬, 「주역의증유찬周易義證類纂」, 주쯔칭朱自淸 편, 「원이둬전집聞一多全集」(삼련서점, 1982, 63~64쪽)에 수록.

의외의 일이 생기다有它(비比괘 초륙효, 대과괘 구사효, 중부괘 초륙효)

『설문해자』「타부它部」에 "타它는 벌레이며, 충虫을 따르는데 길며, 구불구불하면서 꼬리를 드리운 모양과 비슷하다. 상고시대에 풀집에 거하면서 벌레它를 걱정했기 때문에 벌레가 없는지 물었던 것이다它, 虫也, 从虫而長, 像寃屈垂尾形. 上古艸居患它, 故相問無它乎"라고 했으니, 타它는 뱀의 초기 문자다. 사람들이 뱀을 보면 늘 놀란다. 의외의 흉사는 뱀과 같이 늘 사람들을 놀라게 한다.

역경
易經

들어가며

　『역경』은 난해해서 이해가 안 되는 부분이 상당히 많다. 이런 부분은 어쩔 수 없이 해석을 시도하고, 이유를 최대한 분명하게 말하는 수밖에 없다.

　경經에 대한 서술은 각 괘를 세 부분으로 나누었다. 앞에는 원문을 백화로 해석하고, 중간에는 각 괘의 대의를 서술하고, 마지막에 자구를 교독校讀했다.

　정확하게 번역해 독자가 원문의 대의를 명쾌하게 알도록 힘썼다. 원문은 왕필본을 저본으로 하여(이하 '금본'이라 약칭) 교열과 개정을 대략 가했다. 개정한 곳은 모두 ( ) 안에 원문(작은 글씨)을 넣고, [ ] 안에 고친 글자(큰 글씨)를 표기했다. 원문에 부합하게 번역하려고 힘썼지만, 일부 도치된 구절들은 적당하게 순서를 조정해 원문에 내재한 생각을 표현하려고 했다. 원문의 어떤 구절은 위아래 연결이 분명하지 않으므로 적당하게 구절을 보충해 문장의 의미를 잘 통하게 하려고 했다. 보충한 구절은 [ ] 안에 넣었다.

　대의를 개괄하는 데는 먼저 괘상의 구조를 살피고, 다음으로 주요 내용을 언급했으며, 마지막으로 짝을 이루는 두 괘가 앞뒤로 무슨 관계가 있는지를 설명하려고 힘썼다. 괘명의 해석은 교독의 첫 조목에 배치했다.

교독은 비교적 무미건조하지만, 전체 번역의 기초가 되어 독자가 확인하고 검증할 수 있도록 했다. 비교적 중요한 단어에 한해서만 거론하고, 반복되는 통가자나 이체자, 가차자는 처음 나올 때만 설명을 가하고 더이상 반복 설명하지 않았다. 그다지 중요하지는 않지만 보류할 만한 통가자나 이체자, 가차자는 교주校注에 두었으며, 주된 취지와 무관한 자질구레한 사항은 되도록 생략했다. 대조 교감은 출토본을 위주로 했는데, 주로 세 종류다. 상하이박물관에 소장된 전국시대 초간의 『주역』(이하 상박본)과 마왕두이 한묘 백서의 『주역』(이하 마왕두이본), 솽구두이 한묘 죽간의 『주역』(이하 솽구두이본)이 그것으로, 출처는 참고서목에 보인다. 마왕두이본은 온전하게 남아 있으며, 상박본은 반 정도만 남아 있고, 솽구두이본은 잔구殘句만 남아 있다. 어떤 구절이나 단어가 세 판본에 모두 있을 경우 일일이 그 출처를 열거했다. 만일 다른 판본에는 있지만 상박본에만 빠져 있다면, 마왕두이본 뒤에 "상박본은 빠져 있다"고 밝혀두었다. 하지만 솽구두이본에 빠져 있을 경우에는 덧붙여 설명하지 않았다. 왕필의 주석과 공영달의 주소, 『경전석문』『주역집해』 그리고 기타 고서에서 인용한 통가자와 이체자, 가차자를 교정하되 전체를 교감한 것은 아니며 간명함의 원칙을 따랐다.

『역경』

상경
上經

여섯 용이 하늘에서 비상하다

乾: 元亨, 利貞. 건 원형 이정

　건괘 : 신명과 가장 잘 통하고 점치는 일에 이롭다.

初九, 潛龍, 勿用. 초구 잠룡 물용
양효일, 깊이 잠겨 나타나지 않는 용과 같으니 무슨 일이든지 하지 않는다.

九二, 見龍在田, 利見大人. 구이 견룡재전 이견대인
양효이, 들에서 용을 본 것과 같으니 대인을 보는 것이 이롭다.

九三, 君子終日乾乾(健健), 夕惕若, 厲, 无咎. 구삼 군자종일건건(건건) 석척약 여
무구
양효삼, 군자는 쉼 없이 힘써서 종일 온힘을 다하고 밤에도 조심하니 위험
이 있더라도 큰 근심은 없다.

九四, 或躍在淵, 无咎. 구사 혹약재연 무구

양효사, 용이 깊은 못에 잠겼다가 때때로 물 위로 도약하는 것과 같아 역시 큰 근심은 없다.

九五, 飛龍在天, 利見大人. 구오 비룡재천 이견대인
양효오, 승천하는 용이 하늘에 있는 것과 같으니 대인을 보는 것이 이롭다.

上九, 亢龍, 有悔. 상구 항룡 유회
양효륙, 용이 매우 높이 나는 것과 같으니 후회를 면치 못한다.

用(通)九, 見群龍无首, 吉. 용(통)구 견군룡무수 길
여섯 효가 모두 구일 때, 무리 용들이 〔위로 높은 하늘로 올라 꼬리만 보이고〕 머리가 보이지 않는 것과 같으니 길하다.

【대의】

이 괘는 『역경』의 첫 번째 괘로 건乾이 겹쳤으며(하괘와 상괘가 모두 건),[1] 여섯 효가 모두 양陽이어서 옛사람들은 순양純陽이라고 불렀다. 건괘는 용을 상象으로 삼고 하늘을 대표한다. 여섯 효는 밑에서부터 위로 전부 용을 말하는데, 깊은 연못에 잠복한 용으로부터 중천에 나는 용까지 단계별로 이

1_『좌전』 민공閔公 2년 조목에 복초구卜楚丘의 아버지가 점을 쳐서 대유大有괘가 건乾괘로 변한 괘를 만난 일을 기록하면서 이 괘의 구오 효사를 언급했다. 또 소공 29년 조목에서는 채묵蔡墨을 통해 건괘가 구괘, 동인괘, 대유괘, 쾌괘, 곤괘로 변한 일을 말하면서 이 괘의 초구, 구이, 구오, 상구, 통구通九와 곤괘의 상륙을 언급했다. 『국어』 「주어周語」에서는 진晉나라 사람의 점에 건괘가 비否괘로 변한 괘를 만난 일을 기록하면서 역시 이 괘를 언급했다.

어진다.

【교독】

乾건 고서에서는 대부분 '마르고 젖다干濕'의 '干'(번체는 '乾')으로 많이 쓰이는데, 여기서는 괘명에 해당하고 독음은 조금 다르다. 『귀장』²의 일문佚文도 금본과 같다.³ 허신은 건乾에 '위로 나아간다'는 의미가 있고, 부수는 을乙이며, 음은 간敦(『설문해자』「을부乙部」)이라고 설명했다. 마왕두이본에는 '鍵'으로 되어 있다(상박본에는 빠져 있다). 『역전』에서는 乾을 健으로 풀이하는데, 健은 강건함을 뜻한다. 예를 들면, 이 괘의 「대상」(「상전 상」)에서 "하늘의 운행은 강건하니 군자는 본받아 스스로 힘쓰고 쉬지 않는다天行乾, 君子以自強不息"라고 했는데, 여기서 "스스로 힘쓰고 쉬지 않는다自強不息"가 健을 해석한 것이다.⁴ 「설괘」 2: 5에 "건은 강건함이다乾, 健也"라고 했는데, 역시 강건함健으로 乾을 해석했다.

허신은 乾을 해석하면서 소전小篆 외에 또 주문籒文⁵도 배열했으니 「사주史籒」 편에 乾자가 있음을 알 수 있다. 진秦나라 계통의 문자에 이런 서법이 있는 것은 이상할 게 없다. 乾자는 출토된 문자에 보이는데 수이후디진간

2_ 『귀장歸藏』은 상나라 때의 『역경』으로 위진시대 이후 실전되었다. 『귀장』은 곤坤괘로 시작하므로 '歸藏'이라고 한다.—옮긴이

3_ 마국한馬國翰의 『옥함산방집일서玉函山房輯佚書』 참조. 상하이고적출판사, 1990, 제1책, 31~43쪽. 아래에 인용한 부분도 이 책에 보이므로 더이상 일일이 주석으로 밝히지 않기로 한다.

4_ "天行健, 君子以自強不息"과 "地勢坤, 君子以厚德載物" 두 구절은 량치차오梁啓超가 인용해 당시에 이미 유명한 말이 되었다(그의 유명한 강의인 「군자를 논함論君子」에 보인다). "쉼 없이 노력하고 두터운 덕으로 만물을 실어라自強不息, 厚德載物"는 칭화대학의 교훈이다.

5_ 한자 서체의 명칭으로 대전大篆이라고도 한다. 주문은 춘추전국시대에 진秦나라에서 유행했는데 글자체가 진나라 전서篆書와 비슷하지만 자형이 중첩된 것이 많다.—옮긴이

이 가장 시기가 이르며(모두 '干濕'의 '干'으로 되어 있다),6 이보다 이른 사례는 아직 발견되지 않았다. 허신은 倝자의 부수는 해 돋을 무렵의 아침을 뜻하는 '단旦'이고, 음은 '언㫃'을 따른다고 풀이했다(『설문해자』「간부倝部」). 倝은 '한韓'의 옛 글자로 깃대를 세워서 해그림자를 측량하는 것과 관계가 있는 것 같다.7

潛龍잠룡, **勿用**물용 『좌전』소공 29년 조목에 보인다. '물용勿用'은 '용用'과 상반되며 (어떤 일을) 하지 않음을 나타낸다.8 『역경』에서 '用'과 '勿用'은 세 종류로 나뉜다. 첫 번째는 뒤에 아무것도 붙지 않는 경우, 두 번째는 뒤에 동사가 붙는 경우, 세 번째는 뒤에 동사구가 붙는 경우다. '用'과 '勿用' 두 단어는 『역경』에서 사용 빈도가 지극히 높으며, 절대다수의 경우에 "무엇을 사용한다"거나 "무엇을 사용할 수 없다"라고 풀이해서는 안 된다. 『역경』에서 사용된 사례를 비교해보면, 정확한 함의는 행동의 선택과 관계가 있다는 것을 쉽게 알 수 있다. 특히 세 번째의 경우는 종종 어떤 행동에 대한 긍정이나 부정을 나타낸다. 『주역』은 점치는 책으로, 각종 행위의 실행 가

6_ 천전위陳振裕·류신팡劉信芳, 『수이후디진간문자편睡虎地秦簡文字編』, 후베이인민출판사, 1993, 3쪽.

7_ 『설문해자』「간부倝部」에는 소전과 주문 그리고 조자朝字만 있다. 기타 언㫃으로부터 소리를 얻는 글자는 대부분 다른 부수에 들어가 있는데, 예를 들면 韓, 翰, 雗, 鶾, 螒, 乾, 幹, 𨐌 등('한'으로 읽지 않고 '간'으로 읽는다)이 있다.

8_ 『설문해자』「용부用部」에 "用은 시행할 수 있다는 뜻이다. 복卜과 중中의 의미를 따랐는데 이는 위굉衛宏의 설이다"라고 풀이했다. 위굉설은 믿을 수 없지만, '용用'자는 확실히 점복과 관련이 있다. 왕인지王引之의 『경의술문經義述聞』「주역 상」의 "건乾괘, 사師괘, 이頤괘, 감坎괘, 기제旣濟괘에서 '물용勿用'이라고 한다" 조목을 참고할 것. 완원阮元 편, 『청경해淸經解』(상하이서점, 1988, 제6책, 766쪽)에 수록.

능성에 대해 판단한다. '用'과 '勿用'은 이러한 판단을 나타내는 것이다. '用'자가 동사나 동사구 앞에 놓이면 모두 행동에 대한 긍정을 나타낸다. 때때로 어조를 강화하기 위해 '用'자 앞에 또 '이利'자를 더하기도 하는데, 지금의 '이용利用'의 뜻과는 완전히 다르다. 따라서 '勿用'은 '用'과 상반된 표현이다. 『역경』에서는 '勿用'만 쓰고 '불용不用'은 쓰지 않는다.

見龍在田견룡재전 『좌전』 소공 29년 조목에 보인다. '견見'은 『경전석문經典釋文』에서 '現현'으로 읽는다. '현'으로 읽는 것은 '見'을 '용龍'의 수식어로 보고 '見龍'을 (숨어 있지 않고) 모습을 드러낸 용으로 이해한 것인데, 이는 앞의 '잠룡潛龍'을 물에 잠긴 용으로, 아래의 '비룡飛龍'을 비상하는 용으로 해석하는 것과 같다. 하지만 여기서 '見'은 '견대인見大人'의 '見'이나 '견군룡見群龍'의 '見'과 같으므로 '現'으로 읽을 필요는 없다.

利見大人이견대인 '대인大人'은 '소인小人'과 상반되는 말로 후대의 점복서에서 말하는 '귀인貴人'과 조금 유사하며 신분과 지위가 있는 사람을 가리킨다. 이 단어는 『역경』에서 모두 12번 보이는데 6번은 괘사에, 나머지 6번은 효사에 사용되었다. 괘사에 사용된 경우는 양효에 4번, 음효에 2번이다. 용례는 '이견대인利見大人'이 가장 많아서 7번이나 되고, 1번 사용된 '용견대인用見大人(승괘 괘사)도 비슷한 표현이다.

『주역』의 사례에서 양효는 대인에게 이롭고, 음효는 소인에게 이롭다. 예를 들면 비否괘의 육이효에서 "소인은 득세하고 대인은 불운하다小人吉, 大人否"고 한 것은 소인에게는 이롭고 대인에게는 이롭지 않다는 뜻이다. 하지만 건蹇괘 상륙효에서는 왜 '이견대인利見大人'이라 하고, 「소상」(「상전 하」 39)에서

"대인을 보는 것이 이로운 것은 귀인을 따르기 때문이다利見大人, 以從貴也"라고 풀이한 걸까? 여기서 말하는 "귀인을 따른다從貴"는 상륙이 아래로 구오九五를 따르며 구오를 대인으로 여긴다는 것을 말한다. '이견대인'은 또한 건乾괘의 구오효에도 보인다. 구이九二와 구오는 모두 중中의 자리다.

君子군자 귀족자제에 대한 옛사람들의 포괄적인 호칭이다. 이 단어도 '소인'의 반대말이다.

살펴보면, '군자'는 『역경』에서 모두 18번 보이는데 3번은 괘사에 쓰이고 15번은 효사에 쓰였다. 효사에 쓰인 경우는 양효가 9번, 음효는 6번이다. '군자'가 음효에 보이면 불리한 의미이기도 한데, 이런 경우 '대인'과 유사한 의미를 가진다. '대인군자'라는 말은 고서에 흔히 보이는데 '군자'와 '대인'이 비슷하다는 것을 알 수 있다. 『역경』에 '대군大君'이라는 단어가 있는데, 사괘 상륙, 이履괘 육삼, 그리고 임괘 육오에 보인다. 사괘 상륙의 '대군'은 상박본에는 '대군자大君子'로 되어 있고 마왕두이본과 솽구두이본에는 '대인군大人君'으로 되어 있는데, '대군'은 '대인군자'의 준말인 듯하다. 하지만 '군자'와 '대인'이 같다고만 할 수 없다는 점에도 주의해야 한다. 예를 들어 혁괘 구오의 "대인의 변화는 호랑이 가죽의 무늬와 같이 완전히 변하니 점치지 않아도 안다大人虎變, 未占有孚"와 상륙의 "군자의 변화는 표범 가죽의 무늬처럼 완전히 변하니, 소인처럼 단지 얼굴색만 변하지 않는다. 점복 결과는 멀리 가면 흉하고 집에 있으면 길하다君子豹變, 小人革面, 貞凶, 居(處)貞吉"에서는 '대인'과 '군자'가 다르다. '군자'는 출신은 고귀하지만 관직과 작록이 있다고는 말할 수 없고, '대인'은 지위가 군자보다 높고 관직과 작록이 있는 사람이다.

終日乾乾종일건건 '종일終日'은 해가 있는 동안을 가리키며, '건건乾乾'은 굳세고 굳셈健을 형용한다.

夕惕若석척약 '석夕'은 앞의 '종일건건終日乾乾'을 받아 '종終'자를 생략한 것이다. 여기서는 밤 동안을 가리킨다. 이 두 구절은 옛사람들이 일반적으로 말하는 "아침부터 저녁까지 나태함이 없다夙夜匪(非)解(懈)"(『시경』「대아大雅」의 「증민烝民」 편과 「한혁韓奕」 편에 보인다)9는 뜻이다.

无무 금본『역경』에는 유무有無의 무無가 일률적으로 '无'로 되어 있는데 절대로 '無'나 '亡망'이 되어서는 안 된다. '상망喪亡'의 '亡'(분실을 뜻함)은 일률적으로 '亡'으로 되어 있는데 절대로 '无'자와 혼동해서는 안 된다. 이는 간체자 방안10으로 발명한 것이 아니라 전국시대부터 이렇게 썼고 진한시대에도 사용했다. '无'에 대해 허신은 고문의 기자奇字11라고 했다. 『설문해자』「망부亡部」에 "'無'는 '亡'이다. 부수는 '망亡'이고 음은 '무無'다. '无'는 기자체奇字體의 '无'인데 '원元'과 통한다. 왕육王育은 '하늘天이 서북쪽에서 구부러진

9_ 유월俞樾은 『군경평의群經平義』「주역1」의 '석척약려夕惕若厲' 조목에서 근래에는 '夕惕若, 厲'로 읽지만 한당漢唐 시기에는 '夕惕若厲'로 읽었는데 모두 틀렸으며, '惕, 若厲'로 읽어야 한다고 했다. 유월의 이러한 단구斷句는 취할 만한 것이 아니라고 생각하지만, '夕惕'이 앞의 '종일건건'을 받아 '종석척척終夕惕惕'을 말하는 것과 같다고 한 점은 참고할 만하다. 여기서는 '밤 내내'로 번역된다. 왕셴첸王先謙 편, 『황청경해속편皇淸經解續篇』(상하이서점, 1988, 제5책, 1025쪽) 참고.

10_ '한자간화방안漢字簡化方案'은 중화인민공화국 국무원이 공포한 한자 간략화 규범이다. 1952년 '술이부작述而不作'의 원칙을 정하고, 1956년 교육부에서 발표해 국가의 정책으로 추진했다.─옮긴이

11_ 기자는 한대 왕망 때에 사용한 6가지 서체六體 중의 하나로, 글자체가 소전小篆과 조금 달랐다.─옮긴이

것이 无다'라고 했다"라고 풀이하여 한 글자에 세 가지 서체가 병존한다고 말했다. 하지만 이 글자들이 무슨 관계가 있는지 허신은 분명히 밝히지 못했다. 이른바 "无는 元과 통한다"거나 왕육이 말한 "하늘이 서북쪽에서 구부러진 것이 无다"(천天자의 오른쪽 아랫부분이 휘어진 것을 가리킴)라는 식의 풀이는 바로 허신 자신이 "속된 선비의 글자 해석俗儒說字"(『설문해자』「서」)이라고 비웃은 경우에 속한다. 이제 고문자 자료를 근거로 하여 여러 가지 설을 귀납해 '无'자의 원류에 대해 살펴보기로 한다.

내 생각에 '亡'은 상나라 때는 '无'였고, '無'는 서주 때는 '无'였다. 전국시대에는 육국六國이 대부분 '無'의 뜻으로 '亡'을 썼고, 진秦나라에서는 '無'를 썼으며, 각각 그 전통을 이어받아 '无'자가 출현했으나 그다지 유행하지 못했다. 한대에는 진을 이어받아 오직 전서와 예서만을 실행해 '無'가 바른 글자체로 승격되었다. 하지만 '無'의 뜻으로 쓴 '亡'이 고서에 많이 있는 것을 일일이 다 고칠 수가 없어 두 가지가 그대로 두루 사용되었다. 전한 때의 마왕두이백서와 인췌산한간銀雀山漢簡에는 '無'와 '无'가 모두 있다. 우웨이한간武威漢簡에는 '無'만 사용하고 '无'는 사용하지 않았다. 세 가지 '无'자는 각각 연원이 있다. '亡'은 '망亡'의 초기 글자이며, '칼 도刀'에 점을 더해 칼날의 소재를 나타냈다. '無'는 '무舞'의 초기 글자이며, '无'는 '부夫'의 변체(元이나 天과 무관함)다. 상박본 『주역』에서는 '無'의 뜻으로 '亡'을 쓰고, 마왕두이본과 솽구두이본은 '无'를 써서 모두 '無'를 사용하지 않는데, 이 점은 매우 중요하다. 이것은 『역경』의 '회망悔亡'이 결코 '무회无悔'를 뒤집어놓은 것이 아님을 증명한다.

或躍在淵혹약재연　초구初九와 상응한다. 초구의 '잠룡'은 깊은 연못에 잠복

하는 것인 데 반해 여기서는 때때로 수면 위로 도약하는 것을 말한다.[12]

飛龍在天비룡재천 『좌전』 소공 29년 조목에 보인다.

亢龍항룡, **有悔**유회 『좌전』 소공 29년 조목에 보인다. '항亢'은 지극히 높은 것을 가리킨다.

用九용구　마왕두이본에는 '迵九동구'(상박본에는 빠져 있다)로 되어 있다. 迵 九는 곧 '通九통구'와 같은데, 이 괘의 여섯 효가 모두 '구九'임을 가리킨다. 다음에 오는 곤坤괘의 '용륙用六'도 이와 같다.

전국시대의 문자는 대부분 '用용'을 '甬용'으로 썼다. '甬'은 곧 '通통'의 유래가 된다. 이履괘 육삼효의 "武人爲于大君무인위우대군"은 마왕두이본에는 "武人 迵(用)于大君무인동(용)우대군"(상박본에는 역시 빠져 있다)으로 되어 있는데, 이 역시 '迵'과 '用'이 서로 통하는 예다.

見群龍无首견군룡무수, **吉**길 『좌전』 소공 29년 조목에 보인다. 『역경』에서 '수 首'는 대부분 가장 위의 효를 가리키고, '미尾'는 가장 아래의 효를 가리킨 다. 이 괘의 여섯 효가 모두 용龍이므로 상구上九가 특별한 지위가 있는 것 은 아니다. 그러므로 "머리가 없다无首"고 한 것이다. 비比괘 상륙효의 "비 (지)무수, 흉比(之)無首, 凶"을 참고할 것.

12_ 도연명陶淵明은 자字가 원량元亮이며, 나중에 이름을 잠潛으로 바꾸었다. 잠潛은 연명淵明 과 상응하는데, 아마도 여기서 따왔을 것이다.

제2 : 곤괘坤卦

암말이 지상에서 달리다

坤: 元亨, 利牝馬之貞. 君子有攸往, 先迷後得主, 利. 西南得朋, 東北喪朋,

安貞吉. 곤 원형 이빈마지정 군자유유왕 선미후득주 이 서남득붕 동북상붕 안정길

곤괘 : 신명과 가장 잘 통하며 암말의 점에 이롭다. 군자는 나감에 먼저는 길을 잃었다가 뒤에는 머물 곳을 찾으니 유리하다. 서쪽에서 남쪽으로 가면 벗을 찾고 동쪽에서 북쪽으로 가면 벗을 잃는다. 안정됨을 묻는 점괘에 길하다.

初六, 履霜, 堅冰至. 초륙 이상 견빙지

음효일, 얇은 서리를 밟으니 삼 척 두꺼운 얼음이 얼 날이 머지않았다.

六二, 直·方·大. 不習, 无不利. 육이 직방대 불습 무불리

음효이, 네모반듯하고 끝없이 광활하니 대지의 상이다. 계속해서 점칠 필요 없으며, 이롭지 않은 바가 없다.

六三, 含章, 可貞. 或從王事, 无成有終. 육삼 함장 가정 혹종왕사 무성유종

음효삼, 땅에는 땅의 문리가 있으니 점칠 수가 있다. 우연히 왕을 위해 일

을 하니 성공하지 못해도 마지막까지 견지해야 한다.

六四, 括囊, 无咎无譽. 육사 괄낭 무구무예

음효사, 자루 주둥이를 묶은 것처럼 한마디도 하지 않으니 비난도 없고 칭
찬도 없다.

六五, 黃裳, 元吉. 육오 황상 원길

음효오, 황색 치마와 같으니 가장 길하다.

上六, 龍戰于野, 其血玄黃. 상륙 용전우야 기혈현황

음효륙, 용이 들에서 싸워 그 피가 흑색과 황색인 것과 같다.

用(通)六, 利永貞. 용(통)륙 이영정

여섯 효가 모두 육일 때, 장기적인 점복에 이롭다.

【대의】

이 괘는 『역경』의 두 번째 괘로 음陰이 거듭되었고(하괘도 곤坤, 상괘도
곤),13 여섯 효가 모두 음이라서 옛사람들은 순음純陰이라고 불렀다. 곤괘

13_ 『좌전』 소공 12년 조목에 남괴南蒯가 점을 쳐서 곤괘가 비比괘로 변한 괘를 만난 일을 기록
하면서 이 괘의 육오효를 언급했다. 또 소공 29년 조목에서는 채묵이 점을 쳐서 건괘가 곤괘로
변한 괘를 만난 일을 기록하면서 용륙을 언급했으며, 곤괘가 박괘로 변한 괘를 만난 일을 기록
하면서 이 괘의 상륙을 언급했다.

는 암말을 상象으로 삼아 땅을 대표한다.

『역』을 읽을 때는 쌍으로 읽어야 한다. 건괘와 곤괘는 천지개벽의 괘다. 『천자문』의 첫머리는 "하늘은 검고 땅은 누른색이며天地玄黃 우주는 더없이 크고 넓다宇宙洪荒"는 두 구절이다. 건과 곤 두 괘 역시 『역경』의 첫머리에 있다.

『역경』에는 이른바 '팔경괘八經卦', 곧 건乾, 곤坤, 감坎, 이離, 진震, 간艮, 손巽, 태兌가 있다. 이 괘들이 거듭된 괘를 역학가들은 '팔순괘八純卦'라고 한다. 건·곤·감·이는 상경에 나뉘어 있고, 진·간·손·태는 하경에 나뉘어 있는데, 건과 곤은 팔순괘의 첫 번째 쌍이다. 『역경』에서 말하는 천지음양은 이 두 괘를 들고나는 문이나 관건으로 여긴다. 용은 하늘에서 날고 말은 땅에서 달리는데, 한 마리 용과 한 마리 말이 모든 괘를 관할하니 옛사람들이 가장 중시했다. 「문언」은 오로지 이 두 괘만 논하며 『역』을 읽는 강령으로 삼고 있다.

『역경』은 상경과 하경으로 나뉘어 구설舊說에서는 상경이 천지를 말하고 하경은 인륜을 말한다고 했는데, 사실 다 그런 것은 아니다. 상경은 처음 두 괘가 천지를 말하고, 하경은 처음 두 괘가 인륜을 말하니, 이와 같을 뿐이다.

【교독】

坤곤 괘명이나 암컷, 여성으로 말하는 것 외에는 한자에서 아주 드물게 사용하는 글자다. 주준성의 『설문통훈정성說文通訓定聲』「곤부坤部」에 따르면, 이것은 고문자 진陳의 다른 필법이며, 부阜를 부수로 하는 것은 토土를 부수로 하는 것과 같다고 했다. 이 글자는 『귀장』의 일문에는 𣎆으로 되어 있다. 이런 필법의 곤坤자는 『벽락비碧落碑』와 『한간汗簡』, 『고문사성운古文四聲韻』 등의 책에도 보이는데 '귀貴'자의 고문 필법과 매우 비슷하다.[14] 貴는 견모물부자見母物部字이며 坤은 계모문부자溪母文部字로 고음도 매우 가깝다. 이 글자는 마왕두이본에는 '川천'(상박본에는 빠져 있다)으로 되어 있다. 川은 순順자의 유래가 되며 『역전』에서는 順으로 坤을 풀이한다. 예를 들면, 곤괘의 「단사彖辭」(「단전 상」2)에서 "지극하구나 곤원이여, 만물이 이로 말미암아 생겨 하늘을 순히 받들고 (…) 유순해서 점복에 이롭다至哉坤元, 萬物資生, 乃順承天 (…) 柔順利貞"라고 했으며, 「설괘」2:5에서는 "곤은 순하다坤, 順也"라고 했다. 건은 강건하고, 곤은 유순하니 상반된다.

牝馬빈마 암말을 말한다.

有攸往유유왕 출행出行하는 일이 있음을 가리킨다. '유攸'는 '하는 바所'로 풀이한다. 『역경』에 '攸'자는 많지만 '소所'자는 드물다. '攸'자는 두 가지 용법이 있는데 하나는 '유유왕有攸往' 또는 '무유왕无攸往'이며, 다른 하나는 '무유리无攸利'(『역경』에서는 '무유리无攸利'라고만 하고 '유유리有攸利'라고는 하지 않는 점에 주의)다. 가인괘 육이효에 또다른 예로 '무유수(축)无攸遂(逐)'가 있다. '所'자는 『역경』에 단 4번 보이는데, 송괘 초륙효와 해괘 괘사, 여괘 초륙효,

---

14_ 귀貴자의 고문은 쉬짜이궈徐在國의 『전초고문자편傳抄古文字編』(선장서국, 2006, 중책, 623쪽)에 보인다. 곤坤자의 고문은 같은 책(하책, 1355쪽)에 보인다. 황시취안黃錫全은 坤자의 고문은 원래 立을 따르고 申을 따른다고 했는데, 그의 저서 『한간주석汗簡注釋』(우한대학출판사, 1996, 495~496쪽)을 참조할 것. 이 설은 본래 오대징吳大澂, 딩포옌丁佛言, 뤄푸이羅福頤를 근본으로 한 것으로, 쉬원징徐文鏡의 『고주회편古籀滙編』(상무인서관, 1934, 권13 하, 7쪽)을 참조할 것.

환괘 육사효 등이다. 그 가운데 해괘 괘사는 '무소왕无所往'으로 '유유왕有攸往'의 대구를 이루니 攸와 所가 의미에 별 차이가 없음을 알 수 있다.

主주 『역경』에 보이는 '주主'에는 두 가지 용법이 있다. 하나는 손님과 주인 관계의 主인데, 이 효와 명이괘 초구효에 보인다. 다른 하나는 규괘 구이효와 풍괘 초구효 및 구사효에 보이는데, 내 생각에 이것은 죽은 자의 주主, 즉 종묘에 목주木主를 세운 귀신을 가리킨다.

西南得朋서남득붕, 東北喪朋동북상붕   서쪽에서 남쪽으로 가고 음으로 양을 따르면 길하니, 그러므로 "벗을 얻는다"고 했다. 동쪽에서 북쪽으로 가고 양으로 음을 따르면 길하지 않으니, 그러므로 "벗을 잃는다"고 했다.[15] 건蹇 괘 괘사에서 "서쪽에서 남쪽으로 가면 길하고, 동쪽에서 북쪽으로 가면 불리하다利西南, 不利東北"고 했는데, 이것과 같은 사례다. 『역경』에서 '붕朋'은 붕패朋貝의 붕(화폐 단위로 10패貝가 1붕朋)이 아니고 붕우朋友의 붕이다. 초기의 고서에서 '붕우'는 '부형父兄'(육친)이나 '혼구婚媾'(인척)와 구별되어 혈연관계가 없는 동배同輩를 가리킨다. 동학同學, 동사同事, 동료는 모두 '붕우'라 할 수 있다.

履霜이상, 堅氷至견빙지   서리霜와 얼음氷은 모두 음陰으로 곤의 상象이다.

15_ 상빙허는 "무릇 행行이니 종終이니 말하는 것은 서쪽에서 남쪽으로, 동쪽에서 북쪽으로 거슬러 가는 것이지, 서남과 동북을 상대적으로 대하는 것이 아니다"라고 했다. 상빙허의 『주역상씨학』(중화서국, 1980, 32쪽) 참조.

直직·**方**방·**大**대 곤坤은 땅을 대표한다. 옛사람들은 하늘은 사발을 엎어놓은 것 같고, 땅은 모난 쟁반과 같다고 생각했다. 이 세 글자는 대지를 형용한다. 이 괘의 「대상大象」(「상전 상」2)에서 "땅의 형세가 곤이니 군자는 이를 본받아 덕을 두터이 하고 만물을 싣는다地勢坤, 君子以厚德載物"라고 했는데, 바로 지세의 상을 말한 것이다.

習습 점복 술어다. 거북점과 시초점에서 모두 이 용어를 사용한다. 습習에는 '이을 습襲'의 뜻이 있으니 한 번 점을 치고 나서 다시 이어서 점을 치는 것을 말한다.

含章함장 문리文理를 품고 있다는 뜻이다.[16] 구괘 구오효에도 이런 말이 있다. 하늘에는 천문이 있고 땅에는 지리가 있다. 여기서는 대지大地의 문리를 가리킨다. 이백李白의 「춘야연종제도화원서春夜宴從弟桃花園序」에 "하물며 화창한 봄날에 아름다운 경치가 나를 부르고 대자연이 내게 문장을 빌려줌에랴況陽春加我以煙景, 大塊假我以文章"라고 했으니, 바로 "그림 같은 강산江山如畫"을 말한 것이다.

无咎无譽무구무예 '구咎'는 나무란다는 뜻이고 '예譽'는 칭찬한다는 뜻으로 상반된 단어다. 이 말은 또 대과괘 구오효에도 보인다. 『역경』에서 이 두 글자는 또 하나의 뜻이 있으니 운수가 좋고 나쁨을 가리킨다. 구는 나쁜 운수, 예는 좋은 운수다.

16_ 중국의 티베트 문제 권위자로 『달라이라마전』 등을 저술한 작가 야한장牙含章의 이름은 여기서 따온 것이다.—옮긴이

黃裳황상, **元吉**원길 '황黃'은 땅의 색깔이며, 오행의 방위색에서 중간색이다. '상裳'은 하의下衣를 말한다. '황'자는 『역경』에서 8번 보이는데(곤坤괘 육오효·상륙효, 서합괘 육오효, 이離괘 육이효, 둔遯괘 육이효, 해괘 구이효, 혁괘 초구효, 정鼎괘 육오효), 대부분 육이효나 육오효에 있으며, 하괘의 중간에 있지 않고 상괘의 중간에 있다. 예외가 세 가지 있는데, 곤괘 상륙효의 '황'은 땅의 색깔을 가리키고, 해괘 구이효의 '황'은 육오효를 가리키며, 혁괘 초구효의 '황'은 육이효를 가리킨다. 『시경』「패풍邶風·녹의綠衣」에는 '녹색 상의에 황색 하의綠衣黃裳'라는 구절이 있고, 『의례』에는 '검은 치마玄裳'와 '누런 치마黃裳', '알록달록한 치마雜裳'(「사관례士冠禮」와 「특생궤식례特牲饋食禮」에 보임)가 있다. 황색은 삼원색의 하나로 옛사람들은 길한 색이라 여겨 매우 좋아했다. 『좌전』소공 12년 조목에 남괴南蒯가 점을 쳐서 곤괘가 비比괘로 변한 괘를 얻었는데 '황상원길'이라고 되어 있었다. 자복경백子服景伯이 이를 풀이해 말하기를 "황黃은 중간색입니다. 상裳은 하의의 문식입니다. 원元은 선善의 으뜸입니다. 가운데가 충실하지 않으면 그 색을 얻지 못하고, 아래가 공손하지 않으면 그 문식을 얻지 못하고, 하는 일이 불선하면 그 지극함을 얻지 못합니다. 안과 밖이 화합하는 것이 충忠이고, 성신誠信으로 일을 행하는 것이 공恭이고, 세 가지 덕을 공양하는 것이 선이니, 이 세 가지가 갖추어지지 않으면 이 괘에 해당하지 않습니다. 또 역易은 험한 일을 점치지 않는 것인데, 그대는 장차 무슨 일을 하려는 것입니까? 중간이 아름다운 것이 능히 황黃이 되고, 위가 아름다운 것이 원元이 되고, 아래가 아름다운 것은 상裳이니, 이 세 가지가 갖추어지면 길할 수 있지만, 하나라도 부족하면 점괘가 길하더라도 성공하지 못합니다"라고 했다. 그는 '황상원길' 네 글자를 떼어내어 '세 가지 덕三德'이라 칭했다. 이것은 도덕을 발휘한 것이지 문자의 훈고는 아니다. 『좌전』 양공 9년 조목에서 노나라 목강穆姜이 '원형이정元亨利貞'을 해석한 것도 똑같은 예다.

龍戰于野용전우야 『좌전』 소공 29년 조목에 보인다.

其血玄黃기혈현황 '현玄'은 하늘색이고 '황黃'은 땅의 색깔이다. 「문언」 2:2에 "무릇 현황은 천지가 섞인 것이니 하늘은 검고 땅은 누렇다夫玄黃者, 天地之雜也, 天玄而地黃"라고 했는데, 하늘의 용과 땅의 용이 들에서 싸워서 흘린 피가 검고 누런 것을 가리키는 것으로 보인다.

제3 : 둔괘屯卦

혼돈, 만사에 있어 처음이 어렵다

屯: 元亨, 利貞, 勿用有攸往, 利建侯. 둔 원형 이정 물용유유왕 이건후

둔괘 : 신명과 가장 잘 통하고 점복에 이로우니 밖에 나가서는 안 되고 제후를 봉하는 것이 이롭다.

初九, 磐桓. 利居(處)貞, 利建侯. 초구 반환 이거(처)정 이건후
양효일, 원래 있던 곳을 배회한다. 거처할 곳을 점치는 것이 이롭고, 제후를 봉하는 것이 이롭다.

六二, 屯(迍)如邅如. 乘馬班(煩)如, 匪(非)寇婚媾. 女子貞不字, 十年乃字. 육이 준(둔)여전여 승마반(번)여 비(비)구혼구 여자정부자 십년내자
음효이, 수레와 말이 시끄럽게 배회하면서 나아가지 않으니 사람을 죽이고 물건을 뺏으러 온 것이 아니라 신부를 맞이하러 온 것이다. 신부가 자신을 지키고 시집가지 않다가 십 년이 되어서야 시집가니 [쉽지 않구나!]

六三, 卽鹿无虞, 惟入于林中. 君子幾, 不如舍, 往吝. 육삼 즉록무우 유입우림중 군

자기 불여사 왕린

음효삼, 군자가 사슴 떼 옆으로 바짝 다가가니 생각지도 않게 사슴이 숲으로 뛰어 들어간다. 거의 손에 넣게 된 것으로 보여도 〔끝까지 쫓아가는 것보다〕 놓아주고 쫓아가지 않는 편이 나으니, 기어이 쫓아가면 반드시 유감스런 일을 당한다.

六四, 乘馬班(煩)如. 求婚媾. 往吉, 无不利.　육사 승마반(번)여 구혼구 왕길 무불리
음효사, 수레와 말이 시끄러우니 신부를 맞이하러 온 것이다. 이 행차는 길하고 일은 이롭지 않음이 없다.

九五, 屯(囤)其膏. 小貞吉, 大貞凶.　구오 둔(돈)기고 소정길 대정흉
양효오, 살진 고기를 많이 모은 것이다. 작은 점복은 길하고, 큰 점복은 흉하다.

上六, 乘馬班(煩)如, 泣血漣如.　상륙 승마반(번)여 읍혈련여
음효륙, 수레와 말이 시끄러우니 시집가기를 기다리는 처녀가 통곡하고 눈물을 흘리는데 피눈물까지 나온다.

【대의】

이 괘는 하괘가 진震이고 상괘가 감坎이다.[17] 「단사」(「단전 상」 3)에서 둔屯괘는 "강과 유가 처음으로 사귀어 어려움이 생기는剛柔始交而難生" 괘라고 했다. 앞에서 논한 두 괘 가운데 건괘는 순양이고 곤괘는 순음이니 천지가

아직 사귀지 않은 것이다. 여기서 하괘와 상괘는 모두 음陰 둘에 양陽 하나로 이루어졌는데, 서로 교차해 초구初九는 육사六四와 호응하고 구오九五는 육이六二와 호응하는(음과 양이 상반된 것을 가리킨다) 것이 '처음 사귐始交'이다. 천지가 사귀어서 만물이 생길 때 처음에 약간 어려움이 있으니, 양 하나는 초구의 처음의 자리에 있으면서 육이에게 어려움을 당하고, 다른 양 하나는 구오의 자리에 있으면서 상륙上六에게 어려움을 당하며, 육삼六三이 상륙과 대적하는(음양이 서로 같음을 가리킨다) 것이 '어려움이 생기는難生' 것이다. 둔괘의 괘사와 효사에서는 이 처음에 대해 어떻게 말할까? 아내를 맞이하는 일親迎로 말한다. 아내를 맞이하는 것은 좋은 일이지만 좋은 일은 탈도 많다. 우선 남자가 맞이하려는 아가씨(음을 대표)는 매우 어려움을 당해 십 년이 되어도 시집을 가지 못하니 요즘 말로 '노처녀'에 해당한다. 다음으로 남자(양을 대표)도 순조롭지 않아서 신부를 맞이하러 가는 내내 수레와 말이 원래의 장소에서 맴돌면서 북쪽을 찾지 못한다.

부인을 맞이하고 딸을 시집보내는 것은 후대 점복의 주요 사항이다. 『역경』에서 이런 일에 대해 말하는 것에는 여섯 괘가 있는데 이 괘가 첫 번째이며, 비賁괘가 두 번째, 함괘가 세 번째, 구괘가 네 번째, 점괘가 다섯 번째, 귀매괘가 여섯 번째다. 이 외에 몽괘 육삼, 태泰괘 육오, 대과괘 구이와 구오, 규괘 상구, 진震괘 상륙효도 이 일과 관계가 있다.

17_ 『좌전』 민공 원년 조목에 신료辛廖가 점을 쳐서 둔屯괘가 비比괘로 변한 괘를 만나 하괘는 곤坤괘, 상괘는 감괘로 바뀌자 둔괘와 비괘 두 괘에 대해 해석한 일을 기록하고 있다. 『좌전』 소공 7년 조목에 공성자孔成子가 점을 쳐서 둔괘가 비괘로 변한 괘를 만난 일을 기록했으며, 『국어』 「진어晉語 4」에 공자公子 중이重耳가 점을 쳐서 정貞, 둔屯과 회悔, 예豫를 얻은 일을 기록했는데, 모두 이 괘의 괘사와 관계가 있다. 『국어』 「진어 4」에 사공계자司空季子가 둔괘와 예괘에 대해 해석한 말을 기록했다.

【교독】

屯둔 돈沌의 유래가 된다. 옛사람들은 우주의 창조에 대해 말할 때 흔히 '혼돈渾沌'이나 '혼혼돈돈渾渾沌沌'으로 그 모양을 나타냈다.[18] 혼돈은 개화開化되지 않은 상태를 말한다. 여기서 둔屯자는 '沌돈'자와 관계가 있다. 『역경』의 괘명은 종종 여러 가지 함의가 있어서 문자의 다른 독음讀音으로 의의의 변환과 풍부한 연상을 조성하는데, 이런 문자 유희를 모르면 괘명을 알 수가 없고, 또 알려면 약간의 문자 지식이 있어야 한다. 둔屯자는 세 가지 독법이 있다. 첫 번째는 '준'인데, 처음 생겨나 어려움이 생긴다는 뜻으로 이 괘의 「단사」에서 "屯은 강과 유가 처음으로 사귀어 어려움이 생긴다"라고 한 것이나, 「서괘」 2에서 "屯은 사물이 처음 생긴 것이다屯, 物之始生也"라고 한 것이 여기에 해당한다.[19] 두 번째도 '준'으로 읽는데, 나아가기 어렵다는 뜻으로 대략 곤돈困頓(몹시 고단함), 정돈停頓(침체되어 나아가지 못함)의 돈頓과 같은 의미이며, 글자는 둔迍으로 쓰기도 하니 육이효의 屯자가 이런 뜻이다. 세 번째는 '둔'으로 읽는데, 둔적屯積(많이 모음)이나 둔취屯聚(여러 사람이 한곳에 모임)의 뜻이며, 글자는 '囤돈'으로 쓰기도 하니 구오효의 屯자가 이런 뜻이다.

18_ 예를 들면 『장자』 「재유在宥」 편과 『여씨춘추呂氏春秋』 「대악大樂」 편, 『갈관자鶡冠子』 「태홍泰鴻」 편, 『회남자』 「전언詮言」 편에서 이 글자들로 우주창조를 표현하고 있다.

19_ 『설문해자』 「좌부屮部」에 "屯은 어렵다는 뜻이다. 초목이 처음 나서 싹트는 모양이 어려운 것을 형상했다屯, 難也. 象屮木之初生, 屯然而難"라고 풀이하면서 『역』 둔屯괘의 「단사」를 인용했다. 춘春은 屯을 따르는데 봄날 만물이 소생하는 것도 이런 함의가 있다. 준蠢은 春을 따르는데 사람이 처음 태어나서 비교적 흐리터분한 것도 이런 함의가 있다. 뒤의 몽괘에서 흐리터분함에 대해 말한다.

元亨원형, **利貞**이정. **勿用有攸往**물용유유왕, **利建侯**이건후   이 괘사는 『좌전』 소공 7년 조목과 『국어』 「진어 4」에 보인다. 이 괘는 음양이 처음 교차해 나아가기 어려우니 당연히 밖으로 다니는 것은 이롭지 않고 다만 어떤 일을 새로 세우는 것이 이롭다는 것을 말하기 때문에 "밖에 나가서는 안 되고 제후를 봉하는 것이 이롭다勿用有攸往, 利建侯"라고 한 것이다. 여기서 '물용勿用(하지 말라)'은 '유유왕有攸往(갈 곳을 둠)'에 대한 부정이다.

磐桓반환   원래 있던 곳에서 맴돈다는 뜻으로, '반환盤桓' 또는 '반선盤旋'이라고도 쓴다.

居거   '處처'자를 잘못 쓴 것이다. 나머지 괘의 '거居'자도 이와 같다. 금본 『역경』에는 6개의 居자(둔屯괘 초구효, 수隨괘 육삼효, 이頤괘 육오효, 함괘 육이효, 혁괘 상륙효, 환괘 구오효에 보임)와 2개의 處자(소축괘 상구효, 여괘 구사효에 보임)가 있다. 마왕두이본은 금본과 모두 같지만, 상박본은 居자 부분이 모두 '凥거'로 되어 있다. 쌍구두이본에는 處자만 있고(이頤괘 육삼효) 상박본과 마찬가지로 居자는 쓰지 않았다.[20]
『설문해자』 「궤부几部」에 '凥'와 '処처' 두 글자가 있는데, 허신은 凥를 거처의 居로 보고 処는 거처의 處로 보아 같은 뜻으로 풀이한다. 하지만 處를 処의 이체자로 보고 있으니 당시에 이미 '居'와 '処' 두 글자를 분명하게 구별하지 않았다는 것을 알 수 있다. 『설문해자』 「궤부」에는 居자가 있고, 허신

---

20   한쯔창의 『푸양한간 주역 연구』, 상하이고적출판사, 2004, 8쪽. 이 책에서는 쌍구두이본의 '처處'자를 '허虛'로 해석했는데, 이것은 오역이다. 내가 사진과 모사본을 조사해보니, 사실 진秦나라 예서의 필법과 같고, 아랫부분도 '책册'자를 기울임체로 썼다.

은 尸를 거처의 居로 분명히 가리키고 있다. 두 글자를 구별하기 위해 허신은 居자를 준거蹲踞(웅크리고 앉음)의 거踞로 정의한다. 이것은 실제 정황에 부합하지 않는다. 사실, 서주의 금문金文에 處자가 있으니 궤几를 따르고 호성虎聲인데, 이 글자야말로 거처라고 할 때의 處자의 본래 글자다. 전국시대 이래로 虎자의 머리 부분이 尸로 변하게 되면서 비로소 居자와 뒤섞여 쓰였다. 尸자는 초楚 지방에서 유행한 處자인데, 虎자의 머리 부분인 虍를 尸로 대체한 것이다. 진나라 계통의 문자에서 전서체篆書體는 서주를 이었고, 예서체隸書體로는 處자의 아랫부분에 '책册'자를 기울임체로 썼는데, 후대에 아랫부분이 '총夊'자가 된 것은 이런 필법에서 변한 것이다. 전한의 處자는 진나라를 이어받아 필법은 같았지만 때때로 虎자의 머리 부분을 생략했다. 虎자의 머리 부분을 생략한 處자가 바로 処자다. 処는 居와 다르니 居는 거처의 居자이며, 尸는 거처의 処다. 바오산초간包山楚簡[21]의 죽간 32에는 '거거(처)명족居尸(処)名族'이라는 말이 있으니[22] 두 글자가 구별된다는 것을 증명할 수 있다. 여기서 출현한 세 가지 필법 중 상박본의 '尸'는 초 지방 특유의 処자로 한나라 때는 이미 사용하지 않았으며, 마왕두이본

21_ 바오산초간은 1987년 후베이 성 징먼荊門 시의 바오산包山 2호 전국시대 초나라 묘에서 출토되었다. 모두 278개의 죽간과 1개의 죽독竹牘이 있으며, 사법문서司法文書 죽간과 복서제도卜筮祭禱 죽간, 견책遣策의 세 종류를 포함하고 있다. 이 죽간들은 내용이 풍부하고 연대도 명확해서 전국시대 초나라와 나머지 열국 그리고 진한 시기의 정치, 경제, 법률, 역사지리 및 문자, 서법 등을 연구하는 데 귀중한 자료를 제공한다.―옮긴이

22_ 『설문해자』 「시부尸部」에 "居는 웅크린다는 뜻이다. 尸와 古를 따르는 것은 居로 古를 따른다. 踞는 세속의 거로 足을 따른다"고 했고, 「궤부几部」에서는 "尸는 거처하는 것이다. 尸를 따르며 안석을 얻어 멈추는 것이다. 『효경』에 말하기를 '중니가 거처尸한다'고 했는데, 尸는 한가하게 거처하는 것을 말한다"라고 했다. 허신은 居를 웅크리다蹲踞의 거踞로 보고, 尸는 거처의 거居로 보았다. 사실 尸는 処의 초기 문자다(尸의 예서는 치夊로 변했다).

의 '居'는 居를 處와 혼용한 것으로(모양과 음이 모두 가깝다) 허신 이전에 이런 현상이 있었다는 것을 설명한다. 處를 处로 쓰는 것은 명대 이래의 속체俗體인데 현재는 간체자로 채용되었다. 이 책은 간체본이니 이후 문장에서는 处로 處와 处를 대신한다.

屯如邅如준여전여 배회하며 나아가지 못하는 모양을 형용한다. '준屯'은 앞에서 말한 것과 같이 나아가기 어렵다는 뜻을 나타낸다. '전邅'은 빙빙 도는 모습을 나타낸다.

乘馬班如승마반여 '승마乘馬'는 수레를 끄는 말이지 타는 말은 아니다. 당시에는 네 필의 말이 한 대의 수레를 끄는 것을 일승一乘이라고 했다. '반여班如'는 마왕두이본에는 '煩如번여'로 되어 있고(상박본에는 빠져 있다), 정현본에는 '般如반여'로 되어 있다(『석문釋文』에 인용). '번煩'에는 '시끄럽다擾'나 '어지럽다亂'는 뜻이 있으며, '반般'은 '반환盤桓(머뭇거리다)'의 '반盤'으로 읽을 수 있는데 수레와 말이 소란스럽고 시끄러운 상태를 가리키는 것으로 짐작된다.

匪寇婚媾비구혼구 비賁괘 육사효와 규괘 상구효에도 보인다. '비匪'는 상박본과 마왕두이본, 솽구두이본에는 '비非'로 되어 있다. 초기의 고서에서 匪자는 『주역』『시경』『서경』에 쓰인 것처럼 두 가지 독법만 있었다. 하나는 '非비'이고, 또 하나는 '彼피'인데 이 경우에는 '非'로 읽는다. 匪는 筐비의 본래 글자다.[23] 요즘 쓰는 '도적匪寇'이나 '도적떼匪徒', '토비土匪' 등의 '비匪'자는 모두 '나쁜 사람匪(非)人(비比괘 육삼효와 비否괘 괘사에 보임)'의 개념에서 발전해온 것이다. 匪자 자체는 원래 강도와 무관하다. '구寇'야말로 강도를 말한다. '혼구婚媾'는 혼인 관계를 맺는 것을 가리킨다. 뒤의 구괘 참조.

女子貞不字여자정부자, **十年乃字**십년내자 '여자女子'는 아직 시집가지 않은 여자이며, 이미 시집간 여자는 '부婦'라고 한다. 『역경』에서 '정貞'자는 대부분 점복을 말하는데 여기서는 그와 달리 충정忠貞을 말한다. 여괘 육이효의 '득동복정得童僕貞'과 구삼효의 '상기동복정喪其童僕貞'도 마찬가지다. '자字'에 대해서 과거에는 세 가지 이해가 있었으니, 첫째는 '아끼다愛'이며(『경씨역전』 육적 주, 공영달 소), 둘째는 혼인을 허락하는 일이며(경남중耿南仲의 『주역신강의周易新講義』, 혜동의 『주역술』), 셋째는 임신이다(『주역집해』에 인용한 우번 주, 『산해경山海經』 「중산경中山經」의 곽박郭璞 주). 왕인지王引之는 『경의술문經義述聞』 「주역 상」에서 이를 변별하고 임신설을 찬성했다.[24] 하지만 이 괘는 혼사를 말하는 것이지 아이 낳는 일을 말하는 것은 아니다. 여자가 아직 시집도 가지 않았는데 어찌 자식을 낳는 일을 말하겠는가! 임신한 지 십년 만에 시집가는 것은 정리情理에 맞지 않는다. 『의례』 「사혼례士昏禮」에서는 "여자가 혼인을 허락하고 비녀를 틀고 예주醴酒를 마시는 것을 자字라고

23_ 『설문해자』 「방부匚部」에 "비匪는 그릇으로 대나무 광주리와 비슷하며, 방匚을 따르고 비성非聲이다. 『일주서逸周書』에 '광주리匪에 검고 누런 비단을 채운다'는 말이 있다"라고 했고, 「죽부竹部」에서는 "비筐는 거령車笭이다"라고 했다. 허신은 匪자를 대나무 광주리 같은 기물로, 筐자는 거령車笭(수레의 면지막이 대발)로 보았는데, 틀렸다. 그가 인용한 『일주서』는 「맹자」 「등문공 하」에 보이는데, 여기에는 匪가 筐로 되어 있다. 중산왕방호中山王方壺에는 "아침부터 저녁까지 게으르지 않았다夙夜筐(非)懈"라고 했는데, 匪에 竹을 더하면 筐가 되는 것은 筐匚에 竹을 더해 광筐으로 만드는 것과 같으니 두 글자는 결코 조금의 구별도 없다. 장서우중張守中의 『중산왕조기문자편中山王 譽器文字編』(중화서국, 1981, 72쪽) 참조.

24_ 완원 편, 『청경해』, 상하이서점, 1988, 제6책, 768쪽.

한다"고 했고, 『예기』「곡례 상曲禮上」에서는 "여자가 혼인을 허락하는 것은 비녀를 틀고 혼인을 허락한다字"고 했으며, 『공양전公羊傳』 희공 9년과 문공 12년 조목에서는 "부인이 혼인을 하는 데 있어 혼인을 허락하고字 비녀를 트는데, 죽으면 성인成人의 상례를 치른다"고 했다. 옛사람들은 여자는 15세에 비로소 비녀를 틀고 비녀를 튼 다음에는 시집을 간다고 했다. 십 년 동안 시집을 가지 못하더라도 25세에 불과하니 아직도 젊다. 이 세 가지 인용문은 모두 혼인을 허락하는 것을 '자字'라고 한다고 했다. 왕인지는 이런 인용문의 字는 모두 '이름의 字'이며, 혼인을 허락하는 것과 무관하다고 했다. 가오형은 왕인지의 설이 맞는 것처럼 보이지만 틀렸다고 이미 지적했다.[25]

无虞무우 예상하지 못했다는 뜻이다. '우虞'는 '의외의 일을 대비하다備虞'의 虞로 중부괘 초구효의 '미리 생각하면 길하다虞吉'의 '虞'와 같다. 『역경』에는 虞자가 2번 보이는데 모두 이 뜻으로 해석한다. 옛 주석에서 우인虞人(산림천택山林川澤을 담당하는 관리)이라고 풀이한 것은 틀렸다.

膏고 살진 고기 또는 기름을 뜻한다. 등燈에 쓰는 기름을 고膏라고도 하는데, 번고계귀焚膏繼晷(기름을 태워 빛을 이어감)의 膏가 이런 뜻이다. 여기서는 살진 고기를 가리킨다. 정鼎괘 구사효의 치고불식雉膏不食(꿩고기를 먹을 수 없다. 재덕이 있어도 등용되지 못함을 비유함)의 膏는 곧 살진 고기를 말한다. 옛사람들은 살진 고기 먹는 것을 좋아했다.

25_ 가오형, 『주역고경금주』(중정본), 중화서국, 1984, 170~171쪽.

小貞吉소정길, **大貞凶**대정흉 '대정大貞'은 『주례』「춘관」의 '소종백小宗伯'과 '대복卜'에 보인다. '대복'에 "무릇 나라의 큰 정사는 인군을 세울 것을 점치고 큰 봉토를 점치는 것이다凡國大貞, 卜立君, 卜大封"라고 했으니, 대정은 큰일을 점치는 것이고 소정小貞은 작은 일을 점치는 것이다.

제4 : 몽괘蒙卦

분명하지 않은 가운데,
인생을 어리숙하게 시작하다

 蒙: 亨. 匪(非)我求童蒙, 童蒙求我. 初筮告, 再三瀆, 瀆則不告. 利貞.
몽 형 비(비)아구동몽 동몽구아 초서고 재삼독 독즉불고 이정

몽괘 : 신명과 통하며, 내가 어리고 무지한 사람에게 묻는 것이 아니라 어리고 무지한 사람이 내게 묻는다. 처음 점을 칠 때 〔와서 결과를 물으면〕 나는 어리고 무지한 사람에게 알려준다. 두 번 세 번 물으면 점복을 가볍게 여기는 것이다. 점복을 가볍게 여기면 어리고 무지한 사람에게 알려주지 않는다. 이 괘는 점복에 이롭다.

初六, 發蒙, 利用刑人, 用說(脫)桎梏, 以往吝.   초륙 발몽 이용형인 용탈(탈)질곡 이왕린

음효일, 흐리멍덩한 사람을 일깨워주니 죄를 지은 사람을 바꾸는 데 유리하다. 돈을 갚지 않는 사람을 엄격하게 징벌하는 것도 일깨워주는 것이며, 관대하게 석방하는 것도 일깨워주는 것이다. 하지만 문을 나가면 유감스러운 일이 있다.

九二, 包蒙, 吉. 納婦, 吉. 子克家. 구이 포몽 길 납부 길 자극가
양효이, 흐리멍덩한 사람을 포용하는 것은 좋은 일이다. 아내를 얻는 것도
좋은 일이다. 아들이 일가를 이룰 수 있다.

六三, 勿用取女, 見金夫, 不有躬, 无攸利. 육삼 물용취녀 견금부 불유궁 무유리
음효삼, 다만 여자아이를 절대로 아내로 삼아서는 안 되니, 돈 있는 남자
를 보면 어리석은 짓을 하고 자신이 누구인지 모른다. 이런 여자아이를 아
내로 삼으면 좋은 점이 없다.

六四, 困蒙, 吝. 육사 곤몽 인
음효사, 잘못을 깨닫지 못하고 평생 어리석으니 안타까울 따름이다.

六五, 童蒙, 吉. 육오 동몽 길
음효오, 단지 어리고 무지함 때문에 어리석은 것이고, 무슨 안 좋은 일은
없다.

上九, 擊(繫)蒙, 不利爲寇, 利禦寇. 상구 격(계)몽 불리위구 이어구
양효륙, 어리석은 사람을 옥에 가두니 나쁜 짓을 할 수가 없다. 이것은 범
죄를 예방하고 범죄를 억지하는 데 좋은 점이 있다.

【대의】

이 괘는 하괘가 감坎이고 상괘가 간艮으로, 어리석은 사람을 어떻게 대하

는지에 대해 말한다. '몽蒙'은 몽매함이니, 우주가 처음 창조되었을 때 빛이 없어 만물이 암흑에 덮여 있는 상태다. 「서괘序卦」 2는 괘의 차례를 말하고 있는데, '둔屯'은 '사물이 처음 생겨난 것物之始生'이고 '몽蒙'은 '사물이 생겨나면 반드시 몽매하다物生必蒙'고 풀이했다. 만물이 처음 생겨나면 몽롱하고, 사람이 처음 태어나면 사리에 어두우니, 모두 '몽蒙'이라고 한다. 루이스 헨리 모건은 인류 역사의 초기를 몽매蒙昧와 야만野蠻 그리고 문명文明의 세 단계로 나누었는데, 그 첫 번째 시기를 '몽매 시기stage of savagery'라고 한다.[26]

장 자크 루소는 "사람은 태어나면서부터 자유롭지만 멍에 속에 있지 않은 적이 없다"[27]라고 했다. 사실 사람은 태어나면서부터 어리석고, 어리석기 때문에 멍에를 쓰는 것이다. 통치자들은 이런 멍에 따위는 오로지 어리석은 사람들을 위해 예비된 것이라고 말한다.

'어리석음糊塗'은 중요한 개념이다. 예로부터 통치자는 사람을 두 종류로 나누었는데, 총명한 사람과 어리석은 사람이다. 그들은 정치란 총명한 사람에게만 허락된 것이니 세 종류의 사람, 즉 첫째 아이, 둘째 여자, 셋째 소인의 참여를 허락하지 않는다고 말했다. 그들은 이 세 종류의 사람은 모두 멍청이들이라고 말했다. 아이는 어리석지만 가르칠 수 있으니 옛사람들은 이를 '계몽啓蒙'이라고 불렀다.[28] 대인은 이와 다르다. 역대 통치자들은 남자는 두 종류로 나뉘니 대인과 군자는 총명한 사람이고 소인은 어리석은

26_ 루이스 헨리 모건(1818~1881), 『고대사회Ancient society』, 양둥춘楊東蒓 등 역, 상무인서관, 1981, 3~17쪽.

27_ 장 자크 루소, 『사회계약론』, 허자오우何兆武 역, 상무인서관, 1980, 8쪽.

28_ 유럽의 계몽운동도 중세기의 암흑과 우매함을 겨냥한 것이다.

사람이며, 여자는 다른 종류의 사람으로 모두 어리석다고 했다. 어리석은 남자가 간사한 일을 저지르고 법규를 어기면 감옥에 가두고, 어리석은 여자는 예의에 맞지 않으면 움직이지 말아야 하므로 집에 가두어야 사회가 태평해진다. 현대 정치는 여자도 참여할 수 있지만 아이와 범죄자에게는 여전히 허락되지 않는다.29 몽괘는 이런 세 가지 '몽'을 말한다.

64괘는 둘씩 상대하는데, 어떤 것은 상반되고 어떤 것은 비슷하다. 예를 들어 건乾괘와 곤坤괘는 상반되고, 둔屯괘와 몽괘는 비슷하다. 둔괘는 어려움에 대해 말하고 몽괘는 어리석음에 대해 말하는데, 모두 천지개벽 후의 초급 단계를 말하는 것이다. 이것이 양자의 공통점이다.

【교독】

蒙몽 몽매함이다. 몽매함은 어리석고 사리에 밝지 못한 것이다. 첫째는 빛이 통하지 못하는 것이고, 둘째는 눈이 움직이지 않는 것이다. 백내장을 옛사람들은 몽矇이라고 했다. 矇은 눈이 '예翳(눈의 검은자위가 흰잿빛 또는 누르스름한 흰색을 띠며 흐려지는 병증)'로 덮이는 것이다. '예'로 인해 수정체가 혼탁해져 빛이 통과하지 못한다. 옛사람들은 우주가 창조될 때의 몽롱한 상태를 '홍몽鴻蒙'이라고 불렀다. '홍몽'은 '혼돈渾沌'과 비슷한 뜻이며, 개화開化되지 않은 상태를 형용하기도 한다.30 「서괘」 2에서는 몽괘에 대해 "몽蒙은 몽매함이다蒙者, 蒙也"라고 풀이했다. 이것을 '본래 글자로 뜻풀이하는 것本字爲訓'이라고 한다. 뒤의 「서괘」 2에 자세히 보인다.

29_ 미국의 민권운동은 첫째로 노예를 해방하고, 둘째는 여성을 해방하는 것이었다.

30_ 『장자』 「응제왕應帝王」 편에 '혼돈混沌'이 보이고, 「재유」 편에 '홍몽鴻蒙'이 보이는데, 모두 가상의 인물로 등장한다.

童蒙동몽　나이가 어리고 무지한 사람. 옛사람들이 말하는 '동童'은 관례冠禮를 치르지 않은 나이 어린 사람을 말하는데, 대략 15세에서 19세까지가 해당된다.

發蒙발몽　계몽을 말한다. 『논어』「술이」편에 "마음으로 애쓰지 않으면 열어주지 않고, 말로 표현하려고 애쓰지 않으면 가르쳐주지 않는다不憤不啓, 不悱不發"라고 했는데, 계啓와 발發은 함의가 비슷하다. '계몽啓蒙'은 『풍속통의風俗通義』「황패皇覇·육국六國」편과 『삼국지』「위서·유소전劉劭傳」에 보인다. '계발啓發'은 『사기』「회남형산열전淮南衡山列傳」과 「급정열전汲鄭列傳」에 보인다. 한나라 이래로 이 두 단어는 점차 변화해 고정된 단어가 되었는데, 후대에도 오직 동몽을 계발하는 것만을 가리킨다. 『수서隋書』「경적지經籍志·경부經部」의 소학류小學類에 속석束晳의 『발몽기發蒙記』와 고개지顧愷之의 『계몽기啓蒙記』가 수록되어 있는데 바로 몽학蒙學 교과서다. 여기서 발몽은 일반적으로 각종 흐리멍덩한 사람을 계발하는 일을 가리키며 아이에 한정되지 않는다. 특별히 이 효에서 말하는 '몽蒙'은 주로 간사한 일을 저지르고 법규를 어긴 소인을 가리킨다.

利用刑人이용형인, **用說桎梏**용탈질곡　'이利'는 뒤에 오는 두 가지 '용用'에 이롭다는 것으로, 용형인과 용탈질곡 두 구에 모두 걸린다. '용'은 행할 만하다는 뜻인데, 뒤의 행동을 관리해 '사람들에게 형벌을 줄 수 있고刑人' '질곡을 벗겨줄 수도 있어說桎梏' 두 가지 일에 모두 유리하다는 말이다. '형인刑人'은 범인犯人(죄를 지은 사람)과는 다르며, 동사에 명사를 더해 죄를 지은 사람을 징벌하는 것을 가리킨다. 죄를 지은 사람은 『역경』에서 '유인幽人'(이履괘

구이에 보임)이라고 하지 '형인'이라고 하지는 않는다. '질곡을 벗기는說桎梏'
는 것은 '형인'과 상반되니 죄를 지은 사람을 석방하는 것을 가리킨다. '說'
은 '脫탈'이라고 읽는데, 『설문해자』「수부手部」에는 '挩탈'로 되어 있다. '질곡
桎梏'은 두 종류의 형구를 가리킨다. '질桎'은 다리에 하는 것으로 족쇄와 유
사하다. '곡梏'은 손에 하는 것으로 수갑과 유사하다. 서합괘 참조.

包蒙포몽 흐리멍덩한 사람을 포용하고 받아들이는 것인데, 이런 흐리멍덩
한 사람은 주로 여성이다. 어떻게 포용하는가? 나팔 불고 북 치며 아내로
데려와서는 집안에 가두니 사실상 포양包養(이성에게 집과 돈을 지불하고 장
기간 성관계를 유지함)의 포包다.

勿用取女물용취녀 '물용勿用'은 '용用'과 상반되는데, '취녀取女' 앞에 두어 이런
행동을 취해서는 안 된다는 것을 나타낸다. 이런 구절 형태는 『역경』에서
흔히 보이니 이후로는 더이상 설명하지 않기로 한다.

金夫금부 다른 책에서는 보이지 않는 말이다. 한대와 당대의 주석에서는
강건한 남자로 해석했는데, 예컨대 왕필은 육삼六三을 여자로 보고 상구上
九를 금부로 보았다. 여인이 강건한 남자를 사랑하는 데 무슨 좋지 않은 점
이 있겠는가? 이 설은 합리적이지 않으므로 송대의 정이는 『역전』에서 "여
자가 남자를 따르는 것은 바른 예를 따라야 하는데 남자가 돈이 많은 것
을 보고 기뻐하여 따르니 자신을 보존할 수 없는 사람이다"라는 새로운 해
석을 주창했다. 주희는 『주역본의』에서 그 설을 따라 "육삼은 음유하고 중
정中正이 아니니 여자가 돈 많은 남자를 보고서 자신을 보존할 수 없는 상

이다. 점치는 사람이 이 괘를 만나면, 여자를 취할 때 반드시 이와 같은 사람을 얻는 것이니 이로운 바가 없다. 돈 많은 사람이 돈을 주면서 꾀는 것이니 노나라 추호秋胡와 같다"[31]고 했다. 그들이 말하는 '돈 많은 남자金夫'란 어떤 사람인가? 돈은 있으나 덕이 없는 나쁜 남자다. 여자가 이런 남자를 따르면 역시 흐리멍덩한 것을 늘 보게 된다. 여기서는 정이와 주희의 설을 따라 번역한다.

困蒙곤몽 우매함에 깊이 빠져 평생토록 집착해서 깨닫지 못하는 흐리멍덩한 사람을 가리킨다.

童蒙동몽 가르칠 수 있는 흐리멍덩한 사람이니 바로 앞에서 말한 '어리고 멍청한 사람'이며, 괘사에 이미 보인다.

擊蒙격몽 '계몽繫蒙'으로 독해해야 한다고 생각되며, 흐리멍덩한 사람을 가두는 것을 가리킨다. 상박본에는 '䋲彤'으로 되어 있다. '䋲'자는 '격擊'으로 읽어도 되고 '계繫'로 읽어도 된다. 마융본과 정현본에는 '계系'(원래는 '繫'로 되어 있는데 여기서는 간체자를 쓴다)로 되어 있는데, '계'라고 읽는 것이 '격'으로 읽는 것보다 낫다.

不利爲寇불리위구, **利御寇**이어구 '구寇'는 강도이니, 사람을 죽이고 물건을 빼

31_ 정이의 『주역정씨전』(『이정집』, 왕샤오위 점교, 중화서국, 2009, 하책, 721~722쪽), 주희의 『주역본의』(랴오밍춘 점교, 중화서국, 2009, 55쪽). 추호가 아내를 희롱하는 일은 『서경잡기西京雜記』와 『열녀전列女傳』에 보인다.

앗아 다른 사람의 안전에 위해를 가한다. 작자는 강도를 감옥에 가두면 그들이 죄를 지을 수가 없어서 범죄를 예방하고 범죄를 제지하는 데 유리하다고 생각한 것이다. '이어구利御寇'는 점괘 구삼에도 보인다.

제5 : 수괘需卦

비 오는 날에는 문밖 출입을 하지 말라

需: 有孚, 光亨, 貞吉, 利涉大川. 수 유부 광형 정길 이섭대천

수괘 : 예상을 벗어나지 않고 크게 신명과 통해 점복 결과는 길하고 큰 강을
건너는 것이 이롭다.

初九, 需于郊, 利用恒, 无咎. 초구 수우교 이용항 무구
양효일, 비가 계속 내리는데 성 밖 교외에서 곤란하니, 재난이 없고자 하
면 인내심을 가지고 기다리는 것이 가장 좋다.

九二, 需于沙, 小有言(讁), 終吉. 구이 수우사 소유언(건) 종길
양효이, 비가 계속 내리는데 물가 모래사장에서 곤란하니, 사람들에게 몇
마디 욕을 들을지라도 마지막엔 서로 원만해진다.

九三, 需于泥, 致寇至. 구삼 수우니 치구지
양효삼, 비가 계속 내리는데 진창에서 곤란하니, 강도를 불러들일 것이다.

六四, 需于血, 出自穴. 육사 수우혈 출자혈

음효사, 비가 계속 내리는데 깊은 구덩이에서 막 나왔다가, 또 피구덩이 속에서 곤란하다.

九五, 需于酒食, 貞吉. 구오 수우주식 정길

양효오, 비가 계속 내리는데 적게 먹고 적게 마시지만 점복의 결과는 길하다.

上六, 入于穴, 有不速之客三人來, 敬之, 終吉. 상륙 입우혈 유불속지객삼인래 경지 종길

음효륙, 내가 또 깊은 구덩이에 빠져 있는데 세 명의 객이 청하지도 않았는데 오고, 갑작스런 방문에 예로써 대하니 마지막엔 원만해진다.

【대의】

이 괘는 하괘가 건乾이고 상괘가 감坎으로,[32] 건은 하늘이고 감은 물이니 날씨가 흐려 비가 내리는 것과 관계가 있다. 속담에 "비 오는 날은 객을 머물게 하는 날"이라고 했다. 날씨가 흐려 비가 오면 문밖으로 나가서는 안 되고 다만 집에서 기다릴 수밖에 없다. 인내심을 갖고 기다리되 비가 그치고 하늘이 맑아지면 나가야 한다. 이 괘의 「단사」(「단전 상」 5)에 "수需는 기

32_ 「좌전」 애공 9년 조목에 양호陽虎가 점을 쳐서 태泰괘가 수需괘로 변한 괘를 만나 이 괘의 구오효를 언급한 일을 기록했다.

다리는 것이다. 강건하면서 빠지지 않으니 그 의리는 곤궁하지 않다需, 須也. 剛健而不陷, 其義不困窮矣"고 했는데, 위험 앞에서 기다리면서 관망하기를 비가 내릴 때 인내심을 가지고 기다리는 것처럼 해야 한다는 뜻이다. 이 괘의 「대상」(「상전 상」 5)에서는 "구름이 하늘로 올라가는 것이 수다雲上於天, 需"라고 했는데, 흥미로운 점은 고문자 수需의 필법이 위는 비를 뜻하는 雨우, 아래는 하늘을 뜻하는 天천으로 구성되어 있다는 것이다(뒤에서 상술함). 수需는 유濡의 본래 글자다.33 이 글자에는 두 가지 독법이 있다. 하나는 유濡로 읽는데 빗물에 젖는 것을 의미한다. 다른 하나는 수須로 읽는데 체류하거나 기다리는 것을 뜻한다. 이 외에 또다른 독법으로 유乳로 읽어 아이를 먹이고 기르는 뜻으로 풀이하기도 한다. 이 괘는 도대체 무엇을 말하는지, 다음 괘인 송괘와 무슨 관계인지에 대해서는 여러 가지 추측이 있는데 뒤에서 토론하기로 한다.

비가 올지 안 올지, 하늘이 맑을지 흐릴지는 자고로 점복의 중요한 사항이다. 예를 들면 『상서』 「홍범」에 복서卜筮를 말한 부분이 있는데, 앞의 두 조목은 '비 오는 것雨'과 '비가 내린 후에 날씨가 개는 것霽'에 관한 내용이다. 뒤에 나오는 소축괘도 비가 오는 것과 관계가 있다.

【교독】

需수 상박본에는 '爭'로 되어 있는데 예정隸定34은 㝗이 되었고, 마왕두이

33_ 천구잉. 자오젠웨이는 "'수需'자는 '우雨'를 따르고 '천天'을 따르는 글자로 이 괘의 상괘가 감이고 하괘가 건인 것과 딱 들어맞는다"라고 말했다. 『주역금주금역』(상무인서관, 2010, 72쪽)에 보인다.

34_ 예정隸定은 예변隸變이라고도 하는데, 소전체가 변천해 예서로 변화하는 과정을 말한다.—옮긴이

본에는 '襦유'로 되어 있고 『귀장』의 일문에는 '㵼욕'으로 되어 있다. 이 세 가지 다른 문자에서 첫 번째는 乳유자의 이체인 것 같고, 나머지 두 가지는 '需수' 또는 '濡유'의 가차자다. 살펴보면, 『설문해자』「우부雨部」에 "需는 頀다. 비를 만나 나아가지 않고 그치기를 기다리는 것이다需頀也. 遇雨不進, 止頀也"라고 했는데, 허신은 이 괘의 「대상」을 인용해 需자는 雨우를 따르고 而이를 따른다고 했다. 이양빙李陽氷은 需자는 위로 雨를 따르고 아래로 天을 따른다고 했는데, 서현徐鉉은 틀렸다고 비판했다. 학자들은 대부분 허신의 설이 옳다고 여기고 이양빙의 설은 잘못됐다고 여긴다.35 그러나 서주의 금문에서 需자는 확실히 雨를 따르고 天을 따른다.36 需자가 而를 따르는 것은 전국시대 문자에 와서야 비로소 이와 같을 뿐 아니라 전국시대의 문자에 天을 따른 필법도 있다.37 이 괘명의 독법은 세 가지 가능성이 있다. 첫 번째는 '濡유'로 읽는 것인데, 濡에는 윤택 또는 점습霑濕 등의 뜻이 있다. 허신이 '비를 만나면遇雨'이라고 말한 것은 바로 비에 젖는 것을 말한다. 需는 濡의 초기 문자이며 글자가 비를 따라 만들어지고 비가 오는 것과 관계가 있으니 당연히 이런 뜻이 있다. 두 번째는 '須수'로 읽는 것인데, 須에는 체류나 기다림의 뜻이 있다. 이 괘의 「단사」에 "需는 기다리는 것이다需, 須也"라고 했고 「잡괘」 12에 '需는 나아가지 않는 것이다需, 不進也'라고 했으니 需를 須로 읽는다. 허신은 "비를 만나 나아가지 않고 그치기를 기

35_ 딩푸바오, 「설문해자고림」, 제12책, 5204~5205쪽.

36_ 룽겅容庚, 「금문편金文編」, 중화서국, 1985, 753~754쪽: 1875.

37_ 허린이何琳儀, 「전국고문자전戰國古文字典」, 중화서국, 1998, 상책, 390쪽. 초간의 需자는 天을 따르거나 而를 따르는데, 天자와 而자는 자주 혼용된다. 리서우쿠이李守奎의 「상하이박물관장전국초죽서(115)문자편」(작가출판사, 2007, 2~5쪽: 天자, 447~456쪽: 而자, 519쪽: 需자)을 참조할 것.

다리는 것이다"라고 했는데, 실은 濡와 須의 뜻을 합쳐서 말한 것이다. 세 번째는 '乳유'로 읽는 것인데 주의하는 사람이 드물다. 乳자는 먹여서 기른 다는 뜻이 있는데, 어째서 곤困괘와 몽괘의 뒤에 안배한 것일까? 「서괘」 2와 3에서는 몽괘는 "사물의 어린 것稚이다. 사물이 어리면 기르지 않을 수 없기 때문에 수괘로 받았다. 수는 음식의 도道다物之稺(稚)也. 物稺(稚)不 可不養也, 故受之以需. 需者, 飲食之道也"라고 했다. 수괘의 '需'는 상박초간에는 필법이 비교적 이상한데, 나는 乳를 빌려 需로 쓴 것이라 생각하고,**38** 허린 이何琳儀는 사嗣로 풀이한다.**39** 사로 풀이하는 근거는 증후을편종曾侯乙編 鍾이다.**40** 종의 명문으로 새겨진 '贏𩰚'라는 단어에 대해 정리자는 『국어』 「주어 하」에 근거해 '이란贏亂'으로 읽고 아래 글자를 『설문』 '嗣사' 자의 고문 이라고 여겼지만, 嗣를 어째서 亂으로 읽는지에 대해서는 설명하지 않았 다.**41** 허린이의 고증 해석은 이런 사고의 맥락을 연장한 것인데, 자형으로 만 보면 확실히 약간 비슷한 점이 있지만 자세히 보면 전혀 다르다. 그뿐 아니라 수需괘를 왜 사嗣괘로 쓰는지도 이해하기 어렵다. 최근에 나는 嗣, 亂, 乳의 세 글자가 모양이 비슷해서 혼용된 현상을 발견했다. 마왕두이백 서에 亂은 늘 乳로 되어 있으며,**42** 세상에 전하는 고문에는 嗣를 乳로 쓴

38_ 리링, 「독상박초간주역」, 『중국역사문물』, 2006년 4기, 54~67쪽.

39_ 허린이의 『상하이박물관장초죽서주역』은 『유장』 281책(베이징대학출판사, 2007, 68~115쪽)에 수록. 허린이·청옌程燕·팡전쌴房振三의 『호간주역선택滬簡周易選擇』은 류다쥔 주편의 『간백고론』 (상하이고적출판사, 2007, 25~31쪽)에 수록.

40_ 『은주금문집성殷周金文集成』(수정증보본), 중화서국, 2007, 제1책, 356쪽: 00288.4, 360쪽: 00289.4, 363쪽: 00290.4, 365쪽: 00290.6, 368쪽: 00291.5, 384쪽: 00295.5, 434쪽: 00319.3, 442쪽: 00322.5, 454쪽: 00326.6, 470쪽: 00330.6, 482쪽: 00346.3.

41_ 후베이성박물관 『증후을묘曾侯乙墓』, 문물출판사, 1989, 상책, 557~558쪽.

것도 있고 亂으로 쓴 것도 있다.[43] 고문자에서는 늘 司사와 台대를 합쳐서 한 글자로 썼고, 고서에는 亂을 '治치'로 보는 훈고도 있다.[44] 우리가 대문對 文 관계에서 보면 이 글자는 嗣자가 될 수 없으며, 아마도 需자의 다른 필법일 것이다. 내 생각에 상박본에서 乿를 빌려 需로 쓴 것을 학자들이 '嗣'로 해석한 상술한 용례는 사실 모두 乿자일 것이다.

有孚유부 '부孚'는 상박본에는 일률적으로 '孚'로 되어 있고, 마왕두이본에는 일률적으로 '복復'으로 되어 있다.

光亨광형 크게 형통하다는 뜻. 왕인지의 『경의술문』 「주역 상」 편의 '광光' 조에 『주역』 경전의 '광'자는 '빛나다'와 '광대하다'는 두 가지 뜻이 있다고 했다. 여기서의 '광'은 '光大'의 '光'으로 '넓다'는 뜻의 '廣광'과 같다.[45]

利涉大川이섭대천 이 괘 외에 송괘, 동인괘, 고괘, 대축괘, 익괘, 환괘, 중부

42_ 마왕두이백서에 보이는 亂자의 필법은 천쑹창陳松長 등의 『마왕두이간백문자편』(문물출판사, 2001, 590쪽)을 참조할 것. 마왕두이백서의 『주역』 경전에서 乿를 빌려서 亂으로 쓴 7가지 실례에 대해서는 장정랑의 『장정랑논역총고』(중화서국, 2011, 107쪽(26), 115쪽(59), 175~176쪽(12), 176쪽(16), 182쪽(34), 186쪽(47), 286쪽(9))를 참조할 것.

43_ 쉬마이궈의 『전초고문자편』(상책, 208쪽:嗣 ; 하책 1465~1466쪽:亂) 참조. 嗣자의 두 번째에서 네 번째까지 예와 아홉 번째 예는 乿자, 다섯 번째 예는 亂자이고, 亂자의 끝에서 두 번째 예는 嗣자의 다섯 번째 예와 같음에 주의할 것.

44_ 亂자는 속체俗體에 乿, 乿, 乱, 乿 등 여러 가지 필법이 있는데, 간체자 乱은 속체를 취한 것이다. 친궁秦公의 『비별자신편碑別字新編』(문물출판사, 1985, 232~233쪽)을 참조할 것. 『집운集韻』 「맥운陌韻」에서는 乿을 始로, 『옥편』 「을부乙部」에서는 乿을 始로, 『집운』 「지운至韻」에서는 乿를 治로 여겼으니, 亂이 始나 治와 혼용된 지 이미 오래되었음을 알 수 있다.

45_ 완원 편, 『청경해』, 제6책, 768쪽.

괘 등 일곱 괘의 괘사 및 이頤괘 상구효, 미제괘 육삼효에도 보인다. '용섭 대천用涉大川'은 겸괘 초륙효에 보이는데 이와 유사하다. 송괘 괘사에 보이는 '불리섭대천不利涉大川'과 이괘 육오효에 보이는 '불가섭대천不可涉大川'은 이와 상반된 말이다. 『역경』에서는 늘 '섭대천'이라는 말로 난관을 극복하는 것을 비유한다. 상象을 취하는 원칙은 두 가지가 있는데, 하나는 하괘가 건이고 상괘가 감인 것을 '이섭대천'이라 하고, 하괘가 감이고 상괘가 건인 것을 '불리섭대천'이라고 한다. 이는 하괘가 감이고 상괘가 이離인 것을 기제 괘라 하고, 하괘가 이이고 상괘가 감인 것을 미제괘라고 하는 것과 유사하니, 수괘와 송괘가 여기에 해당한다. 또 하나는 구오효와 구이효가 대적하고 구오효와 육이효가 호응하며, 구이효와 육오효가 호응하는 것을 '이섭대천'이라고 하고, 육이효와 육오효가 대적하는 것을 '불리섭대천'이라고 하니 '이견대인利見大人'과 유사하다.

需于郊수우교 교외에서 비를 만나 흠뻑 젖고 교외에 머무를 수밖에 없는 상황을 가리키는 것으로 보인다. 『역경』에 '먹구름이 짙게 끼어 이 성의 서쪽 교외에서 온다密雲不雨, 自我西郊'(소축괘 괘사, 소과괘 육오효사)는 구절이 언급된다. 여기서 '수需'자는 두 가지 함의가 있으니 교외에서 비를 만나 빗물에 흠뻑 젖는 것을 가리킬 뿐 아니라 교외에서 머물러 기다리는 것을 가리킨다.

需于沙수우사 모래톱가의 여울에서 머무르는 상황을 가리키는 것으로 생각된다.

小有言소유언, **終吉**종길 '소유언小有言'은 '소유견小有譴'으로 읽어야 하며, 조금 욕을 먹으니 그다지 길하지 않다는 뜻으로 앞의 『역경』 속의 점복 술어」에서 설명한 바 있다. '종길終吉'은 상륙의 '終吉'을 가리킨다. '종극終極'은 『역경』에서 여러 차례 보이는데, 이 괘에서 두 차례 나타난 것 외에 송괘 초륙효와 육삼효, 이履괘 구사효, 고괘 초륙효, 비賁괘 육오효, 가인괘 상구효, 정鼎괘 구삼효에도 보인다. 『역경』에서 말하는 '초初'는 첫 번째 효를 가리키고 '종終'은 여섯 번째 효를 가리킨다. '중中'은 두 가지 용법이 있으니 하나는 소성괘小成卦(또는 단괘單卦)의 가운데, 곧 두 번째 효와 다섯 번째 효를 가리키며, 다른 하나는 대성괘大成卦(또는 중괘重卦)의 가운데, 곧 두 번째, 세 번째, 네 번째, 다섯 번째 효를 가리킨다. 여기서는 구이효는 그다지 길하지 않지만 상륙효가 매우 길하다는 것을 가리킨다.

需于泥수우니 진탕에서 머무르는 상황을 가리키는 것으로 생각된다.

致寇至치구지 강도를 부른다는 뜻이다. 『손자孫子』「허실虛實」편에 "그런 까닭으로 전쟁을 잘 하는 자는 적을 우리에게 오게 하고 적에게 가지 않는다. 적이 스스로 우리에게 오게 할 수 있는 것은 그들이 이롭다고 생각하기 때문이며, 적이 오지 못하게 할 수 있는 것은 그들이 해롭다고 생각하기 때문이다故善戰者, 致人而不致於人. 能使敵人自至者, 利之也, 能使敵人不得至者, 害之也"라고 했는데, 오게 만드는 것을 '치致'라 하고, 스스로 오는 것을 '지至'라 한다. 뒤의 해괘 육삼효에도 이 구절이 있다.

需于血수우혈 후대의 점복서에서 말하는 '피를 보는 액운'과 같다.

出自穴출자혈 하괘가 감坎이며, 감은 험한 것이다. 일반적으로 '혈穴'은 하괘를 가리킨다고 생각하는 경우가 많다. 이 두 구절은 도치문으로 '수우혈需于血'은 시간상으로 말하면 '출자혈出自穴'의 뒤에 놓여야 마땅하다. 여기서는 흉함과 험함을 막 벗어났는데 또 피를 보는 액운을 만난 것을 말한다.

需于酒食수우주식 「서괘」 3에서 "수需는 음식의 도道다"라고 말한 것은 아마도 이것과 관련이 있을 것이다.

入于穴입우혈 앞의 '출자혈'과 상반되며, 또다시 위험한 곳에 빠지는 상황을 가리키는 것으로 생각된다.

不速之客불속지객 앞의 구삼효에 '치구지致寇至'가 있다. 상륙효는 구삼과 대응한다. 여기서 '객客'은 은어로 보이는데, 앞의 구삼효에서 말한 '도적寇'을 가리키는 것으로 짐작된다. 선한 자는 오지 않고, 오는 자는 선하지 않다. 고대 병법에서는 범하러 오는 쪽을 늘 '객'이라고 했다. 도적은 청하지 않았는데 오는 것이다.

敬之경지 오는 손님을 예로써 대하는 것을 가리키는 것으로 보인다. 오는 손님은 오는 도적이며, 회경回敬은 예로 답하는 것이다. 이것은 적을 초대하는 예禮다. 『예기』 「곡례 상」에 "예는 왕래를 숭상하니 갔다가 오지 않는 것은 예가 아니다. 왔다가 가지 않는 것 역시 예가 아니다禮尚往來, 往而不來, 非禮也. 來而不往, 亦非禮也"라고 했다. 영화 「상감령上甘嶺」의 삽입곡에 다음과 같은 가사가 있다. "친구가 오면 좋은 술로 맞이하고, 이리나 여우가 오면 사냥총으로 맞으리."

제6 : 송괘訟卦

송사를 하여 위험이 있다

䷅ 訟: 有孚, 窒惕, 中吉, 終凶. 利見大人, 不利涉大川. 송 유부 질척 중길 종
흉 이견대인 불리섭대천

송괘 : 예상을 벗어나지 않으며, 두려움을 억눌러 과정은 나쁘지 않지만 결과는
엉망이다. 이 괘는 대인을 보는 것이 이롭고 큰 강을 건너는 것은 이롭지 않다.

初六, 不永所事, 小有言(譴), 終吉. 초륙 불영소사 소유언(견) 종길
음효일, 하고 싶은 일은 길게 하지 못하니 사람들에게 몇 마디 욕은 듣지
만 결과는 좋다.

九二, 不克訟, 歸而逋. 其邑人三百戶, 无眚. 구이 불극송 귀이포 기읍인삼백호 무생
양효이, 소송을 이기지 못해 고향으로 도망쳐 돌아온다. 그곳에는 삼백 가
구의 사람이 있어 다행히 큰 어려움은 없다.

六三, 食舊德, 貞厲, 終吉. 或從王事, 无成. 육삼 식구덕 정려 종길 혹종왕사 무성
음효삼, 관례를 따르니 점복 결과는 위험하지만 결과는 좋다. 왕을 위해 일

을 하면 어떤 일도 이루지 못한다.

九四, 不克訟, 復卽命, 渝. 安貞吉. 구사 불극송 복즉명 유 안정길
양효사, 소송을 이기지 못했는데 또다른 소송을 만나니 생각의 변화가 있
어야 한다. 평안한지 점치면 결과는 길하다.

九五, 訟, 元吉. 구오 송 원길
양효오, 소송을 하면 가장 길하다.

上九, 或錫(賜)之鞶帶, 終朝三褫之. 상구 혹석(사)지반대 종조삼치지
양효륙, 어떤 사람이 큰 띠를 하사받았는데 아침에 세 차례나 몰수된다.

【대의】

이 괘는 하괘가 감坎이고 상괘가 건乾으로, 소송과 관계가 있다. 감은 험하
고, 건은 강건하다. 송괘는 수需괘와 상반된다. 수괘가 강조하는 부분은 험
함이 앞에 있으니 강건할 수 없어 위험의 면전에서 기다리고 관망하면서
인내심을 가지는 것이다. 그러나 송괘는 위험하기 때문에 오히려 강건해야
한다는 것을 강조한다. 소송은 위험을 무릅쓰는 일이지만 흉함을 만나야
길함으로 바꿀 수가 있다.

수괘와 송괘가 무슨 관계인지는 그다지 분명하지 않은 것 같다. 「서괘」3의
해석은 다음과 같다. "수需는 음식의 도道다. 음식에는 반드시 소송이 있기
때문에 송괘로 받았다." 인류에게 다툼이 있는 것은 모두 서로 밥그릇을

뺏으려고 하기 때문이라는 해석이다. 이런 해석은 약간 견강부회하다.[46]

【교독】

訟송 소송을 하는 것을 말한다.

窒惕질척 억압, 두려움을 뜻한다.[47]

中吉중길 중간의 네 효는 길한데, 특별히 구오가 길한 것을 가리킨다. 『역경』에서 길함은 초길初吉, 중길中吉, 종길終吉로 나뉜다. '초길'은 첫 번째 효가 길한 것으로 기제괘의 괘사에만 보인다. '중길'은 중간의 네 효가 길한 것으로 송괘의 효에만 보인다. '종길'은 여섯 번째 효가 길한 것으로 『역경』에 아홉 가지 예가 있는데 앞의 수괘에서 이미 말했다. 이 괘의 여섯 효는 불길함에서 시작해서 길한 것 같지만 길하지 않음, 매우 길함, 매우 흉함까지 이른다. 초륙효의 "몇 마디 욕은 듣지만小有言(譴)" "결과는 좋다終吉"는 불길하지만 길함으로 바뀌는 것이다. 구이효의 "큰 어려움은 없다无眚"는 길한 것이다. 육삼효의 "점복 결과는 위험하지만貞厲" "결과는 좋다"는 불길하지만 길함으로 바뀌는 것이다. 구사효의 "평안한지 점치면 결과는 길하다安貞吉"는 길한 것이다. 구오효의 "가장 길하다元吉"는 매우 길한 것이

46_ 동물 세계에서도 먹이를 빼앗기 위해서뿐 아니라 영지와 영도권 및 교배권을 빼앗기 위해서 투쟁하니 사람과 차이가 크지 않다.

47_ 상박본에는 "慺惕"으로 되어 있는데 통가자다. 마왕두이본에는 '일녕洫寧'으로 되어 있는데 '일洫'은 '척惕'의 통가자(洫은 고문자에는 대부분 '溢'로 쓰이는데, 溢은 영모석부자影母錫部字이며 惕은 투모석부자透母錫部字로 옛 음이 비슷하다)이며, 영寧은 질窒의 오자일 것이니 두 글자가 도치되었다.

다. 상구효에서는 길한지 불길한지를 말하지 않았지만 괘사로 보면 흉한 것
이다.

終凶종흉 오직 이 괘에만 보이는데 상구의 흉함을 가리킨다. 『역경』에는 '종
흉'만 있고 '초흉初凶'이나 '중흉中凶'은 없다.

利見大人이견대인 상박본과 마왕두이본에는 '이용견대인利用見大人'으로 되어
'용用'자가 더 붙어 있다. '이利' '용用'과 '이용利用'은 모두 동사나 동사구 앞
에 와서 긍정적인 선택을 나타내며 세 글자의 의미는 거의 비슷한데, 여기
서 '용用'자가 군더더기인 연문衍文이라고 간단하게 말할 수는 없다. '대인大
人'은 『역경』에서는 대부분 구이와 구오를 대인으로 보고 육이와 육오를 소
인으로 보니, 비否괘 육이효의 '소인길 대인비형小人吉, 大人否亨'과 구오효의
'대인길大人吉'이 뚜렷한 예다. '이견대인利見大人'은 또 건乾괘 구이효와 구오
효, 송괘 괘사, 건蹇괘 괘사와 상륙효, 췌괘 괘사, 승괘 괘사에 보인다. 그
가운데 건乾괘와 송괘는 구오와 구이가 대적하니 이 경우와 같다. 건蹇괘
는 구오와 육이가 호응하고 승괘는 구이와 육오가 호응하니 조금 다른데,
모두 구오와 구이를 대인으로 본다.

不永所事불영소사 상박본에는 '불출어사不出御事'로 되어 있고, 마왕두이본에
는 '불행소사不行所事'로 되어 있다. '영永'과 '행行'은 글자의 형태가 서로 비슷
하니 반드시 오류가 있을 것이다. 여기서는 일단 금본에 따라 번역한다.

逋포 도망한다는 뜻이다.

眚생 재난을 뜻한다.

其邑人三百戶기읍인삼백호 '기읍인其邑人'은 도망쳐 돌아온 사람의 고향 사람들을 가리킨다. '읍인'은 또 뒤의 비比괘 구오효와 무망괘 육삼효에도 보이는데, 그 지방 사람을 가리킨다. 이 구절은 마왕두이본과 동일하다. 상박본에는 '백百'이 '사四'로 되어 있는데 아마도 잘못된 글자일 것이다.

鞶帶반대 큰 띠를 말한다.

終朝三褫之종조삼치지 '종조終朝'는 동이 트는 시각부터 아침밥을 먹을 때까지의 시간으로 매우 짧다. '치褫'는 빼앗는다는 뜻이다. '褫'는 상박본에는 '褍'로 되어 있고, 마왕두이본에는 '체攦'로 되어 있으며, 정현본에는 '타扡'로 되어 있다(『석문』에 인용). 褍는 아마도 褫의 오류일 것이다. 褫와 攦는 투모지부透母支部의 글자이며, 扡(이 글자 역시 타扡로 되어 있는데 지금의 타拖자다)는 투모가부透母歌部의 글자이니, 지부支部와 가부歌部의 방전자旁轉字[48]다. 선진 양한 시기에 虒를 따르거나 也를 따르는 글자는 종종 통가자다.[49] 허신은 褫에 대해 "지池와 같이 읽는다讀若池"고 했는데, 池는 정모가부定母歌部의 글자다.

48_ 방전자旁轉字란 음성운陰聲韻이 다른 음성운으로 바뀌거나 양성운陽聲韻이 다른 양성운으로, 입성운入聲韻이 다른 입성운으로 바뀐 글자를 말한다.—옮긴이

49_이 글자들의 관계는 지명인 부시虙施, 뤼쓰廬虒, 후퉈滹沱와 같다. 리링의 「호타고滹沱考」(『황성장선생팔질화탄기념문집黃盛璋先生八秩華誕紀念文集』, 중국교육문화출판사, 2005, 345~347쪽)와 「재설호타再說滹沱」(『중화문사논총中華文史論叢』 2008년 4기, 25~33쪽)를 참조할 것.

제7 : 사괘師卦

전쟁에서 사람이 죽는 일을 피할 수 없다

師: 貞丈人吉, 无咎. 사 정장인길 무구

사괘 : 장자長者를 점치니 결과는 길하며 화가 없다.

初六, 師出以律, 否臧, 凶. 초륙 사출이율 비장 흉
음효일, 군대가 출정하기 전에 율관을 불러 소리를 듣는데, 그 소리가 상서롭지 못하면 결과는 반드시 매우 두려울 만하다.

九二, 在師中吉, 无咎, 王三錫(賜)命. 구이 재사중길 무구 왕삼석(사)명
양효이, 군중軍中의 모든 일이 길하며 화가 없다. 우리 왕이 세 번 격려한다.

六三, 師或輿尸, 凶. 육삼 사혹여시 흉
음효삼, 전쟁을 치르는 데 사람이 죽는 것을 피할 수 없어 결과는 수레마다 시신을 싣고 오니 이 일은 흉사다.

六四, 師左次, 无咎. 육사 사좌차 무구

음효사, 군대가 양지바른 곳에 주둔하니 화가 없다.

六五, 田有禽(擒), 利執言, 无咎. 長子帥師, 弟子輿尸, 貞凶. 육오 전유금(금) 이집
언 무구 장자솔사 제자여시 정흉
음효오, 들에서 사냥해 짐승을 많이 잡는 것처럼 우리도 포로를 많이 사로
잡으니 화가 없다. 하지만 장자가 군대를 거느리고 아우들이 시신을 수습
하니 점복 결과는 흉하다.

上六, 大君有命, (開)[啓][國][邦]承家. 小人勿用. 상륙 대군유명 (개)[계][국][방]승가
소인물용
음효륙, 대인군자가 상을 내리니 위로는 나라에 이롭고 아래로는 집에 이
롭다. 이것은 소인과는 무관하다.

【대의】

이 괘는 하괘가 감坎이고 상괘가 곤坤으로,[50] 군대의 일과 관계가 있다. 군
대를 쓰는 일은 흉사인데, 이 괘에서는 '흉凶'자가 3번, '여시輿尸'가 2번 보
인다. 전쟁을 하면 사람들이 죽는 일을 피할 수 없다.

용병用兵은 나라의 대사이니 예부터 가장 중요한 점복 사항이다. 『역경』에
서 용병을 말한 대목은 사괘와 이履괘, 동인괘, 손巽괘 등에 보인다. 태泰

50_『좌전』 선공 12년 조목에 지장자知莊子의 말을 기록하면서 『주역』의 사괘가 임괘로 변하는
경우에 이 괘의 초륙효와 관계가 있다고 언급했다.

괘의 상륙, 겸괘의 육오와 상륙, 복괘의 상륙, 이離괘의 상구, 진晉괘의 상 구효에도 관련되는 부분이 있다.

【교독】

師사 군대를 말한다. 고대의 군사제도는 상대와 서주에서는 사師를 최고 등급으로 삼았고, 동주시대 이후로는 군軍을 최고 등급으로 삼았다. 사와 군은 모두 주둔한다는 뜻에서 기원한다.

師出以律사출이율, **否臧**비장, **凶**흉 『좌전』 선공 12년 조목에 보인다. 고대에는 군대가 출동할 때 율을 불어 소리를 정했는데 오음십이율로 길흉화복을 정했다. 이와 관련해서는 『좌전』 양공 18년 조목에 인용한 사광師曠의 말 과 『국어』 「주어 하」에서 인용한 영주구伶州鳩의 말, 『주례』 「춘관·태사大師」 의 "태사가 구리로 만든 율관을 가지고 장수들의 소리를 들으며 길흉을 알 린다大師執同律以聽軍聲, 而詔吉凶"는 대목에 대한 정현의 주석에서 인용한 『병서兵書』와 『육도六韜』 「용도龍韜·오음五音」 편 그리고 『사기』 「율서律書」 편을 참조하라. 혜동은 '율律'은 육률六律의 율이라고 했다.[51] 왕인지는 그 견해를 반박하며 이것은 당대唐代 사람들의 말로 '율'은 율령律令의 율을 가리킨다 고 했다.[52] 사실, 『사기』 「율서」 편은 「태사공자서」에 따르면 군대의 일을 말 한 것이다. 사마천은 이 책에서 말한 율律이 율력律歷의 율이라고 분명하게 밝혔다. 사마천의 뜻이 율력의 율은 육률의 율이지 법령의 율이 아니라는

51_ 혜동, 『주역술』, 정완경 점교, 중화서국, 2007, 상책, 26쪽.
52_ 왕인지의 『경의술문』 「주역 상」 '사출이율師出以律' 조는 완원의 『청경해』(제6책, 769쪽)에 수록 되어 있다.

점은 매우 분명하다. 이 설이 실제로는 당대 사람들로부터 시작된 것이 아님을 알 수 있다. 반대로 군대의 법은 옛날에는 군법軍法이라고 불렸지 군율軍律이라고 부른 적이 없다. 선자번沈家本은 율의 본뜻은 원래 육률과 오성五聲의 평균법을 가리키는 것이고, 법령의 율은 반대로 인신의引伸義라고 말했다.[53] '장臧'에 관해서는 『국어』 「진어 5」에 "군대는 극헌자郤獻子의 군대라 그 일이 잘 끝났습니다大師, 郤子之師也, 其事臧"라고 했는데, 여기서 '장臧'은 臧으로 읽어야 한다. 위소韋昭는 주석에서 "장臧은 선善이다"라고 풀이했다. 앞에 '否'(비로 읽음)를 붙이면 불선不善의 뜻이 된다.[54]

在師中吉재사중길, **无咎**무구 이 구절은 '재사중在師中, 길무구吉无咎'로 읽거나 '재사중在師中, 길吉, 무구无咎'로 읽기도 하는데, 의미는 별 차이가 없다. 하지만 '재사在師, 중길中吉, 무구无咎'로 끊어 읽으면 의미가 크게 달라진다.[55] '중길中吉'은 송괘 괘사에 보이는데 '종흉終凶'과 상대되며 여기서 쓰이는 것은 적합하지 않다.

王三錫命왕삼석명 '석錫'은 '사賜'로 읽는다. '삼명三命'은 세 차례의 책명册命을 말하는데, 작록爵祿과 거마車馬, 기복器服을 상으로 내린다. 삼명은 공후의 경에 대한 대우인데, 여기에 관해서는 『주례』의 「대종백大宗伯」과 「전명典命」,

---

53_ 선자번, 『역대형법고歷代刑法考』, 덩징위안鄧經元·펜위첸駢宇騫 점교, 중화서국, 1985, 제2책, 809~811쪽.

54_ 원이둬의 『주역의증유찬』은 『원이둬전집』에 수록되어 있다. 삼련서점, 1982(상하이개명서점의 1948년판에 의거해 재출간), 제2책, 39~40쪽.

55_ 중화서국 점교본 『주역본의』에서 랴오밍춘은 이렇게 끊어 읽었다.

『예기』「왕제王制」편을 참조하라. 『좌전』에서 '삼명'을 여러 차례 언급했는데, 희공 33년과 성공 2년, 양공 19년과 26년, 소공 7년과 12년 조목 등에 보인다.

輿尸여시 상박본과 마왕두이본도 같다. 여輿자는 거車를 따르며 여성舁聲을 따른다. 여舁는 거擧의 본래 글자로 네 개의 손이 같이 들어올리는 모습을 형상한다. 舁에 여与(즉 아牙자)를 더해 여與가 된 것이니 맞든다는 뜻이다. 舁에 수手를 더하면 거擧가 되니 손으로 든다는 뜻이다. 舁에 동同을 더하면 흥興이 되니 함께 든다는 뜻이다. 이런 글자들은 모두 무엇을 든다는 뜻과 관계가 있다. 여輿자는 본래 가마('輦국' 또는 '桐국'으로도 씀)를 가리키며, 수레 위에 설치되어 있는 것을 거여車輿(여轝와 같다)라고 한다. 옛날에 영구를 운송하는 수레를 '구여柩輿'라 하고, 시신을 싣고 가서 염하고 장사 시내는 것을 '거시擧尸'라고 불렀다. 여기서 '여輿'는 동사로 쓰여 수레로 시신을 운반하는 것을 가리키는데, '擧尸'라고 읽어도 통한다. 28수의 여귀輿鬼(귀수鬼宿의 별칭)에는 5개의 별五星이 있어 그 중간에 있는 별을 적시積尸라고 부르는데, 이른바 여귀는 사실상 여시를 가리킨다. 규괘 상구효의 '재귀일거載鬼—車'를 참고할 것.

左次좌차 산의 동남쪽과 물의 서북쪽에 군영軍營을 설치하는 것을 가리킨다. '좌左'는 양지 쪽을 대표한다. '차次'는 상박본에는 '柬'으로 되어 있다.[56] 차次와 사師는 음과 뜻이 비슷한데, 군대가 병영 밖에서 숙영하는 것을 가

56_ 이 글자의 정확한 예정隸定에 관해서는 리링의 「독상박초간주역」 56쪽을 참조.

리킨다. 『손자』「행군行軍」편에 "무릇 군대가 주둔할 때는 높은 곳을 좋아하고 낮은 곳을 싫어하며, 양지를 귀하게 여기고 음지를 천하게 여긴다凡軍好高而惡下, 貴陽而賤陰"라고 했다. 병음양가兵陰陽家는 높은 곳을 양이라 하고 낮은 곳을 음이라 하며, 왼쪽과 앞쪽은 양이 되고 오른쪽과 뒤쪽은 음이 된다고 했다. 왼쪽과 전방의 시야가 탁 트이고, 오른쪽과 배후는 높은 곳에 의지하는 것을 중시하니, 바로 "오른쪽과 뒤쪽은 산과 구릉을 의지하고, 앞쪽과 왼쪽은 물을 의지한다右背山陵, 前左水澤"는 것이다. 이 말은 인췌산한간『손자병법』「지형地形 2」(『손자병법』 일편佚篇) 편에 보인다.[57] 왕필의 주석에 "군대가 출동할 때는 오른쪽과 뒤쪽을 높은 곳에 의지하고자 하므로 좌차한다"고 하고, 공영달의 소에 "'군대가 출동할 때는 오른쪽과 뒤쪽을 높은 곳에 의지하고자 한다'는 것은 병법이다. 그러므로 『한서』에서 한신韓信이 '병법은 오른쪽과 뒤쪽은 산과 구릉을 의지하고, 앞쪽과 왼쪽은 물을 의지한다'고 말했다"라고 한 것은 바로 이런 견해에 근거한 것이다. 최경崔憬의 주석에서 "편장군偏將軍은 왼쪽에 거처하니, 왼쪽에 거처하면서 늘 군사를 대비시킨다"라고 한 것은 『노자』 제31장에 근거한 것이데, 여기에 부합하는 설명은 아니다.

田有禽전유금 들판에서 아주 많은 짐승을 사냥한 것을 말하는데, 이번 전투에서 상당히 많은 적을 포획한 일을 비유한다.

利執言이집신 서주의 금문에는 참수斬首를 '절수折首'라고 하고, 산 채로 잡

57_ 인췌산한묘죽간 정리소조 편,『인췌산한묘죽간』1, 문물출판사, 1985, 33~34쪽. 또한 리링의 『전쟁은 속임수다兵以詐立─我讀孫子』(중화서국, 2006, 262~272쪽)를 참조할 것.

는 것을 '집신執訊'이라고 한다. '집언執言'은 '집신'과 관련된 말일 것이다. '언言'은 예언을 가리키는 것으로 생각되는데, 바로 전투에 앞서 참획에 대한 기대를 나타낸다.

弟子제자 장자長子에 상대적으로 말한 것으로, 장자 이외의 여러 동생을 가리킨다.

大君대군 '대인군자'를 줄인 말이다. 상박본에는 '대군자大君子'로 되어 있고, 마왕두이본과 솽구두이본에는 '대인군大人君'으로 되어 있다. 이 단어는 이履괘 육삼효와 임괘 육오효에도 보인다.

開國承家개국승가 '개開'는 한나라 경제景帝의 이름을 피해諱 쓴 글자이며, '국國'은 한나라 고조高祖의 이름을 피해 쓴 글자다.[58] 상박본에는 '계방승가啓邦承家'라고 되어 있으니 '방邦'이 본래의 글자다. 마왕두이본과 솽구두이본에는 '계국승가啓國承家'로 되어 있어 고조의 이름만 피하고 경제의 이름은 피하지 않았다.

小人勿用소인물용 '소인小人'은 신분이 미천한 사람으로, 대인이나 군자와 구별된다. 이 말은 『역경』에서 모두 10차례 나타나는데, 모두 효사에 쓰여 음효에 5차례, 양효에 5차례씩 보인다. 음효에는 모두 '이소인利小人'과 '불리대인·군자不利大人·君子'의 형태로 보인다. 양효에는 모두 '이대인·군자利大人·

---

58 한나라 경제의 이름인 계啓와 고조의 이름인 방邦을 피해 비슷한 뜻을 가진 개開자와 국國자를 사용했다는 말이다.—옮긴이

君子'와 '불리소인不利小人'의 형태로 보인다. 『역경』에서 '용用'은 대부분 행할 수 있다는 것을 의미하고, '물용勿用'은 대부분 행할 수 없다는 것을 의미한다. 여기서 '소인물용'은 앞에서 말한 일들이 소인에게 불리하고, 소인에게 적당하지 않으며, 소인은 해낼 수 없어 소인과는 무관하다는 뜻이다. 이 말은 기제괘 구삼효에도 보인다.

회유하는 것이 가장 고명한 계책이다

比: 吉, 原筮, 元永貞, 无咎. 不寧方來, 後夫凶. 비 길 원서 원영정 무구 불

녕방래 후부흉

비괘 : 길하며, 들에서 점을 치니 모든 점복에 길이 화가 없다. 신하로 복종

하지 않으려는 나라가 분분히 와서 조회하는데 오직 앞다투어 뒤로 처질까

두려워한다.

初六, 有孚比之, 无咎. 有孚盈缶, 終來有它, 吉. 초륙 유부비지 무구 유부영부 종래

유타 길

음효일, 진정으로 멀고 가까운 데서 모두 복종해야 화를 면할 수 있다. 진

정으로 물을 길어 두레박을 채울 수 있어야 원만하다고 할 수 있다. 의외

의 일이 생기더라도 매우 길하다.

六二, 比之自內, 貞吉. 육이 비지자내 정길

음효이, 나라 안을 안정시켜 백성들을 잘 따르게 하니 점복 결과는 길

하다.

六三, 比之匪(非)人.　육삼 비지비(비)인

음효삼, 친하지 않거나 벗이 아닌 사람도 회유해야 한다.

六四, 外比之, 貞吉.　육사 외비지 정길

음효사, 화목하고 우애 있게 지내어 천하 사람들이 진심으로 따르게 하니
점복 결과는 길하다.

九五, 顯比, 王用三驅, 失前禽, 邑人不誡(誠), 吉.　구오 현비 왕용삼구 실전금 읍인
불계(혜) 길

양효오, 성실한 마음을 널리 알리기 위해, 왕이 야외에서 사냥을 하면서
삼면에서 포위하고, 〔나머지 한 면에서 그물을 펼친다〕. 사냥에 참가하는
사람들은 앞에 있는 짐승들을 일부러 달아나게 하고, 북을 치고 소리를
지르며 가로막지 않는다. 이와 같이 사냥을 해야 길하다고 할 수 있다.

上六, 比(之)无首, 凶.　상륙 비(지)무수 흉

음효륙, 〔천하가 한집안이라도 우두머리가 있어야 하니〕 우두머리가 없으면
흉하다.

【대의】

이 괘는 하괘가 곤坤이고 상괘가 감坎으로,[59] 천하 사방을 회유하니 먼 곳
과 가까운 곳에서 모두 와서 복종하는 것을 말한다. 여기서 '비比'는 크게
단결하는 것인데, 재미있는 점은 비괘는 평등하게 연합하는 것이 아니라

먼 곳에서 가까운 곳까지 겹겹이 왕 주위로 단결하는 것이다.

사괘와 비比괘는 내용이 서로 관련된 한 쌍이다. 사괘는 용병用兵을 말하고, 비괘는 치국治國을 말하니, 문文과 무武의 도가 각각 한 괘를 차지한다.

【교독】

比비 사람들로 하여금 사이좋게 좇아서 왕의 주위에서 단결하게 하는 것을 말한다. 서주시대에 "먼 곳은 회유하고 가까운 곳은 우대한다柔遠能邇"는 말이 유행했다. 이 말은 『시경』「대아·민로民勞」 편과 『서경』의 「고명顧命」 및 「문후지명文侯之命」 편 그리고 서주시대의 청동기인 대극정大克鼎에 보인다.[60] 그 의미는 회유의 방법으로 멀고 가까운 곳에서 와서 복종하게 하는 것이다. 비괘에서 바로 '유원능이'에 대해 말하고 있다. 중국 고대 정치에서는 이 말이 가장 중요하다.

原筮원서 야서野筮와 같은 뜻으로, 들판에서 점치는 것을 말한다. 들판은 텅 비고 넓어 멀리까지 조망할 수 있다. '원原'은 마왕두이본은 같고, 상박본에는 '비备'로 되어 있다. 『설문해자』에 '원原'자가 2개 있는데, 원천源泉의 源은 原으로 되어 있고(『설문해자』「천부灥部」), 원야原野의 原은 '邍원'으로 되

59_ 『좌전』 민공 원년 조목에 신료의 점을 기록하고 있는데 이 괘와 관련이 있다. 앞의 둔괘를 참조할 것. 『좌전』 소공 7년 조목에 공성자가 점을 쳐서 둔괘가 비괘로 변한 괘를 만난 일을 기록했는데, 이 괘의 초륙과 관련이 있다. 또 소공 12년 조목에 남괴가 점을 쳐서 곤괘가 비괘로 변한 괘를 만난 일을 기록했는데, 이 괘의 구오와 관련이 있다.

60_ 『은주금문집성』(수정증보본), 중화서국, 2007, 제2책, 1515쪽 02836. 추시구이의 「은허 갑골문 속의 '원遠' '이𤞷(邇)'와 관련된 글자들에 대한 해석」(추시구이, 『고문자논집古文字論集』, 중화서국, 1992, 1~10쪽에 수록)을 참조할 것.

어 있다(『설문해자』「착부辵部」). 이 두 글자는 본래 각기 다른 글자였으나 진한 이후가 되어서야 섞여서 쓰였고, 현재는 모두 原으로 쓴다. 상박본의 备자는 邎자를 줄인 글자체다(이 글자는 비備의 간체자와는 무관함에 주의할 것). 이는 여기서의 '원서原筮'가 들판에서 점을 치는 야서野筮임을 설명한다. 서주와 동주 시기의 邎은 '备비'와 '彖단'을 따르는데 허신은 '备'와 '彔녹'을 따른다고 착각한 것이다. 사실 '彖'은 '掾연'과 '椽연' 등의 글자가 유래한 바로, 이 글자들은 彖에서 음을 얻는다.

不寧方불녕방 신하로 복종하려 하지 않고 조회하러 오지 않는 제후국을 말한다. 『주례』「고공기考工記」에서는 사후射侯(화살을 쏘는 과녁)를 말하고 있는데, 이른바 '불녕후不寧侯(왕명을 따르지 않는 제후)'라는 말이 보인다. '불녕不寧'은 '부정不廷(내정來庭하지 않음)'과 유사한데, 『시경』「대아·한혁韓奕」편에 '부정방不庭方(내정하지 않는 제후국)'이라는 말이 있고 오사할종五祀猷鍾과 모공정毛公鼎의 명문에도 이 말이 보인다.[61] 『좌전』은공 10년과 성공 12년, 양공 16년 조목에는 '토부정討不廷(내정하지 않는 제후를 토벌함)'이라는 말이 있다.

有孚比之유부비지 '유부有孚'는 점복의 효험을 나타내는 '有孚'와 함의가 상통하며, 예상을 벗어나지 않고 과연 이와 같다는 것을 가리키기도 한다. '비지比之'는 멀고 가까운 곳에서 와서 복종함을 가리킨다.

61_ 『은주금문집성』(수정증보본), 제1책 500쪽 00358.2, 제2책 1534~1543쪽 02841A~02841C.

有孚盈缶유부영부, **終來有它**종래유타, **吉**길 이 말은 비교적 이해하기 어렵다. 내가 이해한 바를 모두에게 참고로 제공한다. 여기서의 '유부有孚'는 위와 똑같이 읽으니 진정으로 할 수 있다는 것을 말한다. 무엇을 하는가? 장군缶을 가득 채우는 일이다. 장군은 물을 긷는 두레박으로, 정현은 '물을 긷는 그릇이다汲器也(『석문』에서 인용)라고 풀이했다. 물을 길을 때는 당연히 두레박을 가득 채워야 하는데 물을 가득 채우고 나서는 다시 들어올린다. 하지만 때때로 뜻하지 않게 이미 우물 입구까지 다 올라온 두레박이 뒤집혀서 물을 쏟아 황당하게 만들기도 한다. 예를 들면 뒤에 나오는 정井괘의 괘사는 이런 정황을 말해 "거의 다 올라왔는데도 우물 밖으로 길어 올리지 못하니 두레박이 부서져 흉하다汔至亦未繘(矞)井, 羸其瓶, 凶"라고 했다. 이런 결과는 매우 나쁘다. 하지만 재미있는 점은 여기서는 단결해서 반드시 일을 해내야 하니 물을 길을 때 두레박을 가득 채우듯이 뒤에 의외의 일이 생긴다고 하더라도 그럴 만한 가치가 있다고 말한다는 것이다. 금본의 '영盈'은 마왕두이본과 같다. 상박본에는 '𤇆'으로 되어 있는데 이 글자의 오른쪽 필법은 비교적 괴이해서 어떻게 분석해야 할지에 대해서는 다시 토론해 볼 만하다.[62] 청화초간의 『계년』에는 '𧯄門'(간簡 123)이 있는데 글자를 정리한 사람은 이를 '영문滿門'으로 해석했다.[63]

有它유타 의외의 일이 있다는 뜻이다. 이 단어는 뒤의 대과괘 구사효와 중

62_ 리링의 「독상박초간주역」을 참조할 것. 이 글자의 음가 부분은 성姓자를 줄인 것일 가능성이 있거나 혹은 생牲으로 해석할 수도 있다. 『옥편』「수부水部」에 "생牲은 물이 불어난 것이다"라고 했고, 『집운』「경운庚韻」에서는 "생牲은 물이 깊고 넓은 것이다"라고 했는데, 영盈의 음이나 뜻과 모두 비슷하다.

63_ 리쉐친 주편, 『칭화대학장전국죽간清華大學藏戰國竹簡』(2), 중서서국, 2011, 하책, 192, 252쪽.

부패 초구효에도 보인다.

比之自內비지자내 '내內'는 나라 안을 가리키며, 공경公卿의 뜻이 아니다. 『역경』은 하괘를 내괘內卦로 삼는다.

比之匪人비지비인 이 구절 뒤에 왕숙본王肅本에는 또 '흉凶'자가 있어 '흉'자가 탈락되었다고 생각하는 사람도 있다. 하지만 상박본과 마왕두이본에는 모두 '흉'자가 없고 금본과 같다. '비인匪人'은 비否괘의 괘사에도 있는데, 이 두 곳은 모두 '비인非人'으로 해석한다. 무엇을 '匪人'이라고 하는가? 옛 주석에는 두 가지 해석이 있는데 하나는 친하지 않거나 벗이 아닌 사람이라는 뜻으로, 왕필의 주석(비比괘의 주)에 "더불어 친한 사람은 모두 자기와 친한 사람이 아니므로 '比之匪人'이라고 말한 것이다所與比者皆非己親, 故曰比之匪人"라고 풀이했다. 다른 하나는 군주와 아버지를 죽인 사람이라는 뜻으로, 우번의 주석(비否괘의 주)에 "신하로서 군주를 시해하고 자식으로서 아버지를 죽이기 때문에 '匪人'이라고 한다以臣弒其君, 以子弒其父, 故云匪人"라고 풀이했다. 전자는 외부 사람이고, 후자는 나쁜 사람이다. 여기서는 왕필의 설을 따라 번역한다.

外比之외비지 여기서 '외外'는 나라 밖을 가리킨다. 이 괘의 주제는 멀리 있는 사람을 회유하는 것으로, 이른바 '내內' '외外'는 국내와 국외를 가리키는 것이지 안팎에서 복종함을 말하는 것이 아니다. 『역경』에서는 상괘를 외괘外卦로 본다.

顯比현비 '현顯'은 '밝다'는 뜻이며, 『시경』과 『서경』에 자주 보인다. 특히 '비현丕顯(크게 밝거나 크게 나타남)'은 서주시대의 금문에 자주 보이는 말로 전형적인 서주의 용어다.

戒계 해誡와 같은데, 바로 '駭해'의 이체자로 북을 치고 소리를 질러 들짐승들을 가로막고 몰아가는 것을 가리킨다. 『주례』「하관夏官·대사마大司馬」에서는 "세 번 북을 친다鼓三戒"고 했고, 『석문』에서는 "본래 역시 '駭'로 되어 있다"고 했는데 바로 이런 용법이다.

比之无首비지무수 상박본과 마왕두이본, 솽구두이본, 한석경본漢石經本에는 모두 '지之'자가 없다. '之'는 후인들이 보탠 것이다. 『역경』에서는 맨 위에 있는 효를 '머리首'로 보고 맨 아래에 있는 효를 '꼬리尾'로 본다. 이 괘에서는 구오효가 육이효와 호응하는데, 구오는 존귀하며 양 하나가 음 4개를 거느리니 길吉에 속한다. 하지만 상륙효는 음효이며, 음으로 양을 탔으니 흉凶에 속한다. 건乾괘의 통구의 효사 "무리 용들과 같으니 머리가 보이지 않으면 길하다見群龍无首, 吉"는 이 효사와 상반된다.

짙은 구름이 비를 머금으니
은택이 이웃에 미친다

☰ 小畜: 亨, 密雲不雨, 自我西郊 소축 형 밀운불우 자아서교

　소축괘 : 신명과 통하니 먹구름이 짙게 끼어 이 성읍의 서쪽 교외에서 오지만 비는 내리지 않는다.

初九, 復自道, 何其咎? 吉. 초구 복자도 하기구 길
양효일, 왔던 길로 돌아가니 무슨 좋지 않은 일이 있으랴? 매우 길하다.

九二, 牽復, 吉. 구이 견복 길
양효이, 계속해서 돌아가니 매우 길하다.

九三, 輿說(脫)輻(輹), 夫妻反目. 구삼 여탈(탈)복(복) 부처반목
양효삼, 수레 아래 복토伏兔가 빠져 수레가 갈 수가 없으니, 부부가 서로 반목해 원수가 되어 〔같이 지낼 수가 없다〕.

六四, 有孚, 血(恤)去惕出, 无咎. 육사 유부 혈(휼)거척출 무구

음효사, 예상을 벗어나지 않으니 근심과 두려움이 일소되고 화가 없다.

九五, 有孚攣如, 富以(與)其鄰. 구오 유부련여 부이(여)기린
양효오, 마음먹은 대로 이루어지고 좋은 운이 이어지니 번 돈을 이웃에게 나눠줘야 한다.

上九, 旣雨旣處, 尙德載(哉). 婦貞厲, 月幾(旣)望, 君子征凶. 상구 기우기처 상 덕재(재) 부정려 월기(기)망 군자정흉
양효륙, 비도 내리고 하늘도 개었으니[베풀려고 했던 것은 모두 베풀었으니], 진실로 덕이 고상하다. 부인의 점복 결과는 위험하고 달이 이미 찼는데 군자가 먼 길을 가니 길하지 않다.

【대의】

이 괘는 하괘가 건乾이고 상괘가 손巽으로, 건은 하늘이고 손은 바람이다. 이 괘의 「대상」(「상전 상」 9)에서는 "바람이 하늘 위로 부는 것이 소축이다風 行天上, 小畜"라고 했는데, 바람이 불면 구름이 짙어지고 짙은 구름이 모이면 비가 내린다. 비가 올 것인지 여부는 옛사람들이 늘 점을 쳐서 알아보던 대상이었다. 『역경』에서 비 내리는 일에 대해 언급한 것은 이 괘 외에 규괘 상구효, 쾌괘 구삼효, 정鼎괘 구삼효, 소과괘 육오효 등이 있다. 앞에서 살펴본 수需괘도 비 내리는 일과 관계가 있다.
소축괘는 짙은 구름이 비를 머금은 것을 상象으로 삼는다. 구름이 비를 머금으면 곧 비가 내린다. 이는 짙은 구름이 비를 머금은 연후에 비가 내리는

것으로써 재산과 부를 쌓아 착한 마음으로 베풀기를 즐겨야 한다는 것을 비유한 말이다. 다음의 구오효에서 "번 돈을 이웃에게 나눠준다富以(與)其鄰"고 한 것은 이웃에게 반가운 비를 내리듯이 위험과 곤란함에서 구해준다는 말이다. 베풂은 일종의 미덕으로 상구효에서 "고상한 덕尚德"이라 일컫는다.

소축괘와 뒤에 나오는 대축괘는 모두 '축畜'을 명칭으로 삼는다. 이른바 '축'은 괘상으로 말하자면 양이 음을 감싸고 있는 것을 가리킨다. 소축괘는 육사효 하나만 음이고 위아래로 다섯 양이 감싸고 있기 때문에 '소축'이라 한다. 대축괘는 육사효 외에 육오효가 더 있어 소축괘보다 감싸고 있는 것이 많기 때문에 '대축'이라 한다.

【교독】

小畜소축   조금 쌓는다는 뜻이다. '축畜'은 마왕두이본에는 '薮'(상박본에는 빠져 있다)으로 되어 있는데 竺축, 篤독, 築축 등의 글자에 상당한다. '篤독'은 '畜축'과 옛 음이 비슷하며 함의도 서로 관련된다. 篤에는 두텁다는 뜻이 있는데, 밀운密雲의 밀密이 바로 두텁다는 뜻이다. 빽빽한 구름이 머금은 비가 곧 소축의 뜻이다. 『귀장』의 일문에는 '小毒(篤)畜소독(독)축'으로 되어 있으니 두 가지 함의를 하나로 합쳤다. 왕가대진간의 『귀장』에는 '少督소독'으로 되어 있는데 일종의 통가자다.[64]

---

[64] 왕밍친의 『왕가대진묘죽간개술王家臺秦墓竹簡概述』(세라 앨런·싱원 편, 『신출간백연구』, 문물출판사, 2004, 26~29쪽) 참조. 이후로는 일일이 주석을 달지 않기로 한다.

輿說輻여탈복 '여輿'는 수레의 차체이고 '說탈'은 '脫탈'과 통하며, '복輻'은 '輹복'의 오자다.『석문』에 "어떤 판본에는 또한 輹으로 되어 있다"고 했고, 마왕두이본에는 '부緮'(상박본에는 빠져 있다)로 되어 있으니 원본에는 '輹'으로 되어 있음을 알 수 있다. 輻은 수레바퀴의 바퀴살을 가리키고, 輹은 수레 아래에서 수레축을 고정시키는 부품(복토伏兎라고도 한다)을 가리키는 것으로 뜻이 다르다. 뒤의 대축괘 구이효에서는 '輿說(脫)輹여탈복'이라고 했고, 대장괘 구사효에서는 '壯于大輿之輹장우대여지복'이라고 했다.

血去惕出혈거척출 '휼거척출恤去惕出'로 풀이한다. 마융은 주석에서 "혈血은 마땅히 휼恤이 되어야 하고 근심의 뜻이다"라고 풀이했다. 이 말은 곧 뒤의 환괘 상구효에 나오는 '혈거적출血去逖出'과 같은 뜻이다. '휼거恤去'와 '척출惕出'은 대칭법으로 표현한 것이다.

有孚攣如유부련여 '연攣'에 대해 마융은 잇는다는 뜻의 연連으로 풀이했다(『석문』에 인용). 구하면 반드시 응하는 바가 있고 좋은 운이 이어진다는 뜻이다. 이 구절은 뒤의 중부괘 구오효에도 보인다.[65]

富以其鄰부이기린 '부여기린富與其鄰'으로 풀이하는데, 재물을 풀어 이웃에 나눠주는 일을 가리킨다. 뒤의 태泰괘 육사효와 겸괘 육오효의 '불부이(여)'

---

[65]_ 연攣은 상박본에는 '부膚'로 되어 있고, 마왕두이본에는 '연纞'으로 되어 있는데, 모두 통가자다. 상박본의 이 잔간은 필기에 근거해 증보한 것이며(원간原簡의 번호는 잔殘 14−4), 정식으로 발표된 해석문에는 없다. 왜냐하면 세 글자만 남아 있어 반드시 이 죽간에 속한다고 판단할 수 없으며 중부괘 구오효에 속할 수도 있기 때문이다. 리링의 「독상박초간주역」 참조.

기린不富以(與)其鄰'은 이와 상반된 표현이다. 옛사람들은 이웃과 화목하게 지내기를 강조했는데, 예를 들면 『시경』 「소아小雅·정월正月」 편에 '이웃들과 화목하네洽比其鄰'라고 했고, 『좌전』 희공 22년 조목과 양공 29년 조목에서 이를 인용해 '이웃들과 화목하고 친하네協比其鄰'라고 했다.

旣雨旣處기우기처 '처處'는 그친다는 뜻이다. 여기서는 비가 내리는 것으로 사람들에게 은혜를 베푸는 것을 비유했다.

尙德載상덕재 '상덕尙德'은 '그 덕을 고상하게 한다'는 뜻이다. 상박본에는 '상득재尙得載'로 되어 있다. 『논어』 「헌문憲問」 편에 "공자가 '군자로구나! 저 사람은. 고상한 덕을 가졌구나, 저 사람은!'이라고 말했다子曰:君子哉若人! 尙德哉若人!"라는 구절이 있어, 위싱우于省吾는 '尙德哉상덕재'로 읽었다.[66]

婦貞厲부정려 '부婦'는 음陰의 상象인데, 상구는 양효이니 음이 이롭지 않다. 그러므로 "부인의 점복 결과가 위태롭다"고 한 것이다.

月幾望월기망 '월月'도 음의 상이다. 우번은 주석에서 "기幾는 가깝다는 뜻이다"(『주역집해』에 인용)라고 풀이했다. '망望'은 음력 15일이니, 달이 가득 차서 음이 가장 성할 때다. 그 상도 상구효와 어그러지니 흉려凶厲에 속한다. 고문자에서 望은 본래 '望망'으로 썼다. 望자는 사람이 발꿈치를 들고

66_ 위싱우, 『쌍검치역경신증雙劍誃易經新證』(『위싱우저작집于省吾著作集』, 중화서국, 2009, 649~650쪽에 수록).

있는 모습을 나타내는데, "머리를 들어 밝은 달을 바라보는擧頭望明月" 식이다. 이 글자에서 눈동자를 나타내는 '臣신'을 없애고 독음을 나타내는 '亡망'을 더한 것이 바로 望이다. '幾望기망'은 음력 15일에 가까운 것을 말한다. '旣望기망'은 음력 15일이 지난 것을 말한다. '旣望'은 월상月相, 곧 달의 위상을 나타내는 용어로 자주 보이는데, 고서뿐 아니라 서주의 청동기에도 보인다. '幾望'은 매우 드물게 보이는데 거의 이 책에서만 보이는 것 같다. 『역경』에서 '幾望'은 세 차례 언급되는데, 이 괘 외에 귀매괘 구오효와 중부괘 육사효에 보인다. 이 세 가지 '幾望' 가운데 소축괘의 '幾望'은 상박본에는 빠져 있고, 마왕두이본과 쌍구두이본은 같다. 귀매괘의 '幾望'은 상박본에는 빠져 있고 마왕두이본에는 '旣望'으로, 쌍구두이본에는 '幾望'으로 되어 있다. 그밖의 고본에도 '幾望'과 '旣望' 두 가지가 모두 보인다.[67] 내 생각에 『역경』에 세 차례 언급된 '幾望'은 사실 모두 '旣望'이므로 여기서는 '旣望'으로 해석했다.

君子征凶군자정흉 『역경』에 보이는 정征자는 정벌을 가리키는 것을 제외하고는 대부분 집을 나서서 밖으로 먼 길을 가는 것을 가리킨다. 달이 가득 찬 이후에 남자들이 집을 떠나 먼 길을 가는 것은 당연히 여자들에게는 이롭지 않은 일이다. '征'은 '왕往'이나 '유유왕有攸往'과 유사한 점이 있는데, 이를 구별하기 위해 '征'을 '먼 길을 가는 것遠行'으로 해석하고, '往'은 '가다' '앞으로 가다' 또는 '문을 나서다' '출행出行'의 뜻으로 해석한다.

67_ 이 세 가지 '幾望'은 순상본荀爽本에는 모두 '旣望'(『주역집해』와 『석문』에 보임)으로 되어 있다. 소축괘의 '幾望'은 『자하역전』에는 '근망近望'(『석문』에 인용)으로 되어 있다. 중부괘의 '幾望'은 『경방역전京房易傳』에는 '近望'으로 되어 있다. '近望'은 '幾望'과 같다.

출정한 병사의 노고가 호랑이 꼬리를 밟는 것과 같다

☰☱ *履虎尾, 不咥人, 亨.* 이호미 부질인 형

> 이괘 : 호랑이 꼬리를 밟아도 물지 않으니 신명과 통할 것이다.

初九, 素履往, 无咎. 초구 소리왕 무구
양효일, 흰 신을 신고 가는데 화가 없다.

九二, 履道坦坦, 幽人貞吉. 구이 이도탄탄 유인정길
양효이, 길이 매우 평탄하니 죄수의 출행을 점쳐도 결과는 모두 순조롭다.

六三, 眇能視, 跛能履. 履虎尾, 咥人, 凶, 武人爲于大君. 육삼 묘능시 파능리
이호미 질인 흉 무인위우대군
음효삼, 〔평탄한 길을 가니〕 장님도 눈을 크게 뜨고 볼 수 있으며 절름발이
도 힘차게 걸을 수 있다. 하지만 병사가 대인군자를 위해 힘을 써서 〔출정
하지만〕 호랑이 꼬리를 밟아 언제든지 잡아먹힐 수 있는 것과 같으니 매우
흉하다.

九四, 履虎尾, 愬愬, 終吉. 구사 이호미 삭삭 종길

양효사, 호랑이 꼬리를 밟아 벌벌 떨지 않을 수 없지만 마지막에는 흉이 길로 바뀐다.

九五, 夬(缺)履, 貞厲. 구오 쾌(결)리 정려

양효오, 신이 해졌다면 출행의 점복 결과는 위험하다.

上九, 視履考祥(詳), 其旋元吉. 상구 시리고상(상) 기선원길

양효륙, 왔던 길을 자세히 살펴야 돌아가는 길이 순조롭다.

【대의】

이 괘는 하괘가 태兌이고 상괘가 건乾으로, 군대가 출정해서 가는 도중에 도사리고 있는 위험이 마치 호랑이 꼬리를 밟고 있는 것과 같음을 말하고 있다.

소축괘와 이履괘가 어떤 관계인지는 그다지 분명하지 않으니 토론이 필요하다. 소축괘 상구효에서 "부인의 점복 결과는 위험하고 달이 이미 찼는데 군자가 먼 길을 가니 길하지 않다婦貞厲, 月幾(旣)望, 君子征凶"라고 했는데, 달이 찼지만 남편은 먼 길을 떠나려고 하니 부인에게 이롭지 않다는 뜻이다. 이 몇 구절은 전후 두 괘의 과도 단계이며, 이어지는 이履괘는 마침 출정한 병사의 고역苦役이 줄곧 험난함을 말하고 있다.

【교독】

履虎尾이호미 '이履'는 바닥이 두 층으로 된 신발을 말하는데, 여기서는 '발로 밟다' '걷다'는 뜻의 동사로 쓰였다. 여기서는 괘명을 다음 문장과 연결해서 읽는다. 같은 사례로 비否괘와 동인괘 그리고 간괘가 있다. 가오형은 이 네 괘의 괘명 다음에는 모두 한 글자씩 **빠졌**다고 했는데,**68** 상박본과 마왕두이본, 솽구두이본을 검증해보면 그렇지 않으며, 각 판본에는 모두 같은 글자가 중복되었음을 표시하는 중문호重文號가 없다.**69**

咥질 깨물거나 씹어 삼킨다는 뜻이다. 오늘날 산시山西 지방과 산시陝西 지방의 방언에서는 '먹는다吃'는 뜻으로 '咥(중국어 발음은 뎨dié)'을 쓴다.

幽人유인 우번의 주석에서는 죄수라고 하고(『주역집해』에 인용), 공영달의 소에서는 은사隱士로 풀이한다. 고서에서 유幽는 죄수를 가둔다는 뜻으로 쓰이는 경우가 많으니, 우번의 해석이 옳다고 생각한다.**70**

跛파 절름발이를 가리킨다.

武人무인 군인을 가리키며, 일반적인 의미의 강하고 용맹한 사람剛武之人(주

68_ 가오형, 『주역고경금주』(중정본), 18~23쪽.

69_ 중문호는 글자가 중복되었음을 나타내는 부호를 말한다. 예를 들어 자자손손子子孫孫의 경우, 중복되는 글자인 두 번째 글자와 네 번째 글자를 '子=孫=' 또는 '子ㄠ孫ㄠ'으로 표시한다.—옮긴이

70_ 혜동의 『주역술』 상책, 34~35쪽 ; 왕인지의 『경의술문』 「주역 상」 '유인幽人' 조(완원 편 『청경해』 제6책, 770쪽에 수록) ; 가오형의 『주역고경금주』(중정본) 189쪽 등 참조.

희의 해석)[71]을 말하는 것이 아니다. '무인武人'이라는 말은 『시경』과 『예기』에 보인다. 『시경』 「대아·점점지석漸漸之石」 편의 한 구절인 "무인동정武人東征"에 대한 정현의 전箋에는 "무인은 장수를 말한다"라고 했다. 사실 무인은 단지 군인일 뿐이지 꼭 장수를 가리키는 것은 아니다. 예를 들면 『예기』 「월령月令」 편에 "돌아와서는 조정에서 장수와 무인에게 상을 내린다還反, 賞軍帥·武人于朝"라고 하여 '무인'이 '장수軍帥'와 아울러 언급된 것으로 보아 '장수'와 구별되는 것을 알 수 있다.[72] 이 말은 손巽괘 초륙효에도 보인다.

大君대군   마왕두이본에도 같다(상박본도 같다). 이 말은 앞의 사괘 상륙효에도 보이는데 '대인군자大人君子'를 줄인 것으로 생각된다.

愬愬삭삭   두려워하는 모습을 나타낸다. 마융본에는 '혁혁虩虩'(『석문』에 인용)으로 되어 있는데, 음과 뜻이 모두 비슷하다.

夬履쾌리   '夬쾌'는 여기서 '결決'로 독해한다. '決'은 갈라지고 손상된다는 뜻이 있는데, 여기서는 신발을 해지도록 신는 것을 가리킨다.

考祥고상   '考詳고상'으로 독해한다. '祥상'은 『석문』에 "어떤 판본에는 '詳상'으로도 되어 있다"라고 했으며, 우번의 판본과 『주역집해』에는 '詳'으로 되어

71_ 주희, 『주역정의』, 72쪽.

72_ 또 참고할 사례로는 『국어』 「진어 6」에 "극이 이르러 들으니, 무인은 난을 일으키지 않고 지인은 속이지 않으며 인인은 당을 짓지 않는다고 한다(郤)至聞之, 武人不亂, 智人不詐, 仁人不党"라는 구절이 있다.

있다. '考詳'은 자세하게 살핀다는 뜻으로 '상서롭고 좋다祥善'는 뜻과는 무관하다.

제11 : 태괘泰卦

천지가 서로 통하고 상하가 조화롭다

☷☰ 泰: 小往大來, 吉, 亨. 태 소왕대래 길 형

　태괘 : 작은 것은 가고 큰 것은 오니 길하고 신명과 통한다.

初九, 拔茅茹(挐), 以其彙, 征吉. 초구 발모여(나) 이기휘 정길
양효일, 띠풀을 뽑을 때는 뿌리째 뽑아야 하며 먼 길을 가는 것이 길하다.

九二, 包荒, 用馮(憑)河, 不遐遺. 朋亡, 得尙于中行. 구이 포황 용빙(빙)하 불하
유 붕망 득상우중행
양효이, 마음이 넓어야 사람들을 데리고 강을 건널 수 있으며 한 사람도
포기하지 않는다. 같이 가는 사람들이 뒤에 처지더라도 도와주는 사람이
있다.

九三, 无平不陂(頗), 无往不復. 艱貞无咎, 勿恤其孚, 于食有福. 구삼 무평불피
(파) 무왕불복 간정무구 물휼기부 우식유복
양효삼, 평탄하다가 험하게 되지 않는 길이 없으며 갔다가 돌아오지 않는

경우는 없다. 어려운 일을 점치니 화가 없어 걱정할 필요가 없다. 한 끼 밥 먹는 시간만 지나면 좋은 운이 온다.

六四, 翩翩, 不富以(與)其鄰, 不戒以孚. <small>육사 편편 불부이(여)기린 불계이부</small>

음효사, 재빨리 오고 가니, 이웃에게 돈을 쓰지 않아도 인심을 얻고 두 번 세 번 말하지 않더라도 백성들의 신뢰를 얻는다.

六五, 帝乙歸妹, 以祉元吉. <small>육오 제을귀매 이지원길</small>

음효오, 제을이 누이동생을 시집보내는 점이니 가장 좋은 운수를 얻을 수 있다.

上六, 城復(覆)于隍, 勿用師, 自邑告命, 貞吝. <small>상륙 성복(복)우황 물용사 자읍고명 정린</small>

음효륙, 어떤 성에서 급히 전갈을 보내 성벽이 무너져서 해자를 덮어 군대를 쓸 수 없다고 알리니 점복 결과는 유감스럽다.

【대의】

이 괘는 하괘가 건乾이고 상괘가 곤坤으로,[73] 땅이 하늘 위에 있는 것이다. 이 괘의 여섯 효에서 세 양陽은 위로 가고 세 음陰은 아래로 와서 서로 마

73_『좌전』 애공 9년 조목에 양호陽虎가 점을 쳐서 태泰괘가 수需괘로 변한 괘를 만나 이 괘의 구오효를 언급한 일을 기록했다. 『국어』 「진어 4」에는 동인董因이 점을 쳐서 태泰괘의 팔八을 얻고 이 괘의 괘사를 언급한 일을 기록했다.

주보고 가니, 마치 하늘의 기운은 가볍고 맑아서 위로 올라가고 땅의 기운은 무겁고 탁해서 아래로 내려오는 것과 같다. 이것은 하늘과 땅이 통하고 위와 아래가 조화로운 좋은 괘다.[74] 이 괘의 「단사」(「단전 상」11)에서 태괘는 "하늘과 땅이 사귀어 만물이 통한다天地交而萬物通"라고 했으니, 위와 아래의 기운이 서로 통하는 것이 특징이다.

【교독】

泰태 '대大'나 '태太'의 다른 서법이다. 진나라 계통의 문자는 늘 泰를 太나 大로 썼고 때로는 '奈내'로 쓰기도 했다. 泰는 크다大는 뜻이 있고 미끄럽다滑 또는 통한다通는 뜻도 있다. 이 글자에 대해 마융은 크다大로 풀이했고, 정현은 통한다通로 풀이했다(『석문』에 인용). 왕필은 두 가지 뜻을 절충해 '크게 통한다大通'로 해석했다.

小往大來소왕대래 음이 자라고 양이 소멸하는 것을 가리킨다. 『역전』에서는 음을 작은 것小이라 하고 양을 큰 것大이라 하며, 음을 소인小人이라 하고 양을 군자君子라 한다. 이 괘의 「단사」(「단전 상」11)에서 태괘의 특징에 대해 "안은 양이고 밖은 음이며, 안은 강건하고 밖은 순하며, 안은 군자이며 밖은 소인이니, 군자의 도는 자라고 소인의 도는 소멸한다內陽而外陰, 內健而外順, 內君子而外小人, 君子道長, 小人道消也"라고 했다. '안內'은 아래이고 '밖外'은 위이며, "군자의 도는 자란다君子道長"는 바로 '큰 것이 온다大來'는 말이고,

---

74_ 고궁故宮의 건청궁乾淸宮과 곤녕궁坤寧宮 중간에 교태전交泰殿이 있는데 바로 이 괘에서 상을 취한 것이다.

"소인의 도는 소멸한다小人道消"는 바로 '작은 것은 간다小往'는 말이다.

拔茅茹발모여 띠풀을 뽑는 것을 말하는데, 띠풀의 뿌리는 흔히 서로 연결되어 있어 뿌리째 뽑지 않으면 계속해서 뻗어나간다. '茹여'는 정현과 왕필이 모두 '끌다牽引'로 해석했으니(정현의 주석은 『한서』「유향전」에 대한 안사고顔師古의 주석에 인용됨) '茹'를 '拏라'로 읽어야 함을 알 수 있다. 『설문해자』「수부手部」에 "拏는 끌어당긴다牽引는 뜻이다"라고 설명했는데, 옛사람들은 늘 '분라紛拏'로 얽히고설킨 뿌리와 마디나 두서가 어지러운 것을 형용했다. 拏는 '拿나'(붙잡다)로 쓰기도 한다.

以其彙이기휘 '彙휘'는 옛 주석에서 모두 부류類의 뜻으로 해석했다. 여기서는 띠풀의 뿌리가 무리지어 한데 모여 있으니 반드시 그 뿌리를 찾아 전부 뽑아내야 한다는 뜻이다. 이 글자는 마왕두이본에는 '胃위'로 되어 있고(상박본에는 빠져 있다), 『석문』에 인용된 고문에는 '曹'로 되어 있는데 모두 통가자다. 『설문해자』「계부彑部」에서는 "彙는 벌레 가운데 호저豪豬와 비슷한 것이다"라고 하여 '蝟위'를 彙의 이체자로 보았다. 彙와 蝟는 곧 고슴도치를 말한다. 『설문해자』「발부癶部」에는 또다른 '𦸗위'자가 있는데 "초목이 무성한 모양艸木𦸗孛之皃(貌)"으로 풀이되어 있으니 초목이 무리지어 나는 것을 형용한 것이다. 『집운集韻』「미운未韻」에서는 『설문해자』를 인용해 曹를 𦸗의 이체자로 보았다.

包荒포황 '포包'는 포용의 뜻이고, '황荒'은 크다는 뜻이다. 이는 마음이 넓어서 포용하는 바가 큰 것을 형용한다.

馮河빙하　배와 노를 빌리지 않고 강을 건너는 것을 말한다. '馮빙'은 '憑빙'으로 해석한다.

不遐遺불하유　"멀리 버리지 않는다不遐棄"는 뜻이다. 『시경』「주남周南·여분汝墳」에 "군자를 만나니 다행히 나를 버리지 않네旣見君子, 不我遐棄"라는 구절이 있는데, 하기遐棄는 멀리 버린다는 뜻이다.

得尙于中行득상우중행　'상尙'에는 돕는다는 뜻이 있다. 『이아』「석고釋詁」에서 상尙을 돕다右로 풀이했고, 『시경』「대아·억抑」의 "사황천불상肆皇天弗尙"이라는 구절도 하늘이 돕지 않는다는 뜻이다. 왕인지의 『경의술문』「주역 상」의 '득상우중행·행유상·왕유상得尙于中行·行有尙·往有尙' 조를 참고하라.[75] 왕인지는 이 괘의 '중행中行'이 상괘와 하괘의 가운데 효인 구이효와 육오효가 호응하는 것을 가리킨다고 생각했다. 하지만 '중행'은 뒤에 나오는 복괘 육사효와 쾌괘 구오효에도 보이는데 반드시 가운데를 얻음得中을 가리키는 것은 아니다. 특히 익괘 육삼효와 육사효의 '중행'은 사람 이름일 가능성이 있으니 이 경우와 다르다.

陂피　가차하여 파頗가 되니 평탄하지 않다는 뜻이다.

帝乙歸妹제을귀매 **以祉元吉**이지원길　『좌전』 애공 9년 조목에 보인다. '제을帝乙'은 은나라 주왕의 아버지다. '귀매歸妹'에 대해 우번의 주석은 "歸는 시집

75_ 완원 편, 『청경해』, 제6책, 770쪽.

가는 것이다"라고 풀이했고, 왕필의 주석은 "妹는 나이 어린 여자를 일컫는다"라고 풀이했다. '지祉'는 복福으로 풀이하는데 여기서는 복을 내린다는 뜻이다. '제을귀매'는 귀매괘 육오효에도 보인다. 구제강의 고증에 따르면 제을은 딸을 문왕에게 시집보냈다고 한다. 이 딸은 바로 유신씨의 딸이며, 무왕의 어머니인 태사다(『시경·대아』의 「대명大明」과 「사제思齊」 편에 보인다).[76] 이 구절은 전고를 사용한 것이다. 고대의 점복서는 전설상의 인물이나 역사적 전고를 즐겨 인용했는데, 『연산』과 『귀장』의 일문이나 왕가대진 간의 『귀장』이 그러하다.[77] 『좌전』에서 인용한 날짜를 선택하는 설도 이와 같다.[78] 이것은 『역경』에서 첫 번째로 중요한 전고다.

城復于隍성복우황, **勿用師**물용사, **自邑告命**자읍고명 '성城'은 지면에서 높이 솟은 성벽을 말한다. '복復'은 무너진다는 뜻의 '복覆'으로 해석하는데, 여기서는 간체자로 쓰여 원래 '復'으로 되어 있다. '황隍'은 지면보다 낮은 해자를 말한다. 『설문해자』 「부부自部」에 "황隍은 성의 못이다. 물이 있는 것을 지池라 하고, 물이 없는 것을 황이라고 한다"라고 풀이했다. 인용된 『역易』은 금본과 같다. 여기서 성은 양을 대표하고 황은 음을 대표하는데, 성벽이 무너져 해자를 덮은 것이니 태泰가 지극하여 비否를 낳는 상象이다. '물용사勿用師'는 군사를 쓸 수 없는 상황을 말한다. '자읍고명自邑告命'은 어떤 성읍에서 전갈을 보낸 것이다. 이 세 구절은 도치된 것으로, 앞의 두 구절은 급히 전달하는 말의 내용이고 세 번째 구절은 그 출처를 말한 것이다. 뒤에 나

76_ 구제강 『주역 괘효사 중의 고사』는 「고사변」(제3책 상편, 베이징 박사, 1931, 1~44쪽)에 수록.

77_ 리링, 『중국방술속고』, 중화서국, 2006, 242쪽.

78_ 리링, 『중국방술속고』, 370쪽.

오는 쾌괘의 괘사에서 "쾌: 어떤 성에서 사람이 급히 와서 알리니, 울며 곡하는 소리가 그치지 않고 왕의 조정까지 진동시킨다夬, 揚于王庭, 孚號有厲, 告自邑"라고 한 것과 유사하다. '자읍고명'은 바로 '고자읍告自邑'이다.

제12 : 비괘否卦

비否가 지극해서 태泰가 오니 근심이
기쁨으로 바뀐다

☰☷ 否之匪(非)人, 不利君子貞. 大往小來. 비지비(비)인 불리군자정 대왕소래

비괘 : 부정되지 않아야 하는 사람이 부정을 당하니, 군자의 점복에는 불리하
다. 큰 것은 가고 작은 것이 온다.

初六, 拔茅茹(挐), 以其彙. 貞吉, 亨. 초륙 발모여(나) 이기휘 정길 형
음효일, 띠풀을 뽑을 때는 뿌리째 뽑아야 한다. 점복 결과가 길하며 신명
과 통한다.

六二, 包承, 小人吉, 大人否亨. 육이 포승 소인길 대인비형
음효이, 아첨하는 말을 듣기 좋아해 소인은 득세하고 대인은 불운하게
된다.

六三, 包羞. 육삼 포수
음효삼, 수치심을 참는 편이 낫다.

九四, 有命无咎, 疇離(麗)祉? 구사 유명무구 주리(려)지
양효사, 명이 하늘에 달려 화에서 멀어지니 누가 복을 주겠는가?

九五, 休否, 大人吉. "其亡其亡, 繫于苞桑". 구오 휴비 대인길 기망기망 계우포상
양효오, 선의의 부정이 오히려 대인에게 유리하다. "새가 흩어졌다가 뽕나무에 내려앉네."

上九, 傾否, 先否後喜. 상구 경비 선비후희
양효륙, 부정의 부정, 〔사실 좋은 일이니〕, 먼저는 운이 없지만 뒤에는 기쁘다.

【대의】

이 괘는 하괘가 곤坤이고 상괘가 건乾으로,[79] 태泰괘와 상반되게 땅이 하늘 위에 있는 것이 아니라 하늘이 땅 위에 있다. 비괘의 여섯 효에서 세 양은 위로 가고 세 음은 아래로 오니 방향이 상반된다. 이것은 천지가 서로 동떨어지고 상하가 어긋난 나쁜 괘. 이 괘의 「단사」(「단전 상」12)에서 비괘는 "천지가 서로 사귀지 않아 만물이 통하지 않음天地不交而萬物不通"을 말한다고 했으니, 상하의 기가 통하지 않는 것이 특징이다.

상하의 기가 통하지 않으면 그 결과는 어떻게 될까? 주로 소인은 득세하고

79_ 「좌전」 장공 22년 조목에 주사周史가 점을 쳐서 관괘가 비否괘로 변한 괘를 만난 일을 기록하면서 이 괘의 구사효를 언급했다. 「국어」 「주어」에서는 진인晉人이 점을 쳐서 건乾괘가 비괘로 변한 괘를 만난 일을 기록하면서 이 괘를 언급했다.

군자는 재수가 없다. 앞의 태괘는 통함通을 말하고, 비否괘는 불통不通을 말하고 있으니 상반된 한 쌍이다.

【교독】

否之匪人비지비인 괘명을 뒷글과 바로 연결해 읽는다. '비否'는 부정의 뜻이다. '비인匪人'은 非人비인, 곧 사람이 아니라는 뜻이다. 여기서는 불운해서는 안 되는 사람이 오히려 불운하게 되는 것을 말한다.

大往小來대왕소래 앞의 태괘와 상반되게 음이 자라고 양은 소멸하는 것을 가리킨다. 이 괘의 「단사」(「상전 상」12)의 해석도 태괘와 상반되는데, 단사에서는 비괘의 특징에 대해 "안은 음이고 밖은 양이며, 안은 부드럽고 밖은 강하며, 안은 소인이며 밖은 군자이니 소인의 도는 자라고 군자의 도는 소멸한다"고 말한다.

拔茅茹발모여, **以其彙**이기휘 앞의 태괘 초구효와 같다.

包承포승 '포包'는 포용한다 또는 참는다는 뜻인데, 여기서는 한결같이 믿고 따르는 것을 가리킨다. '승承'에는 존경하고 복종한다는 뜻이 있는데, 여기서는 아첨하고 알랑거리는 것을 가리킨다.

否亨비형 신명과 통하지 않는 것으로 길함과 상반되니 불리함에 속한다.

疇離祉주리지 '주疇'는 옛날에 '누구'라는 뜻의 숙孰이나 수誰로 풀이했는데,

『이아』「석고 하」에 보인다. 이것은 비교적 오래된 용법이다. 예를 들면『서경』「요전堯典」의 "누가 하늘의 뜻을 잘 따라 왕의 자리에 오를 수 있는가疇咨若時登庸" 같은 문장이 바로 이렇게 쓰인 경우다. '여麗'는 '려麗'여로 풀이하니 달라붙는다는 뜻이다. '지祉'는 복福을 뜻한다.

休否휴비 좋은 부정을 뜻한다. 『이아』「석언釋言」에서 "휴休는 경사慶다"라고 풀이했고, 『광아廣雅』「석언」에서는 "休는 기쁨喜이다"라고 풀이했으며, 서주의 금문에 쓰인 '休'자는 대부분 기쁨, 경사, 아름다움美, 좋음好을 뜻한다. 뒤에 나오는 복괘 육이효에 '休復휴복(아름다운 회복)'이 있는데, '休'자의 용법이 같다. 내 생각에 이 괘의 구오효는 육이효와 호응한다. 육이효는 "소인이 득세하고 대인은 불운하게 된다小人否, 大人否亨"는 것인데, 구오효는 "대인에게 유리하니大人吉" 이것이 바로 '휴비'의 뜻이다.

其亡其亡기망기망, 繫于苞桑계우포상 이 구절은 아마도 고일시古逸詩[80]를 인용한 것으로 보인다. 대의는 새들이 사방으로 흩어졌다가 마지막에 뽕나무에 내려앉는 것을 말한다. '기망기망'은 새가 사방으로 흩어져 달아나는 모습을 형용한 것이다. '계繫'는 속한다는 뜻의 속屬과 같으니 머무는 것을 의미하는 것으로 생각된다. '포상苞桑'은 무리지어 나는 뽕나무를 말한다. 여기서는 새를 나무에 묶어둔다는 말이 아니라 새가 나무에 내려앉는 것을 말한다. 「계사 하」9에서는 이 두 구절을 언급하면서 편안할 때도 위태로울

80_ 고일시란 중국의 고시古詩 가운데 흩어져 없어져 『시경』에 수록되지 않은 시를 말한다. 예를 들면 「논어」「자한」편에 언급된 「당체지화唐棣之華」나 『좌전』양공 28년 조목에 언급된 「모치茅鴟」등이 있다.—옮긴이

때를 생각함居安思危을 말한 것이라고 했다. '기망기망'은 위태로움이고, '계우포상'은 편안함이다. 왕필의 주석과 공영달의 소는 이것을 근거로 삼았다. 『시경』「당풍唐風·보우鴇羽」 편에 "푸드득 푸드득 너새, 더부룩한 뽕나무에 내려앉네肅肅鴇行, 集于苞桑"라는 유사한 구절이 있는데, 여기서 '집集'은 깃든다는 뜻으로 대비할 수 있다.

傾否경비 '경傾'은 무너진다는 뜻이다. 앞의 태괘 상륙효에 '성복(복)우황城復(覆)于隍'이라는 구절이 있는데, 여기서의 '경비傾否'는 정반대가 되어 부정의 부정에 속한다. '성복우황'은 태泰가 지극하여 비否가 생기는 것이며, '경비'는 비가 지극하여 태가 오는 것이다.

先否後喜선비후희 『역경』에서 희喜자는 두 가지 용법이 있는데, 첫째는 기쁨喜과 근심憂의 '희'이며, 둘째는 병세가 호전되는 것을 가리킨다. 여기서는 첫 번째 용법으로 쓰였다.

제13 : 동인괘同人卦

싸움에 이겨 군사를 집결하니 눈물이 웃음으로 바뀐다

同人于野, 亨, 利涉大川, 利君子貞. 동인우야 형 이섭대천 이군자정

동인괘 : 야외에서 모이니 신명과 통하며 큰 강을 건너는 것이 이롭고 군자의 점복에 이롭다.

初九, 同人于門, 无咎. 초구 동인우문 무구
양효일, 성문에 모이니 화가 없다.

六二, 同人于宗, 吝. 육이 동인우종 인
음효이, 종묘에 모이니 유감을 면하기 어렵다.

九三, 伏戎于莽, 升其高陵, 三歲不興. 구삼 복융우망 승기고릉 삼세불흥
양효삼, 적이 병사를 풀숲에 감추고 [의도를 숨기며], 높은 산에 올라 [내 허실을 살피니] 삼 년 동안 감히 군사를 일으키지 않는다.

九四, 乘其墉, 弗克攻, 吉. 구사 승기용 불극공 길

양효사, 〔적이 마침내 침범해〕 우리 성곽에 올랐지만 아직 공격할 수 없으니 진실로 천만다행이다.

九五, 同人, 先號咷而後笑, 大師克相遇. 구오 동인 선호도이후소 대사극상우
양효오, 군대를 모으니 왜 먼저는 실성통곡했다가 뒤에는 눈물이 웃음으로 바뀌었는가? 원래 대군이 마침내 군대를 모았기 때문이다.

上九, 同人于郊, 无悔. 상구 동인우교 무회
양효륙, 〔개선해서 돌아와〕 교외에서 모이니 원망도 없고 후회도 없다.

【대의】

이 괘는 하괘는 이離이고 상괘는 건乾으로,[81] 군대를 모으는 일을 말한다. 군대를 모으는 것을 여기서는 '동인同人'이라고 한다. '동인'이라는 말은 앞뒤로 다섯 차례 보이는데, 그 단계가 다르다. 작자는 적을 상대하는 것은 들에서 하는 것이 가장 좋고, 물러나 성문을 지키는 것도 괜찮지만, 종묘를 지키는 것은 별로 좋지 않다고 말한다. 적이 여러 해에 걸쳐 준비해서 마침내 침범해오니 성벽 위로 올라 싸우다가 패할지라도 최후에는 역전승을 거두고 부대가 교외에서 합류하는 것이다. 이 괘에 대해 옛 주석은 모두 아군이 적군의 성을 공격하는 상황으로 이해했는데, 반대로 이해한 것 같다.

81_『좌전』 소공 29년 조목에서 채묵이 점을 쳐서 건괘가 동인괘로 변한 괘를 만난 일을 기록하면서 이 괘의 육이효를 언급했다.

【교독】

同人于野동인우야 괘명을 뒷글과 바로 연결해 읽어 야외에서 집합하는 것을 가리킨다. '동인同人'은 『손자』「군쟁軍爭」편에서 말한 '군대를 합하고 무리를 모으는合軍聚衆'(「구변九變」편에도 보임) 일에 해당한다. 서주시대의 금문에 이런 용법의 '동同'자가 있는데, 예를 들면 불기궤不其簋의 "융인들이 무리를 크게 모아 너의 뒤를 추격해 끝까지 쫓아온다戎大同, 從追女(汝)"라는 문장, 인궤引簋의 "隒에서 집결해 적들을 뒤쫓아 무기를 빼앗다同隒, 追俘兵"라는 문장이 있다.[82] 중국 고대에는 수도를 국國이라고 부르고 그밖의 도시들은 도都와 현縣이라고 불렀다. '국'은 안팎을 구분해서 성안과 성 밖의 근교를 국國이라고 부르고, 성 밖의 근교에서 먼 곳을 야野라고 불렀다. 전쟁을 할 때는 모두 야전을 먼저 하고 성을 공격하는 일은 나중에 한다. 야전이 불리해지면 성안으로 물러나 지킨다. 이 괘가 시작하면서 먼저 '야'를 말한 것은 '야'가 가장 바깥 권역에 있어 거기에 군대가 포진했기 때문이니, 바로 "국문 밖에서 적을 막는御敵于國門之外" 것을 말한다. "국문 밖에서 적을 막는" 것이 가장 좋기 때문에 뒤에 '형亨'과 '이利' 두 글자가 있다. 『이아』「석지釋地」에서는 "읍邑 바깥을 교郊라 하고, 교 바깥을 목牧, 목 바깥을 야野, 야 바깥을 임林, 임 바깥을 경坰이라 한다"고 세분해서 설명했다. 크게 나누면 성 이외의 지역을 '교'라고 하며, '교' 이외의 지역을 '야'라고 한다.

82_ 불기궤의 명문은 중국사회과학원고고연구소의 『은주금문집성』(수정증보본)(중화서국, 2007, 제4책, 2710~2715쪽: 04328·04329); 인궤의 명문은 리링의 「진장유지에서 출토된 청동기명문 읽기讀陳莊遺址出土的靑銅器銘文」(산동성문물고고연구소의 『해대고고海岱考古』 제4집, 과학출판사, 2011, 370~377쪽)에 보인다.

同人于門동인우문 성문에 모이는 것을 가리키는 것 같다. 궁에는 궁문이 있고 성에는 성문이 있다. 여기서 '문門'은 성문을 가리킨다. 성문에 모이는 것은 물러나서 성을 지키는 것이다. 성을 지키는 것은 상책은 아니지만 그래도 막다른 길은 아니다. 그래서 뒷구절에 "화가 없다无咎"고 한 것이다.

同人于宗동인우종 종묘에 모이는 것이다. 종묘는 수도의 중심이니 지키지 못하면 퇴로가 없다. 종묘로 물러나 지키는 것은 부득이한 일이기 때문에 뒷구절에 "유감을 면하기 어렵다吝"고 한 것이다.

伏戎于莽복융우망 '융戎'은 군대와 무기 혹은 전차를 가리킨다. 쾌괘의 괘사와 구이효에도 '융'을 언급한다.

三歲不興삼세불흥 『역경』에 '삼세三歲'는 5차례 보이고 '삼 년三年'은 2차례 보인다. '삼세'는 이 괘 외에 습감괘 상륙효와 곤困괘 초륙효, 점괘 구오효, 풍괘 상륙효에 보인다. '삼 년'은 기제괘 구삼효와 미제괘 구사효에 보인다.

墉용 성벽을 가리킨다.

號咷호도 실성통곡한다는 뜻이다.

同人于郊동인우교 『좌전』은공 5년 조목에 "삼 년마다 크게 군사훈련을 하는데, 훈련을 마친 뒤에는 국도國都로 들어와 군대를 열병하고 종묘에 귀환을 고한 다음 술을 마시고 공로를 축하하며 전리품을 계산한다"라고 했다. 고대에는 군대를 철수해 돌아올 때 교외에서 군대를 모아 인원을 점검해야 했다. 정돈이 다 끝나야 성으로 들어왔다.

제14 : 대유괘大有卦

인심을 얻은 자 천하를 얻는다

大有 : 元亨. 대유 원형

대유괘 : 가장 순조롭다.

初九, 无交害, 匪(非)咎. 艱則无咎. 초구 무교해 비(비)구 간즉무구
양효일, 설상가상으로 재수 없는 일이 계속되지만 않는다면 화라고 할 수 없다. 좌절을 당하지만 큰 근심은 없다.

九二, 大車以載, 有攸往, 无咎. 구이 대거이재 유유왕 무구
양효이, 큰 수레에 가득 실으니 다니는 데 화가 없다.

九三, 公用亨(享)于天子, 小人弗克. 구삼 공용형(향)우천자 소인불극
양효삼, 왕공대신이 천자에게 제사를 지내는데 소인은 참가할 자격이 없다.

九四, 匪(彼)其彭(霙), 无咎. 구사 비(피)기팽(팽) 무구

양효사, 그들이 종묘의 문에서 신에게 비니 화가 없다.

六五, 厥孚交如威如, 吉. 육오 궐부교여위여 길

음효오, 윗사람이 위엄과 미더움이 있으니 아랫사람이 공경하고 두려워한다. 덕과 마음을 같이하니 길하다.

上九, 自天祐之, 吉, 无不利. 상구 자천우지 길 무불리

양효륙, 하늘이 보우하니 길하며 일에 불리함이 없다.

【대의】

이 괘는 하괘가 건乾이고 상괘가 이離로,[83] 상괘의 '이'는 벌인다羅는 뜻이고 하괘의 '건'은 하늘을 뜻한다. 천하를 망라하는 것은 천하를 크게 소유하는 상大有天下之象이라고 풀이하는 사람도 있다.[84]

동인괘는 전쟁을 말하고 대유괘는 제사를 말하니, 이 두 괘의 관계는 사괘와 비否괘의 관계와 유사한 점이 있다.

83_ 『좌전』 민공 2년 조목에 복초구卜楚丘의 아버지가 점을 쳐서 대유괘가 건乾괘로 변한 괘를 만난 일을 기록하면서 이 괘의 육오효를 언급했다. 희공 25년 조목에서는 복언卜偃이 점을 쳐서 대유괘가 규괘로 변한 괘를 만난 일을 기록하면서 이 괘의 구삼효를 언급했다. 또 소공 29년 조목에서는 채묵이 점을 쳐서 건괘가 대유괘로 변한 괘를 만난 일을 기록하면서 이 괘의 육오효를 언급했다.

84_ 천구잉·자오젠웨이, 『주역금주금역』, 143~144, 148쪽.

【교독】

交害교해 '이적이 번갈아 침범한다夷狄交侵'의 '교침交侵'과 비슷한 말로, 반복해서 해를 끼치고 그 위에 또 해를 끼치는 것을 가리킨다.

大車대거 마왕두이본은 같고(상박본에는 빠져 있음), 『석문』에 인용된 촉재본蜀才本에는 '대여大輿'로 되어 있으니 대장괘 구사효와 같다. 옛사람들은 소가 끄는 우거牛車를 대거大車라고 불렀다.

公用亨于天子공용형우천자, **小人弗克**소인불극 『좌전』 희공 25년 조목에 보인다. '공公'은 『역경』에 6차례 보인다(대유괘 구삼효, 해괘 상륙효, 익괘 육삼효와 육사효, 정鼎괘 구사효, 소과괘 육오효). 서주의 관제는 내복內服과 외복外服으로 나뉘는데, 내복인 왕의 신하는 대부분 공公·백伯이라 칭하고 왕기王畿 안에서 공사에 종사하며, 외복인 제후는 대부분 후侯라 칭하고 왕기 밖에서 봉토를 받는다. '용형用亨'은 곧 '용향用享'인데, 마왕두이본에는 '용방用芳'(상박본에는 빠져 있음)으로 되어 있다. '用享'은 금본에 두 가지 서법이 있으니 하나는 '用亨용형'이고, 다른 하나는 '用享용향'이다. 전자는 대유괘 구삼효와 수隨괘 상륙효, 승괘 육사효에 보인다. 후자는 손損괘 괘사와 익괘 육이효에 보인다. 그밖에 곤困괘 구이효에 '이용향사利用亨祀'가 보이고 구오효에도 '이용제사利用祭祀'가 보인다(『석문』에서 "본래 이용향사利用亨祀로 쓴다"라고 했다). 금본의 '원형이정元亨利貞' 류의 '형亨'자는 상박본에는 모두 '향鄕'(경卿자와 같다)으로 되어 있지만, 수隨괘 상륙효의 '용형用亨'은 상박본에는 '용향用言(享)'으로 되어 있다. 마왕두이본에는 '用亨'과 '用享'을 '用芳용방'으로 썼다. 초간본에서 유월六月을 향월享月이라 칭하고, 수이후디진간본의『일서』갑종甲種에서 방월紡月이라 칭한 것은 유사한 예다.

匪其彭비기팽　이 구절은 이해하기 어려워 여러 가지 설이 있다. '비기匪其'는 '피기彼其'로 해석해야 한다고 생각한다. '彼其'는 고서에 자주 보이는데, 예를 들면『시경』에 14차례(모두 '피기지자彼其之子'로 되어 있다),『좌전』에 4차례,『맹자』에 3차례 언급되었다. '저것'을 뜻하는 '피彼'는 '이것'을 뜻하는 '차此'와 상대되며, '기其'는 어조사이니 두 글자를 합쳐도 '彼'의 뜻은 그대로다. 이와 관련해서는 왕인지의『경전석사經傳釋詞』제5를 참고하라.[85] 뒤의 이離괘 상구효에 '획비기추獲匪其醜'라는 구절이 나오는데, 여기의 '비기匪其'도 '피기彼其'로 풀이한다. '팽彭'은 왕필의 주석에서는 '방旁'으로 풀이하고, 우번의 주석에서는 '왕尪'으로 풀이했는데(『주역집해』에 인용), 모두 통가자다. 이 괘에서 '용형(향)우천자用亨(享)于天子'를 말한 것은 응당 제사와 관련이 있다. 내 생각에 '彭은 '祊팽'으로 풀이할 수 있으니, 종묘의 문에서 신에게 비는 것을 가리킨다.『설문해자』「시부示部」에 "祊은 문 안에서 제사지내는 것으로, 선조들이 배회하는 곳이다門內祭, 先祖所以徬徨"라고 풀이했는데, '祊팽'으로 쓰기도 한다. 祊은 종묘의 묘문廟門을 말하는데, '閎팽'으로 쓰기도 한다. 예를 들면『시경詩經』「소아·초자楚茨」에 "태축이 종묘 문 안에서 제사를 올리네祝祭于祊"라는 구절이 있고,『이아』「석궁釋宮」에 '팽閎은 문門을 말한다'라고 했으며, 또『좌전』양공 24년 조목과『국어』「주어 중」의 '종팽宗祊'은 모두 종묘의 문을 가리킨다. '祊'은『예기』에 보이는데 종묘의 문을 가리키는 것(「교특생郊特牲」의 '제우팽祭于祊'과 '축우팽祝于祊',「제통祭統」

85_ 왕인지,『경전석사』제5(완원 편,『청경해』, 제7책, 19쪽에 보임).

의 '이출우팽而出于祊' 등) 외에 제사를 가리키기도 한다(「예기禮器」의 '위팽호외爲祊乎外', 「교특생」의 '팽지우동방祊之于東方' 등). 공영달의 소에는 다음과 같이 설명되어 있다. "무릇 祊에는 두 가지가 있으니 하나는 정식 제사正祭를 올릴 때 종묘에 제사를 두고 종묘 문 안에서 신에게 비는 것이다. 『시경』「초자」에 '태축이 종묘 문 안에서 제사를 지낸다'라는 구절이 있고, 주석에 '祊은 문 안에 평소 빈객을 대접하는 곳으로, 제사와 같은 날에 지낸다'고 했다. 다른 하나는 정식 제사 다음날에 이어지는 제사繹祭를 지낼 때 종묘 문밖의 서쪽 집에 음식을 차려놓는 것도 祊이라고 하니, 곧 앞에 예로 든 '동쪽에서 팽제사를 지낸다祊之于東方'는 구절과 그 주석에서 '팽의 예는 종묘 문밖의 서쪽 집이 적당하다'고 한 것이 여기에 해당한다." 『광아』「석천釋天」에서도 䘏팽을 제사 명칭의 하나로 본다.

厥孚交如威如궐부교여위여 '궐厥'은 기其로 풀이하고 '부孚'는 신信으로 풀이한다. '교交'는 상하가 서로 응하는 것을 가리키며, '위威'는 위엄威으로도 풀이할 수 있고 두려움畏으로 풀이할 수도 있다. 여기서는 윗사람은 위엄이 있고 아랫사람은 두려워하는 것을 가리킨다. 이 구절은 상박본에는 "궐(궐)부교녀(여)위녀(여)氒(厥)孚洨女(如)惲女(如)"로 되어 있고, 마왕두이백서 「이삼자문」에서는 이것을 인용해 이렇게 설명했다. "「괘」에 '교여위여絞如委如하면 길하다'라고 했는데, 이에 대해 공자는 '교絞는 흰 것이다. 위委는 늙은 것이다. 늙고 백발인 사람이 가니 (…) 그러므로 길하다고 한다'라고 풀이했다." 그 의미는 그다지 분명하지 않지만 여기서는 일단 왕필의 주석과 공영달의 소에 따라 번역한다.

겸허함은 유익함을 부른다

☶☷ 謙: 亨, 君子有終. 겸 형 군자유종

　겸괘 : 신명과 통하니 군자가 일을 함에 처음과 끝이 좋다.

初六, 謙謙君子, 用涉大川, 吉. 초륙 겸겸군자 용섭대천 길
음효일, 겸손하고 겸손한 군자이니 큰 강을 건널 수 있고 길하다.

六二, 鳴謙, 貞吉. 육이 명겸 정길
음효이, 명성이 높다 하더라도 매우 겸손하다. 점복 결과는 길하다.

九三, 勞謙, 君子有終, 吉. 구삼 노겸 군자유종 길
양효삼, 큰 공을 세웠으나 매우 겸손하다. 군자가 일을 함에 시작과 끝이
좋고 길하다.

六四, 无不利, 撝謙. 육사 무불리 휘겸
음효사, 겸손의 도가 크게 행해지니 일에 불리함이 없다.

六五, 不富以(與)其鄰, 利用侵伐, 无不利. 육오 불부이(여)기린 이용침벌 무불리

음효오, 재물을 흩뜨려 이웃 나라에 줄 필요가 없다. 이 효는 침벌이 이롭고 일에 불리함이 없다.

上六, 鳴謙, 利用行師征(邑國)〔邦〕. 상륙 명겸 이용행사정(읍국)〔방〕

음효륙, 겸손의 명성이 멀리 드날리니 군대를 움직이고 병사를 써서 주변 국가들을 정복하는 데 이롭다.

【대의】

이 괘는 하괘가 간艮이고 상괘가 곤坤이다.[86] 전체 괘가 '겸謙'이라는 글자를 둘러싸고 군자는 겸허함을 미덕으로 삼아야 함을 말하고 있다.

상륙효의 "겸허의 명성이 멀리 드날리니 군대를 움직이고 병사를 써서 주변 국가들을 정복하는 데 이롭다"는 어째서 겸허한 것이 도리어 침벌하는 데 이롭다는 말인가? 이해하기 어렵다.

주나라의 개국 고사로 이를 설명할 수 있을 듯하다. 사마천은 서백西伯 창昌이 노인을 잘 봉양하고 겸허의 명성이 있다고 했다. 그는 유리羑里의 감옥에서 풀려나 "음으로 선을 행하여" 사람들의 인심을 샀다. 각 나라는 모순矛盾으로 소란스러워 모두가 서백 창이 조정해주기를 바랐다. 당시 갈등을 빚던 우虞와 예芮 두 나라의 군주가 시비를 가려달라고 서백 창을 찾아갔

86_ 『좌전』 소공 5년 조목에 장숙莊叔이 점을 쳐서 명이괘가 겸괘로 변한 괘를 만난 일을 기록하면서 이 괘의 초륙효를 언급했다.

다. 그들은 주나라의 경내에 들어가서 "밭을 가는 사람들은 모두 경계를 양보하고 백성들의 풍속이 모두 어른에게 양보하는" 것을 보고 부끄러움을 느꼈으며, 다시 서백 창을 만나러 가는 것이 무안해져 서둘러 자기 나라로 돌아갔다. 돌아가서는 더이상 소란스럽지 않았다. 이 이야기가 급속히 퍼져서 사람들은 모두 "서백 창은 명을 받은 인군"이라고 했으며, 또 서백 창에게 자신들을 이끌어달라고 요청했다. 결과는 어떻게 되었을까? 서백 창과 그의 아들은 섬서 경내를 정복하고 진남晉南과 예서豫西를 정복했다. 마지막에는 상나라도 주나라에 의해 멸망했다(『사기』「주본기周本紀」에 보인다).

이 고사는 어찌해서 겸손하고 겸손한 군자가 도리어 다른 나라를 정복하기를 좋아하는지 이해하는 데 도움을 줄 수 있다.

【교독】

謙겸 공경, 신중, 겸허, 양보 등의 뜻이 있다. 상박본에는 '𠪚'으로 되어 있으며, 厂을 따르고 土를 따르는 것은 石을 따르는 것과 마찬가지로 염磏자와 같다. 마왕두이본에는 '嗛겸'으로 되어 있는데 '謙'자로도 쓰인다. 한나라 때 유행한 이후에는 서법이 하나로 통일되었다.

鳴謙명겸 명성이 있다고 하더라도 매우 겸허함을 뜻한다. 왕필의 주석에서는 "명鳴은 명성이 알려지는 것을 말한다"고 풀이했다. 鳴과 名은 고음古音이 같다. 『광아』「석고」에서는 "鳴은 명성이다"라고 풀이했다.

勞謙노겸 공로가 있더라도 매우 겸허하다는 뜻이다. 노勞에는 세 가지 뜻이 있는데, 노고勞苦의 勞, 공로功勞의 勞, 위로慰勞의 勞가 그것이다. 여기서는 공로의 勞로 쓰였다.

撝謙휘겸 휘撝는 발휘한다는 뜻이다.[87]

利用行師征邑國이용행사정읍국 상박본에는 '가용행잡(사)정방可用行帀(師)征邦'으로 되어 있는데, 초기의 고서에서 '국國'은 국토의 강역을 나타내는 말로 쓰이지 않았다. 국토의 강역을 나타내는 단어는 본래 '방邦'을 사용했는데, 한나라 때 고조인 유방劉邦의 휘를 피해서 '國'으로 고쳐 쓴 것이다. '정방征邦'이 본래의 면모다. 『석문』에서 "'정읍국征邑國'이라 되어 있는 것은 틀렸다"라고 했다. 國은 전국시대 문자에서는 종종 䣇으로 쓰인 것도 있는데 '읍국邑國'은 어쩌면 이 글자가 잘못 쓰인 경우일 것이다. 초기의 고서에서 國자는 두 가지 함의가 있다. 하나는 역域자와 마찬가지로 구역을 표시한 것인데, 이를테면 한나라 때의 '서역西域'은 바로 고서에서 말한 서국西國과 같은 경우이니 이러한 國은 집합명사이지 어떤 구체적인 국가를 말하는 것이 아니다. 다른 하나는 수도를 말하는데, 도都나 현縣과 구별되는 중심 성읍이다. 예를 들면 『좌전』은공 원년 조목에 "도都는 성이 일백 치雉[88]를 넘으면 국國에 해롭다"라고 했는데, 이때의 國자는 후자의 함의에 해당한다.

87_ 상박본에는 '鵀'로 되어 있는데 화貨자에 상당하며, 마왕두이본에는 '와𪔝'로 되어 있다.
88_ 치雉는 옛날에 성벽의 면적을 세는 단위다. 길이 3장丈, 높이 1장을 한 치라 한다.—옮긴이

제16 : 예괘豫卦

방탕함이 사람을 타락하게 만든다

豫: 利建侯行師. 예 이건후행사

예괘 : 제후를 봉하고 군대를 출동하기에 이롭다.

初六, 鳴豫, 凶. 초륙 명예 흉
음효일, 방탕한 것으로 이름이 나니 흉하다.

六二, 介于石, 不終日, 貞吉. 육이 개우석 부종일 정길
음효이, 완고함이 돌과 같으면 하루도 살아갈 수 없다. 〔살아갈 수 없으면
그만이고〕 점복 결과는 길하다.

六三, 盰(歌)豫, 悔遲(夷)有悔. 육삼 우(가)예 회지(이)유회
음효삼, 교만하고 방탕하니 재수 없는 일이 계속 이어진다.

九四, 由(猶)豫, 大有得; 勿疑, 朋盍簪(譖). 구사 유(유)예 대유득 물의 붕합잠(참)
양효사, 크게 좋은 점이 있어 보이더라도 자세하게 살펴야 한다. 벗들이 전

적으로 좋지 않은 말을 하더라도 주저하거나 의심해서는 안 된다.

六五, 貞疾, 恒不死. 육오 정질 항불사
음효오, 질병에 대해 점을 치니 당분간 죽지 않고 살아 있다.

上六, 冥豫, 成有渝, 无咎. 상륙 명예 성유유 무구
음효륙, 방탕하게 노는 데 깊이 빠져 이미 습관이 되었으니, 이전의 잘못을
철저히 고쳐야 화를 면할 수 있다.

【대의】

이 괘는 하괘가 곤坤이고 상괘가 진震으로,[89] 주된 뜻은 일예逸豫를 경계하
는 것이다. 일예는 교만하고 사치스러우며 방탕한 것을 말한다. 겸괘는 겸
허함에 대해 말하고 예괘는 교만과 사치에 대해 말하니, 두 괘는 상반된
쌍이다.

【교독】

豫에 상박본에는 '余여'로 되어 있고, 마왕두이본에는 '餘여'로 되어 있으며,
쐉구두이본에는 '豫예'로 되어 있다. 余와 餘는 모두 가차자다. 豫의 기본적
의미는 즐거움(희열, 쾌락)이며, 여기서 파생된 의미로 음일淫逸(음탕하게 즐
김)과 방탕함을 나타낸다. 그밖에 병을 앓고 나서 치유된다는 뜻도 있다.

89_『국어』「진어 4」에 사공계자가 둔과 예 두 괘에 대해 해석한 말을 기록했다.

여기서의 '豫'는 이 세 가지 의미를 겸하고 있지만 주된 의미는 두 번째에 해당한다. 이런 함의의 '豫'는 일종의 즐거움으로 볼 수도 있지만 일반적인 즐거움이 아니라 합리적 범위를 벗어난 즐거움인데, 옛사람들은 이를 '일예'라고 칭했다. 주나라 사람들은 은나라가 망한 것을 거울삼아 항상 '일예'를 경계했으니, 『상서』에서 누차 말했다(「강고康誥」와 「무일無逸」 편). 전국 시대 문자에 '豫'자는 종종 𨖷로 쓴 것도 있는데, 문자 자체는 '逸일'과 관계가 있다.[90] 공영달은 여기의 '豫'자는 "일예의 뜻을 취했는데, 화순和順함으로 움직이고, 움직임이 사람들과 어긋나지 않아 사람들이 모두 기뻐하기 때문에 豫라고 한다"라고 설명했으니, 이것은 첫 번째와 두 번째 의미를 절충한 것이다. 세 번째 의미의 豫는 곧 육오효(貞疾, 恒不死)에서 서술한 내용에 해당한다.

鳴豫명예 '명겸鳴謙'과 상반된 의미로, 음일淫逸을 영화로움으로 삼아 스스로 그 이름을 높이는 것을 말한다.

介于石개우석 돌처럼 단단하다는 뜻이다. '개介'는 단단함을 말한다. '우于'의 쓰임은 여如와 같다. 허신은 介를 경계의 '계界'로 생각했는데(『설문해자』, 「팔부八部」) 여기에 적당한 뜻은 아니다. 혹은 육이효가 중간에 있다居中 하여 사이에 있다居間는 의미에서 介로 풀이하는 것도 적합하지 않다. 이 구절은 『석문』에 인용된 고문본에는 본래 '砎于石'으로 되어 있다. 『광운廣韻』 「괴운怪韻」에 "砎개는 단단함硬을 말한다"라고 풀이했는데, 이에 대해 왕필은

90_ 허린이, 『전국고문자전戰國古文字典』 상책, 568~569쪽 참조.

"그러므로 그 지조를 바꾸지 않으니 단단하기가 돌과 같다故不改其操, 介如石焉"라고 주석했고, 공영달의 소에서는 "뜻을 지킴에 올곧기가 돌과 같다守志耿介, 似于石然", 후과侯果의 주석에서는 "단단한 돌과 같다면 바꿀 수 없다假如堅石, 不可移變"(『주역집해』에 인용)라고 설명했다. 또 『순자』「수신修身」편의 "선善이 몸에 있으니 결연히 스스로 만족해할 것이다善在身, 介然必以自好也"라는 구절에 대해 양경楊倞은 주석에서 "개연介然은 견고한 모양이다. 『역』에 말하기를 '견고하기가 돌과 같다介如石焉'고 했다. 자호自好는 스스로 선을 즐기는 것이다"라고 풀이했으니, 모두가 돌처럼 단단하다는 것을 설로 삼았다. 于에 如의 뜻이 있다는 것은 왕인지의 『경전석사』 권1에 보이는데,[91] 앞에서 서술한 옛 주석들은 완전히 于를 如로 사용했다. 이 효의 「소상」(「상전7 상」 16)에 "하루를 마치지 않아 바르고 길한 것은 중정하기 때문이다不終日貞吉, 以中正也"라고 했는데, 이 말은 너무 단단하기 때문에 중정中正을 행해야 한다는 것이지 그 반대로 중정을 행해야 단단해진다는 말이 아니다.[92] 내가 이해하기로는 다음에 오는 '정길貞吉'은 돌처럼 완고함이 좋다는 말이 아니라 이처럼 완고하면 하루도 좋지 않음을 말하는 것이다.

盱豫우에 우盱는 눈을 크게 뜨는 것을 말하는데, 여기서는 적당한 뜻이

91_ 완원 편, 『청경해』, 제7책, 6쪽.

92_ 이 효는 장제스蔣介石의 이름 및 자와 관련이 있다. 장제스의 어릴 때 이름은 루이위안瑞元, 족보의 이름은 저우타이周泰, 학명學名은 즈청志淸이며, 자는 제스介石다. 그의 자는 이 효의 효사에서 취했는데(주태에 대응하는 것이라 한다), 혁명에 참가한 뒤 쑨중산孫中山(쑨원)을 따른다는 뜻을 나타내기 위해 중정中正으로 개명했고, 이후 스스로 중정이라 불렀다. 이 새로운 이름은 이효의 「소상」에서 취한 것이다. 장제스는 타이완에서 존경을 받으므로 모두 그의 이름을 부르지만, 중국 본토에서는 폄하하여 그의 자를 부른다.

아니다. 상박본에는 '可余가여'로 되어 있고, 마왕두이본에는 '杆餘우여'로 되어 있으며, 솽구두이본에는 '歌余가여'로 되어 있다. 여기서는 잠시 '노래하고 즐긴다歌豫'는 의미로 해석한다.

悔遲有悔회지유회 '회이유회悔夷有悔'로 읽어야 할 것으로 생각되는데, 묵은 후회가 없어지자 새로운 후회가 또 생긴다는 뜻이다. '遲지'와 '夷이'는 통가자인데, 고서와 고문자에 보이는 사례가 일일이 거론할 수 없을 정도로 많다. 옛 주석에서는 모두 첫 번째 '悔'자를 앞 구절과 연결해 읽는다. 예를 들면 왕인지의 『경의술문』「주역 상」의 '지유회·왈동회유회遲有悔·曰動悔有悔' 조에서 이렇게 구절을 끊고 원문을 "노래하고 즐김이 이미 후회스럽고, 더디니 또 후회스럽다旰豫既悔, 遲又悔也"[93]는 의미로 파악했다. 사실 이 구절은 곤困괘 상륙효의 '동회유회動悔有悔'와 관계가 있다. '動悔有悔'는 상박본에는 '达(逐)悬(悔)又(有)悬(悔)체(쭉)회(회)우(유)회(회)'로 되어 있고, 마왕두이본에는 '悔夷有悔회이유회'로 되어 있다. 두 곳의 의미는 응당 비슷하며, 지금은 '悔'자를 뒷구절과 연결해 읽는다.

由豫유예 '由'는 마융본에는 '猶유'로 되어 있으며, "猶豫유예는 의심하는 것이다"(『석문』인용)라고 풀이했다.

朋盍簪붕합잠 '붕朋'은 벗을 말한다. '합잠盍簪'은 '盍譖합참'으로 독해해야 할 것으로 생각되는데, 나쁜 말을 하는 것을 뜻한다. 이 구절은 상박본에는

93_ 완원 편, 『청경해』, 제6책, 771쪽.

'堋(朋)欲(盍)㦷(讒)붕(붕)욕(합)섭(참)'으로 되어 있고, 마왕두이본에는 '備(朋)甲(盍)讒붕(붕)갑(합)참'으로 되어 있다. '㦷섭'자에 대해서는 과거에 이 글자를 잘 알지 못해서 학자들 간에 저마다 추측이 난무했는데, 지금 보면 류러셴劉樂賢의 의견이 가장 정확한 것 같다.[94] 㦷은 종모엽부자從母葉部字이고, '讒참'은 정모침부자精母侵部字, '讒참'은 숭모담부자崇母談部字이니, 서로 통가자의 관계다. 이 구절은 금본에 글자가 서로 달라 세 계통으로 나눌 수 있다. 첫 번째는 『석문』에 인용된 『자하역전』과 정현본·『비창埤蒼』·왕숙본에는 '簪잠'으로 되어 있고, 경방본·촉재본에는 '摺잠'(빠르다는 뜻의 질疾이나 속速으로 풀이한다)으로 되어 있는데, 이 글자들은 '㦷섭' '㦷잠'자와 통가자로 쓰인다. 두 번째 계통은 『정시석경正始石經』에 실린 '捷첩'자의 고문과 관계가 있다. 『정시석경』에 捷자의 고문은 截로 되어 있는데 대국戴國의 국명을 빌려서 쓴 것이다. 『석문』에 인용된 고문본에는 '貸대'로 되어 있고 마융본에는 '臧장'으로, 우번본에는 '戠시'로 되어 있는데, 모두 이 글자가 잘못 쓰인 것이다. 세 번째 계통은 한 차례만 쓰인 예로, 『석문』에 인용된 순상본荀爽本에는 '宗종'으로 되어 있다. 초간본楚簡本 「치의緇衣」(궈뎬본郭店本

94_ 관련된 단어의 사례와 토론은 류러셴의 「독초간찰기(삼칙)讀楚簡札記(三則)」(류러셴, 『전국진한간백문자총고戰國秦漢簡帛文字叢考』, 문물출판사, 2010, 27~33쪽) 참조. 내 생각에 류러셴이 언급한 네 가지의 예는 모두 매우 중요하다. 금본 『예기』 「치의緇衣」 편에 나오는 '종용유상從容有常'의 '從'은 궈뎬본에는 '섭㦷'으로 되어 있고, 상박본에는 "첩偅"으로 되어 있으니, 엽부葉部와 침부侵部의 두 부수가 동부東部와 가차로 쓰인 초기의 실제 사례다. 뤄창페이羅常培와 저우쭈모周祖謨가 이미 지적했듯이 용容자는 침부侵部 및 담부談部와 협운할 수 있으니, 동방삭의 「칠간七諫」과 유향의 「구탄九歎」에 그 예가 보인다. 이와 관련해서는 뤄창페이·저우쭈모의 『한위진남북조운부연변연구漢魏晉南北朝韻部演變研究』(중화서국, 2007, 52~53쪽) 참조. 갈릉초간葛陵楚簡의 '잠추속저(채)㦷瘳速疽(瘥)'에서 잠㦷은 질疾로 풀이하고 속速과 호문互文이지만 반드시 速으로 읽을 필요는 없다. 궈뎬초간 「존덕의尊德義」의 사례를 어떻게 읽는지에 대해서는 다시 토론해야 할 듯하다.

과 상박본)에서 '彗섭'健첩'을 '從종'으로 쓴 것과 유사하니, 엽부葉部와 침부侵部가 동부東部의 글자와 서로 가차자로 쓰인 초기의 실례에 해당한다.

貞疾정질, **恒不死**항불사 　병이 낫는 것을 옛사람들은 '예豫'라고 했다. 『서경』「금등金縢」편에 "왕이 병이 있었는데 낫지 않았다王有疾弗豫"라는 구절이 있는데, 『설문해자』「심부心部」에서 이를 인용해 "『주서』에 '병이 낫지 않았다有疾不悆'고 했는데, '悆여'는 기뻐한다는 뜻이다"라고 했다. 이 효에는 '豫'자가 없지만 원이둬는 이것을 인용해 "병든 사람을 위문했으나 한동안 죽지 않았으니, 이것은 병이 장차 낫는 것疾將除을 말한다. 효의 뜻은 모두 괘 속에 있기 때문에 이 효에서 '豫'를 '除제'로 풀이한다는 것을 알 수 있다"[95]라고 했다. 생각건대, 豫와 悆 두 글자는 모두 기뻐한다는 희喜의 뜻이 있다. 『역경』에서 喜를 병이 낫는다는 뜻으로 쓴 예는 무망괘 구사효와 손損괘 육사효, 태兌괘 구사효에 보인다. 여기서는 '豫'를 반드시 '除'로 해석할 필요는 없으니 무망괘 구사효 '물약유희勿藥有喜'의 교독을 참고하라.

冥豫명예 　즐거움에 빠져서 스스로 헤어나지 못하는 것을 말한다. 뒤에 나오는 승괘 상륙효에 '명승冥升'이 있는데, 冥자의 용법이 유사하다.

成有渝성유유 　이미 이루어진 것이 끝내 변한다는 뜻이다. 뒤의 수隨괘 초구효에 '관유유官有渝'가 있는데, 이 뜻과는 다르다.

95_ 원이둬, 『주역의증유찬』(주쯔칭 편, 『원이둬전집』, 삼련서점, 1982, 64~65쪽에 수록).

제17 : 수괘隨卦

도망범을 쫓아 붙잡는다

☷☳ 隨: 元亨, 利貞, 无咎. 수 원형 이정 무구

　수괘 : 신명과 통하며 점복에 이롭고 화가 없다.

初九, 官有渝(諭), 貞吉, 出門交有功. 초구 관유유(유) 정길 출문교유공
양효일, 관부가 지명수배를 내리니 점복의 결과는 길하다. 문을 나가 도망
범을 잡으니 두 가지 결과가 있을 것이다.

六二, 係小子, 失丈夫. 육이 계소자 실장부
음효이, 나이 어린 사람은 잡고 나이 많은 사람은 놓친다.

六三, 係丈夫, 失小子. 隨有求得, 利居(處)貞. 육삼 계장부 실소자 수유구득 이
거(처)정
음효삼, 나이 많은 사람은 잡고 나이 어린 사람은 놓친다. 그 뒤를 바짝 쫓
으니 그 뜻은 반드시 잡는 데 있다. 그들이 어디에 몸을 숨겼는지 점치니
매우 유리하다.

九四, 隨有獲, 貞凶, 有孚(俘)在道以(已)明, 何咎? 구사 수유획 정흉 유부(부)재도
이(이)명 하구

양효사, 마침내 도망범을 잡으니, 점복 결과가 흉하더라도 이미 길에서 잡
았으니 또 무슨 화가 있겠는가?

九五, 孚(俘)于嘉, 吉. 구오 부(부)우가 길
양효오, 도망범이 가嘉 땅에서 잡히니 만사가 크게 길하다.

上六, 拘係之, 乃從維之, 王用亨(享)于西山. 상륙 구계지 내종유지 왕용형(향)우서산
음효륙, 도망범을 가두고 포승줄을 묶어 우리 왕이 서산에서 제사를 지내
는 데 바친다.

【대의】

이 괘는 하괘가 진震이고 상괘가 태兌이며,[96] '수隨'는 육삼효와 구사효에 보
이는데 도망하는 사람을 좇아가서 잡는 것을 가리킨다. 고대의 일서日書[97]에
이와 유사한 내용이 있으니, 수이후디진간의 『일서』 갑종에 실린 「도자盜者」
편과 을종에 실린 「도盜」 편은 강도를 잡는 일에 대해 말하고 있다.[98]

96_ 『좌전』 양공 9년 조목에 노魯나라의 태사太史가 점을 쳐서 간괘가 팔八로 변한 괘를 만나자 이
에 대해 태사가 간괘가 수괘로 변한 것이라고 설명하면서 이 괘의 괘사를 언급한 일을 기록했다.

97_ 일서는 고대에 혼인이나 자식을 낳는 일, 장례, 농사, 출행 등의 일을 행하기에 앞서 시일을
선택하고 길흉을 알아보기 위해 참고한 책이며, 그 본질은 고대 민간에서 시일과 길흉을 선택하
던 수술數術이다.—옮긴이

【교독】

隨수：**元亨**원형, **利貞**이정, **无咎**무구 건乾괘 괘사와 같다. 『좌전』 양공 9년 조목에 따르면 목강이 죽기 전에 노나라 태사가 가서 점을 쳤는데, 간괘가 팔八로 변한 괘를 만나자 이 괘는 『주역』의 간괘가 수隨괘로 변한 것에 상당한다고 말했다. 이에 대한 목강의 해석은 아주 유명하다. "『주역』에서 '수隨는 원元하고, 형亨하며, 이利하고, 정貞하며 허물이 없다'고 했는데, 원은 몸의 어른이고, 형은 아름다움이 모인 것이며, 이는 의義의 총화이며, 정은 일의 줄기다." 이 말은 건괘의 「문언」에서 말한 '군자의 네 가지 덕君子四德'이 근본으로 삼은 것이라 생각된다.

官有渝관유유 이 구절의 의미는 분명하지 않다. 공영달의 소에서는 "관官은 담당하는 관직을 말한다. 마음이 담당하는 것과 官은 명칭이 같기 때문에 마음이 주장하는 것을 官이라고 한다. 유渝는 변한다는 뜻이다"라고 풀이했는데, 매우 이상하다. 촉재본에 官이 '館관'으로 되어 있는것(『석문』에 인용)도 매우 이상하다. 상박본에는 '官又(有)渝관우(유)유'로 되어 있고, 마왕두이본에는 '官或(有)諭관혹(유)유'로 되어 있으며, 쐉구두이본에는 '官有□관유□'로 되어 있다. '官'에는 여러 가지 함의가 있어 첫째는 관원官員, 둘째는 관직官職, 셋째는 관부官府, 넷째는 관서官署(관아官衙라고도 함)를 가리키며, 글자가 館과 통하고 한대에는 '觀관'이라고도 했다. 내 생각에 이 구절은 마왕두이본과 마찬가지로 '官有諭관유유'로 읽어야 할 것 같으며, 그 뜻은 관부가 고시해 도망범을 지명수배하는 것을 가리킨다.

98_ 수이후디진묘죽간 정리소조, 『수이후디진묘죽간』, 문물출판사, 1990, 219~221, 254~255쪽.

貞凶정흉 상박본에는 '정공貞工'으로 되어 있으며, 마왕두이본은 금본과 같다.

有孚在道以明유부재도이명 '有俘在道已明유부재도이명'으로 읽어야 할 것 같다. 상박본과 마왕두이본에 '以이'는 '己이'로 되어 있다. 『역경』에 쓰인 '부孚'자는 대부분 점복 결과가 마음에 미덥고, 마음으로 바라던 바에 부합해 매우 영험한 것을 가리키는데, 여기서는 그와 달리 도망 중인 범인을 잡는 것을 가리키는 뜻인 '俘부'로 해석해야 할 것 같다.

孚于嘉부우가 도망범이 가에서 잡힌다는 뜻의 '俘于嘉부우가'로 풀이해야 할 것 같다. '嘉가'는 지명으로 보인다.

王用亨于西山왕용형우서산 '亨형'은 '享향'으로 독해한다. 상박본에는 '盲향(또는 형)'으로 되어 있고 마왕두이본에는 '芳방'으로 되어 있는데 모두 '享'자의 가차자다. '서산西山'은 상박본과 마왕두이본이 같으며, 쐉구두이본에는 '기산支(岐)山'으로 되어 있다. 승쾌 육사효에 '왕용향우기산王用享于岐山'이라는 구절이 있는데, 두 구절이 혼동되는 것 같다. 주준성은 "서산西山은 견산岍山이나 농산隴山 같은 산이며, 그중에 높은 것은 오악吳岳이다"[99]라고 설명했다. 그는 보계寶鷄 서부와 보계 서북부의 산을 서산으로 보았다. 『사기』「진본기秦本紀」에 "문공이 죽자 서산에 장사지냈다"라고 한 것은 진나라 사람들이 말하는 서산이다. 정의正義에서 인용한 『괄지지括地志』에 따르면 서산은

99_ 주준성, 「육십사괘경해」, 중화서국, 2009, 78쪽.

곧 "진창陳倉 서북쪽으로 37리 떨어진 진릉산秦陵山"이라고 한다.

拘系之구계지 상박본에는 '係而敂(拘)之계이구(구)지'로 되어 있고, 마왕두이본에는 '枸(拘)係之구(구)계지'로 되어 있다. '敂구'는 곧 두드린다는 뜻의 '扣구'자다. '扣押구압'과 '拘押구압'은 구금한다는 뜻으로 같은 말이다.

乃從維之내종유지 상박본에는 '從乃纕之종내수지'로 되어 있고, 마왕두이본에는 '乃從巂(纕)之내종휴(수)지'로 되어 있다. '纕수'는 '維유'자와 함의가 비슷하며 묶는다는 뜻이기도 하다. 뒤의 습감괘를 참조하라.

제18 : 고괘蠱卦

부모의 음란함

☰ **蠱**: 元亨, 利涉大川. 先甲三日, 後甲三日. 고 원형 이섭대천 선갑삼일 후갑삼일

　고괘 : 신명과 가장 잘 통한다. 갑일의 삼일 전, 갑일의 삼일 후가 큰 강을 건너
　는 길일이다.

初六, 幹父之蠱, 有子考(孝), 无咎. 厲, 終吉. 초륙 간부지고 유자고(효) 무구 여 종길
음효일, 부친의 음란함을 막는 것이니 아들이 효성스러우면 화를 면할 수
있다. 위험한 일을 당하더라도 마지막에는 흉이 길이 될 수도 있다.

九二, 幹母之蠱, 不可貞. 구이 간모지고 불가정
양효이, 모친의 음란함을 막는 것이니, 이 일은 점치는 일이 마땅하지 않다.

九三, 幹父之蠱, 小有悔, 无大咎. 구삼 간부지고 소유회 무대구
양효삼, 부친의 음란함을 막는 것이니 후회가 조금 있지만 큰 화를 피할
수 있다.

六四, 裕父之蠱, 往見吝. 육사 유부지고 왕견린

음효사, 부친의 음란함을 용인한다면 가서 부친을 만날 때 크게 안타까움을 느낄 것이다.

六五, 幹父之蠱, 用譽. 육오 간부지고 용예

음효오, 부친의 음란함을 막는 것이니 표창을 받아야 한다.

上九, 不事王侯, 高尚其事. 상구 불사왕후 고상기사

양효륙, 왕과 제후를 섬기지 않고 (집에서 부모를 모시니) 매우 고상하다.

【대의】

이 괘는 하괘가 손巽이고 상괘가 간艮이다.[100] 손은 바람風, 간은 험함으로 해석하고 또 그침으로도 해석하는데, 이 괘는 풍속교화와 관계가 있다. 무엇을 '고蠱'라고 하는가? 옛사람들은 고蠱는 남녀가 풍마우風馬牛(말이나 소가 서로 꾀어 도망해 달아남)처럼 서로 유혹하는 것이며, 그 결과 음질淫疾이 생기고 아울러 음질은 또 미혹됨을 불러일으킨다고 생각했다. 음란함은 매우 위험해서 자녀들이 막아야 하니 여기에 있는 네 개의 '간幹'자는 제지한다는 뜻이다.

『좌전』에 복사卜士 도부徒父가 점친 일이 실려 있는데, 고괘를 얻어 호고狐

100_ 『좌전』 희공 15년 조목에 복사卜士 도부徒父가 점을 쳐서 고괘를 만나 호고狐蠱로 설명한 일을 기록했다. 또 소공 원년 조목에도 의화醫和가 진후晉侯의 병을 진찰하면서 고蠱에 대해 토론한 일이 기록되어 있다.

蠱로 점괘를 풀면서 "고의 정貞(내괘)은 바람이고 회悔(외괘)는 산"이라고 했다(희공 15년).**101** 의원 화醫和는 진나라 제후의 병세를 진찰한 뒤 "여자를 가까이해서 생긴 병으로 증세는 고혹蠱惑과 같습니다", "여자의 일은 양의 성질에 속하고 시간은 밤에 해당하니 절제하지 않으면 내열과 고혹의 질병이 생깁니다"라고 했고, '고'가 무엇이냐는 질문에 대해서는 "음란함과 미혹됨으로 생기는 병입니다. 글자로 말하면 그릇皿에 벌레蟲가 있는 글자입니다. 곡물에 생기는 날벌레 또한 고라 합니다. 『주역』에 여자가 남자를 홀리고, 바람이 산목의 잎을 떨어뜨리는 것을 고蠱☶☴라고 했습니다. 모두 같은 것입니다"라고 답했다(소공 원년). 이것은 모두 괘상을 해석한 것이다.

여기서 '고蠱'는 일반적인 의미가 아니고 부모의 음란함을 말한다. 춘추시대 이후, 궁궐의 음란함에 대한 사서의 기록이 끊이지 않아 제가齊家의 학설이 일어나게 되었다. 유가는 동주를 통렬하게 비판하고 서주로 돌아가기를 희망했다. 그러나 서주가 동주와 상반되냐고 묻는다면, 꼭 그렇지만도 않은 것 같다. 초기의 귀족은 반드시 도덕적 모범이 되는 것도 아니었다. 귀족 집안은 가난한 사람과 다르다. 가난한 사람은 첫째로 물려받을 권력이나 재산이 없으며, 둘째로 중재를 필요로 하는 처첩이나 자손도 없다. 귀족의 집안은 다스리기가 가장 어렵다.

101_『좌전』 희공 15년 조목에 복사 도부가 전쟁의 길흉을 점친 일을 기록했는데, 도부는 점괘를 이렇게 풀어 말했다. "이것은 크게 길하고 이롭습니다. 세 차례 패퇴하면, 반드시 진晉나라 군주를 사로잡을 것입니다. 이 괘가 고괘를 얻었으니 그 괘사에 이르기를 "천승千乘이 세 차례 패퇴할 것이니 세 차례 패퇴한 뒤에 그 웅호雄狐를 잡는다"고 했습니다. 고의 정貞(내괘)은 바람이고 회悔(외괘)는 산입니다. 지금 계절이 가을이니 우리의 바람이 그들의 산으로 불어 그 열매를 떨어뜨리고 또 그 재목을 취할 것이므로 싸워서 이길 수 있습니다. 열매가 땅에 떨어지고 재목을 잃는다면 패하지 않고 또 무엇을 기다리겠습니까?"—옮긴이

수隨괘는 도망범을 잡는 것을 말하고, 고괘는 부모의 음란함을 말하니 두 가지는 아무런 관계도 없는 것 같지만, 「서괘」와 「잡괘」에서는 한 가지로 해석하는데 그 뜻이 매우 우회적이다. 「서괘」에서 "예豫에는 반드시 따름이 있으므로 수隨로 받았다. 기쁨으로 다른 사람을 따르는 것은 반드시 일이 있으므로 고蠱로 받았다. '고'는 일이다事"라고 했으며, 「잡괘」에서는 "수는 아무 일이 없는 것이다隨無故也. 고는 삼가는 것이다則飭也"라고 했다. 수괘는 도망범을 잡는 데 모든 것이 순조로움을 말하니 이것을 '무고無故'라고 한다. '故'는 일事로 풀이하니 사고事故의 고故다. 고괘는 부모의 음란함을 말하는데 이것을 蠱라고 한다. 蠱는 '故'로 독해할 수 있다. "고는 일이다蠱 者事也"라는 말은 蠱를 사고事故로 본 것이니 수괘와 상반된다. 부모가 색에 유혹되면 올바름으로써 그것을 바로잡아야 하는데, 이것을 '삼가다飭也'라고 부른 것은 '蠱'에 초점을 맞춘 것이다. 이것이 옛사람들의 한 가지 해석이다.

【교독】

蠱고 일종의 무당의 방술이다. 蠱자는 그릇 명皿자와 벌레 충蟲자를 합해 만든 회의자會意字다. "皿과 蟲이 蠱가 된다"는 것은 자형에 근거해서 말한 것이다. 중국 남방에서는 예로부터 주술 행위蠱道가 유행했는데 지금까지도 윈난雲南 지방이나 시짱西藏 지방에 그 풍습이 남아 있다. 그 주술 행위는 하나의 그릇 안에 각종 독충을 넣어 서로 잡아먹게 해서 독성을 증가시킨 뒤에 무당이 사람에게 독을 시행하므로 이를 고독蠱毒이라 한다. 蠱의 다른 함의로 아첨하는 행위를 뜻하는 미도媚道가 있다. 미도는 여자가 남자를 유혹하는 주술 행위로 '상애술相愛術'이라고도 한다.[102] "여자가 남자를 유혹하고 (…) 고蠱라고 한다"는 말은 바로 후자를 가리킨다.

先甲三日선갑삼일, **後甲三日**후갑삼일　일반적 견해로는 선갑삼일은 신일辛日, 후갑삼일은 정일丁日을 가리킨다. 왕인지의 『경의술문』「주역 상」'선갑삼일 후갑삼일·선경삼일후경삼일先庚三日後庚三日' 조를 참조하라.**103** 뒤의 손巽 괘 구호효에 언급된 '선경삼일, 후경삼일'은 유사한 사례다. 유월俞樾의 『군 경평의群經平義』「주역 1」에서는 "옛사람들은 일을 행할 때 늘 앞뒤로 삼일 을 마디로 삼았다"라고 지적했다.**104**

幹간　바로잡는 것을 말한다. 우번의 주석에서는 "간幹은 바르게 하는 것이 다"(『주역집해』에 인용)라고 풀이했는데, 여기서는 부모가 잘못을 저지르는 일을 막는 것을 가리킨다. 『시경』「대아·한혁」의 "조회 오지 않는 나라를 바 로잡네韓不庭方"라는 구절은 유사한 사례다.

考고　상박본에는 '攷고'로 되어 있고 마왕두이본에는 '巧교'로 되어 있으며, 위싱우는 '孝효'로 읽는다.**105**

裕父之蠱유부지고　마융의 주석은 '유裕'를 관대하다는 뜻으로 풀이하고(『석 문』에 인용), 공영달의 소도 '포용하다'로 해석한다.

102_ 리링의 『중국방술정고中國方術正考』 참조. 중화서국, 2006, 319~320쪽.

103_ 완원 편, 『청경해』, 제6책, 771~772쪽.

104_ 왕셴첸 편, 『청경해속편』, 제5책, 1027쪽.

105_ 위싱우의 『쌍검치역경신증』, 『위싱우저작집』본, 684쪽.

제19 : **임괘**臨卦

천하에 군림하다

臨: 元亨, 利貞, 至于八月有凶. 임 원형 이정 지우팔월유흉

임괘 : 신명과 가장 통하고 점복에 이로우며 팔월이 되어야 상서롭지 않은 조
짐이 있다.

初九, 咸臨, 貞吉. 초구 함림 정길
양효일, 사람들의 마음을 움직임으로써 백성들을 다스리니 점복의 결과는
길하다.

九二, 咸臨, 吉, 无不利. 구이 함림 길 무불리
양효이, 사람들의 마음을 움직임으로써 백성들을 다스리니 길하고 이롭지
않은 일이 없다.

六三, 甘臨, 无攸利, 旣憂之, 无咎. 육삼 감림 무유리 기우지 무구
음효삼, 달콤한 말로 백성들을 다스리니 절대 좋은 점이 없다. 백성들을 위
해 조심해야 비로소 화를 면할 수 있다.

六四, 至臨, 无咎. 육사 지림 무구

음효사, 성의를 다하는 것에 기대어 백성들을 다스리니 화가 없다.

六五, 知(智)臨, 大君之宜, 吉. 육오 지(지)림 대군지의 길

음효오, 총명과 예지에 기대어 백성들을 다스리니 대인과 군자가 마땅히 해야 할 일이며 당연히 길하다.

上六, 敦臨, 吉, 无咎. 상륙 돈림 길 무구

음효륙, 너그럽고 어짊으로 백성들을 다스리니 길하고 화가 없다.

【대의】

이 괘는 하괘가 태兌이고 상괘가 곤坤으로,[106] 백성을 다스리는 일을 말한다. 이 괘의 「대상大象」(「상전 상」 19)에 "못 위에 땅이 있는 것이 임이다澤上有地, 臨"라고 했다. 상괘를 땅으로 이해하고 하괘를 땅보다 낮은 못으로 이해하니, 곧 고인 물과 같은 종류다. 괘명이 '임'인 것은 아마도 쌍관어雙關語인 것 같은데, 상象으로 말하면 '장마霖'이고 사辭로 말하면 '임臨'이니 아래에서 자세히 설명하기로 한다.

106_『좌전』 선공 12년 조목에서 지장자가 『주역』에 그런 괘상이 있으니 사괘가 임괘로 변한 일을 말한 것을 기록하면서 이 괘의 초구효를 언급했다.

【교독】

臨임 『귀장』의 일문에는 '임화林禍'로 되어 있고, 왕가대진간 『귀장』에는 '임臨'으로 되어 있다. 원이둬는 臨은 '灆임'과 같고, 글자는 '淋임' '霖임'과 같으며, 큰비가 내리는 것을 가리킨다고 했다.[107] 마왕두이본에는 '林임'(상박본에는 빠져 있다)으로 되어 있다. 이 괘명은 두 가지 서법이 있는데 이중의 함의가 있는 것 같다. 하나는 장마霖로 독해하는 것인데, 비가 내리는 것으로써 윗사람이 아랫사람들에게 은택을 베푸는 것을 비유한다. 또 하나는 임한다臨는 뜻으로 독해하는 것인데, 통치자가 윗자리에 있으면서 백성들을 감독하는 것을 가리킨다. 『좌전』민공 2년 조목에 "진후께서 태자에게 백성 다스리는 일을 고하셨고, 태자께 군대의 일로 명하셨다告之以臨民, 敎之以軍旅"라는 구절이 있는데, 여기서 '임민臨民'은 백성을 다스린다는 뜻이다.

至于八月有凶지우팔월유흉 의미를 상세히 알 수 없다. 옛 주석에서는 대부분 괘의 기운이 성장하고 소멸하는 것으로 설명한다.

咸臨함림 '감림感臨'으로 독해한다. '감感'은 감화感化를 뜻한다. 우번의 주석 (『주역집해』에 인용)과 왕필의 주석에서는 '감림感臨'으로 풀이했지만, 마왕두이본에는 금지한다는 뜻의 '금禁'(상박본에는 빠져 있다)으로 되어 있다. 뒤에 나오는 함咸괘의 '咸'은 묶는다는 뜻의 '緘함'으로 독해하는데, 상박본과 마왕두이본 및 쐉구두이본에는 '흠欽'으로 되어 있고 禁으로 독해하니 緘

107_ 원이둬, 『주역의증유찬』, 23쪽.

과 뜻이 비슷하지만 여기에 적용하기에는 적합하지 않은 것 같다. 여기서는 옛 주석에 따라 해석한다.

甘臨감림 '감甘'은 달고 맛있다는 의미다. 왕필은 주석에서 "감甘은 간사하고 아첨하는 것으로 바르지 않은 것을 이름한다"라고 풀이했다. 문장의 의미에서 보면 부정적인 개념이다.

至臨지림 '지至'는 극치를 뜻한다.

知臨지림 '智臨지림'으로 독해한다. '知지'는 '智지'와 같다.

敦臨돈림 '돈敦'은 돈후함을 뜻한다.

大君대군 대인군자를 말하는 것 같다. 앞의 사괘 상륙효, 이履괘 육삼효에 보인다.

만민을 굽어 살피다

䷓ 觀: 盥而不薦, 有孚顒若. 관 관이불천 유부옹약

관괘 : 손을 깨끗이 씻고 나서 제물을 늘어놓으니 표정과 태도가 무게 있어 신분에 맞다.

初六, 童觀, 小人无咎, 君子吝. 초륙 동관 소인무구 군자린
음효일, 유치한 눈빛으로 사람을 보니 소인은 허물이 없으나 군자는 유감이다.

六二, 闚觀, 利女貞. 육이 규관 이여정
음효이, 문틈으로 밖을 엿보니 여자의 호기심만 만족시킬 수 있다.

六三, 觀我生, 進退. 육삼 관아생 진퇴
음효삼, 백성이 편안히 거처하며 업을 즐기는지 살펴보아야 비로소 진퇴를 안다.

六四, 觀國之光, 利用賓于王. 육사 관국지광 이용빈우왕

음효사, 국가가 번영하고 창성한지 보려면 만방이 조회하러 오는지 보아야
한다.

九五, 觀我生, 君子无咎. 구오 관아생 군자무구

양효오, 우리 나라의 백성이 어떻게 지내는지 봄이니 군자는 화가 없다.

上九, 觀其生, 君子无咎. 상구 관기생 군자무구

양효륙, 다른 나라의 백성이 어떻게 지내는지 봄이니 군자는 화가 없다.

【대의】

이 괘는 하괘가 곤坤이고 상괘가 손巽으로,[108] 왕이 천하를 살피고 풍속교
화를 살피는 일을 말한다. 곤은 땅의 상象이고 손은 바람의 상이다. 이 괘
의 「단사」(「단전 상」20)에서 "장대한 모습이 위에 있으니 순하고 겸손하며
중정으로써 천하에 보여준다大觀在上, 順而巽, 中正以觀天下"고 했고, 「대상」
(「상전 상」20)에서는 "바람이 땅 위에 부는 것이 관이다. 선왕은 이를 본받
아 사방을 순시하고 백성을 살피며 가르침을 베푼다風行地上, 觀. 先王以省
方·觀民·設教"고 했으니, 모두 위가 아래를 관찰하는 것을 강조한다. 이 괘

108_『좌전』 장공 22년 조목에 주사周史가 점을 쳐서 관괘가 비否괘로 변한 괘를 만난 일을 기
록하면서 이 괘의 육사효를 언급했다. 주사는 이 괘의 괘상에 대해 "곤은 땅이고 손은 바람이고
건은 하늘인데, 바람이 땅 위에서 하늘이 되었으니 산입니다. 산에는 재목이 있는데, 천광이 이
를 비추고 땅 위에 있습니다"라고 풀이했다.

는 두 양陽이 위에 있고 네 음陰이 아래에 있다. 옛사람이 말하기를 구오九五는 천자의 존엄함으로 딱 알맞게 상괘의 가운데 있으니 천자는 이 '중정中正'의 위치에서 '천하를 살핀다觀天下'. 왕이 교화를 전파하는 것은 바람이 불면 풀이 눕는 것과 같아서 통치를 잘 하고 있는지 여부는 온전히 이 풀들이 바람이 불면 눕는지 여부를 살피는 데 있다. 왕은 구오로 그 위에 또 하나의 양이 있다. 이 양은 이미 왕의 위에 있으니 하늘일 수밖에 없다. 아래의 네 음은 백성을 대표한다.

이 괘의 여섯 효에는 모두 '관觀'자가 있다. 그 가운데 초륙과 육이만 백성이 살피는 것이다. 초륙은 어린아이가 살피는 것이고, 육이는 여성이 살피는 것으로, 모두 어리석은 사람들이 살피는 것이며 부정적인 '살핌'이다. 위의 네 효는 이와 달리 모두 왕이 살피는 것으로, 높은 곳에서 아래를 내려다보는 살핌이다.

송대의 유학자들은 이와 달리 반대로 말한다. 예를 들어 정이는 호원의 말을 따라 "군자는 위에 있으면서 천하의 의표가 되니 반드시 장중함과 공경함을 지극히 하면 아랫사람들이 우러러 보고 교화된다"고 했다. 그는 '관'은 '아랫사람들에게 보이는 것爲下所觀'이라고 주장했다.**109** 주희도 '관'에 대해 말할 때 "관이란 다른 사람에게 보여주는 바가 있어 사람들이 우러러보는 것이다. 구오가 위에 있고 아래의 네 음이 우러러본다"고 강조했다.**110** 이것은 모두 앞의 경우와 반대로 말한 것이다.

관괘와 임괘는 모두 백성을 다스리는 일을 말하고 있으니 주제가 비슷한

109_ 정이, 『주역정씨전』(『이정집』 하책), 798쪽.

110_ 주희, 『주역본의』, 98쪽.

한 쌍이다.

【교독】

觀관 관찰한다는 뜻이다. 이 괘의 여섯 효는 모두 관찰을 말한다. 앞의 두 효가 말하는 '관'은 문틈으로 엿보는 소아적小兒的 살핌이니 모두 낮은 지위의 '관'이다. 뒤의 네 효에서 말하는 '관'은 이와 다르다. 육삼은 백성을 살피는 것이고 육사는 나라를 살피는 것이며, 구오는 우리 나라 백성을 살피는 것이고 상구는 다른 나라를 살피는 것이니 모두 통치자의 '관'이다. 이 괘는 괘사에서 '盥관'을 말하고, 효사에서 '觀관'을 말한다. 盥과 觀은 독음이 같다. 이렇게 독음이 같은 글자를 가차해서 읽는 경우는 『역경』에서 흔히 보인다.

盥而不薦관이불천 盥은 고음이 觀자와 같으며 '灌관'자와도 같다. 盥은 손을 씻는 것을 말하며, '천薦'은 제물을 늘어놓는 것을 말한다. 제사 의례는 반드시 두 손을 깨끗하게 한 다음에야 제물을 늘어놓고, 손을 씻을 때는 제물을 늘어놓지 않으니 이것이 '盥而不薦'이다. 여기서 '盥'자는 두 가지 독법이 있다. 하나는 관례灌禮의 灌관으로 독해하는 것인데, 마융의 주석(『주역집해』에 인용)과 왕필의 주석은 모두 앞 글자와 연결해서 읽어 "손을 씻는 것은 보고 제물을 올리는 것은 보지 않는 것이다觀盥不觀薦也"라고 해석한다. 그들이 이렇게 읽은 것은 사실 말장난인데, 그 목적은 『논어』와 억지로 연결하기 위해서다. 『논어』「팔일八佾」 편에서 공자는 "체제사는 손을 씻고 난 다음부터는 나는 보고 싶지 않다禘自既灌而往者, 吾不欲觀之矣"고 했는데, 여기서 灌은 '祼관', 곧 땅에 술을 부어 강신降神을 비는 것으로 손을 씻는 것과는 무관하다. 또다른 해석은 본래 글자대로 독해하는 것이다. 盥자는 사람이 세숫대야에 물을 부어 두 손을 씻는 모습과 비슷한데, 본래 손을 씻는 것을 말한다. 주희의 주석에서는 "盥은 제사를 지낼 때 손을 깨끗이 하는 것이다. 천薦은 술과 밥을 받들어 제사를 지내는 것이다"라고 풀이했다.[111] 주희의 주석이 더 나으니 여기서는 마융의 설을 따르지 않고 주희의 설을 따라 독해한다.

有孚顒若유부옹약 '유부有孚'는 어떤 모양에 부합하는 것이며, '옹약顒若'은 장중함을 나타내는 의태어로서 여기서는 제사 의례를 행하기 전에 장중한 모습을 갖추어야 하는 것을 가리킨다. '顒옹'은 '雍옹'과 같다. 허신은 이 글자의 뜻을 '큰 머리大頭'(『설문해자』「혈부頁部」)라고 했는데 여기서는 적합하지 않다. 마융이 말한 '공경'의 뜻(『주역집해』에 인용)이 오히려 비교적 적합하다. 마융은 顒을 雍으로 독해했는데 雍은 온화和의 뜻으로 새길 수 있고 공경敬의 뜻으로 새길 수도 있으니, 여기서는 온화하고 너그러움을 뜻하는 것으로 생각된다.

闚규 문틈으로 밖을 내다보는 것을 말한다.

觀我生관아생 나의 생민生民을 관찰한다는 말이니, 내 나라의 백성을 관찰한다는 뜻이다. 『시경』과 『서경』에서는 항상 '생민'을 말한다. '생生'자는 마왕두이본은 같고 솽구두이본에는 '산産'(상박본에는 빠져 있다)으로 되어 있다.

111_ 주희, 『주역본의』, 98쪽.

진나라 사람들은 항상 産으로 生을 대신했다. 우번은 주석에서 "生은 땅이 백성을 낳는 것을 말한다生謂坤生民也"(『주역집해』에 인용)라고 풀이했다.

進退진퇴 선택을 나타낸다. 이 단어는 뒤의 손巽괘 초륙효에도 보인다.

觀國之光관국지광, **利用賓于王**이용빈우왕 『좌전』 장공 22년 조목에 보인다. '광光'은 밝게 빛남光輝을 나타낸다. 이 구절은 어떤 나라가 번영한지를 보려면 멀고 가까운 곳에서 복종하는지를 살펴야 한다는 뜻이다. 빈賓은 복종한다는 뜻으로, 각 나라가 모두 조회하러 오는 것을 말한다.

觀其生관기생 다른 나라의 생민을 관찰한다는 말이니, 다른 나라의 백성을 관찰한다는 뜻이다.

인육 잔치와 같은 엄혹한 형벌

噬嗑: 亨, 利用獄. 서합 형 이용옥

　서합괘 : 신명과 통하니 옥사를 판단하는 것이 이롭다.

初九, 履校滅趾, 无咎.　초구 구교멸지 무구
양효일, 발에 씌운 형구가 두 다리를 상하게 하니 화가 없다.

六二, 噬膚滅鼻, 无咎.　육이 서부멸비 무구
음효이, 살을 베어 코를 상하게 하니 화가 없다.

六三, 噬腊肉, 遇毒, 小吝, 无咎.　육삼 서석육 우독 소린 무구
음효삼, 바람에 말린 고기를 먹다가 중독되니 조금 유감스런 면이 있으나
큰 근심은 없다.

九四, 噬乾胏, 得金矢, 利艱貞, 吉.　구사 서건자 득금시 이간정 길
양효사, 뼈가 붙은 말린 고기를 먹다가 구리 화살을 씹으니 어려운 일을

점쳐 이롭고 길하다.

六五, 噬乾肉, 得黃金, 貞厲, 无咎. 육오 서건육 득황금 정려 무구
음효오, 뼈가 붙지 않은 말린 고기를 먹다가 황동을 씹으니 점친 결과는
위험하지만 큰 근심은 없다.

上九, 何(荷)校滅耳, 凶. 상구 하(하)교멸이 흉
양효륙, 어깨 위의 형구가 귀를 훼손하니 흉하다.

【대의】

이 괘는 하괘는 진震이고 상괘는 이離로 육형肉刑, 곧 육체에 가하는 형벌
을 말한다. 이 괘의 「단사」(「단전 상」 21)에 "강함과 부드러움이 나누어지고,
움직이고 밝아서 우레와 번개가 합쳐서 빛난다剛柔分, 動而明, 雷電合而章"라
고 했다. 이 괘의 「대상」(「상전 상」21)에서는 "우레와 번개가 서합이다雷電噬
嗑"라고 했으니, 진震은 우레의 상象이고 이離는 번개의 상이다. 우레가 울
고 번개가 번쩍여서 사람을 매우 놀라게 하는데, 형벌도 이런 기능이 있어
육체를 고통스럽게 할 뿐 아니라 영혼도 상하게 한다.

【교독】

噬嗑서합　먹는다는 뜻이다. 현대 중국어에서 '먹고 마신다'는 뜻의 '츠허吃
喝'는 여기서 나왔을 것으로 짐작된다. '츠吃(흘)'는 본래 입으로 먹는 것을
말한다. '허喝(갈)'는 '목이 잠긴다'는 뜻의 '쓰야嘶啞(시아)'의 '啞'와 같거나 '크

게 외친다喝斥는 뜻의 '喝'로 쓰이는데, '먹고 마신다'는 뜻과는 무관하다. 그러나 서噬는 옛날에 담啗(먹다), 설嚙(깨물다), 식食(먹다)의 뜻으로 새겨 '吃'자에 상당한다. 합嗑은 옛날에 말이 많다는 뜻으로 새겼는데, 역시 '먹고 마신다'는 뜻과는 무관하다. 하지만 고대에는 합盍을 따르는 글자와 갑甲을 따르는 글자를 가차자로 쓴 사례가 아주 많다. 『설문해자』「구부口部」에 "합呷은 떠들썩한 모양이다呷, 吸呷也"라고 했는데, 바로 '喝'자에 상당한다. 서噬는 선모월부자禪母月部字, 흘吃은 계모물부자溪母物部字이고, 합嗑은 갑모엽부자匣母葉部字, 갈喝은 효모집부자曉母緝部字로 독음이 비슷해 통가할 수 있다. 뒷구절에서 고기를 먹는 것으로써 형벌을 가하는 것을 비유했는데 매우 생동적이다. 고대의 형벌에는 이른바 오형五刑이 있으니 묵형墨刑, 의형劓刑, 비형剕刑, 궁형宮刑, 대벽형大辟刑이 그것인데, 사형死刑인 대벽형을 제외하고 나머지는 육체에 가하는 형벌, 곧 육형이다. 육형은 동물을 도살하는 것과 음식을 삶고 지지는 것을 흉내 내고 인체 해부에 대해 깊이 연구한다. 중국 고대에 부월斧鉞, 곧 작은 도끼와 큰 도끼는 군대 형벌의 상징이다. 상주시대의 구리 도끼는 늘 흉악한 얼굴에 톱니처럼 큰 입 모양으로 장식했으니 바로 이 비유와 일치한다.

履校滅趾구교멸지 '구교履校'의 구履는 바닥이 한 겹인 신발을 말하고, 교校는 나무로 만든 형틀을 통칭하는 말이다. 이 두 글자가 합쳐 질곡桎梏의 질桎, 곧 죄수의 두 발목에 채우는 차꼬를 가리킬 수 있다. '멸지滅趾'는 두 다리를 훼손하는 것을 말한다. 『역경』에서는 초효를 발로 삼는 경우가 많으며, 엄지발가락拇이나 뒤꿈치趾라고 칭하기도 한다. '지趾'는 서합괘 초구효, 비賁괘 초구효, 대장괘 초구효, 쾌괘 초구효, 정鼎괘 초륙효, 간괘 초륙효에서 보이는데 모두 초효에 있다. '무拇'는 함괘 초륙효와 해괘 구사효에 보이며, 해괘 구사효 외에 초효에도 있다. 해괘 구사효는 초륙효에 대응하는 것이다.

噬膚滅鼻서부멸비 '서부噬膚'는 삼겹살을 먹는다는 뜻으로, 죄수의 코를 베는 의형의 은어로 추측된다. 그래서 다음 구절이 '멸비滅鼻'다. 여기서 '부膚'는 피부의 부가 아니다. 피부의 부는 허신의 『설문해자』에는 여臚로 되어 있다. 허신은 膚를 臚의 주문籒文으로 보았다(『설문해자』 「육부肉部」). 膚와 '盧노'는 고문자에서 자주 혼용되었다. 고서에서 膚자는 고기를 가리키기도 한다. 여기서의 膚는 고기를 가리킨다. 마융의 주석에 "부드러우면서 기름지고 맛있는 것을 부膚라고 한다"(『석문』에 인용)고 했고, 왕필의 설도 대략 같다. 『의례』에서 언급한 '膚'는 옛사람들은 '협혁육脇革肉'이라고 불렀다(「사우례士虞禮」와 「소뢰궤식례少牢饋食禮」). 혜동은 여기서 膚는 바로 협혁육을 말한다고 했다.[112] 협혁육은 늑골에 가까운 복부의 고기를 말한다. 이런 膚는 臚로 쓰기도 하는데, 유희劉熙는 臚는 "복부 앞의 비계"(『현응음의玄應音義』 권22에 인용한 『석명』)라고 했으니 실은 비곗살을 말한다.

噬腊肉서석육 육형肉刑을 가리키는 은어일 것이다. '석腊'은 부膚와 달리 바람에 말린 고기를 말한다.

噬乾胏서건자 육형을 말하는 은어일 것이다. 바람에 말린 고기는 뼈가 붙

112_ 혜동, 『주역술』, 상책, 64쪽.

은 것과 **뼈**가 붙지 않은 것으로 구분한다. 자**胏**는 뼈가 붙은 말린 고기를 말한다.

金矢금시 구리 화살을 말한다. 사냥에서 버려진 것일 수 있고, 또는 고기 속의 **뼈**를 대신 가리키는 것일 수도 있다.

噬乾肉서건육 역시 육형을 말하는 은어일 것이다. '건육乾肉'은 '건자乾胏'와 상대되는 말로, 뼈가 붙지 않은 말린 고기를 가리키는 것 같다. 말린 고기는 자르지 않은 것과 자른 것으로 구분하는데, 자르지 않은 것을 석腊이라 하고 길게 자른 것을 포脯라고 한다.

黃金황금 황색의 구리를 말하며, 오늘날 말하는 황금과는 다르다. 말린 고기 중 살코기는 검은색을 띠고, 비곗살은 황색을 띤다. 여기서는 말린 고기 속의 황색 부위를 가리키는 것 같다. 부연하자면, 육오효는 상괘의 가운데에 있고, 황색은 가운데 색이다.

何校滅耳하교멸이 '하何'는 '하荷'와 같다. 『석문』에 "어떤 판본에는 荷로 되어 있다"라고 했다. '교校'는 죄수에게 씌우던 칼枷을 가리킨다. 공영달의 소에 "목에 칼을 씌워 귀를 훼손한다何擔枷械, 滅沒於耳"라고 했다. '하교何校'는 목에 칼을 쓴 것을 말하고, '멸이滅耳'는 귀가 훼손된 것을 말한다. 생각건대, 何는 荷의 초기 문자이며, 고문자에서 사람이 비스듬히 서서 어깨에 창을 메고 있는 모습을 형상한 것이다. 바로 루쉰魯迅이 『방황』에 부쳐」라는 시에서 "둘 사이에서 나만 홀로 창을 메고 방황하네兩間余一卒, 荷戟獨仿

徥"라고 한 것과 맞아떨어진다. 허신은 하何와 담僑을 같은 뜻으로 새겼는데(『설문해자』「인부人部」) 僑은 곧 '担담'(번체는 擔)의 초기 문자다. 옛사람들은 어깨에 메는 것을 '荷'라고 했는데, 현대 중국어에서 어떤 일을 감당한다는 뜻의 '푸허負荷'는 이 함의에서 나온 것이다. 고대에 신체의 자유를 제한한 형구는 주로 세 종류로 나뉘는데, 손에 채우는 것을 수갑梏(지금의 수갑과 유사하다), 다리에 채우는 것을 차꼬桎(족쇄와 유사하다), 어깨에 메게 하는 것을 칼枷(지금은 사용하지 않는다)이라고 한다. 칼枷은 형틀에 죄수의 목을 끼우고 어깨에 메게 하는데, 개나 말에 씌우는 목걸이와 비슷한 점이 있어서 수갑과 차꼬보다 훨씬 더 몸을 고통스럽게 할 뿐 아니라 마음도 상하게 한다.

흰색이 가장 아름답다

☷☲ 賁: 亨, 小利有攸往. 비 형 소리유유왕

비괘 : 신명과 통하니 가는 것이 조금 이롭다.

初九, 賁其趾, 舍車而徒. 초구 비기지 사거이도
양효일, 다리를 아름답게 꾸밈이니 차라리 수레를 타지 않고 걸어서 간다.

六二, 賁其須. 육이 비기수
음효이, 위쪽으로 머리카락과 수염도 세심하게 꾸며야 한다.

九三, 賁如濡如, 永貞吉. 구삼 비여유여 영정길
양효삼, 머리카락과 수염에 기름을 발라 윤기가 나도록 꾸미니 점치는 일
이 있으면 영원히 길하다.

六四, 賁如皤如, 白馬翰如, 匪(非)寇婚媾. 육사 비여파여 백마한여 비(비)구혼구
음효사, 수레를 끄는 백마가 눈처럼 희고 아름답다. 사람을 죽이거나 물건

을 훔치는 것이 아니라 신부를 맞이하는 것이다.

六五, 賁于丘園, 束帛戔戔, 吝, 終吉. 육오 비우구원 속백잔잔 인 종길
음효오, 구릉와 원포園圃를 꾸미는 데 다섯 필 비단으로 예를 행하니 예물이 가벼워 조금 미안하긴 하지만 결과는 만족스럽다.

上九, 白賁, 无咎. 상구 백비 무구
양효륙, 흰색으로 꾸미니 재앙이 없다.

【대의】

이 괘는 하괘가 이離이고 상괘가 간艮으로, 둔屯괘와 유사하게 역시 신부를 맞이하는 일을 말한다. 전체적으로 의식은 당당하고 아름다워야 하며, 신랑은 온몸의 위아래를 치장하고 거마의 의장은 흰색을 위주로 해야 함을 강조한다. 유럽의 이야기 속에 이른바 '백마 탄 왕자'가 있는데, 여기서의 말도 흰색이다.

비괘는 서합괘와 상반된다. 비괘는 서합괘와 달라서, 서합괘는 범인을 벌주는 일을 말하니 더할 나위 없이 흉한 반면, 비괘는 신부를 취하는 것을 말하니 더할 나위 없이 기쁘다. 이 괘의 「대상」(「상전 상」 22)에서는 "군자는 이를 본받아 정사를 밝히고 감히 옥사獄事를 처리하지 않는다君子以明庶政, 无敢折獄"라고 했다. 신부를 취하는 일은 경사이니 당연히 옥사를 처리하는 일과 혼동해서는 안 된다. 이것이 두 괘의 차이점이다.

【교독】

賁비　문식文飾, 곧 꾸미는 것을 말한다. 문식의 요소는 하나는 선線이고 다른 하나는 색色이다. 전자는 문리文理요 후자는 문채文采다. 이 괘의 「단사」(「단전 상」 22)에서는 "비賁가 신명과 통하는 것은 유柔가 내려오고 강剛을 문식하는 까닭에 '신명과 통한다'. 강을 나누어 내고 유를 문식하는 까닭에 '가는 것이 조금 이롭다'. (강과 유가 섞여 있는 것이) 하늘의 문채이며, 문채가 밝게 빛나고 그치는 것이 사람의 문채다. 하늘의 문채를 관찰해 때의 변화를 살피고, 사람의 문채를 관찰해 천하를 교화하여 이룬다賁: 亨. 柔來而文剛, 故'亨'. 分剛上而文柔, 故小利有攸往. (剛柔交錯), 天文也, 文明以止, 人文也. 觀乎天文, 以察時變, 觀乎人文, 以化成天下"라고 했다. '비'자를 이해하기 위해 한 호흡으로 '문文'자를 7차례 사용했다.

舍車而徒사거이도　'거車'는 마왕두이본도 동일한데(상박본에는 빠져 있다), 『석문』에 따르면 "음은 거居이며, 정현본과 장번본張璠本에는 여輿로 되어 있는데, 한나라 때부터 居의 음이 있었다".

須수　수염을 말하며, 넓게는 수염과 머리카락을 가리키기도 한다.

濡如유여　앞의 '비기수賁其須'를 받아 수염과 머리카락을 형용한다. '유濡'에 관해서는 『예기』「상대기喪大記」 편에 "죽은 사람을 씻기고 난 물은 구덩이에 버린다濡濯棄於坎"라는 구절이 있는데, 공영달의 소에 황씨皇氏의 말을 인용해서 "유濡는 머리카락을 윤기 나게 하는 것을 말한다"라고 풀이했다. 여기서는 수염과 머리카락에 기름을 바르는 것을 말한다.

皤如파여 백마를 형용하는 말이다. '파皤'는 본래 노인의 백발을 형용하는 말인데, 여기서는 백마의 흰색을 형용한다.

翰如한여 마왕두이본에는 '간여幹茹(如)'로 되어 있고, 쐉구두이본에는 '한여翰如'(상박본에는 빠져 있다)로 되어 있다. 옛 주석에는 두 가지 설이 있는데, 하나는 말이 키가 큰 것이라 해석하고(『석문』에 마융과 순상의 설을 인용했고, 동우董遇와 황영黃穎은 '말이 머리를 높이 치켜든 것'으로 보았는데 비슷한 뜻이다), 다른 하나는 백마가 흰 것을 형용하는 것으로 해석한다(『석문』에 정현의 설을 인용했고, 왕필의 주석과 공영달의 소는 '신선하고 깨끗한 것鮮潔'으로 풀이했다). 『광아』 「석기釋器」에는 희다는 뜻의 '한皔'자가 있다. 여기서는 정현의 설을 따른다. 백마 숭배는 기마민족 사이에서 유행했는데, 은허 복사와 서주 금문에 언급된 말은 백마를 귀하게 여겼다.[113]

賁于丘園비우구원 왜 여기서 '비우구원賁于丘園'을 말해야 하는지 잘 이해되지 않는다. '구원丘園'은 글자 그대로 풀이하면 구릉과 원포園圃를 말한다. 우번은 상괘는 간산艮山이고 육오는 반산半山이며, '원園'은 과수를 심는 곳으로 숲을 대표하니 '구원'은 '은사隱士의 상象'이라고 했는데(『주역집해』에 인용), 신뢰할 수 없다. 가오형은 "구원은 여자의 집이 있는 곳이다"라고 했는데, 역시 일종의 추측이다.[114]

113_ 추시구이의 논문 「은허 갑골 괘사에 드러난 은나라 사람들의 백마 중시」 참고(추시구이의 『고문자논집』 232~235쪽에 수록). 서주 금문에 언급된 하사물에는 작책대방정作冊大方鼎에 보이는 것처럼 '큰 백마大白馬'도 있다. 『은주금문집성』(수정증보본), 제2책, 1426~1427쪽 : 02758-02761.

114_ 가오형, 『주역고경금주』(중정본), 226쪽.

束帛戔戔속백잔잔   이것은 소박한 예를 의미한다. '속백束帛'과 관련해서는 『자하역전』에 "다섯 필을 속束이라 하는데 검은색 세 필과 분홍색 두 필三玄二纁은 음양을 상징한다"고 했다. '잔잔戔戔'은 예물이 적은 것을 형용한다. 고대에 손님과 주인이 만날 때 마필과 비단은 늘 보는 예물이다(서주 금문에 '필마속사匹馬束絲'라는 글귀가 있다). 현재 몽골족과 짱족藏族은 아직도 일종의 비단 스카프 같은 하다哈達, Hada를 선물하는 예절 풍속이 있는데, 옛날 예법이 전해 내려온 것이다.

白賁백비   이것은 마지막 '비賁'자로 흰색이 가장 아름답다는 것을 강조한다. 살펴보면, 『예기』「단궁檀弓 상」에 하나라 사람들은 검은색을 존중하고 은나라 사람들은 흰색을 존중하며 주나라 사람들은 붉은색을 존중한다는 설이 있다. 이른바 어떤 색을 존중한다는 것은 단지 어떤 색을 더욱 편애한다는 것이지 어떤 색은 쓰고 어떤 색은 안 쓴다는 의미는 아니다. 붉은색, 흰색, 검은색은 세 가지 강렬한 대비색으로 혼례에 늘 쓰인다. 속설에 "멋지게 보이려면 남자는 검은색을 입고, 여자는 흰색을 입어라"라는 말이 있다. 서양의 결혼식은 남자는 검은색을 존중하고 여자는 흰색을 존중하니 이 표준에 부합한다. 하지만 중국의 근래 풍속은 상사喪事에는 흰색을 존중하고 경사는 붉은색을 존중한다. 혼례의 장식으로 남자는 대부분 검은색 상의에 검은색 모자를 쓰고, 여자는 대부분 붉은색 치마에 붉은색 상의와 붉은색 수건을 쓴다. 이것은 고금에 중국과 외국의 예절 풍속이 다른 점이다.

제23 : **박괘**剝卦

철저하게 박탈하다

䷖ 剝: 不利有攸往. 박 불리유유왕

박괘 : 다니는 것이 이롭지 않다.

初六, 剝牀以足, 蔑貞凶. 초륙 박상이족 멸정흉
음효일, 평상을 부수는데 먼저 다리부터 부수니 점복을 볼 필요 없이 상서롭지 못하다.

六二, 剝牀以辨, 蔑貞凶. 육이 박상이변 멸정흉
음효이, 평상을 부수는데 받침대를 부수니 점복을 볼 필요 없이 상서롭지 못하다.

六三, 剝之, 无咎. 육삼 박지 무구
음효삼, 평상의 다리와 받침대를 부숴도 화가 없는 것 같다.

六四, 剝牀以膚, 凶. 육사 박상이부 흉

음효사, 평상 판까지 부수고서야 비로소 상서롭지 않다는 것을 안다.

六五, 貫魚以宮人寵, 无不利. 육오 관어이궁인총 무불리
음효오, 후궁들이 총애를 다투니 강을 건너는 붕어와 같다. 한 마리씩 서로 꼬리를 물고 다니면서 정연히 질서가 있으니 일을 하기가 쉽다.

上九, 碩果不食. 君子得輿, 小人剝廬. 상구 석과불식 군자득여 소인박려
양효륙, 너무 큰 호리병박은 도리어 먹을 방법이 없다. 군자는 나갈 때 거마가 있지만, 소인은 거처할 집이 없고 오두막집마저 부서진다.

【대의】

이 괘는 하괘가 곤坤이고 상괘가 간艮으로,115 박탈을 말한다.

인류사회는 피라미드와 같아서 가난한 사람이 대다수를 차지해 피라미드 밑바닥에서 눌려 지내고, 부유한 사람은 극소수로 피라미드 꼭대기에서 지낸다. 부유한 사람은 가난한 사람을 갈취해 아래에서 위로 한 층씩 한 층씩 빼앗는다. 가난한 사람들은 저변이 넓어서 한 사람이 가난한 사람으로부터 조금씩 빼앗아 모으면 그것도 상당하다. 자선가는 어째서 "위급한 상황은 구제하되 가난은 구제하지 못한다"고 말하는 것일까? 바로 한 사람이 조금씩 베풀더라도 가난한 사람 모두에게 적용하면 상당하기 때문이

115_『좌전』 소공 29년 조목에 채묵이 점을 쳐서 곤坤괘가 박괘로 변한 괘를 만난 일을 기록하면서 이 괘의 상구효를 언급했다.

다. 널리 구제하는 것이 말은 얼마나 쉬운가? 여기서 말하는 평상을 부수는 것은 아래에서 위로 올라가면서 부수는데, 먼저 평상의 다리를 부순 뒤 평상의 함을 부수고, 또 평상의 판을 부순다. 이는 현대경제학과 매우 부합한다.

중국 고대의 이른 시기에는 의자나 걸상, 침대가 없었고, 앉거나 눕는 것은 일반적으로 자리를 깔고 했으니 일본과 유사하다. 상牀은 비교적 고급 가구로 앉을 수도 있고 누울 수도 있다. 상이 부서지면 엉덩이를 둘 곳이 없어지니 차가운 땅바닥에 앉을 수밖에 없다.

여기서 상을 부순다는 것은 박탈을 비유한다. 『자본론』은 부자의 재부가 가난한 사람에게서 나온다는 것을 알려준다. 가난한 사람을 갈취하지 않으면 부를 형성할 수 없다. 하지만 철저하게 박탈한다는 것은 무엇을 의미하는가? 결과는 매우 분명하니 재부의 피라미드가 무너지는 것이다.

이 괘는 양 하나에 음이 다섯으로 마치 앞에서 말한 피라미드와 같다. 군자, 돈 있고 권세 있는 사람은 하나의 양으로 홀로 커서 볼 수만 있고 먹을 수는 없는 큰 호로박처럼 담장에 걸려 있다. 그 아래로 다섯 음을 누르고 있으니 부녀가 아니고 소인이다. 군자는 나갈 때 수레가 있고 먹을 때 물고기가 있으나 소인은 가난해서 송곳을 꽂을 땅조차 없으니 초가집을 짓기도 쉽지 않은데 또 부수게 한다.

상구上九는 양으로 홀로 위에 있으니 역가易家의 표현을 따르면 '부당위不當位'다. 이른바 '부당위'는 양이 음의 자리에 거하는 것을 말한다. 하지만 인류사회는 줄곧 '부당위'를 용인해왔다. 사람이 사람을 착취하고 압박하면 누구나 불합리하다고 말하지만 누구도 해결할 방법이 없으니, 이 때문에 천경지의天經地義, 곧 하늘과 땅의 섭리가 되기도 한다.

【교독】

剝박 박탈을 말하는데, 여기서는 부수는 것을 가리킨다. 다음 문장에서는 상牀을 부수는 것을 말하는데, 아래에서부터 위로 올라가며 부순다.

剝牀以足박상이족 고대에 앉거나 눕는 도구로는 평杫, 탑榻, 상牀이 있다. 평과 탁은 비교적 작고, 상은 비교적 크다. 상의 뒤와 좌우에는 종종 병풍이 있다.[116] 여기서 상은 족足, 변辨, 부膚로 이루어진다. 족은 상다리를 말한다. 중국 초기의 상은 후대의 상과 달리 다리가 비교적 작았다.

辨변 상판牀板을 받치는 네모난 틀을 가리키는 것 같은데 후대의 침대 받침대와 유사하다. 살펴보면, 정현의 주석에는 "다리의 위를 변辨이라 칭한다"(『주역집해』에 인용)고 했고, 왕필의 주석에는 "변은 다리의 윗부분"이라고 했으며, 공영달의 소에서는 "변은 상 몸체의 아랫부분이며 상다리의 윗부분으로, 다리와 상 몸체가 구분되는 곳"이라고 설명했다. 최경崔憬의 주석에서는 "변은 평상자리와 다리 사이에 있으니 상폐牀桯다"(『주역집해』에 인용)라고 했다. '상폐'는 평상의 받침대다.

膚부 상의 판을 가리키는 것 같으며, 상자리는 아니다. 최경의 주석에는 "상의 부膚를 천석薦席이라고 하는데, 짐승의 가죽이나 털과 비슷하다"(『주역집해』에 인용)고 설명했다. 천석은 상판에 까는 것으로 상의 구조를 이루

116_ 쑨지孫機, 『한대물질문화자료도설漢代物質文化資料圖說』, 상하이고적출판사, 2008, 251~253쪽.

는 부재部材는 아니다. 최경의 설은 피부의 뜻에 의거해서 미루어 연역한 것 같다.

貫魚以宮人寵관어이궁인총, **无不利**무불리 '관어貫魚'는 노니는 물고기가 다투어 가는데 서로 꼬리를 물듯 앞뒤가 연결되어 매우 질서가 있는 모습을 나타낸 것이다. 여기서는 '궁인의 총애'를 형용한다. '궁인'은 후궁이다. 왕필의 주석에는 "관어는 여러 음陰을 말하는데, 머리를 나란히 차례대로 하니 관어와 비슷하다"라고 풀이했다. 공영달의 소에서는 궁인이 총애를 다투는데 "바른 일을 해치지만 않으면" "이롭지 않음이 없다"고 했다. '관어'는 옛 사람들이 '관어의 차례貫魚之次', '관어의 질서貫魚之序'라는 표현을 자주 썼고, 고서에서 '어관魚貫'이라고도 했는데, 예를 들면 '어관이진魚貫而進', '어관이행魚貫而行', '어관이출魚貫而出', '어관이입魚貫而入' 등으로 표현했다.

碩果不食석과불식 '석과碩果'는 포과(호리병박)를 가리키는 것 같다. 『논어』「양화陽貨」 편에 "내가 어찌 호리병박이겠는가? 어찌 매달려 먹히지 않을 수 있겠는가?"라고 했는데, 여기서는 양 하나가 홀로 큰 것을 말한다.

君子得輿군자득여, **小人剝廬**소인박려 '여輿'는 고서에서 흔히 '거車'를 대체한다. 『석문』에 인용된 동우본에는 '車'로 되어 있으며 마왕두이본에도 역시 '車'(상박본에는 빠져 있다)로 되어 있다. 수레車는 대인이나 군자가 외출할 때 타는 기구다. '여廬'는 소인이 거주하는 초가집草廬이며 바로 모옥茅屋이기도 하다. 육오六五는 여자를 말하고. 상구上九는 남자를 말한다. 옛사람들은 남자는 두 부류로 나뉜다고 생각했는데, 대인과 군자가 진정한 남자요 소인은 남자이긴 하지만 부녀와 같은 부류로 보았다. 여기서는 군자는 외출할 때 걸음을 대신할 수레가 있지만, 소인은 겨우 몸을 기거할 만한 모옥마저도 강제로 철거되어 이주하는 것을 말한다.

제24 : 복괘復卦

길을 몰라도 돌아올 줄 안다

復: 亨. 出入无疾, 朋來无咎. 反復其道, 七日來復, 利有攸往.　복 형 출
입무질 붕래무구 반복기도 칠일래복 이유유왕

복괘 : 신명과 통하니 계속 드나들어도 병이 없으며, 벗들이 오니 화가 없다.
원래의 길로 돌아오는데, 7일이면 돌아온다. 이 괘는 나가서 다니는 데 이롭다.

初九, 不遠復, 无祗悔, 元吉.　초구 불원복 무지회 원길
양효일, 문을 나선 지 얼마 되지 않아 원래의 길로 돌아온다면, 당연히 크
게 후회하지 않고 반대로 매우 길하다.

六二, 休復, 吉.　육이 휴복 길
음효이, 기분 좋게 돌아오니 길하다.

六三, 頻(顰)復, 厲, 无咎.　육삼 빈(빈)복 여 무구
음효삼, 눈살을 찌푸리며 돌아오니 조금 위험하지만 큰 근심은 없다.

六四, 中行獨復. 육사 중행독복

음효사, 한참 길을 갔더라도 스스로 결정해 단호하게 돌아와야 한다.

六五, 敦復, 无悔. 육오 돈복 무회

음효오, 성실하게 돌아오기만 하면 후회하지 않을 것이다.

上六, 迷復, 凶, 有災眚. 用行師, 終有大敗. 以其國, 君凶, 至于十年不克征.
상륙 미복 흉 유재생 용행사 종유대패 이기국 군흉 지우십년불극정

음효륙, 방향을 잃고 돌아오는 길을 찾지 못하면 좋지 않고 반드시 큰 어려움이 있을 것이다. 군대를 부리는 일도 이와 같이 하면 반드시 크게 패한다. 특히 국력을 기울여 단번에 공을 이루려고 하니 인군은 큰 어려움을 겪어 십 년 안에는 더이상 출병하지 못한다.

【대의】

이 괘는 하괘가 진震이고 상괘가 곤坤으로,117 나가서 반드시 원래의 길로 돌아옴을 말한다.

복괘와 박괘는 상반되는데, 박괘는 양 하나가 다섯 음을 이끌어 철저하게 박탈함을 상징한다. 이에 비해 복괘는 다섯 음이 양 하나를 이끌어 철저하

117_『좌전』 성공 16년 조목에 진나라 태사가 점을 쳐서 복괘를 만난 일을 기록했다. 또 양공 28년 조목에서는 자대숙子大叔이 점을 쳐서 복괘가 이頤괘로 변한 괘를 만난 일을 기록하면서 이 괘의 상륙효를 언급했다.

게 회복함을 상징하니, 서로 역과정逆過程이 된다. 「서괘」에서는 "문식을 이룬 다음에 형통하면 다하기 때문에 박괘로 받았다. 박剝은 박탈하는 것이다. 사물은 끝내 모두 박탈할 수 없어 위에서 궁하여 아래로 돌아오기 때문에 복괘로 받았다致飾, 然後亨則盡矣, 故受之以剝. 剝者剝也. 物不可以終盡剝, 窮上反下, 故受之以復"라고 했다. 「잡괘」에서는 "박剝은 문드러지는 것이고, 복은 돌아가는 것이다剝, 爛(闌)也;復, 反也"라고 했다. 여기서는 "원래의 길로 돌아온다反復其道"는 것으로 역과정을 말하고 있다.

이 괘의 괘사에 "7일이면 돌아온다七日來復"는 말이 있다. "7일이면 돌아온다"는 말은 6일을 한 주기로 삼고, 7일째는 다음 주기에 속하는 것이다. 이것은 서력西曆의 일주일과는 완전히 다르다.118 근대에 서력이 전래되고서야 중국에 일주일이 생겼다. 일요일은 예전에는 '내복일來復日'이라 불렀는데, 사실 중국의 개념으로 서력의 술어를 번역한 것이니 근본은 달라진게 없다. 지금 공자를 숭상하며 옛날로 돌아가자는 사람들은 모든 서양의 기념일을 치욕으로 여기지만 일요일을 없애는 것이 말처럼 그리 쉽지는 않다. 누가 다른 사람에게 주말에 출근하라고 하면 듣지 않을 것이다. 어떤 사람들은 일요일을 반드시 '내복일'로 바꿔 불러야 한다고 말한다. 하지만 이런 '내복일'이 중국 어디에 있단 말인가? 이것은 서력과 언쟁을 벌이느라 억지로 만들어낸 것이 분명하다. 중국의 국수주의는 대부분 이와 같다.

118_ 서력의 일주일은 『구약성서』의 「창세기」에서 기원한다. 그들에게는 이른바 안식일이 있는데, 유대교에서는 토요일을 안식일로 삼고, 기독교에서는 종파에 따라 일요일 또는 토요일을 안식일로 삼는다. 그들에겐 또 안식년이 있는데 역시 7년을 한 주기로 한다. 고대 유대인들은 7년마다 1년씩 휴경을 실시했고, 미국의 대학교수들은 7년마다 1년씩 안식년을 삼아 휴식한다.

【교독】

復복 왕복, 회복, 회답, 보복, 반복, 회복 등의 다른 용법이 있다. 여기서는 주로 되돌아가는 것을 가리킨다.

七日來復칠일내복 괘의 여섯 효는 매 효가 하루에 배합하니 모두 6일이다. 7번째 날은 이미 다음 괘에 속하니 사실 6일이 한 주기이며 7일이 한 주기는 아니다. 『역경』에서 날에 배합하는 것이 언제 시작되었는지는 탐구해볼 만한 문제인데, 이 재료는 매우 중요하다. 한역漢易은 괘기卦氣를 말하는데 이른바 육일칠분설六日七分說이 있다. 이에 따르면 360일을 60괘에 분배해서 매 괘가 6일을 얻고 매 효가 하루를 얻는다. 그리고 남은 5.25일을 하루에 80분씩 합하면 모두 420분이 되는데 이를 평균 60괘에 분배하면 매 괘는 7분을 얻을 수 있다(공영달의 소 참고). 『역경』을 창작한 시대에 이런 괘기설이 있었는지 증명할 수는 없지만, 옛사람들이 6일을 한 주기로 삼았다는 설법은 매우 중요하다. 뒤의 진震괘 육이효와 기제괘 육이효에 나오는 '칠일득七日得'도 이와 같다.

祗悔지회 공영달의 소에 인용된 한씨韓氏의 설과 『주역집해』에 인용된 후과의 설은 모두 '지회祗悔'를 큰 후회로 풀이한다. 『설문해자』「대부大部」에 "저奃는 크다는 뜻이다"라고 했는데, '저奃'는 '대저大抵'의 '抵'에 상당하니 바로 이 글자다.

休復휴복 앞에 나온 비否괘의 구오효에 '휴비休否'가 있는데, '휴休'자의 용법이 같다.

頻復빈복   위의 '휴복休復'과 상반된다. '빈頻'은 '顰빈'으로 읽는데, 눈살을 찌
푸리고 얼굴 가득 괴로워하는 모습을 가리킨다. 왕필의 주석과 마융 및 우
번의 주석(『주역집해』에 인용)이 모두 '頻'을 눈살을 찌푸리고 근심스러워하
는 뜻으로 새겼다. 뒤의 손巽괘 구삼효에서 말하는 '빈손頻巽'의 頻은 빈번
하다는 뜻으로 이것과는 다르다.

中行獨復중행독복   '중행中行'은 도중을 의미한다. 이런 용법의 '중행'은 『역경』
에 세 가지 예가 있다. 이 괘의 앞에는 태泰괘 구이효가 있고, 뒤에는 쾌괘
구오효가 있다. 일반적으로 '중행'과 '득중得中'은 관련이 있는데, 『역경』의
'중中'은 하괘의 중과 상괘의 중, 곧 두 번째 효와 다섯 번째 효를 가리킨다
고 알고 있지만, 여기서의 '중행'은 육사효에 보인다. 우번은 이 예가 "두 번째
효와 다섯 번째 효에 있지 않다면 어찌 '중행'이라고 칭할 수 있겠는가"라고
말했다(『주역집해』에 인용). 사실 '중'자에는 또 한 가지 용법이 있으니 여섯 효
의 가운데, 곧 두 번째와 세 번째, 네 번째, 다섯 번째 효를 가리킨다.[119] '독
복獨復'은 독단해서 마음대로 행하면서 타인의 영향을 받지 않고 결심해서
돌아가는 것을 가리킨다.

119_ 상빙허의 『주역상씨학』 125쪽에 "「문언」의 건괘 구사효에서 '가운데로 사람 사이에 있지 않
다中不在人'고 했는데, 여기서 '가운데'는 구삼과 구사를 말하며 한 괘의 중간이다. 또 「계사전」에
서는 '초효의 의의는 비교적 이해하기 어렵고 상효의 의의는 이해하기 쉽다. 전자는 시작이고 후
자는 끝이기 때문에 초효의 효사는 사물 생성의 단서를 논하고 상효에 가서야 사물의 발전이 마
무리되어 괘의 의의가 마지막으로 완성된다. 각 물상을 섞어서 음양의 덕성을 찬술하고 시비와
길흉을 변별하는 데 중간의 네 효를 치운다면 전체적으로 이해할 수가 없다'고 했는데, 여기서
가운데 효는 가운데의 네 효를 말하니 곧 아래에서 말한 이른바 이효와 사효, 삼효와 오효다. 사
효는 괘에서 홀로 초구와 호응하기 때문에 '중행독복'이라고 한 것이다. 우번은 '사효는 이효와 오
효의 위치에 있지 않은데 어찌 '중행'이라고 할 수 있겠는가'라고 했는데, 삼효와 사효를 중효라고
한 것을 어찌 알았겠는가? 주역에 분명한 실례가 있다"고 했다.

敦復돈복 왕필의 주석과 공영달의 소에서는 '돈敦'을 돈후敦厚의 뜻으로 새겼다. 이 괘의 육이효는 육오효와 대적하는데, '돈敦'은 대하다對의 뜻이 있다.

迷復미복, **凶**흉 『좌전』 양공 28년 조목에 보인다.

제25 : 무망괘无妄卦

바라는 바가 없으면 실망도 없다

≣ 无妄: 元亨, 利貞, 其匪(非)正有眚, 不利有攸往. 무망 원형 이정 기비(비)정 유생 불리유유왕

무망괘 : 매우 순조로우며 점복에 이롭지만 정상적인 것을 어기면 의외의 재난이 있으며 밖으로 나가는 것도 이롭지 않다.

初九, 无妄(望), 往吉. 초구 무망(망) 왕길
양효일, 바라는 바가 없으니 밖으로 나가면 크게 길하다.

六二, 不耕穫, 不菑畬, 則利有攸往. 육이 불경확 불치여 즉리유유왕
음효이, 밭 갈지 않고 심지 않아도 수확이 있으며, 밭을 바꾸고 휴경하지 않아도 지력을 회복한다. 이와 같이 밖으로 나가면 당연히 이로움이 있다.

六三, 无妄(望)之災: 或繫之牛, 行人之得, 邑人之災. 육삼 무망(망)지재 혹계지우 행인지득 읍인지재
음효삼, '무망의 재앙'이란 무엇인가. 어떤 사람이 소를 길가에 묶어두었는

데 지나가는 사람이 끌고 간다. 이것은 외지인에게는 의외의 수확이지만 소 주인에게는 뜻밖의 불행이다.

九四, 可貞, 无咎. 구사 가정 무구
양효사, [이런 일은] 점칠 수 있고 화는 없다.

九五, 无妄(望)之疾, 勿藥有喜. 구오 무망(망)지질 물약유희
양효오, '무망의 병'이란 무엇인가? 약을 먹지 않아도 좋아지는 것이다.

上九, 无妄(望)行, 有眚, 无攸利. 상구 무망(망)행 유생 무유리
양효륙, 무슨 희망을 품고 있지 않고 문밖을 나가도 번거로운 일에 부닥치니 여전히 불리함에 속한다.

【대의】

이 괘는 하괘가 진震이고 상괘가 건乾으로, 밖으로 다니는 일을 말한다. 작자는 바라는 바가 없어야 가장 이롭다고 하지만, 또한 정상적인 것을 벗어나서 의외의 일을 만나더라도 헤아림이 있어야 한다고 말한다. 예컨대 육삼효에서 말하는 '무망의 재앙无妄(望)之災'이 바로 뜻밖의 불행이다. 우리의 생활은 의외의 일로 가득 차 있다. 점복에서 대하는 것은 무수히 돌발적이고 우연적이며 예측하기 어려운 일이니, 이 개념은 매우 중요하다. 점복의 심리문제와 연결시키면 밖으로 다니는 일에만 제한되지 않는다.

'무망의 재앙'은 모두가 알지만 '무망의 복'에 대해서는 알지 못한다. 작자가

더욱 강조하는 것은 사실 '무망의 복'이다.

"마음을 써서 심은 꽃은 피지 않으나 무심히 심은 버드나무는 그늘을 드리운다有心栽花花不開 無心挿柳柳成陰." 기대하는 바가 없고 희망도 품지 않으면 마음이 가장 건강하다. 생활은 의외의 일로 가득 차 있지만, 의외의 일은 생활에서 일상적으로 일어난다.

【교독】

无妄무망 '무망無望', 곧 바라는 바가 없다는 뜻으로 해석한다. 혜동의 『주역술』에 "망妄은 '망望'으로 읽고, 바라는 바가 없음을 뜻한다"라고 했다.[120] 살펴보면, 『설문해자』「여부女部」에 "망은 어지럽다는 뜻이다妄, 亂也"라고 되어 있는데, 여기서는 적당한 뜻이 아니다. 망妄자는 반드시 파독破讀(같은 글자라도 뜻이 다르면 다르게 읽는 방법)해야 하며, 글자 그대로 이해해서 멋대로 나쁜 짓을 하거나 경거망동한다는 류의 뜻으로 보아서는 안 된다. 이런 뜻을 육삼효와 구오효에 적용하면 분명히 통하지 않는다. 이 괘는 상박본에는 '亡忘망망'으로 되어 있고 마왕두이본에는 '无孟무맹'으로 되어 있으며, 쌍구두이본에는 '无亡무망'으로 되어 있는데 모두 통가자에 해당한다. 『석문』에 "마융과 정현, 왕숙은 모두 妄은 望과 같다고 했으니 기대하는 바가 없음을 의미한다"라고 했는데, 이렇게 해야 가장 합당한 독법이다. 『사기』「춘신군열전春申君列傳」에 "대대로 기대하지 않은 복이 있고 생각지도 않은 화가 있다. 지금 그대가 생각지도 않았던 세상에 살면서 생각지도 않은 군주를 섬기니 어찌 생각지도 않은 사람이 없을 수 있겠는가世有毋望之福,

---

120_ 혜동, 『주역술』, 70쪽.

又有毋望之禍, 今君處毋望之世, 事毋望之主, 安可以無毋望之人乎"라는 구절이 있는데, 『사기정의史記正義』에도 "무망은 생각지도 않았는데 홀연히 이르는 것을 말한다毋望, 謂不望而忽至也"라고 풀이하며 '무망毋望'이라고 썼다.[121] 『한서』「곡영전谷永傳」의 "무망괘의 운을 만났다"는 구절에 대해 응소應邵는 "무망无妄이란 기대하는 바가 없는 것이다. 만물이 하늘에 기대하는 바가 없는 것이 가장 큰 재이災異"라고 주석했다. '무망'은 다른 고서에도 보이는데, 예를 들어 『관자管子』「주합宙合」에서는 "이것은 군자가 낸 명령이 기대하는 바가 없고 따르지 않음이 없다는 것을 말한다 (…) 이것은 신하가 맡은 힘이 기대하는 바가 없고 얻지 않음이 없다는 것을 말한다 (…) 무망의 다스림을 근본으로 삼고 정해진 바가 없는 일을 운용하고 변화에 응해 잃음이 없는 것을 마땅함當이라고 한다此言君之所出令无妄也. 而無所不順 (…) 此言臣之所任力无妄也, 而無所不得 (…) 本乎无妄之治, 運乎無方之事, 應變不失之謂當"라고 했다. 또 『장자』「재유在宥」에 "유자는 어지러운 현상 속에서 몰두해 앞일을 관찰한다遊者鞅掌, 以觀无妄"라는 구절이 있고, 『대대례大戴禮』「위장군문자衛將軍文子」에는 "현인은 기대하는 바가 없으니 현인을 알기란 어려운 일이다賢人无妄, 知賢則難"라는 구절이 있다. 이 세 가지 예는 '无望무망'으로 읽어도 문장이 통한다.

其匪正有眚기비정유생 '비匪'는 '非비'로 독해하는데, 정상적인 것을 어기면 의외의 재난이 있음을 가리킨다. 육삼효의 '무망의 재앙'이 바로 이런 재난

121_ 『사기정의』의 '무망毋望'은 대략 마융과 정현, 왕숙의 설과 같다. 『사기색은』에 "『주역』에 무망괘가 있지만 그 의미는 다르다"고 했는데, 대개 망령되고 어지럽다는 뜻을 취했기 때문에 다르다고 한 것이다.

眚이다. '정正'은 마왕두이본은 글자가 같고, 상박본에는 '趣(復)'으로 되어 있으며, 쌍구두이본에는 '延(征)'으로 되어 있다.

不耕獲불경확 밭을 갈지 않고 심지 않아도 수확할 수 있다는 뜻이다.

不菑畬불치여 '치여菑畬'는 농업 용어다. 상박본에는 '畜(畲)之(菑)축(여)지(치)'로 되어 있고, 마왕두이본에는 '菑餘(畲)치여(여)'로 되어 있다. 『이아』 「석지」에 따르면 "밭이 1년 된 것을 치菑라고 하고, 2년 된 것을 신전新田, 3년 된 것을 여畬라고 한다". 고대의 휴경休耕은 3년이면 밭을 바꾸어야 했다. 옛사람들은 이제 막 개간한 지 1년 된 땅을 치菑라고 하고, 2년 된 땅을 신新, 3년 된 땅을 여畬라고 불렀다. 여기서는 밭을 바꿔 휴경하지 않아도 지력을 회복해 황전荒田을 숙전熟田으로 바꿀 수 있다는 것을 말한다. 이 두 구절은 상효를 이어받아 농사일로 비유해 바라는 바가 없어야 출행의 이로움이 있다는 것을 한 걸음 더 나아가 설명한다.

无妄之災무망지재 지금은 성어가 된 말이다. 이런 '재난災'이 바로 괘사에서 말한 '정상적인 것을 어기면 의외의 재난이 있다匪(非)正有眚'는 것이다.

行人행인 이 고을을 지나가는 사람을 말한다.

邑人읍인 이 고을에 거주하는 사람을 말한다.

可貞가정, **无咎**무구 이 구절은 괘사인 '원형元亨, 이정利貞'에 호응한다.

勿藥有喜물약유희 여기서 '희喜'는 병세가 호전된 것을 가리키며, 채瘥·유瘉 (愈와 같음)·추瘳와 비슷한 뜻이다. 왕필의 주석은 "'무망의 병无妄之疾'이란 재난을 다스리지 않아도 절로 회복되니 망령되게 약을 쓰면 흉하다. 그러 므로 '약을 쓰지 않으면 기쁨이 있다勿藥有喜'고 한 것이다"라고 풀이했다. 이런 용법의 '희喜'자는 고서에서는 여悆·여忬·예豫·역懌 등의 글자로 표현 하기도 한다. 여悆는 유愉·유愈·유瘉와 통하며, 병이 낫는 것을 가리키기 도 하고 기쁨의 뜻도 있다. 『설문해자』 「심부心部」에서는 "여悆는 (…) 『주서周 書』에 '병이 있으나 낫지 않는 것이다有疾不悆'라고 했으니, 여는 기쁨이다 悆, 喜也"라고 했다. 바로 희喜를 여悆로 해석한 것이다. 이 인용문은 『서경』 「금등」 편에 나오는데, 금본에는 "왕이 병이 있으나 낫지 않는다王有疾弗豫" 로 되어 있다. 청화초간의 「보훈保訓」, 「금등」에는 '悆'가 '瘳'로 되어 있 다.[122]

无妄行무망행, **有眚**유생 즉 괘사에서 말한 "정상적인 것을 어기면 의외의 재난이 있다匪(非)正有眚"는 것이다. 마왕두이본에는 '无孟(望)之行무맹(망)지 행, 有省(眚)유성(생)'으로 되어 있으니, '행行'자를 앞 구절에 연결시켜 해석해 야 함을 알 수 있다.

122_ 리쉐친 주편, 『청화대학장전국죽간』(1), 하책, 143, 158쪽.

제26 : 대축괘大畜卦

가축을 기르는 것은 큰 학문이다

大畜: 利貞. 不家(稼)食, 吉. 利涉大川. 대축 이정 불가(가)식 길 이섭대천

대축괘 : 점복에 이롭다. 밭 갈지 않고 심지 않아도 먹을 식량이 있으니 당연
히 좋다. 큰 강을 건너는 것이 이롭다.

初九, 有厲, 利已. 초구 유려 이이
양효일, 위험이 있으니 때맞춰 제지하는 편이 좋다.

九二, 輿說(脫)輹. 구이 여탈(탈)복
양효이, 〔수레를 끄는 말이 놀라서〕 수레 아래 복토伏兎를 전복시킨다.

九三, 良馬逐, 利艱貞, 日閑(嫺)輿衛, 利有攸往. 구삼 양마축 이간정 왈한(한)여
위 이유유왕
양효삼, 좋은 말은 놀라기 가장 쉬워 미친 듯이 내달리는데 이것은 도리어
어려운 일을 점치는 데 유리하다. 점괘에 말한다. "수레를 잘 끌도록 조련
해야 밖으로 나가는 데 이롭다."

六四, 童牛之牿(梏), 元吉. 육사 동우지곡(곡) 원길

음효사, 〔나쁜 뿔이 부딪히는 것을 방지하기 위해〕 송아지 머리에 횡목을
설치하니 이 일은 가장 길하다.

六五, 豶豕之牙, 吉. 육오 분시지아 길

음효오, 〔부딪혀 이가 상하는 것을 방지하기 위해〕 돼지 고환을 거세하니
이런 돼지도 매우 길하다.

上九, 何(荷)天之衢, 亨. 상구 하(하)천지구 형

양효륙, 위로 천도天道를 이어 신명과 통한다.

【대의】

이 괘는 하괘가 건乾이고 상괘가 간艮으로, 가축을 기르는 일을 말한다. 대
축괘는 소축괘와 다르다. 소축의 '축畜'은 '짙은 구름이 비를 머금은 것密雲
畜雨'을 말하며, 대축의 '축畜'은 가축을 기르는 것을 말한다. 작자는 먼저
말에 대해 이야기한다. 말이라는 동물은 겁이 아주 많아서 걸핏하면 놀란
다. 길들이지 않은 말은 한번 놀라면 뒷발질을 해대며 내달리기를 멈추지
않아 수레를 전복시키고 사람을 내팽개치기 때문에 반드시 조련해야 한다.
다음으로는 소에 대해 말한다. 소의 특징은 고집이 매우 세고 급하면 뿔로
아무거나 들이받는다. 소가 아무거나 들이받지 않도록 하기 위해 소뿔에
횡목을 대야 하는데, 이것은 마치 범죄자가 손에 수갑을 차는 것과 같다.
마지막으로 돼지에 대해 이야기한다. 돼지는 송곳니가 있어서 함부로 무는

것을 방지하기 위해서는 고환을 거세해 마치 내시처럼 만들어야 한다는 것이다. 이것이 바로 '대축大畜'이다.

가축을 기르는 것은 큰 학문으로 사람들에게 미루어 넓힐 수 있다. 사람이 사람을 기르는 데는 사람을 소나 말처럼 기르고 교육도 시키고 훈련도 시켜야 하니 나는 이를 '축생인류학'이라 부른다. 인류 최초의 문명사회는 사람을 가축처럼 여겼는데 지금까지도 그 뿌리는 이어지고 있다.

무망괘와 대축괘가 무슨 관계인지는 분간할 수 없는 것 같다. 「서괘」에 "복괘는 망령되지 않기 때문에 무망괘로 받았다. 무망괘가 있은 다음에 기를 수 있기 때문에 대축괘로 받았다復則不妄矣, 故受之以无妄. 有无妄然後可畜, 故受之以大畜"라고 했는데, 의미가 모호해서 갈피를 잡을 수 없게 한다. 「잡괘」에서는 "대축은 때이고, 무망은 재앙이다大畜, 時也. 无妄, 災也"라고 했는데, 여기서 '재앙災'은 '무망의 재앙'을 가리키는 것 같다. '때時'는 "위험이 있으니 때맞춰 제지하는 편이 좋다有厲, 利已"는 것을 가리키는 듯한데, 이런 해석은 견강부회한 점도 있다.

【교독】

大畜대축 가축을 '축畜'이라 하고, 가축을 기르는 것도 畜이라고 한다. 여기서는 큰 가축을 기르는 것을 가리킨다. 「귀장」에는 이 문장이 빠져 있고, '소축小畜'은 '소독(독)축小毒(篤)畜'으로, '대축'은 '대독(독)축大毒(篤)畜'으로 되어 있는데 '독篤'은 잘 기른다는 뜻이다. 살펴보면, 육축六畜이 『역경』에 언급된 것은 말이 11번, 소가 8번, 양이 5번(숫양 포함), 돼지가 10번(불깐 돼지豶豕와 돼지豚 포함)이며, 중부괘 상구효에서 언급한 '한음翰音'은 닭과 관계가 있으니, 육축에서 개만 빠졌다. 여기서는 말, 소, 돼지는 언급하고 양,

닭, 개는 언급하지 않았다.**123**

不家食불가식 '不稼食불가식'으로 독해해야 할 것 같다. '不稼食'은 씨 뿌리지 않고 밥을 먹는 것을 말한다. 『시경』「위풍魏風·벌단伐檀」에 "농사짓지 않고 거두지 않으면서 어찌 벼 삼백 전을 취하리오!不稼不穡, 胡取禾三百廛兮"라는 구절이 있다. 『예기』「방기」에도 "그러므로 군자가 벼슬하면 농사짓지 않는다"라고 했다.**124** 왕필의 주석에서는 "대축은 실로 현자를 길러주는 바가 있으니 현자로 하여금 농사지어 먹지 않게끔 한다"라고 했다. 이 말은 나라에 곡식이 쌓여 선비를 기를 수 있으니 선비가 나라의 녹을 먹고 집에 의지하지 않으며 생활한다는 뜻인데 올바른 해석은 아닌 것 같다.

利巳이이 고문자에서 '巳이'와 '巳사'는 동일한 글자이며, '己기'자와는 분명히 다르다. 여기서는 '巳이'로 읽고 '祀사'로 읽지 않는다.

輿說輹여탈복 '輿여'는 항상 수레의 뜻으로 쓰인다. 상박본과 마왕두이본에는 '車거'로 되어 있으며, 『석문』에는 "어떤 판본에는 간혹 '轝여'로 된 것도 있다"고 했는데, '轝'는 輿와 같다. 앞의 소축괘 구삼효와 뒤에 나오는 대장괘 구사효를 참고하라.

123_ 「설괘」에서는 말을 건乾으로 삼고, 소를 곤坤으로, 양을 태兌로, 닭을 손巽으로, 개를 간艮으로, 돼지를 감坎으로 삼아 육축이 모두 있다.

124_ 근래에 우신처우吳辛丑의 글에서도 비슷한 관점이 보인다. 그의 논문 「주역·대축 괘사 '불가식' 신해周易·大畜卦辭'不家食'新解」는 중산대학 고문자연구소가 펴낸 『강락집: 쩡셴퉁 교수 고희기념논문집康樂集─曾憲通教授七十壽慶論文集』(중산대학출판사, 2006, 165~168쪽)에 수록되어 있다.

良馬逐양마축 좋은 말은 민감해서 쉽게 놀라 아무렇게나 뒷발질하고 물며 사방으로 날뛴다는 것을 말한다. '逐축'은 정현본과 요신본姚信本(『석문』에 인용)에는 '逐逐축축'으로 되어 있는데, 이에 대해 가오형은 "후인들이 이頤괘에 의존해 함부로 더한 것"이라고 지적했다.[125] 이 글자는 고본에는 모두 같은 글자로 되어 있으며, 상박본에는 '由유', 마왕두이본과 쐉구두이본에는 '遂수'로 되어 있다. 『경씨역전』에는 '逐'으로 되어 있으니(『한서』「오행지하지상五行志下之上」에 인용) 가오형의 설이 맞다는 것을 알 수 있다. 살펴보면, 순수順遂의 遂는 상주시대의 고문자에는 종종 '述술'로 되어 있고, 전국시대와 진한 때의 遂자는 종종 遂자가 아니라 逐자의 이체자로 쓰인 것이다. 전한 이래 순수順遂의 뜻을 나타낸 遂자가 있긴 하지만 그 가운데는 여전히 逐자가 적지 않다. 뒤에 나오는 둔遯괘의 돈豚자에 관한 논의를 참고하라.

閑輿衛한여위 '輿여'는 '車거'를 대신할 수 있다. 상박본에는 '班車戏(衛)반거(위)'로 되어 있고, 마왕두이본에는 '闌車(衛)난거(위)'로 되어 있지만 마왕두이 백서「소력昭力」편의 '난여지의闌輿之義'를 묻는 구절에는 '輿'로 되어 있다. '한閑'은 한嫻으로 독해한다. 마융과 정현은 '익힐 습習'의 뜻으로 새겨(『석문』에 인용) 한습嫻習(익숙해짐)의 嫻으로 생각했으며, 왕필은 '문 잠글 애閡'의 뜻으로 새겨 격애隔閡(틈, 간격)의 閡로 생각했다. 여기서는 마융과 정현의 설을 따른다. '여위輿衛'는 말을 기르는 곳을 가리킨다. 말을 기르는 곳에는 반드시 울타리를 설치해 말이 사방으로 달아나지 못하도록 막아야

125_ 가오형, 『주역고경금주』(증정본), 234쪽.

한다. 한 무제는 무공작武功爵으로 모두 11등급을 두었는데 그중에 두 번째 등급인 '한여위閑興衛'(『사기집해』「평준서平準書」에 인용된 『무릉중서茂陵中書』)는 여기서 이름을 딴 것이다.

童牛之牿동우지곡 동우童牛는 송아지를 말한다. 곡牿에 대해 주준성은 '梏곡'의 가차자로 여겼으며, 상박본에는 '樺'로 되어 있는데 바로 초나라 문자의 楉에 해당한다. 楉은 사람에게 적용하면 수갑을 가리키고, 소에게 적용하면 복楅(뿔막이)이라 부른다. 우번과 후과는 모두 '동우지곡'을 楅으로 해석했다. 楅은 소뿔에 설치해 함부로 들이받는 것을 방지하는 횡목으로 '복형楅衡'이라고도 한다.

豶豕之牙분시지아 분시豶豕는 거세한 돼지를 말한다. 거세한 돼지는 어금니로 사람을 해치기 어렵다.[126]

何天之衢하천지구 상박본에는 '炡天之枭'로 되어 있고, 마왕두이본에는 '何天之瞿'로 되어 있다. '丘구'를 따르는 글자는 지부之部의 글자이고, '瞿구'를 따르는 글자는 어부魚部의 글자이며, 지부와 어부는 방전자旁轉字로 서로 바꿔 쓴다. '하何'는 '荷하'로 독해하는데, 이와 관련해서는 앞에서 언급한 서합괘 상구효의 교독을 참고하라. 이 구절의 말은 아래에서 기술하는 사례와 유사하다.

126_ 상박본에는 '분苏'으로 되어 있고, 마왕두이본에는 '곡哭'으로 잘못 적혀 있다.

(1) 하천何天

  ① 하늘의 아름다움을 입다何天之休(『시경』「상송商頌·장발長發」)

  ② 하늘의 은총을 입다何天之龍(寵)(출전은 위와 같다)

(2) 승천承天類

  ① 하늘의 아름다움을 받들다承天之休(『좌전』 양공 28년, 『의례』「사관례」)

  ② 하늘의 복을 받들다承天之祜(『의례』「사관례」, 『예기』「예운」)

  ③ 하늘의 경사를 받들다承天之慶(『의례』「사관례」)

  ④ 하늘의 도를 받들다承天之道(『예기』「예운」)

(3) 수천受天

  ① 하늘의 복을 받다受天之祜(『시경·소아』의 「신남산」「상호」, 「대아」의 「하무」)

  ② 하늘의 경사를 받다受天之慶(『의례』「사관례」)

이 여덟 개의 예를 비교하면 이 괘의 '何'자는 승承이나 수受와 유사하고, '구衢'자는 도道와 유사하니 '하천위구何天之衢'는 위로 천도를 받든다는 뜻임을 분명히 알 수 있다.[127]

127_ 가오형의 『주역고경금주』(중정본) 236쪽 참고. 가오형은 이 구절을 '하천지휴荷天之休'로 읽고 荷는 수受의 뜻으로 새겼다. 가오형은 여기서 대부분의 예를 언급했지만 『좌전』 양공 28년 조목과 『예기』「예운」의 사례는 언급하지 않았으며, 고祜자를 우祐로 잘못 썼다.

제27 : 이괘頤卦

뺨으로 점복하다

䷚ 頤: 貞吉. 觀頤, 自求口實. 이 정길 관이 자구구실

　이괘 : 점복 결과는 길하다. 그의 뺨을 보면 입에 무엇을 머금었는지 추측할
　수 있다.

初九, 舍爾靈龜, 觀我朶頤, 凶. 초구 사이영귀 관아타이 흉
양효일, 너의 점치는 거북을 버리고 나의 뺨이 어떻게 움직이는지 보기만
하니 흉하다.

六二, 顚頤, 拂經于丘頤, 征凶. 육이 전이 불경우구이 정흉
음효이, 나의 뺨이 먼저 상하로 움직이고 다시 좌우로 움직이면 멀리 가는
일이 흉하다.

六三, 拂頤, 貞凶. 十年勿用, 无攸利. 육삼 불이 정흉 십년물용 무유리
음효삼, 나의 뺨이 좌우로 움직이면 점복의 결과는 흉하다. 십 년이 되어도
어떤 일을 할 수 없으니 좋은 점이 없다.

六四, 顚頤, 吉. 虎視眈眈, 其欲逐逐, 无咎. 육사 전이 길 호시탐탐 기욕축축 무구
음효사, 나의 뺨이 상하로 움직이면 길하다. 호랑이가 뚫어져라 노려보고
곧바로 달려들더라도 화가 없다.

六五, 拂經, 居(處)貞吉, 不可涉大川. 육오 불경 거(처)정길 불가섭대천
음효오, 뺨이 좌우로 움직이면 거처를 묻는 점괘는 길하지만 큰 강을 건널
수는 없다.

上九, 由頤, 厲, 吉, 利涉大川. 상구 유이 여 길 이섭대천
양효륙, 뺨이 자연스럽게 마음대로 움직이면 위험은 있지만 매우 길하고
큰 강을 건너는 것이 이롭다.

【대의】

이 괘는 하괘가 진震이고 상괘가 간艮으로,[128] 마치 거울에 반사된 것처럼
상하괘가 상반된다. 64괘 가운데 이런 괘는 두 쌍뿐인데, 한 쌍은 이괘와
대과괘이고, 다른 한 쌍은 중부괘와 소과괘다.

이괘는 상술相術[129]을 말한다. 이런 상술은 매우 특수해서 양쪽 뺨의 음식
을 씹는 동작으로 길흉을 판단할 수 있다. 여기서 언급된 '타이朶頤'와 '전
이顚頤' '불경拂經' '구이丘頤' '불이拂頤' '유이由頤' 등 여섯 가지는 전문 용어

128_ 『좌전』 양공 28년 조목에 자대숙이 점을 쳐서 복괘가 이頤괘로 변한 괘를 만난 일을 기록
하면서 이 괘의 상구효를 언급했다.
129_ 상술이란 사람이나 지세의 모양을 관찰해 길흉을 예언하는 방술을 말한다.—옮긴이

다. 독해의 실마리가 부족해서 여기서는 다만 시험 삼아 해석해볼 뿐이니 반드시 믿을 만한 것은 아니다. 내 생각에 초구의 '타이朵頤'는 뺨이 움직이지 않는 것이며, 육이의 '전이顚頤'는 뺨이 상하로 움직였다가 좌우로 움직이는 것이며, 육삼의 '불이拂頤'는 좌우로 움직이는 것이며, 육사의 '전이顚頤'는 또 회전하여 상하로 움직이는 것이며, 육오의 '불경拂經'은 또 회전하여 좌우로 움직이는 것이며, 상구의 '유이由頤'는 상하좌우 마음대로 움직이는 모습이다.

【교독】

頤이 두 뺨 안으로 뒤쪽 어금니에 가까운 부위를 가리키는데, 속칭 볼이라고 한다. 사람이 밥을 먹을 때 음식물을 이곳에 머금고 씹는다. 『설문해자』 「이부臣部」에 "이臣는 턱頤이다. 모양을 본뜬 것이다"라고 했는데, 함頷은 곧 頷자로 본래 머금고 먹거나 씹는 것과 관계가 있다. 허신은 臣를 고문古文으로 보고 頤는 전문篆文으로 보았다. 臣는 희姬와 이𦣞 등의 글자가 따르는 바이며, 고문자의 모양은 모로 보는 얼굴 부분과 비슷하며 위아래 턱으로 나뉘어 있다. 頤를 옛사람들은 '기르다養'의 뜻으로 풀이했다. 턱頤은 음식물을 씹는 곳으로, 사람들이 밥 먹는 것에 의지해 목숨을 이어가기 때문에 기른다는 뜻으로 풀이한 것이다. 흥미로운 점은 이 괘의 여섯 효 가운데 위아래의 두 효는 양효이고 중간의 네 효는 음효인데, 그 모양이 큰 입에 위아래 두 쪽의 입술과 중간에 이빨을 드러내고 있는 것과 비슷하다.[130]

130_ 원이둬의 『주역의증유찬』(60~61쪽) 참조.

觀頤관이 곧 아래의 '관아타이觀我朵頤'다.

舍爾靈龜사이영귀 '사舍'는 상박본에는 '예豫'로 되어 있지만 마왕두이본과 쐉구두이본에는 모두 '舍'로 되어 있다. '豫'는 가차자다. 옛사람들은 점치는 거북을 영귀靈龜 또는 영靈이라고 불렀다. 영험하다고 할 때의 영靈은 처음부터 점치는 거북卜龜과 관계가 있다.

朵頤타이 상박본에는 '敁頤타이'로 되어 있고 마왕두이본에는 '掇頤', 쐉구두이본에는 '端頤단이'로 되어 있으며, 경방본과 정현본에는 '瑞頤서이'로 되어 있는데(『석문』에 인용), 글자는 대부분 '耑단'을 따른다. '아주 맛있게 먹는다大快朵頤'는 말은 모두 알지만 '타이朵頤'가 무슨 뜻인지는 잘 모른다. 이 단어는 전문 용어로 『역경』 외에는 매우 드물게 보이며, 보이는 것도 바로 여기가 출전이다. 옛 주석은 몇 가지 설로 갈린다. 하나는 움직인다는 뜻으로 풀이하는 것인데, 예를 들면 정현의 주석에 "타朵는 움직이는 것이다動也"라고 했으며, 『광아』 「석고 1」에는 '췌揣'로 되어 있고 '움직이다'로 풀이했다. 주역 연구자들에게는 "진은 움직임이 된다震爲動"는 설이 있는데, 이 괘는 하괘가 진이고 상괘는 간으로 '턱을 벌리는朵頤' 것이 하괘에 있으니 당연히 움직임에 속한다. 두 번째는 씹는다는 뜻으로 풀이하는 것인데, 예를 들면 왕필은 "타이朵頤는 씹는嚼 것"이라고 했다. 세 번째는 가지다持의 뜻인데, 예를 들면 공영달의 소에서는 "타朵는 움직인다는 뜻으로, 손으로 물건을 잡는 것을 타朵라고 하는 것과 같다"고 했다. 이런 타朵는 '췌揣'로 쓰기도 하는데, 『한서』 「가의전賈誼傳」에 언급된 '공췌控揣'라는 말에 대해 안사고는 주석에서 맹강孟康을 인용해 "췌揣는 가지다持의 뜻이다"라고 풀이했다. 현대 중국어의 '돤端'(바로 '쟁반을 든다端盤子'고 할 때의 '端')과 비슷하다. 『설문해자』「목부木部」에 "타는 나무가 가지를 드리우는 것이다朵, 樹木垂朵朵也"라고 했는데, 이런 '타朵'는 요즘 말로 꽃송이의 '송이'에 해당하며, 수垂와 타朵는 음이 가까워 음훈音訓에 속한다. '타이朵頤'는 반드시 뺨이 꽃송이처럼 부풀어 오른 것이라고 말할 수는 없다. '타이'는 씹는 턱을 가리키는 말로 생각된다.

顚頤전이 역시 전문 용어다. 왕필의 주석과 공영달의 소, 또 왕숙의 주석 (『주역집해』에 인용)이 모두 '전이顚頤'는 거꾸로 아래에서 기르고 "위에서 호응이 없으며 반대로 초구를 기른다無應于上, 反而養初"고 했는데, 표현이 매우 우회적이다. 이 말은 음식물을 볼 안에서 위아래로 씹는 모양을 가리키는 말로 생각된다.

拂經于丘頤불경우구이 '불경拂經'과 '구이丘頤'도 전문 용어다. '불拂'은 옛 주석에서 '거꾸로逆'로 풀이했다. '경經'에 대해 왕필은 '마땅함義'으로, 왕숙은 '항상常'으로 풀이했다. '구丘'에 대해 왕필은 '항상'으로, 왕숙은 '작은 산小山'으로 풀이했다. '작은 산'은 산을 형상하는 상괘의 육오를 가리킨다. 그 뜻은 전이顚頤는 본래 상괘 육오효에 대응하는데 지금은 거꾸로 되어 초구를 보살핀다는 것이다. 이것도 왜곡된 설명이다. 내 생각에 '구이丘頤'는 단지 양쪽 볼이 불룩해진 것일 뿐이다.[131] '불경拂經'은 음식물이 왼쪽 볼에

131_ '구이丘頤'는 상박본과 마왕두이본에는 '북이北頤'로, 쌍구두이본에는 '구이丘頤'로 되어 있다. 고문자에서 구丘자는 북北자와 매우 비슷하니, 단지 北자 밑에 가로획 하나를 더한 것이다.

서 오른쪽으로 옮겨진 뒤에 다시 오른쪽에서 왼쪽으로 옮겨지는 것을 말한다.

拂頤불이 '불경우구이拂經于丘頤'를 줄인 말로 생각되며, 좌우로 움직이는 것을 가리킨다.

顚頤전이 육사효의 '전이顚頤'는 육이효의 '顚頤'를 중복한 것이다.

虎視眈眈호시탐탐 호랑이의 눈빛을 형용한 것이다. 『설문해자』「목부目部」에 "탐眈은 보는 것은 가까우나 뜻은 먼 것이다視近而志遠"라고 풀이하고 『주역』의 이 구절을 인용했다. 이전 사람들은 탐탐眈眈은 깊이 보는 것이라고 했다. 이 구절은 쌍구두이본은 같고 상박본에는 '韅韅(融融)'로 되어 있으며, 마왕두이본에는 '沈沈침침'으로 되어 있다. 융融은 유모동부자喻母冬部字이며, 탐眈과 침沈은 단모침부자端母侵部字로 동冬과 침侵의 방전旁轉에 속한다.

其欲逐逐기욕축축 호랑이가 뛰어오르며 금방이라도 덮쳐올 것 같은 모습을 형용한다. 상박본에는 '亓猷(欲)攸攸(逐逐)기유(욕)유유(축축)'으로 되어 있고, 마왕두이본에는 '其容(欲)笛笛(逐逐)기용(욕)적적(축축)'으로 되어 있으며, 쌍구두이본에는 '其□逐逐(逐逐)기□수수(축축)'로 되어 있다. '逐逐축축'은 『자하역전』에는 '攸攸유유'로 되어 있는데(『석문』에 인용) 상박본과 같다. 순상본에는 '悠悠유유'로 되어 있다. 주의할 점은 쌍구두이본의 '逐수'자는 결코 후대에서 사용하는 逐자의 의미가 아니라 '逐축'자의 이체자라는 것이다.

拂經불경　'불경우구이拂經于丘頤'를 줄인 말로 생각되며, 육오효의 '불경拂經'
은 육삼효의 '불이拂頤'를 중복한 것이다.

由頤유이　대개 뺨이 상하좌우 자유자재로 움직이는 것을 가리킨다.[132]

132_ '由'는 상박본에는 '繇'로 되어 있다.

제28 : 대과괘大過卦

위 마룻대가 바르지 않으면 아래 들보도 휜다

▤ 大過: 棟撓(橈), 利有攸往, 亨. 대과 동요(요), 이유유왕 형

 대과괘: 대들보가 휘니 나다니는 것이 이롭고 신명과 통한다.

初六, 藉用白茅, 无咎. 초륙 자용백모 무구
음효일, 흰 띠풀을 깔고 제물을 놓으니 화가 없다.

九二, 枯楊生稊, 老夫得其女妻, 无不利. 구이 고양생제 노부득기녀처 무불리
양효이, 늙은 남자가 젊은 여자를 아내로 삼으니 마른 버드나무에 여린 잎
이 자라는 것과 같으며 일에 이롭지 않은 것이 없다.

九三, 棟(撓)[橈], 凶. 구삼 동(요)[요] 흉
양효삼, 대들보가 아래로 휘니 흉하다.

九四, 棟隆, 吉, 有它, 吝. 구사 동륭 길 유타 인
양효사, 대들보가 위로 휘니 길하지만, 예외가 있으면 매우 유감스럽다.

九五, 枯楊生華, 老婦得其士夫, 无咎无譽. 구오 고양생화 노부득기사부 무구무예

양효오, 늙은 여자가 젊은 남자를 남편으로 삼으니 마른 버드나무에 꽃이 피는 것과 같으며 이상하게 여기는 사람도 없고 칭찬하는 사람도 없다.

上六, 過涉滅頂, 凶, 无咎. 상륙 과섭멸정 흉 무구

음효륙, 걸어서 강을 건너는데 물이 너무 깊어 정수리를 적시니 당연히 길하지 않지만, 그래도 화는 없다.

【대의】

이 괘는 하괘가 손巽이고 상괘가 태兌로[133] 거울에 비치듯이 상괘와 하괘가 상반된다. 하괘는 두 양이 하나의 음을 탔고乘(위에 있음을 뜻함), 상괘는 두 양이 하나의 음을 받드니承(아래에 있음을 뜻함) 서로 대칭 모양이다. 흰 띠풀을 까는 것과 큰물이 정수리를 잠기게 하는 것은 첫 번째 대칭이다. 늙은 남자와 젊은 아내, 늙은 여자와 젊은 남편은 두 번째 대칭이다. 대들보가 아래로 휘는 것과 위로 휘는 것은 세 번째 대칭이다. 이 세 가지 대칭은 모두 지나친 것에 대해 말한다. 지나친 것은 물론 좋지 않다. 하지만 괘사에서는 "형통하다亨"고 하고, 초륙효에서는 "화가 없다无咎"고 하며, 구이효에서는 "이롭지 않은 것이 없다无不利"고 하고, 구사효에서는 "길하지만 예외가 있으면 매우 유감스럽다吉, 有它, 吝"고 하며, 구오효에서는 "이상하게

133_『좌전』 양공 25년 조목에 최무자崔武子가 점을 쳐서 곤困괘가 대과괘로 바뀐 괘를 만난 일을 기록하면서 이 괘의 구삼효를 언급했다.

여기는 사람도 없고 칭찬하는 사람도 없다无咎无誉"고 하고, 상륙효에서는 "당연히 길하지 않지만, 그래도 화는 없다凶, 无咎"고 하여 여섯 효 가운데 구삼의 흉함을 제외하면 큰 불리함은 없다.

이 괘의 하괘는 양 둘이 음 하나를 누르니 늙은 남자와 젊은 아내의 상이며, 흰 띠풀을 밑에 까는 것은 젊은 여자를 밑에 까는 것을 의미한다. 고대의 제왕은 모두 늙은 소가 여린 풀을 먹는 격이어서 여린 풀을 찾을수록 그 수가 적어진다. 이것이 "위 마룻대가 바르지 않으면 아래 들보도 휜다"는 것이다. 상괘는 음 하나가 위에 있고 양 둘이 아래에 있으니 늙은 아내와 젊은 남편의 상이다. 큰물이 정수리를 잠기게 한다는 것은 늙은 아내에게 화가 되는 물이 정수리를 잠기게 한다는 말이다. 고대에 여군주가 권력을 전단할 때 작고 흰 얼굴(여자처럼 곱게 생긴 남자)을 노리개로 삼을 수 있었다. 이것도 "위 마룻대가 바르지 않으면 아래 들보도 휜다"는 것이다. 대들보가 아래로 휜 것과 대들보가 솟아 위로 휘어진 것은 모두 지나침에 속한다. 이런 지나침은 상류사회에만 해당하기 때문에 '큰 지나침大過'이라고 한다. '늙은 남편과 젊은 아내老夫少妻'는 남권男權 사회의 정면이고 '늙은 아내와 젊은 남편老妻少夫'은 남권사회의 반면이다. 양자는 모두 남권사회에 속한다. '큰 지나침'은 남권사회의 '지나침'이다.

『역경』에서 '지나침'에 대해 말하는 괘는 두 개가 있으니 대과괘와 소과괘다. '대과'는 큰 것의 지나침으로, 두 음이 네 양을 감싸고 있어 양이 매우 성하다. '소과'는 작은 것의 지나침으로, 네 음이 두 양을 감싸고 있어 음이 매우 성하다. 소과는 새가 날아 읍을 지나는 것을 말하는데, 나는 새는 상서롭지 않아 음이 매우 성한 것에 속하니 이 괘와는 다르다.

앞의 이頤괘가 대과괘와 무슨 관계가 있는지는 그다지 분명하지 않다. 「서괘」14에 "사물이 축적된 다음에 기를 수 있기 때문에 이頤괘로 받는다. '頤'는 기른다는 뜻이다. 기르지 않으면 움직일 수 없기 때문에 대과괘로 받았다"라고 했는데, 의미가 분명하지 않다. 「잡괘」 12에 "대과괘는 뒤집는 것이다大過, 顚也"라고 했으며, 「잡괘」 14에 "이괘는 바름을 기르는 것이다"라고 하여, 두 괘를 나누어서 말하고 있다. "대과괘는 정수리다"는 상륙효의 "걸어서 강을 건너는데 물이 너무 깊어 정수리를 적신다過涉滅頂"를 가리키는데, "이괘는 바름을 기른다"는 것과 무슨 관계가 있는지도 알 수가 없다.

【교독】

大過대과 양이 매우 성한 것을 가리킨다. 대과괘와 뒤의 소과괘는 모두 '지나침過'을 명칭으로 하지만 아주 상반된다. 대과괘는 네 양이 상하의 두 음에 호응하니 '큰 것이 지나침大者過'에 속하고, 소과괘는 네 음이 상하의 두 양에 호응하니 '작은 것이 지나침小者過'에 속한다. '큰 것大者'은 가운데 네 양을 가리키고, '작은 것小者'은 가운데 네 음을 가리킨다. 이것이 양자의 차이점이다. 생각건대, 『역경』은 '음은 순하고 양은 거스름陰順陽逆'을 말하고 있으니, 음효는 아래로부터 위로 가서 위로 갈수록 늙고老, 양효는 위로부터 아래로 가서 아래로 갈수록 늙는다. 뒤에 나오는 늙은 남편이 젊은 아내와 짝하고 늙은 아내가 젊은 남편과 짝하는 것은 바로 이러한 개념에 따라 말한 것이다.

棟橈동요 '동棟'은 집의 등뼈에 해당하는 대들보를 말한다. '요橈'는 구부러진 것을 뜻한다. 괘사의 '동요棟橈'는 일반적인 말로, 구삼효의 '동요棟橈'도 포함하고 구사효의 '동륭棟隆'도 포함한다.

藉用白茅자용백모 흰 띠풀을 깔고 제물을 늘어놓는 것을 말한다. 이 효의 「소상」(「상전 상」 28)에서 "흰 띠풀을 까는 것은 부드러움柔이 아래에 있는 것이다藉用白茅, 柔在下也"라고 했는데, 초륙은 가장 아래에 있는 효이니 바로 밑에 까는 것이다. 흰 띠풀Imperata cylindrical은 갓 생겨난 것을 제荑라고 하는데, 색깔이 희고 부드러워 음유한 여자의 상이 된다. 『시경』 「소남·야유사균野有死麕」에서는 '흰 띠풀'로 '아가씨가 마음이 움직이네有女懷春'와 '옥 같은 아가씨有女如玉'를 암시하고 「위풍·석인碩人」에서는 '부드러운 띠풀柔荑'로 여자의 섬섬옥수를 암시한다. 구이효에서 늙은 남편과 젊은 아내를 말하는데, 아내로 맞이한 젊은 여자가 바로 초륙이다.[134]

枯楊生稊고양생제 버드나무에 여린 잎이 나온 것을 말한다. '제稊'는 여린 잎이며, 제荑와 통한다. 정현의 주석에는 '荑'(『석문』에 인용)로 되어 있다. '고양枯楊'은 '늙은 남편老夫'을 가리키며 '제稊'는 '젊은 아내女妻'를 가리킨다.

老夫得其女妻노부득기녀처 늙은 남자가 어린 여자를 아내로 맞이하는 것을 가리킨다. '노부老夫'는 늙은 남자로 구이효를 가리킨다. '여처女妻'는 어린 여자를 처로 삼는 것이다. '여女'는 미혼의 처녀로 초륙효를 가리킨다. 이 구절의 다음 문장은 "이롭지 않음이 없다无不利"로 이어진다. 늙은 남편과 젊

134_「설괘」 2:8에서는 손巽은 장녀長女(음 하나가 아래에 있다), 태兌는 소녀少女(음 하나가 위에 있다)가 된다고 했다. 하지만 상빙허는 『초씨역림』에 근거해 손을 젊은 아내로 보고 태를 늙은 부인으로 보았다. 상빙허의 저서 『주역상씨학』 141쪽에 보인다.

은 아내는 고대 상류사회에서는 정상적인 일이다. 하지만 이 괘의 「소상」(「상전 상」 28)에서는 "지나침으로 서로 함께한다"('잘 어울리지 않는다'는 뜻)라고 했으니, 서로 해석이 충돌한다.

棟橈동요 대들보가 아래로 구부러진 것을 말한다. 이것은 괘사에 이어 두 번째 나온 구절로 아래의 '동륭棟隆'과 상대한다. 여기서는 양이 음을 탄 것으로, 구이와 구삼이 위에 있으면서 초륙을 누르는 것을 가리킨다. 대들보가 아래로 누르기 때문에 아래로 구부러지는 것이다. 내 생각에 구삼의 '동요'는 구사의 '동륭'과 상대하니 양자는 응당 구별되어야 한다. '동륭'은 대들보가 위로 휜 것을 가리키고, '동요'는 대들보가 아래로 휜 것을 가리킨다.

棟隆동륭 대들보가 위로 휜 것을 말한다. 여기서는 양이 음을 받드니 구사와 구오가 아래에 있으면서 상륙을 머리로 받치는 것을 가리킨다. 대들보를 위로 받치고 있기 때문에 위로 휜다.

枯楊生華고양생화 버드나무에 꽃이 핀 것을 말한다. '고양枯楊'은 '늙은 여자老婦'를 가리키고, '화華'는 곧 꽃이며 '젊은 남자士夫'를 가리킨다.

老婦得其士夫노부득기사부 늙은 여자가 젊은 남자에게 시집가는 것을 가리킨다. '노부老婦'는 늙은 여자로 상륙을 가리킨다. '사부士夫'는 젊은 남자를 남편으로 삼는 것이며, '사士'는 미혼의 어린 남자로 구오를 가리킨다. 사士는 여女와 상대하는 말로 나이가 어린 미혼의 남녀를 가리키는데, 「시경」「정풍·진유溱洧」에 보인다. 이 구절의 다음 문장은 "이상하게 여기는 사람도 없고 칭찬하는 사람도 없다无咎无譽"이지만, 이 효의 「소상」(「상전 상」 28)에는서 "또한 추하다亦可醜也"라고 하여 해석이 상충한다.

過涉滅頂과섭멸정 강을 건너다 정수리가 물에 잠기는 것을 말한다. 「잡괘」 12에서 "대과전야大過顚也"라고 한 것은 바로 괘명과 연결시켜 '大過顚也대과전야'라고 읽은 것으로, 큰 물이 정수리를 잠기게 하는 것을 가리킨다. 상륙은 맨 위에 있는 효로 여섯 효의 머리에 해당한다. 이 구절의 다음 문장은 "화는 없다无咎"이지만, 이 효의 「소상」(「상전 상」 28)에서는 "허물할 수 없다不可咎也"라고 하여 해석이 상충한다.

땅속 감옥의 원형

習坎: 有孚. 維心亨, 行有尚. 습감 유부 유심형 행유상

습감괘 : 예상을 벗어나지 않는다. 마음이 신명과 통하기만 하면 도중에 도와

주는 사람이 있을 것이다.

初六, 習坎, 入于坎窞, 凶. 초륙 습감 입우감담 흉

음효일, 구덩이 안에 구덩이가 있는데, 몸이 구덩이 안의 구덩이에 빠졌으

니 흉하다.

九二, 坎有險, 求小得. 구이 감유험 구소득

양효이, 구덩이 벽이 매우 가파르지만 구해줄 사람이 있기를 바라면 빠른

시간 안에 고난을 벗어난다.

六三, 來之坎, 坎險且枕(沈). 入于坎窞, 勿用. 육삼 내지감 감험차침(침) 입우감담

물용

음효삼, 이 구덩이로 오니 구덩이 벽은 가파르고 바닥도 깊다. 몸이 구덩이

안의 구덩이에 빠지니 아무리 해도 빠져나올 수 없다.

六四, 樽酒·簋貳·用缶, 納約自牖, 終无咎. 육사 준주·궤이·용부 납약자유 종무구

음효사, 〔누군가 먹고 마실 것을 보내기만 하면〕술 한 잔, 밥 두 그릇, 또물 한 동이를 줄로 드리워서 구덩이 입구의 창에서 아래로 내려보내면 끝내 화가 없다.

九五, 坎不盈, 祇(底)旣平, 无咎. 구오 감불영 지(저)기평 무구

양효오, 구덩이 입구가 막히지 않고 구덩이 바닥도 평탄하면 화가 없다.

上六, 係用徽纆, 寘于叢棘, 三歲不得, 凶. 상륙 계용휘묵 치우총극 삼세부득 흉

음효륙, 줄로 단단히 묶어 지하 감옥에 집어넣고 주위에는 가시덤불이 잔뜩 꽂혀 있으니 3년 동안 나가지 못하면 다른 방법이 없다.

【대의】

이 괘는 감坎이 중첩(하괘도 감, 상괘도 감)된 것으로, 감옥이라는 재앙을 말한다. 이 괘의 「단사」(「단전 상」 29)와 「상사象辭」(「상전 상象上」 29)에서는 '습감習坎'이라 칭하고, 「서괘」 15와 「잡괘」 11에서는 '감坎'이라고만 칭한다. 원이둬는 '습감'은 죄수를 가두는 지하 감옥이라고 했는데 매우 정확하다.135 정현은 『주역』 「추관秋官·사환司圜」의 주석에서 정중鄭衆의 말을 인용해 "환圜은 환토圜土다. 환토는 성처럼 높이 둘러싸인 감옥을 말한다"라고

풀이했다. '환토'는 바로 지하 감옥이다. 현대 중국어의 '감방監牢(또는 감옥)'은 감監과 뇌牢 두 글자가 합성된 것이다. 감監은 함檻과 같은데 짐승을 가둔 우리를 본딴 글자다. 짐승 우리를 함檻이라고 부르니 감監의 원형이 짐승 우리임은 분명하다. 뇌牢는 무엇일까? 허신은 "소나 말을 가두어 기르는 울타리閑養牛馬圈也"(『설문해자』 「우부牛部」)라고 풀이했다. 이 글자의 갑골문은 매우 구체적으로 묘사되어 있는데, 세 면이 둘러싸여 있고 한 면은 입 구가 트여 가축을 가두는 곳을 표현했으며, 그 안에 소 같기도 하고 양 같기도 한 가축이 들어 있는 형상이다. 소는 대뢰大牢(안에 소를 가둠)라 부르고, 양은 소뢰小牢(안에 양을 가둠)라 부른다.136 이렇게 가축을 가두어 기르는 곳은 일반적으로 울타리를 둘러쳐서 현대의 목장과 같은 모양일 것이라고 생각하는 사람들이 많다. 하지만 뇌牢는 교窖와 같은데, 교窖는 구덩이 혹은 땅굴을 말한다. 『손자』 「행군」 편에 '천뢰天牢'가 언급되는데, 이는 싱크홀(땅이 원통 혹은 원뿔 모양으로 꺼지는 현상)과 같은 지형으로 흉험한 지형에 속한다. 인췌산한간본에는 '천교天窖'로 되어 있다. 내 생각에 감뢰監牢의 牢는 처음에는 짐승을 잡는 함정이었을 것이고, 나중에 가축을 가둘 수 있다는 것을 발견하고 나서야 가축을 기르는 장소가 되었을 것이다. 더 시간이 흘러 인류가 문명사회로 진입해서는 사람을 사람으로 여기지 않고 노예와 범죄자를 마소와 동일시해서 그들을 지하 감옥에 가둘 수 있었던 것이다(초기의 인류도 동굴이나 황야에서 거주했다). 원이둬는 여기서 습감을 지하 감옥으로 보았는데 폭넓게 자료를 인용하고 있어 매우 설득력이

135_ 원이둬, 『주역의증유찬』, 34~35쪽.

136_ 위싱우 주편, 『갑골문자고림』, 중화서국, 1996, 제2책, 1504~1517쪽 : 1548 ; 1538~1540쪽 : 1564.

있다.137 이 괘는 『귀장』의 일문에는 '낙犖'으로 되어 있으며, 왕가대진간의 『귀장』에는 '노勞'로 되어 있으며, 「설괘」에도 '노호감勞乎坎'이라는 구절이 있다. 과거에는 모두 勞가 피로하다는 뜻을 나타낸다고 여겼다. 사실 勞는 牢로 읽을 수 있는데, 예를 들면 『후한서』「응봉전應奉傳」의 '다기뢰상多其牢賞'에 대해 이현李賢은 "뇌牢는 어떤 판본에는 노勞로 되어 있다"고 주석했다. 내 생각에 '노호감勞乎坎'의 '勞'는 '牢'의 가차자다.

【교독】

習坎습감 구덩이에 구덩이가 겹친 것을 말한다. '습習'은 '襲습'과 같으니 서로 중첩되고 합쳐져 있다는 뜻이다. '감坎'은 'ㄴ감'과 같다. ㄴ은 坎의 초기 문자로, 깊은 구덩이의 단면처럼 위에는 입구가 있고 옆으로는 벽이 있으며 아래에는 바닥이 있는 모양을 본뜬 글자다. 이 괘는 마왕두이본에는 '습감習贛'(상박본에는 빠져 있다)으로 되어 있는데, '감贛'은 감坎의 통가자다.

維유 마왕두이본과 쌍구두이본에는 '巂(鑴)휴(수)'로 되어 있다. 앞의 수隨괘 상륙효에 대한 교독을 참조하라.

行有尙행유상 '상尙'은 돕다는 뜻이다. 앞에 나온 태泰괘 구이효의 '득상우중행得尙于中行'에 대한 교독을 참조하라. 뒤에 나오는 풍괘 초구효와 절괘

137_ 원이둬, 『주역의증유찬』, 34~35쪽. 원이둬는 『한서』의 「소무전蘇武傳」과 「윤상전尹賞傳」, 『삼국전략三國典略』의 일문, 그리고 『논형』의 「난룡亂龍」을 예로 들어 고대에 지하 감옥에 죄인을 가둔 것은 짐승을 우리에 가둔 것과 같음을 증명했는데 매우 정확하다. 하지만 담줴의 "독음이 함檻과 같고, 함檻의 소리가 변해서 뇌牢가 되었다"는 그의 견해에 대해서는 토론해볼 여지가 있다.

구오효의 '왕유상往有尙'도 이와 유사한 표현이다.

坎窞감담 '감坎'은 구덩이다. '담窞'은 구덩이 속의 구덩이다. 구덩이 속의 구덩이가 바로 '습감習坎'이다.[138] 여기서는 범인을 가두는 감옥을 말한다.

來之坎내지감 여기서 '지之'는 '이것是'으로 풀이한다.

險험 '이易'와 상반된다. 이易는 평탄함을 나타내고, 험險은 높낮이의 차이가 커서 울퉁불퉁함을 나타낸다. 여기서는 구덩이의 벽이 수직에 가까움을 가리킨다.

小得소득 희망이 조금 있으면 험함에서 벗어날 수 있다는 뜻을 나타낸다.

枕침 '沈침'으로 읽고 '깊다'로 풀이한다. 마왕두이본에는 '訦우'로 되어 있고, 고문본과 사마본司馬本에는 '沈침'으로 되어 있다(『석문』에 인용).

樽酒준주 · **簋貳**궤이 · **用缶**용부 왕필본에는 '준주樽酒' '궤이簋貳' '용부用缶'를 나란히 놓았는데, 『석문』에 따르면 "이전에는 '준주궤樽酒簋'로 끊어 읽고,

---

138_ 담窞은 『설문해자』「혈부血部」에 보이는데 대서본大徐本에는 "'담'은 구덩이 속의 작은 구덩이다窞, 坎中小坎也. 혈穴을 따르고 함臽을 따르며 추芻는 또한 성부聲部다. 『주역』에 '입우감담入于坎窞'이라고 했는데, 어떤 판본에는 '방입야'로 되어 있다一日旁入也"라고 했으며, 소서본小徐本에는 "구덩이 속에 또 구덩이가 있는 것이다坎中復有坎也"라고 했다. 청대 학자들은 대부분 '감중소감坎中小坎'과 '일왕방입一日旁入'은 『학림學林』의 말이며, '감중경유감坎中更有坎'이야말로 『설문』의 원문이라고 여겼다.

'이용부貳用缶'를 한 구절로 했다". 여기서는 왕필본을 따른다. '준樽'은 술그릇을 말한다. '궤簋'는 음식 그릇을 말하는데, 쌀이나 기장을 담는 데 사용한다. 주나라와 진秦나라 계통의 문자는 둘을 나타낼 때 항상 '이二'를 '貳이'로 썼다. '부缶'는 입구가 작고 배가 큰 기물의 일종으로 술을 담을 수도 있고 물을 담을 수도 있는데, 여기서는 물을 담는 질그릇을 가리킨다. 병기兵器의 명문에서 과戈, 모矛, 검劍자는 항상 '자작용과自作用戈', '자작용모自作用矛', '자작용검自作用劍'(또는 '자작원용과自作元用戈', '자작원용모自作元用矛', '자작원용검自作元用劍')이라 자칭하는데, 이런 '용用'자는 모두 몸에 휴대하는 기물에 붙여 쓴다. 여기서 '용부用缶'도 이와 유사한 어휘다.

納約自牖납약자유 '약約'은 끈을 말한다. '유牖'는 본래 실내 채광을 위해 나무로 만든 격자창을 말하는데, 여기서는 지하 감옥 천장의 창을 가리킨다. 원이둬는 "옛날 감옥은 땅을 파서 움을 만들었기 때문에 창이 감옥 위에 있어 오늘날 천장에 낸 창과 같다"고 했다. 문왕이 유리羑里에 갇혔다고 할 때 羑里를 牖里로 쓰기도 한다. 牖里는 은나라 때 나라에서 관리하던 감옥이다. 최근崔覲의 주석에서는 "'납약納約'은 문왕이 은나라 주왕 때 이 방법을 써서 천장의 창으로 줄을 내려보내 마침내 어려움을 모면했다. 그러므로 '창으로 내려보내면 끝내 화가 없다自牖, 終无咎'고 한 것이다"(『주역집해』에 인용)라고 풀이했다. 원이둬는 문왕이 감옥牖里에 갇혔다고 할 때의 유리牖里도 이런 지하 감옥일 것이라고 생각했다.[139]

139_ 원이둬, 『주역의증유찬』, 35~36쪽.

係用徽纆계용휘묵 밧줄로 범인을 묶는 것을 말한다. 『석문』에 따르면 "유표劉表는 '세 가닥 끈은 휘徽라 하고, 두 가닥 끈은 묵纆이라 하니 모두 끈의 이름이다'라고 했다". '휘徽'는 두 가닥 끈으로 꼬아 만든 노끈을 말한다.

祗旣平지기평 '저기평底旣平'으로 독해한다.[140]

寘于叢棘치우총극 '치寘'는 설치한다는 뜻이다. '총극叢棘'은 지하 감옥 주위에 현대의 교도소에 둘러치는 철조망처럼 가시덤불을 가득히 꽂아두는 것인데, 그 목적은 죄인이 도망가는 것을 방지하기 위함이다. 우번은 주석에서 "감옥 밖에 가시나무 아홉 그루九棘를 심기 때문에 가시나무 덤불叢棘이라고 부른다"(『주역집해』에 인용)라고 설명했다. '구극九棘'은 『주례·추관』의 「대사구大司寇」와 「조사朝士」 편에 보인다. 고대에 송사訟事를 들을 때(법정 변론)에는 회화나무 세 그루와 가시나무 아홉 그루(좌우에 각각 아홉 그루), 돌 두 개(가석嘉石[141]과 폐석肺石[142])를 두었다. 이런 곳은 송사를 듣는 장소로 법정에 해당하며 감옥은 아니다. 『예기』 「왕제」 편에 "대사구가 대추나무 아래에서 송사를 듣는다"고 했는데, 이런 장소를 가리키는 것이기도 하다. 당시 법정에 가시나무를 심었을 뿐 아니라 감옥에도 가시나무를 심었다.

140_ 마왕두이본에는 '(온)[제](塭)[堤]'로 되어 있고, 정현본에는 '지坻'(『석문』에 인용)로, 경방본과 『설문해자』 「시부示部」에는 '제褆'로, 『석문』에는 '지진평祗盡平'으로 되어 있다.

141_ 가석은 주나라 때 부랑자나 경범죄자를 뉘우치도록 하는 데 쓰던 돌로, 좋은 글귀를 새긴 돌 위에 앉아서 마음을 바르게 할 것을 다짐하도록 했다.—옮긴이

142_ 폐석은 형조刑曹의 섬돌 아래 설치한 붉은 돌을 말한다. 주나라에서는 노인이나 어린이 등 의지할 곳 없는 사람이 억울한 심정을 호소하려고 할 때, 이 돌 옆에 서 있으면 관원이 그 문제를 해결해주었다.—옮긴이

『좌전』 애공 8년 조목에 "주자邾子가 또 무도해서 오자吳子가 태재太宰인 자여子餘에게 토벌하게 하여 누대에 가두고 가시나무를 심어 둘러쌌다"라고 했는데, 이런 경우가 직접적으로 관계가 있는 단어의 활용 사례다.[143]

三歲不得삼세부득　우번의 주석에 "부득不得은 감옥 밖으로 나갈 수 없다는 것을 말한다"(『주역집해』에 인용)라고 풀이했다.

143_ 원이뒤, 『주역의증유찬』, 36~37쪽.

석양이 한없이 좋다

☲ 離: 利貞, 亨, 畜牝牛吉. 이 이정 형 축빈우길

　이괘 : 점복에 이롭고 신명과 통하니 암소를 키우면 길하다.

初九, 履錯(踖)然, 敬之, 无咎. 초구 이착(적)연 경지 무구
양효일, 길을 아주 조심스럽게 가고 공경하는 마음을 가지고 있으니 화가
없다.

六二, 黃離, 元吉. 육이 황리 원길
음효이, 황혼이 드리우니 가장 길하다.

九三, 日昃之離, 不鼓缶而歌, 則大耋之嗟, 凶. 구삼 일측지리 불고부이가 즉대질
지차 흉
양효삼, 해그림자가 서쪽으로 기울고 낮이 다하려 하는데 때맞춰 즐기고
장군을 두드리며 노래하지 않으면 늙어서 한숨만 쉬니 불길하다.

九四, 突如其來如, 焚如, 死如, 棄如. 구사 돌여기래여 분여 사여 기여

양효사, 모든 것이 갑자기 오니, 방금 열화처럼 타올랐다가 지금은 오히려
죽은 듯이 가라앉아 광명이 나를 버리고 가버린다.

六五, 出涕沱若, 戚嗟若, 吉. 육오 출제타약 척차약 길

음효오, 곡해야 하면 곡하고 탄식해야 하면 탄식하지만 오히려 길하다.

上九, 王用出征, 有嘉折首, 獲匪(彼)其醜, 无咎. 상구 왕용출정 유가절수 획비
(피)기추 무구

양효륙, 우리 왕이 군사를 출정시킴에 공이 있는 신하를 상 주고 격려한다.
그들은 많은 적의 수급을 벨 뿐 아니라 적지 않은 포로를 잡으니 화가 없다.

【대의】

이 괘는 이離가 중첩(하괘도 이, 상괘도 이)된 것으로,[144] 석양이 서쪽으로
기우는 것을 말한다. 이離는 불의 상火象이며, 아울러 해와 달, 광명을 가
리킨다. 뒤에 나오는 명이괘도 해가 지는 것을 말하니 참조할 만하다.
감괘는 물을 상징하고 이괘는 불을 상징하는데, 서로 대립하면서도 통일성
이 있다. 『역경』의 팔순괘 가운데 건괘와 곤괘가 한 쌍으로 상경의 처음에
있으며, 감괘와 이괘가 한 쌍으로 상경의 끝에 있다. 하경은 이와 달리 진

144_『좌전』 선공 6년 조목에 백료伯廖가 점을 쳐서 풍괘가 이離괘로 변한 괘를 만난 일을 기록
하면서 이 괘의 상구효를 언급했다.

震괘와 간괘가 처음에 있지 않고, 손巽괘와 태兌괘도 끝에 있지 않다. 하경의 처음은 함괘와 항괘이며, 끝은 기제괘와 미제괘다. 기제는 하괘가 이離이고 상괘는 감이며, 미제는 하괘가 감이고 상괘는 이離니, 바로 감괘와 이괘에서 변화해 나온 것이다.

【교독】

離이　전해지는 판본 『귀장』에는 '이離'로 되어 있으니 금본과 같다. 왕가대 진간 『귀장』에는 '려麗'로 되어 있는데, 이 괘의 「단사」(「단전 상」 30)도 離를 麗로 풀이했다. 마왕두이본에는 '라羅'로 되어 있다(상박본에는 빠져 있다). 離자는 여러 가지 독법이 있다. 첫째는 분리分離의 '이', 두 번째는 이기離棄(저버리다)의 '이', 세 번째는 양려亮麗(밝고 아름답다)의 '여麗', 네 번째는 미려美麗(아름답다)의 '여', 다섯 번째는 부려附麗(덧붙이다)의 '여', 여섯 번째는 주려儔儷(짝, 반려자)의 '여儷', 일곱 번째는 망라網羅의 '나羅', 여덟 번째는 이난罹難(뜻밖의 재난을 당해 죽다)의 '이罹'로 독해할 수 있다. 아래 문장의 '이離'자는 다중의 함의가 있다.

畜牝牛吉축빈우길　이괘의 상하괘는 모두 음효가 중中의 자리에 있으니 암소를 기르는 상이 된다.

錯착　마왕두이본에는 '昔석'으로 되어 있고, 솽구두이본에는 '昔'으로 되어 있다(상박본에는 빠져 있다). 왕필의 주석에 "착연錯然은 공손하고 조심스러운 모습"이라고 풀이했다. 고서에 '踖적'자가 있는데, 바로 걸음걸이가 공손하고 조심스러운 것을 나타낸다. 『논어』 「향당鄕黨」 편에 "인군이 있으면 공손하면서도 불안한 모양을 하고 걸음걸이는 편안한 모양을 한다君在, 踧踖如也, 與與如也"라고 했고, 『설문해자』「족부足部」에서는 "'적'은 조심하는 것이다踖, 踧踖"라고 풀이했다. 여기서는 적踖으로 독해한다.

黃離황리 왕필의 주석과 공영달의 소에서는 황색을 중간색으로 여기는데 (오행의 방위색은 황색이 중간색이다), 육이가 가운데 자리에 있으면서 상괘를 둘로 나눈 것을 가리킨다. 그밖에도 여러 가지 추측이 있는데, 예를 들면 황리를 황색 비단黃羅이나 새 이름이라고 생각한다. 『이아』「석조釋鳥」에 "황皇은 황색의 새"라고 했으며, 이에 대한 곽박의 주석에 "세상 사람들은 황리류黃離留라 부르고, 박서搏黍라고도 부른다"라고 했는데, 황리류는 바로 꾀꼬리Oriolus chinesis diffusus를 말한다. 아마도 '황리黃離'는 더이상의 복잡한 함의는 없고 단지 황혼의 별칭인 것 같다. 황혼을 황리라고 부르는 것은 석양의 낙조가 황색을 띠고 해가 땅에 붙어 낮이 가는 것을 나타낸 것 같다.

日昃之離일측지리 '일측日昃'의 측昃은 해그림자가 서쪽으로 기우는 것을 가리킨다. '이離'의 뜻은 '황리黃離'와 같은데, 다중의 함의도 있다.

不鼓缶而歌불고부이가 『시경』「진풍陳風·완구宛丘」에 "그대는 쾅쾅 장군을 두드리며 언덕길에서 춤추네坎其擊缶, 宛丘之道"라는 구절이 있는데, 옛사람들이 장군을 두드리며 즐긴 일은 서적에 여러 차례 보인다. 이것은 때를 놓치지 않고 즐긴다는 뜻이다.

大耋之嗟대질지차　노년의 탄식을 의미한다. '질耋'은 연로하다는 뜻이다. 옛 사람들이 몇 살을 연로하다고 했는지에 대해서는 80세와 70세, 60세의 세 가지 설이 있는데, 80세로 보는 것이 가장 보편적이다. '차嗟'는 탄식하는 소리다.

突如其來如돌여기래여, **焚如**분여, **死如**사여, **棄如**기여　떠나간다는 뜻을 취한 것 같다. 효를 중시한 한나라의 유생들은 앞 문장에서 노인을 말한 것을 견강부회하여 여기의 '돌突'이 불효자를 뜻하며, '분여焚如, 사여死如, 기여棄如'는 각각 화형火刑과 사형死刑, 유형流刑을 가리키는 것으로 보아 불효자를 징벌하는 뜻으로 해석했다. 왕망이 옛것을 회복할 때 '분여지형焚如之刑'을 시행했는데(『한서』「흉노전匈奴傳 하」) 바로 화형으로 불효자를 벌한 것이었다. 정현의 주석은 이 설을 채용했다(『주례』「추관·장륙掌戮」 공영달의 소에 인용). 『설문해자』「돌부去部」에는 "돌去은 거꾸로 갑자기 나오는 것이다. 자子가 거꾸로 된 모양을 따랐다. 『역』에 '돌여기여래突如其來如'라고 했는데, 불효자가 갑자기 나와 안(모체)에서 용납되지 않는 것을 말한다"라고 풀이했다. 허신은 거꾸로 쓴 𡉞(자子자의 고문)를 『역경』의 돌突자로 여겼다. 이런 필법의 돌突자는 『고문사성운古文四聲韻』 권5에 보인다.**145** 혜동은 한역漢易을 추숭해 아예 '돌突'을 '유㐬'로 고쳐버렸다. 사실, 이런 견해는 모두 글자만 보고 뜻을 짐작해서 곡해한 것으로, 오히려 왕필의 주석과 공영달의 소가 단지 햇빛의 변화만을 말해 꾸밈이 없고 믿을 만한 것만 못하다. 이 편의 주제는 해가 지는 것을 말한다. 내가 이해하기로는, 여기서는 해가

145_ 쉬짜이궈,『전초고문자편』중책, 729~730쪽 참조.

산으로 지다가 마치 아주 갑작스럽게 석양이 불처럼 타오르고는 오래지 않아 사라져버리는 것을 말한다. '돌여기래여突如其來如'는 오늘날 두 번째 '여如'자가 빠진 '돌여기래'의 형태로 성어成語가 되었으며, 그 의미는 공영달이 해석한 대로 '갑자기 이르고 홀연히 온다突然而至 忽然而來'는 것이다.

折首절수　서주 시기의 금문에서는 전쟁의 공로를 말할 때면 늘 '절수집신折首執訊'을 언급한다. '절수折首'는 목을 베는 것을 말하고, '집신執訊'은 산 채로 사로잡는 것을 말한다. 『역경』에서는 가장 위의 효를 '수首'라고 하고, 가장 아래의 효를 '미尾'라고 한다. 여기서는 쌍관어인 것 같다.

獲匪其醜획비기추　마왕두이본에는 '獲不(彼)纛(儔)획불(피)주(주)'(상박본에는 빠져 있다)로 되어 있는데, 방모지부帮母之部의 글자가 아니라 피彼는 방모가부帮母歌部의 글자이며 고음이 서로 가깝다. '획獲'은 망라한다는 뜻과 관계가 있는 것 같다. '비기匪其'는 '彼其피기'로 읽는다. 彼其의 뜻은 여전히 '저것彼'이며, 네 글자 구절에 상용된다. 앞에서 살펴본 대유괘 구사효爻의 '비(피)기팽(팽)匪(彼)其彭(髹)'을 참고하라. '획추獲醜'는 무리를 잡는다는 뜻이고, 추醜는 주儔와 뜻이 같으니 주려儔儷의 뜻을 취한 것이다. 『시경·소아』의 「출거出車」와 「채기采芑」 편에 '집신획추執訊獲醜'가 있는데, 전통적인 해석은 모두 추醜를 적과 같은 부류로 풀이한다. 하지만 추醜와 신訊이 무슨 차이가 있는지에 대해서는 여전히 토론할 가치가 있다. 내가 이해하기로는, 신訊은 전쟁 포로로서 금문金文의 자형字形은 사람이 양손을 뒤로 하여 결박당한 모습이며, 추醜는 이와 달리 응당 적방의 백성을 가리킨다. 이런 백성들은 비전투 인원이다.

『역경』

하경
下經

제31 : 함괘咸卦

부녀자는 예의가 아니면 움직여서는 안 된다

咸 : 亨, 利貞, 取(娶)女吉. 함 형 이정 취(취)녀길

> 함괘 : 신명과 통하고 점복에 ▢로우니 장가드는 일이 길하다.

初六, 咸(緘)其拇. 초륙 함(함)기무
음효일, 그녀의 엄지발가락을 제어하▢ 두 발을 움직이게 해서는 안 된다.

六二, 咸(緘)其腓, 凶, 居(處)吉. 육이 함(함)▢비 흉 거(처)길
음효이, 그녀의 장딴지를 제어하여 종아리를 ▢직이게 해서는 안 되며, [문을 나서면] 흉하고 집에 있으면 길하다.

九三, 咸(緘)其股, 執其隨(骽), 往吝. 구삼 함(함)기고 집▢▢(퇴) 왕린
양효삼, 그녀의 허벅다리를 제어하여 넓적다리를 움직▢게 해서는 안 되며, 문을 나서면 반드시 유감스러움이 있다.

九四, 貞吉, 悔亡, 憧憧往來, 朋從爾思. 구사 정길 회망 동동왕래 붕종이▢

양효사, 점복 결과가 길하니 오직 잃을까 두렵고, 급하게 아내를 맞이하러 갔다가 급하게 돌아오니 벗들이 너를 따른다.

九五, 咸(緘)其脢, 无悔. 구오 함(함)기매 무회
양효오, 그녀의 등을 제어하여 상체를 움직이게 해서는 안 되니 (그렇게 하면) 후회하지 않을 것이다.

上六, 咸(緘)其輔頰·舌. 상륙 함(함)기보협·설
음효륙, 그녀의 볼과 혀를 제어하여 함부로 말하게 해서는 안 된다.

【대의】

이 괘는 하괘가 간艮이고 상괘가 태兌로, 장가드는 일과 관계가 있다. '간'은 산이고 '태'는 못澤이다. 이 괘의 「단사」(「단전 하」31)에 "함咸은 느끼는感 것이다山上有澤, 咸"라고 했고, 이 괘의 「대상」(「상전 하」31)에서는 "산 위에 못이 있는 것이 함이다"라 했으며, 「설괘」2:1에서는 "산과 못은 기가 통한다山澤通氣"라고 했다. 전통적인 해석은 함咸을 감感으로 간주하는데, 산과 못이 기를 통하며 위아래가 교감하는 것을 가리킨다. 이것이 『역전』의 이해인데, 『역경』에서 쓰임은 근본적으로 이치에 맞지 않는다. 이 괘의 원문을 읽노라면 한 가지 인상만 남는데, 여기서 다섯 개의 '함'자는 모두 신체를 제어하는 것을 가리켜 장가드는 일이 마치 돼지를 묶는 일처럼 느껴진다. 함괘에서 말하려는 도리는 여자는 예의에 맞지 않으면 움직여서는 안 된다는 것이다. 남자는 반드시 자기 아내의 몸을 발끝에서 머리끝까지 완전히 제

어해야 한다. 먼저 아내의 발을 제어하고 다음으로 아내의 입을 제어해 함부로 말하게 해서는 안 되며 함부로 움직이게 해서도 안 된다.

함괘에서 주의해야 할 점은 다음과 같다.

첫째, 「설괘」 2:8에서 간은 젊은 남자少男, '태'는 젊은 여자少女에 해당한다고 한다. 젊은 남자가 젊은 여자를 아내로 맞이하는 것은 신혼의 즐거움이다. 막 출가한 부인을 반드시 좋게 보아야 한다고 말한다.

둘째, 함괘는 간괘와 관계가 있는데, 두 괘는 모두 '간'을 포함하며 '간'은 '그치다止'로 풀이하니 '제한한다限'는 뜻과 같다. 두 괘는 모두 아래에서 위로 인체를 말한다. 먼저 하체를 말하고 난 다음에 상체를 말하는데, 다리에서 종아리, 넓적다리, 가슴과 배, 어깨와 등을 거쳐 마지막으로 머리까지 다다른다. 주의할 점은 다음 문장의 이해가 이 순서에 부합해야 한다는 것이다.

이 괘가 매우 흥미로운 것은 결국 장가들기에 유리하다는 말이란 점이다. 남권사상이 지면에 생생하게 드러난다.

【교독】

咸함 왕가대진간 『귀장』에는 '咸'으로 되어 있으니 금본과 동일하다. 상박본과 마왕두이본, 그리고 『귀장』의 일문에는 '欽흠'으로 되어 있다. 咸은 '緘함'으로 읽을 수 있는데, 『설문해자』 「사부糸部」에 "緘은 상자를 묶는束箧 것이다"라고 풀이했다. 緘은 봉한다는 뜻과 묶는다는 뜻이 있다. 이 괘의 상륙효 「소상」(「상전 하」 31)에서 "볼과 뺨, 혀를 묶는다는 것은 혀를 묶는 것이다咸其輔頰·舌, 滕(縢)口說也"라고 한 것도 '咸'자를 응당 '금인이 세 번 그 입을 봉하다金人三緘其口(「금인명金人銘」에 보인다)의 '緘[1]으로 독해해야 하는 것을 증명하며, 의미가 확장되어 속박하거나 제어한다는 뜻을 가진다. '欽흠'은 '禁금'과 고음이 서로 비슷해서 통용된 경우도 있는데, 禁자에도 이런 함의가 있다. 이것이 괘명에 대한 정확한 독법이다.

拇무 엄지손가락을 말한다. 손가락과 발가락 중 큰 것을 무拇라고 한다. 여기서는 발가락을 가리킨다. '무'는 해괘 구사효에도 보인다. 발가락의 움직임을 제어해야 비로소 발의 움직임을 제어할 수 있다. 여기서는 초륙효를 발로 보았다.

腓비 장딴지를 말한다. 장딴지의 움직임을 제어해야 종아리의 움직임을 제어할 수 있다. '비腓'는 상박본에는 '肶'로 되어 있는데, 이것은 바로 고股자로 아래 효와 관련되기 때문에 잘못된 것이다. 마왕두이본에는 '肥'로 되어 있는데, 『석문』에 "腓는 본래 '肥비'로 쓰기도 한다"라고 했으니 이 글자가 비로소 腓자에 상당한다.

凶흉 뒷구절의 "집에 있으면 길하다居(處)吉"와 상반된 의미로, 가면 흉하다는 뜻을 나타내는 것으로 생각된다.

股고 상박본에는 '肶'로 되어 있는데 문체를 대조해보면 응당 股자가 된다. 마왕두이본에는 '肥'자로 잘못 쓰여 있다.

1_ 「금인명」은 『설원』 「경신敬愼」 편과 『공자가어』 「관주觀周」 편에 보인다. 정량수鄭良樹의 「금인명과 노자」(정량수, 『제자저작연대고諸子著作年代考』, 베이징도서관출판사, 2001, 12~20쪽에 수록) 참조.

隨수 ‘骽퇴’로 독해하는데, 넓적다리뼈와 골반의 연결 부분, 요즘 말로 엉덩이뼈 부분髖部을 가리킨다. 『혜림음의慧琳音義』 권14에 인용된 『자서字書』와 권61에 인용된 『옥편玉篇』에 “퇴骽는 엉덩이뼈다髖也”라고 했고, 『설문해자』 「골부骨部」에 “관髖은 넓적다리 위쪽을 가리킨다”고 했으며, 『집운』 「회운賄韻」에는 “퇴骽는 넓적다리다. ‘腿퇴’로 쓰기도 한다”고 했다.2 내 생각에 腿는 骽의 속자다. 요즘 말로 이른바 腿는 대퇴大腿와 소퇴小腿를 통틀어 일컫는다. 대퇴는 넓적다리를 가리키고(비髀라고도 한다), 소퇴는 종아리를 가리킨다. 종아리와 넓적다리가 연결된 부분이 무릎膝이며, 넓적다리와 엉덩이가 연결된 부분이 엉덩이뼈髖다. 여기서는 넓적다리 가장 윗부분을 가리키는데, 속칭 허벅다리大腿根라고 한다. 유월의 『군경평의』 「주역 1」에 실린 ‘함기고, 집기수咸其股, 執其隨’ 조를 참고하라.3

憧憧往來동동왕래 ‘동동憧憧’은 왕래가 일정하지 않은 것을 형용하니, 이 구절은 급하게 오가는 것을 의미한다.

腜매 등살을 말하며, 여기서는 신체의 몸통 부위를 가리킨다. 상박본에는 ‘무拇’(자형이 서로 비슷하다)로 잘못 쓰여 있고, 마왕두이본에는 ‘고股’로 잘못 쓰여 있다.

輔頰보협 얼굴의 볼을 말한다. ‘보輔’는 상박본에는 ‘頮’로 되어 있고, 마왕

2_ 『집전고문운해集篆古文韻海』에 퇴骽자가 있는데, 바로 腿로 쓰여 있다. 쉬짜이궈의 『전세고문자편』(상책, 400쪽) 참조.
3_ 왕셴첸 편, 『청경해속편』, 제5책, 1029쪽 참조.

두이본에는 '胶'로, 쌍구두이본에는 '부쏏'로, 우번본에는 '보酾'('석문』 인용)로 되어 있다. 보輔와 협頰을 연결해 말하면 사람의 볼을 가리키지만, 분리해서 말하면 그다지 같지는 않다. 『설문해자』「거부車部」에 "보輔는 사람의 협거를 말한다輔, 人頰車也"[4]라고 했고, 「면부面部」에서는 "보酾는 뺨이다酾, 頰也"라고 했다. 酾는 볼 안의 잇몸뼈牙牀骨로 고서에서는 대부분 거보車輔의 輔를 빌려 해석한다. 『설문해자』「혈부頁部」에 "협頰은 얼굴 옆 부위를 말한다頰, 面旁也"라고 했으니, 협은 바로 볼을 가리킨다. 협頰과 보輔는 보좌한다는 협보夾輔의 뜻과 관계가 있다. "보거는 서로 의지한다輔車相依"(『좌전』 희공 5년)의 '보거輔車'는 잇몸뼈를 가리키는데, 위쪽 잇몸뼈를 '보輔'라 하고, 아래쪽 잇몸뼈를 '거車'라 한다. '보협輔頰'은 사람의 볼을 가리키는데, 보輔는 볼 안쪽의 뼈이고 협頰은 바깥쪽 피부와 살이다.

4_ 협거頰車는 족양명위경足陽明胃經의 혈자리다. 어금니를 꽉 깨물었을 때 불룩하게 만져지는 깨물근 부위에 해당한다.—옮긴이

제32 : 항괘恒卦

부인, 한결같이 지켜야 한다

恒: 亨, 无咎, 利貞, 利有攸往. 항 형 무구 이정 이유유왕

항괘 : 신명과 통하며 화가 없다. 점복에 이롭고 나다니는 것이 이롭다.

初六, 浚恒, 貞凶, 无攸利. 초륙 준항 정흉 무유리
음효일, 변화가 일정하지 않으며 점복 결과가 흉하니 좋은 점이 없다.

九二, 悔亡. 구이 회망
양효이, 오직 잃을까 봐 두려워한다.

九三, 不恒其德, 或承之羞, 貞吝. 구삼 불항기덕 혹승지수 정린
양효삼, 항상 지킬 수 없으니 치욕을 부르는 것을 면하기 어렵고 점복 결과
가 조금 유감스럽다.

九四, 田无禽(擒). 구사 전무금(금)
양효사, 사냥에 잡는 것이 없다.

六五, 恒其德, 貞婦人吉, 夫子凶. 육오 항기덕 정부인길 부자흉

음효오, 부인의 덕을 항상 지킬 수 있는지 점치니 길하고, 남편의 덕을 항상 지킬 수 있는지 점치니 흉하다.

上六, 振恒, 凶. 상륙 진항 흉

음효륙, 변화가 일정하지 않으니 흉하다.

【대의】

이 괘는 하괘가 손巽이고 상괘가 진震으로, 남녀와도 관계가 있다. 앞의 함괘가 말하는 남녀는 소남少男과 소녀少女로, 여기서 '여자'는 막 출가한 어린 부인을 가리킨다. 이 괘가 말하는 남녀는 노부부로, 여기서 '여자'는 남의 아내가 된 지 오래된 늙은 여자를 가리킨다. 「설괘」 2:8에서는 손巽은 장녀가 되고 진震은 장남이 된다고 말한다. 진은 움직임動으로 위에 있고, 손은 따름順으로 아래에 있으니 부창부수의 상이다. 함괘는 움직이지 말라고 강조하지만, 이 괘는 그와 상반되게 움직여도 된다고 말하되 마음대로 움직일 수는 없고 여자는 남자를 따라서 움직여야 한다는 것이니 역시 남권 사회의 분위기가 농후하다.

공자는 항상됨恒을 중시해 『논어』와 『예기』에서 두 차례 이 괘를 언급했다. 하지만 흥미로운 점은 이 괘에서 말하는 '항상됨'은 남자가 항상됨을 지켜야 하는 것이 아니라 여자가 항상됨을 지켜야 한다는 것이다. 다시 말하면 여자가 시집가면 후회하지 말고 일부종사하면서 한평생 한 남편만을 지켜야 한다는 것이다.

「서괘」에 "천지가 있은 다음에 만물이 있으며, 만물이 있은 다음에 남녀가 있으며, 남녀가 있은 다음에 부부가 있으며, 부부가 있은 다음에 부자가 있으며, 부자가 있은 다음에 군신이 있으며, 군신이 있은 다음에 상하가 있으며, 상하가 있은 다음에 예의가 베풀어질 곳이 있다. 부부의 도는 항구하지 않을 수 없기 때문에 항괘로 받았다. 항은 오래됨이다有天地然後有萬物, 有萬物然後有男女, 有男女然後有夫婦, 有夫婦然後有父子, 有父子然後有君臣, 有君臣然後有上下, 有上下然後禮義有所錯. 夫婦之道不可以不久也, 故受之以恆. 恆者, 久也"라고 했다. 전통적으로 『역』을 해석하는 사람들은 모두가 상경은 천지를 말하고 하경은 인륜을 말하며, 인륜은 남녀에서 시작된다고 말한다. 함괘와 항괘가 하경의 앞머리에 배치된 것은 전하는 바에 따르면 이 도리에 근거한다. 이 두 괘는 하경 머리 부분의 한 쌍으로 확실히 인륜을 말하고 있지만, 하경 전체가 인륜을 말한다고 생각해서는 결코 안 된다.

함과 항 두 괘는 모두 부인의 도를 말하니 내용이 서로 관련된 한 쌍이다.

【교독】

恒항 항상됨을 지킨다는 말로, 부인의 도리를 굳건하게 지켜 오래되어도 변치 않는 것을 가리킨다. 「서괘」에 "천지가 있은 다음에 만물이 있으며, 만물이 있은 다음에 남녀가 있으며, 남녀가 있은 다음에 부부가 있으며, 부부가 있은 다음에 부자가 있으며, 부자가 있은 다음에 군신이 있으며, 군신이 있은 다음에 상하가 있으며, 상하가 있은 다음에 예의가 베풀어질 곳이 있다. 부부의 도는 항구하지 않을 수 없기 때문에 항괘로 받았다. 항은 오래됨이다"라고 말했다. 「서괘」에서 말하는 '부부의 도'는 주로 부창부수의 도리다.

浚恒준항 상박본에는 '叡恒예항'으로 되어 있고, 마왕두이본에는 '夐恒형항'으로 되어 있다. 준浚은 濬준과 같은데, 정현본에는 濬'으로 되어 있다. 여기서 '준항浚恒'은 '항恒'의 반의어로 변화가 일정하지 않음을 나타내는 것 같다. 내 생각에 예叡는 곧 '叡예' 또는 '夐형'자와 같다. 이 글자들은 모두 환夐자와 관계가 있다. 叡는 위에 환夐, 아래에 목目, 오른쪽에 복攴(후에 우又로 줄여 씀)을 더한 글자이며, 夐은 위에 夐, 중간에 目, 아래에 攴을 더한 글자로 세 글자는 모두 하나의 근원인 夐자에서 분화되어 나온 것이다. 고대에는 예睿를 따르거나 형夐을 따르는 글자는 선旋을 따르는 글자와 독음이 같았는데, 예를 들어 선璿과 경瓊은 모두 선璇의 이체자다. 뒤에 나올 환괘의 환渙자는 상박본에는 '覴'으로 되어 있는데 역시 예睿를 따르는 글자다. '준항浚恒'은 앞뒤 문장을 통해 살펴보면 '항恒'과 상반되는 것 같으니, 여기서는 '선항旋恒' 또는 '환항換恒'의 뜻으로 독해해야 한다고 생각한다.

不恒其德불항기덕, 或承之羞혹승지수. 恒其德항기덕, 貞婦人吉정부인길, 夫子凶부자흉 여자가 한결같이 지켜야 함을 강조한다. '항기덕恒其德'은 '불항기덕不恒其德'과 상대되니 '정貞'자는 마땅히 뒷구절과 연결해 읽어야 함을 알 수 있다. 이 효의 「소상」(「상전 하」 32)에서 "부인의 도리를 묻는 점복이 길한 것은 하나를 좇아 마치기 때문이다. 남편은 의로움을 만들어야 하니 부인의 도를 따르면 흉하다婦人貞吉, 從一而終也, 夫子制義, 從婦凶也"라고 한 것도 '정貞'이 부인의 도리를 묻는 것을 설명한다. 「소상」의 의미는 여자는 일부종사해야 하니 '항恒'은 부인의 도이지 남편의 도가 아니라는 것이며, 남자가 발언권을 장악해 항상됨을 지켜야지 결코 여자의 말에 휘둘려서는 안 되며, 여자의 말에 휘둘리면 결국 매우 흉하게 된다는 것이다. '羞수'는 상박본에는 '憂우'로 되어 있으며(조爪를 따르고 혈頁을 따르며 심心을 따른다), 마왕두이본은 금본과 같다. 공자가 항상됨을 논할 때 이 구절을 인용했는데, 『논어』「자로」편에서 "불항기덕 혹승지수不恒其德, 或承之羞"라고 했으며 뒤의 세 구절은 없다. 『예기』「치의」편에서도 "『역』에 이르기를, 항상 지킬 수 없으니 치욕을 부른다. 부인의 덕을 항상 지킬 수 있는지 점치니 길하고, 남편의 덕을 항상 지킬 수 있는지 점치니 흉하다易日;不恒其德, 或承之羞. 恒其德, 偵(貞)婦人吉, 夫子凶"라고 했으니, 공자가 이 단락을 대단히 중시했음을 알 수 있다.

振恒진항, 凶흉 '진振'은 상박본에는 '斂예'로 되어 있고 마왕두이본에는 '夐형'으로 되어 있어 모두 초륙효와 같으니, 여기서 '진항振恒'은 곧 초륙효의 '준항浚恒'이며 두 가지 모두 '환항換恒'으로 독해할 수 있다는 것을 알 수 있다. 금본의 '진항振恒'은 장번본(『석문』에 인용)과 우번본(『주역집해』에 인용)에는 '震恒진항'으로 되어 있으며, 마융이 "움직이는 것이다動也"(『석문』에 인용)라고 풀이한 것도 '진震'으로 이해한 것이다. 이 괘는 상괘를 진震으로 하는데, 震으로 바뀐 것은 아마도 그 상象에 응하기 위해서일 것이다.5

5_ 『설문해자』「목부木部」에 "지항, 흉楷恒, 凶"으로 인용된 것은 각 판본과 차이가 큰 편인데, 학자들은 맹씨에게서 비롯된 것이라고 생각한다.

포동포동한 새끼 돼지가 가장 사랑스럽다

䷠ 遯: 亨, 小利貞. 둔 형 소리정

둔괘 : 신명과 통하고 점치는 일이 조금 이롭다.

初六, 遯(豚)尾, 厲, 勿用有攸往. 초륙 둔(돈)미 여 물용유유왕
음효일, 새끼 돼지의 꼬리이니, [잡지 못한다]. 이 효는 흉하니 나가서는 안
된다.

六二, (執)[鞏]之用黃牛之革, 莫之勝說(脫). 육이 (집)[공]지용황우지혁 막지승설
(탈)
음효이, 황소 가죽으로 만든 끈으로 새끼 돼지를 묶으니 도망가지 못한다.

九三, 係遯(豚), 有疾, 厲, 畜臣妾, 吉. 구삼 계둔(돈) 유질 여 축신첩 길
양효삼, 새끼 돼지를 묶어 병이 생기면 매우 위험하지만 노비를 가두어 기
르면 도리어 매우 길하다.

九四, 好遯(豚), 君子吉, 小人否. 구사 호둔(돈) 군자길 소인비
양효사, 귀여운 새끼 돼지를 점쳐 얻으니 군자는 길하고 소인은 흉하다.

九五, 嘉遯(豚), 貞吉. 구오 가둔(돈) 정길
양효오, 좋은 새끼 돼지를 점쳐 얻으니 매우 길하다.

上九, 肥遯(豚), 无不利. 상구 비둔(돈) 무불리
양효륙, 통통하게 살찐 새끼 돼지를 점쳐 얻으니 일에 불리함이 없다.

【대의】

이 괘는 하괘가 간艮이고 상괘가 건乾이다. 간은 그침止이니 하괘는 새끼 돼지를 묶는 것을 말하며 그침을 강조한다. 건은 굳셈이니 상괘는 새끼 돼지가 살찐 것을 말하며 굳셈을 강조한다. 새끼 돼지가 특히 굳세고 힘이 세서 꼬리를 잡으려 해도 잡을 수가 없으니 소가죽 끈으로 발을 묶어야 한다. 새끼 돼지의 발을 묶는 것은 도망갈까 걱정해서다. 도망가면 고기를 먹을 수가 없다.

둔遯자는 돈豚자를 따르니, 문자 표면에 담긴 뜻은 돼지가 도망가는 것이다. 의미를 확장하면 둔遁과 마찬가지로 일반적으로 달아난다는 뜻을 나타낸다. 이 괘의 「대상」(「상전 하」 33)에 "군자는 이를 본받아 소인을 멀리한다 君子以遠小人"고 하여, 군자가 소인을 피하는 것으로 둔괘를 풀이했다. 「서괘」 17과 「잡괘」 9에서도 둔遯은 물러난다退는 뜻이라고 설명했다. 『역전』의 영향을 받아 옛 주석은 모두 군자가 소요하며 산림에 은둔하는 것으로 풀이

했는데, 이렇게 원문을 해석하면 한 구절도 통하지 않는다. 옛사람들이 말하기를 요堯가 허유許由에게 천하를 양보했으나 허유가 받지 않았다고 한다. 받지 않으면 그만인데, 또 발을 빼서 도망가며 들으려고도 하지 않고 오직 자신의 귀를 더럽힐까 걱정했다는 것이다. 허유는 중국 은사隱士의 모범이다. 둔괘가 이런 은둔을 말하는 것이라 여겨서는 결코 안 된다. 원문은 은둔을 말하는 것이면서 돼지가 도망하는 것을 말하는 것이기도 하지만 사람이 도망하는 것은 아니다.

이 괘의 효사에서 둔遯자는 다섯 차례 보이는데, 모두 명사이지 동사가 아니며 둔遯자의 의미로 말하는 것은 한 글자도 없다. '달아나는 꼬리' '달아나는 것을 붙잡다' '살찐 도망'이 도대체 무슨 말인가? 이것들은 돈豚으로 읽어야만 뜻이 통한다. 상박본에는 마침 돈豚자로 되어 있으니, '豚'으로 읽으면 매 구절이 모두 순조롭게 통한다. 이 괘에는 두 가지 주의할 점이 있다. 첫째는 이 괘가 새끼 돼지를 잡는 일과 노비를 기르는 일을 함께 말하고 있다는 점인데, 돼지를 묶어두었다가 병이 나면 낭패지만 노비는 그렇지 않아서 가두어 기르는 것이 훨씬 좋다. 둘째는 돼지에게 군자의 상相이 있다는 점인데, 옛사람들이 말하는 상등인上等人은 살찌고 흰 것을 아름답게 여겨서 희고 살찔수록 사람들이 더 좋아했다.6

6 _ 돼지는 총명해서 지력이 개만 못하지 않다(하지만 개만큼 사랑을 받지는 않는다). 돼지는 인류에 크게 공헌했지만 사람들은 어떤 다른 동물보다 돼지를 욕한다. 중국 축목사에서 여섯 가지 가축 가운데 돼지가 가장 특징이 있다. 소는 밭을 가는 가축으로서 제사에 쓰이는 외에는 일반적으로 죽이는 것을 허용하지 않아서 중국 사람들 가운데 소를 먹는 경우는 매우 드물다. 말은 수레를 끄는 가축으로서 중국 사람들이 그다지 먹지 않는다. 고기로 먹는 것은 주로 돼지다(그 다음은 양고기, 개고기, 닭고기 순이다). 고대에 돼지를 기를 때 말이나 소, 양과 마찬가지로 처음에는 풀어놓고 기르다가 뒤에 와서야 가두어 기르는 것으로 바뀌었다. 정착농업에서 돼지는 개나 고양이, 닭과 같이 집에서 길러서 사람들과의 관계가 매우 밀접하다. 집을 뜻하는 가家자는 본래 처마 아래 돼지가 있는 모양이다.

【교독】

遯^둔 '豚^돈'을 따르는 글자다. 둔遯은 '遁^둔'으로 쓰기도 하는데 여기서는 豚으로 독해한다.7 豚은 새끼 돼지다. 상박본에는 '豚'으로 되어 있고, 마왕두이본에는 '掾^연'으로, 솽구두이본에는 '椽^연'으로, 세간에 전해지는 판본 『귀장』과 왕가대진간『귀장』에는 '遂'로 되어 있다. 豚이 괘명의 본래 글자다. 『일체경음의』권8에서는 遂을 遁의 이체자로 보았다. 『설문해자』「계부彑部」에서 단彖을 돼지가 달리는 것으로 본 것도 '遯^둔'자와 관계가 있다(음과 뜻이 모두 가깝다). 여기서 주의해야 할 점은 상박본의 '豚'자는 시방豕旁 위에 2개의 획이 있다는 것인데, 이는 죽간이나 비단문자에서 자주 보이는 수遂자가 실은 축逐자라는 것을 증명할 수 있다.

遯尾^{둔미} '豚尾^{돈미}'로 독해한다. 『역경』의 여섯 효는 일반적으로 초효를 꼬리로 보고 상효를 머리로 보는데, 기제괘와 미제괘가 모두 이와 같다. 하지만 이履괘에서 "호랑이 꼬리를 밟다履虎尾"를 언급한 것은 육삼효와 구사효에 있다. 돼지 꼬리는 매우 짧은데 돼지의 힘은 무척 세서 꼬리를 붙잡으려 해도 붙잡을 수 없다.

執之用黃牛之革^{집지용황우지혁} 육이효는 하괘의 중간에 있으며, 황색은 중간색이다. '집지執之'는 '鞏之공지'를 잘못 쓴 것이다. 이 구절은 상박본에는 '玟用黃牛之革'으로 되어 있고, 마왕두이본에는 '共(鞏)之用黃牛之勒(革)공(공)지

7_ 중부 괘사에 '돈어길豚魚吉'이 나오는데, 황영본黃穎本에는 '돈豚'이 '둔遯'으로 되어 있다(『석문』에 인용). 가오형은 "遯은 아마도 가차하여 豚이 된 것 같다"고 지적했는데, 가오형의 『주역고경금주』(중정본, 254쪽)에 보인다.

용황우지륵(혁)'으로 되어 있다. 戜은 초간에서 대부분 식飾자로 쓰이는데 여기서는 적당하지 않고, 역시 공鞏자를 잘못 쓴 것이다. 뒤의 혁괘 초구효에 '鞏用黃牛之革공용황우지혁'이 있는데, 상박본에는 '巩(鞏)用黃牛之革공(공)용황우지혁'으로 되어 있고, 마왕두이본에는 '共(鞏)用黃牛之勒공(공)용황우지륵'으로 되어 있다. 『설문해자』「혁부革部」에 "공鞏은 가죽으로 묶는 것이다. 『역』에 '황소 가죽으로 묶는다鞏用黃牛之革'라고 했다"라고 하여, 역시 鞏으로 되어 있다.[8] 중국의 소는 황소黃牛, Bos Taurus domestica와 물소水牛, Bubalus bubalus로 나뉜다. 황소는 주로 친링秦嶺 산맥이나 화이허淮河 강 이북에 분포하고, 물소는 주로 친링 산맥이나 화이허강 이남에 분포한다. 황소는 남방에도 있지만, 물소는 북방에는 보이지 않는다.

莫之勝說막지승설 '설說'은 '脫탈'로 읽는다. 허신은 '挩탈(벗다)'로 脫을 풀이한다(『설문해자』「수부手部」).[9]

係遯계둔 '系豚계돈'으로 독해한다. 금본의 '系계'는 원래 '係계'로 되어 있다. 책 전체에 모두 8차례 나온다. 몽괘 상구효에서는 '擊격'을 '繫계'로 여긴다. 상박본은 구괘 초륙효에 '繫'로 되어 있는 것 외에 나머지 5차례는 모두 '係'로 되어 있으니 금본과 같다. 마왕두이본은 '擊' 또는 '係'로 되어

8_ 소가죽은 매우 질겨 돼지를 묶을 수 있을 뿐 아니라 사람도 묶을 수 있다. 예를 들어, 춘추시대 송나라의 남궁장만南宮長萬은 힘이 매우 세서 "진나라 사람이 여자들을 시켜 그를 술에 취하게 한 뒤 소가죽으로 그를 묶었다. 송나라에 도착하자 남궁장만의 손과 발은 이미 소가죽이 찢어져 드러났다."(『좌전』 장공 12년)

9_ '설說'은 마왕두이본에는 '탈奪'로 되어 있다. 마왕두이본에는 '敓'로 되어 있는데 빼앗는다는 뜻의 탈敓자를 잘못 쓴 것으로 보인다.

있다.

臣妾신첩 남자 노비를 신臣이라 하고 여자 노비를 첩妾이라 한다. '臣'은 『역경』에 4차례 나온다. 이곳 외에 건蹇괘 육이효와 손損괘 상구효, 소과괘 육이효에 보인다. 상박본은 금본과 같고 마왕두이본에는 '복僕'으로 되어 있다. 초나라 문자의 僕자는 대부분 신방臣旁이 있다.

好遯호둔 '호돈好豚'으로 독해한다. '호好'는 동사로 쓰이면 좋아한다는 뜻이고, 형용사로 쓰이면 사랑스럽다는 뜻이다.

君子吉군자길, **小人否**소인비 귀족은 진수성찬을 먹고 호사스럽게 지내니 당연히 살결이 희고 포동포동하다. 소인은 쌀겨와 푸성귀로 끼니를 때우고 바람과 햇볕을 맞으며 지내니 당연히 살결이 검고 몸은 수척하다. 옛사람들은 살찌고 피부색이 흰 것을 아름답다 여기고, 얼굴색이 검은 것을 추하다고 여겼다. 살찌고 흰 것은 군자의 상相이고, 검은 것은 소인의 상이다. 이 효는 양효로, 군자에게는 유리하고 소인에게는 불리하다.

嘉遯가둔 '가돈嘉豚'으로 독해한다. 가嘉는 아름다움美으로 풀이할 수 있으며, 아울러 길하다는 뜻도 있다. 예를 들면, 옛날에 가곡嘉穀이나 가화嘉禾를 상서로움으로 여긴 것이 여기에 해당한다. 옛날에 물러나 은거하는 것을 '가둔嘉遯'이라 칭했는데, 의미는 몸을 온전히 해서 물러나 한가롭게 지내는 것이다. 이를테면 『삼국지』 「위지魏志·관녕전管寧傳」에 "마침 건지구乾之姤의 괘상에 부합하니 형체와 그림자를 숨기고 광채를 가리며, 세상을 피해 은거하면서 호연지기를 길렀다. 유가와 묵가의 학설을 마음속에 품었으며, 다른 각 학파의 도리도 체득하고 다른 지방의 풍속도 훤히 알았다" 라고 한 것이 여기에 해당한다. 위진남북조 시기에는 이런 설법이 매우 유행했다. 당나라 때의 묘지명에는 또 "가둔칭비嘉遯稱肥"라는 설법이 있다. 사실 '가둔嘉遯'은 단지 예쁜 새끼 돼지나 상서로운 새끼 돼지에 불과하니, 어디에 이런 뜻이 있겠는가? 이런 새끼 돼지를 또 '살쪘다肥'고 한다면 가만히 앉아서 사기를 당하는 것이 아니겠는가? 경전의 오독이 이 지경까지 이르렀으니 정말 재미있는 일이다.

肥遯비둔 '비돈肥豚'으로 독해하니 살찐 새끼 돼지를 가리킨다. 한나라 사람들은 '飛遯비둔'으로 고쳐 읽기도 했는데, 이것은 그냥 달리는 것만으로는 안 되고 날듯이 빨리 달려야 한다는 말이니 잘못 고친 것이다.[10] 상박본과 마왕두이본에는 모두 '肥'로 되어 있지, '飛'나 '蜚비'로 되어 있지 않으니 '肥'가 원래 모양이라는 것을 증명하기에 충분하다. 새끼 돼지는 옛날에 그 쓰임이 커서 세 가지 용도, 즉 식품, 예물, 제수용품으로 사용되었다. 옛사람들은 살찐 돼지를 좋아했는데, 호돈好豚은 가돈嘉豚만 못하고, 가돈은 비돈肥豚만 못해서 살이 많이 찔수록 더 좋았다.[11] 고대에 선비들이 만날 때 돼지는 상견례의 예물이었으니, 예를 들면 양화陽貨가 공자를 만날 때 돼지

10_ '비둔肥遯'의 '비肥'는 분명 돼지를 형용한다. 옛 주석에서는 遯을 遁으로 보았는데 실제로 의미가 통하지 않으니, 고쳐서 읽으면 각각 이상한 해석이 있을 수밖에 없다. 예를 들어, 『후한서』 「장형전張衡傳」의 주석에 인용한 『회남구사훈淮南九師訓』과 『초씨역림』은 이 글자를 飛로 읽었는데, 상빙허는 이 견해를 따랐다. 상빙허의 『주역상씨학』(163쪽)에 보인다.

를 예물로 주었다(『논어』 「양화」).

11_ 하지만 돼지는 살찌면 잡아먹힌다. 내가 어릴 때 '살찐 돼지는 온몸이 보물이다'라는 포스터가 있었는데, 고기를 먹을 수 있고 췌장으로 비누를 만들 수도 있다는 등 아주 많은 작은 화살표로 설명이 더해져 있었다. 속어에 개돼지만도 못하다는 말이 있지만 돼지는 개만 못하다. 개는 매우 아끼는 사람들이 있지만 돼지는 아끼는 사람이 없다. 많은 동물 애호가들은 고양이나 개를 먹지 않지만 소나 양, 돼지는 마음껏 먹으면서도 부끄러워하지 않는다. 인류에겐 인류의 한계가 있고 허위가 있다. 그들은 이유가 충분하다. 누가 소나 양, 돼지 같은 가축들을 인간에게 접근하게 했으며, 집안에 살게 했는가? 조물주가 그들을 만든 것은 인간을 먹이기 위해서가 아니냐는 것이다.

제34 : 대장괘大壯卦

늙은 숫양이 성질이 나쁘다

大壯: 利貞. 대장 이정

대장괘 : 점복에 이롭다.

初九, 壯于趾, 征凶, 有孚. 초구 장우지 정흉 유부

양효일, 다리가 튼튼하지만 멀리 가면 흉하니, 이 말은 믿을 만하다.

九二, 貞吉. 구이 정길

양효이, 점복 결과가 길하다.

九三, 小人用壯, 君子用罔, 貞厲. 羝羊觸藩, 羸其角. 구삼 소인용장 군자용망 정려 저양촉번 이기각

양효삼, 소인은 강함을 드러내고 군자는 이와 반대이니, 점복 결과가 위험하다. 숫양이 머리로 울타리를 들이받아 뿔만 상하는 것과 같다.

九四, 貞吉, 悔亡. 藩決不羸, 壯于大輿之輹. 구사 정길 회망 번결불리 장우대여

지복

양효사, 점복 결과는 길하며 오직 잃을까 걱정한다. 숫양이 울타리를 들이받아 부수되 뿔은 상하지 않으려고 하나 쉽지 않으니, 반드시 숫양의 뿔이 소 수레의 복토伏兔보다 더 튼튼해야 한다.

六五, 喪羊于易, 无悔. 육오 상양우역 무회
음효오, 왕해王亥가 '유역씨에게 양을 빼앗기는喪羊于易' 점괘이니 후회할 필요 없다.

上六, 羝羊觸藩, 不能退, 不能遂(逐), 无攸利. 艱則吉. 상륙 저양촉번 불능퇴 불능수(축) 무유리 간즉길
음효륙, 숫양이 울타리를 들이받아 물러날 수도 없고 나아갈 수도 없으니 힘들기만 하고 아무런 이로움이 없다. 어려움은 크지만 오히려 길하다.

【대의】

이 괘는 하괘가 건乾이고 상괘가 진震으로, 양羊에 대해 말한다. 늙은 숫양은 고집이 세어서 반드시 머리로 울타리를 들이받아야 한다. 이렇게 크게 들이받는 것이 바로 일종의 '대장大壯'이다. 속담에 "사람은 유명해지는 것이 두렵고, 돼지는 장성하는 것이 두렵다"라는 말이 있다. 돼지가 '대장'하면 도살당하는 것을 피하기 어려우니, 이것이 돼지의 '대장'의 말로다. 하지만 앞에서 말했듯이 돼지의 '대장'은 군자의 상象으로 부정적 의미는 없다. 『역경』은 '대장'을 말하는 데 양을 선택했다. 숫양은 단단한 뿔이 있다. 그

러나 뿔이 제아무리 강하더라도 '숫양이 울타리를 들이받는' 것은 여전히 잘못 들이받는 것이 아니겠는가? 이것은 양의 '대장'의 말로다.

둔遯괘는 돼지에 대해 말하고, 대장괘는 양에 대해 말하니 재미있는 한 쌍이다.

【교독】

大壯대장 매우 장성한 것을 말한다. 여기서 '장壯'은 '사물이 장성하면 늙는다物壯則老'의 '장성함'이다. 사마담의 『육가요지』에 다음과 같은 명언이 있다. "대도大道의 요체에 이르면 강함과 탐욕을 버리고 지혜를 물리치며, 이런 것들을 내버리고 자연의 법도에 맡긴다至於大道之要, 去健羨, 絀聰明, 釋此而任術."(『사기』「태사공자서」에 인용) '대장大壯'은 바로 이 '강함과 탐욕'이며, 현대어로 번역하면 지나치게 강함을 드러내는 것이다. '대장'의 반대는 '약함羸'이다. 『주역』의 작자는 '약함'을 반대말로 삼았는데 매우 흥미롭다. 이 글자는 마침 '羊양'을 따른다. 『좌전』 소공 32년 조목에 태사太史 채묵蔡墨의 말을 기록했다. 태사 채묵은 "『주역』 괘상에서 우레雷를 대표하는 진괘가 하늘을 나타내는 건괘의 위에 있는 것을 대장大壯이라고 한다"라고 하여 이 괘를 언급했다.

君子用罔군자용망 마왕두이본에는 '君子用亡군자용망'(상박본에는 빠져 있다)으로 되어 있다. 마융과 왕숙은 '무无'로 독해한다(『석문』에 인용). 망罔은 '무無'의 뜻으로 새기는데, 여기서는 장성함壯을 부정하는 뜻으로 쓰였다.

羝저 숫양을 말한다.

羸이 장성함壯의 반대말이다. 여기서는 숫양이 뿔이 강한 것을 믿고 울타리를 들이받아 부수려고 하지만 결과는 도리어 뿔을 상하니, 장성하려고 해도 하지 못하는 것을 가리킨다. 『설문해자』「양부羊部」에 "이는 수척한 것이다羸, 瘦也"라고 하여 본래는 양이 매우 마른 것을 가리키며, 의미를 확장하면 피로하고 병들고 수척하고 약한 것을 모두 이羸라고 부를 수 있다. 『석문』에서는 각 판본을 인용해 "왕숙본에는 縲로 되어 있는데 음은 '螺나'다. 정현본과 우번본에는 '纍누'로 되어 있고, 촉재본에는 '累누'로 되어 있으며, 장번본에는 '藟유'로 되어 있다"고 설명했다. 累, 纍, 縲 등의 글자는 고서에 대부분 '묶다系累'는 의미의 '累'로 되어 있다. 원이둬는 '羸'는 뇌儡나 누儽로 읽어야 마땅하며 무너뜨린다는 뜻이라고 했다.[12] 『설문해자』「인부人部」에 누儽와 뇌儡 두 글자가 있는데, 허신은 儽는 "드리운 모양垂皃" "혹은 나태한 것을 말하며", 儡는 "무너뜨리는 것이다"라고 풀이했다. 儽는 현대 북경어에서 물이 계속해서 떨어지는 소리를 형용하는 '뚝뚝滴里搭拉' 혹은 '주루룩滴里嘟噜'과 약간 비슷한데, 허약하고 활기가 없어 아주 쓸모없는 모양이다. 儡도 피로에 지치고 병들다라는 뜻에서 의미가 확장되었다. 육덕명陸德明이 인용한 내용은 모두 후한 이후로 전해지는 판본이며 쓰이는 글자는 통가자인 반면, 마왕두이본과 솽구두이본에는 '羸'로 되어 있으니 전한 초기의 본래 글자는 '羸'로 되어 있었음을 알 수 있다.

大輿之輹대여지복 '大輿대여'는 마왕두이본에는 '泰(大)車태(대)거'로 되어 있다(상박본에는 빠져 있다). '복輹'에 대해서는 『석문』에 "어떤 판본에는 '輻복'으

12_ 원이둬, 『주역의증유찬』, 20쪽.

로 되어 있는 것도 있다"라고 했으니, 그 오류는 소축괘와 같다. 고서에서 보통 큰 수레大車는 소달구지牛車를 가리킨다. 소달구지는 중거重車라고도 하는데, 주로 무거운 짐을 운반하는 데 사용하며 일반적으로 마차보다 크고 무거우며 튼튼하다. 여기서 '큰 수레大輿'가 무엇을 가리키는지는 세 가지 가능성이 있으니 첫째는 대형 수레상자車廂, 둘째는 대형 수레車輛, 셋째는 소달구지다. 어느 것이든지 간에 '대여지복'은 모두 가장 튼튼한 복토伏兔를 가리킨다. 앞에 나온 소축괘 구삼효와 대축괘 구이효를 참조하라.

喪羊于易상양우역 '역易'은 유역씨有易氏를 말한다. 역易은 북방 오랑캐를 뜻하는 적狄과 통한다. 유역씨는 적인狄人이며, 전하는 바로는 역수易水 유역에 거주했다. 은나라 왕조의 왕해王亥는 유역씨의 군주인 면신綿臣과 하백河伯(하백도 적인의 한 갈래다)을 위해 소나 말을 길렀는데, 결국 죽임을 당하고 소나 양도 모두 유역씨에게 빼앗겼다. 뒤에 왕해의 아들 상갑미上甲微가 하백의 군사를 빌려 유역씨를 멸망시키고 아버지를 죽인 원수를 갚았다. 『산해경』「대황동경大荒東經」에는 이렇게 실려 있다. "곤민국困民國이라는 나라가 있었는데 그곳 사람들은 성은 구勾이며 황미黃米를 주식으로 삼았다. 왕해라는 사람이 있었는데 두 손으로 새를 잡아 그 머리를 먹었다. 왕해는 유역씨와 하백에게 의탁해 소를 길렀는데 유역씨 사람들이 왕해를 죽이고 그 소도 몰수했다. 하백은 유역씨 종족을 애달피 여겨 유역씨 사람들이 몰래 도망가서 들짐승들이 출몰하는 곳에 나라를 세우도록 도왔다. 그들은 들짐승을 먹고 살았는데 이 나라를 요민국搖民國이라 불렀다. 다른 설로는 순임금이 희戱를 낳았고, 희가 요민搖民을 낳았다고 한다."[13] 이와 관련해 곽박의 주에 인용된 『죽서기년竹書紀年』에는 "은나라 왕 자해子亥는 유역씨의 빈객으로 있었는데 음탕한 짓을 행해 유역씨의 군주인 면신이 그를 죽여버렸다. 이런 까닭에 은나라 (군주인) [상]갑미가 하백에게서 군사를 빌려 유역씨를 멸망시키고, 마침내 그 군주인 면신도 죽였다"14라고 되어 있다. 여기서는 숫양이 울타리를 들이받았기 때문에 이 전고를 사용한 것인데, 그 의미는 양을 잃었다고 하더라도 반드시 상서롭지 않은 일은 아니라는 것이다. 여旅괘 상구효에 '상우우역喪牛于易'이 언급되는데, 역시 이 전고를 사용한 것이다. 이것은 『역경』의 두 번째 전고다. 이 전고는 후대에 이른바 "변방의 늙은이가 말을 잃었는데 어찌 복이 아님을 알겠는가塞翁失馬, 焉知非福"(『회남자』「인간人間」)라는 '새옹지마塞翁之馬'의 고사와 유사하며, 화와 복이 서로 의지한다는 변증법에 대해 말하는 것이기도 하다.

不能遂불능수 '不能逐불능축'으로 독해한다. 마왕두이본에서도 같다(상박본에는 빠져 있다). 『역경』에서 수遂자는 모두 3차례 나오는데 나머지 두 가지 예는 가인괘 육이효의 '무유수无攸遂'와 진震괘 구사효의 '진수니震遂泥'다. 가인괘는 축逐으로 독해하고, 진괘는 수遂로 독해한다. 상각건대, 선진시대의 고문자에서 '순조롭게 이루어진다順遂'는 뜻의 수遂는 술述자를 가차했으며,15 遂를 쓴 경우는 없다. 전한 때에 지금의 뜻과 같은 遂자가 쓰였으나, 遂자가 여전히 '逐축'자로 쓰인 경우가 많았다. 예를 들어, 위의 대축괘 구

13_ 『산해경』 권14 : 有困民國, 勾姓而食. 有人曰王亥, 兩手操鳥, 方食其頭. 王亥託於有易·河伯僕(服)牛, 有易殺王亥,取僕(服)牛. 河念有易, 有易潛出, 爲國於獸, 方食之, 名曰搖民. 帝舜生戱, 戱生搖民.

14_ 『죽서기년』 권상 : 殷王子亥賓于有易而淫焉, 有易之君綿臣殺而放之. 是故殷(主)[上]甲微假師于河伯以代有易, 滅之,遂殺其君綿臣也.

15_ 쉬짜이궈, 『전초고문자편』, 상책, 165쪽.

삼효의 '양마축良馬逐'은 마왕두이본과 솽구두이본에는 모두 '良馬邃양마수'로 되어 있는데, 여기서 邃는 바로 逐이다. 逐은 추격한다는 뜻으로, 퇴退와 반대로 나아간다는 뜻을 포함하고 있다. 『경씨역전』은 "逐은 진進이다"(『한서』「오행지」하지 상下之上에 인용)라고 하여, 逐을 나아간다는 뜻으로 풀이했다. 이 효에 대해 우번의 주석은 "邃는 나아간다는 뜻이다邃, 進也"(『주역집해』에 인용)라고 했고, 공영달의 소는 "退는 물러나 피하는 것을 말하고, 邃는 나아가는 것을 말한다退謂退避, 邃謂進往"라고 했다. 이는 邃자에 대한 설명이지만, 경방京房의 逐자에 대한 해석과 완전히 같으니 逐자에 해당함을 알 수 있다.

제35 : 진괘晉卦

해가 동쪽에서 떠오르다

☶ 晉: 康侯用錫(賜)馬蕃庶, 晝日三接. 진 강후용석(사)마번서 주일삼접

　진괘 : 위 강숙이 천자가 하사한 말로 교미시켜 좋은 말을 많이 길러내니, 낮
동안 세 번의 접견을 받는다.

初六, 晉如摧如, 貞吉. 罔孚裕(欲), 无咎. 초륙 진여최여 정길 망부유(욕) 무구
음효일, 이름이 나면 이름이 훼손되는 것을 피하기 어렵고, 〔수렴收斂을 알
면〕점복 결과는 길하다. 여의치 않더라도 큰 근심은 없다.

六二, 晉如愁如, 貞吉. 受玆介福, 于其王母. 육이 진여수어 정길 수자개복 우기
왕모
음효이, 이름이 나면 근심을 피하기 어렵고, 〔근심을 알면〕 점복 결과는 길
하다. 내가 할머니로부터 큰 복을 받는다.

六三, 衆允, 悔亡. 육삼 중윤 회망
음효삼, 사람들이 만족을 느낄수록 나는 잃을까 걱정한다.

九四, 晉如鼫(碩)鼠, 貞厲. 구사 진여석(석)서 정려

양효사, 이름이 나는 것은 큰 쥐가 되는 것과 같아서 점복 결과는 위험하다.

六五, 悔亡, 失得勿恤. 往吉, 无不利. 육오 회망 실득물휼 왕길 무불리

음효오, 오직 잃을까 걱정하지만 실은 득실을 따질 필요가 없다. 문을 나서면 길하고 불리한 일이 없다.

上九, 晉其角, 維(唯)用伐邑, 厲吉, 无咎, 貞吝. 상구 진기각 유(유)용벌읍 여길 무구 정린

양효륙, 너의 뿔을 뻗치는 것은 성을 공격하고 읍을 빼앗는 데만 적합하다. 이 일은 위험하지만 매우 길하고, 화가 없으며, 점복 결과는 유감스럽다.

【대의】

이 괘는 하괘가 곤坤이고 상괘가 이離이며, 위衛나라 강숙康叔이 말을 길러 공을 세워 주나라 천자의 칭찬을 받고 이름을 크게 떨친 일을 말한다. 곤은 땅이고 이離는 해이니, 해가 떠오르는 상象이다. 이 괘의 「대상」(「상전 하」35)에 "밝음이 땅 위로 나온 것이 진이다明出地上, 晉"라고 했는데, 진晉은 해가 동쪽에서 떠올라 점차 위로 솟구쳐 오르는 것과 같다. 이 괘는 승진하고 부자가 되며 이름을 크게 떨치는 것과 관계가 있으니, 한대의 길한 말吉語로는 '고천高遷' 또는 '고승高升'(한대의 거울과 기와의 마구리에 자주 보임)이라 불렀다. 사람이 끝까지 오르는 것을 '여일중천如日中天', 즉 '해가 중

천에 떠 있는 것과 같다'고 했다. 앞의 대장괘에서는 양이 크게 장성함을 말했고, 여기서는 사람이 크게 장성함을 말한다. 속담에 "사람은 유명해지는 것이 두렵고, 돼지는 장성하는 것이 두렵다"고 했으니, 사람이 이름을 날리는 것은 대단하기도 하면서 또 매우 번거로운 일이기도 하다. 여기에 마침맞은 비유로 '진여석(석)서晉如鼫(碩)鼠'가 있다. 거리를 가로지르는 쥐는 몸집이 클수록 사람들이 싫어한다.

【교독】

晉진 올라가는 것을 말한다. 이 괘의 여섯 효 가운데 4차례 보인다. 『설문해자』「일부日部」에서는 이 글자를 이렇게 풀이했다. "진은 나아가는 것이다. 해가 뜨면 만물이 나아간다. 일日을 따르고 진至을 따른다. 『주역』에 '밝음이 땅 위로 나오는 것이 진이다'라고 했다晉. 進也. 日出萬物進. 从日从至. 易曰: '明出地上. 晉.'" 여기서 인용한 내용은 바로 이 괘의 「대상」(「상전 하」35)이다.

康侯用錫馬蕃庶강후용석마번서, 畫日三接주일삼접   '석錫'은 '사賜'로 독해한다. '강후康侯'는 처음에는 강康에 봉해지고, 뒤에 위衛에 봉해졌으니, 바로 위나라의 시조인 위 강숙이다. 강康은 봉토의 이름이지 시호는 아니다. '강후'라는 단어는 『주역』 외에 다른 서적에서는 보이지 않는다. 하지만 서주시대의 동기銅器에는 보인다(예를 들면 강후의 방정方鼎과 강후의 궤簋).16 최근에 공개된 청화초간의 『계년』에 따르면 강숙은 처음에 '경구庚丘'에 봉해졌는데, 경구가 바로 강康이다.17 '주일삼접畫日三接'은 일반적으로 강후가 하루에

16_ 리쉐친, 『주역소원』, 파촉서사, 2006, 16~18쪽 참조.

세 차례 주나라 천자의 접견을 받은 일을 말하는 것이라 생각한다. 『주례』 「추관·대행인大行人」에는 상공삼향삼문삼로上公三饗三問三勞, 제후삼향재문 재로諸侯三饗再問再勞, 자남삼향일문일로子男三饗一問一勞의 설이 있는데, 후 과의 주석(『주역집해』에 인용)은 이 설을 근거로 한 것이다. 이것은 『역경』에 서 세 번째로 중요한 전고다.

罔孚裕망부유 '망罔'은 '없다無'나 '아니다不'의 뜻으로 새기는데, 때로는 철저 히 부정하는 뜻을 포함한다. 마왕두이본에는 '悔亡, 復(孚)浴(欲)회망, 복(부) 욕(욕)'으로 되어 있는데(상박본에는 빠져 있다), '罔'은 '亡망'으로 쓰고 '회悔'자 가 나오는 경우가 많다.

介福개복 큰 복을 말한다. 『설문해자』에서는 개介를 팔부八部에 넣고 경계 의 계界로 간주했지만, 크다는 뜻의 介는 夼로 쓰고 대부大部에 넣었다.

王母왕모 위 강숙의 할머니를 말한다. 『이아』 「석친釋親」에 따르면 "아버지의 돌아가신 아버지를 왕부王父라 하고, 아버지의 돌아가신 어머니를 왕모王母 라 한다". 위 강숙은 문왕의 10명의 자식 가운데 하나이고, 그의 할머니는 지국摯國의 딸 태임太妊인데 『시경』 「대명大明」과 「사제思齊」 편에는 '대임大任' 으로 되어 있다. 태임은 왕계王季의 부인이자 문왕의 어머니다.

17_ 리쉐친, 「청화간 계년 및 관련된 고사 문제」, 『문물』 2001년 3기, 70~74쪽(리쉐친 주편 『청화 대학장전국죽간』(2), 하책, 144쪽).

鼫鼠석서 '碩鼠석서'로 독해한다. 마왕두이본에는 '炙鼠자서'로 되어 있다. 『설문해자』「서부鼠部」에 "석鼫은 다섯 가지 재주를 가진 쥐五技鼠다. 날 수 있지만 집 위로는 날지 못하며, 타고 오를 수 있지만 나무 끝까지 오를 수는 없으며, 뛰어다닐 수 있지만 골짜기를 건널 수는 없으며, 구멍을 팔 수 있지만 몸을 숨길 수는 없으며, 달릴 수 있지만 사람보다 빠를 수는 없다"라고 설명했는데, 반드시 여기서 말하는 쥐와 일치한다고는 할 수 없다. 『자하역전』(『석문』에 인용)과 정현의 주석(공영달의 소에 인용)에는 '碩鼠'로 되어 있고, 『주역집해』에도 '碩鼠'로 되어 있다. 碩鼠는 『시경』「위풍·석서碩鼠」편에 보이는데, 큰 들쥐를 말한다.

晉其角진기각 뿔을 뻗친다는 뜻으로, 예리한 기세나 재주가 모두 드러남을 가리킨다. 우번의 주석에 "제일 위에 있는 것을 각角이라 부른다"고 했는데, 여기서는 상구효를 가리킨다. 『역경』에서 각角자는 3차례 보인다. 앞에 나온 대장괘 구삼효의 '이기각羸其角'의 각이 양의 뿔인 것을 제외하고, 나머지 두 예는 모두 상구효에 보인다. 하나는 이 괘 상구효의 '진기각晉其角'이고, 나머지 하나는 뒤에 나올 구괘 상구효의 '구(구)기각姤(拘)其角'으로, 둘 다 괘의 머리와 관계가 있다.

維用伐邑유용벌읍 '唯用伐邑유용벌읍'으로 독해한다. 마왕두이본에는 '唯用伐邑'(상박본에는 빠져 있다)으로 되어 있다.

제36 : 명이괘明夷卦

황금으로 된 새가 서쪽으로 떨어진다

▤ 明夷: 利艱貞. 명이 이간정

명이괘 : 어려운 일을 점치는 점복에 이롭다.

初九, 明夷于飛, 垂其翼. 君子于行, 三日不食. 有攸往, 主人有言(譴). 초구 명이우비 수기익 군자우행 삼일불식 유유왕 주인유언(견)
양효일, 명이는 하늘에서 날며 두 날개를 드리운다. 군자는 지상에서 걸어가며 삼일 동안 밥을 먹지 못한다. 외지에서 여행하는데 객사 주인이 욕을 한다.

六二, 明夷夷于左股, 用拯馬壯, 吉. 육이 명이이우좌고 용증마장 길
음효이, 명이가 왼쪽 넓적다리를 상하지만 길들여진 좋은 말로 걸음을 대신하면 여전히 길하다.

九三, 明夷〔夷〕于南狩, 得其大首, 不可疾貞. 구삼 명이〔이〕우남수 득기대수 불가질정

양효삼, 명이가 남쪽 순행에서 상하지만 괴수를 잡으니, 급히 점쳐서는 안된다.

六四, 入于左腹, 獲明夷之心, 于出門庭. 육사 입우좌복 획명이지심 우출문정
음효사, 문을 나가자마자 명이의 왼쪽 배를 뚫고 들어가서 그 심장을 얻는다.

六五, 箕子之明夷, 利貞. 육오 기자지명이 이정
음효오, '기자의 명이'라는 점괘가 되니 점복에 이롭다.

上六, 不明, 晦, 初登于天, 後入于地. 상륙 불명 회 초등우천 후입우지
음효륙, 하늘빛이 점점 어두워져 마침내 저녁 무렵이 되니, 처음의 해는 하늘로 올라갔다가 지금은 도리어 땅 밑으로 들어간다.

【대의】

이 괘는 하괘가 이離이고 상괘가 곤坤[18]으로, 이離는 해이고 곤은 땅이다. 해가 땅 아래에 있으니 해가 지는 상象이다. '명이明夷'는 태양새다. 이 괘의 「단사」(「단전 상」 36)와 「대상」(「상전 하」 36)에는 모두 "밝음이 땅 속으로 들어가는 것이 명이明夷다"라고 했으니, '명이'의 뜻은 해가 지는 것임을 알 수

---

[18]_『좌전』 소공 5년 조목에 장숙이 점을 쳐서 명이괘가 겸괘로 변한 괘를 만난 일을 기록하면서 이 괘의 초구효를 언급했다.

있다. 명이괘의 여섯 효는 해가 밝게 떠서 어두워지기까지의 여섯 단계를 말한다. 초구는 해가 동쪽에서 떠오르는 상태, 육이는 해가 높이 솟아오른 상태, 구삼은 해가 중천에 걸린 상태, 육사는 해그림자가 서쪽으로 기운 상태, 육오는 해가 서산으로 지는 상태, 상륙은 해가 땅 밑으로 져버린 상태에 해당한다. 해는 정오에 가장 높이 오르지만, 더 높이 오르면 다시 떨어져야 한다. 사람도 마찬가지다.

명이괘는 진괘와 상반되는데, 진괘는 해가 뜨는 것을 말하고, 명이괘는 해가 지는 것을 말하니 바로 한 쌍이다.

【교독】

明夷명이 태양새, 곧 고서에서 말하는 황금새金鳥다. '명明'은 광명, '이夷'는 훼손하는 것을 뜻한다. 옛사람들은 황금새를 해로 여기고 옥토끼를 달로 여겼으며, 항상 황금새가 서쪽으로 지는 것으로 해가 산 아래로 지는 것을 비유했다.

利艱貞이간정 '간艱'은 큰 어려움을 가리킨다. 문왕이 유리羑里에 갇히고 기자箕子가 미친 척하여 노비가 된 것은 고대의 성왕과 어진 사람이 어려운 일을 당한 유명한 고사다. 이 괘의 「단사」에서 "안은 문채 나고 밝으며 밖은 유순해서 큰 환난을 무릅쓰니 문왕이 그렇게 했다. 이간정은 밝음을 감추는 것이며, 안이 어려운데도 뜻을 바르게 할 수 있으니 기자가 그렇게 했다內文明而外柔順, 以蒙大難, 文王以之. 利艱貞, 晦其明也. 內難而能正其志, 箕子以之"라고 하고, 육오효의 「소상」(「상전 하」 36)에서 "기자의 점복은 밝아서 소멸시킬 수가 없다箕子之貞, 明不可息也"라고 한 것은 바로 이러한 전고를 들어 사람은 마땅히 어둠 속에서도 광명을 굳게 지켜야 함을 말한 것이다.

明夷于飛명이우비, **垂其翼**수기익　이 구절은 황금새가 날아오르는 것으로 태양이 처음 떠오르는 상황을 비유한 것이다. 이 효는 양효이니 밝음과 같다. 『좌전』 소공 5년 조목에서 이 구절을 인용해 "명이는 해다. 해의 수는 십이기 때문에 십시十時가 있고 또한 십위十位에 해당한다"라고 한 것과, "해가 겸謙이 된 것은 새에 해당하므로 '명이가 난다'고 말한다"라고 한 것을 증거로 삼을 수 있다. '익翼'은 마왕두이본에는 '좌익左翼'으로 되어 있는데, 아마도 다음 문장의 '좌고左股'와 맞추려고 한 것으로 보인다.

夷于左股이우좌고　글자의 함의는 왼쪽 넓적다리를 상한다는 것인데, 결국 무엇을 암시하는지는 추측할 만하다. 내 생각으로 육이효는 해가 높이 떠오른 상태를 말하는 것이다. 해가 높이 떠오른 후에는 햇빛이 반드시 약해진다. 이 효는 음효이니 해의 밝기가 처음으로 상한 것이 된다. 옛사람들은 음양을 이야기할 때 좌양우음左陽右陰을 통례로 삼았으니, 왼쪽 넓적다리를 상한다는 것은 황금새가 동쪽에서 서쪽으로 날아갈 때 왼쪽은 양이 되고 오른쪽은 음이 되어 밝음이 남쪽에서 상하는 것을 가리키는 것으로 생각된다.

拯馬증마　이 단어는 환괘 초륙효에도 보이며, 상박본에는 '㧱馬'로 되어 있는데[19] '㧱'은 들어올린다는 뜻의 '㧱승'과 같다. 이 두 곳의 '拯馬'는 마왕두이본에는 모두 '撜馬증마'로 되어 있다. 『설문해자』「수부手部」에 "승㧱은 위로 들어올리는 것이다. 㧱은 '登등'을 따르기도 한다"고 했는데, 여기의 증

拯자는 '抍승'이나 '撜증'과 같다.[20] '拯馬'는 두 가지 독법이 있을 수 있다. 하나는 '등마登馬'로 독해하는 것으로, 말을 징발하는 것을 가리킨다. 다른 하나는 '정마整馬'로 독해하는 것으로, 말을 길들이는 것을 가리킨다. 정整에는 조련하다, 다스리다의 뜻이 있다. 『이아』 「석언」에 "복服은 정돈하는 것이다服, 整也"라고 했다. 예를 들어 '정려整旅'는 군대를 훈련시키는 것을 가리킨다. 여기서는 후자의 뜻에 따라 해석한다.

明夷于南狩명이우남수 가오형은 '우于' 뒤에 '비飛'가 빠졌다고 의심했는데, 그렇지 않다.[21] 지금 마왕두이본(상박본에는 빠져 있다)을 보면 뒤의 '이夷'자가 빠졌다는 것을 알 수 있으니 이제 '夷'자를 보충한다. 구삼효는 양이 성한 것인데, 성함이 극에 이르면 쇠락한다. 내 생각에 이 효는 정오의 시간에 해당한다. 정오는 해가 지면에서 가장 높이 올라 중천에 떠서 남쪽으로 치우치기 때문에 '남쪽을 순행하는南狩' 것으로 비유한 것이다. 여기를 지나가면 해는 장차 서쪽으로 기운다. 이것은 또 하나의 상함이다.

得其大首득기대수 괴수를 잡는다는 말이다. 해가 가장 높이 떠 있는 상태를 가리키는 것으로 생각된다.

19_ 쉬짜이궈의 『상박죽서(3) 주역석문보정』(간백연구망, 2004년 4월 24일)과 천쓰펑陳思鵬의 『초간주역초독기』(공자 2000망, 2004년 4월 25일) 참조.

20_ 혹은 '승마乘馬'로 읽으니, 리징츠李鏡池의 『주역통의』(중화서국, 1981년, 72쪽)를 보라. 혹은 '騋馬'로도 읽으니 가오형의 『주역고경금주』(중정본, 264쪽)를 보라. '乘馬'는 둔屯괘 육이효와 육사효, 상륙효에 보이는데, 이렇게 쓰지는 않는다. 騋馬는 거세한 말을 말하는데, 이것도 믿을 수 없다.

21_ 가오형, 『주역고경금주』(중정본), 264~265쪽.

不可疾貞불가질정　여기서 '질疾'은 질병의 질이 아니라 급하다는 뜻이다.

入于左腹입우좌복, **獲明夷之心**획명이지심　또 해의 밝음이 상하는 것을 말한다. 육사효 위로는 모두 음효로, 해가 비탈길을 내려가는 과정에서 밝음을 상하는 것이 더욱 심함을 말한다. 앞의 육이효는 넓적다리를 상해도 하체에 해당하지만, 여기서는 배와 심장을 상한다. 육이효의 구절은 마왕두이본에는 '明夷夷于左腹명이이우좌복(상박본에는 빠져 있다)으로 되어 있으니 역시 상함을 말하는 것임을 알 수 있다.

箕子之明夷기자지명이　이것은 『역경』에 네 번째로 나오는 중요한 전고다.[22] 기자箕子는 은나라 주왕의 숙부다. 이 효의 「소상」에 "기자의 점복은 밝아서 소멸시킬 수가 없다箕子之貞, 明不可息也"고 했는데, 이 말은 은나라 주왕이 무도해 천하가 암흑이었지만 기자는 여전히 뜻을 지키고 변치 않으며 당시의 암흑에 굴복하지 않으려 했다는 뜻이다. 『논어』 「미자微子」 편에 "미자는 떠나가고 기자는 노비가 되었으며 비간比干은 간하다가 죽었다. 공자는 '은나라에 세 사람의 어진 이가 있다'고 말했다"라고 했는데, 기자가 미친 척한 것은 도광양회韜光養晦, 즉 자신의 재능을 드러내지 않고 참고 기다리면서 힘을 길러 다시 세상에 나오려 했기 때문이다.

初登于天초등우천, **後入于地**후입우지　이것은 해가 뜨고 해가 지는 것과 밝음

22_「석문」에 다음과 같이 말한다. "촉재에 기箕는 기其로 되어 있다. 유향은 '지금 『주역』에 기자箕子는 해자荄滋로 되어 있다'고 했는데, 추담鄒湛은 '箕를 해荄로 풀이하고 자子를 자滋로 풀면 풀만 무성하고 길이 없어 추구할 수가 없다'는 말로 순상을 비판했다."

에서 어둠에 이르는 것을 말한다. 해가 동쪽에서 떠서 차츰 솟아오르면 징오는 바로 중천에 해당하니, 이것이 '초등우천初登于天'이다. 정오를 지나면 해그림자는 서쪽으로 기울고 마지막에는 땅 밑으로 가라앉으니, 이것이 '후입우지後入于地'다. 이 괘는 양효로 시작해 음효로 마치니 해가 뜨고 해가 지는 것과 꼭 같다.

제37 : 가인괘家人卦

집안이 화목하면 만사가 흥한다

☲ 家人: 利女貞. 가인 이녀정

가인괘 : 여자에 대해 묻는 점복에 이롭다.

初九, 閑(嫻)有(于)家, 悔亡. 초구 한(한)유(우)가 회망
양효일, 집안일을 잘 알지만 오직 잃는 것을 걱정한다.

六二, 无攸遂(逐), 在中饋, 貞吉. 육이 무유수(축) 재중궤 정길
음효이, 찾고 또 찾을 필요 없이 문제는 온전히 땔나무와 쌀, 기름, 소금에
있으며, 점복의 결과는 길하다.

九三, 家人嗃嗃(嗷嗷), 悔厲, 吉, 婦子嘻嘻, 終吝. 구삼 가인학학(오오) 회려 길
부자희희 종린
양효삼, 집안 사람들이 배고픔과 추위에 울고 소리치며 오직 살아가지 못
할까 걱정이다. 거꾸로 좋은 운이 올 것이다. 아내와 아이들이 매우 즐거우
면 조만간 운이 없을 것이다.

六四, 富家, 大吉. _{육사 부가 대길}

음효사, 집안의 재물이 날로 불어나니 크게 길하고 이롭다.

九五, 王假(格)有家, 勿恤, 吉. _{구오 왕격(격)유가 물휼 길}

양효오, 선왕의 신령이 우리 집에 강림하니 걱정할 필요 없으며, 매우 길하다.

上九, 有孚威如, 終吉. _{상구 유부위여 종길}

양효륙, 백성이 윗사람을 믿고 경외하니 결과는 반드시 원만하다.

【대의】

이 괘는 하괘가 이離이고 상괘가 손巽으로, 처와 자식들에 대해 말한다. 하경은 인륜을 말하는데, 함괘와 항괘에서 시작해 중간에 4개의 괘를 건너뛰고 여기서 비로소 이어진다.

가정은 사회를 구성하는 세포로서 시대와 국가를 막론하고 모두가 중시한다. 오늘날 중국인들의 집은 대부분 문 위를 그림으로 장식하고 있는데, 그 위에 가장 많이 적힌 문구가 바로 '집안이 화목하면 만사가 흥한다家和萬事興'는 말이다.

【교독】

家人가인 부모와 형제, 부부, 자녀를 포괄한다. 옛날에는 경대부의 집과 그 봉록을 가家라고 불렀다.

閑有家한유가 '한閑'은 '嫺한'으로, '유有'는 '于우'로 독해한다. 유有와 우于는 지부之部와 어부魚部의 방전자旁轉字로 통가할 수 있다. 가오형은 "유有는 어於와 같다"고 하면서 이 괘 구오효의 '왕격유가王假有家'와 췌괘 괘사의 '왕격유묘王假有廟', 췌괘 구오효의 '췌유위萃有位', 진震괘 육오효의 '의무상유사意无喪有事', 환괘 괘사의 '왕격유묘王假有廟', 환괘 육사효의 '환유구渙有丘', 기제괘 육사효의 '수유의녀繻有衣袽'를 같은 예로 보았다. 이 7가지 예 가운데 췌괘 구오효의 경우는 토론해볼 만하고, 나머지는 모두 성립한다.[23] 『역경』에 실린 '유有'자의 이런 용법은 과거에는 잘못 이해되었다. 뒤에 나올 췌괘 괘사의 '왕격(격)유묘王假(格)有廟'에 대한 주석을 참고하라.

无攸遂무유수 여기서 '수遂'는 축逐자로 쓰였다. 逐은 쫓아가는 것이다. 앞에 나온 대장괘 상륙효의 '불능수(축)不能遂(逐)'에 대한 주석을 참고하라.

嗃嗃학학 고본에 제각각으로 전사傳寫되었다.[24] 이 단어는 '희희嘻嘻'와 상반되는데 가오형은 '오오嗷嗷'로 읽는다.[25] 『설문해자』 「구부口部」에 "오嗷는 여러 사람이 입으로 근심하는 것이다. 구口를 따르며 오敖의 소리를 따른다. 『시경』에 '오오 슬피 우네哀鳴嗷嗷'라는 구절이 있다"라고 설명했다. 인용

23_ 가오형, 『주역고경금주』(중정본), 267쪽.

24_ 『설문신부자說文新附字』 「구부口部」에 "학嗃은 학학嗃嗃으로 엄혹한 모양이다"라고 했으며, 『석문』에는 "마음은 기쁘고 자득한 모양이라 했고, 정현은 심한 열을 뜻한다고 했고, 순상은 '확확確確'으로 썼고, 유표는 '효효熇熇'로 썼다"라고 설명했다. 마융본은 '낙락樂樂'으로 되어 있는 것 같고, 정현본은 '熇熇'(불의 열기라는 뜻)로 되어 있는 것 같으니 유표본과 같다. 마왕두이본에는 '樂樂'으로 되어 있으니(상박본에는 빠져 있다) 마융본과 같은 듯하다.

25_ 가오형, 『주역고경금주』, 286쪽.

된 『시경』의 시구절은 「소아·홍안鴻雁」 편에 보이는데, '오오嗷嗷'는 근심하고 원망하는 소리를 나타낸다.

嘻嘻희희 기뻐하고 웃는 소리를 형용하는 말이다.

王假有家왕격유가 '왕王'은 죽은 선왕을 말하는 것으로 보인다. '격假'에 관해서는 『예기』 「제통祭統」에 인용된 공회孔悝의 정명鼎名에 '공격우태묘公假于太廟'라는 구절이 있는데, 위싱우는 금문의 예에 근거해 '假'을 격格으로 읽었으니 매우 적절하다.26 여기서 '假'은 아마도 보통 도달한다는 의미의 '격格'을 나타내는 것이 아니라 『상서』에 자주 보이는 '강격降格'(「다사多士」 「다방多方」 「여형呂刑」에 보임), 즉 선왕의 신령이 인간 세상에 강림한다는 의미를 나타내는 것 같다. 뒤에 나오는 풍괘 괘사의 '왕격지王假之'와 췌괘 및 환괘 괘사의 '왕격유묘王假有廟'를 참고하라. 금문의 예에서 '格' 뒤에는 대부분 '우于'가 연결되지만, 위싱우는 '유有'를 '于'로 해석하지 않고 반대로 왕인지의 설을 따라 '보조의 단어'로 간주했다. 여기서는 가오헝의 설을 따른다.

有孚威如유부위여 앞에 나온 대유괘 육오효의 '궐부교여위여厥孚交如威如'를 참고하라.

26_ 위싱우, 『쌍검치역경신증』, 718~720쪽.

제38 : 규괘睽卦

귀신을 보다

☲ 睽 : 小事吉. 규 소사길

규괘 : 점치는 일이 작은 일이면 길하다.

初九, 悔亡. 喪馬, 勿逐自復. 見惡人, 无咎. 초구 회망 상마 물축자복 견악인 무구
양효일, 매우 조심하여 오직 잃을까 걱정한다. 말을 잃어버려도 쫓을 필요
없으니 스스로 돌아올 것이다. 악인을 만나지만 화가 없다.

九二, 遇主于巷, 无咎. 구이 우주우항 무구
양효이, 작은 골목에서 갑자기 귀신을 보나 화가 없다. 이 귀신은 다른 사
람이 아니라 선군의 신주다.

六三, 見輿(車)曳(轍), 其牛掣(觢). 其人天且劓, 无初有終. 육삼 견여(거)예(철)
기우체(서) 기인천차의 무초유종
음효삼, 소가 수레를 끄는데 수레바퀴 자국을 보고 두 뿔을 우뚝 세운다.
귀신은 머리카락이 잘리고 코가 베어져 [외양이 매우 무섭다]. 하지만 이

괘는 시작은 좋지 않아도 끝은 좋다.

九四, 睽孤(顧), 遇元(髡)夫, 交孚, 厲, 无咎. 구사 규고(고) 우원(곤)부 교부 여 무구
양효사, 갑자기 고개를 돌려 저 대머리 귀신을 보니 서로 마음이 맞아 전생의 인연이 있는 듯하고, 사람을 매우 놀라게 하지만 큰 근심은 없다.

六五, 悔亡. (厥)[登]宗噬膚, 往何咎? 육오 회망 (궐)[등]종서부 왕하구
음효오, 매우 조심하여 오직 잃을까 걱정한다. 좋은 술과 고기를 올려 죽은 사람이 먹는다면 눈앞에서 맞닥뜨려도 무슨 화가 있으랴?

上九, 睽孤(顧), 見豕負塗(途), 載鬼一車, 先張之弧, 後說(悅)之弧(壺). 匪(非)寇婚媾, 往遇雨則吉. 상구 규고(고) 견시부도(도) 재귀일거 선장지호 후탈(열)지호(호) 비(비)구혼구 왕우우즉길
양효구, 문득 뒤를 돌아보니, 돼지 한 마리가 귀신 한 수레를 끌고 반대 방향으로 달린다. 먼저 활을 당겨 쏘려다가 뒤에는 술을 준비해 맞이한다. 그들은 사람을 죽이고 물건을 훔치러 온 것이 아니라 신부를 맞이하러 왔다. 이 괘는 흉한 듯하지만 길하니, 마치 밖으로 나갔다가 비를 만난 것처럼 반드시 나쁜 것은 아니다.

【대의】

이 괘는 하괘가 태兌이고 상괘가 이離로,[27] 말하는 내용은 모두 생생하게 귀신을 본 일에 관한 것이다. 귀신은 일종의 심리현상으로, 병이 생기거나

꿈을 꾼 일, 특히 죽음에 대한 체험과 관계가 있다. 여기서는 꿈속에서 귀신을 본 일을 말하는 것 같다. 괘명은 세 가지 독법이 있는데, 첫째는 규睽, 둘째는 괴乖, 셋째는 귀鬼로 독해한다. 이 세 가지 독법은 귀신을 위주로 한 것이다. 처음부터 끝까지 주로 말하는 것은 귀신이다. 이 괘의 귀신은 생김새는 무섭지만 좋은 귀신이므로 마지막 글자는 '길하다吉'로 끝난다. 이것은 흉을 만났으나 길로 바꾼 괘다.

『주례』「춘관·대복」에서는 대복을 담당하는 관리가 '삼조지법三兆之法'과 '삼역지법三易之法' 그리고 '삼몽지법三夢之法'을 관장한다고 말한다. 서주와 동주시대의 점복은 복卜과 서筮, 점몽占夢을 가장 중요하게 여겨 세 가지를 번갈아 사용했다.

앞의 가인괘는 사람에 대해 말하고 규괘는 귀신에 대해 말하니 이것도 한 쌍이다.

【교독】

睽규 『설문해자』「목부目部」에 "규는 눈이 서로 따르지 않는 것이다睽, 目不相聽也"라고 했는데, 이는 두 눈이 서로 어긋나 동일한 목표에 초점을 맞추지 못하는 것을 가리키며 의학 용어로는 외사시外斜視라 한다. 규睽는 서주 금문에는 종종 쌍목雙目을 따르고 계癸를 따른다.[28] 『귀장』의 일문에는 '구瞿'로 되어 있는데, 역시 쌍목을 따른다. 이 글자는 상박본에는 '楑규'로 되

27_『좌전』 희공 15년 조목에 태사 소蘇가 점을 쳐서 귀매괘가 규괘로 변한 괘를 만난 일을 기록하면서 이 괘의 상구효를 언급했다. 또 희공 25년 조목에서는 복언이 점을 쳐서 대유괘가 규괘로 변한 괘를 만난 일을 기록하면서 이 괘의 육삼효를 언급했다.

28_ 룽겅, 『금문편』, 235쪽.

어 있고, 마왕두이본에는 '乖괴'로 되어 있다. 規睽는 두 눈이 서로 어긋난 상태이며, 고음은 견모미부見母微部의 글자로 음과 뜻이 모두 가깝다. 효사는 꿈속에서 귀신鬼을 본 일을 말하고 있는데, 귀鬼는 견모미부의 글자로 해음차독자諧音借讀字이기도 하다. 귀鬼는 외畏와 근원이 같으니 무서운 대상이다.

小事吉소사길 왕필의 주는 "큰일은 부역을 일으켜 사람들을 동원하는 것을 말하고 (…) 작은 일은 음식과 의복을 말한다"라고 설명했다. 『좌전』성공 13년 조목에는 "나라의 큰일은 제사와 군대에 있다"라고 했으며, 『주례』에서는 늘 큰일과 작은 일을 나란히 열거한다. 여기서 말하는 것은 이 괘는 단지 작은 일을 점치는 데 유리할 뿐이라는 것이다.

悔亡喪馬회망상마 상박본에는 '𢘱(悔)亡=馬'로 되어 있고, 마왕두이본에는 '悔亡=馬'로 되어 있으며, 솽구두이본에는 '䘚亡喪馬'로 되어 있다. 중간의 두 글자는 망亡으로 읽든 상喪으로 읽든, 아니면 한 번은 망으로 읽었다 한 번은 상으로 읽든지 간에, 망亡과 상喪 모두 잃어버리는 것을 가리킨다. 고문자에서 亡자의 초기 문자는 칼날 위에 점을 더한 것으로 칼날을 가리킨다. 喪자의 초기 문자는 뽕나무를 형상화했는데 나중에는 아래에 亡자를 더했다. 초간楚簡의 亡자는 두 가지 필법이 있어 유무有無의 무無는 대부분 亡으로, 상망喪亡의 亡은 대부분 亾으로 썼는데, 때로는 서로 통하기도 하고 때로는 서로 구분하기도 했다. 후자의 경우, 학자들이 예서로 정할 때 망茫이 된 것은 亡자의 머리 부분이 초방艸旁(艸자를 줄인 것)이라고 잘못 생각했기 때문이다. 사실 이 글자는 喪자를 줄인 것으로, 亡자의 머리 부분은 喪자의 머리 부분이므로 초방屮旁과 무관하다. 상박본에는 '망회亡悔'로 되어 있고, 마왕두이본과 쐉구두이본에는 '무회无悔'로 되어 있다. '亡悔'와 '회망悔亡'은 관계가 없다.

遇主于巷우주우항 이 괘는 귀신에 대해 말하고 있으니, 여기서 '주主'는 선군의 신주로 귀신에 속한다고 생각된다.

勿逐自復물축자복 '축逐'은 상박본에는 '由유'로 되어 있고, 마왕두이본에는 '遂수'로 되어 있다. 이런 필법의 '수'는 결코 후대의 遂자가 아니고 逐자의 이체자다.

見輿曳견여예, **其牛掣**기우체 '見車轍, 其牛觢견거철 기우서'로 독해한다. 이 말은 소가 수레를 끌다가 수레바퀴 자국을 보고 놀라서 두 뿔을 세운다는 뜻이다. 수레바퀴 자국轍은 움푹 파인 것이고, 쇠뿔이 치솟아 있는 것觢은 들어올린 것이니, 아마도 서로 어긋난 의미를 취한 것으로 보인다. 살펴보면, 이 두 구절은 상박본에는 '見車敱(轍), 亓牛攸(觢)'로 되어 있다. 마왕두이본에는 '見車惢, 其牛謱'로 되어 있으니 바로 '見車謱(轍), 其牛惢(觢)'로 된 것에 해당한다. 쐉구두이본에는 '見車渫(轍), 其牛絜(觢)'로 되어 있다. '여輿'는 '車거'로 독해하고, '예曳'는 '轍철'로 독해하며, 체掣는 '挈설'을 잘못 쓴 것으로 '觢서'와 통한다.[29] 『이아』「석축釋畜」에 "뿔이 하나는 아래로 처지

29_ '체掣'는 『석문』에 인용된 정현본에는 '서挈'로, 인용된 『자하역전』에는 '계契'로, 인용된 『설문해자』와 유표본에는 '서觢'로, 인용된 순상본에는 '기觭'로 되어 있다. 『주역집해』에는 '기觢'로 되어 있다.

고 하나는 위로 솟은 것을 기觭라 하고, 모두 솟이오른 것을 서觲라 한다角
一俯一仰, 觭, 皆踊, 觲"라고 풀이했으며, 『설문해자』 「각부角部」에 인용된 『주
역』의 예문에는 '기우서其牛觲'로 되어 있다.

其人天且劓기인천차의 '기인其人'은 곧 초구효의 '악인惡人'을 말한다. 마융의
주석에 "이마에 새기는 것을 천이라 한다鑿其額曰天"(『석문』에 인용)라고 했으
며, 우번의 주석에는 "이마에 죄명을 새겨 넣는 것을 천이라 하고, 코를 베
는 것을 의라 한다黥額爲天, 割鼻爲劓"(『주역집해』에 인용)라고 풀이했다. 경형
黥刑은 묵형墨刑에 속한다.

无初有終무초유종 초구효에서 악인을 만나는 것은 길하지 않지만, 여기서
의 귀신은 화를 입히고 해를 끼치는 나쁜 귀신은 아니다. 흉을 만나 상구
효는 길함으로 바뀐다.

睽孤규호 '호孤'는 '顧고'로 독해하는데, 규고睽顧는 돌아본다는 뜻으로 괴乖
자의 함의와도 관계가 있다. 우번의 주석은 '睽顧규고'로 읽는다(『주역집해』
에 인용). 아래 문장의 '호孤'는 이것과 음이 같다.

元夫원부 머리를 깎는다는 뜻의 곤髡은 '髨곤'으로도 쓰는데, 원元을 따르
는 것은 올兀을 따르는 것과 같다. 여기서는 '곤부髡夫'로 독해해야 한다고
생각하는데, 바로 육삼효에서 머리카락을 자르고 코를 베는 사람이다.[30]

交孚교부 마음이 서로 통하며 피차 신뢰하는 것을 말한다. 왕필의 주석에

"뜻을 같이하는 사람이 서로 의기투합하여 의심하는 바가 없기 때문에 교부交孚라고 한다"라고 풀이했다. 앞의 대유괘 육오효의 '궐부교여위여厥孚交如威如'를 참고하라.

厥宗噬膚궐종서부 술과 음식으로 귀신에게 제사 지내는 것이라 생각된다. '궐종厥宗'은 '등종登宗'을 잘못 쓴 것으로, '하늘에 있는 신주를 받드는 것'을 가리킨다고 생각된다. '궐厥'은 상박본에는 '陞승'으로 되어 있고, 마왕두이본에는 '登등'으로 되어 있다. '厥'은 '呹궐'과 같으니, 고문자의 자형이 '升승'과 비슷하기 때문에 와전되어 厥이 된 것이다.[31] '종宗'은 '주主'의 뜻으로 새기니, 이 괘 구이효의 '주主'로 생각된다. '서부噬膚'는 삼겹살을 먹는 것을 말하니 서합괘의 육이효를 참고하라.

見豕負塗견시부도 일반적으로 돼지가 등에 진흙을 바른 것이라고 생각하는데, 예를 들어 우번의 주석(『주역집해』에 인용)과 공영달의 소에서 이렇게 해석한다. 지금 '부負'가 '背배'나 '倍배'와 통하는 것을 살펴보면 '乖괴'와 비슷하다. 내 생각에 원문은 돼지가 수레를 끄는 것을 보니 서로 반대 방향으로 달리는 것을 말하며, '도塗'는 길을 가리킨다.

30_ 유월은 원元을 올兀로 읽었지만 '원부元夫'를 곤자髡者로 보지 않고 반대로 월자刖者(월刖은 발꿈치를 베는 형벌)로 보았는데, 유월의 『군경평의』「주역 1」'기인천차의其人天且劓' 조목에 보인다(왕셴첸 편 『청경해속편』 제5책(1029쪽)에 수록). 원이둬는 "『설문해자』의 곤髡은 이체자로 髠를 쓰지만 결론은 여전히 유월과 같다"고 언급했다(원이둬, 『주역의증유찬』, 38쪽에 보임).

31_ 허린이, 『상하이박물관장초죽서주역』, 96쪽.

載鬼一車재귀일거 '거車'는 마왕두이본에도 이와 같다(싱박본에는 빠져 있다). 28수二十八宿의 남방 7수 가운데 귀수鬼宿가 있는데 여귀輿鬼라고도 한다. 『사기』「천관서天官書」에 따르면 "여귀는 귀신의 제사를 관장하며, 중간에 백색의 쌓인 기운積氣이 질성이 된다"라고 했으며, 이에 대한 『사기정의』의 주석에는 "여귀의 네 별은 제사를 주관하고, 하늘의 눈이 되며, 보는 것을 주관해 간사한 계략을 밝게 살핀다. 동북성은 말을 모으는 일積馬을 주관하며, 동남성은 병기와 갑옷을 모으는 일積兵을 주관하며, 서남성은 베나 비단을 모으는 일積布帛을 주관하며, 서북성은 금이나 옥을 모으는 일積金玉을 주관하니 변화에 따라 점을 친다. 가운데에 있는 별은 시체 모으는 일積尸을 하는데, 질성質星이라고도 하며 장례와 제사를 주관한다"라고 설명했다. 질質은 곧 부질斧質의 질質(고기를 다지는 도마)이며, 동정東井에 월성鉞星이 있고, 여귀에 질성이 있으니 정벌하고 죽은 사람을 제사지내는 일과 관계가 있다. 여귀가 바로 '재귀일거載鬼一車'다.

先張之弧선장지호 먼저 활을 당겨 쏘려는 것을 말한다. 『좌전』 희공 15년 조목에 태사 소蘇가 점을 쳐서 귀매괘가 규괘로 변한 괘를 만났을 때 이 괘를 언급해 "귀매歸妹, 규고睽孤는 구적寇賊이 활을 당기는 상이다"라고 했다.

後說之弧후탈지호 '後說(脫)之壺후설(탈)지호'로 독해한다. '弧호'는 마왕두이본과 쌍구두이본에는 '壺호'로 되어 있고(상박본에는 빠져 있다), 『석문』에서 인용한 경방본과 마융본, 정현본, 왕숙본, 적자현본 등의 여러 판본과 『주역집해』는 이 책과 같다. 왕필본은 잘못 표기했다. '선장지호先張之壺'는 처음에는 귀신을 실은 수레가 와서 여자를 강탈해 결혼하려는 줄 잘못 알았기 때문에 활을 당겨 쏘려고 한 것이다. '후탈(열)지호後說(悅)之壺'는 나중에 상대방이 실은 신부를 맞이하러 왔음을 분명히 알았기 때문에 술을 준비해 맞이하는 것이다. '弧호'는 활과 화살을 가리키니 적을 막는 물건이고, '壺호'는 술그릇이니 손님을 대접하는 물건이다. 상구의 효사는 사후死後 결혼과 관계가 있을 것이다.

匪寇婚媾비구혼구 귀신이 와서 새로운 사람을 맞이하는 것은 당연히 사후의 결혼과 관계가 있다. 『주례』「지관地官·매씨媒氏」에서는 천장遷葬과 가상嫁殤을 금지했는데, 정현의 주석에 이렇게 풀이했다. "천장遷葬은 살아 있을 때는 부부가 아니었으나 죽은 뒤에 장례를 치르고 나서 무덤을 옮겨 서로 따르게 하는 것을 말한다. 상殤은 19세가 되기 전에 출가하지 않고 죽은 여자로, 살아서 예로 맞이하지 않고 죽어서 합치니 이 역시 인륜을 어지럽히는 일이다. 정사농鄭司農은 '가상嫁殤은 죽은 사람을 시집보내는 것이다. 지금의 취회聚會가 여기에 해당한다'고 했다." 가상은 곧 사후 결혼을 말한다.

往遇雨則吉왕우우즉길 집 밖으로 나가 비를 만나는 것은 본래 좋지 않지만, 여기서는 오히려 "길하다"고 말한다. 이는 흉을 만났으나 길로 바뀐 것이니 일반적인 이치와 상반된 괘임을 알 수 있다.

제39 : 건괘蹇卦

가는 길이 험하다

䷦ 蹇: 利西南, 不利東北. 利見大人, 貞吉.　건 이서남 불리동북 이견대인 정길

건괘 : 서쪽에서 남쪽으로 가는 것이 이롭고 동쪽에서 북쪽으로 가는 것은 불
리하다. 대인을 보는 것이 이롭고 점복의 결과는 길하다.

初六, 往蹇來譽.　초륙 왕건내예
음효일, 이렇게 가면 가는 길이 어렵고 돌아오면 운이 좋다.

六二, 王臣蹇蹇, 匪(非)躬(今)之故.　육이 왕신건건 비(비)궁(금)지고
음효이, 왕의 신하가 가는 길이 어려우니 지금만 어려운 것이 아니다.

九三, 往蹇, 來反(返).　구삼 왕건 내반(반)
양효삼, 이렇게 가면 가는 길이 어려우니 일찍 돌아온다.

六四, 往蹇來連.　육사 왕건내연
음효사, 이렇게 가면 가는 길이 어렵고 돌아오는 것도 곡절이 많다.

九五, 大蹇朋來. 구오 대건붕래

양효오, 길에서 험난함을 만나야 비로소 벗이 온다.

上六, 往蹇來碩(適), 吉, 利見大人. 상륙 왕건내석(적) 길 이견대인

음효륙, 이렇게 가면 가는 길이 어렵지만 마침내 집으로 돌아온다. 점복 결과는 길하며 대인을 만나는 것이 이롭다.

【대의】

이 괘는 하괘가 간艮이고 상괘가 감坎으로, 간은 산이고 감은 물이니 산과 물의 상象이다. 감은 또 험함險이기도 하고, 간은 또 그침止이기도 하여 수많은 물과 산이 험함을 만나 그치고 갈 수 없으니 나아가기 어려운 상이다. 『역경』에는 가는 것을 점치는 사辭가 가장 많은데, 64괘 가운데 36개의 괘가 여기에 해당해 절반이 넘는다. 이 괘는 오로지 나가서 다니는 것을 말하는 괘다.

【교독】

蹇건 '謇건'과 통한다. 蹇은 절름발이를 말하며, 길을 걸어가기가 어려운 것에 해당하기에 발足을 따른다. '謇건'은 말더듬이를 말하며, 말하기가 어려운 것에 해당하기에 말言을 따른다. 상박본에는 '訐알'로 되어 있는데 謇의 가차자이며, 마왕두이본과 쌍구두이본에는 '寋건'으로 되어 있는데 蹇의 이체자다. 이 괘의 육이효에서 언급한 '왕신건건王臣蹇蹇'은 고서에는 종종 '王臣謇謇왕신건건'으로 되어 있는데, 이에 대해 가오헝은 蹇이 謇의 가차자

라고 말한다.[32] 하지만 『역경』에서 말하는 왕래往來는 모두 나다니는 것과 관계가 있다. 이 괘는 분명히 길을 가는 일에 대해 언급한 것이지, 말하는 일을 언급한 것이 아니다. 내용 면에서 고려하면 역시 금본의 독법이 더욱 적합하다.

利于西南이우서남, **不利東北**불리동북 서쪽에서 남쪽으로 가는 것은 음이 양을 따르는 것이며, 음이 양을 따르니 순조롭다. 동쪽에서 북쪽으로 가는 것은 양이 음을 따르는 것이며, 양이 음을 따르니 순조롭지 않다. 곤坤괘의 괘사에도 "서쪽에서 남쪽으로 가면 벗을 찾고, 동쪽에서 북쪽으로 가면 벗을 잃는다西南得朋, 東北喪朋"라는 구절이 있다. 곤괘의 교독을 참고하라.

往蹇來譽왕건내예 『주역』괘의 여섯 효는 위로 가는 것을 '왕往'이라 하고 아래로 가는 것을 '내來'라고 한다. '건蹇'은 어렵게 가는 것을 말한다. '예譽'는 '구咎'와 상반되는데, 운이 나쁜 것을 '咎'라고 하고 운이 좋은 것을 '譽'라고 한다. 여기서는 위로 가는 것은 순조롭지 않고 아래로 가는 것은 순하다는 것을 말한다.

王臣왕신 왕의 노복을 말한다. 상박본에는 '왕신王臣'으로 되어 있고, 마왕두이본에는 '왕복王僕'으로 되어 있다.

匪躬之故비궁지고 상박본에는 '非今之故비금지고'로 되어 있다. 마왕두이본에

32_ 가오형, 『주역고경금주』(중정본), 273쪽.

이 구절은 마침 두 번째 글자가 빠져 있지만 「이삼자문」에 '비금지고'로 인용되어 있으니, 고본에는 '비금지고'로 되어 있음을 알 수 있다. 躬궁은 금슬으로 독해하며 또한 冬동이나 侵침과 통가자가 되는 예다(躬은 견모동부見母冬部의 글자이고, 今은 견모침부見母侵部의 글자다). 여기서는 왕의 신하가 길 다니는 것이 어려운 것은 현재만 어려운 것이 아니라 줄곧 이와 같다는 말이다.

連연 정현은 주석에서 "오래 이어진다는 뜻이다"라고 풀이했다.

大褰朋來대건붕래 '붕朋'은 상박본에는 '不불'로 되어 있으니 음양대전자陰陽對轉字[33](不은 방모지부幇母之部의 글자이고, 朋은 병모증부竝母蒸部의 글자)다. 마왕두이본에는 '恟흉'으로 되어 있는데 '倗붕'의 오자다.

來碩내석 '來適내적'으로 독해하는데, 여기서는 출발 지점으로 돌아오는 것을 말한다. '碩석'은 상박본은 같고, 마왕두이본에는 '石석'으로 되어 있다. 碩은 크다는 뜻으로 풀이할 수 있으나 여기서는 적당하지 않다. 이 글자를 어떻게 읽는지에 대해서 과거에 여러 가지로 추측했다.[34] 초간에 '迶'자가 있는데, 옛날에는 '跖척'이나 '趚척'으로 읽었고, 지금은 '適적'으로 읽는다.[35]

33_ 음양대전자는 음운학 용어로, 고음학에서 주요 원음이 같은 음성, 양성, 입성 사이의 상호 변화를 가리킨다.―옮긴이

34_ 예를 들어 가오형은 度도로 독해했는데, 그의 저서 『주역고경금주』(중정본) 274쪽에 보인다. 가오형은 척跖과 척蹠은 통하며, 자柘는 자樜와 통한다고 언급했다.

35_ 리쉐친 주편, 『칭화대학장전국죽간』(2), 하책, 150·167·170·186쪽.

碩은 선모탁부禪母鐸部의 글자이고, '適적'은 서모석부書母錫部의 글자로 고음이 서로 가깝다. '내적'은 다른 곳에서 이곳으로 오는 것을 말한다. 예를 들어, 『공자가어孔子家語』「현군賢君」 편에 "제경공내적로齊景公來適魯"라는 구절이 있는데, 제 경공이 제나라에서 노나라로 왔다는 말이다.

吉길 괘사에서 언급한 '정길貞吉'을 말하니, 여기서는 괘사의 뜻에 따라 번역한다.

利見大人이견대인 구오효가 존귀한 자리이므로 상륙효가 아래로 구오효를 따르는 것을 가리킨다.

제40 : 해괘解卦

다른 사람을 용서할 곳을 찾고 용서하다

☰ 解: 利西南. 无所往, 其來復, 吉. 有攸往, 夙吉. 해 이서남 무소왕 기래복
길 유유왕 숙길

해괘 : 서쪽에서 남쪽으로 가는 것이 이롭다. 자신이 가지 못하면 상대방이 오
니 길하다. 자신이 가게 되면 일찍 길에 오르는 것이 좋다.

初六, 无咎. 초륙 무구
음효일, 화가 없다.

九二, 田獲三狐, 得黃矢, 貞吉. 구이 전획삼호 득황시 정길
양효이, 사냥에서 여우 세 마리를 잡는데, 어떤 화살로 쏴야 길한지 점치
면 답은 황색 화살이다.

六三, 負且乘, 致寇至, 貞吝. 육삼 부차승 치구지 정린
음효삼, 어깨에 메고 손에 들고 수레에 가득 싣고 돌아오니 강도를 부를 것
이다. 점복 결과가 유감스럽다.

九四, 解(而)[亓][拇], 朋至斯孚. 구사 해(이)[기]무 붕지사부

양효사, 사냥감들의 다리를 풀어주면 오히려 더 많은 짐승이 온다.

六五, 君子維有解, 吉, 有孚于小人. 육오 군자유유해 길 유부우소인

음효오, 군자가 묶은 끈을 푸니 길하며, 소인에게 신뢰를 받을 수 있다.

上六, 公用射隼于高墉之上, 獲之, 无不利. 상륙 공용석준우고용지상 획지 무
불리

음효륙, 왕공이 높은 성벽에서 새매를 쏘아 마침내 떨어뜨리니 일에 불리
함이 없다.

【대의】

이 괘는 하괘가 감坎이고 상괘가 진震으로, 사냥을 나가 여우도 잡고 새매
도 잡는 일을 말한다. 작자는 사냥을 비유해 어깨에 메고 손에 들고 수레
에 가득 싣고 돌아와 강도를 부를 뿐이라면 차라리 풀어주는 편이 낫다고
말한다. 주도면밀하게 계획하고 멀리 내다보는 '사냥꾼'은 자신의 '사냥감'(정
치적 적수나 군사적 적수)에 대해 사정을 봐준다. 한 사람을 놓아주는 것은
다수를 얻기 위함이고, 군자를 놓아주는 것은 소인을 얻기 위함이다. 관건
은 도적과 왕을 잡는 것이다. 다음에 나오는 두 괘(손괘와 익괘)는 손익에
대해 말하는데, 바로 이런 이치를 잘 드러내고 있다.

해괘와 앞의 건蹇괘는 상반된다. '건蹇'은 어려움에 빠진 것이며, 험함을 만
나면 그친다. '해解'는 어려움을 벗어나는 것이며, 험함을 만나 움직이는 것

이다. 두 괘는 바로 한 쌍이다.

【교독】

解해 묶인 것을 푼다는 뜻이다. 구사효의 '解而(爾)拇해이(이)무'와 육오효의 '君子維有解군자유유해'를 가리킨다.

利西南이서남 건蹇괘 괘사에 "서쪽에서 남쪽으로 가는 것이 이롭고 동쪽에서 북쪽으로 가는 것은 불리하다利西南, 不利東北"는 구절이 있는데, 여기서는 뒤의 한 구절을 생략했다.

无所往무소왕, **其來復**기래복 손을 쓰지 않았는데 상대방이 스스로 투항해 귀순하는 것을 암시한다.

有攸往유유왕, **夙吉**숙길 직접 손을 쓸 것 같으면 먼저 손을 쓰는 편이 좋다는 것을 암시한다.

田獲三狐전획삼호 '전田'은 사냥을 말한다. '삼호三狐'는 육삼효와 육오효, 상륙효를 가리키는 것으로 생각된다. 미제괘의 괘사에서 '소호小狐'로 음효를 가리키는 경우와 같다. 살펴보면, '田'은 상박본에는 '畋전'으로 되어 있고 마왕두이본에는 '田'으로 되어 있다. 『설문해자』「복부攴部」에 "畋은 땅을 갈고 파종하는 것이다. 복攴과 전田을 따른다. 『주서』에 '전이전畋爾田'이라는 구절이 있다"라고 설명했다. '전이전畋爾田'은 『서경』「다방」에 나오는데 '너의 밭을 갈아라'는 말로, 농사짓는 것을 가리킨다. 허신은 '畋'의 뜻을 땅을 평평하게 고르는 것이라 생각했는데 틀렸다고 할 수 없다. 하지만 농사짓는 것은 사냥하는 것과 관계가 있어 종종 먼저 풀을 태우고 날짐승이나 들짐승을 몰아 사냥한 다음에야 땅을 평평하게 고르고 밭을 간다. 두 가지는 서로 모순되지 않는다. 여기서 '田'은 사냥을 가리킨다.

得黃矢득황시　황색은 중간색으로 육이효나 육오효를 가리킨다. 구이효는 육오효와 호응하는데 여기서는 육오효를 가리킨다.

負且乘부차승, **致寇至**치구지　'부차승負且乘'은 사냥한 짐승이 매우 많아 등에 짊어질 뿐 아니라 수레로 실어 나르는 것을 말한다. '치구지致寇至'는 앞에 나온 수需괘 구삼효에 보이는데 강도를 불러들이는 것을 말한다.[36]

夙숙　고서에서는 '일찍'의 뜻으로 풀이하는데, 하루 중 이른 시간을 가리킨다. 숙은 야夜와 반대로 해가 떠 있는 시간을 가리키고, 야는 밤을 가리킨다.

36＿「계사 상」15에 "공자가 말하기를 『주역』을 지은 사람은 도적에 대해 알고 있었던가? 『주역』에 '어깨에 메고 손에 들고 수레에 가득 싣고 돌아오니 강도를 부를 것이다負且乘, 致寇至'라고 했는데, 어깨에 메는 것은 소인의 일이고, 타는 것은 군자의 기구다. 소인이 군자의 기구를 타면 도적이 이를 빼앗으려고 한다. 위에 있는 사람은 거만하고 아래에 있는 사람은 포학하면 도적은 이를 치려고 한다. 재물을 소홀히 보관하면 사람들을 도적질하게 만들고, 용모를 요염하게 가꾸면 사람들을 음탕하게 만든다. 『주역』에 '부차승, 치어구'라고 한 것은 도적을 부른다는 뜻이다"라고 했다. 이 말은 군자가 수레를 타면 소인은 배석하지 못하니 소인의 운명은 걷는 것을 수레 타는 것으로 여기고, 등에 지는 것을 수레에 싣는 것으로 여긴다는 뜻이다. 만약 소인이 분수를 지키지 않고 수레를 탄다면 화를 당해 강도가 온다는 것이다. 이것은 의미를 확장시킨 것으로 문장 자체에 대한 해석은 아니다.

解而拇해이무 '而이'와 '丌기'는 자형이 비슷한데, 상박본과 마왕두이본에는 '丌'로 되어 있다. 딩쓰신丁四新이 여기서 '而'는 '丌'의 오기라고 지적했는데 매우 정확하다.37 함괘 초륙효에 '함기무咸其拇'가 있는데, 이것과 상반된다.

君子維有解군자유유해, **吉**길, **有孚于小人**유부우소인 지위가 높은 적수를 관대하게 풀어주어 지위가 낮은 적수를 믿게 만든다는 의미다.

隼준 사나운 날짐승으로 매와 유사하다. 맹금류의 날짐승은 응과鷹科 (Accipiter)와 준과隼科(Falco)의 두 부류로 나뉜다. 응과에는 응속鷹屬 (Accipiter, hawk), 조속雕屬(Aquila, eagle), 요속鷂屬(Circus, Harrier) 등이 포함된다. 준과에는 유준遊隼(Falco peregrinus leucogenys), 연준燕隼 (Falco subbuteo streichi), 홍각준紅脚隼(Falco vespertinus amurensis, falcon) 등이 포함된다. 높은 담에서 새매를 쏴서 떨어뜨렸다는 것은 도적과 왕을 잡은 일을 비유한다.

37_ 딩쓰신, 『초죽서와 한백서 주역 교주』, 상하이고적출판사, 2011, 112~113쪽.

제41 : 손괘損卦

아래를 덜어 위에 더한다

☷ 損: 有孚, 元吉, 无咎, 可貞, 利有攸往. 曷之用? 二簋可用享. 손 유부 원

길 무구 가정 이유유왕 갈지용 이궤가용향

손괘 : 예상한 바를 벗어나지 않으니 가장 길하고 화가 없다. 점을 칠 수가 있

고 나다니는 것이 이롭다. 제사는 무엇으로 지내는가? 제기 두 개면 충분하다.

初九, 已事遄往, 无咎, 酌損之. 초구 이사천왕 무구 작손지

양효일, 이미 지난 일은 빨리 지나가게 해야 화가 없으며, 덜어내야 할 것

같으면 덜어내야 한다.

九二, 利貞, 征凶, 弗損, 益之. 구이 이정 정흉 불손 익지

양효이, 점복에 이롭고 먼 길을 가면 흉하다. 덜어내서는 안 되고 더할 수

만 있다.

六三, 三人行, 則損一人, 一人行, 則得其友. 육삼 삼인행 즉손일인 일인행 즉득기우

음효삼, 세 사람이 길을 가면 종종 한 사람을 덜어내지만, 한 사람이 길을

가면 도와주는 벗이 있다.

六四, 損其疾, 使遄有喜, 无咎. 육사 손기질 사천유희 무구
음효사, 그의 병을 덜어내어 되도록 빨리 회복하게 해야 화가 없다.

六五, 或益之十朋之龜, 弗克違, 元吉. 육오 혹익지십붕지귀 불극위 원길
음효오, 어떤 사람이 귀한 귀복龜卜을 보내주니 십붕十朋의 가치가 있어 거절할 수 없게 하며, 가장 길하다.

上九, 弗損, 益之, 无咎, 貞吉, 利有攸往, 得臣无家. 상구 불손 익지 무구 정길 이유유왕 득신무가
양효륙, 덜어낼 수는 없고 더할 수만 있으니, 화가 없고 점복 결과는 길하다. 나다니는 것이 이로우며, 새로 얻은 노비가 거처할 집이 없다.

【대의】

이 괘는 하괘가 태兌이고 상괘가 간艮으로, '손익損益의 도리'라고 할 때의 '손損'을 말한다. 손損괘는 태泰괘의 구삼효와 상륙효의 자리를 바꾸어서 만든 것이니, 아래를 덜어 위에 더하는 뜻을 나타낸다. 이 괘의 육사효는 병이 난 것을 말하고 육오효는 붕朋을 얻은 것을 말하는데, 붕을 얻었다는 것은 귀갑龜甲을 얻은 것이다. 당시 어떤 사람이 십붕十朋의 귀갑을 주었다는 것은 많은 돈을 힘들이지 않고 얻은 것과 같다. 속담에 "병은 있어서는 안 되고, 돈은 없어서는 안 된다有什麼別有病, 沒什麼別沒錢"라고 했으니, 병

은 덜어내고 돈은 더해야 한다. 이 괘는 바로 이런 이치를 말하고 있다.

【교독】

損손 이 괘의 여섯 효 가운데 초구효는 육사효와 호응해 모두 '손損'자를 쓰고, 구이효는 육오효와 호응해 모두 '익益'자를 쓰며, 육삼효는 상구효와 호응해 먼저 '손損'자를 쓰고 뒤에 '익益'자를 쓴다.

曷갈 '어찌何'라는 뜻이다.

无咎무구, **可貞**가정, **利有攸往**이유유왕 상구효를 가리킨다.

二簋可用享이궤가용향 궤簋는 제기祭器를 말한다. 제사를 지낼 때 솥鼎은 홀수로 사용하고 궤簋는 짝수로 사용한다. 여기서는 '향享'을 쓰고 '형亨'을 쓰지 않았으며, 마왕두이본에는 '방芳'으로 되어 있다(상박본에는 빠져 있다).

已事遄往이사천왕 '이사已事'는 이미 지난 일을 말한다. '천왕遄往'은 매우 빨리 지나가는 것을 말한다. 천遄은 신속하다는 뜻이다. 고문자에서 '기已'와 '사巳'는 같다. 『주역집해』에 인용된 우번의 주석에 "사祀는 옛날에는 기己로 썼다"고 했는데, 이와 관련해 이도평李道平은 "우번은 괘사에서 '이궤용향二簋用享'이라고 한 것 때문에 구본舊本에 已로 되어 있는 것을 따르지 않고, 단지 고의古義에 祀로 되어 있는 것을 따라 제사로 풀이했다"[38]라고 지적했으니 '祀'는 우번이 고친 글자임을 알 수 있다.

弗損불손, **益之**익지 옛 주석에서는 모두 쉼표로 나누어 읽었는데, 줄여서는 안 되고 더할 수만 있다는 뜻이다. 연결해서 읽으면 덜어내지도 않고 더하지도 않는다는 뜻이 된다.

三人行삼인행, **則損一人**즉손일인 육삼효가 양陽을 덜어내고 음陰이 되어 하괘에 양 하나가 부족하게 된 것을 가리킨다.

一人行일인행, **則得其友**즉득기우 초구효와 구이효가 가까이 연결되어 있음을 가리킨다.

損其疾손기질, **使遄有喜**사천유희 '질疾'은 병을 가리키고, '희喜'는 병이 낫는 것을 가리킨다.

或益之十朋之龜혹익지십붕지귀, **弗克違**불극위 '익지益之'는 '賜之사지'로 독해한다. '사賜'가 '익益'이 된 것은 익괘의 괘명과 일치됨을 유지하기 위해서다.[39] '십붕지귀十朋之龜'에서 붕朋자는 두 꿰미의 조개貝처럼 생겼는데, 각 꿰미는 5개로 이루어져 모두 10개다. 한대의 유학자들 사이에서는 조개貝 2개가 1붕朋이라는 설과 조개 5개가 1붕이라는 설이 있었는데, 왕궈웨이王國維는

38_ 이도평, 『주역집해찬소周易集解纂疏』, 중화서국, 1994, 376~377쪽.

39_ 서주시대의 금문에 역易자는 𱀀 으로 되어 있는 경우도 있는데, 룽겅의 『금문편』, 670~673쪽 : 1594에 보인다. 궈모뤄는 이런 필법의 易자는 益의 간체자라고 했는데, 그의 논문 「주초 사덕기四德器의 고석考釋을 통해 은대에 이미 문자의 간체화가 진행되었음을 논함」(『문물』, 1957년 7기, 1~2쪽)에 보인다.

조개 10개가 1붕이라고 했다.[40] 상주시대의 화폐는 금金과 은銀을 비롯하여 동銅, 옥玉, 조개貝, 가죽皮, 비단帛 등의 서로 다른 재질을 포함한다. 『주례』에서 말하는 여섯 가지 화폐六幣에는 말馬도 포함된다(「추관·소행인小行人」). 고대에 재화와 관련된 글자는 대부분 '조개 패貝'를 따른다. 모든 화폐 중에서도 조개 화폐貝幣가 가장 오래되었다. 당시의 화폐 단위는 금은 열鋝(여섯 냥쭝)로 세고, 옥은 각珏으로, 비단은 속束으로, 조개는 붕朋으로 계산했다. 10붕은 100개의 조개로 매우 많은 돈에 해당한다. 귀龜, 곧 거북은 껍질이 단단한 것을 말하며, 껍질이 부드러운 것은 별鱉(자라)이라고 한다. 중국에서는 거북의 신령함을 숭배해서 점복에 사용했는데 어떤 종류는 매우 귀중하다. 고대에 죽은 사람과 함께 매장한 옥에는 옥귀각玉龜殼이 자주 보인다. 『논어』 「계씨」 편에 "귀옥이 함 속에서 훼손되다龜玉毀于櫝中"라는 구절이 있는데, 여기서 말한 '귀옥龜玉'도 아마 옥귀각일 것이다. 조개 화폐는 상주 시기에 후대의 엽전圜錢과 같았다. 엽전에는 구멍이 뚫려 있어 줄로 꿸 수 있었는데, 1개가 1문文이고 1관貫은 1000개로 하여 옛 사람들은 이를 꿰미에 꿴 돈이라는 뜻의 민전緡錢이라고 불렀다. 조개 화폐도 꿰미로 세었다.

得臣无家득신무가   마왕두이본에는 '得僕无家득복무가'로 되어 있는데(상박본에는 빠져 있다), 둘 다 같은 뜻으로 가족이 없는 노비를 가리킨다. 서주시대의 금문金文에 따르면 신하에게 하사하는 품물에는 세 가지가 있다. 하

40_ 왕궈웨이의 『설각붕說珏朋』은 『왕궈웨이유서王國維遺書』(상하이고적서점, 제1책, 「관당집림觀堂集林」 권3, 19쪽~21쪽)에 수록되어 있다.

나는 얼마간의 가家이고, 또 하나는 얼마간의 부夫이며, 나머지 하나는 얼마간의 인人인데, 이 가운데 뒤의 두 경우가 바로 가족이 없는 노비에 해당한다.[41]

---

[41]_ 장야추張亞初의 『은주금문집성인득殷周金文集成引得』(중화서국, 2001, 941~943쪽) 참고.

제42 : 익괘益卦

위를 덜어 아래에 더한다

☰☳ 益: 利有攸往, 利涉大川. 익 이유유왕 이섭대천

　익괘 : 나다니는 것이 이롭고 큰 강을 건너는 것이 이롭다

初九, 利用爲大作, 元吉, 无咎. 초구 이용위대작 원길 무구
양효일, 토목공사를 크게 일으키는 것이 이로우니 이 일은 가장 길하고 화가 없다.

六二, 或益之十朋之龜, 弗克違, 永貞吉. 王用享于帝, 吉. 육이 혹익지십붕지귀 불극위 영정길 왕용향우제 길
음효이, 어떤 사람이 귀한 귀복龜卜을 보내주니 십붕十朋의 가치가 있어 거절할 수 없게 하며, 점치는 일마다 길이 길하다. 우리 왕이 상제에게 제사하는 일도 길하다.

六三, 益之, 用[凶][工]事, 无咎, 有孚. 中行告公, 用圭. 육삼 익지 용·(흉)[공]사 무구 유부 중행고공 용규

음효삼, 중행中行이 손에 홀을 들고 왕공대인에게 이렇게 아뢴다. "공사를 확대해주시기를 청합니다. 화가 없고 구하면 반드시 얻는 바가 있습니다."

六四, 中行告公, 從, 利用爲依遷國. 육사 중행고공 종 이용위의천국

음효사, 중행의 청이 왕공대인에게 받아들여지니 다른 수도로 옮김에 장차 이로움이 있을 것이다.

九五, 有孚惠心, 勿問, 元吉, 有孚惠我, 德(得). 구오 유부혜심 물문 원길 유부혜아 덕(득)

양효오, 백성을 이롭게 하려는 마음에서 나온다면 점칠 필요도 없이 가장 길하다. 백성을 이롭게 하는 것은 자신을 이롭게 하는 일이기도 하니 공을 이룰 것이다.

上九, 莫益之, 或擊之. 立心勿恆, 凶. 상구 막익지 혹격지 입심물항 흉

양효륙, 토목공사를 확대하지 말아야 하니 누군가가 공격할 수도 있다. 뜻을 세워 항상됨을 지킬 수 없으면 반드시 흉함이 있다.

【대의】

이 괘는 하괘가 진震이고 상괘가 손巽으로, 손익損益의 도리라고 할 때의 '익益'을 말한다. 익괘는 비否괘의 초륙효와 구사효의 자리를 바꾸어 만든 것으로, 위를 덜어 아래에 더한다는 뜻을 나타낸다.

앞의 손損괘와 익괘는 사라짐과 자라남消長의 한 쌍이다.

【교독】

益의 이 괘는 여섯 효로, 초구효와 육사효가 호응하는데 '손損'자와 '익益'자는 보이지 않는다. 육이효와 구오효가 호응하는데 육이효에는 '익'자를 썼고, 구오효에는 '손'자와 '익'자가 보이지 않는다. 육삼효는 상구효와 호응하는데 두 효 모두 '익'자를 썼다. 「잡괘」 3에 "손괘와 익괘는 성쇠의 시작이다 損益, 盛衰之始也"라고 했는데, 손괘는 하괘의 양 하나를 덜어 상괘에 더한 것이고 익괘는 상괘의 양 하나를 덜어 하괘에 더한 것이다.

利用爲大作이용위대작 '대작大作'은 토목공사를 크게 일으키는 것을 가리킨다. 공영달의 소에 "대작은 큰일을 일으키는 것을 말한다"라고 풀이했는데, 구체적으로 무슨 큰일인지는 말하지 않았다. 우번의 주석에서는 "대작은 밭 갈고 씨 뿌리는 것을 말하니, '뇌누지리耒耨之利'는 여기에서 취했을 것이다"(『주역집해』에 인용)라고 했으며, 후과의 주석에서는 "대작은 밭 갈고 심는 것을 말한다"라고 했으니, 모두 '대작'을 농사일이라 풀이했다. '대작'은 또 각종 토목사업을 가리키기도 하는데, 예를 들어 『서경』 「소고召誥」에 실린 공영달의 소에서는 성읍을 만드는 일을 "대작을 경영한다經營大作"고 했다. 살펴보면, '대작'은 또 『일주서逸周書』 「제공祭公」, 『예기』 「치의」에 인용된 일문佚文과 『상서대전』 권4, 『한시외전漢詩外傳』 권8, 『사기』 「제태공세가齊太公世家」, 『한서』 「초원왕전楚元王傳」 등의 서적에도 보인다. 주원갑골에도 이 단어가 있다.**42** 이 괘에서 말하는 토목공사는 뒤에 나오는 '위의천국爲依遷國'과 관련되어 천도한 곳의 토목공사를 가리키거나 어쩌면 주공이 낙읍洛

42_ 차오웨이, 『주원갑골문』, 12쪽: H11:12, 46쪽: H11:59.

邑을 건설한 일과 관계가 있을지도 모른다.

或益之十朋之龜혹익지십붕지귀   이 구절은 앞의 손괘 육오효에도 보이는데, 손괘에서는 구이효를 덜어내어 육오효에 더하는 것을 가리킨다. 여기서는 반대로 구오효를 덜어내어 육이효에 더하는 것을 가리킨다.

王用享于帝왕용향우제   여기서는 '향享'을 쓰고 '형亨'을 쓰지 않았으며, 마왕두이본에는 '芳방'(상박본에는 빠져 있다)으로 되어 있다.

益之用凶事익지용흉사   '익지益之'는 상구효를 덜어내어 육삼효에 더하는 것을 가리킨다. '대작大作'은 토목공사의 과정으로 흉한 일은 아니다. 마왕두이본에는 '益之, 用工事익지용공사'(상박본에는 빠져 있다)로 되어 있으니 이에 근거해서 고친다.

中行중행   사람 이름으로 생각된다.

利用爲依遷國이용위의천국   위싱우는 '利用爲殷遷國이용위은천국'으로 독해한다. 위싱우는 "'利用爲殷遷國이용위은천국'이라는 것은 성왕成王 때의 일을 가리켜 말한 것이다. 『사기』 「주본기」에 '주공이 성왕의 명을 받들어 무경武庚과 관숙管叔을 토벌하고 채숙蔡叔을 추방했다. 미자개微子開로 하여금 무경의 뒤를 이어 은나라의 후예가 되어 송宋에 도읍을 세우게 했다. 점차 은나라의 유민들을 받아들이고 무왕의 동생인 봉封을 위 강숙에 봉했다'라고 했으니, 은나라를 송나라로 옮기고 강숙을 은허殷墟 조가朝歌에 봉했던

것이다"라고 설명했다.⁴³ 하지만 마왕두이본에는 '利用爲家遷國이용위가천국'
(상박본에는 빠져 있다)으로 되어 있으니, '의依'는 아마도 '가家'의 오기인 것
같다. '위가爲家'는 아마도 안가安家, 곧 집안을 편안하게 하는 것을 가리키
는 말로 '천국遷國'과 호문互文을 이루며, 반드시 은나라가 송나라로 천도하
는 것을 가리키는 것은 아니다. 상주 시기의 옛사람들이 말하는 국國은 모
두 수도를 가리키는 것이지 국토國土가 아니다. 국토는 방邦이라 부르지 국
國이라 부르지 않는다. 여기서 '천국遷國'은 당연히 천도遷都를 말하는 것이
다. 이 설을 확정할 수 있다면 『주역』에서 은주의 역사적 사실을 언급한 중
요한 기록이기도 하다. 이 육사효는 초구효와 호응한다. 초구효에서 "토목
공사를 크게 일으키는 것이 이롭다利用爲大作"고 했으니, 여기서의 "다른 수
도로 옮기는 것이 이롭다利用爲依遷國"는 것은 바로 '대작大作'의 목적으로
보인다.

43_ 위성우, 『쌍검치역경신증』, 729~731쪽.

제43 : 쾌쾌夬卦

군사 상황이 긴급해 결연히 앞으로 나아가다

☰ 夬 : 揚于王庭, 孚號有厲, 告自邑. 不利卽戎, 利有攸往. 쾌 양우왕정 부
호유려 고자읍 불리즉융 이유유왕

쾌 : 어떤 성에서 사람이 급히 와서 알린다. 울며 곡하는 소리가 그치지 않고
왕의 조정까지 진동시킨다. 우리는 적을 맞이하기에 불리하니 원군을 보내주
는 것이 이롭다.

初九, 壯于前趾, 往不勝爲咎. 초구 장우전지 왕불승위구
양효일, 선두부대의 다리가 튼튼하니, 이번 출정에서 이기지 못하면 반드
시 큰 어려움이 있다.

九二, 惕號, 莫(暮)夜有戎. 勿恤. 구이 척호 모(모)야유융 물휼
양효이, 그 사람이 두려워하면서 울며 하소연하기를 "날이 어두워지니 장
차 적군이 침범할 것이다"라고 하는데, 걱정할 필요 없다.

九三, 壯于頄, 有凶. 君子夬夬(決決)獨行, 遇雨若濡(雫), 有慍无咎. 구삼 장

우구 유흉 군자쾌쾌(결결)독행 우우약유(몽) 유온무구

양효삼, [용감함은 얼굴에 드러나는 것이 아닌데] 광대뼈가 단단하니 오히려 흉조다. 군자는 이와 달리 결연히 혼자서 길을 간다. 도중에 비가 오지 않으면 안개가 끼어 [옷이 젖는 수고로움을 면하기 어렵고], 마음이 유쾌하진 않지만 다행히 평안무사하다.

九四, 臀无膚, 其行次(趑)且(趄), 牽羊悔亡, 聞言(讇)不信. 구사 둔무부 기행차(자)저(저) 견양회망 문언(견)불신

양효사, 병사들의 엉덩이에 살이 빠져 비틀거리며 나아가니, 군대를 이끌고 가기가 마치 양 떼를 모는 것과 같아서 낙오하는 병사가 있을까 두렵다. 병사들의 욕을 듣더라도 마음에 둘 필요는 없다.

九五, 莧陸夬夬, 中行无咎. 구오 현륙쾌쾌 중행무구

양효오, 마치 쇠비름이나 자리공처럼 약해서 쉽게 끊어지니, 가는 내내 마음이 조마조마하지만 다행히 아무 일도 생기지 않는다.

上六, 无號, 終有凶. 상륙 무호 종유흉

음효륙, 만약 곡하며 알려주는 사람이 없다면 결과가 매우 좋지 않다.

【대의】

이 괘는 하괘가 건乾이고 상괘가 태兌로,[44] 변방의 성에서 긴급함을 고하며 원군을 청하는 내용을 말한다. 원군은 결연히 길에 올라 긴급하게 달려가

구원한다.

【교독】

夬쾌 결決자가 따르는 바다. 이 괘의 「단사」(「단전 하」 43)와 「서괘」 22는 모두 夬를 決로 해석한다. 뒤에 오는 구삼효와 구오효에는 '쾌쾌夬夬'가 있는데 역시 決로 해석한다. 決자는 본래 큰물에 제방이 터져 범람한 것을 가리키는데 결렬이나 결단 등의 뜻으로 확장되었다.

揚于王庭양우왕정, 孚號有厲부호유려 '부孚'는 '윤允'이나 '순洵' 또는 '성재誠哉'나 '신호信乎'와 유사한데, 여기서는 어조를 강하게 하는 용도로 쓰인 것으로 현대 중국어에서 "사실은 어때?實在如何"의 '사실은實在'이나 '정말로 어때?眞怎麽樣"의 '정말로眞'와 비슷하다. '호號'는 큰 소리로 우는 것이다. 『역경』에서 '號'자는 모두 7차례 나오는데, 그중 3차례가 이 괘에 보인다. 나머지 4차례는 앞에 나온 동인괘 구오효의 '선호도이후소先號咷而後笑'가 있고, 뒤에 나올 췌괘 초륙효의 '약호 일악위소若號, 一握爲笑'와 여괘 상구효의 '여인선소후도旅人先笑後號咷', 환괘 구오효의 '환한기대호渙汗其大號'가 있다. 이 7가지 예는 마지막 예가 말이 우는 것을 가리키는 것 외에는 모두 사람이 우는 것을 가리키며, 아울러 '號'는 '웃을 소笑'의 상대적 의미로서 오로지 큰 소리로 울며 곡하는 것을 가리킨다. '여厲'는 드날리다揚의 뜻으로 풀이할 수 있으니 여기서는 발양광대發揚光大하다는 뜻으로, 다른 '厲'자와는

44_ 「좌전」 소공 29년 조목에 채묵이 점을 쳐서 건乾괘가 쾌괘로 변한 괘를 만난 일을 기록하면서 이 괘의 상륙효를 언급했다.

달리 위험을 나타내는 것이 아니라 매우 심하게 곡하는 것을 나타낸다. 이 두 구절은 신포서申包胥가 진秦나라 조정에서 곡한 고사(『좌전』 정공 4년)를 떠올리게 한다. 오자서伍子胥가 초나라를 격파하고 영郢 땅으로 들어왔을 때, 신포서는 진나라로 원병을 청하러 가서 7일 동안 먹지도 마시지도 않고 "서서 조정 담장에 기대어 울었으니", 대체로 이런 상황일 것이다.

卽戎즉융 적을 맞이하는 것을 가리킨다. '융戎'자는 『역경』에서 3차례 나오고 2차례는 여기서 보이는데, 모두 군사행동을 가리킨다. 또다른 예는 동인괘 구삼효에 보인다.

頄구 광대뼈顴骨를 말한다. 상박본에는 '馗규'로 되어 있고, 마왕두이본에는 '頯규'로 되어 있으며, 정현본(『석문』에 인용)은 마왕두이본과 음과 뜻이 모두 같다.

夬夬獨行쾌쾌독행 왕필의 주석에서는 "결심하여 의심하지 않기 때문에 쾌쾌夬夬라고 한다"라고 풀이했다. '夬夬'는 상박본에서는 동일하고, 마왕두이본에는 '缺缺결결'로 되어 있다. 뒤의 '현륙쾌쾌莧陸夬夬'도 여기와 같다. 쾌夬를 따르면서 소리를 얻은 글자는 대부분 단斷이나 결缺의 뜻과 관계가 있는데, '決결' '缺결' '玦결' 등의 글자가 여기에 해당한다. 결별訣別의 訣도 이런 뜻에서 확장된 것이다. 가오형은 여기서 '쾌夬'는 '달릴 결趹'로 독해해야 한다고 여겼는데, 현대 중국어에서 '빨리 가는疾行' 것을 형용하는 쾌快자와는 또다른 해석이다.[45]

遇雨若濡우우약유　상박본에는 '遇雨如雺우우여몽'으로 되어 있으며, 마왕두이본에는 '愚(遇)雨如濡우-(우)우여유'로 되어 있다. '여如'와 '약若'은 음과 뜻이 비슷하며, 모두 혹或의 뜻이 있다. '유濡'는 '안개 몽雺'으로 독해해야 한다. 수需는 유濡의 본 글자로 雺자와 자형이 서로 비슷하다. 여기서 '濡'는 본래 需로 되어 있었는데 雺으로 오기된 것으로 생각된다.[46] '우雨'와 '몽雺'은 병렬의 선택 관계이니, 雺으로 읽는 것이 濡로 읽는 것보다 훨씬 낫다.

臀无膚둔무부, **其行次且**기행차저　'둔무부臀无膚'에서 둔臀은 엉덩이를 말하는데, 부膚는 피부를 말하는 것이 아니다. 길을 아무리 많이 걷더라도 엉덩이의 피부가 없어지지는 않을 것이다. 여기서 膚는 피부가 아니라 비곗살을 말한다. 膚가 비곗살의 뜻으로 쓰인 경우는 앞의 서합괘 육이효의 '서합噬嗑'에 대한 교독에 보인다. 膚는 삼겹살로 본래 복부에 있는데, 여기서는 일반적으로 말한 것이다. 일반적으로 가리키는 비곗살은 현대 중국어로 표膘(중국어 발음은 뱌오)라고 부른다.[47] 엉덩이는 지방이 많지만 많이 걸으면 살찐 엉덩이가 날씬하게 바뀐다. 여기서는 엉덩이에 결점이나 흠이 있음을

45_ 가오형, 『주역고경금주』(중정본), 283쪽.

46_ 몽雺과 무霿는 같은 글자에서 분화되었다. 이 두 글자에 대해 『이아』 「석천釋天」에서는 "하늘의 기운이 아래로 내려오는데 땅의 기운이 응하지 않는 것을 몽雺이라고 하며, 땅의 기운이 발산되는데 하늘의 기운이 응하지 않는 것을 무霿라고 한다. 霿는 날씨를 어둡게 한다"라고 정의했다. 『설문해자』 「우부雨部」는 이 설을 그대로 받아들여 "하늘의 기운이 내려오는데 땅의 기운이 응하지 않는 것"을 몽霿, "땅의 기운이 발산되는데 하늘의 기운이 응하지 않는 것"을 霿로 풀이했으며, 아울러 雺을 霿의 주문籒文으로 간주했다.

47_ 『설문해자』 「육부肉部」에 "표膘는 소 갈빗대 뒤쪽과 넓적다리뼈 앞쪽의 가죽과 연결된 고기"라고 풀이했다. 膘는 본래 소의 갈비와 뒷다리 사이의 가죽과 연결된 뱃살을 가리키며, 지금의 膘자는 일반적으로 비곗살을 가리킨다.

말하는 것이 아니라 많이 걸어서 살이 빠진다는 뜻이다. '차저次且'는 '자저趑趄'로 독해하는데, 비틀거리며 가는 것을 가리킨다. 뒤의 구괘 구삼효爻에도 이 두 구절이 나오는데 의미는 같다.

牽羊견양 『석문』에 인용된 『자하역전』에는 '擘羊'으로 되어 있는데, '擘'은 견牽과 같다. 상박본은 이와 달리 '상양㐱(喪)羊'으로 되어 있다. 마왕두이본도 다른데, 정리자들은 '牽'으로 해석했다. 글자와 관련된 사진을 살펴보면 사실은 '羺유'자다. 네 가지 필법 가운데 어느 것이 옳은지는 모르겠으나 상박본이 틀린 글자인 것 같다. '羺'는 '擾요'로 독해할 수 있다. 옛날에는 육축을 길들이고 기르는 것을 '擾'라고 했다. 여기서는 양을 모는 것을 말하는 것 같다. 『손자』「구지九地」편에서는 "군사를 거느려 제후국으로 깊이 들어가는 것은 활을 당겨 화살을 쏘듯 해야 한다. 양떼를 몰듯 왔다 갔다 하면서 어디로 갈지 모르게 해야 한다"라고 하여 양떼를 모는 것으로 군사를 거느리는 일을 비유했다.

莧陸夬夬현륙쾌쾌 '현륙莧陸'은 상박본에는 '莧芙'으로 되어 있고, 마왕두이본에는 '莧𦽏'으로 되어 있다. 상박본의 필법을 살펴보면 '현륙'은 풀이름으로 추정된다. '쾌쾌夬夬'에 대해 왕필의 주석에는 "현륙은 연한 풀이다. 꺾기가 아주 쉽기 때문에 쾌쾌夬夬라고 한다"라고 풀이되어 있다. '현莧'은 옛날에는 6종류로 나뉘었으니, 인현人莧·적현赤莧·백현白莧·자현紫莧·마현馬莧·오색현五色莧이 그것이다. 이 가운데 마현은 곧 마치현馬齒莧, Portulaca oleracea이다. '陸'은 '芙'을 따라 소리를 얻었는데, 『설문해자』「좌부艸部」에는 '芙'을 땅버섯地蕈이라 했으며, 옛 주석에서는 대부분 현륙을 상륙商陸,

Phytolacca acinosa라 여기거나 혹은 현륙을 비름莧, 육陸은 자리공商陸이라고도 했다.**48**

中行无咎중행무구 '중행中行'은 길을 가는 도중이라는 뜻이다. 구오효는 상괘의 중간이며, 가장 존귀한 자리이기 때문에 '중행무구中行无咎'라고 한 것이다.

无號무호 마왕두이본은 금본과 같다. 상박본에는 '망호忘號'로 되어 있는데, '忘망'은 '亡망'으로 독해한다.

48_ 이 구절은 설이 분분하다. '현륙'에 대해 일설에는 들짐승이라 하고(『노사路史·후기後記』권 5에 인용된 맹희의 설), 일설에는 풀 이름이라 한다(『주역정의』에 인용된 마융·정현·왕숙·왕필 등의 설). 짐승 이름이라는 설은 가오형의 『주역고경금주』(중정본, 342쪽)를 참고할 만하다. 풀 이름이라는 설은 『석문』과 공영달의 소에서 자하·마융·정현·왕숙은 '현륙'을 자리공으로 여긴다고 했으며, 송충宋衷과 동우董遇는 '현莧'을 현채莧菜나 인현人莧으로, '육陸'은 자리공으로 여긴다고 했다. 두 설은 당연히 풀 이름으로 간주한 것이다.

제44 : 구괘姤卦

장가들거나 시집보내기

☰ **姤: 女壯, 勿用取(娶)女.** 구 여장 물용취(취)녀

 구괘 : 여자아이가 나이가 많으면 절대 취하지 말라.

初六, 繫于金柅, 貞吉. 有攸往, 見凶. 羸(纍)豕孚蹢(躑)躅. 초륙 계우금니 정길
유유왕 견흉 이(류)시부척(척)촉

음효일, 구리로 만든 쐐기로 수레바퀴를 고정시키니 점복 결과는 길하다.
밖으로 나다니면 반드시 흉함을 만난다. 조심해야 하니, 묶인 돼지가 계속
발버둥을 칠 것이다.

九二, 包(橐)有魚, 无咎, 不利賓. 구이 포(표)유어 무구 불리빈
양효이, 주머니 안에 물고기가 있으니 화는 없지만 객에게 불리하다.

九三, 臀无膚, 其行次(越)且(趄), 厲, 无大咎. 구삼 둔무부 기행차(자)저(저) 여 무
대구
양효삼, 엉덩이에 살이 빠져 비틀거리며 길을 가니 위험은 있지만 큰 근심

404 리링의 주역 강의

은 없다.

九四, 包(彙)无魚, 起凶. _{구사 포(표)무어 기흉}

양효사, 주머니 안에 물고기가 없으니 출발이 흉하다.

九五, 以杞包(彙)瓜, 含章, 有隕自天. _{구오 이기포(표)과 함장 유운자천}

양효오, 키버들로 짠 바구니에 꽃무늬 오이를 담으니, 예물이 좋아 그야말
로 하늘에서 떨어진 물건 같다.

上九, 姤(遘)其角, 吝, 无咎. _{상구 구(구)기각 인 무구}

양효구, 뿔을 만나니 유감은 있지만 화는 없다.

【대의】

이 괘는 하괘가 손巽이고 상괘가 건乾으로, 남자는 장가들고 여자는 시집
가는 일을 말한다.[49] 손은 장녀이고, 건은 아버지다. 효사는 난해한데, 뜻
을 자세히 미루어 살펴보면 신부를 맞이하러 가면서 각종 예물(돼지, 물고
기, 오이)을 가져가는 일을 말하는 것 같다.

앞의 쾌괘는 싸우는 일을 말하고, 구괘는 장가가는 일을 말한다. 이 두 괘
는 한 쌍으로 합칠 수 있다. '쾌夬'는 결決로 읽어 끊다斷의 뜻으로 새길 수

49_『좌전』 소공 29년 조목에 채묵이 점을 쳐서 건乾괘가 구괘로 바뀐 괘를 만난 일을 기록하면
서 이 괘의 초륙효를 언급했다.

있다. '구姤'는 구媾로 읽어 합한다는 뜻으로 새길 수 있으니 두 괘는 상반
된다.

【교독】

姤구 혼인한다는 뜻의 '媾구'와 같다.[50] 媾는 대우혼對偶婚으로, 두 가족이
나 두 개의 부락, 두 개의 국가가 서로 통혼하는 것을 가리킨다. 『설문해자』
「여부女部」에서는 "媾는 중혼重婚이다. 여女를 따르고 구성冓聲을 따른다.
『주역』에 '도적이 아니고 혼인하러 온 것이다匪寇婚媾'라는 구절이 있다"라고
풀이했다. 媾는 '遘구'와 같은데, 遘는 만난다遇는 뜻으로 풀이할 수 있다.
서주 시기의 금문金文에 '혼구婚媾'의 '媾'는 항상 '遘'로 쓰여 있다.[51] 『석문』
에 따르면 "姤는 설우薛虞가 고문에는 遘로 썼다고 했으며, 정현본도 이와
같다". 이 괘 괘사의 '姤'는 혼인한다는 뜻이고, 상구효의 '姤'는 만난다는
뜻이다.

女壯여장 장성한 나이를 가리키는 것이지 신체가 건장하다는 뜻이 아니다.
『석명』 「석언어釋言語」에 "30세를 장壯이라고 하니, 장년의 남자를 말한다"라
고 했다. 이 괘의 하괘는 손巽이고 손은 장녀長女이니(「설괘」 2:8에 보임), 그
래서 '여장女壯'이라고 말한 것이다.

勿取女물취녀 곧 '물취녀勿娶女'와 같은 말이다. 장가들고 시집보내는 일은

50_ 상박본에는 '敂구'로 되어 있고, 마왕두이본에는 '狗구'로 되어 있는데 모두 통가자다.
51_ 룽경, 『금문편』, 97쪽:0219.

여자의 나이가 많은 것을 꺼린다. 여기서는 나이 많은 여자를 취해서는 안 된다는 것을 말한다.

金梶금니 '니梶[52]'는 수레를 고정하는 쐐기를 가리킨다. 쐐기는 수레바퀴 밑에 두어 수레가 움직이는 것을 막는 물건인데, 나무로 만들 수도 있고 금속으로 만들 수도 있다. 『석문』에 인용된 『자하역전』에는 '실패 니鑈'로 되어 있는데 '쇠 금방金旁'을 따르는 글자다. 여기서 '금니金梶'는 금속으로 된 쐐기를 말한다.[53] 여기서 수레는 마차인지 아니면 우차인지 확실치 않지만, 아래에 "姤(遘)其角구(구)기각"이라는 말이 있는 것으로 보아 아마도 우차인 것 같다.

羸豕孚蹢躅이시부척촉 '이시羸豕'는 '縲豕유시'로 독해하니 묶인 돼지를 말한다. '척촉蹢躅'은 곧 '躑躅척촉'인데, 본래는 발이 묶여서 앞으로 나아가지 못하는 것을 가리키지만 여기서는 돼지가 다리를 묶여서 발버둥치는 것을 가리킨다.

包有魚포유어 '포包'는 자루가 불룩한 모양을 뜻하는 '橐표'로 독해한다.[54]

52_ 『석문』에 인용된 왕숙본에는 '扼니'로, 촉재본에는 '尼니'로 되어 있다. 『설문해자』 「목부木部」 에는 '檷니'로 되어 있다.

53_ 구설에 두 가지가 있다. 하나는 마융의 설로 梶를 수레바퀴의 쐐기로 보는데, 왕필도 이 설을 따른다. 다른 하나는 왕숙의 설로 梶를 실을 감는 도구로 본다. 두 설은 모두 공영달의 소에 보인다. 여기서는 마융의 설을 따른다.

54_ 『석문』에 "어떤 판본에는 또 포庖로 되어 있다"라고 했다. 왕필의 주석과 공영달의 소에서는 포주庖厨로 해석했는데, 학자들은 대부분 이 견해를 따른다. 『석문』에 인용된 우번본에는 '苞포' 로 되어 있고, 순상본에는 '胞포'로 되어 있는데 모두 통가자다.

마왕두이본에는 '枹포'으로 되어 있고 상박본에는 '橐'로 되어 있다. 여기서의 독법은 상박본을 따른다. 『설문해자』「본부橐部」에 "표橐는 주머니가 크게 벌어진 모양이다"라고 풀이했는데, 여기서는 주머니 안에 물고기가 들어 있는 것을 가리킨다.

臀无膚둔무부, **其行次且**기행차저　앞의 쾌괘 구사효에 보인다.

以杞包瓜이기포과　'기杞'는 키버들Salix sino-purpurea을 가리키는데, 『석고石鼓』「견예汧殹」에 "무슨 물고기가 있는가? 모두 잉어와 백련어네. 무엇으로 주워 담나? 오직 키버들 가지로 꿰네"라는 구절이 있다.[55] '포包'는 '포유어包有魚'의 '包'와 마찬가지로 독해한다. 여기서는 키버들 가지로 바구니를 짜서, 바구니 안에 오이를 담는 것을 말한다. 중국이 원산지인 오이는 주로 두 가지 종류가 있는데, 하나는 참외Cucumis melo이며, 또 하나는 박Lagenaria siceraria이다. 전자는 멜론, 후자는 호리병박이라고도 부른다.

含章함장　앞의 곤坤괘 육삼효에 보인다.

有隕自天유운자천　'운隕'은 떨어진다는 뜻이다. 여기서는 예물이 하늘에서 떨어진 것과 같다는 말이다. 마왕두이본에는 '或(有)塤(隕)自天혹(유)훈(운)자천'으로 되어 있다. 상박본에는 '又(有)慐(憂)自天우(유)우(우)자천'으로 되어 있는데, '우慐'는 아마도 잘못 쓴 글자인 것 같다.

55_ 쉬바오구이徐寶貴, 『석고문정리연구石鼓文整理研究』, 중화서국, 2008, 765~775쪽.

姤其角구기각 '遘其角구기각'으로 독해한다. '각角'은 상구효를 가리킨다. 마왕두이백서의 『충衷』에는 "句(姤)之离角구(구)지이각"으로 되어 있는데, 장정랑은 "「육십사괘」 가운데 구狗의 상구효사 '狗其角, 閵, 无咎구기각 린 무구'에서 '狗(姤)구(구)'는 '遘구'로 독해하니 만난다는 뜻이다. '离이'자는 가차하여 '離이'가 되는데 만난다는 뜻이다. '离角이각'은 곧 뿔을 만나는 말이다"[56]라고 풀이했다.

56_『장정랑논역총고』, 229쪽.

재물과 부를 모으다

䷬ 萃: 亨. 王假(格)有(于)廟, 利見大人, 亨, 利貞, 用大牲吉, 利有攸往. 췌
형 왕격(격)유(우)묘 이견대인 형 이정 용대생길 이유유왕

　췌괘 : 신명과 통해 우리 왕이 이 묘에 강림하사 대인을 봄이 이로우며, 신명

과 통해 점복에 이롭고 큰 희생으로 제사하니 길하고 나가는 것이 이롭다.

初六, 有孚不終, 乃亂乃萃(悴). 若號, 一握爲笑. 勿恤, 往无咎. 초륙 유부부종
내란내췌(췌) 약호 일악위소 물휼 왕무구
음효일, [재물 운을 점치니] 시종 바라는 대로 할 수 없으며, 마음이 어지
럽고 의기소침함을 면치 못한다. 처량하게 울지만 얼마 지나지 않아 이전
처럼 말하고 웃는다. 걱정할 필요 없으니 밖으로 나가도 화가 없다.

六二, 引吉, 无咎, 孚, 乃利用禴. 육이 인길 무구 부 내리용약
음효이, 다만 오래도록 길하고 화가 없기를 바라는데, 과연 바라는 대로
되는 약제禴祭를 지내는 것이 이롭다.

六三, 萃(悴)如嗟如, 无攸利. 往无咎, 小吝. <small>육삼 췌(췌)여차여 무유리 왕무구 소린</small>
음효삼, 의기소침해 길고 짧게 탄식하니 이로운 바가 없다. 이렇게 밖으로
나가면 화는 없지만 조금 유감스러운 일이 있다.

九四, 大吉, 无咎. <small>구사 대길 무구</small>
양효사, 단지 크게 길하기를 바라니 화가 없다.

九五, 萃有位, 无咎. 匪(非)孚, 元永貞, 悔亡. <small>구오 췌유위 무구 비(비)부 원영정
회망</small>
양효오, 재물이 산처럼 쌓이고 화가 없다. 바라는 바를 길이 이룰 수 없어
아쉽고 점칠 일에 잃을 것이 있을까 걱정스럽다.

上六, 齎咨涕洟(泣), 无咎. <small>상륙 자자체이(읍) 무구</small>
음효륙, 길고 짧게 탄식하며 통곡하고 눈물 흘리나 화는 없고, [얼마 지나
지 않아 좋아질 것이다].

【대의】

이 괘는 하괘가 곤坤이고 상괘가 태兌로, 재물운을 점치는 것이다. 재물운
이란 돈을 잃기도 하고 벌기도 하는 것이어서 사람들을 기뻐하게 만들기도
하고 근심스럽게 만들기도 한다. 『주역』의 작자는 사람에게는 늘 뜻대로 되
지 않는 때가 있는데 울음이 그치면 그래도 웃을 수 있다고 위로한다.

萃췌 이 괘에는 '췌萃'자가 4차례 나오는데, 괘사와 구오효사의 '췌'는 모인다는 뜻이고, 초륙효사와 육삼효사의 '췌'는 '병들 췌瘁'나 '파리할 췌悴'를 가차한 것이다. 이 괘의 「단사」(「상전 하」, 45)에 "췌는 모은다는 말이다萃, 聚也"라고 한 것은 재부를 모으는 것을 가리키니, 괘명은 바로 이런 뜻이다.

王假有廟왕격유묘 상박본에는 '王**쭉**(格)于**훕**(廟)'로 되어 있다. 이 예는 매우 중요하다. 과거에 왕인지의 『경전석사』에서는 이 '유有'자를 '어조사로서 한 글자로는 단어가 만들어지지 않기 때문에 有자를 더해 짝을 짓는' 부류에 집어넣었고,[57] 양수다도 이 '有'자를 '말머리의 어조사가 명사 앞에 쓰인 것으로 뜻이 없는' 부류에 집어넣었다.[58] 지금 이 예를 보면 여기서 '有'자는 결코 이런 용법이 아니며, 우于로 읽는 가오형의 독법이 맞다는 것을 증명할 수 있다. 앞에 나온 가인괘의 초구효와 구오효, 다음에 나오는 진震괘 육오효, 환괘 괘사와 육사효, 기제괘 육사효의 '有'자를 참고하라.

大牲대생 정현의 주석에 따르면 "대생大牲은 소를 말한다"(『주역집해』에 인용). 『좌전』 희공 19년 조목에 "옛날에 육축六畜은 서로 쓰임을 바꾸어 제사를 지낼 수 없었으며, 작은 제사에는 큰 희생大牲을 죽이지 않았거늘, 하물며 감히 사람을 쓰겠는가?"라고 했다.

57_ 완원 편, 『청경해』, 제7책, 12쪽.

58_ 양수다, 『사전詞詮』, 중화서국, 1954, 387쪽.

乃亂乃萃내란내췌　이 효의 「소상」(「상전 상」 45)에 "내란내췌는 그 뜻이 어지러운 것이다乃亂乃萃, 其志亂也"라고 했다. '난亂'과 '췌萃'가 호문으로 같이 나타나는 것은 심리상태가 좋지 않은 것을 형용한다. '난亂'은 마음이 급하고 생각이 어지러운 것이다. '췌萃'를 가오형은 '병들 췌瘁'로 독해했는데, 매우 적절한 해석이다.[59] 萃는 또한 '파리할 췌悴'로도 되어 있는데, 피로함과 초췌함, 우수憂愁 등의 뜻이 있다. 여기서는 '의기소침'으로 해석한다.

一握爲笑일악위소　상박본에는 '一斛일곡'으로 되어 있고, 마왕두이본에는 '一握일악'으로 되어 있다. '爲위'는 두 판본 모두 '于우'로 되어 있다. 왕인지의 『경전석사』 권2에 "于는 爲와 같다"고 한 예가 있다.[60] 왕필의 주석에 "일악一握은 작은 모양이다"라고 풀이했고, 공영달의 소에는 "스스로 일악의 사이에 비견하니 지극히 작음을 말한다"라고 풀이했으니, 시간이 짧고 촉박하다는 뜻이다. '一握'은 고서에 드물게 보이는데, 여기서의 번역은 왕필의 주석과 공영달 소에 근거하지만 반드시 믿을 만한 것은 아니다.[61]

引吉인길　인引은 길다長는 뜻으로 풀이할 수 있는데, 『이아』 「석고」에 보인다. 이 단어는 고서에 드물게 보이며 옛 주석에서 분명하게 밝히지 못했지만, 은허 복사에서는 자주 사용되었으며 예전에는 '홍길弘吉'로 해석했다.

59_ 가오형, 『주역고경금주』(중정본), 288쪽.

60_ 완원 편, 『청경해』, 제7책, 5쪽과 9쪽.

61_ 「석문」에 인용된 정현본에는 '악握'으로 되어 있고 옥屋으로 독해한다. 가오형은 정현의 설을 따라 '일옥위소一屋爲笑'로 읽어 "방 안의 사람들이 모두 그로 인해 웃는다는 것을 말한다"로 해석했다. 가오형의 『주역고경금주』(중정본, 288~289쪽)에 보인다.

위하오량于豪亮은 이 단어는 사실 『주역』의 '인길引吉'이라고 했는데 매우 옳은 지적이다.[62]

乃利用禴내리용약 '약禴'은 여름에 지내던 제사를 말한다. 고대의 예법에서 사계절의 제사는 제각기 이름이 있어 봄 제사는 사祠, 여름 제사는 약禴, 가을 제사는 증烝, 겨울 제사는 상嘗이라고 불렀다. 왕필의 주석과 공영달의 소에 따르면, 약제禴祭는 사계절의 제사 가운데 가장 간소하게 지냈다. 앞의 '王翟(格)于庙(廟)왕격우묘'와 '用大牲용대생'은 모두 약제를 가리킨다. 『역경』에서 약제를 언급한 것은 3차례뿐인데, 첫 번째는 이 괘의 육이효이고, 두 번째로는 승괘 구이효에도 '내리용약乃利用禴'으로 되어 있으며, 마지막으로 기제괘 구오효에 "동쪽 나라가 소를 죽여 제사를 지내 매우 융성하지만 서쪽 나라가 소박한 제사를 지내는 것만 못하다東鄰殺牛, 不如西鄰之禴祭"라는 구절이 있다. 약제는 무슨 제사일까? 이 괘에는 자세히 말하고 있지 않지만, 승괘 육사효에 답이 있으니 바로 "우리 왕이 기산에서 제사를 지내는王用亨(享)于岐山" 것이다. 이로 미루어 유추하면 수隨괘 상륙효의 '王用亨(享)于西山왕용형(향)우서산'도 약제를 말하는 것이다. 심지어 대유괘 구이효의 '公用亨(享)于天子공용형(향)우천자'도 약제를 말하는 것이라고 간주할 수 있다.

萃如嗟如췌여차여 '췌萃'는 '파리할 췌悴'나 '병들 췌瘁'로 독해하는데, 초륙효의 '萃'와 같다.

62_ 위하오량, 「설인자說引字」 『고고考古』 1977년 5기, 339~340쪽.

萃有位췌유위 구오효는 육이효와 호응하며 양陽자리의 지극함에 자리한다. 왕필의 주석은 "모이는 때에 있어 가장 성대한 자리를 얻는 것이다"라고 풀이했다.

賷咨涕洟자자체이, **无咎**무구 재물운은 항상 있는 것이 아니어서 실의할 때도 있다. 한 차례 시간이 지나면 좋아진다. '자자賷咨'는 탄식하는 것이고, '체이涕洟'는 눈물을 흘리는 것이다. 왕필의 주석은 "자자賷咨는 탄식하는 말이다"라고 풀이했고, 정현의 주석은 "눈으로 우는 것을 체涕라 하고, 코로 우는 것을 이洟라 한다"(『석문』에 인용)고 풀이했다. 『설문해자』「수부水部」에 우는 것과 관련된 글자가 있는데, "이洟는 콧물이다" "산潸은 눈물이 흐르는 모양이다" "읍泣은 소리 없이 눈물을 흘리는 것이다" "체涕는 우는 것이다" 등이다. 허신은 '사泗'를 사수泗水의 泗로 보았고, '이洟'를 콧물로 보았다. 단옥재의 『설문해자주』에 따르면 "泗는 洟의 가차다. 고서에서 제弟와 이夷 두 글자는 대부분 혼동되어 쓰였다. 이에 코에서 나오는 것을 체涕라 하고 눈에서 나오는 것은 별도로 누淚자를 만든 것인데, 허신은 모두 취하지 않았다". 단옥재는 弟와 夷가 종종 바뀌어 사용되었다고 했는데 매우 옳은 지적이다. 체涕는 콧물을 가리키는데, 『소문素問』의 왕빙王冰 주석에 보이고, 왕포王褒의 「동약僮約」에 이미 '비체鼻涕'가 있는 것도 맞다. 하지만 泗가 洟의 가차자라고 한 것은 타당하지 않다. 『예기』「단궁 상」에 "수체이垂涕洟(눈물 콧물 흘리다)"라고 하여 체涕와 이洟가 나란히 나오니 이 경우와 같다. 『맹자』「고자 하」에는 "수체읍垂涕泣"이라는 구절이 있는데, 여기서 이洟와 대응하는 글자는 읍泣이다. 체涕에 대해 옛사람들은 두 가지 설이 있는데, 하나는 눈물이고 하나는 콧물이다. 당연히 후자가 옳다. 눈물이라는 견해는 대개 체涕와 읍泣이 종종 연결되어 쓰이다가 마침내 하나로 섞여버린 것이다. 읍泣은 눈물을 흘리는 것이다. 읍하泣下는 눈물이 흘러내리는 것이다. 누淚는 내모월부來母月部의 글자이고, 읍泣은 입立을 따르며 입立은 내모집부來母緝部의 글자여서 고음이 서로 비슷하다. 읍泣은 글자가 본래 罖으로 되어 있다. 상주 고문자에서 罖자는 눈물이 눈에서 흘러내리는 모양을 본뜬 것으로, 곧 泣의 본 글자인데 옛날에 체涕로 해석한 것은 맞지 않다. 궈뎬초간의 『오행』에 "𣹟(泣)涕女(如)雨"(간簡 17)라는 구절이 있는데, 이 말의 출전은 『시경』 「패풍·연연燕燕」이며 深자를 泣이라 간주했다.[63] 누淚는 후대에는 누淚가 되어 수水를 따르고 목目을 따르는데, 罖자에서 비롯된 글자다. '涕洟'는 마왕두이본에는 '涕洎체계'로 되어 있는데(상박본에는 빠져 있다), '洎계'는 '鼻기'와 같다. 鼻자는 자自를 따르고 수水를 따르며, 罖자가 와전되어 쓰인 것으로 똑같이 읍泣으로 읽을 수 있다. 이러한 여러 가지 사례는 '체이涕洟'를 체읍涕泣으로 읽어야 함을 설명한다.

63_ '涕' 위의 글자는 석문에는 '滇'로 되어 있다. 징먼시박물관 『궈뎬초묘죽간』, 문물출판사, 1998, 도판32쪽, 석문 149~150쪽. 152쪽의 주석(19)에서 추시구이는 "'涕' 위의 글자는 '구具'를 따르지 않으니 '深'자가 와전된 글자인 것 같다"고 했다.

제46 : 승괘升卦

높은 곳에 오르려면 반드시 낮은 곳에서 출발해야 한다

升: 元亨, 用見大人, 勿恤, 南征吉. 승 원형 용견대인 물휼 남정길

승괘 : 신명과 가장 잘 통하니 대인을 보는 것이 이롭고 걱정할 필요 없으며 남쪽으로 가면 길하다.

初六, 允升, 大吉. 초륙 윤승 대길
음효일, 차츰 위로 오르니 크게 길하다.

九二, 孚, 乃利用禴, 无咎. 구이 부 내리용약 무구
양효이, 내가 바라는 대로 되어야 약제禴祭를 지내는 것이 이롭고 화가 없다.

九三, 升虛(墟)邑. 구삼 승허(허)읍
양효삼, 산 아래 성읍으로부터 오르기 시작한다.

六四, 王用亨(享)于岐山, 吉, 无咎. 육사 왕용형(향)우기산 길 무구
음효사, 우리 왕이 기산에서 제사를 지내니 길하고 화가 없다.

六五, 貞吉, 升階. 육오 정길 승계

음효오, 점복 결과가 길하니 계단을 따라 위로 오른다.

上六, 冥升; 利于不息之貞. 상륙 명승 이우불식지정

음효륙, 오르는 데만 몰두하니 계속된 점복에도 이롭다.

【대의】

이 괘는 하괘가 손巽이고 상괘가 곤坤으로, 약제禴祭를 말한다. 여기서 말하는 약제는 기산에 제사를 지내는 것이다. 기산에 제사를 지낼 때는 산에 올라가서 지내야 한다. '승升'은 산에 올라가 제사를 지내는 것이다.

앞의 췌괘는 적은 것을 모아서 많게 하는 것을 말하고, 승괘는 아래로부터 위로 올라가니 유사성이 있다. 「서괘」 23에서 "사물이 서로 만난 다음에 모이기 때문에 췌괘로 받았다. 췌萃란 모이는 것이다. 모인 다음에 오르는 것을 승升이라고 하기 때문에 승괘로 받은 것이다物相遇而後聚, 故受之以萃. 萃者, 聚也. 聚而上者謂之升, 故受之以升"라고 풀이했는데, 모으는 것을 말한 것은 상승上升의 과정이라는 뜻이다. 「잡괘」 3에서는 "췌괘는 모이지만 승괘는 오지 않는다萃聚而升不來也"라고 풀이했는데, 여기서 "오지 않는다不來"는 올라가기만 하고 내려오지 않는 것을 말한다. 이 두 괘는 모두 약제사를 언급한 것이다.

【교독】

升승 타고 오르는 것을 말한다. 마왕두이본에는 '登등'(상박본에는 빠져 있다)으로 되어 있다. 이 두 글자는 고대에 종종 통용되었다.

用見大人용견대인 『석문』에 "용견用見은 어떤 판본에는 이견利見으로 되어 있다"라고 했는데, 마왕두이본에 바로 '이견대인利見大人'(상박본에는 빠져 있다)으로 되어 있다.

南征남정　여기서는 일반적인 원행遠行 아니면 군사행동을 가리키는데, 판단하기 쉽지 않다.

允升윤승　마왕두이본에는 '允登윤등'(상박본에는 빠져 있다)으로 되어 있다. 『설문해자』「본부本部」에서는 이것을 인용해 "윤승 대길鈗升, 大吉"이라 했다. 허신은 "윤鈗은 나아가는 것이다"라고 풀이했고, 주진朱震의 『한상역전漢上易傳』에 인용된 시수施讎의 판본은 허신이 인용한 것과 같다.[64] '윤允'은 '俊준' 또는 '峻준'으로 독해할 수 있으며, 위로 나간다는 뜻이 있다. '允升'은 위로 기어오르는 것을 가리킨다.[65]

乃利用禴내리용약　췌괘 육이효와 같다.

虛邑허읍　기읍岐邑을 가리키는 것 같다. 마융은 언덕으로 허虛를 풀이했다(『석문』에 인용). '허읍虛邑'은 높은 곳에 세워진 성읍을 말한다. 중국 고대의

64_ 주진, 『한상역전』 권5, 24쪽 정正(『문연각사고전서文淵閣四庫全書』, 상무인서관, 1999, 제11책, 161쪽에 수록).

65_ 허신의 『설문해자』에 수록된 '윤鈗'자는 서주 동기 혜갑반兮甲盤과 괵계자백반虢季子白盤에 보이는데(룽겅의 『금문편』, 707쪽:1693), 험윤獫狁의 윤狁자로 쓰여 여기에 적당한 글자는 아니다.

성읍은 대부분 높은 산 아래나 작은 산 위에 지어졌다. 이런 취락을 옛사람들은 '구허丘墟'라고 불렀는데, 이 때문에 '아무개 언덕某丘'라고 불리는 지명이 매우 많았다. '虛'는 '터 허墟'와 같으니 공허空虛하다는 뜻의 虛가 아니다. '허읍'은 비어서 한 사람도 없는 폐허가 아니라 사람이 거주하는 취락을 말한다.

王用亨于岐山왕용형우기산 '王用亨于岐山왕용향우기산'으로 독해한다. 기산岐山은 지금의 산시陝西 성 치산에 있으며 주봉은 젠과링箭括嶺이다.

제47 : 곤괘困卦

움직이면 허물을 얻는다

䷮ 困: 亨, 貞大人吉, 无咎, 有言(譖)不信. 곤 형 정대인길 무구 유언(견)불신

곤괘 : 신명과 통하니 점치는 일이 대인이면 길하고 화가 없으며, 욕하는 사람이 있더라도 마음에 둘 필요는 없다.

初六, 臀困于株木, 入于幽谷, 三歲不覿. 초륙 둔곤우주목 입우유곡 삼세부적
음효일, 큰 나무를 기어오르는 것처럼 엉덩이가 공중에 매달려 하늘로 올라가지도 못하고 땅으로 내려오지도 못한다. 깊은 산이나 골짜기로 들어간 것처럼 삼 년이 지나도록 한 사람도 보지 못한다.

九二, 困于酒食, 朱紱(市)方來, 利用享祀. 征凶, 无咎. 구이 곤우주식 주불(불) 방래 이용향사 정흉 무구
양효이, 먹는 것도 마시는 것도 돌아볼 틈 없이 안절부절 못한다. 붉은 앞치마가 없으니, 붉은 앞치마를 보내와야 제사를 거행할 수 있다. 이번 행차는 어렵지만 다행히 큰 근심은 없다.

六三, 困于石, 據于蒺藜. 入于其宮, 不見其妻, 凶. 육삼 곤우석 거우질려 입우기
궁 불견기처 흉

음효삼, 산의 돌이 울퉁불퉁하고 가시나무가 무더기로 자라 걷기가 불편하다. 가까스로 집으로 돌아가도 아내를 보지 못하니 매우 불길하다.

九四, 來徐徐, 困于金車, 吝, 有終. 구사 내서서 곤우금거 인 유종

양효사, 구리판으로 장식한 수레가 지나치게 크고 무거워 아주 천천히 가서 사람들을 조급하게 만들지만 결국 도착한다.

九五, 劓(臲)刖(卼), 困于赤紱(市), 乃徐有說(脫), 利用祭祀. 구오 의(얼)월(위)
곤우적불(불) 내서유열(탈) 이용제사

양효오, 붉은 앞치마가 없다고 해서 긴장하거나 안절부절해서는 안 된다. 아무리 기다려도 오지 않고 이제 한숨 돌려도 되니 다행히 제사를 망치지는 않는다.

上六, 困于葛藟, 于臲卼, 曰動悔有悔, 征吉. 상륙 곤우갈류 우얼올 왈동회유회
정길

음효륙, 당시에는 마치 칡덩굴에 칭칭 감긴 것처럼 몹시 긴장해 어떻게도 풀어버릴 수가 없었다. 이는 참으로 움직이면 허물을 얻는 것이어서 힘들다면 힘든 상황이지만 이번 행차는 그런대로 순조롭다.

【대의】

이 괘는 하괘가 감坎이고 상괘가 태兌로,[66] 감은 험함으로 풀이되고 태에는 훼손되고 꺾이는 뜻이 있으니(「설괘」 3:8에 보임) 괘명이 피곤하다는 뜻을 취한 것이다. 그 내용은 제사 활동을 거행하기 위해서는 반드시 먼 곳으로 부터 붉은 앞치마 하나를 취해야 하지만, 아무리 기다려도 보내오지 않는 것을 말하고 있다. 곤괘의 여섯 효에는 모두 '곤우困于' 두 글자가 있으며, 정도에 따라 어떤 것은 주목株木을 말하고, 어떤 것은 술과 음식酒食, 어떤 것은 산의 돌山石, 어떤 것은 구리판으로 장식한 수레金車, 어떤 것은 붉은 앞치마赤紱, 어떤 것은 칡덩굴葛藟을 말하고 있는데, 사실 가장 큰 '어려움困'은 무엇인가 하면, 조급하게 기다리는 긴장된 마음이다.

【교독】

困곤 피곤하고 지친 것을 말한다.

三歲不覿삼세부적 '적覿'은 만나는 것이다. 뒤에 나올 풍괘 상륙효에도 이 구절이 있다.

朱紱주불 고대의 예복 가운데 앞치마를 말하며, 폐슬蔽膝이라고도 한다. '불紱'은 고서에 '불市'이나 '불韍'로도 되어 있으며, 『설문해자』 「불부市部」에는 "市은 무릎을 가리는 천韠이다. 상고시대의 옷으로 앞부분만 덮은 것인데,

---

66_ 『좌전』 양공 25년 조목에 최무자崔武子가 점을 쳐서 곤困괘가 대과괘로 바뀐 괘를 만난 일을 기록하면서 이 괘의 육삼효를 언급했다.

市로 그 모양을 본떴다. 천자는 주불을 입고, 제후는 적불赤紱을 입으며, 대부는 총형葱衡(비취빛 패옥)을 착용했다. 건巾을 따르며 서로 연결되어 있는 모양을 본땄다. 韍은 전서체 市로 위韋를 따르고 발犮을 따른다"라고 했다. 서현徐鉉 등은 "지금 세상에서 '紱불'로 쓰는데 옳지 않다"라고 했다. 市자는 서주 금문에 자주 보이는데 그 가운데 적불赤市이 가장 많고 주불朱市은 모공정毛公鼎에 보인다.[67]

利用享祀이용향사 여기서는 '향享'을 쓰고 '형亨'을 쓰지 않는다. 마왕두이본에는 '방芳'으로 되어 있다(상박본에는 빠져 있다).

困于石곤우석, 據于蒺藜거우질려, 入于其宮입우기궁, 不見其妻불견기처, 凶흉 『좌전』 양공 25년 조목에 보인다. 주불이 아내의 수중에 있어 가지러 갔으나 만나지 못한 것을 가리키는 것 같다.

金車금거 구리판으로 장식한 수레를 말한다.[68] 마왕두이본은 여기와 같고 (상박본에는 빠져 있다), 『석문』에 따르면 "어떤 판본에는 금여金輿로 되어 있다".

劓刖의월 상박본에는 빠져 있고 마왕두이본에는 '貳椽이연'으로 되어 있으

67_『은주금문집성』(수정증보본), 제2책, 1534~1543쪽 : 02841A-C.

68_ 진후묘지晉侯墓地 1호묘의 거마갱에서 출토된 01호 수레는 동갑편銅甲片으로 장식하고 보호했는데, 아마도 옛날의 이른바 금거金車인 것 같다. 산시山西 성 고고연구소, 베이징대 고고문박학원 『산서북조진후묘지 1호 거마갱 발굴간보』(『문물』, 2010년 2기, 4~22쪽)에 보인다.

며, 고서에 인용된 문장에는 글자가 다른 경우가 아주 많다.[69] 여기서는 '臲卼얼올'로 독해한다. '얼올'은 긴장하고 불안하다는 뜻이다.

赤紱적발 바로 앞에 나온 '주발朱紱'이다.

利用祭祀이용제사 상박본은 이와 같고, 마왕두이본에는 '利用芳(享)祀이용방(향)사'로 되어 있다.

葛藟갈류 새머루Vitis flexuosa를 말하는데, 덩굴성 식물이다.[70]

于臲卼우얼올 앞의 문장을 받아 '곤困'자를 생략했다. 가오형은 '우于' 앞에 탈락된 문장이 있다고 여겨 앞 문장인 "곤우석 거우질려困于石, 據于蒺藜"에 근거해 '거據'자를 보충했다. 하지만 마왕두이본은 '于' 앞에 빠진 문장이 없다는 것을 증명했다. '于' 다음의 두 글자는 마왕두이본에는 '이연貳橼'으로 되어 있으니,[71] 이 단어는 앞의 문장 '의월劓刖'과 같은 단어임을 설명한다. 여기서는 '臲卼얼올'로 읽는다.

動悔有悔동회유회 아마도 움직이면 허물을 얻고 후회 위에 또 후회를 더한다는 뜻인 것 같다. 이 괘의 「상사」(「상전 상」 47)에 인용된 문장도 이와 같

69_ 『석문』에 인용된 경씨본에는 '劓劓의의'로 되어 있고, 정현본에는 '劓刖의월'로 되어 있으며("예올倪仉로 써야 마땅하다"라고 주석), 순상본과 왕숙본, 육적본에는 '臲卼'로 되어 있다.

70_ '갈葛'은 상박본에는 檘로 되어 있고, 마왕두이본에는 '褐갈'로 되어 있다.

71_ 상박본에는 '劓口'로 되어 있고, 마왕두이본에는 '貳橼'으로 되어 있는데 모두 통가자다.

고, 상박본에는 "述(逐)悐(悔)又(有)悐(悔)"로 되어 있으며, 마왕두이본에는 '悔夷有悔회이유회'로 되어 있다.[72] '동動'은 정모동부定母東部의 글자이며, '축逐'은 정모각부定母覺部의 글자다. 후侯와 옥屋의 두 부수는 유幽와 각覺의 두 부수와 가깝다. 동부東部는 侯와 屋 두 부수의 양성자陽聲字다. 이 구절은 앞에 나온 예괘 육삼효의 '悔遲(夷)有悔지(이)유회'와 관계가 있으며, 아마도 뜻이 서로 비슷한 것 같다. 여기서는 "이것은 참으로 움직이면 허물을 얻는 것이어서 힘들다면 힘든 상황이다"로 번역된다.

72_ '체述'는 후대에 전해지는 고문의 축逐자에 이 글자체가 있으니, 쉬짜이궈의 『전세고문자편』(상책, 166쪽)을 참고하라. 상박초간과 청화초간에도 이 글자가 있으며, 학자들은 축逐으로 해석하는데, 리서우쿠이 등의 『상하이박물관장전국초죽서(115)문자편』(85쪽)과 리쉐친 주편 『칭화대학장전국죽간(2)』(213쪽)을 참고하라.

읍은 바꾸되 우물은 바꾸지 않는다

☷ 井: 改邑不改井, 无喪无得, 往來井井. 汔(흘)至亦未繘(율)井, 羸其瓶, 凶. 정 개읍불개정 무상무득 왕래정정 흘(흘)지역미율(율)정 이기병 흉.

정괘 : 마을 안에 있는 집의 지붕을 뜯어 옮기는데, 지붕이 옮겨져도 우물은 바뀌지 않을 것이다. 사람들이 한 우물에서 물을 긷는데, 물은 이로 인해 줄지도 않고 늘지도 않는다. 물을 긷는 사람이 오가는데 정연히 질서가 있다. 막 두레박을 들어 올려 우물 입구를 나오지도 않았는데 뒤집어지니, 흉하다.

初六, 井泥不食, 舊井无禽(擒). 초륙 정니불식 구정무금(금)
음효일, 우물 바닥이 말라 진흙이니 마실 수가 없으며, 이런 오래된 우물은 작은 물고기나 새우도 잡지 못한다.

九二, 井谷射鮒, (甕)[唯]敝漏. 구이 정곡석부 (옹)[유]폐루
양효이, 우물 안에서 붕어를 잡을 수 있다면 우물 벽에서 물이 새어 [다른 곳에서 물이 흘러 들어오기 때문이리라].

九三, 井渫(泄)不食, 爲我心惻(塞). 可(何)用汲? 王明, 並(普)受(授)其福. 구삼

정설(설)불식 위아심측(색) 가(하)용급 왕명 병(보)수(수)기복

양효삼, 우물물이 새니 이런 우물물은 마실 수가 없어 내 마음이 몹시 답답하다. 장차 마실 물을 어떻게 찾을까? 단지 우리 왕이 이런 사정을 밝게 살펴 널리 복을 내리기만 바란다.

六四, 井甃, 无咎. 육사 정추 무구

음효사, 우물 벽을 보수하니 화가 없다.

九五, 井洌, 寒泉食. 구오 정렬 한천식

양효오, 우물물이 맑고 깨끗하니 찬 우물물을 마실 수 있다.

上六, 井收勿幕, 有孚, 元吉. 상륙 정수물막 유부 원길

음효륙, 우물물을 길어 올리니 우물 입구를 덮어서는 안 된다. 구하면 반드시 응하니 크게 길하다.

【대의】

이 괘는 하괘가 손巽이고 상괘가 감坎이다. 감은 우물이고, 손은 밧줄이다. 「설괘」3:4에 "(손巽은) 먹줄이 된다"고 했는데, 밧줄이 우물 밑에 있으니 상하가 통하는 상이다.

앞의 곤困괘와 정井괘는 모두 감坎을 포함하고 있지만 괘상은 정반대다. 감은 험함으로 풀이된다. 곤괘는 위험에 빠져서 어려운 것이고, 정괘는 우물

에 줄을 드리워 상하가 통하는 것이다. 「잡괘」 6에 "정괘는 통하고 곤괘는 서로 만난다"라고 했는데, '서로 만나는' 것은 서로 거스르는 것이다.

【교독】

井정 마왕두이본과 솽구두이본은 여기와 같다. 상박본에는 '汬정'으로 되어 있는데, 『설문해자』 「정부井部」에 속한 '阱정'자의 고문과 필법이 같다. 허신은 井자는 우물水井의 井자로 보고, 阱자는 함정陷阱의 阱자로 보았다. 사실 여기서의 汬자는 우물의 뜻이지 결코 함정의 뜻이 아니다.

无喪无得무상무득 상박본에는 '亡ᄾ(喪)亡昃(得)망상망득'으로 되어 있고, 마왕두이본에는 '无亡无得무망무득'으로 되어 있다. 두 번째 글자는 '득得'과 상대되니 초간楚簡 상喪자의 줄인 글자체로 읽는 것이 가장 좋다. 만약 망亡으로 읽으면 상망喪亡의 뜻이 되기도 하는데, 당연히 있고 없음有無에서 무無를 뜻하는 亡과는 완전히 다르다.

往來井井왕래정정 왕필의 주석에 "변하지 않는 것"이라고 풀이했으며, 공영달의 소에서는 "이것은 성질이 늘 깨끗함을 밝힌 것이니, 맑고 깨끗한 모양이다. 가는 자와 오는 자가 모두 우물물을 깨끗하게 만들고 사람의 왕래 때문에 깨끗하게 씻어내는 성질을 바꾸지 않기 때문에 가고 오는 사람이 깨끗하고 깨끗하다고 말한 것이다"라고 풀이했다. 『순자』 「유효儒效」 편에 "가지런하게 이치가 있다井井兮其有理也"는 구절이 있는데, 양경楊倞은 주석에서 "정정혜井井兮는 가지런한 모양이고, 이理는 조리가 있는 것이다"라고 풀이했다. '질서정연하다井井有條'는 요즘 말은 여기서 나온 것이다.

汔至亦未繘井흘지역미율정 지금 막 물을 퍼서 올렸지만 아직 우물 입구로 꺼내지는 못했다는 뜻이다. 상박본에는 "氣(汔)至亦毋夔(矞)井"으로 되어 있고, 마왕두이본에는 '訖(汔)至亦未汲井'으로 되어 있다. '汔흘'은 공영달은 '幾기'로 읽었다. 汔과 '訖흘', '迄흘'은 모두 그치다, 다하다의 뜻이 있다. '율繘'은 물을 긷는 줄이라는 뜻이다. 구설의 독법은 본 글자와 같고, 왕인지의 『경의술문』「주역 상」의 '역미율정亦未繘井' 조에서는 이 글자의 독법이 율矞과 같고, 矞에는 나온다出는 뜻이 있으니 물을 길어 우물 밖으로 꺼내는 것을 가리킨다고 했는데,[73] 이 설은 따를 만하다.

羸其瓶이기병 상박본에는 '羸亓缾(瓶)이기병(병)'으로 되어 있고, 마왕두이본에는 '纍其刑拼(瓶)누기형병(병)'으로 되어 있다. 왕필의 주석에는 "우물의 도는 우물 밖으로 나오는 것을 공으로 삼는다. 거의 다 나왔는데 뒤집어지면 길어올리지 않은 것과 같다"라 하여 '이羸'를 뒤집힌다는 뜻으로 보았다. 장정랑은 "형刑은 아마도 병瓶자를 잘못 쓴 것이다"라고 했다.[74] 내 생각에 마왕두이본의 '刑'자는 군더더기인 연문으로, 다음의 拼자와 더불어 모두 瓶을 가리키는 것 같다.

井泥不食정니불식 '니泥'는 상박본에는 '替체'로 되어 있다. '替'는 고서에서 대부분 폐하다廢의 뜻으로 쓰인다. 우물이 버려져 사람들이 마시지 않는다는 뜻이 매우 적절하다. 마왕두이본에는 '泥'로 되어 있어 금본과 같다. '替'

73_ 완원 편, 『청경해』, 제6책, 775쪽.
74_ 장정랑, 『장정랑논역총고』, 133쪽

는 泥로 독해할 수 있으며, 우물물이 말라 진흙만 있고 물이 없으니 마실 물이 없다는 뜻도 통한다.

舊井无禽구정무금　유월의 『군경평의』 「주역 1」 '구정무금舊井无禽' 조에서는 "옛날에 깃을 가진 새, 털이 난 짐승, 비늘을 가진 물고기, 껍질을 가진 동물은 모두 금禽이라고 통칭했다"[75]라고 설명했다. 초륙효는 마른 우물을 말하는데, 마른 우물은 물이 없을 뿐 아니라 물고기도 없어서 잡을 수가 없는 것이다.

井谷射鮒정곡석부　구이효는 물이 새는 우물을 말하니 초륙효와 반대다. 물이 새는 우물은 물이 있을 뿐 아니라 물고기(다른 곳에서 흘러들어온 물이나 물고기)도 있다. '정곡井谷'은 우물 안에 물을 수용하는 곳인데, 왕필은 주석에서 '우물의 도井道'라고 불렀다. 『장자』 「추수秋水」에서는 바닥에 개구리가 있는 우물을 '학壑'이라 불렀다. '석부射鮒'[76]에서 '부鮒'는 곧 붕어Carassius auratus를 말한다. 고대에 물고기를 잡을 때 모두 낚시로만 한 것은 아니다. 물고기를 잡는 일射魚에 관해서는 『여씨춘추』 「지도知度」와 『회남자』 「시칙時則」, 『설원說苑』 「정간正諫」 등의 서적에 보인다.[77] 왕인지의 『경의술문』 「주역

75_ 왕셴첸 편, 『청경해속편』, 제5책, 1030쪽.

76_ '鮒'는 상박본에는 '𩵋'로 되어 있고, 마왕두이본에는 '付'로 되어 있는데 모두 통가자다.

77_ 『좌전』 은공 5년 조목에 '공시어우당公矢魚于棠'이라는 구절이 있는데, '시어矢魚'가 물고기를 잡는 것射魚인지 아니면 물고기를 진열하는 것陳魚인지를 놓고 이전 사람들이 논쟁한 바 있다. 정궤명문靜簋銘文에 왕이 정으로 하여금 귀족 자제를 데리고 "큰 못에서 잡도록 한射于大池" 일을 말하고 있는데(『은주금문집성』 수정증보본, 제4책, 2604쪽:04273), 학자들은 이것이 물고기를 잡는 것射魚이라고 인식한다.

상」의 '정곡석부井谷射鮒' 조를 참고하라.

甕敝漏옹폐루   이 구절은 왕필의 주석과 우번의 주석(『주역집해』에 인용)에
모두 '옹甕'자가 있고, 아울러 물 긷는 기구가 깨져서 새는 것을 그 설로 삼
고 있어 위진 시기에 이미 이와 같이 해석하고 있었음을 설명해준다. 하지
만 이 구절은 상박본에는 "隹(唯)撃(敝)縷(漏)추(유)폐(폐)루(루)", 마왕두이본
에는 '唯敝句(漏)유폐구(루)', 솽구두이본에는 '[唯]敝屢(漏)[유]폐루(루)'로 되어
있는 등 고본에는 모두 '甕'자가 없다. '甕'은 원문은 '甕옹'으로 쓰는데, 상반
부의 글자 모양이 '唯유'나 '維유'와 비슷해 혼동하기 쉽다. 허린이는 甕은
'唯'가 와전된 것으로 보았다.[78] 원문은 우물 벽에 물이 새는 것을 말하고
있으며, 물을 긷는 기구와는 관계가 없다. 금본에서 '唯'를 '甕'으로 고친 것
은 대개 이 구절에 주어가 없기 때문에 오해한 것인데, 사실 우물 벽에 물
이 새는 것이 바로 다음 효사와 맞물린다.

井渫不食정설불식   '설渫'은 '泄설'과 통하니, 우물 벽이 새는 것을 가리킨다.
마왕두이본에는 '泄'로 되어 있는데 또한 泄과 통한다. 상박본에는 '木규'로
되어 있는데 아마도 아래의 상륙문上六文을 오용했을 것이다.

爲我心惻위아심측   내 마음을 몹시 답답하게 한다는 말이다. 측惻은 마음이
몹시 괴롭고 아프다는 뜻이다. 상박본에는 '塞색'으로 되어 있고, 마왕두이
본에는 '塞색'으로 되어 있는데, '塞'으로 되어 있는 것은 마음속이 답답함

78_ 허린이, 『상하이박물관장초죽서 주역』, 105쪽.

을 가리키는 것 같다.

可用汲가용급 '何用汲하용급'으로 독해해야 할 것 같다. 이 구절은 마왕두이본은 같고, 상박본에는 '可以汲가이급'으로 되어 있다. 이以는 용用으로 풀이할 수 있는데, 왕인지의 『경전석사』 권1에 보인다.[79]

王明왕명, **並受其福**병수기복 '왕명王明'은 아마도 왕이 밝고 지혜로움을 가리키는 것이지만, 이 효의 「소상」(「상전 하」 48)에 "왕이 밝고 지혜롭기를 구하는 것은 복을 주는 것이다求王明, 受(授)福也"라고 했으니, 단지 주왕周王이 상술한 상황을 이해하기를 바라는 것이다. '병수기복並受其福'에 대해서는 왕인지의 『경의술문』 「주역 상」의 '역미율정亦未繘井' 조에서 '병수並受'는 '竝受병수'와 같고 '보수普受'(보普자는 병竝자를 따른다)로 독해한다고 했으며, 아울러 『서경』 「입정立政」의 "힘써 문왕의 관용의 덕을 따름으로써 함께 이 위대한 사업을 계승했다奉惟謀從容德, 以竝受此丕丕基"는 구절을 인용해 증거로 삼았다.[80]

井甃정추 추甃는 벽돌로 된 우물 벽을 말하는데, 여기서는 우물 벽을 보수하는 것을 가리킨다. '甃'는 상박본에는 '䶌'로 되어 있으며, 마왕두이본에는 '梀(椒)초'로 되어 있다. 甃는 '椒초'와 고음이 서로 비슷해 통가할 수 있으니 문제가 없다. 䶌는 서鼠를 따르고 부성膚聲을 따른다. 고문자에서 서

79_ 완원 편, 『청경해』, 제7책, 3쪽.
80_ 위의 책, 제6책, 775쪽.

방鼠旁은 대부분 시방豕旁과 통하며, 부膚를 따르는 것은 대부분 노盧를 따르는 것과 같다. 내 생각에 이 글자는 어쩌면 맥貉자에 상당하는 것 같다. 貉은 갑모탁부匣母鐸部의 글자로 노盧와 고음이 비슷하고 이체자를 학貈으로 쓰는데, 주舟는 단모유부端母幽部의 글자로 고음이 추鶖나 초椒와 비슷하다.

井洌정렬 렬洌은 물이 맑은 것이다.

井收勿幕정수물막 '정수井收'는 우물에 매단 줄을 거두어들이는 것을 말한다. '물막勿幕'은 우물 입구를 덮지 말라는 뜻이다. 막幕은 덮는다는 뜻으로 '덮을 멱冪'과 음과 뜻이 비슷하다. 왕필의 주석에서 "막幕은 '덮을 부覆'와 같다"고 했으며, 우번의 주석에서는 "막幕은 덮는蓋 것이다. 수收는 도르래로 줄을 거두어들이는 것"이라고 풀이했다.

제49 : 혁괘革卦

혁명은 하늘과 사람의 뜻을 따르는 데 있다

☰ 革: 巳(改)日乃孚, 元亨, 利貞, 悔亡. 혁 사(개)일내부 원형 이정 회망

혁괘 : 시간이 조금 지나야 바라는 대로 될 수 있으며, 신명과 가장 잘 통하고 점복에 이로우며 오직 잃을까 걱정한다.

初九, 鞏用黃牛之革. 초구 공용황우지혁
양효일, 황소의 가죽으로 만든 끈으로 물건을 묶는다.

六二, 巳(改)日乃革之, 征吉, 无咎. 육이 사(개)일내혁지 정길 무구
음효이, 조금 시간이 지나야 변화를 가져올 수 있으며, 멀리 가는 것이 길하고 화가 없다.

九三, 征凶, 貞厲. 革言三就, 有孚. 구삼 정흉 정려 혁언삼취 유부
양효삼, 멀리 가면 흉하고 점복에 위험이 있다. 왕명이 세 번 변경된 다음에야 집행된다.

九四, 悔亡, 有孚改命, 吉. 구사 회망 유부개명 길

양효사, 왕명이 변경되어 집행되니 길하며 오직 잃을까 걱정한다.

九五, 大人虎變, 未占有孚. 구오 대인호변 미점유부

양효오, 대인의 변화는 호랑이 가죽의 무늬처럼 완전히 변하니 점치지 않아도 안다.

上六, 君子豹變, 小人革面, 征凶, 居(處)貞吉. 상륙 군자표변 소인혁면 정흉 거(처) 정길

음효륙, 군자의 변화는 표범 가죽의 무늬처럼 완전히 변하니, 소인처럼 단지 얼굴색만 변하지 않는다. 점복 결과는 멀리 가면 흉하고 집에 있으면 길하다.

【대의】

이 괘는 하괘가 이離이고 상괘가 태兌로, 괘명은 혁제革除나 개혁改革의 뜻을 취한 것이다. '혁革'자에는 삼중의 함의가 있으니 첫째는 가죽皮革의 혁이고, 둘째는 변혁變革의 혁이며, 셋째는 굴레勒로 독해하는 것이다. 이 괘의 「단사」(「단전 하」 49)에는 "천지가 바뀌면 사계절이 이루어지고, 탕왕과 무왕이 걸과 주의 명을 바꾼 것은 하늘의 규율을 따르고 백성의 바람에 순응한 것이다. 변혁의 때가 얼마나 큰가!天地革而四時成, 湯武革命, 順乎天而應乎人. 革之時大矣哉"라고 했는데, 지금의 '혁명革命'이라는 말은 여기서 나왔다. 일본 사람들은 이 말로 서양의 레볼루션revolution을 번역해 중국에서

크게 유행하게 했다.

【교독】

革혁 가죽을 말한다. 이 괘는 혁革을 상象으로 삼는다.『설문해자』「혁부革部」에 "혁革은 짐승 가죽에서 털을 제거해 가죽으로 바꾼 것으로, 고문의 革의 모양을 본땄다"라고 풀이했다. 가죽은 동물의 몸에서 벗겨내어 털을 제거하고 가공 과정을 거쳐야 사용할 수가 있다. 바람직하지 못한 것을 제거한다는 뜻의 혁제나 변혁의 뜻은 바로 이런 수공 기술에서 근원한다. 이 괘의 '革'자는 상박본에는 전부 '革'으로 되어 있고, 마왕두이본에는 전부 '勒늑'으로 되어 있다. 인췌산 한간에『당혁唐革』이 있는데, 이 '당혁'이 곧 당륵唐勒이다.[81] 革과 勒 두 글자는 통가자의 관계다. '革'은 '勒'과 음과 뜻이 서로 관계가 있으며, 둔遯괘 육이효와 이 괘의 초구효는 둘 다 '황우지혁黃牛之革'을 언급하고 있다.

巳日사일 '改日개일'로 독해한다. 상박본에는 '改日'로 되어 있는데, 뒤의 '巳日'도 마찬가지다. 마왕두이본과 쑹구두이본 두 곳에는 모두 훼손되어 있다. 다음의 구사효에는 '改命개명'이 언급된다. '改日'과 '改命'은 모두 '革'자와 관계가 있다. 改자는 사巳나 이已를 따르지 기己를 따르지 않는다. '巳사' '已이' '己기'는 현재 필법이 비슷하지만, 고문자에서 巳와 已는 구별이 없되 己와는 완전히 다르다.

81_ 인췌산한묘죽간 정리소조,『인췌산한묘죽간(2)』, 문물출판사, 2010, 249~251쪽.

元亨원형, **利貞**이정 마왕두이본은 같다. 상박본에는 '元兼(永)貞원양(영)정'으로 되어 있다.

鞏用黃牛之革공용황우지혁 '공鞏'은 혁革을 따르며, 길게 자른 가죽 조각으로 물건을 단단하게 묶는다는 뜻이다. 상박본에는 '꾯공'으로 되어 있고, 마왕두이본에는 '共공'으로 되어 있는데 '수갑 공鞏'과 같은 글자다. 앞에 나온 둔遯괘 육이효의 '(執)[鞏]之用黃牛之革(집)[공]지용황우지혁'의 교독을 참고하라. '황우黃牛'에서 황색은 중간색으로 육이효나 육오효에 있는데, 여기서는 육이효를 가리킨다.

革言三就혁언삼취 여기서 '언言'은 언어의 언으로, 다음 문장의 '개명改命'인 것 같다. 서주시대 동기銅器의 책명册命 금문에 자주 보이는 말로 "예전에 선왕께서 이미 너에게 명하고昔先王旣命汝 (⋯) 지금 나는 오직 선왕의 명을 펼쳐낸다今余唯申先王命"라거나, "예전에 내가 이미 너에게 명을 내렸고昔余旣命汝 (⋯) 지금 나는 그 명을 오직 펼친다今余唯申就乃命"라는 문투가 있는데, 그 의미는 과거에 이미 너에게 어떤 관직을 맡게 했고 지금은 또 너에게 어떤 관직을 맡도록 명하는 것이다. 『사기』 「손자오기열전孫子吳起列傳」에서 말한 "세 번 명령하고 다섯 번 설명한다三令五申"가 바로 이런 명령에 속한다.**82**

82_ 추시구이의 『증후을 종경 명문의 몇 글자를 말하다』(리자하오李家浩 공저)를 참고하라. 추시구이의 『고문자논집』 422~428쪽에 수록.

有孚改命유부개명 '명命'의 본뜻은 명령의 命이다(명命과 영슈은 근원이 같은 글자다). 성명性命의 命과 운명運命의 命은 모두 명령의 命에서 확장된 것이다. 하늘이 내린 명령은 명(천명天命)이라 하고, 인군이 내린 명령도 명(군명君命)이라 한다. 혁명은 바로 이런 명령을 깨끗이 없애고 바꾸는 것이다. 여기서 '개명改命'은 왕의 명령을 바꾸는 것이다.

大人虎變대인호변 호랑이 가죽의 무늬는 기다란 줄 모양이다. 이 효의 「소상」(「상전 하」 49)에서는 "대인은 호랑이처럼 변한다는 것은 그 문채가 빛나는 것이다大人虎變, 其文炳也"라고 설명했다. 고서에 '표병彪炳'이라는 단어가 있는데 '표彪'는 바로 호랑이 무늬다.

君子豹變군자표변 표범 가죽의 무늬는 얼룩점 모양이다. 이 효의 「소상」에 "군자가 표범처럼 변한다는 것은 그 문채가 빛나는 것이다君子豹變, 其文蔚也"라고 설명했다. 원문의 울蔚은 욱郁과 같으니 『논어』 「팔일」에 "공자가 말하기를 '주나라는 하나라와 은나라 두 왕조를 거울삼아 무성하게 문채가 나니 나는 주나라를 따르겠다子曰: 周監於二代, 郁郁乎文哉, 吾從周"라는 구절이 있다. 여기서 '군자'는 지위가 '대인'보다 낮지만 '소인'보다는 높다.

제50 : 정괘鼎卦

기구는 오직 새것을 구한다

☲ 鼎: 元吉, 亨. 정 원길 형

　정괘 : 가장 길하고 신명과 통한다.

初六, 鼎顚趾, 利出否(婦), 得妾以其子, 无咎. 초륙 정전지 이출비(부) 득첩이기자
무구
음효일, 솥발이 위로 향하니 아내를 내쫓는 것이 이롭다. 자식을 구하기
위해 다시 첩을 들이면 화가 없다.

九二, 鼎有實, 我仇有疾, 不我能卽, 吉. 구이 정유실 아구유질 불아능즉 길
양효이, 솥 안에 음식물이 있으며, 나의 배우자가 병이 들어 나와 같이 밥
을 먹을 수 없으니 매우 좋다.

九三, 鼎耳革, 其行塞, 雉膏不食, 方雨虧悔, 終吉. 구삼 정이혁 기행색 치고불식
방우휴회 종길
양효삼, 솥귀가 떨어져서 옮길 수가 없고 갑자기 비를 만나 음식물에 곰팡

이가 생기니 꿩고기를 먹을 수가 없지만 결과는 매우 원만하다.

九四, 鼎折足, 覆公餗, 其形渥, 凶. 구사 정절족 복공속 기형악 흉
양효사, 솥발이 부러져 솥 안의 음식을 엎지르니 바닥이 온통 음식물투성이로 끈적끈적하고 엉망이다.

六五, 鼎黃耳金鉉, 利貞. 육오 정황이금현 이정
음효오, 솥귀가 황금이며 구리로 장식한 막대기로 드니 점복에 이롭다.

上九, 鼎玉鉉, 大吉, 无不利. 상구 정옥현 대길 무불리
양효륙, 솥을 옥으로 장식한 막대기로 드니 일이 불리함이 없다.

【대의】

이 괘는 하괘가 손巽이고 상괘가 이離인데, 손은 나무木요 이는 불火이니 나무 위에 불을 때어 밥을 짓고 음식을 조리할 수 있는 것을 본딴 것이다. 이 괘의 「단사」(「단전 하」 50)에 "정鼎은 상象이다. 나무를 불에 넣어 조리하는 것이다鼎, 象也. 以木巽火, 亨飪也"라고 했고, 「대상」(「상전 하」 50)에는 "나무 위에 불이 있는 것이 정鼎이다木上有火, 鼎"라고 했으며, 『좌전』 선공 3년 조목에 "성왕成王이 겹욕郟鄏에 구정九鼎을 정할 적에 점복 결과가 대대로 30대에 걸쳐 700년을 누릴 것이라고 했으니 이는 하늘의 명이다"라는 구절이 있다. '정鼎'에는 안정의 뜻이 있으니 '혁革'과 반대로 온정한 물건을 나타낸다. 「잡괘」 10에 "혁은 옛것을 버리는 것이고革去故也, 정은 새것을 취하

는 것이다鼎取新也"라고 했으니, 후대의 '정혁鼎革'이라는 단어는 여기서 비롯된 것이다. 왕필의 주석에 "鼎은 변화를 이루는 괘"라고 했으니, '혁명革命'과 '정정定鼎'도 서주 시기가 남긴 중요한 단어다.

'革'은 옛것을 혁파하는 것이고, '鼎'은 새것을 세우는 것이다. 정鼎괘는 솥을 상象으로 삼아 곧음貞, 바름正, 안정定, 세움立의 뜻을 취한 것으로 혁괘와는 상반되니, 이 둘은 서로 반대되는 한 쌍이다.

【교독】

鼎정 희생물로 쓰는 고기(소, 양, 돼지 등의 고기)를 삶는 청동제 예기禮器를 가리키는데 세 발로 지면에 서 있어 매우 평온하고 무거운 느낌을 준다.

利出否이출비 '利出婦이출부'로 독해해야 할 것 같다. 아내를 내쫓는 것을 가리킨다. 마왕두이본에는 '利[出]不이[출]불'로 되어 있다. 내 생각으로는, 비否는 부婦로 읽을 수 있다. 비否괘에 나오는 4개의 '否'자는 마왕두이본에는 두 가지로 쓰여 있는데, 괘사와 구오효 및 상구효에는 '부婦'로 되어 있고, 육이효에는 '불不'로 되어 있다(상박본에는 이 괘가 빠져 있다).

鼎有實정유실 솥 안의 고기를 말하며, 옛사람들은 이를 '정실鼎實'이라 불렀다(한대 경전의 주석에 이 단어가 자주 언급된다).

鼎耳革정이혁 '정이鼎耳'는 솥의 양쪽에 마련된 솥귀를 말한다.[83] 큰 솥大鼎

83_ 혁革은 마왕두이본에는 '늑勒'으로 되어 있다.

은 솥고리를 솥귀에 걸고 막대기(솥을 메는 막대기)를 솥고리 위의 둥근 테 안에 끼워넣어야만 옮길 수 있다. '혁革'은 변경 또는 폐기한다는 뜻이다.

其行塞기행색 솥을 옮길 방법이 없는 것을 가리킨다.

雉膏치고 '치雉'는 꿩이며, '고膏'는 비곗살이다.

餗속 솥 안의 음식鼎實을 말한다. 『석문』에 "속餗을 마융은 죽鍵이라 했고, 정현은 채소菜라 했다"라고 했으며, 『설문해자』에 따르면 "죽鬻은 솥 안의 내용물로 갈대와 부들이며, 진류陳留는 건鍵을 죽鬻이라 했다".

渥악 끈적끈적하며 농후한 것을 말한다.

鼎黃耳金鉉정황이금현 '정황이鼎黃耳'에서 황색은 중간색으로 육이효나 육오효에 있는데, 여기서는 육오효에 있다. '금현金鉉'은 구리로 장식하거나 구리로 만든 것으로, 솥을 메는 데 쓰는 막대기를 말한다.

玉鉉옥현 옥으로 장식한 막대기를 말한다.

제51 : 진괘震卦

웃으며 우레 소리를 대하다

 震: 亨, 震來虩虩, 笑言啞啞, 震驚百里, 不喪匕鬯. 진 형 진래혁혁 소언

액액 진경백리 불상비창

> 진괘: 신명과 통하니 우레 소리가 처음 일어 사람을 기겁하게 해도 의연히 담
> 소하고 아무렇지도 않으며, 우레 소리가 경천동지하여 사방 백 리가 모두 무서
> 워해도 [의연히 먹고 마시며] 구리로 만든 숟가락과 좋은 술을 손에서 놓치지
> 않는다.

初九, 震來虩虩, 後笑言啞啞, 吉. 초구 진래혁혁 후소언액액 길
양효일, 우레 소리가 처음 일어 사람을 기겁하게 하고, 우레 소리가 그치자
의연히 담소하며 아무렇지 않은 듯하니, 이런 마음 상태는 매우 좋다.

六二, 震來厲, 億(臆)喪貝, 躋于九陵, 勿逐, 七日得. 육이 진래려 억(억)상패 제
우구릉 물축 칠일득
음효이, 우레 소리가 처음 일어 사람의 혼백을 빼앗아가도 [줄곧 당황하며]
많은 돈을 잃었다고 생각해 높은 산에 오를 필요는 없다. 여기저기 두리번

거리며 도처에서 찾으면 7일 안에 반드시 얻는다.

六三, 震蘇蘇, 震行无眚. 육삼 진소소 진행무생
음효삼, 우레 소리가 우르릉거리며 사람을 기겁하게 만들지만 대수롭지 않게 여긴다.

九四, 震遂泥. 구사 진수니
양효사, 우레 소리가 갈수록 가까워진다.

六五, 震往來, 厲, 意(臆)无喪有(于)事. 육오 진왕래 여 의(억)무상유(우)사
음효오, 우레 소리가 우르릉거리며 땅 밑에서 왔다 갔다 하면서 여음이 계속 이어지니 마음속으로 아직 놀라도 일은 상함이 없다.

上六, 震索索, 視矍矍, 征凶. 震, 不于其躬, 于其鄰, 无咎. 婚媾有言(譴). 상륙 진삭삭 시확확 정흉 진 불우기궁 우기린 무구 혼구유언(견)
음효륙, 우레 소리가 귓가에 우르릉거리고 번개가 눈앞에서 번쩍이니 멀리 가면 흉하다. 번개가 쳐 몹시 무시무시하지만 다행히 자기 나라는 아직 상하지 않고 이웃 나라만 상한다. 하지만 이때 장가들고 시집보내면 분명 사람들이 비난한다.

【대의】
이 괘는 진震이 거듭되어(하괘도 진, 상괘도 진) 상하가 모두 진이다. 震은

우레의 상象으로, 여기서는 주로 우레가 치는 것을 말한다.

【교독】

震진 우레가 치는 것이다. 『설문해자』「우부雨部」에 "진震은 벼락으로 만물을 진동시킨다震, 劈(霹)歷(靂)震物者也"라고 풀이했다.

虩虩혁혁 소리와 명성이 사람을 놀라게 할 정도로 클 때 모두 이 단어를 사용할 수 있다. '명성이 자자하다赫赫有名'고 할 때의 '혁혁赫赫'은 고문자에는 '虩虩'으로 쓰여 있다. 이것은 서주 이래의 필법이다.[84]

後笑言啞啞후소언액액 '후後'는 혹은 앞 구절의 끝에 두기도 하는데, 우번은 이 구절의 머리에 두었다. 여기서는 우번의 주석에 따라 구절을 끊었다. '소언액액笑言啞啞'은 웃으며 말하는 소리를 형용한 것이다. '액액啞啞'은 요즘 말로 '껄껄呵呵'이나 '하하哈哈'와 같다. 『설문해자』「구부口部」에 이 구절을 인용했는데 소서본小徐本에는 '呝呝액액'으로 되어 있다.

億喪貝억상패 '억億'은 '臆억'으로 독해한다. 『논어』「선진」에 "자공은 자신의 분수에 만족하지 않고 재물을 불렸는데 상황을 주관적으로 판단하면 그때마다 맞았다賜不受命, 而貨殖焉, 億(臆)則屢中"라고 했다. 여기서 '億'은 억측한다 또는 추측한다는 뜻이다.

84_ 가오밍高明·투바이쿠이塗白奎 편저, 『고문자유편古文字類編』, 상하이고적출판사, 2008, 하책, 1260쪽.

震驚百里진경백리 이 괘의 「단사」(「단전 하」 51)에 "먼 데서는 놀라게 하고 가까운 데서는 두려워하게 한다驚遠而懼邇也"라고 풀이했다.[85]

不喪匕鬯불상시창 '시匕'는 솥鼎과 서로 짝을 이루어 솥 안의 고기를 퍼내는 데 쓰는 것으로, 모양은 오늘날 국자와 비슷하다. 출토된 유물을 보면 끝 부분이 뾰족한 것과 둥근 것으로 나뉜다. '창鬯'은 고서에서는 '울창鬱鬯'이라고 불렀다. 옛사람들은 이것을 술에 배합하는 데 사용했으며 지금은 울금鬱金, Curcuma aromatica이라고 부른다. 울금은 생강과에 속하며 울금향鬱金香, Tulipa gesneriana과는 별개다. 울금향은 백합과百合科에 속한다. 옛 전적에서 자주 말하는 '거창秬鬯'은 검은 기장으로 술을 빚고 울금을 배합한 것이다.

躋于九陵제우구릉 '제躋'는 오른다는 뜻이다. '구릉九陵'은 자세하지는 않지만 대체로 높은 산을 가리킨다.

勿逐물축, **七日得**칠일득 뒤에 나올 기제괘 육이효에도 보인다. 복괘 괘사 '칠일내복七日來復'의 교독을 참고하라. 마왕두이본에 '축逐'은 '수遂'로 되어 있

85_ 중화민국 시기에 군사이론가로 유명한 장팡전蔣方震은 자가 바이리百里인데, 이 괘에서 취한 것이다. 이 말은 '술을 데워 영웅을 논한다煮酒論英雄'는 고사를 생각나게 한다. 『삼국지』「촉지·선주전先主傳」에 이런 내용이 있다. "조조가 거침없이 선주(유비)에게 말하기를 '오늘날 천하의 영웅은 오직 그대와 나 조조뿐이오. 원소袁紹같은 무리는 셀 수도 없이 많소'라고 하자 선주는 밥을 먹고 있다가 수저와 젓가락을 놓쳤다." 『삼국연의』는 이 내용을 발전시켜 유비가 채소를 심었던 것은 일부러 자신을 숨기기 위함이었는데 조조에게 발각되자 젓가락도 놓칠 만큼 놀랐으나, 다행스럽게 하늘에서 마침 우레가 쳤다고 한다. 유비는 마음속의 당황스러움을 감추기 위해 우레 소리에 놀란 것처럼 둘러댔다고 한다.

다(상박본에는 빠져 있다). 이런 필법의 遂자는 후대의 遂자가 아니고 逐자
의 이체자다.

蘇蘇소소　마왕두이본에는 '疏疏소소'로 되어 있다(상박본에는 빠져 있다). 가
오형은 '怵怵출출'로 읽어 두려워하는 모양이라고 생각했다.[86] '진소소震蘇蘇'
도 우레 소리가 사람을 매우 놀라게 하는 것을 형용하는 말이다.

震遂泥진수니　'泥니'는 '邇이'로 독해하는데, 우레 소리가 갈수록 가까워짐을
가리키는 것으로 생각된다. 이 구절은 마왕두이본은 같다(상박본에는 빠져
있다). 내 생각에는, '尼니'를 따르는 글자는 종종 '尔이'나 '爾이'를 따르는 글
자와 서로 통한다. 여기서의 '泥'는 진흙泥土의 泥가 아니라 '가까울 이邇'로
독해해야 할 것 같다.

意无喪有事의무상유사　'意의'는 '臆억'으로 독해하는데, 앞에 나온 '億'자와 같
다. '有유'는 '于우'로 독해하는데, 앞에 나온 가인괘 초구효와 구오효, 췌괘
괘사, 뒤에 나올 환괘 괘사와 육사효, 기제괘 육사효의 '有'자를 참고하라.

索索삭삭　마왕두이본에는 '昔昔석석'으로 되어 있다(상박본에는 빠져 있다).
정현의 주석은 "축축縮縮과 같으며, 발이 바르지 않은 것이다"(『석문』에 인
용)라고 풀이했다. 가오형은 요즘 말로 '덜덜 떤다哆哆嗦嗦'의 '덜덜嗦嗦'에 해
당한다고 했다.[87] '진삭삭震索索'도 우레 소리가 사람을 기겁하게 할 정도로

86_ 가오형, 『주역고경금주』(중정본), 309쪽.

큰 것을 형용하는 표현이다.

矍矍확확 눈빛이 놀라고 두려워하는 모습을 형용한 것이다.

婚媾有言혼구유언 이웃 나라에 재앙이 있는데도 그 어려움을 개의치 않고 혼사를 진행한다면 비난을 받게 된다는 말이다.

87_『주역고경금주』(중정본), 310쪽.

신체를 제어하다

䷳ 艮(限)其背, 不獲其身, 行其庭, 不見其人, 无咎. 간(한)기배 불획기신 행기
정 불견기인 무구

　간괘 : 네가 그의 등은 통제할 수 있지만 가슴과 배는 통제할 수 없으며, 이것
　은 그의 집 뜰을 지나가더라도 그 사람은 보지 못하는 것과 같으니 화가 없다.

初六, 艮(限)其趾, 无咎, 利永貞. 초륙 간(한)기지 무구 이영정
음효일, 그의 발을 제어하니 화가 없고 장기적인 점복에 이롭다.

六二, 艮(限)其腓, 不拯其隨(骽), 其心不快. 육이 간(한)기비 부증기수(퇴) 기심
불쾌
음효이, 그의 장딴지를 제어해 엉덩이뼈를 들지 못하게 하고, 마음을 불쾌
하게 한다.

九三, 艮(限)其限, 列(挒)其夤(胂), 厲, 薰心. 구삼 간(한)기한 열(열)기인(인) 여
훈심

양효삼, 그의 허리를 제어하고 그의 등을 당기고 있으니 위험하며 그의 마음을 조급하게 한다.

六四, 艮(限)其身, 无咎. 육사 간(한)기신 무구
음효사, 그의 가슴과 배를 제어하니 화가 없다.

六五, 艮(限)其輔, 言有序, 悔亡. 육오 간(한)기보 언유서 회망
음효오, 그의 광대뼈를 제어하니 말하는 것이 매우 조리가 있으며 오직 잃을까 걱정이다.

上九, 敦艮, 吉. 상구 돈간 길
양효륙, 상괘와 하괘가 상대하니 길하다.

【대의】

이 괘는 간艮이 거듭되는데(하괘도 간, 상괘도 간)[88] 서술 방식이 함괘와 유사하다. 간괘는 인체를 제어하는 일에 대해 말하는데, 밑에서 위로 올라가며 말한다. 첫 번째는 발 부위이며, 두 번째는 다리 부위(종아리에서 넓적다리까지), 세 번째는 허리와 등, 네 번째는 가슴과 배, 마지막은 얼굴 부위다. 함괘와 간괘는 모두 간艮을 포함한다. 艮에 제한한다限는 뜻이 있는 것

88_『좌전』 양공 9년 조목에 노나라 태사가 점을 쳐서 간괘가 팔八로 변한 괘를 만난 일을 기록했는데, 노나라 태사는 곧 간괘가 수隨괘로 변한 것이라고 하면서 이 괘를 언급했다.

도 서로 비슷하다.

「설괘」 2:5에 "진震은 움직이는 것震, 動也"이고 "간艮은 그치는 것艮, 止也"이라 했고, 『역전』의 「단사」와 「상사」에서는 보통 '震' 을 움직임으로 여기고 '艮'을 그침으로 여기니 震과 艮은 하나는 움직이고 하나는 고요한 것이다. 진괘와 간괘는 『역경』 팔순괘八純卦의 세 번째 쌍이다.

【교독】

艮其背간기배 괘명을 위와 연결시켜 읽는다. '艮'은 '限한'으로 독해하며 옛 주석에서는 '그치다止'의 뜻으로 풀이한다.

不獲其身불획기신 '신身'은 등背과 반대되는 것으로 신체의 정면을 말한다.

艮其腓 '비腓'는 종아리를 말하는데, 여기서는 장딴지를 가리킨다. 상박본에는 '足족'으로 되어 있고, 마왕두이본에는 '肥비'로 되어 있다. 足은 다리脚를 가리킬 뿐 아니라, 무릎 아랫부분을 옛사람들은 모두 발이라고 불렀다. 앞에 나온 함괘 육이효에도 '함기비咸其腓'가 있다.

不拯其隨부증기수 '증拯'은 든다는 뜻이다.[89] '수隨'는 '骽퇴'로 독해하는데 엉덩이뼈 부위髖部를 가리킨다. 함괘 구삼효의 '執其隨(骽)집기수(퇴)'를 참고하라.

89_ '拯'은 상박본에는 '阩승' 으로 되어 있고 마왕두이본에는 '登등'으로 되어 있는데 모두 통가자다.

其心不快기심불쾌 마왕두이본은 같고, 상박본에는 '亓心不悸기심불계'로 되어 있는데 의미가 다르다. '불계不悸'는 두려워하지 않는다는 뜻이다.

艮其限간기한 '한限'은 옛 주석에서는 허리腰로 간주한다. 상박본에는 '瞙묘'로 되어 있다(마왕두이본에는 빠져 있다). 독음으로 고려하면 '限'은 또 '肩견'으로도 독해할 수 있다. 여기서는 구설에 따라 번역한다.

列其夤열기인 '열列'은 '捩열'로 독해해야 할 것 같은데, 잡아당긴다 또는 틀어버린다는 뜻이다. '인夤'은 정현본에는 '腏인'으로 되어 있는데(『석문』에 인용),[90] 글자는 '胂신'과 같다. 앞에 나온 함괘 구오효에는 '함기매咸其脢'가 있다. 『설문해자』「육부肉部」에는 신胂과 매脢가 나란히 설명되어 있는데, 허신의 해석에 따르면 "胂은 옆구리살"이고 "脢는 등살"이다. 단옥재는 이 두 글자를 "胂은 등뼈에 붙은 살이고 脢는 등살 전체"(『설문해자주』)라고 구별했다. 胂과 脢는 요즘 말로 하면 각각 등뼈脊와 등背에 해당한다.

薰心훈심 속이 타는 것을 말한다. 상박본에 '薰'은 '㐁'으로 되어 있는데 아마도 통가자인 것 같다.[91]

90_ '인夤'은 상박본에는 '衙윤'으로 되어 있는데 '胤윤'의 이체자다. 마왕두이본에는 '肥비'로 되어 있는데, 비肥자(腓로 쓰인다)의 오기다.

91_ 쉬짜이궈의 「상박죽서(3)주역석문보정」을 참고하라. 중산대학고문자연구소 편, 『강락집−쩡셴퉁曾憲通 교수 칠십수경 논문집』(130~133쪽)에 수록되어 있다.

艮其身한기신 상박본에는 '躬(躳)궁'으로 되어 있고, 마왕두이본에는 '窮(躬)궁'으로 되어 있다. 허신은 身으로 '躳궁'을 풀이하고 躳으로 身을 풀이했으니 의미가 서로 비슷하다. 身은 글자가 '아이밸 신娠'과 통하는데, 고문자는 배를 내밀고 있는 모양을 본딴 것이다. 우번의 주석에 "身은 배腹다"라고 풀이했으니, 협의의 身은 배를 가리키고 광의의 身은 신체, 특히 상체 및 몸의 앞쪽을 가리킨다. 여기서는 몸의 앞쪽을 가리킨다.

艮其輔간기보 '輔'는 뺨을 가리키며 말을 하는 것과 관계가 있다. 함괘 상륙효의 '함기보협·설咸其輔頰·舌'과 비교해보라.

言有序언유서 말을 매우 조리 있게 하는 것을 의미한다. 여기서 '언言'은 언어의 言이다.

敦艮돈간 상괘의 간과 하괘의 간이 상대하는 것을 가리킨다. '돈敦'은 옛 주석에서는 돈후敦厚의 敦으로 보았다. 사실 敦은 대對와 음과 뜻이 서로 비슷한데, 敦은 정모문부定母文部의 글자이고 對는 단모물부端母物部의 글자로 양입대전자陽入對轉字가 된다. 敦자는 '돈' 외에 '대'라고도 읽는다. 예컨대 기물대器物敦 같은 경우인데 대개 기물이 서로 마주보게 놓는 것은 대對에서 뜻을 취한 것이며, 또 '원대怨懟'는 '怨懟원대'로도 쓴다. 여기서는 두 개의 간艮이 상대하는 것을 가리킨다.

제53 : 점괘漸卦

남쪽으로 온 큰 기러기

☶ 漸: 女歸吉, 利貞. 점 여귀길 이정

　점괘 : 여자가 시집가니 길하고 점복에 이롭다.

初六, 鴻漸于干(岸), 小子厲, 有言(譴)无咎.　초륙 홍점우간(안) 소자려 유언(견) 무구

음효일, 큰 기러기가 강가의 얕은 물가에 가깝다. 막내아들이 위험하니 욕을 듣지만 화는 없다.

六二, 鴻漸于磐(阪), 飲食衎衎(侃侃), 吉.　육이 홍점우반(판) 음식간간(간간) 길

음효이, 큰 기러기가 강가의 높은 언덕에 가깝다. 먹고 마시며 정말로 즐거우니 길하다.

九三, 鴻漸于陸. 夫征不復, 婦孕不育, 凶, 利御寇.　구삼 홍점우륙 부정불복 부잉불육 흉 이어구

양효삼, 큰 기러기가 물가 언덕 위의 평지에 가깝다. 남편이 멀리 가서 아

직 돌아오지 않았고 부인은 임신했으나 아직 출산하지는 않았으니 흉하지만 강도를 방비하는 데 유리하다.

六四, 鴻漸于木. 或得其桷(枸), 无咎. 육사 홍점우목 혹득기각(구) 무구
음효사, 큰 기러기가 평지의 나무에 가깝다. 어떤 것은 굽은 나뭇가지 위에 떨어지는데 화가 없다.

九五, 鴻漸于陵. 婦三歲不孕, 終莫之勝, 吉. 구오 홍점우릉 부삼세불잉 종막지승 길
양효오, 큰 기러기가 높은 산에 가깝다. 부인이 삼 년 동안 임신을 못해 시종 방법이 없지만 길하다.

上九, 鴻漸于陸. 其羽可用爲儀, 吉. 상구 홍점우륙 기우가용위의 길
양효륙, 큰 기러기가 평지에 가깝다. 기러기의 깃으로 외모를 장식할 수 있으니 길하다.

【대의】

이 괘는 하괘가 간艮이고 상괘가 손巽으로, 간은 그치는 것이고 손은 순한 것이다. 점괘는 큰 기러기가 남쪽으로 날아가는 것으로 여자가 출가하는 일을 비유했다. 남편의 집에 그치고 남편의 집에 순종하기 때문에 괘사의 처음에 "여자가 시집가니 길하다"고 했다. 효사는 큰 기러기가 돌아오는데 우선 물가에 도착하고, 다음은 물가의 언덕에 이어 육지, 나무 위, 마지막으로 산 위에 도착하니 점차적으로 나아가는 과정이다.

【교독】

漸점 옛 주석에서는 모두 나아가는進 뜻으로 풀이했다. 이러한 나아감은 점차적으로 나아가는 것이고 한 걸음 한 걸음 가까워지는 것이다. 『설문해자』 「주부走部」에는 '趣점'으로 되어 있다.

女歸여귀 『설문해자』 「여부女部」에 "귀歸는 여자가 시집가는 것이다"라고 했는데, 이런 용법의 歸자는 『역경』뿐 아니라 『시경』이나 『좌전』 같은 책에도 보인다. '여귀女歸'는 여자가 출가하는 것을 말한다. 여자가 출가하는 것은 집을 나가는 것이 아니라 돌아오는 것인데, 친정이 아니라 시댁으로 돌아오는 것이다. 옛사람들은 시집가는 것이 여자의 유일한 귀의처라고 생각했다.

有言无咎유언무구 상박본에는 '有言(讁)不冬(終)유언(견)부동(종)'으로 되어 있으며, 마왕두이본은 금본과 같다.

鴻漸홍점 이 괘의 여섯 효는 모두 '홍점鴻漸'으로 시작해 모두 6차례 언급된다.[92] '홍鴻'은 개리Anser cygnoides를 말하는데, 『시경』 「소아」에 '홍안鴻雁' 편이 있다. 개리鴻雁는 큰 기러기大雁라고도 부른다. 기러기가 남쪽으로 날아가는 것은 고금과 동서양을 막론하고 중요한 시적 소재다.

92_ 당나라 육우陸羽의 자는 홍점鴻漸인데 바로 이 효에서 취한 것이다. 집으로 돌아가는 것이 '홍점鴻漸'이며, 본국으로 돌아가는 것도 '홍점'이다. 첸중수錢鍾書의 소설 『위성圍城』의 주인공 이름이 방홍점方鴻漸이다. 방홍점이라는 이름은 그가 유럽에서 유학한 뒤 돌아온 것과 관계가 있다.

干간 '岸안'으로 독해한다. 예를 들어 『시경』 「위풍·벌단」의 '치지하지간혜寘 之河之干兮'에서 '하지간河之干'은 강가河之岸를 말한다. 상박본에는 '𡐦'으로 되어 있는데, 이 역시 옛날의 岸자다. 하오자핑郝家坪에서 출토된 진독秦牘 의 『위전율爲田律』에 '利津𡐦'이라는 문구가 있는데,[93] 𡐦자를 어떻게 읽는 지에 대해 과거에 각종 추측이 분분했으나 지금 보면 마땅히 '이진안利津岸' 으로 읽어야 한다. 마왕두이본에는 '연淵'으로 되어 있는데 또다른 해석이다.

小子소자 막내아들이다. 상박본에는 '少子소자'로 되어 있고, 마왕두이본에 는 '小子'로 되어 있다.

磐반 '阪판'으로 독해한다. 상박본에는 '阪'으로 되어 있고, 마왕두이본에는 '板판'으로 되어 있다.

衎衎간간 '侃侃간간'과 같고, 즐겁다는 뜻이다. 상박본에는 '𧌒'으로 되어 있 으니 바로 侃을 따른다. 마왕두이본에는 '연연衍衍'으로 되어 있다. 『설문해 자』 「심부心部」에 "건愆은 지나친 것이다"라고 했고, 주문籀文은 '諐건'으로 되 어 있다.

陸육 마융의 주석(『석문』에 인용)과 우번의 주석(『주역집해』에 인용)에서는 '육陸'을 높고 평평한 땅으로 보았다.

93_ 쓰촨성박물관, 칭촨현문화관 『칭촨현 출토 진경수전율목독-쓰촨 칭촨현 전국묘 발굴간보』, 『문물』 1982년 1기, 1~21쪽.

或得其桷혹득기각 상박본에는 빠져 있고, 마왕두이본에는 '或直(得)其寇 戭(雠)'로 되어 있다. 내 생각에 마왕두이본에는 원래 '或直(得)其戭(雠)'로 되어 있었으며, 좋은 배필을 구하니 원수가 아니라는 의미인 것 같다. '수雠'는 배우자를 말하니, 곧 『시경』「주남·관저關雎」에서 "군자의 좋은 짝君子好逑"이라고 할 때의 '逑구'이며, '寇구'는 연문이다. 원문의 여섯 효는 모두 '홍점鴻漸'으로 시작하는데, 뒷구절은 앞 구절과 달리 장가가서 자식을 낳는 일 등을 주로 말하고 있어 기러기鴻雁와는 무관하다는 점에 주의해야 한다. 이런 이해가 비교적 이치에 맞다. 금본이 나뭇가지를 설로 삼는 것은 앞 구절을 이어받아 이 구절을 기러기가 선택한 곳으로 해석한 것인데, 반드시 본래의 면모라고 할 수는 없다. '각桷'은 집을 지을 때 쓰는 서까래로 최榱라고도 한다. 모난 서까래는 桷, 둥근 서까래는 연椽이라고 한다. 공영달의 소에서는 기러기가 깃드는 곳은 "서까래가 될 수 있는 가지로 곧고 편안함을 취한다"고 했는데, 곧 서까래를 모난 서까래와 유사한 나뭇가지로 여긴 것이다. 하지만 우리가 본 나뭇가지는 모두 굽고 단면은 둥그러니 어찌 이렇게 모난 가지가 있겠는가? 이 설은 통하지 않는 것이 매우 분명하다. '桷'은 '枸구'나 '樛규'로 독해할 수 있다. 枸나 樛는 모두 굽은 나무다. 桷은 견모옥부見母屋部의 글자이고, 枸는 견모후부見母侯部의 글자이며, 樛는 견모유부見母幽部의 글자이니 서로 통가할 수 있다. 여기서는 일단 굽은 나무로 해석한다.

上九상구, **鴻漸于陸**홍점우륙 상구는 구삼효에 대응하기 때문에 기술하는 내용이 같다.

其羽可用爲儀기우가용위의 '우羽'는 옛사람들이 장식하는 데 사용한 것이다. 『주례』「지관·무사舞師」와 「춘관·악사樂師」에 '우무羽舞'라는 말이 있다. '가용위의可用爲儀'에서 '위爲'는 우于 와 같으며, 의식에 사용할 수 있다는 의미다. '의儀'는 용모를 말하며, 마왕두이본에는 '宜의'로 되어 있는데(상박본에는 빠져 있다) 가차자다.

제54 : 귀매괘歸妹卦

어린 여자가 시집가다

䷵ 歸妹: 征凶, 无攸利. 귀매 정흉 무유리

　귀매괘 : 멀리 가면 흉하고 이로움이 없다.

初九, 歸妹以娣. 跛能履, 征吉. 초구 귀매이제 파능리 정길
양효일, 시집보내는데 여동생을 딸려 보낸다. 절름발이도 길을 갈 수 있으
니 멀리 가는 것이 길하다.

九二, 眇能視, 利幽人之貞. 구이 묘능시 이유인지정
양효이, 장님도 볼 수 있으니 죄수의 점복에 이롭다.

六三, 歸妹以須(嬃), 反歸以娣. 육삼 귀매이수(수) 반귀이제
음효삼, 본래 언니를 시집보냈는데 결국 소박을 맞아 집으로 돌아오니 또
동생을 시집보낸다.

九四, 歸妹愆期, 遲歸有時(待). 구사 귀매건기 지귀유시(대)

양효사, 시집보내는 시기를 놓쳐 지금까지 왔으며 여전히 집에서 시집가기를 기다린다.

六五, 帝乙歸妹, 其君之袂不如其娣之袂良. 月幾(旣)望, 吉. 육오 제을귀매 기군지메불여기제지메량 월기(기)망 길
음효오, 제을이 딸을 시집보내는데 언니의 소매가 동생의 소매만큼 예쁘지 않다. 달이 찼으니 날이 매우 길하다.

上六, 女承筐无實, 士刲羊无血, 无攸利. 상륙 여승광무실 사규양무혈 무유리
음효륙, 여자가 들고 있는 광주리는 비었고, 남자가 잡은 양은 피가 없으니 이 효는 그다지 이롭지 않다.

【대의】

이 괘는 하괘가 태兌이고 상괘가 진震으로,[94] 소녀가 출가하는 것을 말한다. 태는 소녀이고 진은 장남이다. 점괘와 귀매괘는 모두 딸을 시집보내는 것을 말하니 주제가 비슷한 한 쌍이다.

【교독】

歸妹귀매 '귀歸'는 딸을 시집보내는 것이고, '매妹'는 소녀를 뜻한다.

94_『좌전』 희공 15년 조목에 태사 소가 점을 쳐서 귀매괘가 규괘로 변한 괘를 만난 일을 기록하면서 이 괘의 상륙효를 언급했다.

娣제 『설문해자』「여부女部」에 "제娣는 여동생이다"라고 했다. 옛사람들이 장가들 때는 항상 신부의 조카딸姪이나 여동생娣을 함께 데리고 갔다.

跛能履파능리 앞에 나온 이履괘 육삼효에 보인다.『주역집해』에는 '跛而履파이리'로 되어 있다.

眇能視묘능시 앞에 나온 이履괘 육삼효에 보인다.『주역집해』에는 '眇而視묘이시'로 되어 있다.

須수 '嬃수'와 같고, 제娣와 반대로 언니를 가리킨다.『설문해자』「여부女部」에서 "嬃는 여자의 자字다.『초사』에 '누이가 나를 그리워하네女嬃之嬋媛'라는 구절이 있는데, 가규賈逵는 '초나라 사람은 손위 자매를 수嬃라 한다'고 했다"라고 설명했다. 여기서 사용하는 함의는 후자에 해당한다. 마왕두이본(상박본에는 빠져 있다)과 순상 및 육적의 주석(『석문』에 인용)에는 '嬬유'로 되어 있는데,[95] 嬬자에도 누이의 의미가 있다.

反歸以娣반귀이제 언니를 돌려보내고 여동생으로 바꾸는 것을 가리킨다.

愆期건기 시기를 놓친다는 의미다.

---

[95]_ 완원본 『십삼경주소』 부록 『경전석문·주역음의』에는 '孺유'로 되어 있고, 완원 『교감기』에 따르면 "송본과 노본에는 '嬬'로 되어 있다".

遲歸有時지귀유시 '遲歸有待지귀유대'로 독해한다. 이 효의 「소상」(「상전 하」 54)에는 "시기를 넘긴 뜻은 기다린 다음에 시집가는 데 있다愆期之志, 有待 而行也"라고 했다.

帝乙歸妹제을귀매 앞에 나온 태泰괘 육오효에 보인다.

其君之袂不如其娣之袂良기군지메불여기제지메량 '군君'은 군부인君夫人으로, 앞 에서 언급한 '언니를 시집보내다歸妹以須(嬃)'의 '언니嬃', 곧 먼저 시집간 언니 를 가리킨다. '제娣'는 앞에서 언급한 '언니를 돌려보내고 동생으로 바꾼다 反歸以娣'의 '동생娣', 곧 뒤에 시집간 동생을 가리킨다. '메袂'는 소매를 말한 다. 여기서는 언니의 소매가 동생만큼 아름답지 않다는 것을 가리킨다. 여 주인을 군君이라 부르는 것은 고서에 자주 보인다. 예를 들어 『좌전』의 '군 씨君氏'나 '소군小君'이 바로 이런 군이다. 『논어』 「계씨」에 따르면 "인군의 아 내를 인군은 부인夫人이라 부르고 부인은 자신을 소동小童이라 부른다. 나 라 안의 사람들은 그녀를 군부인이라 부르지만 나라 밖 사람에게는 그녀 를 과소군寡小君이라 부른다. 나라 밖 사람들도 그녀를 군부인이라 부른 다". 가오형은 '袂'는 예쁜 모양을 뜻하는 '妜결'로 독해할 수도 있다고 생각 했다. 『설문해자』 「여부女部」에 이 글자가 있는데 '코와 눈 사이의 용모'라고 풀이한다. 내 생각에 '袂'는 패옥을 뜻하는 '玦결'로 독해할 수도 있다.

月幾望월기망 '月旣望월기망'으로 독해한다. 앞에 나온 소축괘 상구효와 뒤에 나올 중부괘 육사효를 참고하라. 마왕두이본에는 '日月旣望일월기망'(상박본 에는 빠져 있다)으로 되어 있고, 순상본에는 '(月)旣望(월)기망'(『석문』에 인용)

으로 되어 있다.

女承筐无實여승광무실, **士刲羊无血**사규양무혈 '규刲'는 찌르거나刺 벤다劃는 뜻이다. 『좌전』 희공 15년 조목에 "태사 소蘇가 점을 치니 '불길하다'는 점 괘가 나왔다. 괘사에 '남자가 양을 잡아도 피를 보지 못하고 여자가 광주리를 들지만 헛되이 바쁘기만 하다士刲羊, 亦無衁也. 女承筐, 亦無貺也'라고 했다"라는 구절이 있다. 이 구절에서 양羊, 황衁, 광筐, 황貺은 압운인데, 아마도 본래의 면모인 것 같다. 『설문해자』 「혈부血部」에 "황衁은 피를 말한다. 혈血을 따르고 망성亡聲을 따른다. 『춘추전』에 '남자가 양을 잡아도 피를 보지 못한다'라는 말이 있다"라고 했는데, 『좌전』에 인용한 내용과 같다. 금본의 이 두 구절은 아마도 간략화와 통속화를 거친 결과일 것이다.

제55 : 풍괘豐卦

요망하고 간사한 기운이 해를 가리다

䷶ 豐: 亨, 王假(格)之, 勿憂, 宜日中. 풍 형 왕격(격)지 물우 의일중

풍괘 : 신명과 통하고 우리 왕이 여기에 강림하니 걱정할 필요 없으며 정오 무렵이 매우 좋다.

初九, 遇其配主, 雖(惟)旬无咎, 往有尙. 초구 우기배주 수(유)순무구 왕유상
양효일, 합제合祭에서 선군의 신주를 보니 열흘 안에 화는 없을 것이다. 문을 나가 밖에 있으면 돕는 사람이 있다.

六二, 豐其蔀, 日中見斗, 往得疑疾, 有孚發若, 吉. 육이 풍기부 일중견두 왕득의질 유부발약 길
음효이, 해 주위에 요사한 기운이 매우 짙고 정오 무렵에 북두성을 본다. 과거에 얻었던 의심되고 알기 어려운 병증은 결국 모두 좋아지니 매우 길하다.

九三, 豐其沛(旆), 日中見沬(彗). 折其右肱, 无咎. 구삼 풍기패(패) 일중견매(혜)

절기우괵 무구

양효삼, 혜성의 빛이 사방에 비치니 정오 무렵에 혜성을 본다. 혜성의 오른 팔이 부러졌으나 화는 없다.

九四, 豊其蔀(薄), 日中見斗. 遇其夷主, 吉. 구사 풍기부(박) 일중견두 우기이주 길

양효사, 해 주위에 요사한 기운이 짙으니 정오 무렵에 북두성을 본다. 훼 묘毁墓에 있는 선군의 신주를 보니 역시 매우 길하다.

六五, 來(螫)章(璋), 有慶譽, 吉. 육오 내(이)장(장) 유경예 길

음효오, 옥홀을 하사받고 상을 받으며 칭찬을 들으니 길하다.

上六, 豊其屋, 蔀其家, 窺其戶, 闃其无人. 三歲不覿, 凶. 상륙 풍기옥 부기가
규기호 격기무인 삼세부적 흉

음효륙, 방이 높고 크며 내부는 텅 비었다. 문밖에서 안을 보니 매우 고요 하며 사람 그림자도 없다. 삼 년 동안 보지 못하니 흉하다.

【대의】

이 괘는 하괘는 이離이고 상괘는 진震으로,[96] 여러 가지 기이한 천문현상 을 말한다. 정오 무렵에 일식이나 혜성彗과 패성孛, 온 하늘과 땅이 캄캄한

96_『좌전』 선공 6년 조목에 백료가 점을 쳐서 풍괘가 이離괘로 변한 괘를 만난 일을 기록하면 서 이 괘의 상륙효를 언급했다.

현상을 만나지만 점복 결과는 불리한 바가 없다.

【교독】

豐풍 이 괘의 「단사」(「상전 하」 55)와 「서괘」 28에서 모두 "풍은 큰 것이다豐, 大也"라고 풀이했다. 이 괘명은 풍륭豐隆과 관계가 있다. 풍륭은 일설에는 구름신이라 하고 일설에는 천둥신이라고도 하는데, 구름신이 맞다.[97] 마왕 두이백서의 「형덕刑德」 을종에 풍륭과 풍백風伯, 대음大音, 뇌공雷公, 우사雨 師가 언급된다. 풍륭과 뇌공은 분명 다른 신이다. 『북당서초北堂書鈔』 권 150에 인용된 『귀장』 일문에 "옛날 풍륭이 점쳐 구름을 일으키고 나무 막 대로 점을 쳤다"[98]라고 했다. 풍륭은 구름과 관계가 있다. 옛사람들이 말 하는 구름은 주로 일식이나 혜패彗孛, 운예雲霓 등 해를 가리는 요사한 기 운을 가리키는데, 옛사람들은 이를 '침상祲祥'이라고 불렀다. 이 편에서 기 술하는 내용은 바로 이런 천문현상이다. 『주례』 「춘관」에 시침眡祲이 나오 는데, 바로 이런 천문현상을 관찰하는 직책을 말한다.

王假之왕격지 '王格之왕격지'로 독해한다. 여기서 '王格'는 '격우가格于家' 인가 아니면 '격우묘格于廟'인가? 내 생각에는 후자가 답인 것 같다. 『역경』에

97_ 『초사』 「이소」에 "풍륭에 명하여 구름을 타고 낙소에 가서 여신을 찾도록 하네"라는 구절이 있는데, 왕일의 주석에 "풍륭은 구름신인데, 일설에는 번개신이라고도 한다"라고 설명했다. 또 「구가·운중군雲中君」의 왕일의 주석에 "구름신은 풍륭이다. 일설에는 병예屛翳라고도 한다"라고 했다. 『회남자』 「천문」에 "늦봄 3월에 구름신이 나와 비를 일으키네"라는 구절이 있는데, 고유高 誘의 주석에 "풍륭은 우레다"라고 풀이했다.

98_ 왕가대진간의 『귀장』 간196에 "[대장大壯에 옛날 풍]륭이 점쳐 구름과 비를 일으키고 나무 막대로 점쳤다"라고 했다. 왕밍친의 『왕가대진묘죽간개술』을 참고하라(세러 앨런·싱원 편, 「신출간 백연구」, 문물출판사, 2004, 26~49쪽에 수록).

서 유사한 예는 세 가지가 더 있다. 하나는 앞에 나온 가인괘 구오효의 '王假(格)有家왕격(격)유가'이고, 다른 하나는 역시 앞에 나온 췌괘 괘사의 '王假(格)有廟왕격(격)유묘'이며, 나머지 하나는 뒤에 나올 환괘 괘사의 '王假(格)有廟왕격(격)유묘'다.

宜日中의일중 제사는 정오 무렵에 거행하는 것이 적합함을 말한다. 옛 주석에서는 모두 천자는 태양이며, 해가 중천에 떠서 햇살이 온 세상에 두루 비치는 것과 같으니 이것은 천자의 상象이라고 말했다. 하지만 다음 문장에서 기술하는 내용은 오히려 천지가 온통 어둡고 정오 무렵인데도 하늘에 별이 가득하다는 것이니 매우 이상하다.

配主배주 '배配'는 배향配享한다는 뜻으로, 옛날에 여러 사람의 제사를 함께 지내는 것을 배향이라 했다. '주主'는 종묘에 모신 위패로, 죽은 선조를 대표한다. 여기서는 넓게 종묘에서 받드는 선왕의 신주를 가리킨다. '配'는 정현본(『석문』에 인용)과 우번본(『주역집해』에 인용)에는 '妃비'로 되어 있어 구설舊說에서 '배주配主'를 여자 주인이라고 했는데, 이런 해석은 타당하지 않은 것 같다. 妃자는 본래 짝짓는다(배우配偶)는 뜻으로 配자의 다른 필법에 지나지 않는다. 여기서 선왕의 신주를 말하면서 여자 선조만 끄집어내 말한다면 이치에 맞지 않다. 내 생각에는, 여기서 '배주'는 뒤에 나오는 '이주夷主'에 상대되는 것 같다. '이주'는 먼 조상의 위패로 훼묘에서 조묘祧廟로 옮겨간 것이고, '배주'는 가까운 선조로 아직 종묘에 남아 있는 것이다.

往有尙왕유상 '상尙'은 돕는다는 뜻이다. 앞에 나온 습감괘 괘사의 교독을 참고하라. 뒤에 나오는 절괘 구오효에도 이 말이 있다.

䖇부 육이효와 구사효, 상륙효에 보이는데 모두 '薄박'으로 독해한다. 앞의 육이효와 구사효에서는 박식薄蝕의 薄이고, 상륙효에서는 후박厚薄의 薄이다. 『사기』「천관서」에서는 '일월박식日月薄蝕'에 대한 집해集解에 맹강孟康의 설을 인용해 "해와 달이 빛이 없는 것을 薄이라 한다. 경방의 『역전』에 '해가 적황색인 것이 薄'이라고 했다. 혹은 교차하지 않았는데도 먹히는 것을 薄이라고 한다"라고 기록했다. 또 위소韋昭의 설을 인용해 "기氣가 가서 압박하는 것이 薄이 되고, 손상시키는 것은 식蝕이 된다"라고 기록했다. 이 글자는 지금 왕필과 이정조의 판본에는 '䖇'로 되어 있고, 『석문』에 보이는 한위漢魏 시기의 전본傳本은 정현과 설우의 판본에 '菩보'로 되어 있는 것을 제외하고는 마융·왕이王廙·왕숙의 판본에도 '䖇'로 되어 있다. 출토본과 상박본에는 '坿부'로 되어 있고, 마왕두이본에는 '剖부'로 되어 있다. 이 글자들은 모두 가차자로 옛 주석에서 바르게 읽지 않아 해석도 자연스레 분명하지 않게 되었다. 상술한 다른 글자들 가운데 䖇, 菩, 剖는 지부之部의 글자이며, 坿는 후부侯部의 글자인데, 이 글자들은 모두 어부魚部의 薄자와 통가할 수 있다. 이를테면 『한서』「율력지律曆志 하」에 '䖇首부수'가 '府首부수'로 되어 있고, 『손자』「모공謀攻」의 '蟻附의부'가 『묵자』「비성문備城門」에는 '蛾(蟻)傅아(의)부'로 되어 있는 것이 좋은 예다. 여기서 䖇와 菩자는 모두 '薄'의 통가자인데, 薄은 천문 용어다. 왕필의 주석에 "䖇는 광명을 덮고 가리는 물질"이라고 했고, 우번의 주석에서는 "해가 구름 속에 가려 있는 것을 䖇라고 칭한다"(『주역집해』에 인용)고 했으니 박식薄蝕의 薄과 분명하게 일치한다. 이런 다른 글자들은 모두 薄자의 가차자임을 알 수 있다.

日中見斗일중견두　정오 무렵에는 북두성이나 다른 별들을 볼 수 없으며, 일식이나 월식 혹은 일월박식이라야 가능하다.

往得疑疾왕득의질　이 구절은 일반적으로 앞으로 가서 제사를 지내며 함부로 이것저것 의심하는 병을 얻은 것을 가리킨다고 생각한다. 내 생각에 '왕득往得'의 '往'은 이전을 뜻하는 이왕以往의 往이고, '의질疑疾'은 의심스럽고 알기 어려운 병증을 말하는 것 같다.

有孚發若유부발약　'유부有孚'는 효험이 있다는 뜻이다. '發발'은 '拔발'과 통하니 제거한다는 뜻이다.

沛패　'孛패'로 독해한다. 상박본에는 '芾불'로 되어 있고, 마왕두이본에는 '旆번'으로 되어 있는데 통가자이기도 하다. 孛는 '彗혜'와 동일한 천문현상으로 늘 彗자와 이어서 말하며, '茀불'로 쓰기도 한다. 孛와 茀은 모두 초목이 무성하게 나온 모양이다. 옛사람들은 이 글자를 써서 혜성의 꼬리를 묘사했다.[99] 이것도 천문 용어다.

沬매　옛날에는 암매暗昧의 '昧매'로 읽었다. 이 구절은 '일중견두日中見斗'와 나란히 나오는데, 이전 사람들은 두작斗勺과 관계가 있을 것이라 추측해 沬를 북두칠성의 자루 부분에 있는 세 개의 별 부근의 어두운 별이라고

99_ 彗는 혜성을 본딴 글자로 두 가닥 풀 모양의 꼬리가 있다. 『설문해자』 「계부크部」에 "彗는 빗자루다"라고 했다. 속칭 '빗자루별掃帚星'이라고 한다. 마왕두이백서의 「천문기상잡점」에는 혜성에 대해 말하면서 그 모양을 그림으로 표현했는데 바로 자형과 일치한다.

했다. 『석문』에 인용된 『자림字林』과 『자하역전』 그리고 마융과 설우의 주석, 『주역집해』에 인용된 우번의 주석, 『구가주九家注』에 모두 이런 견해가 있다. 내 생각에는, '沫'는 '沬말'자를 잘못 쓴 것으로 보이며, 상박본에는 '茇발'로 되어 있고, 마왕두이본에는 '茉말'로 되어 있다. 茇은 병모월부並母月部의 글자이며, 茉은 명모월부明母月部의 글자로 고음이 서로 비슷하다. 원이둬는 여기서 '沬'는 혜彗나 패孛에 해당한다고 했다.[100] 彗는 갑모월부匣母月部의 글자이니, 여기서는 彗로 독해해야 할 것 같다.

折其右肱절기우굉 혜성은 두 줄기의 꼬리가 있는데, 사람처럼 두 팔이 있어 오른팔이 부러진 것처럼 보이는 것을 가리키는 것 같다.

夷主이주 '이夷'에 대해 공영달은 평평하다는 뜻의 평平으로 풀이했는데 옳지 않다. 이정조는 상한다는 뜻의 상傷으로 풀이했는데 바른 뜻에 가깝다. 여기서 '夷'는 '명이明夷'의 '夷'에 가까우니 훼손한다는 뜻이다. 내 생각에 '이주夷主'는 훼묘毁廟[101]의 신주神主를 가리킨다. 고대에 천자가 선왕에게 제사를 지내는 데는 오묘이조五廟二祧의 설이 있는데, 오묘五廟는 태조太祖·증고조曾高祖·증조曾祖·할아버지祖·아버지考를 가리킨다. 이조二祧는 훼묘에 제사 지내는 먼 조상을 말한다. 『예기』「제법祭法」을 참고하라.

來章내장 '來'는 賚뇌로 독해하며, '釐'로도 쓰는데 하사한다는 뜻이다.

100_ 원이둬, 『주역의증유찬』, 14~15쪽.
101_ 훼묘란 5대조 이상의 신주를 태묘太廟로 옮겨 봉안하는 것을 말한다.―옮긴이

'珪'은 '璋장'으로 독해하는데, 예식에 쓰이던 옥으로 된 기물을 말한다.

慶譽경예 '경慶'은 상으로 하사한다는 뜻이며, '예譽'는 표창하여 드날린다는 뜻이다.

豐其屋풍기옥 마왕두이본은 금본과 같고, 상박본에는 '豐亓芾풍기불'로 되어 있다. 상박본은 구삼효의 첫 구절과 같은데, 앞의 문장을 그대로 잘못 베껴서 그런 것 같다.

蔀其家부기가 '부蔀'는 '풍豐'과 상대되는데, 앞의 문장에서 '薄박'으로 독해하고, 여기서도 薄으로 독해한다.

闃其无人격기무인 '격闃'은 고요하며 인기척이 없다는 뜻이다. 금본은 마융본과 정현본에서 나왔다. 『석문』에 인용된 요신본에는 '閴격'으로 되어 있는데 아마도 闃자가 와전된 것으로 생각되며, 인용된 맹희본에는 '窒질'로 되어 있는데 잘못된 글자로 생각된다. 상박본에는 '軼'로 되어 있는데 '夬쾌'를 소리를 나타내는 부분으로 삼는다. 夬와 夬를 따르는 글자는 대부분 견모월부見母月部의 글자 또는 계모월부溪母月部의 글자다. 마왕두이본에는 '臭'로 되어 있는데 아마도 '狊격'자의 이체자이거나 와전된 글자일 것이다. 일반적으로 狊이나 臭을 따르는 글자는 견모석부見母錫部의 글자 또는 계모석부溪母錫部의 글자라고 여기는 경우가 많은데, 석부錫部는 월부月部와 거리가 있는 것 같지만 고대에는 통가자라는 실례가 있다. 예를 들어, 『시경』「빈풍豳風·칠월七月」의 '칠월명격七月鳴鵙'의 '鵙'은 『맹자』「등문공 상」의 조기趙岐의 주석에 '馘격'으로 인용되었다.

三歲不覿삼세부적 앞에 나온 곤困괘 초륙효에도 이 말이 있다. 종묘는 죽은
사람을 제사 지내는 곳이지 산 사람이 거처하는 곳이 아니므로 제사할 때
외에는 사람이 없다. 하지만 3년 동안 오는 사람이 없다는 것도 말이 되지
않으므로 다음 구절에 '흉하다凶'고 한 것이다. '覿적'은 상박본은 같고, 마
왕두이본에는 '逐축'자로 되어 있다.

제56 : 여괘旅卦

집 밖에서 평탄하지 않다

旅: 小亨, 旅貞吉. 여 소형 여정길

　여괘 : 신명과 조금 통하고 여행을 점치니 결과는 길하다.

初六, 旅瑣瑣, 斯其所取災. 초륙 여쇄쇄 사기소취재
음효일, 여정이 줄곧 좀스러우니 이것이 객사가 타버린 원인이다.

六二, 旅卽(旣)次, 懷其資, 得童僕貞. 육이 여즉(기)차 회기자 득동복정
음효이, 막 투숙했을 때 몸에 돈을 지니고 있으며, 어린 종이 곁에서 시중을 드는데 매우 충직하다.

九三, 旅焚其次, 喪其童僕貞, 厲. 구삼 여분기차 상기동복정 여
양효삼, 후에 객사가 불타고 어린 종이 더이상 충직하지 않으니 상황이 매우 좋지 않다.

九四, 旅于處, 得其資斧, 我心不快. 구사 여우처 득기자부 아심불쾌

양효사, 내가 거처로 돌아오자 찾아온 것은 단지 노잣돈이니 마음이 매우 불쾌하다.

六五, 射雉, 一矢亡, 終以譽命. 육오 석치 일시망 종이예명
음효오, 꿩에게 화살을 쏘아 허공에 날렸지만 마지막에는 칭찬을 듣는다.

上九, 鳥焚其巢, 旅人先笑後號咷. 喪牛于易, 凶. 상구 조분기소 여인선소후호도
상우우역 흉
양효륙, 둥지가 타버린 것처럼 돌아갈 집이 없으며, 바깥에 나가 있는 사람
이 결국 먼저 웃고 나중에 운다. 이것은 왕해王亥의 '상우우역喪牛于易'의 점
에 속하니 흉하다.

【대의】

이 괘는 하괘가 간艮이고 상괘가 이離인데, 간艮은 그침止으로 투숙하는 것
을 가리키고 이離는 불火로 화재를 가리킨다. 내용은 밖에서 투숙하다 화
재를 당한 일을 가리키니, 집을 나가 흉함을 만난 괘다.
여괘와 풍괘는 무슨 관계인가. 내 생각으로는 풍괘에서 '주인主'를 두 번 말
하고 여괘에서는 객에 대해 말하니, 주인과 객으로 한 쌍이 된다.

【교독】

旅여 상인과 여행객을 가리킨다. 객사客舍를 옛사람들은 역려逆旅라고 불
렀다.

瑣瑣쇄쇄 자잘하고 사소하다는 뜻이다. 여기서는 일일이 따지거나 좀스러운 것을 가리킨다.

斯其所取災사기소취재 '재災'는 화재를 말하며, 구삼효의 '여분기차旅焚其次'를 가리킨다. 『설문해자』「화부火部」에 "재烖는 하늘의 불을 말한다"라고 했는데, 허신은 災를 烖의 주문籀文으로 보았다. 이 구절은 상박본에는 "此亓所取惡차기소취여"로 되어 있는데, '惡여'는 '譽예'로 독해해 육오효의 "종이예終以譽命"과 호응하니 금본과는 상반된다. 마왕두이본에는 "此其所取火차기소취화"로 되어 있는데 금본과 대략 같다. 상박본의 '譽'자에는 두 가지 필법이 있으니, 하나는 언글을 따르고(앞의 건蹇괘 초륙효 "왕건래예往蹇來譽"의 '譽'), 다른 하나는 심心을 따른다(앞의 풍괘 육오효 "유경예有慶譽"의 '譽'). 譽는 좋은 운으로 구咎(허물)와 상반된다(앞의 곤坤괘 육사효 "무구무예无咎无譽" 참고). 불火과 재앙災은 허물咎에 속한다. 옛사람들은 "큰 것은 재災라 하고 작은 것은 화火라 한다"(『공양전』 양공 9년)고 했으며, "나라는 재災라 하고 읍邑은 화火라 한다"(『곡량전』 소공 9년)고 했으니, 두 경우의 구별은 단지 대소의 크기에 있을 뿐이다.

卽즉 상박본과 마왕두이본에는 '旣기'로 되어 있고, 쌍구두이본에는 '卽'으로 되어 있는데 여기서는 旣로 독해한다.

資자 재화財貨를 말하니, 곧 구사효의 '노잣돈資斧'이다. '資자'의 진한秦漢 시기의 문자는 모두 차次를 따르며, 더 이른 시기의 필법은 보이지 않는다. 상박본에는 '次연'으로 되어 있고, 마왕두이본에는 '茨자'로 되어 있다. 마왕두이백서의 「소력昭力」에 "여괘의 진부潛斧는 상인商夫의 뜻이다"라고 했다. 資는 정모지부精母脂部의 글자이고, 茨는 종모지부從母脂部의 글자이며, '潛진'은 정모진부精母眞部의 글자로 음이 서로 비슷하다.

得童僕貞득동복정 '동복童僕'은 어린 종이다. 동童은 관례를 치르지 않은 어린 사람(대략 15세에서 19세 사이)을 말하며, '僮동'으로도 쓴다. 상박본에는 '僮'으로 되어 있고 마왕두이본에는 '童'으로 되어 있다. 여기서 '정貞'은 점복이 아니라 충정忠貞이나 충성을 뜻한다.

資斧자부 여행할 때 휴대하는 돈이나 재물을 말하는데, 후대에는 노잣돈盤纏이라고도 한다. 이 두 글자를 글자의 측면에서 논하면 '資'는 재산資財이고 '斧'는 도끼다.[102] 가오형은 '資布자포'로 독해하고, '資布'를 조개화폐貝幣나 옷감화폐布幣로 보았다.[103]

譽命예명 공영달의 소에서는 '예譽'를 '명예'로 보고 '명命'은 '작명爵命'으로 보았다.

102_ 옛날 수레로 다닐 때는 반드시 도끼를 가지고 다녀 수리에 대비했다. 「사마법」의 일문에 "연輦은 부斧 1개, 근斤 1개, 끌鑿 1개, 보습梩 1개, 호미鋤 1개를 갖춘다. 주련周輦은 판版 2개와 축筑 2개를 더한다"(『주례』「지관·향사鄕士」의 정현 주석 등에 인용)라고 했다. 『관자』「해왕海王」에서는 "행차에 연連·초軺·국輂을 모는 자는 반드시 근 1개, 거鋸 1개, 추錐 1개, 끌 1개를 가지고 다녀야 일이 이루어진다"라고 했다. 『관자』「경중을輕重乙」에서는 "수레 1대에는 근 1개, 거 1개, 강釭 1개, 검鉆 1개, 끌 1개, 술銶 1개, 가軻 1개를 반드시 갖추어야 한다"라고 했다. 린메이춘林梅村의 「청동시대의 수레 만드는 도구와 중국 전차의 기원」 참고(린메이춘, 『고도서풍古道西風』, 삼련서점, 2000, 33~76쪽에 수록).

103_ 가오형, 『주역고경금주』(중정본), 326~327쪽.

鳥조 마왕두이본에는 '까마귀 오鳥'로 되어 있다(상박본에는 빠져 있다).

喪牛于易상우우역 앞의 대장괘 육오효에는 "상양우역喪羊于易"으로 되어 있
는데, 두 구절은 동일한 고사지만 여기서는 '흉함'을 말한다.

제57 : 손괘巽卦

산가지가 상 밑에 숨겨져 있다

☴ 巽: 小亨, 利有攸往, 利見大人. 손 소형 이유유왕 이견대인

　손괘 : 신명과 조금 통하고 나다니는 것이 이로우며 대인을 보는 것이 이롭다.

初六, 進退, 利武人之貞. 초륙 진퇴 이무인지정
음효일, 군인이 진퇴를 묻는 점에 이롭다.

九二, 巽(算)在牀下, 用史·巫紛若, 吉, 无咎. 구이 손(산)재상하 용사·무분약 길
무구
양효이, 산가지가 상 밑에 숨겨져 있어 사史와 무巫를 매우 바쁘게 하니 매
우 길하고 화가 없다.

九三, 頻巽(算), 吝. 구삼 빈손(산) 인
양효삼, 단지 점복이 너무 빈번해서 유감스러운 일을 면하기 어렵다.

六四, 悔亡, 田獲三品. 육사 회망 전획삼품

음효사, 오직 잃을까 걱정하니 사냥하여 세 가지 사냥감을 포획한다.

九五, 貞吉, 悔亡, 无不利, 无初有終. 先庚三日, 後庚三日, 吉. 구오 정길 회망
무불리 무초유종 선경삼일 후경삼일 길

양효오, 점복 결과는 길하고 오직 잃을까 걱정하며 일은 이롭지 않은 바가
없다. 시작을 잘하지는 못했지만 잘 마칠 수 있다. 경일 삼일 전과 경일 삼
일 후가 길하다.

上九, 巽(算)在牀下, 喪其資斧, 貞凶. 상구 손(산)재상하 상기자부 정흉

양효륙, 산가지가 상 밑에 숨겨져 있으니, 노잣돈을 잃어버리면 점복 결과
는 흉하다.

【대의】

이 괘는 손巽이 거듭된다(하괘도 손, 상괘도 손). 괘명에는 세 가지 독법이
있는데, 하나는 복산卜算의 산算으로 읽고, 또 하나는 선택選擇의 선選으로
읽으며, 나머지 하나는 손遜으로 읽으니 엎드려 숨는 것을 가리킨다. 「잡
괘」4에서는 "태兌는 나타나고 손巽은 숨는다兌見(現而)巽伏也"라고 하여, 巽
을 숨는다는 뜻으로 보았다.

【교독】

巽손 「귀장」에서는 같고, 마왕두이본에는 '筭산'으로 되어 있다(상박본에는
빠져 있다). 『설문해자』「죽부竹部」에서는 산算자를 筭과 算 두 글자로 나누

어 억지로 筭을 산주算籌의 算으로 보고, 算을 계산計算의 算으로 보았는데, 이는 고문자의 실제 사용과 부합하지 않는다. 고문자에서 算자는 산주의 算이든 계산의 算이든 간에 원래 모두 筭이며 결코 이런 구분이 없다. 『손자』「계計」편에서는 묘산廟算에 대해 이야기하면서 바로 筭을 算으로 여겼는데, 간본簡本과 금본이 같다. 算자는 纂찬과 纂찬이 따르는 바다. 纂은 '選선'으로 읽을 수 있는데, 選자는 巽을 성방聲旁(독음을 나타내는 부속 요소)으로 한다. 인췌산 한간의 『손빈병법孫臏兵法』에 「찬졸纂卒」편이 있는데 '纂卒'은 '選卒선졸'로 독해한다.[104] 算은 계산의 뜻이며 점복과 관계가 있다. 수이후디진간의 『일서日書』을종에 "점복이나 집을 지어서는 안 된다不可卜筭‧爲屋"(간簡 191의 2)[105]는 구절이 있다. 원문의 복산卜筭은 복서卜筮로 독해하는데, 양자는 모두 선택과 관계가 있다.

進退진퇴 점복을 통해 진퇴를 선택하는 것을 말한다. 이 말은 앞의 관괘 육삼효에도 보인다. 「설괘」3:4에 "손巽은 나무가 되고 (…) 나아가고 물러나는 것이 된다巽爲木 (…) 爲進退"라고 했다.

武人무인 앞의 이履괘 육삼효 주석에 보인다. 병가에서는 산산을 중시하는데, 병서의 네 부분 중 권모權謀가 가장 우선이다. 권모가들은 계책을 우선하고 싸움을 뒤로 하는 '선계이후전先計而後戰'(『한서』「예문지‧병서략」)을 강구한다. 『손자』의 제1편이 바로 「계計」편이다. 「계」편은 바로 '묘산廟算'[106]에 대

104_ 『인췌산한묘죽간』(1), 58쪽.
105_ 『수이후디진묘죽간』, 248쪽.

해 말한다.

巽在牀下손재상하 '손巽'은 '算산'으로 독해하니 산가지를 가리키고(허신의 『설
문해자』에는 '筭'으로 썼다), 또 '遜손'으로도 독해하니 엎드려 숨는 것을 가리
킨다. 산가지를 상 밑에 숨긴 것은 두 가지 뜻을 겸하고 있다.

史·巫사·축 축사祝史[107]와 무격巫覡[108]은 점복을 담당한다.

頻巽빈손 빈번하게 점치는 것을 가리킨다.

先庚三日선경삼일, **後庚三日**후경삼일 '선경삼일先庚三日'은 정일丁日이고, '후경
삼일後庚三日'은 계일癸日이다. 고괘 괘사 '선갑삼일 후갑삼일先甲三日, 後甲三
日'의 교독을 참고하라.

喪其資斧상기자부 앞의 여괘 구사효의 '득기자부得其資斧'를 참고하라.

106_ 묘산이란 전쟁을 하기에 앞서 조정에서 세우는 계책을 말한다.—옮긴이
107_ 축사는 신을 모시는 일을 업으로 삼는 사람을 말한다.—옮긴이
108_ 무격은 무당과 박수를 아울러 이르는 말이다.—옮긴이

즐거움이 오래가다

☰ 兌: 亨, 利貞. 태 형 이정

태괘 : 신명과 통하고 점복에 이롭다.

初九, 和兌(悅), 吉. 초구 화태(열) 길
양효일, 화합함으로 기쁘니 길하다.

九二, 孚兌(悅), 吉, 悔亡. 구이 부태(열) 길 회망
양효이, 성실하고 참됨으로 기쁘니 길하고 오직 잃을까 봐 걱정한다.

六三, 來兌(悅), 凶. 육삼 내태(열) 흉
음효삼, 유세하러 오는 사람이 있으니 흉하다.

九四, 商(禳)兌(敓)未寧, 介疾有喜. 구사 상(양)태(탈)미령 개질유희
양효사, 액운을 없애는 제사가 끝나지 않았는데 큰 병이 낫는다.

九五, 孚于剝, 有厲. 구오 부우박 유려

양효오, 박탈당할 운명이니 위험이 있다.

上六, 引兌(悅). 상륙 인태(열)

음효륙, 즐거움이 계속 이어진다.

【대의】

이 괘는 태兌가 거듭된다(하괘도 태, 상괘도 태). 태는 못澤의 상象으로 비가 오는 것과 관계가 있다. 비는 하늘에 있으면 비雨라고 하고, 땅에 있으면 못이라고 한다. 비는 못의 원인이며, 못은 비의 결과다. 『역』의 상에서 바람은 손巽의 상이며 비는 감坎의 상으로, 바람風과 비雨는 늘 이어서 말할 수 있다. 『역』의 훈고에 巽은 '遜손'으로 읽고 태는 '說열'(悅과 같다)로 읽으니 손과 태도 역시 아울러 말할 수 있다. 태兌와 감坎, 태兌와 손巽은 모두 일정한 관계가 있다. 「계사 상」 1에 "이런 까닭에 강剛과 유柔와 서로 갈아서 8괘를 낳고, 8괘는 또 움직이고 변해 64괘를 만드니, 우레가 진동하게 만들고 비바람은 윤택하게 만들며 해와 달이 운행해 추위와 더위가 교차하는 것과 같다是故剛柔相摩, 八卦相盪, 鼓之以雷霆, 潤之以風雨, 日月運行, 一寒一暑"고 했고, 「설괘」 2:4에서는 "만물을 기쁘게 하는 데는 못澤보다 나은 것이 없고 만물을 윤택하게 하는 데는 물보다 나은 것이 없으며說(悅)萬物者莫說(悅)乎澤, 潤萬物者莫潤乎水" "바람은 흩트리고, 비는 윤택하게 한다風以散之, 雨以潤之"고 했는데, 여기서 네 개의 '윤潤'자는 모두 비 오는 것과 관계가 있다.109

「설괘」 2:5에 "손巽은 물러나는 것이다巽, 入也"(入은 물러난다退는 뜻이다), "태兌는 기뻐하는 것이다兌, 說也"라고 했다. 『역전』의 「단사」와 「상사」에서는 보통 '巽'을 손순遜順의 뜻으로 보고, '兌'는 희열喜悅의 뜻으로 본다. 손巽괘와 태兌괘는 『역경』 팔순괘八純卦의 마지막 한 쌍이다.

【교독】

兌태　마왕두이본에는 '奪탈'로 되어 있는데(상박본에는 빠져 있다), 글자는 '敓탈'과 같다. 兌자에는 여러 가지 독법이 있는데, 첫째는 '說설', 둘째는 '悅열', 셋째는 '敓탈'(奪과 같다), 넷째는 '脫탈'로 읽는다.

和兌화태　'和悅화열'로 독해해야 할 것 같다. 마왕두이본에는 '休奪휴탈'로 되어 있다(상박본에는 빠져 있다).

孚兌부태　'孚悅부열'로 독해해야 할 것 같다. 마왕두이본에는 다음 글자가 탈락되었다(상박본에는 빠져 있다).

商兌상태　'襄奪양탈'로 독해해야 할 것 같다. 마왕두이본에는 '章奪장탈'로 되어 있다(상박본에는 빠져 있다).

介疾有喜개질유희　마융의 주석은 '개질介疾'을 큰 질병으로 풀이한다(『석문』에 인용). '유희有喜'는 병세가 호전되는 것을 가리킨다.

109_ 마오쩌둥毛澤東의 자는 룬즈潤之인데, 이 괘에서 취했다.

孚于剝부우박 '剝剝'은 빼앗는다는 뜻이 있는데, 이 효에는 '兌태'자가 없지만 '敓탈'자와 유관하다.

引兌인태 '引悅인열'로 독해해야 할 것 같다. 마왕두이본에는 '景奪경탈'로 되어 있다(상박본에는 빠져 있다). 췌괘 육이효에 '引吉인길'이 있는데 이것과 유사한 사례다.

말이 바람이 나서 달아나다

☰ 渙: 亨, 王假(格)有(于)廟, 利涉大川, 利貞. 환 형 왕격(격)유(우)묘 이섭대천
　　이정

　환괘 : 신명과 통하고 우리 왕이 이 묘에 강림하니 큰 강을 건너는 데 이롭고
　점복이 이롭다.

初六, (用)拯(整)馬壯, 吉, [悔亡]. 초륙 (용)증(정)마장 길 [회망]
음효일, 길들여진 좋은 말이 살찌고 기운차 매우 좋은데 달아날까 두렵다.

九二, 渙奔其(机)[処], 悔亡. 구이 환분기(기)[처] 회망
양효이, 말이 사방으로 달아나니 찾아오지 못할까 두렵다.

六三, 渙其躬, 无悔. 육삼 환기궁 무회
음효삼, 말 한 마리가 달아나지만 후회할 만한 일은 아니다.

六四, 渙其群, 元吉. 渙有(于)丘, 匪(非)夷所思. 육사 환기군 원길 환유(우)구 비

(비)이소사

음효사, 말 떼가 달아나도 매우 길하다. 말들은 높은 곳으로 가고 싶어하니 결코 평탄한 곳이 아니다.

九五, 渙汗其大號, 渙王居(處), 无咎. 구오 환한기대호 환왕거(처) 무구

양효오, 말이 사방으로 흩어져 도처에서 그 울음소리가 들리는데, 어쨌든 모두 왕의 땅에 있으니 화는 없다.

上九, 渙其血(恤)去逖(惕)出, 无咎. 상구 환기혈(휼)거적(척)출 무구

양효륙, 근심과 두려움이 일소되니 화가 없다.

【대의】

이 괘는 하괘가 감坎이고 상괘가 손巽으로, 감은 물이고 손은 바람이다. 「대상」(「상전 하」 59)에 "바람이 물 위에 부는 것이 환이다風行水上, 渙"라고 했는데, 바람과 물이 어떤 관계인지 토론할 필요가 있다.

이 괘의 괘사에서 "큰 강을 건너는 데 이롭다利涉大川"고 했는데, '큰 강大川'은 당연히 물이다. 큰 강을 건널 때는 배와 노, 순풍에 의지해야 한다. 「단사」(「단전 하」 59)에서 "큰 강을 건너는 데 이롭다는 것은 나무를 타서 공이 있다는 말이다利涉大川, 乘木有功也"라고 했는데, '나무를 탄다乘木'는 것은 나무로 만든 배를 타는 것을 가리킨다. 큰 강은 감坎이고, 배와 노舟楫는 손巽이다. 손은 아울러 바람이기도 하다. 이런 말은 모두 괘상에 대해 말하는 것으로 효사와는 다르다.

효사가 말하는 것은 무엇인가? 그동안 잘못 이해해온 부분이 있다. 내가 이해하기로는, 효사의 주제는 배와 노가 아니고 말馬과 바람이다.110

「서괘」30에 "태兌는 기쁘다는 뜻이니, 기쁜 다음에 흩어지기 때문에 환으로 받았으며, 환은 떠나는 것이다兌者說(悅)也, 說(悅)而後散之, 故受之以渙. 渙者離也"라고 했으며, 「잡괘」7에 "환은 떠나는 것이다渙離也"라고 했는데, 이른바 '떠난다離'는 것은 단지 흩어지는 것에 다름 아니다. 渙자는 물水을 따르는데, 과거에는 효사의 내용이 큰물이 나서 이곳저곳이 잠기는 상황을 말한 것이라고 여겼으나 이런 이해는 옳지 않다.111 우리가 주의해야 할 점은 환괘의 여섯 효는 말馬을 언급하는 것으로 시작하고 그 뒤에 나오는 여섯 개의 '渙'자 가운데 물과 관련된 것은 하나도 없으며, 실은 말 떼가 바람을 따라 사방으로 흩어지는 것에 대해 말하고 있다는 것이다. 『서경』「비서費誓」에 "말과 소가 바람난다馬牛其風"는 구절이 있고, 『좌전』희공 4년 조목에는 "바람난 말과 소도 서로 미치지 못한다風馬牛不相及"는 구절이 있는데, 여기서 '바람風'이 의미하는 것은 말과 소가 바람나서 수컷과 암컷이 서로 쬔다는 뜻이다.

【교독】

渙환 흩어진다散는 뜻이다. 『설문해자』「수부水部」에 "환은 흘러서 흩어진다는 뜻이다渙, 流散也"라고 풀이했다. 상박본에는 '䍐'으로 되어 있는데, 왼

110_ 『역경』에서 육축六畜 가운데 말이 가장 많이 보인다. 말의 상은 하나만 주장하지 않는다. 건이 말이라면 곤은 소가 된다. 건이 숫말이라면 곤은 암말이다. 말은 또 진震과 감坎에 쓰인다. 진은 우레가 되기 때문에 잘 우는 말이 여기에 속한다. 감坎 가운데가 양이 되기 때문에 살찌고 마른 말이 여기에 속한다.

111_ 가오형, 『주역고경금주』(중정본), 333~336쪽.

쪽은 예睿를 따르고 오른쪽은 원爰을 따르며, 睿와 爰은 모두 독음을 나타
내는 성방聲旁이다(괘명은 또 睿 밑에 卄을 더했다). 睿는 '奐환'이나 '㚒형'과
관계가 있다. 허신은 奐은 㚒을 간략하게 한 것이며(『설문해자』「스물입발부
卄部」), 睿는 '叡예'의 고문으로 보았다(『설문해자』「叔部」)고 했다. 사실 고문
자의 자형에서 보면 叡와 㚒은 같은 글자이며, 두 글자는 모두 奐을 따라
독음을 얻었다. 『갈관자鶡冠子』에 방자龐子가 나오는데 『세현世賢』에는 '방난
龐煖'으로 되어 있고, 『무령왕武靈王』에는 '방환龐煥'으로 되어 있어 혹은 이
것을 이름으로 여기기도 한다. 『시경』「정풍·진유溱洧」에 "진수와 유수 스르
르 얼음이 녹네溱與洧, 方渙渙兮"라는 구절이 있는데, 원문의 '환환渙渙'은 진
수溱水와 유수洧水가 봄이 되자 완연히 얼음이 녹아 물이 사방으로 흐르는
모양을 형용한다. 하지만 여기서 '환渙'은 물이 흩어지는 것이 아니라 말이
흩어지는 것이다.

王假有廟왕격유묘 '王格于廟왕격우묘'로 독해한다. 앞의 가인괘 괘사와 구오
효, 췌괘 괘사, 진震괘 육오효, 뒤에 나올 기제괘 육사효의 '유有'자를 참고
하라.

用拯馬壯용증마장, **吉**길 '용用'은 군더더기인 연문으로, 상박본과 마왕두이본
에는 모두 이 글자가 없으니 지금은 뺀다. '증마拯馬'는 상박본에는 '扳馬'로
되어 있고 마왕두이본에는 '撜馬'로 되어 있다. 앞의 명이괘 육이효를 참고
하라. 이 구절 뒤에 상박본에는 '회망悔亡'이 이어지는데, 다음의 구이효와
같다. 우번은 주석에서 "감坎은 말馬이 되며 초효가 바른 움직임을 잃고 대
장大壯을 체體로 하여 자리를 얻었기 때문에 '길들여진 말이 살찌고 기운차

매우 좋으니 달아날까 두려운拯馬壯吉, 悔亡之矣' 것이다"라고 풀이했다. 이에 대해 청나라 이도평은 "'회망지의悔亡之矣' 네 글자는 군더더기인 연문일 것이며, 그렇지 않다면 우번의 본경本經에 '회망悔亡'자가 있었을 것이다"라고 설명했다. 상박본에는 마침 '회망'이 있으니 이제 보충한다.

渙奔其机환분기궤 '机궤'는 '処처'의 오기다. 여기서는 말 떼가 사방으로 흩어져 각각 달아난 곳을 찾는 것을 가리킨다. 상박본에는 "觀(渙)走亓尻(処)환(환)주기거(처)"로 되어 있고, 마왕두이본에는 "渙賁(奔)其階환분(분)기계"로 되어 있다. '階계'와 '机기'는 모두 견모지부見母脂部의 글자로 통가자 관계이고, 処는 창모어부昌母魚部의 글자로 자형이 '几궤'자를 포함하고 있어 机의 자형과 비슷하다.

渙其躬환기궁 '궁躬'은 '무리 군群'과 상대되니, 당연히 말 한 마리를 가리킨다.

无悔무회 상박본과 마왕두이본에는 '无咎무구'로 되어 있다.

渙其群환기군 '군群'은 말 떼를 가리킨다.

渙有丘환유구 '渙于丘환우구'로 독해해야 할 것 같다. 상박본에 '有유'는 '亓기'로 되어 있는데, 어쩌면 '于우'의 오기인지도 모른다. 앞의 가인괘 초구효와 구오효, 췌괘 괘사, 진震괘 육오효, 뒤에 나오는 기제괘 육사효의 '유有'자를 참고하라.

匪夷所思비이소사   요즘 말로 하면 "상식적으로 이해가 안 된다"는 뜻인데, 본뜻이 꼭 그런 것은 아니다. '匪비'는 '非비'로 독해한다. 공영달의 소에 '夷이'는 평평하다平는 뜻이라고 했다. 내 생각에 '夷이'는 '언덕 구됴'와 상반되며 평지를 가리키는 것 같다. 이 구절은 상박본에는 "非𦒖(夷)所思비이(이)소사"로 되어 있고, 마왕두이본에는 "非姨(夷)所思비이(이)소사"로 되어 있다.

渙汗其大號환한기대호   '환渙'은 뿔뿔이 흩어지는 것이다. '한汗'은 광범위하고 끝이 없는 것으로, 이르지 않는 곳이 없다는 뜻이다. '대호大號'는 말이 우는 것을 가리키는 것 같다. 상박본에는 '汗한'자가 없고, 마왕두이본에는 "渙其肝大號환기간대호"로 되어 있다.

渙王居환왕거   마왕두이본은 금본과 같고, 상박본에는 "𤸫(渙)走亓尻(処)환(환)주기거(처)"로 되어 있다. 여기서는 금본에 따라 번역한다.

渙其血去逖出환기혈거적출   이 구절은 혹은 "渙其血, 去逖出환기혈 거적출"로 끊어 읽기도 하는데 잘못된 독법이다. "血去逖出혈거적출"은 바로 앞에 나온 소축괘 육사효의 "血(恤)去惕出혈(휼)거척출"이다. 주희는 "혈血은 상하고 해를 끼치는 것을 말한다. 적逖은 척惕으로 써야 마땅하니, 소축괘 육사효와 같다. 피가 흩어져서 떠나고 두려움이 흩어져서 나가는 것을 말한다"라고 풀이했다.[112] 설명이 잘못되기는 했지만 두 곳이 같은 구절이라는 점을 주희가 이미 지적했다.

112_ 주희, 『주역본의』, 206~207쪽.

제60 : 절괘節卦

좋을 때 그만둔다

節: 亨, 苦節, 不可貞. 절 형 고절 불가정

절괘 : 신명과 통하며 힘들게 절제하니 점복을 해서는 안 된다.

初九, 不出戶庭, 无咎. 초구 불출호정 무구

양효구, 방문 앞의 정원을 나가지 않았으니 화가 없다.

九二, 不出門庭, 凶. 구이 불출문정 흉

양효이, 대문 앞의 공터를 나가지 않았으니 흉하다.

六三, 不節若, 則嗟若, 无咎. 육삼 부절약 즉차약 무구

음효삼, 좋을 때 그만둘 줄 모르면 탄식과 후회를 면하기 어렵고, [후회할 줄 알면] 화가 없다.

六四, 安節, 亨. 육사 안절 형

음효사, 편안히 절제하고 검소하니 신명과 통한다.

九五, 甘節, 吉, 往有尙. 구오 감절 길 왕유상

양효오, 절검節儉을 즐기니 길하고, 문을 나가면 돕는 사람이 있다.

上六, 苦節, 貞凶, 悔亡. 상륙 고절 정흉 회망

음효륙, 힘들게 절검해도 점복 결과는 흉하니 오직 잃을까 두려워한다.

【대의】

이 괘는 하괘가 태兌이고 상괘가 감坎으로, 절제와 절검의 두 가지 뜻을 취한 것이다. 초구효와 구이효, 육삼효는 절제를 말하는 것 같으며, 주로 문을 나갈 수 있는지 여부에 대해 말한다. 육사효와 구오효, 상륙효는 절검에 대해 말하는 것 같다.

절괘는 절제와 절검에 대해 말하니 앞의 환괘와 상반된다. 환渙은 흩어지는 것이고 절節은 수렴되는 것이니, 바로 한 쌍이다.

【교독】

戶庭호정 방문 앞의 정원을 말한다. 호戶는 방문을 가리킨다.[113]

門庭문정 대문 앞의 공터를 말한다. 문門은 집의 대문을 가리킨다. 이 단어는 명이괘 육사효에도 보인다.

113_ "불출호정不出戶庭" 구는 이 괘의 「소상」(「상전 하」 60)과 「계사 상」 14에도 보인다. 마왕두이본에는 "불출호유不出戶牖"로 되어 있어 금본과 다르다. 후한 이래로 『역』의 주석과 고서 인용(『풍속통의』, 「건례愆禮」, 「잠부론潛夫論」, 「찬학贊學」 등)은 대부분 금본과 같다.

往有尙왕유상 '尙상'은 돕다의 뜻이 있다. 앞에 나온 풍괘 초구효에도 이 구
절이 있다.

제61 : 중부괘中孚卦

술 마시고 노래하다

☵ 中孚: 豚魚吉. 利涉大川, 利貞. 　중부 돈어길 이섭대천 이정

　중부괘 : 돼지와 물고기로 제사하니 길하다. 큰 강을 건너는 것이 이롭고 점복
이 이롭다.

初九, 虞吉, 有它不燕(晏). 　초구 우길 유타불연(안)
양효일, 예상한 바가 있으면 길하고, 의외의 일이 발생하면 불안하다.

九二, 鳴鶴在陰(蔭), 其子和之, 我有好爵, 吾與爾靡之. 　구이 명학재음(음) 기자
화지 아유호작 오여이미지
양효이, 두루미가 나무 그늘에서 우니 그 새끼들이 울음소리에 맞춰 울고,
내 좋은 술이 있으니 너와 같이 즐기기를 청한다.

六三, 得敵, 或鼓或罷, 或泣或歌. 　육삼 득적 혹고혹파 혹읍혹가
음효삼, 마주하고 술을 마시니 때로 북을 치고 때로 멈추며, 때로 울고 때
로 노래한다.

六四, 月幾(既)望, 馬匹亡, 无咎. 육사 월기(기)망 마필망 무구
음효사, 달이 이미 찼으니 말을 잃어버렸으나 화가 없다.

九五, 有孚攣如, 无咎. 구오 유부연여 무구
양효오, 구하면 반드시 얻으니 좋은 운이 계속해서 이어지고 화가 없다.

上九, 翰音登于天, 貞凶. 상구 한음등우천 정흉
양효륙, 닭이 울어 그 소리가 하늘에 닿으니 점친 일이 흉하다.

【대의】

이 괘는 하괘가 태兌이고 상괘가 손巽으로, 마주하고 술 마시며 번갈아 노래하는 것을 말한다. 중부괘의 여섯 효는 양효 4개가 음효 2개를 감싸고 있는데, 위의 두 효는 양효이고 중간의 두 효는 음효이며, 아래 두 효는 양효다. 상괘와 하괘에서 초구효는 상구효를 대하고, 구이효는 구오효를 대하며, 육사효는 육삼효를 대하는 것이 마치 거울에 비치거나 마주보고 술 마시며 번갈아 노래하는 것과 같다.

【교독】

中孚중부 이 괘는 안에서 하나가 둘로 나누어지니 상하괘가 거울에 비치는 것과 마찬가지로 초효와 상효, 이효와 오효, 삼효와 사효가 같다. '孚부'는 '符부'로 읽을 수 있는데, 여기서는 상괘와 하괘가 상반되거나 서로 합치함이 부절符節을 맞추는 것과 같음을 가리키는 것으로 생각된다. 허신은

孚가 부단孵蛋(알을 까다)의 '孵부'이며 고문에는 '保보'로 쓴다고 보았는데(『설문해자』「조부爪部」), 글자는 包포·保보·伏복·覆복·付부·符부 등과 통한다. 『주역』의 孚자는 「역전」에서 '信신'으로 풀이한다. 이 괘의 「단사」(「단사 하」 61)에 "유가 안에 있고 강이 중을 얻었으며, 기뻐하고 순종하며 믿고 따르니 나라를 교화시킬 수 있다柔在內而剛得中, 說(悅)而巽(遜), 孚乃化邦也"라고 했다. 여기서 '유재내柔在內'는 육삼과 육사를 가리키고, '강득중剛得中'은 구이와 구오를 가리킨다. 이 구절은 '중中'을 해석한 것이다. 뒤의 두 구절에서 '열이손說而巽'은 태兌를 '說열'로 보아 기쁨을 말하고, 손巽은 '遜손'으로 보아 순종을 말하니, 합하면 백성들이 인군에게 마음으로 기뻐하여 진실하게 복종하는 것을 말한다. '부내화방孚乃化邦'은 백성이 윗사람을 믿어야 나라를 잘 다스릴 수 있다는 말이다. 하지만 경문에는 한 마디도 이런 의미가 없다. 내 생각에 孚가 信으로 풀이되는 것은 사실 부합의 뜻에서 확대된 것이며, 여기서 '中孚'는 단지 상하가 부합하는 하나의 괘일 뿐이다.

豚魚돈어 고대의 제사에서 돼지豚와 물고기魚는 지위가 비교적 낮은 제물로, 사례士禮에 늘상 쓰였다. 『예기』「곡례 하」에 "종묘에 제사 지낼 때 쓰는 예물로 소는 일원대무一元大武라 하며, 돼지는 강렵剛鬣이라 하며, 새끼 돼지는 돌비腯肥라 하며, 양은 유모柔毛라 하며, 닭은 한음翰音이라 하며, 개는 갱헌羹獻이라 하며, 꿩은 소지疏趾라 하며, 토끼는 명시明視라 하며, 말린 고기는 윤제尹祭라 하며, 말린 물고기는 상제商祭라 하며, 신선한 물고기는 정제脡祭라 하며……"라고 열거했다.

虞우 준비하는 바가 있는 것을 말한다. 왕필의 주석에서는 '專전'으로 풀이하고, 순상의 주석에서는 '安안'으로 풀이했는데(『주역집해』에 인용) 모두 그다지 적합하지 않다.

有它不燕유타불연 "有它不宴유타불안"으로 독해한다. '유타有它'는 '우虞'와 상반되니 의외의 일이 발생하거나 예상을 벗어난다는 뜻이다. '불안不宴'의 宴은 '安안'의 독음을 따르며 편안하다는 뜻이 있다. 마왕두이본에는 '不寧불령'으로 되어 있는데(상박본에는 빠져 있다) 동의환독同義換讀에 속한다.[114]

爵작 술을 마시는 데 쓰는 여러 가지의 그릇을 말한다. 고대의 술그릇은 두 종류로 나뉘는데, 하나는 세 발 달린 술그릇으로 기둥과 물결 모양, 손잡이가 있다. 다른 하나는 국자의 자루와 비슷하게 생겨서 옛사람들은 폐작廢爵이라고 불렀다.[115]

靡미 '내我'가 '너爾'와 함께 즐긴다는 것을 가리킨다. 마왕두이본에는 '贏이'로 되어 있는데(상박본에는 빠져 있다), '醹뇌'로 독해해야 한다고 생각된다. '靡미'는 왕필의 주석에서 '散산'으로 풀이하고, 우번의 주석에서는 '共공'으로 풀이했다(『주역집해』에 인용). 우번의 설은 『한시韓詩』와 맹희에게서 나왔다(『석문』에 보임).

得敵득적 '적敵'은 '필적하다' 또는 '상대하다'의 뜻이 있는데, 여기서는 술친

114_ 동의환독은 뜻이 같기 때문에 원래의 독음을 바꾸어 부르는 현상을 말한다.—옮긴이

115_ 리링, 『삭고주금: 고고발견과 복고예술鑠古鑄今—考古發現和復古藝術』, 삼련서점, 2007, 70~76쪽.

구를 찾는 것을 가리킨다. 이 '敵'이 바로 구이효에서 말하는 '너爾'다. '爾'는 '나我'의 술친구다. 이 괘는 상괘와 하괘가 거울에 비치듯이 마주보고 있으니 이를 '적敵'이라 한다.

或鼓或罷혹고혹파 '고鼓'는 북을 치는 것이다. '파罷'는 멈추는 것이다.

或泣或歌혹읍혹가 가오형은 "읍泣은 슬픔이 있는 것이다. 가歌는 즐거움이 있는 것이다"라고 풀이했다.[116]

月幾望월기망 '月旣望월기망'으로 독해한다. 마왕두이본에는 '月旣望'으로 되어 있고, 쌍구두이본에는 '月幾望'으로 되어 있다(상박본에는 빠져 있다). 경방본에는 '(月)近望(월)근망"으로 되어 있고(『석문』에 인용), 순상본은 마왕두이본과 같다. 앞에 나온 소축괘 상구효와 귀매괘 육오효의 교독을 참고하라.

有孚攣如유부연여 앞에 나온 소축괘 구오효에 보인다.[117]

翰音한음 닭이 우는 것을 한음翰音이라고 한다.[118] 위에서 인용한 『예기』「곡례 하」에서 "닭은 한음이라고 부른다"고 했으며, 허신은 한翰을 붉은 깃을 가진 금계金鷄라고 설명했다(『설문해자』「우부羽部」). 앞의 문장에서는 달

116_ 가오형, 『주역고경금주』(중정본), 340쪽.

117_ 攣如는 마왕두이본에는 '論如논여'로 되어 있다(상박본에는 빠져 있다).

118_ 한翰은 마왕두이본에는 '韓'으로 되어 있는데, 글자는 조방鳥旁을 따른다. 쌍구두이본에는 '翰'으로 되어 있다(상박본에는 빠져 있다).

아래 마주보고 술을 마시는 것에 대해 말했고, 여기서는 닭이 우는 것에 대해 말하니 밤새도록 술을 마시는 것을 가리키는 것으로 보인다.

제62 : **소과괘**/小過卦

새가 읍을 날아 지나다

☰☰ 小過: 亨, 利貞, 可小事, 不可大事. 飛鳥遺之音, 不宜上, 宜下, 大吉. 소
과 형 이정 가소사 불가대사 비조유지음 불의상 의하 대길

소과괘 : 신명과 통하고 점복에 이로우며, 작은 일은 물을 수 있으나 큰일은
물을 수 없다. 새가 날면서 소리를 남기는데, 위로 가서는 안 되고 아래로 가야
하니 크게 길하다.

初六, 飛鳥以凶. 초륙 비조이흉
음효일, 새가 불길한 일을 몰고 온다.

六二, 過其祖, 遇其妣, 不及其君, 遇其臣, 无咎. 육이 과기조 우기비 불급기군 우
기신 무구
음효이, 새가 할아버지를 지나 할머니만 만나니, 인군을 만나지 못하고 신
하만 만나지만 화는 없다.

九三, 弗過防之, 從或戕之, 凶. 구삼 불과방지 종혹장지 흉

양효삼, 이 읍으로 아직 날아오지 않았을 때는 막으려고 하고, [이미 이 읍을 지나갔을 때는] 또 쫓아가 죽이려고 하니 두 가지가 모두 흉하다.

九四, 无咎, 弗過遇之. 往厲必戒, 勿用永貞. 구사 무구 불과우지 왕려필계 물용영정

양효사, 새가 아직 떠나지 않았을 때는 정면으로 만나면 화가 없다. 하지만 앞으로 가면 위험이 있어 반드시 조심해야 하니 점복을 반복해서 할 필요 없다.

六五, 密雲不雨, 自我西郊. 公弋, 取彼在穴. 육오 밀운불우 자아서교 공익 취피재혈

음효오, 먹구름이 짙게 끼어 이 성읍의 서쪽 교외에서 오지만 아직 비를 내리지 않았다. 왕공과 대인이 주살로 쏘니, [본래 하늘의 새를 겨냥했으나] 결국 잡은 것은 동굴 속의 들짐승이다.

上六, 弗遇過之, 飛鳥離(罹)之, 凶, 是謂災眚. 상륙 불우과지 비조이(이)지 흉 시위재생

음효륙, 새가 날아서 여기로 오는데 보이지 않고, 새가 날아가 버려 흉하니 이것은 재난이다.

【대의】

소과괘는 거꾸로 세면 하경의 세 번째 괘이고, 대과괘는 거꾸로 세면 상경

의 세 번째 괘다. 두 괘의 차이가 무엇인지는 대과괘를 참고하기 바란다. 이 괘는 하괘가 간艮이고 상괘가 진震으로, 상괘와 하괘가 상반되어 거울 표면이 반사하는 것과도 같다.

소과괘는 새의 실정에 대해 말한다. 새의 실정은 새가 나는 것과 새가 우는 것으로 점복의 길흉을 말하고 있다. 『수서』「경적지·자부子部」에 새의 실정에 관한 책이 여러 종류 있는데(혹 풍각風角[119]과 유관하다), 그 방법은 위진시대와 양한시대에 유행했을 뿐 아니라 선진시대에도 보인다. 『좌전』 장공 28년, 희공 16년, 양공 18년 조목에 모두 새의 실정에 관한 점을 기록하고 있다.[120]

소과괘는 중부괘와 반대로 위아래에 각각 음효가 2개씩 있고 중간에 양효 2개를 감싸고 있다. 소과괘와 중부괘가 무슨 관계인지에 대해서는 이렇게 추정한다. '중부中孚'는 '부孚'에 대해 말하며 '孚'는 알맞다 또는 딱 맞다는 뜻인데, '소과小過'는 분수에 지나친 것이니 두 괘는 대립적이다.

【교독】

小過소과 '소小'는 '작은 것小者'을 가리키고, '과過'는 지나치다는 뜻이다. 이 괘의 「단사」(「상전 하」 62)에서 "소과는 작은 것이 지나쳐서 형통한 것이다小過, 小者過而亨也"라고 했는데, '작은 것'은 음효를 가리키고 음효는 날아다니는 새를 상象으로 삼는다. '과過'는 초륙효와 육이효가 구삼효와 구사효를 지나쳐 육오효와 상륙효로 가는 것을 가리킨다. 이 괘의 여섯 효에서 초륙

119_ 풍각은 사방四方과 네 모퉁이의 바람을 궁宮·상商·각角·치徵·우羽의 오음五音으로 감별해 길흉을 점치는 방술을 말한다.—옮긴이

120_ 류잉劉瑛, 『좌전, 국어 방술연구』, 런민대학출판사, 2006, 54~56쪽.

효는 '나는 새飛鳥'로 시작하고, 육이효는 '지나침過'을 쓰고, 구삼효와 구사효는 '지나치지 않는다弗過'를 각각 쓰고, 육오효와 상륙효는 다시 '지나침'으로 돌아간다. 이 괘에서 '過'자는 네 차례 보이고 '불급不及'은 한 차례, '우遇'자는 네 차례 보인다. '과'는 이미 넘어섰다는 뜻이고 '불급'은 아직 도달하지 않았다는 뜻이다. 『논어』「선진」에 "공자가 말하기를 '지나친 것은 미치지 못함과 같다過猶不及'고 했다"라는 구절이 있는데, '지나침過'과 '미치지 못함不及'은 모두 중도中道에 맞지 않는 것이다. '遇우'는 양자 사이에 있는 것으로, 앞에도 있지 않고 뒤에도 있지 않은 것이다.

可小事가소사, **不可大事**불가대사 규괘 괘사 '소사길小事吉'의 교독을 참고하라. 이 말은 이 괘가 음陰이어야 하고 양陽이어서는 안 됨을 암시한다.

不宜上불의상, **宜下**의하 이 괘는 하괘가 간艮이고 상괘가 진震이다. 간은 그침止이고, 진은 움직임動이다. 이 말은 이 괘가 조용히 있어야靜 하며 움직여서는動 안 됨을 암시한다.

過其祖과기조, **遇其妣**우기비 육이효가 음효인데도 여기에 '과過'자가 쓰인 것에 주의해야 한다. '過'는 새가 읍을 지나가서 만나지 못하는 것이고, '遇'는 새가 읍을 지나갈 때 마침 만나는 것이다. '조祖'는 남자 선조를 말한다. 비妣는 祖와 상대되는 말로, 여자 선조를 가리킨다. 이 말은 이 괘가 음이어야 하고 양이어서는 안 됨을 암시한다. 妣에는 두 가지 설이 있다. 하나는 고비考妣의 비인데, 여기서 考는 돌아가신 아버지를, 妣는 돌아가신 어머니를 가리킨다. 다른 하나는 조비祖妣의 비인데, 여기서 祖는 돌아가신 할아버지 또는 그 윗대의 선조를 가리키고, 妣는 돌아가신 할머니 또는 그 윗대의 여자 선조를 가리킨다. 고비설考妣說은 늦게 제기되었는데, 『이아』 「석친」에 "아버지는 고考라고 부르고 어머니는 비妣라고 부른다"라고 했으며, 『예기』 「곡례 하」에서는 "살아 계실 때는 부父·모母·처妻라고 부르며, 돌아가셨을 때는 고考·비妣·빈嬪이라고 부른다"라고 했다. 고염무顧炎武는 이를 의심해 『일지록日知錄』 '비妣' 조에서 "내 생각에 옛사람들은 할머니 이상을 통틀어 妣라고 불렀으며, 경문에서 대부분 妣자를 祖자의 상대적 의미로 말한다. 예를 들어 『시경』의 '사속비조似續妣祖(선조들의 사업을 이어받아)'나 '증비조比烝畀祖妣(선조의 영전에 올리네)' 구절, 그리고 『주역』의 '과기조 우기비過其祖, 遇其妣(할아버지를 지나 할머니만 만난다)' 구절 같은 경우가 여기에 해당한다"라고 지적했다.[121] 궈모뤄는 상나라 시대의 갑골문에 근거해 한 걸음 더 나아가 '조비'설이 '고비'설보다 시기가 이르다고 논증했다.[122]

不及其君불급기군, **遇其臣**우기신 '불급不及'은 뒤에 미치는 것이다. '우遇'는 위와 같다. '군君'은 윗사람이고 '신臣'은 아랫사람이다.[123] 이 말은 이 괘는 아래로 가야 하고 위로 가서는 안 됨을 암시한다.

弗過防之불과방지, **從或戕之**종혹장지, **凶**흉 구삼효가 양효인데도 위와 반대로 여기에 '불과弗過(지나가지 않다)'를 쓴 점에 주의해야 한다. '弗過'는 새가

121_ 완원 편, 『청경해』, 제1책, 62쪽.

122_ 궈모뤄, 『갑골문자연구』. 「석조비釋祖妣」는 『궈모뤄전집』 고고편1에 수록되어 있다(과학출판사, 2002, 19~64쪽).

123_ '臣'은 마왕두이본에는 '仆복'으로 되어 있다(상박본에는 빠져 있다).

아직 오지 않은 상태다. 아직 오지 않았을 때 '미리 방비하면防之' 너무 일찍 방비하는 흠을 면치 못한다. '종從'은 그 뒤를 바짝 쫓는 것이고, '혹或'은 '또'를 의미하며, '장戕'은 쏘아서 죽이는 것을 가리킨다. 그 뒤를 바짝 쫓는다는 것은 새가 이미 떠나간 상태다. 새가 이미 떠나가서야 그 뒤를 바짝 쫓아 쏘아 죽이니 너무 늦게 방비한 흠을 면치 못한다. 너무 이르거나 너무 늦은 것은 시기를 파악하지 못한 것이기 때문에 흉하다.

弗過遇之불과우지 구사효가 양효인데도 여기서도 '弗過불과'를 쓴 점에 주의해야 한다.

往厲必戒왕려필계 가서 쏘면 흉함이 있기 때문에 경계하라는 뜻으로 보인다.

密雲不雨밀운불우, **自我西郊**자아서교 소축괘 괘사에 보인다.

弋의 마왕두이본에는 '射사'로 되어 있는데(상박본에는 빠져 있다), 동의환독에 속한다. 射와 弋의 구별은, 弋은 주살이 있어서 화살을 묶을 수 있고 쏜 화살을 회수하기 편리하며 지상에 떨어진 새를 발견하기도 수월하다는 점이다. 射는 주살이 없어서 이런 장점이 없다.

取彼在穴취피재혈 익弋은 하늘의 새를 쏘는 데 쓰이는 것이지 지상의 들짐승을 잡는 도구는 아니다. 날짐승은 둥지에 깃들고, 들짐승은 동굴 같은 데 몸을 숨긴다. 사냥꾼이 동굴에서 잡은 사냥감이라면 분명 들짐승일 것이다. 들짐승은 지상에서 활동한다. 이 말은 이 괘는 아래로 가야 하고 위로 가서는 안 된다는 것을 암시하기도 한다.

弗遇過之불우과지 상륙효가 음효인데도 여기에 '과지過之(지나가다)'를 쓴 점에 주의해야 한다. 새가 날아서 읍을 지나가는 것이 곧 '소과小過'의 뜻이다.

제63 : 기제괘旣濟卦

이미 강을 건너다

䷾ 旣濟: 亨, 小利貞, 初吉, 終亂. 기제 형 소리정 초길 종란

　기제괘 : 신명과 통하고 점복이 조금 이로우며, 처음은 길하지만 마지막은 어
　지럽다.

初九, 曳其輪, 濡其尾, 无咎. 초구 예기륜 유기미 무구
양효일, [강을 건너는데] 수레바퀴를 끌어당기면서 앞으로 가니, 강물이 수
레 후미를 적셔도 화가 없다.

六二, 婦喪其茀(髴), 勿逐, 七日得. 육이 부상기불(불) 물축 칠일득
음효이, 부인이 머리 가발을 잃어버려도 이리저리 찾아다닐 필요 없으니 칠
일 이내에 반드시 얻는다.

九三, 高宗伐鬼方, 三年克之, 小人勿用. 구삼 고종벌귀방 삼년극지 소인물용
양효삼, 고종이 귀방鬼方을 쳐서 삼 년이 지나서야 이기니, 이 일은 소인과
무관하다.

六四, 繻(濡)有(于)衣袽, 終日戒. _{육사 수(유)유(우)의녀 종일계}
음효사, 강물이 스며들어 옷 속의 솜을 적시니 하루 종일 안절부절못한다.

九五, 東鄰殺牛, 不如西鄰之禴祭, 實受其福. _{구오 동린살우 불여서린지약제 실수}
기복
양효오, 동쪽 나라가 소를 죽여 제사를 지내 매우 융성하지만 서쪽 나라
가 소박한 제사를 올리는 것만 못하며, 오히려 하늘이 다시 돌아보고 서쪽
나라에 복을 내린다.

上六, 濡其首, 厲. _{상륙 유기수 려}
음효륙, 강물이 수레 앞부분을 적시니 이 일은 좋지 않다.

【대의】

이 괘는 하괘가 이離이고 상괘가 감坎으로, 강을 건너는 일을 말한다. 이
괘의 여섯 효는 아래에서 위로 양과 음이 하나씩 번갈아 배열되어 있으며,
길흉 판단도 한 번은 길하고 한 번은 흉한 것으로 좋고 나쁨이 안배되어
있다. 상괘와 하괘는 물과 불이 교차하고 위의 효와 아래 효는 음양이 교
차하니 뒤의 미제괘와 상반된다.
인생이라는 음식은 오미五味가 모두 갖추어져 있어서 잠시 쓰다가 또 잠시
달고, 어려서부터 늙을 때까지 좋은 운과 나쁜 운이 배합되어 있다. 먼저
단맛을 맛보다가 뒤에 쓴맛을 맛보는 게 좋을까, 먼저 쓴맛을 맛보다가 뒤
에 단맛을 맛보는 게 좋을까? 시기에 따라 각자 다른 선택과 다른 느낌이

있겠지만 누구라도 고생 끝에 즐거움이 있기를 희망하는 건 매한가지다. 『역경』은 강을 건너는 것을 비유로 드는데 매우 구체적으로 묘사되어 있다. 기제괘는 이미 강을 건넌 상황인데, 이미 강을 건넜다면 성공한 것이 아닐까? 하지만 작자는 이것을 "처음은 길하지만 마지막은 어지럽다初吉, 終亂"고 말한다. 원래 기제괘는 앞에는 단맛을 맛보다가 뒤에는 쓴맛을 맛보는 괘다.

『역경』은 강을 건너는 일을 자주 말하는데 "이섭대천利涉大川(큰 강을 건너는 것이 이롭다)"은 9차례 나오고, "용섭대천用涉大川(큰 강을 건너는 데 쓴다)"은 1차례 나오며, "불리섭대천不利涉大川(큰 강을 건너는 것이 이롭지 않다)"과 "불가섭대천不可涉大川(큰 강을 건널 수 없다)"이 각각 1차례 나오니 모두 12차례 언급된다. 마지막 두 괘는 바로 전적으로 강을 건너는 일에 대해 말하고 있다. 수需괘 괘사의 교독을 참고하라.

【교독】

旣濟기제 이미 강을 건넜다는 뜻이다.

初吉초길, 終亂종란 『역경』에서 첫 번째 효를 '초初', 두 번째에서 다섯 번째 효까지를 '중中', 여섯 번째 효를 '종終'이라고 한다. 여기서 "처음은 길하다初吉"는 초구효가 "허물이 없다无咎"는 것을 가리키고, "마지막은 어지럽다終亂"는 상륙효가 "좋지 않다厲"는 것을 가리킨다.

曳其輪예기륜 '예曳'는 끌어당긴다는 뜻이다. 마왕두이본에는 '끌 설抴'로 되어 있으며(상박본에는 빠져 있다), '끌 예拽'자와 같다.

濡其尾유기미 『역경』에서는 가장 아래의 효를 '꼬리尾'라고 하고, 가장 위의 효를 '머리首'라고 한다. 여기서 '꼬리'는 수레의 후미를 가리키며 초륙에 대응한다. 작자의 생각에 수레를 끌어 처음 건널 때 수레의 후미를 적시지만 아직 큰 장애는 아니라는 것이다.

婦喪其茀부상기불 '茀불'은 '髴불'로 독해하는데 가발을 말한다. 마융(『석문』에 인용)과 왕필은 모두 '茀'이 '머리 장식'이라고 말했지만, 어떤 '머리 장식'인지에 대해서는 말하지 않았다.[124] 가오형은 '茀'이 가발임을 고증했다.[125]

勿逐물축, **七日得**칠일득 앞에 나온 진震괘 육이효에 보인다. 마왕두이본에 '逐축'은 '遂수'로 되어 있다(상박본에는 빠져 있다). 逐자는 逐자의 이체자다.

高宗伐鬼方고종벌귀방, **三年克之**삼년극지 '고종高宗'은 은나라의 고종인 무정武丁을 가리킨다. '귀방鬼方'은 상주 시기의 옛 부족이다.[126] 왕궈웨이의 고증에 따르면 괴媿씨 성姓은 귀방에서 나왔다.[127] '삼 년三年'은 '구삼효'에 대

124_ 요즘 쓰는 의미의 머리 장식품이 아니라 오로지 머리에 꽂는 장식물만 가리킨다.

125_ 가오형, 『주역고경금주』, 345~346쪽. 『석문』에 인용된 『자하역전』에는 "髴불"로 되어 있고, 순상의 주석에 '紱불'로 되어 있는데 髴의 통가자다. 동우董遇의 주석에는 '髢체'로 되어 있는데 뜻은 동일하지만 훈독을 바꾼 것이다. 우번의 주석(『주역집해』에 인용)에는 '髴'로 되어 있으며 해석은 대체로 같다.

126_ 귀방은 상나라 시대 갑골문에 보인다. 서주시대에 귀방의 운명이 어떠했는지는 주의할 만한 문제다. 소우정小盂鼎에 언급된 '𣄢方'이 귀방인지의 여부는 증명을 기다려야 한다. 리쉐친 『주역소원』 7~13쪽 참고.

127_ 왕궈웨이, 『귀방곤이험윤고鬼方昆夷獫狁考』 『왕궈웨이유서』에 수록(상하이고적서점, 1983, 제2책: 『관당집림』 권13, 1쪽 앞면~12쪽 뒷면).

응한다. 주나라는 당숙唐叔을 진나라에 봉하고 백성과 봉토를 주었는데 이른바 '회성구종懷姓九宗'이 있다(『좌전』 정공 4년). 회성懷姓이 바로 괴성媿姓이다. 회성구종은 하종씨河宗氏로부터 나왔다. 하종씨는 황허黃河강 허타오河套[128]와 오르도스Ordos[129] 지구에서 왔으며, 뒤에는 황허강을 따라 남하해 지금의 산시山西 성과 산시陝西 성 경내에 분포한다. 춘추시대의 적적赤狄이 바로 회성구종으로부터 왔다. 한대의 선령융先令戎이 귀방의 후예라고 하는데 감청지구甘青地區[130]에서 활동했다. '삼 년'은 뒤의 미제괘 구삼효의 "震用伐鬼方, 三年有賞于大國진용벌귀방 삼년유상우대국" 구절에서 같은 역사적 사실을 말하고 있다. 『역경』에서는 '삼세三歲'를 5차례 사용했는데, 마지막 두 괘만 '삼 년'을 사용했다. 이것은 『역경』에 나오는 마지막 전고典故다.

繻有衣袽수유의녀 '繻수'는 '濡유'로 독해하고, '袽녀'는 '絮서'로 독해하는데, 강물이 옷 속의 솜까지 적셨다는 의미다. '繻'는 상박본에는 '需수'(앞 문장의 '濡'도 '需'로 되어 있다)로 되어 있고, 마왕두이본에는 '繻'로 되어 있다. 『설문해자』「사부糸部」에서 이 구절을 인용했는데 어떤 곳에는 '繻'(繻자 항목)로 되어 있고, 어떤 곳에는 '需'(絮자 항목)로 되어 있다. 왕필의 주석에는 "繻는 마땅히 濡를 말한다"라고 했다. 여기서는 적신다는 뜻이다. '有유'는 '于우'로 독해하니 앞의 가인괘 초구효와 구오효, 췌괘 괘사, 진震괘 육오효, 환괘 괘사와 육사효의 '有'자를 참고하라. '袽'는 『설문해자』「사부糸部」

128_ 허타오는 황허강의 '几'자 모양으로 굽어진 곳과 그 주변 유역을 말한다.—옮긴이

129_ 오르도스는 내몽골 자치구 서남부에 위치하며 오르도스 고원의 내지에 있다.—옮긴이

130_ 감청지구는 간쑤 성과 닝샤寧夏후이족 자치구, 칭하이青海 성을 포함하던 지역을 가리킨다.—옮긴이

에 '絮'로 되어 있는데, 허신은 "삼을 묶어서 횃불을 만드는 것이다. 어떤 곳에서는 폐서敝絮라고 한다"라고 풀이했다. 옛사람들이 말하는 絮는 실이나 삼 두 종류의 섬유질 솜이지 면화의 솜은 아니다. 그들은 정련된 솜을 면綿이라 칭하고, 정련되지 않은 솜은 서絮라고 칭했다.

東鄰殺牛동린살우, **不如西鄰之禴祭**불여서린지약제　동쪽의 제사는 비교적 사치스럽고, 서쪽의 제사는 비교적 검소하니 사치스러운 것이 검소한 것만 못하다는 뜻이다. 『예기』「방기」에서 『역』의 이 구절을 인용했는데, 정현의 주석에 "동린東鄰은 주나라를 말하고 서린西鄰은 문왕의 나라를 말한다"라고 설명했다. 제사에 쓰이는 희생은 소가 가장 존귀하므로 '대뢰大牢'라고 부른다. '살우殺牛'는 매우 성대한 제사다. '약제禴祭'는 앞에 나온 췌괘 육이효와 승괘 구이효에 보이는데, 사계절의 제사 가운데 가장 간소하다.

濡其首유기수　『역경』에서 제일 아래에 있는 효를 '꼬리尾'라 하고, 제일 위에 있는 효를 '머리首'라고 한다. 여기서 '머리'는 수레의 앞부분을 가리키는데, 상륙효에 대응한다. 작자는 이미 강을 건넜지만 수레의 앞부분을 적시니 흉한 조짐이라고 생각한 것이다.

제64 : 미제괘未濟卦

아직 강을 건너지 않다

䷿ 未濟: 亨, 小狐汔(迄)濟, 濡其尾, 无攸利. 미제 형 소호흘(흘)제 유기미 무유리

미제괘 : 신명과 통하며 어린 여우가 강을 건너는데, 언덕에 오르는 것 같았는데 꼬리를 적시니 그다지 좋지 않다.

初六, 濡其尾, 吝. 초륙 유기미 인
음효일, 강을 건너는데 수레의 후미를 적시니 당연히 애석하다.

九二, 曳其輪, 貞吉. 구이 예기륜 정길
양효이, 단지 수레바퀴를 끌어당기면서 앞으로 가니, 점복 결과는 길하다.

六三, 未濟, 征凶, 利涉大川. 육삼 미제 정흉 이섭대천
음효삼, 아직 강을 건너지 못하고 앞일을 점칠 수 없으니 흉함은 많고 길함은 적으나 오히려 큰 강을 건너는 데 이롭다.

九四, 貞吉, 悔亡. 震用伐鬼方三年, 有賞于大(國)[邦]. 구사 정길 회망 진용벌귀방

삼년 유상우대(국)[방]

양효사, 점복 결과는 길하고 오직 잃을까 걱정한다. 당시 귀방을 정벌하는데 삼 년이 걸렸으나 마지막에는 대국의 상을 받는다.

六五, 貞吉, 无悔. 君子之光有孚, 吉. 육오 정길 무회 군자지광유부 길

음효오, 점복 결과는 길하며 후회할 필요 없다. 군자가 군자의 영광을 받고 싶으면 받으니, 매우 길하다.

上九, 有孚于飮酒, 无咎. 濡其首, 有孚失是. 상구 유부우음주 무구 유기수 유부 실시

양효륙, [승리를 경축하며] 술을 마시고 싶으면 술이 있으니 화가 없다. 하지만 수레 앞부분을 적시는 느낌은 상반되니 조금 실망스럽게 한다.

【대의】

이 괘는 하괘가 감坎이고 상괘가 이離로, 기제괘와 상반된다. 이 괘의 여섯 효는 아래에서 위로 음과 양이 한 번씩 차례로 배열되는데, 물水이 아래에 있고 불火이 위에 있다. 괘사는 어린 여우가 강을 건너는 것에 대해 말하지만, 효사는 한 글자도 여우에 대해 언급하지 않고 전부 사람이 강을 건너는 것에 대해서만 언급하고 있다.

미제괘는 아직 강을 다 건너지 못한 상태에 대해 말한다. 강을 아직 다 건너지 못했다면 물에 젖는 괴로움을 면치 못하는 데다가 앞일을 예측할 수 없어 흉함이 많고 길함은 적으니, 이것은 고통이다. 하지만 쑨중산孫中山은

"혁명이 아직 성공하지 못했으니 동지들은 계속 힘쓰고 노력해야 한다"고 했으니, 힘써 노력하는 것은 그 자체의 미감이 있다. 성공했을 때 축하주를 통쾌하게 마시는 것이 최상의 보상이고, 성공하지 못했을 때 "출병하여 이기기 전에 먼저 죽으니, 길이 영웅들 눈물이 옷깃을 흠뻑 적시게 하는出師未捷身先死 長使英雄淚滿襟"(두보杜甫의「촉상蜀相」) 것도 매우 비장하다. 이것은 앞은 고통스럽고 뒤는 달콤한 괘다.

기제괘와 미제괘는 모두 강을 건너는 일에 대해 말하는데, 하나는 강을 건넌 것이고 하나는 강을 아직 건너지 않은 것이니, 이것이 마지막 한 쌍이다. 마무리가 매우 좋다.

【교독】

未濟미제 기제괘와 상반되며, 아직 강을 건너지 않은 상태를 말한다.

吝인 마왕두이본에는 '閵인'으로 되어 있는데 통가자다. 상박본은 이와 달리 초륙효가 훼손되어 마지막에 '利이' 한 글자만 남아 있는데, 짐작컨대 초륙효의 마지막 세 글자는 '亡卣(攸)利망유(유)리'로 되어 있었던 것 같다.

小狐汔濟소호흘제, 濡其尾유기미 '소호小狐'는 음효를 가리킨다. '흘汔'은 '이를 흘迄'로 독해하는데, 강을 거의 건넌 것을 가리킨다. '유기미濡其尾'는 앞의 기제괘에 보이며 수레의 후미를 가리키는데, 여기서는 여우 꼬리로 바뀐다. 후한 때 구강九江에 호랑이가 많았는데, 송균宋均이 구강 태수가 되자 호랑이 사냥을 금지하니 전하는 말에 호랑이들이 동쪽으로 강을 건너갔다고 한다.131 이와 관련해 응소의『풍속통의』일문에는 "송균이 구강의 태수가 되었을 때, 호랑이가 새끼를 업고 강을 건넜다. 호랑이의 털을 보니 바람에 나부끼니 어찌 양후의 파도陽侯波132를 범하겠는가? 속어에 '여우가 강을 건너고자 해도 꼬리를 어떻게 할 수 없다狐欲渡河, 無乃尾何'고 했으니, 뱃사공도 두려워하는데 하물며 호랑이랴? 덕이 사해에 미치면 호랑이도 귀방鬼方에 이를 것이다'(『태평어람』 권891에 인용)라고 했다. 인용한 속어는 대개 이 말을 뜻에 맞게 인용한 것이다. '귀방鬼方'은 구강을 가리킨다. 이 단락의 일문은 『역경』에 견강부회한 것이다.

曳其輪예기륜 앞의 기제괘 초구효에 보인다. '예曳'는 상박본에는 '𡥃'로 되어 있다.

濡其尾유기미 두 번째로 나오는데, 괘사와 달리 여기의 '미尾'는 수레의 후미를 말하며, 여우의 꼬리가 아니다.

利涉大川이섭대천 앞에서는 "아직 강을 건너지 못하고 앞일을 점칠 수 없으

131_ 『후한서』「송균전」참고. "(송균이) 구강 태수로 옮겨갔다. 그 고을에 호랑이가 많고 난폭하여 자주 백성들의 근심거리가 되었으므로 항시 사냥꾼을 모집하고 함정을 설치했으나 오히려 사람이 다치고 해를 입는 일이 많았다. 송균이 도착한 뒤 속현에 이렇게 공문을 내렸다. '대저 호랑이와 표범이 산에 살고, 자라와 악어가 물에 사는 것은 제각기 의탁하는 곳이 있기 때문이다. 또 남쪽의 강회江淮 지방에 사나운 짐승이 있는 것은 북쪽 지방에 닭과 돼지가 있는 것과 같은 일이다. 지금 백성들에게 해가 되는 것은 가혹한 관리들에게 허물이 있으니 이들을 잡는 데 힘써야 할 것이며, 짐승의 우환은 구휼의 근본이 아니다. 탐관貪奸을 힘써 물리치고 충선忠善을 나오게 하며, 함정을 제거하고 과세를 하면 된다.' 그후 들리는 말에 호랑이가 무리 지어 동쪽으로 강을 건너갔다고 한다."

132_ 양후陽侯는 원래 능양국陵陽國의 제후였는데, 물에 빠져 익사한 뒤 신이 되어 물결을 일으켜 배를 전복시켰다고 한다.—옮긴이.

니 흉하다未濟, 征凶"고 하고, 여기서는 "큰 강을 건너는 데 이롭다利涉大川"
고 하니 앞뒤가 안 맞는 것 같다. 가오형은 원문은 '불리섭대천不利涉大川(큰
강을 건너는 데 이롭지 않다)'으로 되어 있었을 것이라고 보았다.133 하지만
상박본과 마왕두이본에 모두 '이섭대천'으로 되어 있으니 결코 빠진 글자는
없다는 것을 알 수 있다. 『역경』에서 '섭대천涉大川'에 대해 말한 것은 모두
10차례이고, 한 차례만 '불리섭대천'으로 되어 있다(송訟괘 괘사).

震用伐鬼方三年진용벌귀방삼년, **有賞于大國**유상우대국　앞의 기제괘 구삼효의
"고종이 귀방을 쳐서 삼 년이 지나서야 이겼다高宗伐鬼方, 三年克之"는 구절
은 이것과 동일한 일이다. 학자들은 진震이 인명이라고 추정하지만 그가
어떤 사람인지는 지금까지 논정하지 못했다.134 '대국大國'은 마왕두이본은
같고, 상박본에는 빠져 있는데, 원문은 '大邦대방'이었을 것이다. 주나라 사
람들은 은나라를 '대방은大邦殷'이라고 불렀다(『서경』 「소고」). '대방大邦'과
'소방小邦'은 옛사람들의 본래의 호칭법이다. 한대에 고조 유방劉邦의 이름
을 피휘하느라 비로소 '대방'을 '대국'으로 고치고, '소방'을 '소국小國'으로 고
쳤다.

君子之光有孚군자지광유부　'군자지광君子之光'은 군자의 영광을 말한다. 귀방

133_ 가오형, 『주역고경금주』, 348쪽.

134_ 주준성은 지백墊伯이라고 추정하고, 가오형은 주나라 인군이나 주나라 신하라고 추정한
다. 주준성의 『육십사괘경해』 281쪽(상빙허의 『주역상씨설』 283쪽에 인용된 곽침郭琛의 설과 같다),
가오형의 『주역고경금주』 423쪽, 가오형의 『주역대전금주』 349쪽 참고. 지백은 위衛나라의 제5대
인군으로 연대가 너무 늦어 무정武丁의 시대에 미치지 못한다.

을 정벌하는 공을 세워 대국에서 내린 상을 받아 그로 하여금 매우 영광되게 하니, 그가 '군자의 영광'을 가지고 싶으면 '군자의 영광'이 있는 것이다. '유부有孚'는 효험이 있는 것으로, 바라는 바가 실현될 수 있음을 가리킨다. 아래 문장에 언급된 2개의 '有孚'도 이런 의미다.

有孚于飲酒유부우음주 '음주飮酒'는 축하주를 마시는 것이다. 이 바람도 실현되었다.

濡其首유기수 앞의 기제괘 상륙효에 보이는데, 강을 건너는 과정에서 수레 앞부분을 젖게 한 것을 가리킨다. 여기서 '앞부분首'은 어린 여우의 머리가 아니며, 술을 마신 사람의 머리는 더더구나 아니며, 수레의 앞부분을 말한다.

有孚失是유부실시 수레의 앞부분을 젖게 한다면 느낌이 정반대가 된다는 것을 말한다.

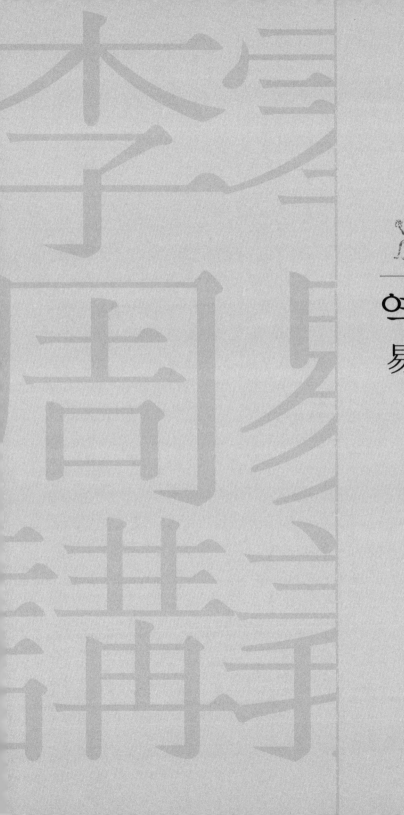

역전 易傳

단전 상象上

『역전』은 「단전 상」 「단전 하」 「상전 상」 「상전 하」 「계사전 상」 「계사전 하」 「문언」 「설괘」 「서괘」 「잡괘」를 포함하는데, 한대에 이를 '십익十翼', 즉 『역경』을 읽는 10가지 보조 자료라고 불렀다.

이 10편은 『역경』보다 길지만, 『역경』에 비해 읽기 쉽다. 아래에서는 더이상 번역은 하지 않고, 한 글자 한 구절 단위로 말하지도 않으며, 단지 부연 설명으로 의심나거나 어려운 부분을 해석한다. 먼저 「단전」부터 시작한다.[1]

「단전」은 상하편으로 나뉘는데, 원본은 독립된 것으로 경經에 부속된 것이 결코 아니다. 경의 해석 대상은 주로 괘효의 구조인데, 하나는 상하괘의 관계(괘체卦體)이며 다른 하나는 여섯 효의 관계(효위爻位)다. 때로는 괘명과 괘사나 효사를 간단하게 해석하기도 할 것이다.

『역경』을 읽어보면 『역경』 자체는 십익에 대해 말하지 않지만, 한대 이래의 역가들은 십익이 『역경』 배후의 언외지의言外之意로서 옛사람들이 점으로 길흉을 판단하는 데 이용한 독법이며, 이 독법을 모르고서는 괘와 효사를 이해할 수 없다고 인식했다.

1_ 독자들의 편의를 위해 이 책에 대한 저자의 해석에 따라 번역했다. 아울러 이후의 체재는 『역전』 각 편의 원문을 싣고 저자가 해설을 덧붙이는 방식이다.—옮긴이

「계사」에서 '단彖'자를 언급한 것은 모두 4차례다. 첫 번째는 '단은 상을 말한 것이고, 효는 변화를 말한 것이다彖者, 言乎象者也, 爻者, 言乎變者也'(「계사 상」 3), 두 번째는 "단은 재단하는 것이며, 효는 천하의 움직임을 본받은 것이다彖者材也, 爻也者效天下之動者也"(「계사 하」 3), 세 번째는 "지혜로운 사람이 단사를 알면 생각이 반을 지난다知者觀其彖辭, 則思過半矣"(「계사 하」 18), 네 번째는 "팔괘는 상으로 고하고, 효사와 단사는 실정으로 말한다八卦以象告, 爻彖以情言"(「계사 하」 20)이다.

'단彖'은 무슨 의미일까? 「계사 하」 3에 "단은 재질이다彖者, 材也"라고 했는데, 유환劉瓛은 "단은 판단한다는 뜻으로, 한 괘의 재주를 판단하는 것이다彖, 斷也, 斷一卦之才也"(『주역집해』에 인용)라고 해석했으며, 육덕명도 "단은 판단한다는 뜻이다彖, 斷也"(『석문』)라고 풀이했다. 여기서 주의할 것은 마왕두이백서 「계사」에 "단은 만드는 것이다緣者, 制也"라고 했다는 점이다. 제制는 옷을 만든다製衣고 할 때의 제製와 같으니, 製에는 재단한다裁는 뜻이 있다. 裁는 '材재'와 통하는데 '材'는 본래 裁로 되어 있으니, 백서에서 製를 재단裁斷의 뜻으로 풀이했을 것이다.

상술한 해석들을 귀납해보면, '단彖'은 하나의 괘에 대한 총체적인 판단으로, 상하괘의 관계 및 여섯 효의 관계에 대해 주로 말하는 것임을 알 수 있다. 「단전」에서는 괘와 효의 구조에 대해 말할 때 주로 다음과 같은 개념을 사용한다.

(1) 『역경』의 기초는 8괘다. 건乾은 하늘이고, 뜻은 굳셈健이다. 곤坤은 땅이며, 뜻은 순함順이다. 감坎은 물이며(혹은 구름이나 비), 뜻은 험함險이다. 이離는 불이며(혹은 해나 번개), 뜻은 밝음明(혹은 문명)이다. 진震은 우레이

며, 뜻은 움직임動이다. 간艮은 산이며, 뜻은 그침止이다. 손巽은 바람이며, 뜻은 겸손함巽('遜손'으로 읽음)이다. 태兌는 연못이며, 뜻은 기쁨說('悅열'로 읽음)이다.

(2) 8괘의 각 괘는 세 개의 효로 이루어져 있다. 건乾(순양), 진震(초효가 양), 감坎(중간 효가 양), 간艮(상효가 양)은 모두 양괘이고, 곤坤(순음), 손巽(초효가 음), 이離(중간 효가 음), 태兌(상효가 음)는 모두 음괘다(「계사 하」 4, 「설괘」 2:8). 8괘가 중첩된 것이 64괘이며, 각 괘는 모두 상하의 두 괘로 구성되는데, 하괘는 '내괘內卦', 상괘는 '외괘外卦'라고 부른다.

(3) 64괘의 각 괘는 여섯 효로 이루어져 있다. 양효陽爻는 강剛이라 부르며, 그 수는 9다. 음효陰爻는 유柔라고 부르며, 그 수는 6이다. 9와 6이 여섯 효에 나뉘어 있는 것을 '초구·초륙' '구이·육이' '구삼·육삼' '구사·육사' '구오·육오' '상구·상륙'이라고 하는데, 6층 건물의 엘리베이터와 같아서 올라갈 수도 내려올 수도 있다. 올라가는 것을 '왕往'이라고 하고, 내려오는 것을 '내來'라고 한다.

(4) 여섯 효의 상하 두 괘는 각각 내內, 중中, 외外로 나뉘는데, 내는 첫 번째 효, 중은 두 번째 효, 외는 세 번째 효다. 여섯 효에서 하괘의 내는 상괘의 내와 상대하고, 하괘의 중은 상괘의 중과 상대하며, 하괘의 외는 상괘의 외와 상대한다. 대응하는 두 효가 음양이 상반된 것을 '응應'이라 하고, 음양이 같은 것을 '적敵'이라고 한다.[2]

(5) 여섯 효는 여섯 개의 자리로 나뉘어 초初·삼三·오五는 양의 자리에

2_ 『역전』에서 '응應'을 말하는 경우는 비교적 많고, '적敵'을 말하는 경우는 비교적 적다. 예를 들어, 「단전 하」 52의 '적응敵應'은 초륙과 육사, 육이와 육오, 구삼과 상구가 적敵이 됨을 가리키고, 「상전 상」 13의 '적강敵剛'은 구삼과 상구가 적이 됨을 가리킨다.

속하고, 이二·사四·상上은 음의 자리에 속한다. 음효가 음의 자리에 있고, 양효가 양의 자리에 있는 것을 '당위當位'라고 한다. 음효가 양의 자리에 있고, 양효가 음의 자리에 있는 것을 '부당위不當位'라고 한다. '당위'는 '부당위' 보다 좋다. 양효는 구오가 구삼보다 좋고, 구삼이 초구보다 좋으며, 음효는 육이가 육사보다 좋고, 육사가 상륙보다 좋다.

(6) 여섯 효는 두 종류의 중간 자리中位가 있으니 하나는 삼효(삼획괘)의 중간, 즉 이효와 오효를 가리키며, 다른 하나는 육효(육획괘)의 중간, 즉 이효·삼효·사효·오효를 가리킨다. 양효가 이효의 자리에 있거나 양효가 오효의 자리에 있는 것을 '강이 중을 얻었다剛得中'라고 하며, 음효가 이효의 자리에 있거나 음효가 오효의 자리에 있는 것을 '유가 중을 얻었다柔得中'라고 한다. 그 가운데 구오와 육이가 음양으로 상반되고, 구이와 육오가 음양으로 상반되는 것이 가장 좋으며 이를 '강이 중의 자리에 있으면서 서로 응한다剛中而應'라고 하는데, 전자가 후자보다 좋다.

이 여섯 가지 개념은 「단전」을 읽는 관건이므로 잘 기억해두면 다음 말을 이해하는 것이 어렵지 않다.

1. 건乾

크구나! 건의 원이여, 만물이 그로부터 시작하고 온 세상을 거느리네. 구름은 흐르고 비는 내려 만물이 널리 퍼져 모양을 이루네. 해와 달은 쉼 없이 뜨고 져서 건의 여섯 효가 때에 따라 이루어지네. 마치 양기가 때에 따라 여섯 마리 용을 타고 만물을 부리는 것과 같네. 건의 도는 변화해 만물의 성과 명을 각각 바르게 하네. 지극히 조화로운 원기를 보전해 바름을 지키는 데 이롭게 하네. 새롭게 만물을 싹 틔우니 천하의 모든 곳이 편안하네.

大哉乾元, 萬物資始, 乃統天. 雲行雨施, 品物流形. 大明終始, 六位時成. 時乘六龍以御天. 乾道變化, 各正性命. 保合大和, 乃利貞. 首出庶物, 萬國咸寧.

이 괘는 건乾을 중첩한 것으로, 여섯 효가 모두 양이다. '대재건원大哉乾元' '만물자시萬物資始'의 원元과 시始 두 글자는 건괘가 64괘의 첫 번째 괘이며 가장 근원이 되고 시작임을 말한다. '내통천乃統天'은 건괘가 하늘을 대표한다는 뜻이다. '운행우시雲行雨施'는 구름과 비는 하늘에 속하는 것임을 말한다. '품물유형品物流形'에서 '품물'은 각 부문과 종류로 나누어진 물건, 즉 만물이다.3 '유형流形'은 야금술에서 쓰는 용어로, 원래는 도기陶器로 된 틀에 구리를 녹인 물을 부어 그릇 모양을 만드는 것을 말한다. 여기서는 하늘이 만물을 낳아 형질을 이루는 것을 뜻한다. '대명종시大明終始'는 해와 달의 운행 및 추위와 더위의 왕래를 가리킨다. '육위시성六位時成'은 여섯 효가 모두 양임을 가리킨다. '육룡이어천六龍以御天'은 여섯 개의 양효를 여섯 마리의 용에 비유한 것이다. 옛사람들은 흔히 '육룡六龍'으로 천자의 말을 비유했다. 천자의 말에 대해서는 일찍이 여섯 마리 또는 네 마리의 논쟁이 있었으니, 『서경』「오자지가五子之歌」의 공영달의 소를 참고하라.4 '수출서물首出庶物'에서 '수首'도 시작의 뜻이며, '서물庶物'은 만물이다.

3_ 지구상의 사물의 종류는 최근 통계에 의하면 870만 종이라고 한다.

2. 곤坤

지극하구나! 곤의 원이여. 만물이 그로 인해 생겨나니 하늘의 뜻을 순종하며 받드네. 곤은 두터워 만물을 실으며 덕은 널리 합하여 영원하고 끝이 없네. 만물을 머금고 길러 발양하고 빛나고 크게 하니 만물이 다 형통하고 길러지네. "암말은 땅에 사는 동물이다牝馬地類"는 넓은 대지에서 오래도록 뛰어다니는 것이네. "유순해서 점복에 이롭다柔順利貞"는 군자가 행하는 바이네. "사람들보다 앞서면 잘못된 길로 빠진다先迷失道"는 뒤에서 순하게 따르면 복과 경사가 오래가는 것이네. "서쪽에서 남쪽으로 가면 벗을 찾는다西南得朋"는 벗들과 함께 나아갈 수 있다는 것이네. "동쪽에서 북쪽으로 가면 벗을 잃는다東北喪朋"는 끝내 경사스러운 일이 있다는 것이네. "편안하고 바르기 때문에 길하다安貞之吉"는 땅의 미덕에 응해 끝없이 유지되는 것이네.

至哉坤元, 萬物資生, 乃順承天. 坤厚載物, 德合无疆. 含弘光大, 品物咸亨. "牝馬地類", 行地无疆. "柔順利貞", 君子攸行. "先迷失道", 後順得常. "西南得朋", 乃與類行. "東北喪朋", 乃終有慶. "安貞之吉", 應地无疆.

이 괘는 곤坤을 중첩한 것으로, 여섯 효가 모두 음이다. '지재곤원至哉坤元'은 '대재건원大哉乾元'과 유사한 말이며, 64괘 중에서 머리임을 말하는 것이기도 하다. '만물자생萬物資生'에 대해서는 옛사람들은 천지가 서로 합해

4_ 2002~2003년, 허난 성 뤄양 시 왕성王城의 광장에서 발굴된 동주 시기의 거마갱車馬坑에서 여섯 마리가 끄는 천자의 수레가 출토되었는데, 후에 천자가륙박물관天子駕六博物館이 건설되었다.

만물이 생겨나고, 만물이 생겨남에 하늘이 행하지 않는 바가 없고 땅이 행하지 않는 바가 없다고 생각했다. '내순승천乃順承天'은 땅으로 하늘을 받드는 것이다. 곤은 순하다順로 풀이하는데, 뒤의 '유순이정柔順利貞'과 '후순득상後順得常'은 모두 곤을 해석한 것이다. '빈마지류牝馬地類'와 '유순이정' '선미실도先迷失道' '서남득붕西南得朋' '동북상붕東北喪朋' '안정지길安貞之吉' 등 인용부호 안의 글자는 모두 괘사를 인용했다는 뜻이다. 뒤의 말은 인용문을 해석한 것으로 이하 동일하다. 암말과 대지는 곤의 상象이다.

3. 둔屯

둔은 강과 유가 처음 사귀어 어려움이 생겨난다. 험한 가운데 움직여 신명과 크게 통하지만 바름을 지켜야 한다. 우레와 비가 일어나 천지를 가득 채운다. 하늘이 만물을 처음 만들어 몽매할 때, 제후를 세워 천하를 다스리고 편안히 있어서는 안 된다.

屯, 剛柔始交而難生. 動乎險中, 大亨貞. 雷雨之動滿盈. 天造草昧, 宜建侯而不寧.

이 괘는 하괘가 진震이고 상괘가 감坎이다. 진과 감, 두 괘는 모두 양 하나에 음 둘로 되어 있어 음과 양이 교차하고 양이 음을 이기지 못하기 때문에 "강과 유가 처음 사귀어 어려움이 생겨난다剛柔始交而難生"라고 했다. 진은 움직이는動 것이고, 감은 험한險 것이다. 진의 가운데 효는 육이가 되고, 감의 가운데 효는 구오가 되어 구오와 육이가 호응하기 때문에 "험한 가운데 움직여 크게 형통하지만 바름을 지켜야 한다動乎險中, 大亨貞"라고 했다. 『역경』에서 말하는 '형亨'은 음양이 상반되는 것, 특히 구오와 육이가 상반되고 구이와 육오가 상반되는 것을 가리키는 경우가 많다. 이른바 '정貞'은 「단전」에 보이는 것은 모두 "바르다正"로 풀이하며, '점쳐 묻다占問'로 해석하지 않으니 경經과 구별된다. '우레와 비가 일어나 천지를 가득 채운다雷雨之動滿盈"에서 진이 우레가 되고, 감은 비가 된다. "하늘이 만물을 처음 만들어 몽매할 때天造草昧"는 둔괘의 내용이 만물이 처음 생겨나서 몽매한 시기에 속하기 때문에 이렇게 말한 것이다. "제후를 세워 천하를 다스리고 편안히 있어서는 안 된다宜建侯而不寧"에서 '제후를 세우다宜建侯'는 곧 괘사의 "제후를 세우는 것이 이롭다利建侯"이며, 창생創生의 개념에서 확장된 것이다. '편안히 있어서는 안 된다不寧'는 불안정하다는 뜻으로 '어려움이 생겨난다難生'의 개념에서 확장된 것이다. 비比괘 괘사에 '불녕방不寧方'이라는 말이 있는데, 신하로 복종하지 않는 제후국을 가리킨다.

4. 몽蒙

몽은 산 아래 험함이 있고 험해서 그치는 것이 몽이다. "몽은 신명과 통한다"는 신명과 통하는 도로 계몽을 행하고 시기에 적절히 맞게 하는 것을 가리킨다. "내가 어리고 무지한 사람에게 묻는 것이 아니라 어리고 무지한 사람이 내게 묻는다"는 바라는 바가 이루어지는 것이다. "처음 점칠 때 〔와서 결과를 물으면〕 나는 어리고 무지한 사람에게 알려준다"는 강하고 중의 자리에 있기 때문이다. "두 번 세 번 물으면 점복을 가볍게 여기는 것이다. 점복을 가볍게 여기면 나는 어리고 무지한 사람에게 알려주지 않는다"에서 독瀆은 몽매한 것이다. 몽매할 때 바른 품성을 길러야 하니, 이것은 성인의 공을 이루는 길이다.

蒙, 山下有險, 險而止, 蒙. "蒙: 亨", 以亨行, 時中也. "匪我求童蒙, 童蒙求我", 志應也. "初筮告", 以剛中也, "再三瀆, 瀆則不告", 瀆, 蒙也. 蒙以養正, 聖功也.

이 괘는 하괘가 감坎이고 상괘가 간艮이다. '산하유험山下有險'은 간은 산山이니 위에 있으며, 감은 험한 것이니 아래에 있음을 가리킨다. '험이지險而止'는 감은 험한 것이고, 간은 그치는 것임을 가리킨다. 이 괘의 구이효는 육오효와 호응하니 '시중時中'이 된다. '시중'은 어떤 때의 상황이나 조건에 알맞다는 뜻이다. '지응志應'은 바라는 바가 이루어지는 것이다. '강중剛中'은 구이九二를 가리킨다.

5. 수需

수는 기다린다는 뜻으로, 험한 것이 앞에 있어 기다리는 것이다. 강건하지만 험함에 빠지지 않으니 그 의리가 곤궁하지 않다. "예상을 벗어나지 않고 크게 신명과 통하며 바르면 길하다"는 하늘 자리에 있고 정과 중의 자리에 있기 때문이다. "큰 강을 건너는 것이 이롭다"는 가서 공이 있는 것이다.

需, 須也, 險在前也. 剛健而不陷, 其義不困窮矣. "需: 有孚, 光亨, 貞吉", 位乎天位, 以正中也. "利涉大川", 往有功也.

이 괘는 하괘가 건乾이고 상괘가 감坎이다. "수는 기다린다는 뜻이니, 험한 것이 앞에 있어 기다리는 것이다需, 須也, 險在前也"는 괘명을 해석한 것이다. 수須는 '기다리다'로 풀이하고, 험함險은 감坎을 가리킨다. 앞에 위험이 있으니 기다리며 관망해야 한다는 뜻이다. "강건하지만 험함에 빠지지 않는다剛健而不陷"는 건乾의 강함이 감坎의 험함을 만나서 기다리며 관망해야 험함에 빠지지 않는다는 뜻이다. "하늘 자리에 있고 정과 중의 자리에 있다位乎天位, 以正中也"는 구오九五가 상괘의 가운데 자리에 있는 것을 가리킨다. 구오는 군주의 자리인데, 여기서는 '하늘 자리天位'라고 부른다.

6. 송訟

송은 위는 강하고 아래는 험하니, 험하면서 굳센 것이 송이다. "예상을 벗어나지 않으며, 두려움을 억눌러 과정은 나쁘지 않다"는 강剛이 와서 중中을 얻은 것이다. "결과는 엉망이다"는 송사를 끝까지 할 수 없기 때문이다. "대인을 보는 것이 이롭다"는 중과 정을 숭상하기 때문이다. "큰 강을 건너는 것은 이롭지 않다"는 장차 깊은 못으로 들어가는 것이다.

訟, 上剛下險, 險而健, 訟. "訟: 有孚, 窒惕, 中吉", 剛來而得中也. "終凶", 訟不可成也. "利見大人", 尙中正也. "不利涉大川", 入于淵也.

이 괘는 하괘가 감坎이고 상괘가 건乾이다. "위는 강하고 아래는 험하니, 험하면서 굳세다上剛下險, 險而健"는 건이 강함과 굳셈이 되어 위에 있고, 감은 험함이 되어 아래에 있는 것을 가리킨다. "강이 와서 중을 얻었다剛來而得中也"에서 '강剛'은 상괘를 가리키고, '내來'는 아래로 내려오는 것을 가리키며, '중을 얻었다得中'는 구이九二가 하괘의 가운데 있으면서 상괘 구오효와 호응하는 것을 가리킨다. '중길中吉'은 초길初吉이나 종길終吉과 상대하여 말한 것으로, 초길은 첫 번째 효가 길한 것이고, 종길은 여섯 번째 효가 길한 것이며, 중길은 중간의 네 효가 길한 것을 가리킨다. '종흉終凶'은 종길終吉과 상반되며, 여섯 번째 효가 흉함을 가리킨다.

7. 사師

사는 무리를 말한다. 정은 바름이다. 무리를 바르게 할 수 있으면 왕 노릇을 할 수 있다. 강으로 중의 자리에 있으면서 육오와 호응하고, 험한 곳을 가지만 순하며, 이것으로 천하를 힘들게 하지만 백성이 따르니, 길하고 무슨 허물이 있겠는가?
師, 衆也. 貞, 正也. 能以衆正, 可以王矣. 剛中而應, 行險而順, 以此毒天下, 而民從之, 吉又何咎矣.

이 괘는 하괘가 감坎이고 상괘가 곤坤이다. "사는 무리를 말한다師, 衆也"는 괘명을 해석한 것이다. "정은 바름이다貞, 正也"라고 했는데, 「단전 상」과 「단전 하」에 언급된 '정貞'자는 모두 이렇게 해석한다. "강으로 중의 자리에 있으면서 육오와 호응한다剛中而應"는 구이가 하괘의 중의 자리에 있고, 육오가 상괘의 중의 자리에 있으면서 강과 유로 서로 호응하는 것을 가리킨다. "험한 곳을 가지만 순하다行險而順"에서 감이 험함이고, 곤이 순함이 된다. "이것으로 천하를 힘들게 하지만 백성이 따른다以此毒天下, 而民從之"는 군주가 전쟁으로 천하에 해를 끼치는 데도 백성들이 따르는 것을 가리킨다. '독毒'은 해를 끼친다는 뜻이다. 이에 대해 옛 설이 분분하지만 간보干寶의 설을 따르는 것이 마땅하다.5 『시경』 「대아·상유桑柔」에서는 "백성들이 난을 좋아하는 것은 폭정에 힘들기 때문이네民之貪亂, 寧爲茶毒"라고 했다. 위에서 말한 "험한 곳을 가지만 순하다"와 "이것으로 천하를 힘들게 한다"는 "험함을 행하는 것行險"이고, "하지만 백성이 따른다而民從之"는 '순함順'이다.

8. 비比

비는 길하다. 비는 돕는다는 뜻이며 아랫사람이 순종하는 것이다. "들에서 점을 치니 인군의 덕이 있고 변하지 않으며 바르면 화가 없다"는 강이 중의 자리에 있기 때문이다. "신하로 복종하지 않는 나라가 분분히 와서 조회한다"는 위와 아래가 응하는 것이다. "오직 앞다투어 뒤로 처질까 두려워한다"는 그 도가 곤궁한 것이다.

比, 吉也, 比, 輔(附)也, 下順從也. "原筮, 元永貞, 无咎", 以剛中也. "不寧方來", 上下應也. "後夫凶", 其道窮也.

5_ 『주역집해』에 인용된 간보의 주석에 "독은 해를 끼친다는 뜻이다毒, 茶苦也"라고 했고, 마융은 '다스리다治'(『석문』에 인용)로 풀이했으며, 왕필은 '부리다役', 최경崔憬은 '기르다亭毒', 유월은 '독려하다督'로 풀이했다. 상빙허의 『주역상씨설』, 58~59쪽 참고.

이 괘는 하괘가 곤坤이고 상괘가 감坎이다. '비比'는 '친하게 붙는다'는 뜻이다. '輔보'는 '附부'로 독해할 수 있다. 『손자』「모공」편은 성을 공격하는 방법에 대해 말한다. 이 편에서 언급한 '의부蟻附'는 『묵자』「비성문」과 「비아부備蛾傅」에는 '蛾(蟻)傅아(의)부'로 되어 있으니 유사한 통가자의 실례다. "강이 중의 자리에 있다剛中"는 구오를 가리킨다. "신하로 복종하지 않는 나라가 분분히 와서 조회한다不寧方來"는 초륙과 육이, 육삼, 육사가 위로 구오를 따르는 것을 가리킨다. "위와 아래가 응한다上下應也"는 구오가 이 네 효와 음양으로 호응하는 것을 가리킨다. "오직 앞다투어 뒤로 처질까 두려워한다後夫凶"는 상륙을 가리킨다. "그 도가 곤궁하다其道窮也"는 음이 위에서 곤궁한 것을 가리킨다.

9. 소축小畜

소축은 유柔가 지위를 얻고 위와 아래가 응해서 소축이라고 한다. 굳세고 공손하며, 강이 중의 자리에 있으면서 뜻이 행해지니 신명과 통한다. "먹구름이 짙게 끼었으나 비는 내리지 않는다"는 위로 가는 것이다. "이 성읍의 서쪽 교외로부터 온다"는 음양의 조화가 제대로 행해지지 않는 것이다.

小畜, 柔得位而上下應之, 曰小畜. 健而巽(遜), 剛中而志行, 乃亨. "密雲不雨", 尚往也, "自我西郊", 施未行也.

이 괘는 하괘가 건乾이고 상괘가 손巽이다. 뒤에 대축괘가 나오는데 하괘는 건乾이고 상괘는 간艮이다. 소축은 5개의 양효가 하나의 음효를 기르는 것이고, 대축은 4개의 양효가 2개의 음효를 기르는 것이다. "유가 지위를 얻는다柔得位"는 육사가 음효로 음의 자리에 있는 것을 가리킨다. "위와 아래가 응한다上下應之"는 상하의 다섯 양이 육사효와 호응하는 것을 가리킨다. '위上'는 구오효와 상구효를 가리키고, '아래下'는 초구효와 구이효, 구삼효를 가리킨다. "군세고 공손하다健而巽"는 5개의 양효가 하나의 음효에게 양보하는 것을 가리킨다. '군세다健'는 5개의 양효를 가리키고, '공손하다巽'는 하나의 음효를 가리킨다. 손巽은 '遜손'으로 독해한다. 遜에는 '상대방에게 낮추다卑順' '피하고 양보하다避讓' '물러나 길을 터주다退讓'의 뜻이 있다. "강이 중의 자리에 있으면서 뜻이 행해진다剛中而志行"에서 '강이 중의 자리에 있다剛中'는 구이와 구오효를 가리키며, '뜻이 행해진다志行'는 또 「단전 상」 16과 「단전 하」 46·57에도 보이는데 바라는 바를 실현할 수 있음을 뜻한다.

10. 이履

이履는 유柔가 강剛을 밟는 것이다. 기뻐하면서 건乾에 응하니, 이 때문에 "호랑이 꼬리를 밟아도 물지 않으니 신명과 통한다". 강剛이 중中과 정正의 자리에 있고, 천자의 자리를 밟지만 병폐가 되지 않으니 빛나고 밝다.

履, 柔履剛也, 說(悅)而應乎乾, 是以"履: 虎尾, 不咥人, 亨". 剛中正, 履帝位而不疚, 光明也.

이 괘는 하괘가 태兌이고 상괘가 건乾이다. "유가 강을 밟는다柔履剛也"는 하괘가 하나의 음이 2개의 양을 타서(위에 있는 것을 '탄다乘'고 하며, 아래에 있는 것을 '받든다承'고 한다) 육삼이 초구와 구이의 위에 있는 것을 가리킨다. "기뻐하면서 건에 응한다說而應乎乾"에서 열說은 '열悅'로 읽는데 태兌를 해석한 것이며, 하괘인 태가 상괘인 건에 응하는 것을 가리킨다. "강이 중과 정의 자리에 있다剛中正"는 구오가 상괘의 중의 자리에 있는 것을 가리킨다. "천자의 자리를 밟지만 병폐가 되지 않는다履帝位而不疚"에서 구오는 '천자의 자리帝位'가 되며, '불구不疚'는 병이 되지 않는다는 뜻이다. '빛나고 밝다光明'는 양괘인 건이 위에 있고, 음괘인 태가 아래에 있는 것을 가리킨다.

11. 태泰

태는 "작은 것은 가고 큰 것이 와서 길하고 신명과 통하니", 하늘과 땅이 사귀어 만물이 통하며 위와 아래가 사귀어 뜻이 같은 것이다. 안은 양이고 밖은 음이며, 안은 굳세고 밖은 순하며, 군자는 안에 있고 소인은 밖에 있으니 군자의 도는 자라고 소인의 도는 사라진다.

泰, "小往大來, 吉, 亨", 則是天地交而萬物通也, 上下交而其志同也. 內陽而外陰, 內健而外順, 內君子而外小人, 君子道長, 小人道消也.

이 괘는 하괘가 건乾이고 상괘가 곤坤이다. 주역의 작자는 '태泰'를 '통하다通'나 '동일하다同'로 해석한다. '작은 것이 간다小往'는 말은 곤이 상괘에 있음을 가리킨다. '큰 것이 온다大來'는 말은 건이 하괘에 있음을 가리킨다.

『역전』에서는 음을 작은 것, 양을 큰 것으로 본다. '천지天地'는 건과 곤을 가리킨다. '상하上下'는 위는 곤, 아래는 건을 가리킨다. '안은 양이다內陽'와 '안은 굳세다內健', '군자가 안에 있다內君子'는 건이 내괘(하괘)에 있음을 가리키고, '밖은 음이다外陰'와 '밖은 순하다外順', '소인은 밖에 있다外小人'는 곤이 외괘(상괘)에 있음을 가리킨다.

12. 비否

"부정되지 않아야 하는 사람이 부정을 당하니, 군자의 점복에는 불리하다. 큰 것은 가고 작은 것이 온다"는 하늘과 땅이 사귀지 않아 만물이 통하지 않으며, 위와 아래가 사귀지 않아 천하에 나라가 없는 것이다. 안은 음이고 밖은 양이며, 안은 유하고 밖은 강하며, 안은 소인이며 밖은 군자이니, 소인의 도는 자라고 군자의 도는 사라진다.
"否之匪(非)人, 不利君子貞, 大往小來", 則是天地不交而萬物不通也, 上下不交而天下无邦也. 內陰而外陽, 內柔而外剛, 內小人而外君子, 小人道長, 君子道消也.

이 괘는 하괘가 곤坤이고 상괘가 건乾으로, 앞의 태괘와 모든 것이 상반된다.

13. 동인同人

동인은 유柔가 지위를 얻고 중中을 얻어서 건乾에 응하기 때문에 동인이라고 한다. 『동인』 괘사에 "야외에서 모이니 신명과 통하며 큰 강을 건너는 것이 이롭다"고 한 것은 건이 내려와 호응하기 때문이다. 문명하고 굳세며, 중정으로 응하니 군자의 바른 도道다. 오직 군자만이 천하의 뜻을 통할 수 있다.

同人, 柔得位得中, 而應乎乾, 曰同人. 同人曰"同人于野, 亨. 利涉大川", 乾行也. 文明以健, 中正而應, 君子正也. 唯君子爲能通天下之志.

이 괘는 하괘가 이離이고 상괘가 건乾이다. "유가 지위를 얻고 중을 얻어서 건에 응한다柔得位得中, 而應乎乾"는 말은 육이가 음효로 음의 자리에 있고, 하괘의 중의 자리에 있으며, 건괘의 구오와 호응함을 가리킨다. '건행야乾行也'는 건의 구오가 내려와서 육이와 호응함을 가리킨다. 『역경』에서 '이섭대천利涉大川'을 말하는 것에 이런 예가 있는데, 수需괘 괘사의 교독에서 자세히 설명한 바 있다. '문명하고 굳세다文明以健'에서 '문명'과 '굳셈健'은 모두 건의 도를 가리킨다. "중정으로 응하다中正而應"는 구오가 육이와 호응하는 것을 가리킨다. "군자의 바른 도다君子正也"라는 구절도 건의 도를 가리킨다.

14. 대유大有

대유는 유柔가 높은 자리를 얻고 크게 중中의 자리에 있으면서 위와 아래가 응하므로 대유라고 한다. 그 덕이 강건하고 문명하며, 하늘에 응해 때에 맞게 행하니, 이 때문에 "가장 순조롭다."
大有, 柔得尊位大中, 而上下應之, 曰大有. 其德剛健而文明, 應乎天而時行, 是以
"元亨".

이 괘는 하괘가 건乾이고 상괘가 이離다. "유가 높은 자리를 얻고 크게 중의 자리에 있으면서 위와 아래가 응한다柔得尊位大中, 而上下應"는 육오가 구오의 자리에 있고, 상하의 다섯 양이 육오에 응하는 것을 가리킨다. "그 덕이 강건하고 문명하며, 하늘에 응해 때에 맞게 행한다其德剛健而文明, 應乎天而時行"에서 '강건剛健'과 '하늘天'은 건乾을 가리키고, '문명文明'과 '때時'는 이離를 가리킨다.

15. 겸謙

"겸은 신명과 통한다"는 것은 하늘의 도는 밝고 빛나지만 내려오고, 땅의 도는 낮고 아래에 있지만 올라가기 때문이다. 하늘의 도는 가득 찬 것을 이지러지게 하고 겸손한 것을 더해주며, 땅의 도는 가득 찬 것을 변하게 하며 겸손한 데로 흐르며, 귀신은 가득 찬 것을 해롭게 하며 겸손함을 복되게 하며, 사람의 도는 가득 찬 것을 미워하고 겸손한 것을 좋아한다. 겸은 존귀하면서 빛나고, 낮지만 넘을 수 없으니 군자의 마침이다.

謙, 亨, 天道下濟而光明, 地道卑而上行. 天道虧盈而益謙, 地道變盈而流謙, 鬼神害盈而福謙, 人道惡盈而好謙. 謙尊而光, 卑而不可踰, 君子之終也.

이 괘는 하괘가 간艮이고 상괘가 곤坤이다. 간은 양괘가 되고 광명을 나타낸다. 본래 위에 있어야 하는데 오히려 아래에 있기 때문에 "하늘의 도는 밝고 빛나지만 내려온다天道下濟而光明"고 했다. "천도하제이광명天道下濟而光明"은 다음 문장과 호문이 된다. 본래 "천도광명이하제天道光明而下濟"가 올바른 문장이지만 운을 맞추기 위해서 순서를 바꾼 것이다.[6] 곤은 음괘가 되며 낮고 아래에 있음을 나타낸다. 본래 아래에 있어야 하기 때문에 "땅의 도는 낮고 아래에 있지만 올라간다地道卑而上行"고 했다. 겸괘가 '겸謙'이라 불리는 까닭은 위에 있는 것을 아래에 있는 것으로 바꾸고, 아래에 있는 것을 위에 있는 것으로 바꾸려고 하기 때문이다.

16. 예豫

예는 강剛이 응해서 뜻이 행해지고, 순하면서 움직이는 것이다. 예는 순하면서 움직이기 때문에 하늘과 땅도 같이하는데, 하물며 제후를 세우고 군대를 쓰는 일이겠는가? 하늘과 땅이 순함으로 움직이기 때문에

6_ 천구잉·자오젠웨이, 『주역금주금역』, 상무인서관, 2010, 153쪽.

해나 달이 지나치지 않고 사계절이 어긋나지 않는다. 성인이 순함으로 움직이니 형벌이 공정해서 백성이 복종한다. 예의 때와 의의가 크다!

豫, 剛應而志行, 順以動, 豫. 豫順以動, 故天地如之, 而況建侯行師乎? 天地以順動, 故日月不過, 而四時不忒. 聖人以順動, 則刑罰淸而民服. 豫之時義大矣哉!

이 괘는 하괘가 곤坤이고 상괘가 진震이다. "강이 응한다剛應"는 말은 구사가 위로 육오와 상륙에 응하고 아래로 초륙과 육이, 육삼에 응하는 것으로, 하나의 양이 다섯 음에 응하는 것을 가리킨다. "뜻이 행해진다志行"는 뜻하는 바가 실행됨을 말한다. "순하면서 움직인다順以動"는 곤이 순함順이 되고, 진은 움직임動이 되는 것을 가리킨다.

17. 수隨

수는 강剛이 와서 아래로 유柔를 밟으며, 움직이면서 기뻐하는 것이다. 신명과 크게 통하며, 바르고 화가 없으며, 천하가 때를 따른다. 수의 때와 의의가 크다!

隨, 剛來而下柔, 動而說(悅), 隨. 大亨, 貞无咎, 而天下隨時. 隨(時之)[之時]義大矣哉!

이 괘는 하괘가 진震이고 상괘가 태兌다. "강이 와서 아래로 유를 밟는다剛來而不柔"는 말은 태의 두 양이 아래로 진의 두 음을 밟는 것을 가리킨다. "움직이면서 기뻐한다動而說"에서 진이 움직임動이고, 태가 기쁨說인데, 열說은 '悅열'로 읽는다.

18. 고蠱

고는 강剛이 위에 있고 유柔가 아래에 있으며, 공손하면서 그쳐 있는 것이다. "고는 신명과 가장 잘 통해" 천하가 다스려진다. "큰 강을 건너는 것이 이롭다"는 가면 일이 있는 것이다. "갑일 삼일 전, 갑일 삼일 후"는 마치면 시작하는 것이니, 하늘의 운행이다.

蠱, 剛上而柔下, 巽(遜)而止, 蠱. "蠱:元亨", 而天下治也. "利涉大川", 往有事也. "先甲三日, 後甲三日", 終則有始, 天行也.

이 괘는 하괘가 손巽이고 상괘가 간艮이다. "강이 위에 있고 유가 아래에 있다剛上而柔下"는 말은 상하 두 괘에서 양은 모두 위에 있고 음은 모두 아래에 있는 것을 가리킨다. "공손하면서 그쳐 있다巽而止"에서 손巽은 '遜손'으로 독해하고, 간은 그침이다. "큰 강을 건너는 것이 이롭다利涉大川"는 구이가 육오와 응하는 것을 가리킨다. "가면 일이 있다往有事也"는 구이가 육이에게 가는 것을 말한다. 「서괘」에서 "기쁨으로 다른 사람을 따르면 반드시 일이 있기 때문에 고괘로 받았다. 고는 일이라는 뜻이다以喜隨人者必有事, 故受之以蠱. 蠱者, 事也"라고 하여 또한 '고蠱'를 '일事'로 풀이했다. "갑일 삼일 전, 갑일 삼일 후先甲三日, 後甲三日"는 천간지지天干地支에서 날짜를 기록할 때 갑甲을 시작으로 삼는 것을 말한다. "마치면 시작한다終則有始"는 육십

갑자가 순환 왕복해 끝나면 다시 시작하는 것을 말한다.

19. 임臨

임은 강剛이 점차로 자라고, 기쁘면서 순하며, 강이 중의 자리에 있으면서 육오와 응한다. 신명과 크게 통하면서 바르니 하늘의 도다. "8월이 되어야 상서롭지 않은 조짐이 있다"는 것은 양기가 사라져서 오래가지 못한다는 말이다.

臨, 剛浸而長, 說(悅)而順, 剛中而應. 大亨以正, 天之道也. "至于八月有凶", 消不久也.

이 괘는 하괘가 태兌이고 상괘가 곤坤이다. "강이 점차로 자란다剛浸而長"는 초구와 구이가 위로 가는 것을 말한다. "기쁘면서 순하다說(悅)而順"에서 태는 기쁨說이고, 곤은 순함順이다. "강이 중의 자리에 있으면서 육오와 응한다剛中而應"는 구이가 육오와 응하는 것을 가리킨다. "사라져서 오래가지 못한다消不久也"는 양기가 점점 소멸해 오래갈 수 없는 것을 말한다.

20. 관觀

크게 살피면서 위에 있으며, 순하고 공손하며, 중과 정의 자리에 있으면서 천하를 살핀다. "관觀은 손을 깨끗이 씻고 나서 제물을 늘어놓으니 표정과 태도가 장중해 신분에 맞아" 아랫사람이 보고 교화된다. 하늘의 신묘한 도를 관찰하면 사계절이 어긋나지 않고, 성인이 신묘한 도로 가르침을 베풀면 천하가 복종한다.

大觀在上, 順而巽(遜), 中正以觀天下. "觀: 盥而不薦, 有孚顒若", 下觀而化也. 觀天之神道, 而四時不忒, 聖人以神道設敎, 而天下服矣.

이 괘는 하괘가 곤坤이고 상괘가 손巽이다. "크게 살피면서 위에 있다大觀在上"는 양이 구오의 자리에서 높이 윗자리에 있으면서 아래로 네 음을 살피는 것을 말한다. "순하고 공손하다順而巽"에서 곤은 순함이고, 손巽은 '遜손'으로 독해한다. "중과 정의 자리에 있으면서 천하를 살핀다中正以觀天下"는 말은 구오가 상괘의 중의 자리에 있으면서 천하를 살피는 것을 가리킨다. 마지막 두 구절에서 "성인이 신묘한 도로 가르침을 베푼다聖人以神道設敎"는 "손을 깨끗이 씻고 나서 제물을 늘어놓는다盥而不薦"를 해석한 것이며, "천하가 복종한다而天下服矣"는 "표정과 태도가 장중해 신분에 맞다有孚顒若"를 해석한 것이다. 여기서 부孚는 복종한다는 뜻으로 풀이할 수 있다.

21. 서합噬嗑

입 안에 물건이 있기 때문에 서합이라고 한다. 섞어 합치니 신명과 통하며, 강剛과 유柔가 나뉘어 있고, 움직이면서 밝으며, 우레와 번개가 합쳐서 밝게 빛난다. 유가 중中을 얻어서 위로 가니, 비록 자리는 마땅치 않더라도 옥사를 판단하는 데 이롭다.

頤中有物, 曰噬嗑. 噬嗑而亨, 剛柔分, 動而明, 雷電合而章. 柔得中而上行, 雖不
當位, 利用獄也.

이 괘는 하괘가 진震이고 상괘가 이離다. "강과 유가 나뉘어 있다剛柔分"
는 음양이 교차하는 것을 가리킨다. "움직이면서 밝다動而明"에서 진이 움
직임動이고, 이離는 밝음明이다. "우레와 번개가 합쳐서 밝게 빛난다雷電合
而章"에서 진이 우레雷이고 이는 번개電이니, 두 괘가 하나로 합쳐 밝게 빛
나는 것을 가리킨다. "유가 중을 얻어서 위로 간다得中而上行"는 육이가 하
괘의 중의 자리에 있으면서 위로 가서 육오를 바꾸는 것을 말한다. "자리
는 마땅하지 않더라도雖不當位"는 육오가 음효로 양의 자리에 있는 것을 가
리킨다. "옥사를 판단하는 데 이롭다利用獄也"는 이 괘가 형벌과 관계가 있
음을 알려준다.

22. 비賁

비는 신명과 통하는데, 유柔가 내려오고 강剛을 문식하는 까닭에 "신명
과 통한다". 강을 나누어 내고 유를 문식하는 까닭에 "가는 것이 조금
이롭다".〔강과 유가 섞여 있는 것이〕하늘의 문채이며, 문채가 밝게 빛
나고 그치는 것이 사람의 문채다. 하늘의 문채를 관찰해 때의 변화를
살피고, 사람의 문채를 관찰해 천하를 교화시키고 이룬다.
賁, 亨. 柔來而文剛, 故"亨". 分剛上而文柔, 故"小利有攸往". 〔剛柔交錯〕, 天文也,
文明以止, 人文也. 觀乎天文, 以察時變, 觀乎人文, 以化成天下.

이 괘는 하괘가 이離이고 상괘가 간艮이다. "유가 내려오고 강을 문식한다柔來而文剛"는 상괘를 말한다. "유가 내려온다柔來"는 육오가 아래로 가는 것을 가리키며, "강을 문식한다文剛"는 두 음으로 하나의 양을 문식하는 것, 곧 육오와 육사를 구삼에 짝지은 것을 가리킨다. "강을 나누어 내고 유를 문식한다分剛上而文柔"는 하괘를 말한다. "강을 나누어 낸다分剛上"는 초구로부터 구삼을 나누어 내는 것을 가리키고, "유를 문식한다文柔"는 두 양으로 하나의 음을 문식하는 것, 곧 초구와 구삼을 육이에 짝지은 것을 가리킨다. "강과 유가 섞여 있다剛柔交錯"는 금본에는 빠져 있는 것을 곽경郭京의 『주역거정周易擧正』에 근거해 보충했는데, 세 양과 세 음이 교차하는 것을 가리킨다.[7] "문채가 밝게 빛나고 그친다文明以止"에서 이離는 밝음明이고, 간은 그침止이다.

23. 박剝

박剝은 깎아 없애는 것이며, 유柔가 강剛을 변하게 하는 것이다. "다니는 것이 이롭지 않은" 것은 소인이 자라기 때문이다. 순하고 그치는 것은 상象을 관찰한 것이다. 군자는 사그라지고 불어나며 차고 비는 이치를 숭상하니, 이것은 하늘의 운행이다.

剝, 剝也, 柔變剛也. "不利有攸往", 小人長也. 順而止之, 觀象也. 君子尙消息盈虛, 天行也.

7_ 곽경, 『주역거정』, 왕원우王雲五 주편 『총서집성叢書集成』 초편본, 상무인서관, 1939, 권상, 5쪽.

이 괘는 하괘가 곤坤이고 상괘가 간艮이다. "박은 깎아 없애는 것이다剝, 剝也"라는 구절은 괘명을 해석한 것이다. 이런 해석은 불필요한 말 같지만, 실은 일종의 훈고의 체례다. 이전 사람들은 이를 '본자위훈本字爲訓(본래의 글자로 뜻풀이함)'이라 불렀고, 지금은 대부분 '동자위훈同字爲訓(같은 글자로 뜻풀이함)'이라 부른다. 본자위훈의 성격에 대해서는 학자들마다 의견이 다르다. 내 생각에 그것이 강조하는 것은 '바뀐 글자易字'가 아니라 '본래의 글자本字'로 해석한다는 점이다. 이른바 '본래의 글자'란 당시의 글씨 습관이나 독서 습관에 따라 인정한 표준 글자이며, '바뀐 글자'란 가차자假借字나 동의자同義者를 말한다. 풀이하는 글자나 풀이되는 글자 사이에 글자의 성격이나 뜻, 독음의 차이가 있는지 여부는 결코 문제의 관건이 아니다. 이런 현상은 몽괘 주석에서 이미 언급했다. "유가 강을 변하게 한다柔變剛也"는 다섯 음이 하나의 양을 바꾸는 것을 말한다. "소인이 자란다小人長也"는 초륙에서 육오까지의 다섯 효를 가리킨다. "순하고 그친다順而止之"에서 곤은 순함이고 간은 그침이다.

24. 복復

복復은 신명과 통하니 강剛이 유柔를 바꾸고 순함으로 가기 때문이다. 그래서 "계속 드나들어도 병이 없으며 벗들이 오니 화가 없다. 원래의 길로 돌아오는데 7일이면 돌아온다"는 것은 하늘의 운행이다. "나가서 다니는 데 이롭다"는 말은 강이 자라기 때문이다. 복에서 천지의 마음을 볼 것이다.

復, 亨, 剛反動而以順行. 是以"出入无疾, 朋來无咎. 反復其道, 七日來復", 天行也, "利有攸往", 剛長也. 復其見天地之心乎!

이 괘는 하괘가 진震이고 상괘가 곤坤이다. "강이 유를 바꾸고 순함으로 간다剛反動而以順行"에서 '강剛'은 초구를 가리키고, '바꾸다反動'는 초구가 육이를 바꾸는 것을 가리키며, '순함으로 간다順行'는 육이가 위로 올라가 곤으로 들어가서 곤이 순함順이 됨을 가리킨다. "강이 자란다剛長也"는 초구를 가리킨다. 양효가 아래에 있는 것이 연장자가 된다. 「설괘」 2:8에서는 진震을 장남으로 보았다.

25. 무망无妄

무망은 강剛이 밖에서 와서 안에서 주인이 된 것이다. 움직이면서 굳세고, 강이 중中의 자리에 있으면서 유柔와 응해 매우 순조롭고 바르니 하늘의 명이다. "정상적인 것을 어기면 의외의 재난이 있으며 밖으로 나가는 것도 이롭지 않다"고 하니 무망이 어디로 가겠는가? 천명이 돕지 않는 것을 행하겠는가!

无妄, 剛自外來而爲主於內. 動而健, 剛中而應, 大亨以正, 天之命也. "其匪正有眚, 不利有攸往", 无妄之往, 何之矣? 天命不祐, 行矣哉!

이 괘는 하괘가 진震이고 상괘가 건乾이다. "강이 밖에서 와서 안에서 주인이 된다剛自外來而爲主於內"에서 밖은 위이고 안은 아래이니, 상구는 가장 바깥쪽이고 초구는 가장 안쪽이다. 여기서는 양이 거꾸로 음을 향해 가서 외괘의 상구로부터 와서 내괘의 초구로 바뀌니 초구가 내괘의 주인이 됨을 가리킨다. 진은 양괘가 되고 초구가 그 주인이 된다. "움직이면서 굳세다動而健"에서 진은 움직임動이고 건은 굳셈健이다. "강이 중의 자리에 있으면서 유와 응한다剛中而應"는 말은 구오가 상괘의 중의 자리에 있고 육이는 하괘의 중의 자리에 있으면서 강과 유가 서로 응하는 것을 가리킨다.

26. 대축大畜

대축은 강건하고 독실하며 거듭 빛이 나서 날로 그 덕을 새롭게 한다. 강剛이 올라가 어진 이를 숭상하고 강건한 것을 그칠 수 있으니 크게 바르다. "밭 갈지 않고 심지 않아도 먹을 식량이 있으니 당연히 좋다"는 어진 이를 기르는 것이다. "큰 강을 건너는 것이 이롭다"는 하늘에 응하는 것이다.

大畜, 剛健, 篤實輝光, 日新其德. 剛上而尙賢, 能止健, 大正也. "不家食吉", 養賢也. "利涉大川", 應乎天也.

이 괘는 하괘가 건乾이고 상괘가 간艮이다. "강건하다剛健"는 하괘의 건이 굳셈을 가리키며, "독실하다篤實"는 상괘의 간이 산이 됨을 가리킨다. 건과 간은 모두 양괘이므로 "거듭 빛이 난다輝光"고 했다. "강이 올라가 어진 이를 숭상한다剛上而尙賢"는 상구를 가리킨다. "강건한 것을 그칠 수 있다能止健"는 간이 건을 그치게 함을 가리킨다. "하늘에 응한다應乎天也"는 상구를 가리킨다.

27. 이頤

이頤는 "바르면 길하"니 바른 것을 기르면 길하다. "그의 뺨을 본다"는 그 길러지는 바를 보는 것이다. "입에 무엇을 머금었는지 추측할 수 있다"는 스스로 기르는 것을 관찰하는 것이다. 천지가 만물을 기르며, 성인이 어진 이를 길러서 백성에게 미치게 한다. 이頤의 때가 크다!

頤, "貞吉", 養正則吉也. "觀頤", 觀其所養也. "自求口實", 觀其自養也. 天地養萬物, 聖人養賢以及萬民. 頤之時大矣哉!

이 괘는 하괘가 진震이고 상괘가 간艮이다. '이頤'는 기른다는 뜻으로 풀이한다. 「서괘」14에 "이는 기르는 것이다頤者, 養也"라고 했으며, 「잡괘」14에서는 "이는 바름을 기르는 것이다頤, 養正也"라고 했다.

28. 대과大過

대과는 큰 것이 지나친 것이다. "대들보가 흰다"는 근본과 끝이 약한 것이다. 강剛이 지나치면서 가운데에 있고, 공손하고 기쁨으로 간다. "나다니는 것이 이롭다"는 신명과 통하는 것이다. 대과의 때가 크다!

大過, 大者過也. "棟(撓)[撓]", 本末弱也. 剛過而中, 巽(遜)而說(悅)行. "利有攸往", 乃亨. 大過之時大矣哉!

이 괘는 하괘가 손巽이고 상괘가 태兌다. 하경 62번째에 소과괘가 있는
데 이 괘와 상대된다. 대과괘는 양陽이 지나친 것이고 소과괘는 음陰이 지
나친 것이다. "큰 것이 지나친 것이다大者過也"는 중간의 네 효, 곧 구이부터
구오까지 양이 지나치게 강한 것을 가리킨다. "근본과 끝이 약하다本末弱
也"는 상하의 두 효, 곧 초륙과 상륙에서 음이 지나치게 약한 것을 가리킨
다. 「계사 하」 18에 "초효는 알기 어렵고 상효는 알기 쉬우니 근본이고 끝
이기 때문이다其初難知, 其上易知, 本末也"라고 했는데, '근본本'은 초효이고
'끝末'은 상효를 말한다. "강이 지나치면서 가운데에 있다剛過而中"는 중간의
네 효가 모두 양효이며, 음효가 양효를 이기지 못함을 가리킨다. "공손하고
기쁨으로 간다巽而說行"에서 손巽은 '遜손'으로 독해한다. 열說은 '悅열'로 독
해하니 태兌를 해석한 것으로, 음이 양을 기뻐해 순순히 따라가는 것을 가
리킨다.

29. 습감習坎

습감은 거듭 험한 것이다. 물이 흘러서 차지 않으며, 험한 곳을 가도 그
믿음을 잃지 않는다. "마음이 신명과 통한다"고 한 것은 강剛이 중中의 자
리에 있기 때문이다. "도중에 도와주는 사람이 있다"는 가면 공이 있는
것이다. 하늘의 험함은 오를 수 없다. 땅의 험함은 산과 내와 언덕이다.
왕공이 험한 것을 설치해 나라를 지킨다. 험한 것의 때와 쓰임이 크다!

習坎, 重險也. 水流而不盈, 行險而不失其信. "維心亨", 乃以剛中也. "行有尙", 往有功也. 天險, 不可升也. 地險, 山川丘陵也. 王公設險以守其國. 險之時用大矣哉!

이 괘는 감坎이 중첩되었다. '습감習坎'은 감을 중첩시킨 것을 말한다. 습習은 포개고 합쳤다는 뜻이다. 감은 험함險이니, '거듭 험한 것重險'은 곧 감을 중첩시킨 것이다. 감은 물水이니 "물이 흘러서 차지 않는다水流而不盈"는 구오의 "구덩이 입구가 막히지 않는다坎不盈"를 해석한 것이다. "험한 곳을 가도 그 믿음을 잃지 않는다行險而不失其信"는 괘사의 "예상을 벗어나지 않는다有孚"를 해석한 것이다. "강이 중의 자리에 있기 때문이다乃以剛中也"는 구이가 하괘의 가운데에 있고 구오가 상괘의 가운데에 있으니 모두 양효로 중의 자리에 있음을 가리킨다. '하늘의 험함天險'은 상괘의 감을 가리키고, '땅의 험함地險'은 하괘의 감을 가리킨다.

30. 이離

이離는 붙는 것이다. 해와 달이 하늘에 붙고, 백곡과 초목이 땅에 붙으며, 거듭 밝음으로 바른 데 붙어서 천하를 변화시키고 이룬다. 유柔가 중中과 정正에 붙기 때문에 신명과 통하고, 이 때문에 "암소를 키우면 길하다".

離, 麗也. 日月麗乎天, 百穀草木麗乎土, 重明以麗乎正, 乃化成天下. 柔麗乎中正, 故亨, 是以"畜牝牛吉"也.

이 괘는 이離를 중첩한 것이다. "이는 붙는 것이다離, 麗也"는 괘명을 해석한 것이다. 여기서는 붙다(부착하다)의 뜻을 지닌 여麗로 이離를 해석했다. 뒤에 언급되는 4개의 麗자는 모두 이런 뜻이다. 離는 해와 달이 밝게 빛나는 상象이다. '거듭 밝음重明'은 離를 중첩시킨 것이다. "유가 중과 정에 붙는다柔麗乎中正"는 육이가 하괘의 중의 자리에 있고 육오가 상괘의 중의 자리에 있어서 상괘와 하괘가 모두 음효로 중의 자리에 있음을 가리킨다. 離는 음괘다. "암소를 키우면 길하다畜牝牛吉"는 두 양이 하나의 음을 끼고 있어 매우 길한 것을 가리킨다.

단전 하象下

31. 함咸

함은 느끼는 것이다. 유柔는 위에 있고 강剛은 아래에 있어 두 기운이 감응해 서로 통한다. 그쳐서 기뻐하고 남자가 여자의 아래에 있다. 이 때문에 "신명과 통하고 바른 것이 이로우며 장가드는 일이 길하다". 하늘과 땅이 감응해서 만물이 생성발육하고, 성인이 사람의 마음을 감동시켜 천하가 화평하다. 그 감응하는 바를 관찰하면 천지와 만물의 정을 볼 수 있다.

咸, 感也. 柔上而剛下, 二氣感應以相與. 止而說(悅), 男下女, 是以"亨, 利貞, 取女吉"也. 天地感而萬物化生, 聖人感人心而天下和平. 觀其所感, 而天地萬物之情可見矣.

이 괘는 하괘가 간艮이고 상괘가 태兌다. "함은 느끼는 것이다咸, 感也"는 괘명을 해석한 것이다(음훈에 속함). "유는 위에 있고 강은 아래에 있다柔上而剛下"는 태가 유柔의 괘로 위에 있고, 간은 강剛의 괘로 아래에 있음을 가리킨다. 태는 하나의 음이 위에 있고 2개의 양이 아래에 있으며, 간은 하나의 양이 위에 있고 2개의 음이 아래에 있어 서로 반대된다. "두 기운이 감응해 서로 통한다二氣感應以相與"는 것은 곧 「설괘」 2:1의 "산과 못이 기운을 통한다山澤通氣"는 말이다. "그쳐서 기뻐한다止而說"에서 간艮은 그침止이고, 열說은 '悅열'로 독해하는데 태兌를 해석한 것으로, 남녀가 걸음을 멈추고 두 사람의 감정이 서로 기뻐하는 것을 가리킨다. "남자가 여자의 아래에 있다男下女"는 간이 하괘에 있고 태가 상괘에 있는 것을 가리킨다. 간은 소남少男이 되고, 태는 소녀少女가 되니 「설괘」 2:8에 보인다.

32. 항恒

항은 오래하는 것이다. 강剛이 위에 있고 유柔가 아래에 있으며, 우레와 바람이 함께하며, 공손하면서 움직이며, 강과 유가 다 응하는 것이 항이다. "항은 신명과 통하며 화가 없다. 바른 것이 이롭다"는 그 도에 오래하기 때문이다. 천지의 도는 항구하여 그치지 않는다. "나다니는 것이 이롭다"는 마치면 시작이 있기 때문이다. 해와 달이 하늘을 얻어 오래 비출 수 있으며, 사계절이 변화해서 오래 이룰 수 있으며, 성인이 그 도에 오래해서 천하가 교화하여 이루어진다. 그 항구한 바를 보면 천지만물의 뜻을 볼 수 있다.

恒, 久也. 剛上而柔下, 雷風相與, 巽(遜)而動, 剛柔皆應, 恒. "恒: 亨, 无咎, 利貞", 久於其道也. 天地之道, 恒久而不已也. "利有攸往", 終則有始也. 日月得天而能久照, 四時變化而能久成, 聖人久於其道而天下化成. 觀其所恒, 而天地萬物之情可見矣!

이 괘는 하괘가 손巽이고 상괘가 진震이다. "항은 오래하는 것이다恒, 久也"는 괘명을 해석한 것이다. "강이 위에 있고 유가 아래에 있다剛上而柔下"는 진이 강의 괘로 위에 있고, 손이 유의 괘로 아래에 있음을 가리킨다. 진은 2개의 음이 위에 있고 하나의 양이 아래에 있으며, 손은 2개의 양이 위에 있고 하나의 음이 아래에 있어 서로 반대가 된다. "우레와 바람이 함께한다雷風相與"에서 진은 우레雷가 되고 손은 바람風이 된다. "공손하면서 움직인다巽而動"에서 손巽은 '遜손'으로 읽으니 손순遜順하고 복종한다는 뜻이며, 진은 움직임動이 된다. "강과 유가 다 응한다剛柔皆應"는 초륙은 구사와 응하고, 구이는 육오와 응하며, 구삼은 상륙과 응하는 것을 가리킨다.

33. 둔遯

둔은 신명과 통하니, 은둔하여 신명과 통하는 것이다. 강剛이 자리를 마땅하게 해서 응하니 때에 맞게 행한다. "바른 것이 조금 이롭다"는 것은 점차 자라기 때문이다. 둔의 때와 뜻이 크다!

遯, 亨, 遯而亨也. 剛當位而應, 與時行也. "小利貞", 浸而長也. 遯之時義大矣哉!

이 괘는 하괘가 간艮이고 상괘가 건乾이다. "둔은 신명과 통하니, 은둔하여 신명과 통하는 것이다遯, 亨, 遯而亨也"라는 구절에 대해서는 대부분 피하고 숨어야 형통할 수 있다는 말로 생각한다. 하지만 둔遯자는 본래 돼지가 달아나는 것을 가리키니, 경문에서 새끼 돼지를 묶는 일에 대해 말한 것은 묶인 새끼 돼지가 맛있다는 것이지 돼지가 달아나야 좋다는 말은 아니다. "강이 자리를 마땅하게 해서 응한다剛當位而應"는 구오가 상괘의 중의 자리에 있어 양효가 양의 자리를 마땅하게 하고, 육이가 하괘의 중의 자리에 있어 음효가 음의 자리를 마땅하게 하여 강과 유가 서로 응하는 것을 가리킨다.

34. 대장大壯

대장은 큰 것이 장성한 것이다. 강하면서 움직이기 때문에 장성하다. "대장은 바른 것이 이롭다"는 큰 것이 바르기 때문이다. 바르고 크니 천지의 뜻을 볼 수 있다.

大壯, 大者壯也. 剛以動, 故壯. "大壯, 利貞", 大者正也. 正大, 而天地之情可見矣.

이 괘는 하괘가 건乾이고 상괘가 진震이다. "대장은 큰 것이 장성한 것이다大壯, 大者壯也"라는 괘명을 해석한 것이다. '큰 것大者'은 양을 가리키고, '장성하다壯'는 강하고 번성함을 형용한 것이다. "강하면서 움직인다剛以動"에서 건은 강함剛이 되고, 진은 움직임動이 된다. 2개의 정正자는 '貞정'자를 해석한 것이다.

35. 진晉

진은 나아가는 것이다. 밝음이 땅 위로 나와, 순하면서 크게 밝은 데 걸리고, 유柔가 나아가 올라간다. 그리하여 "강후가 천자가 하사한 말로 교미시켜 좋은 말을 많이 길러내니, 낮 동안 세 번의 접견을 받는다."

晉, 進也. 明出地上, 順而麗乎大明, 柔進而上行, 是以"康侯用錫(賜)馬蕃庶, 晝日三接"也.

이 괘는 하괘가 곤坤이고 상괘가 이離다. "진은 나아가는 것이다晉, 進也"는 괘명을 해석한 것이며, 설명은 「서괘」 18과 같다. "밝음이 땅 위로 나온다明出地上"는 해가 나오는 상象으로, 이離는 밝음이고 곤은 땅이니 이가 곤의 위로 나오는 것을 가리킨다. "순하면서 크게 밝은 데 걸린다順而麗乎大明"에서 곤은 순함順이고 이離는 붙는麗 것이니, 해가 나와서 크게 밝은 것을 말한다. "유가 나아가 올라간다柔進而上行"는 곤괘의 세 음이 올라가서 위로 육오의 자리에 있는 것을 가리킨다.

36. 명이明夷

밝음이 땅 속으로 들어가는 것이 명이明夷다. 안은 문채 나고 밝으며 밖은 유순해서 큰 환난을 무릅쓰니 문왕이 그렇게 했다. "어렵고 바르게 하는 것이 이롭다"는 밝음을 감추는 것이며, 안이 어려운데도 뜻을 바르게 할 수 있으니 기자가 그렇게 했다.

明入地中, 明夷. 內文明而外柔順, 以蒙大難, 文王以之. "利艱貞", 晦其明也, 內難而能正其志, 箕子以之.

이 괘는 하괘가 이離이고 상괘가 곤坤이다. "밝음이 땅 속으로 들어간다明入地中"는 괘명을 해석한 것이다. 이離는 밝음明이고 곤은 땅으로, 밝음이 땅 속으로 들어가는 것이니 해가 지는 상이다. "안은 문채 나고 밝으며 밖은 유순해서 큰 환난을 무릅쓰니 문왕이 그렇게 했다內文明而外柔順, 以蒙大難, 文王以之"에서 이離는 문채 나고 밝음文明이며 내괘(하괘)에 속하고, 곤은 유순함이며 외괘(상괘)에 속한다. 문왕이 유리에 갇혔을 때, 안으로 문채 나고 밝음이 있으나 밖으로는 유순함을 보여 신하로 복종하는 척하면서 은나라 주왕을 미혹시킨 일을 가리킨다. "밝음을 감추는 것이며, 안이 어려운데도 뜻을 바르게 할 수 있으니 기자가 그렇게 했다晦其明也, 內難而能正其志, 箕子以之"는 구절은 기자가 미친 척하며 자신을 드러내지 않고 때를 기다리면서 분하지만 자신의 뜻을 꺾지 않았던 일을 가리킨다.

37. 가인家人

가인은 여자는 안에서 자리를 바르게 하고 남자는 밖에서 자리를 바르게 한다. 남자와 여자가 바르게 하는 것이 하늘과 땅의 큰 뜻이다. 집에 엄한 어른이 있는 것은 부모를 말한다. 아비는 아비답고 아들은 아들다우며, 형은 형답고 아우는 아우다우며, 지아비는 지아비답고 지어미는 지어미다워야 집안의 도가 바르게 된다. 집안이 바르게 되면 천하가 안정된다.

家人, 女正位乎內, 男正位乎外. 男女正, 天地之大義也. 家人有嚴君焉, 父母之謂也. 父父, 子子, 兄兄, 弟弟, 夫夫, 婦婦, 而家道正. 正家而天下定矣.

이 괘는 하괘가 이離이고 상괘가 손巽이다. "여자는 안에서 자리를 바르게 하고 남자는 밖에서 자리를 바르게 한다女正位乎內, 男正位乎外"는 구절은 육이가 내괘(하괘)의 중의 자리에 있고, 구오가 외괘(상괘)의 중의 자리에 있어 모두 그 자리에 적당함을 가리킨다.

38. 규睽

규는 불이 움직여 올라가고 못이 움직여 내려오며, 두 여자가 같이 살지만 뜻이 같이 행해지지 않는다. 기뻐하면서 밝은 데 걸려 있고, 유柔가 위로 가고, 중中을 얻어 강剛에 응한다. 이 때문에 "작은 일이 길하다". 하늘과 땅이 어긋나도 일이 같으며, 남자와 여자가 어긋나도 뜻이 통하며, 만물이 어긋나도 일이 같으니 규의 때와 쓰임이 크다!
睽, 火動而上, 澤動而下, 二女同居, 其志不同行. 說(悅)而麗乎明, 柔進而上行, 得中而應乎剛, 是以"小事吉". 天地睽而其事同也, 男女睽而其志通也, 萬物睽而其事類也. 睽之時用大矣哉!

이 괘는 하괘가 태兌이고 상괘가 이離다. "불은 움직여 올라간다火動而上"는 상괘의 이離를 가리킨다. "못은 움직여 내려온다澤動而下"는 하괘의 태兌를 가리킨다. "두 여자가 같이 산다二女同居"에서 이離는 중녀中女가 되고 태는 소녀少女가 되니, 「설괘」 2:8에 보인다. 여기서는 이와 태가 한 괘에 있는 것을 가리킨다. "뜻이 같이 행해지지 않는다其志不同行"고 했는데, 규괘에서 규睽는 두 눈이 서로 어긋난 것을 말하며, 마왕두이본에는 '괴乖괴'로 되어 있다. 여기서는 이와 태가 상하로 어긋난 것을 가리킨다. 상빙허는 "불의 성질은 타올라 위에 있고, 물은 젖고 흘러서 아래에 있으니 갈수록 멀어진다"라고 풀이했다.[1] "기뻐하면서 밝은 데 걸려 있다說(悅)而麗乎明"에서 '說열'은 '열悅'로 읽는데, 태兌를 해석한 것이다. "밝은 데 걸려 있다麗乎明"에서 이離는 붙는麗 것이고 밝음明이다. "유가 위로 가고, 중을 얻어 강에 응한다柔進而上行, 得中而應乎剛"는 구절은 육삼이 위로 가서 육오로 바뀌어 상괘의 중의 자리에 있으면서 구사나 상구와 응하는 것을 가리킨다.

39. 건蹇

건은 어려움이니, 험함이 앞에 있는 것이다. 험한 것을 보고 그칠 수 있으니 지혜롭다. "서쪽에서 북쪽으로 가는 것이 이롭다"는 가서 중中을 얻는 것이다. "동쪽에서 북쪽으로 가는 것은 불리하다"는 그 도가 곤궁한 것이다. "대인을 보는 것이 이롭다"는 가서 공이 있는 것이다. 지위가 마땅하고 바른 것이 길한 것은 나라를 바르게 하는 것이다. 건의 때와 쓰임이 크다!

蹇, 難也, 險在前也. 見險而能止, 知(智)矣哉! "蹇:利西南", 往得中也. "不利東北", 其道窮也. "利見大人", 往有功也. 當位貞吉, 以正邦也, 蹇之時用大矣哉!

이 괘는 하괘가 간艮이고 상괘가 감坎이다. "건은 어려움이다蹇: 難也"는

1_ 상빙허, 『주역상씨학』, 180쪽.

괘명을 해석한 것이다. "험함이 앞에 있다險在前"에서 감坎은 험함險이니, 감이 위에 있는 것을 가리킨다. "험한 것을 보고 그칠 수 있다見險而能止"에서 간艮은 그침이니, 간이 감을 만나 그칠 수 있음을 가리킨다. "가서 중을 얻는다往得中也"는 구오의 자리가 마땅하고 중의 자리에 있음을 가리킨다. "그 도가 곤궁하다其道窮也"는 상륙을 가리킨다. "지위가 마땅하고 바른 것이 길하다當位貞吉"는 구절은 육이가 하괘의 중의 자리에 있고 구오가 상괘의 중의 자리에 있어서 강과 유가 서로 대하는 것을 가리킨다.

40. 해解

해解는 험하고 움직이니, 움직여 험함을 벗어난 것이 해다. "서쪽에서 남쪽으로 가는 것이 이롭다"는 가서 무리를 얻는 것이다. "자신이 가지 못하면 상대방이 오니 길하다"는 중中을 얻기 때문이다. "자신이 가게 되면 일찍 길에 오르는 것이 좋다"는 가서 공이 있는 것이다. 하늘과 땅이 풀림에 우레와 비가 일어나고, 우레와 비가 일어남에 온갖 과실과 초목이 모두 열려 터지니 해의 때가 얼마나 큰가!

解, 險以動, 動而免乎險, 解. "解: 利西南", 往得衆也, "其來復, 吉", 乃得中也, "有攸往, 夙吉", 往有功也. 天地解而雷雨作, 雷雨作而百果草木皆甲坼. 解之時大矣哉!

이 괘는 하괘가 감坎이고 상괘가 진震이다. "험하고 움직이니, 움직여 험함을 벗어난다險以動, 動而免乎險"는 상괘의 진의 움직임이 하괘의 감의 험함을 벗어난 것을 가리킨다. '우레와 비雷雨'에서 진은 우레雷이고, 감은 비雨다.

41. 손損

손은 아래를 덜어 위에 더해서 그 도가 위로 가는 것이다. "덜어냄에 예상한 바를 벗어나지 않으니 가장 길하고 화가 없다. 바르게 하는 것이 좋고 나다니는 것이 이롭다. 제사는 무엇으로 지내는가? 제기 두 개면 충분하다"는 두 개의 대그릇이 마땅한 때가 있으며, 강剛을 덜어서 유柔에 더함이 때가 있으니, 덜고 보태며 채우고 비우는 것을 때에 맞게 행하는 것이다.

損, 損下益上, 其道上行. "損而有孚, 元吉, 无咎, 可貞, 利有攸往, 曷之用? 二簋可用享." 二簋應有時, 損剛益柔有時, 損益盈虛, 與時偕行.

이 괘는 하괘가 태兌이고 상괘가 간艮이다. 태는 음괘가 되고, 간은 양괘가 된다. "아래를 덜어 위에 더한다損下益上"는 하괘의 세 번째 효를 덜어서 상괘의 세 번째 효에 더하는 것을 가리킨다. "강을 덜어서 유에 더한다損剛益柔"는 하괘를 덜어서 상괘에 더하는 것을 가리킨다.

42. 익益

익은 위를 덜어서 아래에 더하니 백성의 기뻐함이 끝이 없다. 위에서 아래로 내려오니 그 도가 크게 빛난다. "나다니는 것이 이롭다"는 중정中正해서 경사가 있는 것이다. "큰 강을 건너는 것이 이롭다"는 나무의 도가 행해지는 것이다. 익은 움직이고 겸손해서 날마다 나아가는 것이 끝이 없다. 하늘은 베풀고 땅은 낳아서 이로움이 끝이 없다. 익의 도는 때에 맞게 행해진다.

益, 損上益下, 民說(悅)无疆. 自上下下, 其道大光. "利有攸往", 中正有慶. "利涉大川", 木道乃行. 益動而巽(遜), 日進无疆. 天施地生, 其益无方. 凡益之道, 與時偕行.

이 괘는 하괘가 진震이고 상괘가 손巽이다. "위에서 아래로 내려오니 그 도가 크게 빛난다自上下下, 其道大光"는 진은 양괘이고 손은 음괘이니, 진이 손의 위에 있는 것을 가리킨다. "나무의 도가 행해진다木道乃行"는 손이 나무가 되니 겸손遜의 도가 크게 행해지는 것을 가리킨다. "익은 움직이고 겸손하다益動而巽"에서 진은 움직임動이 되고, 손巽은 '遜손'으로 읽는다.

43. 쾌夬

쾌는 결단하는 것으로, 강剛이 유柔를 결단하는 것이다. 굳세며 기뻐하고, 결단하여 화합한다. "왕의 조정까지 진동시킨다"는 유가 다섯 강을 탄 것이다. "울며 곡하는 소리가 그치지 않는다"는 위태로움이 낱낱이 드러나는 것이다. "성에서 와서 보고하기를 '우리가 적을 맞이하기에 불리하다'"는 숭상하는 바가 곤궁한 것이다. "원군을 보내주는 것이 이롭다"는 강이 자라서 마지막까지 이르는 것이다.

夬, 決也, 剛決柔也. 健而說(悅), 決而和. "揚于王庭", 柔乘五剛也. "孚號有厲", 其危乃光也. "告自邑, 不利卽戎", 所尙乃窮也. "利有攸往", 剛長乃終也.

이 괘는 하괘가 건乾이고 상괘가 태兌다. "강이 유를 결단한다剛決柔也"는 다섯 양이 하나의 음(상륙)을 결단하는 것을 가리킨다. "굳세며 기뻐하고 결단하여 화합한다健而說, 決而和"에서 건은 굳셈健이고 결연함決이며, 태는 기쁨說이고(열說은 '悅열'로 읽는다) 온화함和이다. "유가 다섯 강을 탄다柔乘五剛也"는 하나의 음이 다섯 양을 타는 것을 가리킨다(음이 양 위에 있는 것이다). "위태로움이 낱낱이 드러난다其危乃光也"는 알리는 사람이 위태로운 상황을 왕의 조정에 낱낱이 드러내는 것을 가리킨다. "숭상하는 바가 곤궁하다所尙乃窮也"는 상륙이 음이 됨을 가리킨다. "강이 자라서 마지막까지 이른다剛長乃終也"는 다섯 양이 음효를 위로 곤궁하게 하는 것을 가리킨다.

44. 구姤

구는 만나는 것으로, 유柔가 강剛을 만나는 것이다. "여자아이가 나이가 많으면 절대 취하지 마라"는 함께 오래갈 수 없기 때문이다. 천지가 서로 만나니 모든 사물이 다 빛난다. 강이 중정을 만났으니 천하가 크게 행해진다. 구의 때와 뜻이 크다!

姤, 遇也, 柔遇剛也. "勿用取女", 不可與長也. 天地相遇, 品物咸章也. 剛遇中正, 天下大行也. 姤之時義大矣哉!

이 괘는 하괘가 손巽이고 상괘가 건乾이다. '구姤'는 '遘구'와 같으며 '만나다遇'로 풀이한다. "유가 강을 만난다柔遇剛也"는 손은 유柔의 괘이고 건은 강剛의 괘이니, 강과 유의 두 괘가 합쳐져 이 괘가 만들어졌다는 것을 가리킨다. "강이 중정을 만난다剛遇中正"는 구이와 구오를 가리킨다.

45. 췌萃

췌는 모이는 것이다. 순하면서 기뻐하고, 강剛이 중中의 자리에 있으면서 응하기 때문에 모이는 것이다. "우리 왕이 이 묘에 강림한다"는 효성으로 제사를 이루는 것이다. "대인을 봄이 이로우며 신명과 통한다"는 바름正으로 모이기 때문이다. "큰 희생으로 제사하니 길하고 나가는 것이 이롭다"는 천명을 따르는 것이다. 모이는 것을 관찰하면 천지만물의 실정을 볼 수 있다.

萃, 聚也. 順以說(悅), 剛中而應, 故聚也. "王假有廟", 致孝享也. "利見大人, 亨", 聚以正也. "用大牲吉, 利有攸往", 順天命也, 觀其所聚, 而天地萬物之情可見矣.

이 괘는 하괘가 곤坤이고 상괘가 태兌다. "순하면서 기뻐한다順以說"에서 곤은 순함이 되고, 열說은 '悅열'로 읽는데 태兌를 해석한 것이다. "강이 중의 자리에 있으면서 응한다剛中而應"는 구오가 육이와 응하는 것을 가리킨다.

46. 승升

유柔가 차차 올라가며, 공손하고 순하며, 강剛이 중中의 자리에 있으면
서 응하니, 이 때문에 크게 신명과 통한다. "대인을 보는 것이 이롭고
걱정할 필요 없다"는 경사가 있는 것이다. "남쪽으로 가면 길하다"는
뜻이 행해지는 것이다.

柔以時升, 巽(遜)而順, 剛中而應, 是以大亨. "用見大人, 勿恤", 有慶也. "南征吉",
志行也.

이 괘는 하괘가 손巽이고 상괘가 곤坤이다. "유가 차차 올라간다柔以時升"
는 초륙이 위로 감에 점차적으로 나아가서 차례대로 육사와 육오, 상륙이
되는 것을 가리킨다. "공손하고 순하다巽而順"에서 손巽은 '遜손'으로 읽고,
곤坤은 순함順이다. "강이 중의 자리에 있으면서 응한다剛中而應"는 구이가
육오와 응하는 것을 가리킨다. "뜻이 행해진다志行"는 뜻이 행해지고 마음
에 생각한 일이 이루어지는 것이다.

47. 곤困

곤은 강剛이 가려진 것이다. 험하면서 기뻐하며, 곤궁하되 그 마땅함을

잃지 않으니 신명과 통한다. 오직 군자만이 그러할 것이다. "바르면 대인이 길하다"는 강이 중의 자리에 있기 때문이다. "욕하는 사람이 있더라도 마음에 둘 필요는 없다"는 입을 숭상함이 곤궁한 것이다.

困, 剛揜(掩)也. 險以說(悅), 困而不失其所, 亨. 其唯君子乎! "貞大人吉", 以剛中也. "有言不信", 尚口乃窮也.

이 괘는 하괘가 감坎이고 상괘가 태兌다. "강이 가려진다剛揜也"에서 감은 강의 괘이고 태는 유의 괘이며, 엄揜은 '掩엄'과 같다. 감이 태의 아래에 있으니, 상괘에게 가려진 것을 가리킨다. "험하면서 기뻐한다險以說"에서 감은 험함險이고, 열說은 '悅열'로 읽는데 태兌를 해석한 것이다.

48. 정井

물 아래 있지만 물을 길어 올리는 것이 정이다. 우물井은 만물을 기르면서 끝이 없다. "마을 안에 있는 집의 지붕을 뜯어 옮기는데, 지붕이 옮겨져도 우물은 바뀌지 않을 것이다"는 강剛이 중中의 자리에 있기 때문이다. "막 두레박을 들어 올려 우물 입구를 나오지도 않았다"는 아직 공이 없는 것이다. "두레박이 뒤집어지니" 이 때문에 흉하다.

巽(遜)乎水而上水, 井. 井養而不窮也. "改邑不改井", 乃以剛中也. "汔至, 亦未繘井", 未有功也. "羸其瓶", 是以凶也.

이 괘는 하괘가 손巽이고 상괘가 감坎이다. "물 아래 있지만 물을 길어

올린다巽乎水而上水"에서 '손巽'은 '遜손'으로 읽으며, 우물 바닥이 물 아래에 있지만 물을 길을 수 있다는 것을 가리킨다. "강이 중의 자리에 있기 때문이다乃以剛中也"는 상괘와 하괘가 모두 양효를 중으로 함을 가리킨다.

49. 혁革

혁은 물과 불이 서로 멸하여 그치게 하며, 두 여자가 같이 살지만 그 뜻을 서로 얻지 못하는 것을 말한다. "시간이 조금 지나야 바라는 대로 될 수 있다"는 바꾸어서 믿게 하는 것이다. 문채 나고 밝으면서 기뻐하니 크게 신명과 통하고 바르다. 바꾸어서 마땅하니 후회가 없어진다. 천지가 바뀌면 사계절이 이루어지고, 탕왕과 무왕이 걸과 주의 명을 바꾼 것은 하늘의 규율을 따르고 백성의 바람에 순응한 것이다. 변혁의 때가 얼마나 큰가!
革, 水火相息, 二女同居, 其志不相得, 曰革. "巳(改)日乃孚", 革而信之. 文明以說(悅), 大亨以正. 革而當, 其悔乃亡. 天地革而四時成, 湯武革命, 順乎天而應乎人. 革之時大矣哉!

이 괘는 하괘가 이離이고 상괘가 태兌다. "물과 불이 서로 멸하여 그치게 한다水火相息"에서 이離는 불火이고 태兌는 못澤이니, 이 두 가지가 만나면 서로를 상쇄시킨다. "두 여자가 함께 산다二女同居"에서 이離는 중녀中女이고 태는 소녀少女이니, 「설괘」 2:1에 보인다. "문채 나고 밝으면서 기뻐한다文明以說"에서 이離가 문채 나고 밝음文明이며, 열說은 '悅열'로 읽는데 태兌를 해석한 것이다.

50. 정鼎

정은 솥의 상이다. 나무로 불을 때어 삶고 끓이는 것이다. 성인은 작게 삶아서 상제께 제사하고, 크게 삶아서 성현을 기른다. 공손하면서 귀와 눈이 총명하며, 유柔가 위로 가고, 중中을 얻어 강剛에 응하니, 이 때문에 "가장 길하고 신명과 통한다".

鼎, 象也. 以木巽(爨)火, 亨(烹)飪也. 聖人亨(烹)以享上帝, 而大亨(烹)以養聖賢. 巽(遜)而耳目聰明, 柔進而上行, 得中而應乎剛, 是以"元亨".

이 괘는 하괘가 손巽이고 상괘가 이離다. "나무로 불을 땐다以木巽火"에서 손巽은 '爨찬'으로 독해하고 이離는 불火이니, 나무로 불을 때어 밥을 짓는 것을 가리킨다. "유가 위로 가고, 중을 얻어 강에 응한다柔進而上行, 得中而應乎剛"는 초륙이 위로 가서 육오로 바뀌고, 육오는 상괘의 중의 자리에 있으면서 하괘의 중의 자리에 있는 구이와 응하는 것을 가리킨다.

51. 진震

진은 신명과 통한다. "우레 소리가 처음 일어 사람을 기겁하게 한다"는 두려움으로 인해 복을 이루는 것이다. "의연히 담소하고 아무렇지도 않다"는 뒤에 의연히 대처하는 것이다. "우레 소리가 경천동지하여 사방 백 리가 모두 무서워한다"는 놀라게 하는 것은 멀지만 두려워하는 것은 가깝다는 말이다. "〔의연히 먹고 마시며〕 구리로 만든 숟가락과 좋은 술을 손에서 놓치지 않는다"는 나가서 종묘와 사직을 지키고 제주祭主가 될 수 있는 것이다.

震, 亨. "震來虩虩", 恐致福也. "笑言啞啞", 後有則也. "震驚百里", 驚遠而懼邇也. 〔"不喪匕鬯"〕, 出可以守宗廟社稷, 以爲祭主也.

이 괘는 진震을 중첩한 것이다. "두려움으로 인해 복을 이룬다恐致福也"는 두려움으로 인해 복을 얻는 것을 말한다. "뒤에 의연히 대처한다後有則也"는 뒤에 덕을 닦아서 의지하고 따르는 바가 있음을 말한다. "놀라게 하는 것은 멀지만 두려워하는 것은 가깝다驚遠而懼邇也"는 우레 소리는 멀리 있으나 경계하고 두려워하는 것은 가까이 있음을 말한다. "구리로 만든 숟가락과 좋은 술을 손에서 놓치지 않는다不喪匕鬯"는 금본에는 빠져 있는데 곽경의 『주역거정』에 근거해서 보충했다.[2] 숟가락과 술匕鬯은 제사에 쓰이는 것이다.

52. 간艮

간은 그침이다. 때가 그칠 때면 그치고, 때가 행할 때면 행한다. 움직이

2_ 곽경, 『주역거정』, 중권, 12쪽.

며 그침에 때를 잃지 않으니 그 도가 빛난다. "그침에 그침"은 그쳐야할 곳에서 그치는 것이다. 상하가 적응해 함께하지 않기 때문에 "가슴과 배는 통제할 수 없으며, 이것은 그의 집 뜰을 지나가더라도 그 사람은 보지 못하는 것과 같으니 화가 없다".

艮, 止也. 時止則止, 時行則行. 動靜不失其時, 其道光明. "艮其止", 止其所也. 上下敵應, 不相與也. 是以"不獲其身, 行其庭, 不見其人, 无咎"也.

이 괘는 간艮을 중첩한 것이다. "간은 그침이다艮, 止也"는 괘명을 해석한 것이다. 그 뒤의 말은 때도 얻고 장소도 얻는다는 의미다. "상하가 적응해 함께하지 않는다上下敵應, 不相與也"에서 상하의 여섯 효 가운데 초효와 사효, 이효와 오효, 삼효와 상효가 서로 응함에 음양이 반대되는 것을 '상여相與'라고 하고, 음양이 같은 것을 '적응敵應'이라고 한다. 서로 반대되면 행하고, 서로 같으면 행하지 않는다. 간은 행하지 않는 것이다.

53. 점漸

점의 나아감은 "여자아이가 시집가니 길한" 것이다. 나아가서 자리를 얻으니 가서 공이 있는 것이며, 나아가기를 바름으로써 하니 나라를 바르게 할 수 있다. 그 자리는 강剛으로 중中을 얻은 것이다. 그치고 공손하므로 움직여서 곤궁하지 않는다.

漸之進也, "女歸吉"也. 進得位, 往有功也, 進以正, 可以正邦也. 其位剛, 得中也. 止而巽(遜), 動不窮也.

이 괘는 하괘가 간艮이고 상괘가 손巽이다. "여자아이가 시집가서 길하다 女歸吉"는 음효가 위로 가는 것을 가리킨다. "나아가서 자리를 얻으니 가서 공이 있다進得位, 往有功也"는 육이가 중을 얻고, 음효로써 음의 자리에 있 으며, 위로 가서 구오에 응하는 것을 가리킨다. "나아가기를 바름으로써 하 니 나라를 바르게 할 수 있다進以正, 可以正邦也"는 육이가 구오에게 나아가 천하에 군림할 수 있음을 가리킨다. "그 자리는 강으로 중을 얻은 것이다其 位剛, 得中也"는 구오가 강으로 상괘의 중의 자리에 있는 것을 가리킨다. "그 치고 공손하다止而巽"에서 간은 그침止이고, 손巽은 '遜손'으로 읽는다.

54. 귀매歸妹

귀매는 천지의 큰 도리이니 천지가 사귀지 않으면 만물이 흥하지 않는 다. 귀매는 사람의 마침이면서 시작이다. 기뻐하면서 움직이는 것은 누 이동생을 시집보내는 일이다. "멀리 가면 흉하다"는 자리가 마땅하지 않기 때문이다. "이로운 바가 없다"는 유柔가 강剛을 탔기 때문이다.
歸妹, 天地之大義也. 天地不交而萬物不興. 歸妹, 人之終始也. 說(悅)以動, 所歸 妹也. "征凶", 位不當也. "无攸利", 柔乘剛也.

이 괘는 하괘가 태兌이고 상괘가 진震이다. 작자는 남녀가 결혼하는 것 을 인도人道의 처음과 끝으로 보고, 하늘과 땅이 만나서 만물이 생겨나는 것에 비유했다. "기뻐하면서 움직인다說以動"에서 열說은 '悅열'로 읽고 태를 해석한 것이며, 진은 움직임動이니, 남녀 서로 기뻐하며 여자가 남자에게 시집가는 것을 가리킨다. "멀리 가면 흉하다征凶"는 괘사에 보이는데, 멀리 시집가서는 안 된다는 말이다. 왜냐하면 구이와 구사는 양효이면서 음의 자리에 있고, 육삼과 육오는 음효이면서 양의 자리에 있어서 "자리가 마땅하지 않기位不當" 때문이다. "이로운 바가 없다无攸利"도 괘사에 보이는데, 이 괘가 그다지 좋지 않다는 뜻이다. 왜냐하면 육삼은 구이 위에 있고, 육오는 구사 위에 있어서 "유가 강을 탔기" 때문이다.

55. 풍豊

풍은 큰 것이다. 밝음으로 움직이기 때문에 크다. "우리 왕이 여기에 강림하다"는 숭상함이 큰 것이다. "걱정할 필요 없으며 정오 무렵이 매우 좋다"는 천하를 비추는 것이다. 해가 중천에 가면 기울고, 달이 차면 이지러진다. 천지가 차고 비는 것도 때에 맞게 사그러지고 살아나는데 하물며 사람이며, 하물며 귀신이겠는가?

豊, 大也. 明以動, 故豊. "王假之", 尚大也. "勿憂, 宜日中", 宜照天下也. 日中則昃, 月盈則食. 天地盈虚, 與時消息, 而况於人乎, 况於鬼神乎?

이 괘는 하괘가 이離이고 상괘가 진震이다. "풍은 큰 것이다豊, 大也"는 괘명을 해석한 것이다. "밝음으로 움직인다明以動"에서 이離는 밝음明이고, 진震은 움직임動이다.

56. 여旅

여는 신명과 조금 통하니, 유柔가 밖에서 중中을 얻고 강剛에 순응하며, 그쳐서 밝음에 붙어 있다. 이 때문에 "신명과 조금 통하고 여행의 때에 바르면 길하다". 여의 때와 뜻이 크다!

旅, 小亨, 柔得中乎外而順乎剛, 止而麗乎明, 是以"小亨, 旅貞吉"也. 旅之時義大矣哉!

이 괘는 하괘가 간艮이고 상괘가 이離다. "유가 밖에서 중을 얻고 강에 순응한다柔得中乎外而順乎剛"는 육오가 외괘(상괘)의 중의 자리에 나뉘어 있고, 상륙이 양이 됨을 가리킨다. "그쳐서 밝음에 붙어 있다止而麗乎明"에서 간은 그침止이고, 이離는 붙음麗이며 밝음明이다.

57. 손巽

거듭 가르쳐 명령을 펴고, 강剛이 중中과 정正에서 공손해서 뜻이 행해진다. 유柔가 모두 강에게 순응하기 때문에 "신명과 조금 소통하고 나다니는 것이 이로우며 대인을 보는 것이 이롭다".

重巽以申命, 剛巽(遜)乎中正而志行. 柔皆順乎剛, 是以"小亨, 利有攸往, 利見大人".

이 괘는 손巽을 중첩한 것이다. "명령을 펴다申命"는 과거의 명령을 거듭해서 펴는 것이다. 손은 '訓훈'으로 독해할 수 있으니 중손重巽은 거듭 가르치는 것이다. "강이 중과 정에서 공손해서 뜻이 행해진다剛巽乎中正而志行"는 구이와 구오가 상하 두 괘의 중中이 되기 때문에 그 뜻을 펼 수 있음을 가리킨다. "유가 모두 강에게 순응한다柔皆順乎剛"는 초륙과 육사가 양효의 아래에 위치하고, 음이 양에게 순응하는 것을 가리킨다. 음이 양에게 순응하는 것은 "대인을 보는 것이 이로운利見大人" 상이다.

58. 태兌

태는 기뻐하는 것이다. 강剛이 중中의 자리에 있고 유柔가 밖에 있으며, 기뻐해서 바름이 이롭기 때문에 하늘에 순하고 사람에 응한다. 기쁨으로 백성보다 먼저 하면 백성이 수고로움을 잊으며, 기쁨으로 어려움을 범하면 백성이 죽음을 잊는다. 기쁨이 큰 것은 백성이 권하는 것이다.

兌, 說(悅)也. 剛中而柔外, 說(悅)以利貞, 是以順乎天而應乎人. 說(悅)以先民, 民忘其勞. 說(悅)以犯難, 民忘其死. 說(悅)之大, 民勸矣哉!

이 괘는 태兌를 중첩한 것이다. "강이 중의 자리에 있고 유가 밖에 있다剛中而柔外"에서 '강이 중의 자리에 있다剛中'는 구이와 구오를 가리키고, '유가 밖에 있다柔外'는 육삼과 상륙을 가리킨다. 전자는 두 괘의 가운데 효가 되고, 후자는 두 괘의 바깥 효(상효)가 된다.

59. 환渙

환이 신명과 통하는 것은 강剛이 내려오지만 다하지 않고, 유柔가 밖에서 자리를 얻고 위와 같이하기 때문이다. "우리 왕이 이 묘에 강림한다"는 왕이 중의 자리에 있는 것이다. "큰 강을 건너는 데 이롭다"는 나무를 타서 공이 있다는 말이다.

渙, 亨, 剛來而不窮, 柔得位乎外而上同. "王假有廟", 王乃在中也. "利涉大川", 乘木有功也.

이 괘는 하괘가 감坎이고 상괘가 손巽이다. "강이 내려오지만 다하지 않는다剛來而不窮"는 양효를 위에서 아래로 셀 때 구이까지 세어도 끝이 나지 않는 것을 가리킨다. "유가 밖에서 자리를 얻고 위와 같이한다柔得位乎外而上同"는 육삼이 하괘의 바깥쪽(상효)에 있으면서 위의 육사와 같이하는 것을 가리킨다. "나무를 타서 공이 있다乘木有功也"에서 감坎은 내川이고 손巽은 나무木이니, 손이 감의 위에 있는 것은 배를 타고 물 위를 다니면서 큰 내를 건널 수 있는 것과 같다.

60. 절節

절이 신명과 통하는 것은 강剛과 유柔가 나뉘고 강이 중中을 얻었기 때문이다. "힘들게 절제하니 바르게 해서는 안 된다"고 한 것은 그 도가 궁하기 때문이다. 기쁨으로 험한 길을 가고, 마땅한 자리에 있으면서

절제하며, 중정中正으로 통한다. 천지가 절제해서 사계절이 이루어지
니 절제함으로 제도를 만들어서 재물을 상하게 하지 않으며 백성을 해
롭게 하지 않는다.

節, 亨, 剛柔分而剛得中. "苦節, 不可貞", 其道窮也. 說(悅)以行險, 當位以節, 中正
以通. 天地節而四時成, 節以制度, 不傷財, 不害民.

이 괘는 하괘가 태兌이고 상괘가 감坎이다. "강과 유가 나뉜다剛柔分"는
이 괘가 2개의 양효와 2개의 음효, 하나의 양효와 하나의 음효로 이루어져
있음을 가리킨다. "강이 중을 얻는다剛得中"는 구이가 하괘의 중의 자리에
있고, 구오가 상괘의 중의 자리에 있음을 가리킨다. "그 도가 궁하다其道窮
也"고 했는데, 『역경』에 나오는 이 구절은 모두 상륙을 가리킨다. 여기서
"힘들게 절제하니 바르게 해서는 안 된다苦節, 不可貞"도 상륙의 효사다. "기
쁨으로 절제를 행한다說以行險"에서 열說은 '悅열'로 읽는데 태를 해석한 것
이며, 감은 험함險이 된다. 여기서 험險자는 절節자와 상응하니 절검하다節
儉의 검儉으로 읽어야 할 것 같다. "마땅한 자리에 있으면서 절제하며, 중정
으로 통한다當位以節, 中正以通"는 구오가 마땅한 자리이며, 또한 상괘의 중
의 자리에 있음을 가리킨다.

61. 중부中孚

중부는 유柔가 안에 있고 강剛이 중中을 얻으며, 기뻐하고 순종하며 믿
고 따르니 나라를 교화시킬 수 있다. "돼지와 물고기로 제사하니 길하

다"는 미더움이 돼지와 물고기에까지 미치는 것이다. "큰 강을 건너는 것이 이롭다"는 나무를 타는데 배가 비었기 때문이다. 중심이 미덥고 바른 것이 이로우니 하늘에 응한다.

中孚, 柔在內而剛得中, 說(悅)而巽(遜), 孚乃化邦也. "豚魚吉", 信及豚魚也. "利涉大川", 乘木舟虛也. 中孚以利貞, 乃應乎天也.

이 괘는 하괘가 태兌이고 상괘가 손巽이다. 여기서는 여섯 효의 가운데가 빈 것으로 '중부'를 해석하는데, 위와 아래는 강剛이고 가운데는 유柔로 강유가 상응하는 것을 가리킨다. "유가 안에 있다柔在內"는 육삼과 육사가 여섯 효의 가운데 있는 것을 가리킨다. "강이 중을 얻는다剛得中"는 구이가 하괘의 중의 자리에 있고, 구오가 상괘의 중의 자리에 있음을 가리킨다. "기뻐하고 순종한다說而巽"에서 열說은 '悅열'로 읽는데 태兌를 해석한 것이며, 손巽은 '遜손'으로 읽는데 손순하고 복종하는 뜻이 있으니 백성이 위에 있는 사람을 기뻐해 손순하고 복종하는 것을 가리킨다. "믿고 따르니 나라를 교화시킬 수 있다孚乃化邦"는 백성들이 믿고 복종해 나라를 교화할 수 있다는 말이다. "미더움이 돼지와 물고기에까지 미친다信及豚魚"는 성실하고 미더움을 미루어 돼지와 물고기에까지 미치도록 하는 것을 말한다. "나무를 타는데 배가 비었다乘木舟虛"에서 손巽은 나무木이니, 나무를 깎아 배를 만들어 큰 내를 건널 수 있다는 것이다. 나무배는 가운데를 반드시 깎아서 텅 비게 해야 한다. 여기서는 중부의 중간 두 효가 음효이니, 밖은 강이고 안은 유임을 가리킨다.

62. 소과小過

소과는 작은 것이 지나쳐서 신명과 통한다. 지나치되 바름이 이로운 것
은 때에 맞게 행하는 것이다. 유柔가 중中을 얻으니 '작은 일'이 길하다.
강剛이 자리를 잃고 중의 자리에 있지 않으니 '큰일'에는 옳지 않으며,
나는 새의 상이 있다. "새가 날면서 소리를 남기는데, 위로 가서는 안
되고 아래로 가야 하니 크게 길하다"고 한 것은 위로 가면 거스르고 아
래로 오면 순하기 때문이다.

小過, 小者過而亨也. 過以"利貞", 與時行也. 柔得中, 是以"小事"吉也. 剛失位而不
中, 是以不可"大事"也, 有飛鳥之象焉. "飛鳥遺之音, 不宜上, 宜下, 大吉", 上逆而
下順也.

이 괘는 하괘가 간艮이고 상괘가 진震이다. 중부괘와 상반되어 바깥은
차 있고 안은 비어 있는 것이 아니라 바깥은 비어 있고 안은 차 있다. '소과
小過'는 '대과大過'와 상대해서 말한 것이다. 「단전 상」 28에서는 '대과'를 "큰
것이 지나친 것이다"라고 해석했다. 여기서는 이와 반대로 '소과'를 "작은 것
이 지나쳐서 신명과 통한다"고 해석한다. '큰 것大者'은 양이고, '작은 것小者'
은 음이다. 대과괘는 두 음이 네 양을 끼고 있으니, 양이 지나치게 성하다.
소과는 네 음이 두 양을 끼고 있으니 음이 지나치게 성하다. "유가 중을 얻
는다柔得中"는 육이가 하괘의 중의 자리에 있고, 육오가 상괘의 중의 자리
에 있는 것을 가리킨다. "강이 자리를 잃고 중의 자리에 있지 않다剛失位而
不中"는 육사가 자리를 잃고, 구삼과 구사가 모두 상하괘의 중의 자리에 있
지 않음을 가리킨다. '작은 것小者'은 '작은 일小事'에 대응하고, '큰 것大者'은

'큰일大事'에 대응한다. "위로 가면 거스른다上逆"는 상괘의 음이 양을 탄 것
(음이 양 위에 있는 것)을 가리키기 때문에 "위로 가서는 안 된다不宜上"고 말
했으며, "아래로 오면 순하다下順"는 하괘의 양이 음을 탄 것(음이 양 아래
에 있는 것)을 가리키기 때문에 "아래로 가야 한다宜下"고 말했다.

63. 기제旣濟

기제는 신명과 통하니, 작은 것이 형통하다. "바른 것이 이롭다"는 강
과 유가 바르고 자리가 마땅하기 때문이다. "처음은 길하다"는 유가 중
을 얻었기 때문이다. "마지막에 그치면 어지럽다"는 그 도가 궁한 것이
다.
旣濟, 亨, 小者亨也. "利貞", 剛柔正而位當也. "初吉", 柔得中也. "終止則亂", 其道
窮也.

이 괘는 하괘가 이離이고 상괘가 감坎이다. "기제는 신명과 통한다旣濟,
亨"는 음이 양을 얻어서 통하고 마침내 끝에 도달하니, 이미 강을 건넌 것
과 같다는 말이다. "작은 것이 형통하다小者亨也"에서 '작은 것小者'은 음을
가리킨다. "강과 유가 바르고 자리가 마땅하다剛柔正而位當也"는 양효가 초
효·삼효·오효에 있고 음효가 이효·사효·상효에 있어서 음효와 양효가 모
두 그 자리에 마땅함을 가리킨다. "'처음은 길하다'는 유가 중을 얻었기 때
문이다'初吉', 柔得中也"는 육이가 하괘의 중의 자리에 있으면서 초구와 응하
니 시작이 좋다는 의미다. "'마지막에 그치면 어지럽다'는 그 도가 궁한 것

이다 "終止則亂, 其道窮也"는 상륙이 음이며, 유柔로써 먼 곳에 있는 자가 강을 건너고 음의 도 역시 끝까지 같으니, 이런 결말은 결코 좋지 않다는 의미다.

64. 미제未濟

미제는 신명과 통하니, 유가 중을 얻었기 때문이다. "어린 여우가 강을 건너는데 보기에는 언덕에 오르지만"은 중의 자리에서 아직 나오지 못한 것이다. "꼬리를 적시니 그다지 좋지 않다"는 이어서 마치지 못하는 것이다. 비록 자리는 마땅하지 않지만 강과 유가 응한다.

未濟, 亨, 柔得中也. "小狐汔濟", 未出中也. "濡其尾, 无攸利", 不續終也. 雖不當位, 剛柔應也.

이 괘는 하괘가 감坎이고 상괘가 이離다. "미제는 신명과 통하니, 유가 중을 얻었기 때문이다未濟, 亨, 柔得中也"라고 했는데, 이 괘의 음효의 위치가 기제괘보다 꼭 한 자리가 늦은 것이 아직 강을 건너지 못한 것과 같다. "'어린 여우가 강을 건너는데 보기에는 언덕에 오르지만'은 중의 자리에서 아직 나오지 못한 것이다小狐汔濟, 未出中也"는 육오가 곧 종점에 도착하지만 상괘의 중의 자리에서 아직 나오지 못한 것을 가리킨다. '어린 여우小狐'는 음효, 곧 기제괘의 '작은 것小者'을 가리킨다. "'꼬리를 적시니 그다지 좋지 않다'는 이어서 마치지 못하는 것이다濡其尾, 无攸利, 不續終也"는 이 괘가 음효로 시작했지만 끝에는 도달하지 않아 아직 여지가 있음을 가리킨다. '꼬리尾'는 초륙이다. '마치다終'는 상구上九다. "비록 자리는 마땅하지 않지만雖不當位"은 음효가 초효·삼효·오효에 있고, 양효가 이효·사효·상효에 있어서 음효와 양효가 모두 자리에 마땅하지 않으니 좋지 않다는 말이다. "강과 유가 응한다剛柔應也"는 초효·삼효·오효와 이효·사효·상효의 배열이 음효와 양효가 번갈아 있고, 강과 유가 교차하며 서로 응하는 것을 가리킨다.

상전 상象上

「상전」은 상하편으로 나뉘고 원본이 별도로 존재했으며, 경에 부속되지 않았다. 이 편은 각 괘의 첫머리 첫 번째 구에서 괘체卦體를 말하는 것(상하괘의 관계) 외에는 상象에 대해 말하는 내용은 매우 드물다.

「상전」에서 괘를 말하는 방식은 괘마다 두세 마디로 서술하는데, 먼저 괘체에 대해 말하고 나서 도덕적 의미로 해석해 '군자'가 어떻게 하고, '선왕'이 어떻게 한다는 식으로 서술한다. 이렇게 괘에 대해 말한 것을 이전 사람들은 '대상大象'이라고 불렀다.

「상전」에서 효爻를 말하는 방식은 역시 효마다 두세 마디로 서술하는데, 먼저 『역경』을 인용하고 나서 이에 대해 평가한다. 이렇게 효에 대해 말한 것을 이전 사람들은 '소상小象'이라고 불렀다.

아래에서는 순서를 분명히 하기 위해 「대상」과 「소상」 사이에 한 행을 비운다. 「소상」에서 인용한 『역』에는 인용하는 뜻이 많다. 이런 말들은 정확한지 여부를 떠나 모두 인용부호로 묶고, 음을 바꾸어 읽지 않고, 구절을 끊지 않았다.

1. 건乾

天行健, 君子以自强不息. 하늘의 운행이 굳세니 군자는 이로써 스스로 힘쓰고 쉬지 않는다.

"潛龍勿用", 陽在下也. "깊이 잠겨 나타나지 않는 용과 같다"는 양이 아래에 있는 것이다.

"見龍在田", 德施普也. "들에서 용을 본 것과 같다"는 덕이 널리 베풀어지는 것이다.

"終日乾乾", 反復道也. "하루 종일 힘쓴다"는 반복해서 도를 행하는 것이다.

"或躍在淵", 進无咎也. "용이 깊은 못에 잠겼다가 때때로 물 위로 도약한다"는 나아감에 허물이 없는 것이다.

"飛龍在天", 大人造也. "승천하는 용이 하늘에 있다"는 대인이 일을 행하는 것이다.

"亢龍有悔", 盈不可久也. "용이 너무 높게 나니 후회를 면하기 어렵다"는 가득차면 오래할 수 없는 것이다.

"用九天德", 不可爲首也. "여섯 효 모두 구九인 것의 하늘의 덕"은 머리가 되어서는 안 되는 것이다.

이 괘는 건乾을 중첩한 것이다. 건은 하늘이며, 굳세다는 뜻이므로 "하늘의 운행이 굳세다"라고 했다. "양이 아래에 있다陽在下也"는 초구가 아래에 있는 것을 가리킨다.

2. 곤坤

地勢坤, 君子以厚德載物. 땅의 형세가 순하니, 군자는 이로써 덕을 두터이 하고 만물을 싣는다.

"履霜堅冰", 陰始凝也. 馴致其道, 至堅冰也. "얇은 서리를 밟으니 두꺼운 얼음이 멀지 않았다"는 음이 처음으로 엉긴 것이다. 그 도를 순하게 따르면 두꺼운 얼음이 반드시 올 것이다.

"六二之動", 直以方也. "不習无不利", 地道光也. "육이의 움직임"은 곧고 바르다. "배우지 않아도 불리함이 없다"는 땅의 도가 빛나는 것이다.

"含章可貞", 以時發也. "或從王事", 知光大也. "땅에는 땅의 문리가 있으니 바르게 할 수 있다"는 때에 따라 작용을 발휘하는 것이다. "우연히 왕을 위해 일한다"는 지혜가 빛나고 큰 것이다.

"括囊无咎", 愼不害也. "자루 주둥이를 묶은 것처럼 한마디도 하지 않으니 허물이 없다"는 신중해야 해가 없다는 것이다.

"黃裳元吉", 文在中也. "황색 치마와 같으니 가장 길하다"는 문채가 중中에 있기 때문이다.

"龍戰于野", 其道窮也. "용이 들에서 싸운다"는 그 도가 다한 것이다.

"用六永貞", 以大終也. "여섯 효가 모두 육이니 길이 바르다"는 큰 것으로 마치는 것이다.

이 괘는 음陰을 중첩한 것이다. "땅의 형세가 순하다地勢坤"에서 곤은 땅이다. "문채가 중에 있다文在中也"는 육오가 중의 자리에 있는 것을 가리킨다.

3. 둔屯

雲雷屯, 君子以經綸. 구름과 우레가 둔屯이니, 군자는 이로써 천하의 일을 경륜한다.

"雖磐桓", 志行正也. 以貴下賤, 大得民也. "배회하지만" 뜻은 바름을 행한다. 귀한 신분으로 천한 사람의 아래에 있으니 크게 백성을 얻는다.

"六二之難", 乘剛也. "十年乃字", 反常也. "육이가 어렵게 나아감"은 강剛을 탔기 때문이다. "십 년 만에 시집간다"는 정상으로 돌아가는 것이다.

"卽鹿无虞", 以從禽也. "君子舍之", 往吝窮也. "사슴 떼에 바싹 다가가니 예상치 못한 일이 생긴다"는 짐승을 잡으러 가는 것이다. "군자가 쫓지 않는다"는 가면 인색하고 곤궁하다는 뜻이다.

"求而往", 明也. "구해서 간다"는 밝고 지혜로운 것이다.

"屯其膏", 施未光也. "살진 고기를 모은다"는 은택이 빛나지 않는 것이다.

"泣血漣如", 何可長也. "시집가기를 기다리는 처녀가 눈물 흘리는데 피눈물도 나오니" 어떻게 오래갈 수 있겠는가?

이 괘는 하괘가 진震이고 상괘가 감坎이다. 진은 우레이고 감은 물이며, 구름이 비를 저축해도 물이 되므로 "구름과 우레가 둔이다雲雷屯"라고 했다. '둔屯'은 쌓아 모은다는 뜻이다.

4. 몽蒙

山下出泉, 蒙, 君子以果行育德. 산 아래에서 샘이 나오는 것이 몽蒙이니, 군자는 이로써 행동을 과단성 있게 하고 덕을 기른다.

"利用刑人", 以正法也. "죄를 지은 사람을 바꾸는 데 유리하다"는 법을 바르게 하는 것이다.

"子克家", 剛柔接也. "아들이 일가를 이룰 수 있다"는 강과 유가 접하는 것이다.

"勿用取女", 行不順也. "여자아이를 아내로 삼아서는 안 된다"는 행동이 순하지 않은 것이다.

"困蒙之吝", 獨遠實也. "잘못을 깨닫지 못하고 평생 어리석다"는 홀로 독실함과 먼 것이다.

"童蒙之吉", 順以巽(遜)也. "어리고 무지함으로 길하다"는 순하고 공손한 것이다.

"利用禦寇", 上下順也. "범죄를 막는 데 이롭다"는 위와 아래가 순한 것이다.

이 괘는 하괘가 감坎이고 상괘가 간艮이다. 감은 물이고 간은 산이므로 "산 아래에서 샘이 나온다山下出泉"고 했다.

5. 수需

雲上于天, 需, 君子以飮食宴樂. 구름이 하늘로 오르는 것이 수需이니, 군자는 이로써 마시고 먹으며 편안히 즐긴다.

"需于郊", 不犯難行也, "利用恒, 无咎", 未失常也. "비가 계속 내리는데 성밖 교외에서 곤란하다"는 어려움을 무릅쓰고 가지 않는 것이다. "재난이 없고자 하면 인내심을 가지고 기다리는 것이 가장 좋다"는 상도常道를 잃지 않는 것이다.

"需于沙", 衍在中也, 雖小有言, 以吉終也. "비가 계속 내리는데 물가 모래사장에서 곤란하다"는 여유를 가지고 중中의 자리에 있는 것이며, 조금 말은 있더라도 길함으로 마친다.

"需于泥", 災在外也, "自我致寇", 敬愼不敗也. "비가 계속 내리는데 진창에서 곤란하다"는 재난이 밖에 있는 것이며, "나로부터 도둑을 부르니" 공경하고 신중하면 패하지 않는다.

"需于血", 順以聽也. "비가 계속 내리는데 깊은 구덩이에서 막 나온다"는 순함으로 듣는 것이다.

"酒食貞吉", 以中正也. "비가 계속 내리는데 먹고 마실 것이 없지만 바르면 길하다"는 중정中正하기 때문이다.

"不速之客來, 敬之終吉", 雖不當位, 未大失也. "청하지 않은 객이 오니 공경하면 끝내 길하다"는 자리가 마땅하지 않지만 크게 잃지는 않는다.

이 괘는 하괘가 건乾이고 상괘가 감坎이다. 건은 하늘이고 감은 구름과 비이므로 "구름이 하늘로 오른다雲上于天"고 했다.

6. 송訟

天與水違行, 訟, 君子以作事謀始. 하늘이 물과 어긋나게 행하는 것이 송訟이다. 군자는 이로써 일을 함에 처음을 생각한다.

"不永所事", 訟不可長也, "雖小有言", 其辯明也. "하고 싶은 일을 길게 하지 못한다"는 송사는 오래할 수 없는 것이며, "조금 말은 듣지만" 변별을 통해 분명해진다.

"不克訟", 歸逋竄也, 自下訟上, 患至掇(輟)也. "송사를 이기지 못해"고향으로 돌아가 숨으니, 아래에서 위로 송사하면 근심이 이르러도 그칠 것이다.

"食舊德", 從上吉也. "옛일을 따른다"는 위를 따라 길한 것이다.

"復卽命渝", "安貞"不失也. "다시 송사를 하니 바뀜이 있어야 한다"는 편안하고 바르면 잃지 않는 것이다.

"訟元吉", 以中正也. "송사를 하면 가장 길하다"는 중정하기 때문이다.

"以訟受服", 亦不足敬也. 송사로 녹을 받았으니 역시 공경할 만하지 않다.

이 괘는 하괘가 감坎이고 상괘가 건乾이다. 감은 물이고 건은 하늘이니, 비가 하늘에서 내리면 양쪽이 서로 어긋나기 때문에 "하늘이 물과 어긋나게 행한다天與水違行"고 했다.

7. 사師

地中有水, 師, 君子以容民畜衆. 땅속에 물이 있는 것이 사師다. 군자는 이로써 백성을 포용하고 사람들을 기른다.

"師出以律", 失律凶也. "군대가 출정하기 전에 율관을 불러 소리를 듣는다"는 기율을 상실하면 흉한 것이다.

"在師中吉", 承天寵也, "王三錫命", 懷萬邦也. "군중軍中의 모든 일이 길하다"는 하늘의 총애를 받은 것이다. "왕이 세 번 명을 내리는 것"은 만방을 품은 것이다.

"師或輿尸", 大无功也. "전쟁을 치르는데 사람이 죽어 수레마다 시신을 운반한다"는 크게 공이 없는 것이다.

"左次无咎", 未失常也. "군대가 양지바른 곳에 주둔하니 화가 없다"는 아직 상도를 잃지 않은 것이다.

"長子帥師", 以中行也, "弟子輿尸", 使不當也. "장자가 군사를 거느린다"는 중도中道로 행하는 것이다. "아우들이 시신을 수습한다"는 사람을 잘못 쓴 것이다.

"大君有命", 以正功也, "小人勿用", 必亂邦也. "대인군자가 상을 내린다"는 공을 정하기 위함이며, "소인을 쓰지 말라"고 한 것은 반드시 나라를 어지럽히기 때문이다.

이 괘는 하괘가 감坎이고 상괘가 곤坤이다. 감은 물이고 곤은 땅이기 때문에 "땅속에 물이 있다地中有水"고 했다. '땅속地中'은 지하를 가리키니, "땅

속에 물이 있다"는 지하에 물이 저장되어 있는 것이다.

8. 비比

地上有水, 比, 先王以建萬國, 親諸侯. 땅 위에 물이 있는 것이 비比다. 선왕은 이로써 만국을 세우고 제후를 친히 대한다.

比之初六, "有它吉"也. 비괘의 초륙효는 "다른 길함이 있다".
"比之自內", 不自失也. "국내를 안정시켜 백성을 잘 따르게 하는" 것은 자신을 잃지 않기 때문이다.
"比之匪人", 不亦傷乎? "친하지 않거나 벗이 아닌 사람도 회유하니" 또한 상하지 않겠는가?
"外比於賢", 以從上也. "이웃과 화목하여 사해가 돌아오게 한다"는 위를 따르는 것이다.
"顯比之吉", 位正中也. 舍逆取順, "失前禽"也. "邑人不誡", 上使中也. "성의를 드러내어 길하다"는 자리가 바르고 중中의 자리에 있는 것이다. 거스르는 것은 버리고 순한 것을 취하니 "앞의 날짐승을 놓아준다". "읍인이 경계하지 않는다"는 윗사람이 중도를 지키게 하는 것이다.
"比之无首", 无所終也. "머리가 없다"는 마치는 바가 없는 것이다.

이 괘는 하괘가 곤坤이고 상괘가 감坎이다. 곤은 땅이고 감은 물이니 "땅 위에 물이 있다地上有水"고 했다.

9. 소축小畜

風行天上, "小畜". 君子以懿文德. 바람이 하늘 위로 부는 것이 소축小畜이다. 군자는 이로써 문장과 도덕을 아름답게 닦는다.

"復自道", 其義吉也. "왔던 길로 돌아간다"는 그 의리가 길한 것이다.

"牽復在中", 亦不自失也. "연속해서 돌아가서 중中에 있다"는 또한 스스로 잃지 않는 것이다.

"夫妻反目", 不能正室也. "부부가 반목한다"는 집안을 바르게 할 수 없는 것이다.

"有孚惕出", 上合志也. "예상을 벗어나지 않으니 근심이 사라진다"는 위가 뜻을 합하는 것이다.

"有孚攣如", 不獨富也. "마음먹은 대로 이루어지고 좋은 운이 이어진다"는 구오가 홀로 부유하지 않은 것이다.

"旣雨旣處", 德積載也, "君子征凶", 有所疑也. "비가 내렸다 갠다"는 덕이 쌓여서 고상한 것이고, "군자가 멀리 가면 흉하다"는 의심스러운 바가 있는 것이다.

이 괘는 하괘가 건乾이고 상괘가 손巽이다. 건은 하늘이고 손은 바람이니 "바람이 하늘 위로 분다風行天上"라고 했다.

10. 이履

上天下澤, 履. 君子以辯上下, 定民志. 위는 하늘이고 아래는 못이 이履다. 군자는 이로써 위아래를 변별하고 백성의 뜻을 정한다.

"素履之往", 獨行願也. "흰 신을 신고 간다"는 홀로 원하는 바를 행하는 것이다.

"幽人貞吉", 中不自亂也. "죄수가 바르면 순조롭다"는 중도中道로 스스로 어지럽히지 않기 때문이다.

"眇能視", 不足以有明也. "跛能履", 不足以與行也. "咥人之凶", 位不當也. "武人爲於大君", 志剛也. "장님도 볼 수 있다"는 분명하게 볼 수 없는 것이며, "절름발이도 걸을 수 있다"는 다닐 수 없는 것이며, "호랑이에게 물려가니 흉하다"는 자리가 마땅하지 않은 것이며, "군인이 대인군자를 위해 힘쓴다"는 뜻이 강한 것이다.

"愬愬終吉", 志行也. "간담이 서늘하지만 마침내 길하다"는 뜻이 행해지는 것이다.

"夬履貞厲", 位正當也. "신발이 해어져 바르면 위험하다"는 구오의 자리가 마땅한 것이다.

"元吉在上", 大有慶也. "순조롭게 위에 있다"는 크게 경사가 있는 것이다.

이 괘는 하괘가 태兌이고 상괘가 건乾이다. 태는 못澤이고 건은 하늘이므로 "위는 하늘이고 아래는 못이다上天下澤"라고 했다.

11. 태泰

天地交, 泰. 后以財成天地之道, 輔相天地之宜, 以左右民. 하늘과 땅이 사귀는 것이 태泰다. 군주는 이로써 천지의 도를 재단하고 천지의 마땅함을 도와 백성을 다스린다.

"拔茅征吉", 志在外也. "띠풀을 뿌리째 뽑으니 먼 길을 가는 것이 길하다"는 뜻이 밖에 있는 것이다.

"包荒得尙于中行", 以光大也. "마음이 넓고 길에서 도와주는 사람이 있다"는 빛나고 큰 것이다.

"无往不復", 天地際也. "가서 돌아오지 않는 경우가 없다"는 하늘과 땅이 사귀는 것이다.

"翩翩不富", 皆失實也. "不戒以孚", 中心願也. "재빨리 왔다 갔다 하는데 부귀함에 기대지 않는다"는 모두 실질을 잃은 것이다. "이웃에 기대지 않고도 백성들에게 신뢰를 얻는다"는 마음속으로 원하는 것이다.

"以祉元吉", 中以行願也. "최대의 길함을 얻을 수 있다"는 중도로 원하는 바를 행하는 것이다.

"城復于隍", 其命亂也. "어떤 성에서 성벽이 무너졌다고 알린"것은 그 명이 어지러운 것이다.

이 괘는 하괘가 건乾이고 상괘가 곤坤이다. 건의 도가 위에서 행해지고 곤의 도가 아래에서 행해져 두 가지가 서로 맞이하므로 "하늘과 땅이 사귄다天地交"고 했다.

12. 비否

天地不交, 否, 君子以儉德辟難, 不可榮以祿. 하늘과 땅이 사귀지 않는 것이 비否다. 군자는 이로써 절약을 덕으로 삼고 어려움을 피하며, 영화와 녹을 구해서는 안 된다.

拔茅貞吉", 志在君也. "띠풀을 뿌리째 뽑으니 바르면 길하다"는 뜻이 인군에게 있는 것이다.

"大人否亨", 不亂群也. "대인은 재수가 없다"는 무리를 어지럽히지 않는 것이다.

"包羞", 位不當也. "수치를 참는 편이 낫다"는 자리가 마땅하지 않은 것이다.

"有命无咎", 志行也. "명이 하늘에 달려 화를 멀리한다"는 뜻이 행해지는 것이다.

"大人之吉", 位正當也. "대인에게 유리하다"는 자리가 마땅한 것이다.

"否終則傾", 何可長也. "부정은 끝내 뒤집어지니" 어찌 오래갈 수 있겠는가?

이 괘는 하괘가 곤坤이고 상괘가 건乾이다. 곤의 도가 아래로 가고 건의 도가 위로 가서 두 가지가 서로 어긋나기 때문에 "하늘과 땅이 사귀지 않는다天地不交"고 했다.

13. 동인同人

天與火, 同人, 君子以類族辨物. 하늘이 불과 친하고 화목한 것이 동인同人이다. 군자는 이로써 인류와 사물을 구별한다.

"出門同人", 又誰咎也. 성문 밖에서 모이니 또 무슨 허물이 있겠는가?

"同人于宗", 吝道也. "종묘에서 모인다"는 인색한 도道다.

"伏戎于莽", 敵剛也, "三歲不興", 安行也. "적이 풀숲에 병사를 매복시킨다"는 적이 강한 것이다. "삼 년 동안 군사를 일으키지 못하니" 어디로 가겠는가?

"乘其墉", 義弗克也, "其吉", 則困而反則也. "적이 우리 성벽에 오른다"는 의리상 이기지 못하는 것이다. "그 길함"은 곤궁하여 바른 도로 돌아가는 것이다.

"同人之先", 以中直也, "大師相遇", 言相克也. "군사를 모았지만 먼저 대성통곡한다"는 중의 자리에 있고 곧기 때문이다. "큰 군사로 만난다"는 이기는 것을 말한다.

"同人于郊", 志未得也. "교외에서 모인다"는 뜻을 얻지 못한 것이다.

이 괘는 하괘가 이離이고 상괘가 건乾이다. 이離는 불이고 건은 하늘이므로 "하늘이 불과 친하고 화목하다天與火"고 했다.

14. 대유大有

火在天上, 大有. 君子以遏惡揚善, 順天休命. 불이 하늘 위에 있는 것이 대유大有다. 군자는 이로써 악을 막고 선을 드날리며, 하늘에 따르고 명을 아름답게 한다.

大有初九, "无交害"也. 대유의 초구는 "해로움과 사귀지 않는다".

"大車以載", 積中不敗也. "소수레에 가득 싣는다"는 가운데 실어도 부서지지 않는 것이다.

"公用亨于天子", 小人害也. "왕공과 대신이 천자에게 제사를 지낸다"는 소인은 해로운 것이다.

"匪其彭无咎", 明辯晢也. "그들이 종묘의 문에서 신을 구하니 화가 없다"는 명석함과 변별력이 밝은 것이다.

"厥孚交如", 信以發志也, "威如之吉", 易而无備也. "위가 위신이 있다"는 신뢰로써 뜻을 발한 것이다. "위엄이 있어 길하다"는 행동이 간이하고 방비가 없는 것이다.

大有上吉, "自天祐"也. 대유의 때에 크게 길함은 "하늘이 돕는 것이다".

이 괘는 하괘가 건乾이고 상괘가 이離다. 이離는 불이고 건은 하늘이므로 "불이 하늘 위에 있다火在天上"고 했다.

15. 겸謙

地中有山, 謙. 君子以裒多益寡, 稱物平施. 땅속에 산이 있는 것이 겸謙이다. 군자는 이로써 많은 것을 덜어 적은 것에 보태며 사물을 저울질해서 공평하게 베푼다.

"謙謙君子", 卑以自牧也. "겸손하고 겸손한 군자"는 자신을 낮추어 다스리는 것이다.

"鳴謙貞吉", 中心得也. "큰 이름이 있으니 바르고 점은 길하다"는 중심에서 얻은 것이다.

"勞謙君子", 萬民服也. "큰 공이 있지만 겸손한 군자"는 만민이 복종한다.

"无不利撝謙", 不違則也. "겸손의 도가 크게 행해지니 일이 불리한 것이 없다"는 도리를 어기지 않는 것이다.

"利用侵伐", 征不服也. "이 효는 침벌하는 것이 이롭다"는 복종하지 않는 곳을 치는 것이다.

"鳴謙", 志未得也. "可用行師", 征邑國也. "겸허의 명성이 멀리 드날린다"는 뜻이 이루어지지 않은 것이다. "군사를 출동시키는 것이 이롭다"는 읍국을 정벌하는 것이다.

이 괘는 하괘가 간艮이고 상괘가 곤坤이다. 간은 산이고 곤은 땅이므로 "땅속에 산이 있다地中有山"고 했다. '땅속'은 지하를 가리키니, '땅속에 산이 있다'는 지하에 산이 있는 것이다.

16. 예豫

雷出地奮, 豫. 先王以作樂崇德, 殷薦之上帝, 以配祖考. 우레가 땅에서 나와 떨치는 것이 예豫다. 선왕은 이로써 음악을 지어 덕을 숭상하고, 상제에게 제사 지내 조상을 배향한다.

"初六鳴豫", 志窮凶也. "초륙은 방탕함으로 이름이 난다"는 뜻이 곤궁해 흉한 것이다.

"不終日貞吉", 以中正也. "하루도 마치지 않으니 바르고 길하다"는 중中과 정正으로 하기 때문이다.

"盰豫有悔", 位不當也. "교만하고 방탕해 후회가 있다"는 자리가 마땅하지 않은 것이다.

"由豫大有得", 志大行也. "크게 좋은 바가 있어 보이더라도 자세하게 살펴야 한다"는 뜻이 크게 행해지는 것이다.

"六五貞疾", 乘剛也, "恒不死", 中未亡也. "육오는 바르지만 병이 있다"는 강剛을 탄 것이다. "당분간 죽지 않고 살아 있다"는 중中으로 죽지 않는 것이다.

"冥豫在上", 何可長也? "방탕함에 빠지니" 어찌 오래갈 수 있겠는가?

이 괘는 하괘가 곤坤이고 상괘가 진震이다. 곤은 땅이고 진은 우레이므로 "우레가 땅에서 나와 떨친다雷出地奮"고 했다.

17. 수隨

澤中有雷, 隨, 君子以嚮晦入宴(安)息. 못 속에 우레가 있는 것이 수隨다. 군자는 이로써 저녁 무렵에 들어가 쉰다.

"官有渝", 從正吉也, "出門交有功", 不失也. "관가에서 지명수배를 내린다"는 바람을 따르면 길한 것이다. "문을 나가 범인을 잡으니 두 가지 결과가 있다"는 잃지 않는 것이다.

"係小子", 弗兼與也. "나이 어린 범인을 잡는다"는 겸하여 주지 않는 것이다.

"係丈夫", 志舍下也. "나이 많은 범인을 잡는다"는 뜻이 아래를 버리는 것이다.

"隨有獲", 其義凶也. "有孚在道", 明功也. "마침내 도망범을 잡는다"는 그 의리가 흉한 것이다. "이미 길에서 잡는다"는 공을 밝힌 것이다.

"孚於嘉吉", 位正中也. "도망범이 가嘉에서 잡히니 길하다"는 자리가 바르고 중한 것이다.

"拘係之", 上窮也. "도망범을 가둔다"는 위에서 곤궁한 것이다.

이 괘는 하괘가 진震이고 상괘는 태兌다. 진은 우레이고 태는 못이므로 "못 속에 우레가 있다澤中有雷"고 했다. 「단전 상」 17에서 '수隨'는 "천하가 때를 따른다天下隨時"로 해석했는데, "수의 때와 의의가 크다隨(時之)[之時]義大矣哉!"는 것을 말한다. 여기서 "군자는 이로써 저녁 무렵에 들어가 쉰다君子以嚮晦入宴(安)息"는 날이 저물면 군자는 들어가 잠을 자고 휴식하는 것을 말하니 '수의 때隨時'에 해당한다. 이 뜻은 괘효사에는 보이지 않고 「단사」와 「상사」에만 보인다.

18. 고蠱

山下有風, 蠱. 君子以振民育德. 산 아래 바람이 있는 것이 고蠱다. 군자는 이로써 백성을 진작시키고 덕을 기른다.

"幹父之蠱", 意承考也. "아버지의 음란함을 막는다"는 뜻이 아버지를 잇는 것이다.

"幹母之蠱", 得中道也. "어머니의 음란함을 막는다"는 중도를 얻은 것이다.

"幹父之蠱", 終无咎也. "아버지의 음란함을 막는다"는 끝내 허물이 없는 것이다.

"裕父之蠱", 往未得也. "아버지의 음란함을 용인한다면" 가서 얻지 못한다.

"幹父用譽", 承以德也. "아버지의 음란함을 막아 칭찬을 받는다"는 덕으로 잇는 것이다.

"不事王侯", 志可則也. "왕과 제후를 섬기지 않는다"는 뜻이 본받을 만한 것이다.

이 괘는 하괘가 손巽이고 상괘가 간艮이다. 손은 바람이고 간은 산이므로 "산 아래 바람이 있다山下有風"고 했다.

19. 임臨

澤上有地, 臨. 君子以敎思无窮, 容保民无疆. 못 위에 땅이 있는 것이 임臨이다. 군자는 이로써 가르치는 생각이 끝이 없고, 백성을 한없이 포용하고 보호한다.

"咸臨貞吉", 志行正也. "사람들의 마음을 움직이는 것으로 백성을 다스리니 바르고 길하다"는 뜻이 바름을 행하는 것이다.

"咸臨吉无不利", 未順命也. "사람들의 마음을 움직이는 것으로 백성을 다스리니 바르고 길하며 이롭지 않음이 없다"는 명에 순응하지 않는 것이다.

"甘臨", 位不當也, "旣憂之", 咎不長也. "달콤한 말로 백성을 다스린다"는 자리가 마땅하지 않은 것이며, "단지 조심한다"는 허물이 오래가지 않는 것이다.

"至臨无咎", 位當也. "진심으로 백성을 다스리니 화가 없다"는 자리가 마땅한 것이다.

"大君之宜", 行中之謂也. "대인군자가 마땅히 해야 할 일"은 중을 행하는 것을 말한다.

"敦臨之吉", 志在內也. "관대함과 어짐으로 백성을 다스려서 길하다"는 뜻이 안에 있는 것이다.

이 괘는 하괘가 태兌이고 상괘가 곤坤이다. 태는 못이고 곤은 땅이므로 "못 위에 땅이 있다澤上有地"고 했다.

20. 관觀

風行地上, 觀. 先王以省方, 觀民設敎. 바람이 땅 위에 부는 것이 관觀이다.
선왕은 이로써 사방을 살피고 백성을 관찰해 가르침을 베푼다.

"初六童觀", 小人道也. "초륙은 유치한 눈으로 사람을 본다"는 소인의 도
道다.
"闚觀女貞", 亦可醜也. "문틈으로 밖을 엿보니 여자의 호기심만 만족시
킬 수 있다"는 또한 추한 것이다.
"觀我生進退", 未失道也. "백성이 편안히 사는지를 살펴야 진퇴를 안다"
는 도를 잃지 않은 것이다.
"觀國之光", 尙賓也. "나라가 번영한지를 살핀다"는 빈객을 높이는 것
이다.
"觀我生", 觀民也. "우리 백성들이 어떻게 지내는지 살핀다"는 백성을
살피는 것이다.
"觀其生", 志未平也. "다른 나라 백성이 어떻게 지내는지 살핀다"는 뜻이
평안하지 않은 것이다.

이 괘는 하괘가 곤坤이고 상괘가 손巽이다. 곤은 땅이고 손은 바람이므
로 "바람이 땅 위에 분다風行地上"고 했다.

21. 서합噬嗑

雷電, 噬嗑. 先王以明罰勅法. 우레와 번개가 서합噬嗑이다. 선왕은 이로써 벌을 밝히고 법을 바르게 한다.

"履校滅趾", 不行也. "형구가 두 다리를 상하게 한다"는 다니지 못하는 것이다.

"噬膚滅鼻", 乘剛也. "살을 베어 코를 상하게 한다"는 강剛을 탄 것이다.

"遇毒", 位不當也. "중독된다"는 자리가 마땅하지 않은 것이다.

"利艱貞吉", 未光也. "어렵게 여기고 바르게 하는 것이 이롭고 길하다"는 아직 빛나지 않은 것이다.

"貞厲无咎", 得當也. "바르고 위태롭게 여기면 큰 근심은 없다"는 마땅함을 얻은 것이다.

"何校滅耳", 聰不明也. "어깨 위의 형구가 귀를 훼손한다"는 총명하지 않은 것이다.

이 괘는 하괘가 진震이고 상괘가 이離다. 진은 우레이고 이離는 번개이므로 "우레와 번개雷電"라고 했다.

22. 비賁

山下有火, 賁. 君子以明庶政, 无敢折獄. 산 아래 불이 있는 것이 비賁다. 군자는 이로써 정사를 밝히고 과감하게 송사를 판단하지 않는다.

"舍車而徒", 義弗乘也. "수레를 타지 않고 걸어서 간다"는 의리상 타지 않는 것이다.

"賁其須", 與上興也. "머리카락과 수염도 신경 써서 꾸며야 한다"는 위와 더불어 일어나는 것이다.

"永貞之吉", 終莫之陵也. "오래도록 바르면 길하다"는 끝내 능멸할 수 없는 것이다.

六四當位, 疑也. "匪寇婚媾", 終无尤也. 육사는 자리가 마땅하지만 의심스럽다. "사람을 죽이거나 물건을 훔치러 온 것이 아니라 신부를 맞이하러 온 것이다"는 끝내 허물이 없는 것이다.

"六五之吉", 有喜也. "육오의 길함"은 기쁨이 있는 것이다.

"白賁无咎", 上得志也. "흰색으로 꾸미니 화가 없다"는 위가 뜻을 얻은 것이다.

이 괘는 하괘가 이離이고 상괘가 간艮이다. 이離는 불이고 간은 산이므로 "산 아래 불이 있다山下有火"고 했다.

23. 박剝

山附於地, 剝. 上以厚下安宅. 산이 땅에 붙은 것이 박剝이다. 군주는 이로써 아래를 두터이 하고 집을 편안하게 한다.

"剝牀以足", 以滅下也. "평상을 부수는데 다리부터 부순다"는 아래를 멸하는 것이다.

"剝牀以辨", 未有與也. "평상을 부수는데 받침대를 다시 부순다"는 더불어 하는 이가 없는 것이다.

"剝之无咎", 失上下也. "평상 다리와 받침대를 부숴도 화가 없는 것 같다"는 위와 아래를 잃은 것이다.

"剝牀以膚", 切近災也. "평상 판까지 부순다"는 재앙에 매우 가까운 것이다.

"以宮人寵", 終无尤也. "후궁들이 총애를 다툰다"는 끝내 허물이 없는 것이다.

"君子得輿", 民所載也, "小人剝廬", 終不可用也. "군자는 나갈 때 거마가 있다"는 백성들이 싣는 것이다. "소인은 거처할 집이 없고 오두막마저 부서진다"는 끝내 쓸 수 없는 것이다.

이 괘는 하괘가 곤坤이고 상괘가 간艮이다. 곤은 땅이고 간은 산이므로 "산이 땅에 붙었다山附於地"고 했다.

24. 복復

雷在地中, 復. 先王以至日閉關, 商旅不行, 后不省方. 우레가 땅속에 있는 것이 복復이다. 선왕은 이로써 동짓날에 관문을 닫으니 장사꾼과 여행객이 다니지 않으며 군주가 사방을 순찰하지 않는다.

"不遠之復", 以修身也. "멀리 가지 않아 돌아온다"는 몸을 닦는 것이다.

"休復之吉", 以下仁也. "기분 좋게 돌아오니 길하다"는 어진 이에게 낮추는 것이다.

"頻復之厲", 義无咎也. "눈살을 찌푸리며 돌아오니 위험하다"는 의리가 허물이 없는 것이다.

"中行獨復", 以從道也. "한참 길을 갔더라도 스스로 돌아온다"는 도를 따르는 것이다.

"敦復无悔", 中以自考也. "성실하게 돌아오기만 하면 후회하지 않을 것이다"는 중도로 스스로를 살피는 것이다.

"迷復之凶", 反君道也. "돌아오는 길을 찾지 못하니 흉하다"는 인군의 도로 돌아오는 것이다.

이 괘는 하괘가 진震이고 상괘가 곤坤이다. 진은 우레이고 곤은 땅이므로 "우레가 땅속에 있다雷在地中"고 했다. '땅속'은 지하를 가리키니, "우레가 땅속에 있다"는 우레가 지하에 있다는 것이다.

25. 무망无妄

天下雷行, 物與无妄. 先王以茂對時育萬物. 하늘 아래 우레가 치고 만물에 무망无妄을 준다. 선왕은 이로써 무성함으로 천시에 배합하고 만물을 기른다.

"无妄之往", 得志也. "기대함이 없이 간다"는 뜻을 얻는 것이다.
"不耕穫", 未富也. "밭 갈지 않아도 수확한다"는 아직 부하지 않은 것이다.
"行人得牛", "邑人災"也. "행인이 소를 얻는" 것은 "읍인의 재앙"이다.
"可貞无咎", 固有之也. "바르게 할 수 있으면 허물이 없다"는 본래부터 가지고 있는 것이다.
"无妄之藥", 不可試也. "무망의 약"은 쓸 수가 없다.
"无妄之行", 窮之災也. "기대 없이 간다"는 곤궁함의 재앙이다.

이 괘는 하괘가 진震이고 상괘가 건乾이다. 진은 우레이고 건은 하늘이므로 "하늘 아래 우레가 친다天下雷行"고 했다.

26. 대축大畜

天在山中, 大畜. 君子以多識前言往行, 以畜其德. 하늘이 산속에 있는 것이 대축大畜이다. 군자는 이로써 이전의 말과 행동을 많이 알아서 그 덕을 기른다.

"有厲利已", 不犯災也. "위험하니 멈추는 것이 이롭다"는 재난을 무릅쓰지 않는 것이다.

"輿說輹", 中无尤也. "수레 아래 복토를 전도시킨다"는 중도로 허물이 없다.

"利有攸往", 上合志也. "나아가는 바가 이롭다"는 위가 뜻을 합치는 것이다.

"六四元吉", 有喜也. "육사가 크게 길하다"는 기쁨이 있는 것이다.

"六五之吉", 有慶也. "육오가 길하다"는 경사가 있는 것이다.

"何天之衢", 道大行也. "위로 천도를 받든다"는 도가 크게 행해지는 것이다.

이 괘는 하괘가 건乾이고 상괘가 간艮이다. 건은 하늘이고 간은 산이므로 "하늘이 산속에 있다天在山中"고 했다.

27. 이頤

山下有雷, 頤. 君子以愼言語, 節飲食. 산 아래 우레가 있는 것이 이頤다. 군자는 이로써 언어를 신중히 하고 음식을 절제한다.

"觀我朶頤", 亦不足貴也. "나의 뺨이 움직이는 것만 본다"는 역시 귀하지 않다.

"六二征凶", 行失類也. "육이가 가면 흉하다"는 행함이 같은 무리를 잃는 것이다.

"十年勿用", 道大悖也. "십 년 동안 쓰지 마라"는 도가 크게 어그러진 것이다.

"顛頤之吉", 上施光也. "뺨이 상하로 움직이면 길하다"는 위의 베풂이 빛나는 것이다.

"居貞之吉", 順以從上也. "바르게 지키면 길하다"는 순함으로 위를 따르는 것이다.

"由頤厲吉", 大有慶也. "뺨이 자연스럽게 움직이면 위험하지만 길하다"는 크게 경사가 있는 것이다.

이 괘는 하괘가 진震이고 상괘가 간艮이다. 진은 우레이고 간은 산이므로 "산 아래 우레가 있다山下有雷"고 했다.

28. 대과大過

澤滅木, 大過. 君子以獨立不懼, 遯世无悶. 못이 나무를 멸하는 것이 대과大過다. 군자는 이로써 홀로 서도 두려워하지 않고 세상에 버림을 받아도 근심하지 않는다.

"藉用白茅", 柔在下也. "흰 띠풀을 깐다"는 유柔가 아래에 있는 것이다.

"老夫女妻", 過以相與也. "늙은 남자가 젊은 여자를 아내로 삼는다"는 지나침으로 함께하는 것이다.

"棟橈之凶", 不可以有輔也. "대들보가 아래로 휘니 흉하다"는 도움을 줄 수 없는 것이다.

"棟隆之吉", 不橈乎下也. "대들보가 위로 휘니 길하다"는 아래로 휘지 않는 것이다.

"枯楊生華", 何可久也. "老婦士夫", 亦可醜也. "마른 버드나무에 꽃이 피니" 어찌 오래갈 수 있겠는가? "늙은 여자가 젊은 남자를 남편으로 삼으니" 또한 추한 일이다.

"過涉之凶", 不可咎也. "물을 건너다가 당하는 흉함"은 탓할 수 없는 것이다.

이 괘는 하괘가 손巽이고 상괘가 태兌다. 손은 나무이고 태는 못澤이므로 "못이 나무를 멸한다澤滅木"고 했다. "못이 나무를 멸한다"는 태가 손 위에 있는 것을 가리킨다.

29. 습감習坎

水洊至, 習坎. 君子以常德行, 習教事. 물이 거듭 이르는 것이 습감習坎이다. 군자는 이로써 항상 덕으로 행하고 가르치는 일을 익힌다.

"習坎入坎", 失道凶也. "구덩이 안의 구덩이에 몸이 빠진다"는 도를 잃고 흉한 것이다.

"求小得", 未出中也. "구해줄 사람이 있으면 일찍 어려움에서 벗어난다"

는 가운데서 나오지 못한 것이다.

"來之坎坎", 終无功也. "구덩이로 온다"는 끝내 공이 없는 것이다.

"樽酒簋貳", 剛柔際也. "술 한 잔, 밥 두 그릇"은 강과 유가 사귀는 것이다.

"坎不盈", 中未大也. "구덩이가 막히지 않았다"는 가운데가 크지 않은 것이다.

上六失道, 凶三歲也. 상륙이 도를 잃으니 삼 년 동안 흉하다.

이 괘는 감坎이 중첩된 것이다. "물이 거듭 이른다水洊至"는 물이 겸하여 이른다는 말과 같으니 감이 겹친 것을 가리킨다. 천洊은 거듭하다仍, 다시 하다再, 중복하다重의 뜻으로 풀이한다. "가르치는 일을 익힌다習敎事"에서 습習은 학습의 '습'으로 본다.

30. 이離

明兩作, 離. 大人以繼明照于四方. 밝음이 이어져서 일어나는 것이 이離다. 대인은 이로써 밝음을 이어서 사방을 비춘다.

"履錯之敬", 以辟咎也. "길을 조심스럽게 가는 공경함"은 허물을 피하는 것이다.

"黃離元吉", 得中道也. "황혼이 드리우니 가장 길하다"는 중도를 얻은 것이다.

"日昃之離", 何可久也? "해그림자가 서쪽으로 기울고 낮이 다하려 하니"

어찌 오래갈 수 있겠는가?

"突如其來如", 无所容也. "모든 것이 갑자기 온다"는 용납할 곳이 없는 것이다.

"六五之吉", 離王公也. "육오의 길함"은 왕공에 붙은 것이다.

"王用出征", 以正邦也. "왕이 군사를 보내 공신을 격려한다"는 나라를 바르게 하는 것이다.

이 괘는 이離가 중첩된 것이다. "밝음이 이어져서 일어난다明兩作"에서 이離는 밝음明이다. 여기서는 이를 겹친 것을 가리킨다. "중도를 얻었다得中道也"는 황색이 중간색이니 육이가 하괘의 중의 자리에 있는 것을 가리킨다.

상전 하象下

31. 함咸

山上有澤, 咸. 君子以虛受人. 산 위에 못이 있는 것이 함咸이다. 군자는 이로써 마음을 비워 사람들을 받아들인다.

"咸其拇", 志在外也. "그녀의 엄지발가락을 제어하여 두 발을 움직이게 해서는 안 된다"는 뜻이 밖에 있는 것이다.

"雖凶居吉", 順不害也. "문을 나가면 흉하고 집에 있으면 길하다"는 순하게 하면 해롭지 않은 것이다.

"咸其股", 亦不處也, 志在隨人, 所執下也. "그녀의 허벅다리를 제어하고 넓적다리를 움직이게 해서는 안 된다"는 역시 거처하지 않는 것이다. 뜻이 사람을 따라가는 데 있으니 고집하는 뜻이 비천한 것이다.

"貞吉悔亡", 未感害也, "憧憧往來", 未光大也. "바르면 길하고 오직 잃을까 두려워한다"는 느낌으로 해를 받지 않은 것이다. "급하게 아내를 맞이하러 갔다가 급하게 돌아온다"는 아직 빛나고 크지 않은 것이다.

"咸其脢", 志末也. "그녀의 등을 제어하여 상체를 움직이게 해서는 안 된다"는 뜻이 천박한 것이다.

"咸其輔頰舌", 滕(縢)口說也. "그녀의 볼과 혀를 제어하여 함부로 말하게 해서는 안 된다"는 구설을 막는 것이다.

이 괘는 하괘가 간艮이고 상괘가 태兌다. 간은 산이고 태는 못이므로 "산 위에 못이 있다山上有澤"고 했다. "함부로 말하지 못하게 한다縢口說也"는 그 입을 봉하는 것을 가리킨다. 여기서 '등縢'은 『서경』 「금등金縢」 편의 '縢'이다. 『설문해자』 「사부糸部」에 "등은 봉하는 것이다縢, 緘也"라고 풀이했다.

32. 항恒

雷風, 恒. 君子以立不易方. 우레와 바람이 항恒이다. 군자는 이로써 변치 않는 생각을 세운다.

"浚恒之凶", 始求深也. "변화가 일정하지 않으니 흉하다"는 처음에 구하 는 것이 지나친 것이다.
"九二悔亡", 能久中也. "구이는 잃을까 걱정한다"는 오랫동안 중中을 지 킬 수 있는 것이다.
"不恒其德", 无所容也. "그 덕을 오래도록 지킬 수 없다"는 용납될 곳이 없는 것이다.
久非其位, 安得禽也. 구사가 오랫동안 마땅하지 않은 자리에 있으니 어찌 금수를 얻을 수 있겠는가?

"婦人貞吉", 從一而終也. 夫子制義, 從婦凶也. "부인이 바르고 길하다"는 하나를 좇아 마치는 것이다. 남편의 덕은 의를 따르는 것인데 부인을 따르니 흉하다.

"振恒"在上, 大无功也. "변화가 일정하지 않으면서" 위에 있으니 크게 공이 없다.

이 괘는 하괘가 손巽이고 상괘가 진震이다. 손은 바람이고 진은 우레이므로 "우레와 바람雷風"이라고 했다.

33. 둔遯

天下有山, 遯. 君子以遠小人, 不惡而嚴. 하늘 아래 산이 있는 것이 둔遯이다. 군자는 이로써 소인을 멀리하되 싫어하는 기색을 하지 않고 엄숙하게 대한다.

"遯尾之厲", 不往何災也? "새끼 돼지 꼬리의 위태로움"은 가지 않으면 무슨 재앙이 있겠는가?

"執用黃牛", 固志也. "황소 가죽으로 만든 끈으로 묶는다"는 뜻을 굳게 지키는 것이다.

"係遯之厲", 有疾憊也, "畜臣妾吉", 不可大事也. "새끼 돼지를 묶는 것의 위태로움"은 병과 어려움이 있는 것이다. "노비를 가두어 기르면 도리어 매우 길하다"는 큰일은 할 수 없는 것이다.

"君子好遯", **"小人否"**也. "군자는 좋은 돼지"이나 "소인은 그렇지 않다".

"嘉遯貞吉", 以正志也. "좋은 새끼 돼지라도 점은 길하다"는 뜻을 바르게 하는 것이다.

"肥遯无不利", 无所疑也. "통통하게 살찐 새끼 돼지를 점쳐 얻으니 이롭지 않은 바가 없다"는 의심스러운 바가 없는 것이다.

이 괘는 하괘가 간艮이고 상괘가 건乾이다. 간은 산이고 건은 하늘이므로 "하늘 아래 산이 있다天下有山"고 했다.

34. 대장大壯

雷在天上, 大壯. 君子以非禮弗履. 우레가 하늘 위에 있는 것이 대장大壯이다. 군자는 이로써 예가 아니면 실행하지 않는다.

"壯於趾", 其孚窮也. "다리가 튼튼하다"는 성심으로 자신을 지키고 곤궁함에 잘 대처하는 것이다.

"九二貞吉", 以中也. "구이가 바르면 길하다"는 중中 때문이다.

"小人用壯", **"君子罔"**也. "소인은 강함을 드러내고" "군자는 드러내지 않는다".

"藩決不羸", 尚往也. "숫양이 울타리를 들이받아도 뿔은 상하지 않게 하려고 한다"는 앞으로 가는 것을 숭상하는 것이다.

"喪羊于易", 位不當也. "왕해가 유역씨에게 양을 빼앗긴다喪羊于易"는 자리가 마땅하지 않은 것이다.

"不能退, 不能遂", 不詳也, "艱則吉", 咎不長也. "물러날 수도 없고 나아갈 수도 없다"는 일처리가 상세하지 않은 것이다. "어렵지만 오히려 길하다"는 허물이 오래가지 않는 것이다.

이 괘는 하괘가 건乾이고 상괘가 진震이다. 건은 하늘이고 진은 우레이므로 "우레가 하늘 위에 있다雷在天上"고 했다.

35. 진晉

明出地上, 晉. 君子以自昭明德. 밝음이 땅 위로 나오는 것이 진晉이다. 군자는 이로써 스스로 밝은 덕을 밝힌다.

"晉如摧如", 獨行正也, "裕无咎", 未受命也. "이름이 나면 이름이 훼손된다"는 홀로 바름을 행하는 것이다. "여의치 않더라도 큰 근심은 없다"는 아직 명을 받지 않은 것이다.

"受玆介福", 以中正也. "이 큰 복을 받는다"는 중정하기 때문이다.

"衆允"之, 志上行也. "사람들이 만족함을 느낀다"는 뜻이 위로 가는 것이다.

"鼫鼠貞厲", 位不當也. "이름이 나는 것이 큰 쥐로 변한 것과 같아서 바르더라도 위험하다"는 자리가 마땅하지 않은 것이다.

"失得勿恤", 往有慶也. "사실 득실을 따질 필요가 없다"는 가면 경사가 있는 것이다.

"維用伐邑", 道未光也. "오직 성을 공격하고 읍을 빼앗는 데만 적합하다"는 도가 아직 빛나지 않은 것이다.

이 괘는 하괘가 곤坤이고 상괘가 이離다. 곤은 땅이고 이離는 밝음明이므로 "밝음이 땅 위로 나온다明出地上"고 했다. 육삼의 「소상」 구절은 어디에서 끊어 읽느냐에 따라 뜻이 달라진다. 왕필의 주석을 따르면 "衆允之, 志上行也"로 읽어야 하고, 『주역집해』를 따르면 "衆允之志, 上行也("사람들이 만족을 느낀다"는 뜻은 위로 행하는 것이다)"로 읽어야 한다.

36. 명이明夷

明入地中, 明夷. 君子以莅衆, 用晦而明. 밝음이 땅속으로 들어가는 것이 명이明夷다. 군자는 이로써 백성을 다스림에 자신의 지혜를 숨겨 덕을 드러낼 수 있다.

"君子于行", 義不食也. "군자가 간다"는 의리상 먹지 않는 것이다.

"六二之吉", 順以則也. "육이의 길함"은 순하면서 도를 지키는 것이다.

"南狩之志", 乃大得也. "남쪽에 치우친 뜻"은 크게 얻는 것이다.

"入于左腹", 獲心意也. "막 문을 나서자 왼쪽 배로 들어간다"는 마음과 뜻을 얻는 것이다.

"箕子之貞", 明不可息也. "기자의 곧음"은 밝아서 소멸시킬 수가 없다.

"初登于天", 照四國也. "後入于地", 失則也. "처음에 하늘에 오르다"는 천하를 비추는 것이다. "뒤에는 땅으로 들어간다"는 도를 잃은 것이다.

이 괘는 하괘가 이離이고 상괘가 곤坤이다. 이離는 밝음이고 곤은 땅이므로 "밝음이 땅속으로 들어간다明入地中"고 했다. '땅속'은 지하를 가리킨다.

37. 가인家人

風自火出, 家人. 君子以言有物而行有恒. 바람이 불로부터 나오는 것이 가인家人이다. 군자는 이로써 말은 실제에 맞게 하고 행동은 변함이 없다.

"閑有家", 志未變也. "집안일을 잘 안다"는 뜻이 변하지 않은 것이다.

"六二之吉", 順以巽(遜)也. "육이의 길함"은 순하고 공손한 것이다.

"家人嗃嗃", 未失也. "婦子嘻嘻", 失家節也. "집안 사람들이 배고픔과 추위에 울며 소리친다"는 아직 잃지 않은 것이다. "아내와 아이들이 희희낙락하다"는 집안의 절도를 잃은 것이다.

"富家大吉", 順在位也. "재산이 날로 불어나니 크게 길하다"는 순함으로 자리에 있는 것이다.

"王假有家", 交相愛也. "선왕의 신령이 집에 강림한다"는 사람들이 친애하고 화목한 것이다.

"威如之吉", 反身之謂也. "두려워하여 길하다"는 자신을 돌아봐야 함을 말한다.

이 괘는 하괘가 이離이고 상괘가 손巽이다. 이離는 불이고 손은 바람이 므로 "바람이 불로부터 나온다風自火出"고 했다. "바람이 불로부터 나온다" 는 바람이 불 위에 있는 것을 가리킨다.

38. 규睽

上火下澤, 睽. 君子以同而異. 위는 불이고 아래는 못인 것이 규睽다. 군자 는 이로써 같으면서 다르게 한다.

"見惡人", 以辟(避)咎也. "악인을 만난다"는 허물을 피하는 것이다.
"遇主于巷", 未失道也. "작은 골목에서 귀신과 마주친다"는 아직 도를 잃 지 않은 것이다.
"見輿曳", 位不當也, "无初有終", 遇剛也. "소가 수레를 끈다"는 자리가 마 땅하지 않은 것이다. "시작은 좋지 않아도 끝은 좋다"는 강剛을 만난 것이다.
"交孚无咎", 志行也. "서로 마음이 맞으니 큰 근심은 없다"는 뜻이 행해 지는 것이다.
"厥宗噬膚", 往有慶也. "죽은 사람을 받드는 사람이 있어 좋은 술과 고기 를 먹고 마신다"는 가면 경사가 있다는 것이다.
"遇雨之吉", 群疑亡也. "밖으로 나갔다가 비를 만난 것과 같으니 길하다" 는 뭇 의심들이 사라지는 것이다.

이 괘는 하괘가 태兌이고 상괘가 이離다. 태는 못澤이고 이離는 불이므로 "위는 불, 아래는 못上火下澤"이라고 했다.

39. 건蹇

山上有水, 蹇. 君子以反身修德. 산 위에 물이 있는 것이 건蹇이다. 군자는 이로써 자신을 돌아보고 덕을 닦는다.

"往蹇來譽", 宜待也. "가는 길이 어렵고 돌아오면 운이 좋다"는 마땅히 기다려야 한다는 것이다.

"王臣蹇蹇", 終无尤也. "왕의 신하가 가는 길은 어렵다"는 끝내 허물이 없다는 것이다.

"往蹇來反", 內喜之也. "가는 길이 어려우니 일찍 돌아간다"는 안으로 기뻐하는 것이다.

"往蹇來連", 當位實也. "가는 길이 어렵고 돌아와도 우여곡절을 겪는다"는 자리가 마땅한 것이다.

"大蹇朋來", 以中節也. "길에서 어려움을 만나야 비로소 벗이 온다"는 중정한 절조를 지키는 것이다.

"往蹇來碩", 志在內也, "利見大人", 以從貴也. "가는 일이 어렵지만 마침내 집으로 돌아간다"는 뜻이 안에 있는 것이다. "대인을 만나는 것이 이롭다"는 귀한 이를 따르는 것이다.

이 괘는 하괘가 간艮이고 상괘가 감坎이다. 간은 산이고 감은 물이므로 "산 위에 물이 있다山上有水"고 했다.

40. 해解

雷雨作, 解. 君子以赦過宥罪. 우레와 비가 일어나는 것이 해解다. 군자는 이로써 과실을 용서하고 죄를 관대하게 대한다.

剛柔之際, "義无咎"也. 강과 유가 서로 만나니 "의미상 허물이 없다".
"九二貞吉", 得中道也. "구이가 바르면 길하다"는 중도를 얻은 것이다.
"負且乘", 亦可醜也. "自我致戎", 又誰咎也? "어깨에 메고 손에 들고 수레에 가득 싣고 돌아온다"는 또한 추한 것이다. "나로부터 도적을 부르니" 또 누구를 탓하겠는가?
"解而拇", 未當位也. "사냥감들의 다리를 풀어준다"는 자리에 마땅하지 않은 것이다.
"君子有解", 小人退也. "군자가 풀어준다"는 소인이 물러나는 것이다.
"公用射隼", 以解悖也. "왕공이 높은 성벽에서 새매를 쏘아 떨어뜨린다"는 어그러짐을 푸는 것이다.

이 괘는 하괘가 감坎이고 상괘가 진震이다. 감은 비(비는 물이 된다)이고, 진은 우레이므로 "우레와 비가 일어난다雷雨作"고 했다.

41. 손損

山下有澤, 損. 君子以懲忿窒欲. 산 아래 못이 있는 것이 손損이다. 군자는 이로써 분함을 없애고 욕심을 막는다.

"已事遄往", 尚合志也. "이미 지난 일은 빨리 지나가게 한다"는 위로 뜻을 합하는 것이다.
"九二利貞", 中以爲志也. "구이는 바르면 이롭다"는 것은 중中으로 뜻을 삼기 때문이다.
"一人行", 三則疑也. "한 사람이 간다"는 셋이 되면 의심스럽다는 것이다.
"損其疾", 亦可喜也. "그의 병을 덜어낸다"는 또한 기쁜 일이다.
"六五元吉", 自上祐也. "육오가 가장 길하다"는 위에서 돕는 것이다.
"弗損益之", 大得志也. "덜어낼 수는 없고 더할 수만 없다"는 크게 뜻을 얻은 것이다.

이 괘는 하괘가 태兌이고 상괘가 간艮이다. 태는 못이고 간은 산이므로 "산 아래 못이 있다山下有澤"고 했다.

42. 익益

風雷, 益. 君子以見善則遷, 有過則改. 바람과 우레가 익益이다. 군자는 이로써 선善을 보면 옮겨가고 잘못이 있으면 고친다.

"元吉无咎", 下不厚事也. "이 일이 가장 길하고 화가 없다"는 아래에 있어 큰일을 감당하지 못하는 것이다.

"或益之", 自外來也. "어떤 사람이 귀한 귀갑을 보내준다"는 밖으로부터 오는 것이다.

"益用凶事", 固有之也. "공사를 확대해주기를 청한다"는 본래부터 가지고 있는 것이다.

"告公從", 以益志也. "왕공에게 고해 따른다"는 뜻을 더하는 것이다.

"有孚惠心", 勿問之矣, "惠我德", 大得志也. "백성을 이롭게 하려는 마음에서 나온다"는 물을 필요 없는 것이다. "자신을 이롭게 한다"는 크게 뜻을 얻는 것이다.

"莫益之", 偏辭也, "或擊之", 自外來也. "더이상 공사를 확대하지 말아야 한다"는 치우친 말이다 "누군가가 공격한다"는 밖으로부터 오는 것이다.

이 괘는 하괘가 진震이고 상괘가 손巽이다. 진은 우레이고 손은 바람이므로 "바람과 우레風雷"라고 했다.

43. 쾌夬

澤上於天, 夬. 君子以施祿及下, 居德則忌. 못이 하늘로 올라가는 것이 쾌夬다. 군자는 이로써 녹을 베풀어 아래에 미치고 그것을 덕이라 자처하기를 꺼린다.

"不勝而往", 咎也. "이기지 못하는데 간다"는 허물이다.

"有戎勿恤", 得中道也. "적군이 침범하더라도 걱정할 필요 없다"는 중도를 얻은 것이다.

"君子夬夬", 終无咎也. "군자는 의연하다"는 끝내 허물이 없는 것이다.

"其行次且", 位不當也, "聞言不信", 聽不明也. "길을 가는데 비틀거린다"는 자리가 마땅하지 않은 것이다. "병사들의 욕을 든더라도 마음에 둘 필요 없다"는 총명하지 않은 것이다.

"中行无咎", 中未光也. "가는 내내 마음이 조마조마하지만 아무 일도 생기지 않는다"는 중中이 빛나지 않은 것이다.

"无號之凶", 終不可長也. "곡하며 알려줄 사람이 없어 흉하다"는 끝내 오래갈 수 없는 것이다.

이 괘는 하괘가 건乾이고 상괘가 태兌다. 건은 하늘이고 태는 못이므로 "못이 하늘로 올라간다澤上於天"고 했다.

44. 구姤

天下有風, 姤. 后以施命誥四方. 하늘 아래 바람이 있는 것이 구姤다. 후后는 이로써 명을 베풀고 사방에 알린다.

"繫于金柅", 柔道牽也. "구리로 만든 쐐기로 수레바퀴를 고정시킨다"는 부드러운 도柔道가 견제를 받는 것이다.

"包有魚", 義不及賓也. "주머니 안에 물고기가 있다"는 의리가 빈객에게 미치지 않는 것이다.

"其行次且", 行未牽也. "길을 가는데 비틀거린다"는 가는 것을 견제하지 못하는 것이다.

"无魚之凶", 遠民也. "주머니 안에 물고기가 없어 흉하다"는 백성을 멀리 하는 것이다.

"九五含章", 中正也, "有隕自天", 志不舍命也. "구오의 예물이 이처럼 좋다"는 중정한 것이다. "하늘에서 떨어진 물건 같다"는 뜻이 명을 어기지 않은 것이다.

"姤其角", 上窮吝也. "그 뿔을 만난다"는 위에서 곤궁하고 인색한 것이다.

이 괘는 하괘가 손巽이고 상괘가 건乾이다. 손은 바람이고 건은 하늘이 므로 "하늘 아래 바람이 있다天下有風"고 했다.

45. 췌萃

澤上於地, 萃. 君子以除戎器, 戒不虞. 못이 땅 위로 오르는 것이 췌萃다. 군 자는 이로써 병기를 수리하고 예상 밖의 일을 대비한다.

"乃亂乃萃", 其志亂也. "마음이 어지럽고 의기소침하다"는 그 뜻이 어지 러운 것이다.

"引吉无咎", 中未變也. "다만 오래도록 길하고 화가 없기를 바란다"는 중

中이 변하지 않는 것이다.

"往无咎", 上巽也. "이렇게 밖으로 나가면 화는 없다"는 위가 손순한 것이다.

"大吉无咎", 位不當也. "단지 크게 길하고 화가 없기를 바란다"는 자리가 마땅하지 않은 것이다.

"萃有位", 志未光也. "재물이 산처럼 쌓인다"는 뜻이 빛나지 않은 것이다.

"齎咨涕洟", 未安上也. "매우 탄식하며 눈물 흘린다"는 위에서 편치 않은 것이다.

이 괘는 하괘가 곤坤이고 상괘가 태兌다. 곤은 땅이고 태는 못이므로 "못이 땅 위로 오른다澤上於地"고 했다.

46. 승升

地中生木, 升. 君子以順德, 積小以高大. 땅속에 나무가 자라는 것이 승升이다. 군자는 이로써 덕을 순하게 하고 작은 것을 높고 크게 쌓는다.

"允升大吉", 上合志也. "위로 오르니 크게 길하다"는 위가 뜻을 합하는 것이다.

"九二之孚", 有喜也. "구이의 미더움"은 기쁨이 있는 것이다.

"升虛邑", 无所疑也. "산 아래 성읍으로부터 오르기 시작한다"는 의심스러운 바가 없는 것이다.

"王用亨于岐山", 順事也. "우리 왕이 기산에서 제사 지낸다"는 순리를 따르는 것이다.

"貞吉升階", 大得志也. "바르면 길하니 계단을 따라 위로 오른다"는 크게 뜻을 얻은 것이다.

"冥升在上", 消不富也. "오르는 데 몰두하여 위에 있다"는 소실되고 부하지 않은 것이다.

이 괘는 하괘가 손巽이고 상괘가 곤坤이다. 손은 나무이고 곤은 땅이므로 "땅속에 나무가 자란다地中生木"고 했다. '땅속'은 지하를 가리킨다.

47. 곤困

澤无水, 困. 君子以致命遂志. 못에 물이 없는 것이 곤困이다. 군자는 이로써 명을 다하고 뜻을 이룬다.

"入于幽谷", 幽不明也. "깊은 골짜기에 들어간 것과 같다"는 그윽하고 밝지 않은 것이다.

"困于酒食", 中有慶也. "먹는 것도 마시는 것도 돌아볼 틈 없다"는 중도를 지키면 경사가 있는 것이다.

"據于蒺藜", 乘剛也. "入于其宮, 不見其妻", 不祥也. "가시나무로 길이 험하다"는 강剛을 탄 것이다. "가까스로 집으로 들어가도 아내를 보지 못한다"는 상서롭지 않은 것이다.

"來徐徐", 志在下也. 雖不當位, 有與也. "천천히 간다"는 뜻이 아래에 있는 것이다. 자리가 마땅하지 않지만 함께하는 이가 있다.

"劓刖", 志未得也, "乃徐有說", 以中直也. "利用祭祀", 受福也. "긴장되고 불안하다"는 뜻을 얻지 못한 것이다. "한숨 돌릴 수 있다"는 중中과 곧음으로 하기 때문이다. "다행히 제사를 망치지는 않는다"는 복을 받는 것이다.

"困于葛藟", 未當也. "動悔有悔", 吉行也. "칡덩굴에 칭칭 감긴 것 같다"는 마땅하지 않은 것이다. "움직이면 허물을 얻으니 견디기 어렵다"는 뜻이 행해지는 것이다.

이 괘는 하괘가 감坎이고 상괘가 태兌다. 감은 물이고 태는 못이므로 "못에 물이 없다澤无水"고 했다. "못에 물이 없다"는 못 아래 물이 있고 못 안에는 물이 없다는 것을 말한다. "뜻이 행해지는 것이다吉行"는 '지행志行'의 오류인 것 같다. '志行'은 둔屯괘 초구효와 이履괘 구사효, 비否괘 구사효, 임괘 초구효, 규괘 구사효, 미제괘 구사효 등의 경우처럼 대부분 초구효나 구사효의 「소상」에 보이는 말이지만, 이 괘는 상륙효에 있다.

48. 정井

木上有水, 井. 君子以勞民勸相. 나무 위에 물이 있는 것이 정井이다. 군자는 이로써 백성을 위로하고 도울 것을 권한다.

"井泥不食", 下也. "舊井无禽", 時舍也. "우물 바닥이 말라 진흙이니 마실 수 없다"는 아래에 있기 때문이다. "오래된 우물은 작은 물고기나 새우도 잡지 못한다"는 때에 버림받은 것이다.

"井谷射鮒", 无與也. "우물 안에서 붕어를 잡을 수 있다"는 함께하는 이가 없기 때문이다.

"井渫不食", 行惻也. 求"王明", 受福也. "우물물이 새니 마실 수가 없다"는 가는 것이 측은한 것이다. "왕이 현명하기를" 구하는 것은 복을 받는 것이다.

"井甃无咎", 修井也. "우물 벽을 수리하니 화가 없다"는 우물을 수리하는 것이다.

"寒泉之食", 中正也. "찬 우물물을 마실 수 있다"는 중정한 것이다.

"元吉在上", 大成也. "크게 길하여 위에 있다"는 크게 이루어진 것이다.

이 괘는 하괘가 손巽이고 상괘가 감坎이다. 손은 나무이고 감은 물이므로 "나무 위에 물이 있다木上有水"고 했다.

49. 혁革

澤中有火, 革. 君子以治曆(歷)明時. 못 속에 불이 있는 것이 혁革이다. 군자는 이 때문에 역법을 다스려 때를 밝힌다.

"鞏用黃牛", 不可以有爲也. "황소의 가죽으로 만든 끈으로 묶는다"는 일을 행해서는 안 되는 것이다.

"巳日革之", 行有嘉也. "조금 시간이 지나야 변화를 가져올 수 있다"는 가면 아름다운 일이 있다는 것이다.

"革言三就", 又何之矣. "왕의 명령이 세 번 바뀌니" 또 어디로 가겠는가.

"改命之吉", 信志也. "왕명이 바뀌어 길하다"는 뜻을 펴는 것이다.

"大人虎變", 其文炳也. "대인은 호랑이처럼 완전히 변한다"는 문채가 빛나는 것이다.

"君子豹變", 其文蔚也. "小人革面", 順以從君也. "군자는 표범처럼 완전히 변한다"는 문채가 빛나는 것이다. "소인은 얼굴색만 변한다"는 인군의 변화를 순종해 따르는 것이다.

이 괘는 하괘가 이離이고 상괘가 태兌다. 이離는 불이고 태는 못이므로 "못 속에 불이 있다澤中有火"고 했다.

50. 정鼎

木上有火, 鼎. 君子以正位凝命. 나무 위에 불이 있는 것이 정鼎이다. 군자는 이로써 자리를 바르게 하고 명을 엄격하게 지킨다.

"鼎顚趾", 未悖也. "利出否", 以從貴也. "솥발이 위로 향한다"는 상도에 어긋나는 것이 아니다. "아내를 버리는 것이 이롭다"는 귀한 이를 따르는 것이다.

"鼎有實", 愼所之也. "我仇有疾", 終无尤也. "솥 안에 음식물이 있다"는 가는 바를 신중히 하는 것이다. "나의 배우자가 병이 있다"는 끝내 허물은 없는 것이다.

"鼎耳革", 失其義也. "솥귀가 떨어진다"는 그 의리를 잃은 것이다.

"覆公餗", 信如何也. "솥 안의 음식을 엎지르니" 어찌 신뢰할 수 있겠는가.

"鼎黃耳", 中以爲實也. "솥귀가 황금이다"는 중中의 자리에 있으면서 실實로 삼은 것이다.

"玉鉉在上", 剛柔節也. "옥으로 장식한 막대기가 위에 있다"는 강과 유가 적절한 것이다.

이 괘는 하괘가 손巽이고 상괘가 이離다. 손은 나무이고 이離는 불이므로 "나무 위에 불이 있다木上有火"고 했다.

51. 진震

洊雷, 震. 君子以恐懼修省. 거듭된 우레가 진震이다. 군자는 이로써 두려워하고 자신을 닦고 반성한다.

"震來虩虩", 恐致福也. "笑言啞啞", 後有則也. "우레 소리가 처음 일어 사람을 기겁하게 한다"는 두려워하면 복을 부르는 것이다. "의연히 담소하고 아무렇지도 않다"는 놀란 후에 도가 있는 것이다.

"震來厲", 乘剛也. "우레 소리가 처음 일어 사람의 혼백을 빼앗아 간다"

는 강강剛을 탄 것이다.

"震蘇蘇", 位不當也. "우레 소리가 우르릉거리며 사람을 기겁하게 만든다"는 자리가 마땅하지 않은 것이다.

"震遂泥", 未光也. "우레 소리가 갈수록 가까워진다"는 아직 빛나지 않은 것이다.

"震往來厲", 危行也. "其事在中", 大无喪也. "우레 소리가 땅 밑으로 왔다 갔다 한다"는 위태롭게 가는 것이다. "그 일이 중도에 있다"는 크게 잃음이 없는 것이다.

"震索索", 中未得也. "雖凶无咎", 畏鄰戒也. "우레 소리가 귓가에 우르릉 울린다"는 아직 중中을 얻지 못한 것이다. "흉하지만 허물이 없다"는 이웃의 경계를 두려워하기 때문이다.

이 괘는 진震을 중첩한 것이다. 진은 우레이며, '거듭된 우레洊雷'는 우레를 겹친 것이니, 중뢰重雷는 곧 중진重震이다.

52. 간艮

兼山, 艮, 君子以思不出其位. 겹쳐 있는 산이 간艮이다. 군자는 이로써 생각이 그 자리를 넘어가지 않는다.

"艮其趾", 未失正也. "그의 발을 제어한다"는 아직 바름을 잃지 않은 것이다.

"不拯其隨", 未退聽也. "그의 엉덩이를 들지 못하게 한다"는 아직 물러나 듣지 않는 것이다.

"艮其限", 危薰心也. "그의 허리를 제어한다"는 위태로워 마음을 조급하게 하는 것이다.

"艮其身", 止諸躬也. "그의 가슴과 배를 제어한다"는 몸에 그치는 것이다.

"艮其輔", 以中正也. "그의 광대뼈를 제어한다"는 중정하기 때문이다.

"敦艮之吉", 以厚終也. "위아래의 간괘가 상대하니 길하다"는 두터움으로 마치는 것이다.

이 괘는 간艮을 중첩한 것이다. 간은 산이니 '겸산兼山'은 곧 중산重山이고, 중산은 곧 중간重艮이다.

53. 점漸

山上有木, 漸. 君子以居賢德善俗. 산 위에 나무가 있는 것이 점漸이다. 군자는 이로써 현덕을 쌓아 풍속을 선하게 한다.

"小子之厲", 義无咎也. "어린 아들의 위험함"은 의리가 허물이 없는 것이다.

"飮食衎衎", 不素飽也. "즐겁게 먹고 마신다"는 헛되이 배부른 것이 아니다.

"夫征不復", 離群醜也. "婦孕不育", 失其道也. "利用禦寇", 順相保也. "남편이

멀리 가서 아직 돌아오지 않았다"는 같은 무리를 떠난 것이다. "부인은 임신했으나 아직 출산하지 않았다"는 그 도를 잃은 것이다. "강도를 방비하는 데 유리하다"는 순함으로 서로 지키는 것이다.

"或得其桷", 順以巽也. "어떤 것은 굽은 나뭇가지 위에 떨어진다"는 순하고 공손한 것이다.

"終莫之勝吉", 得所願也. "끝내 방법이 없지만 길하다"는 원하던 바를 얻은 것이다.

"其羽可用爲儀吉", 不可亂也. "기러기의 깃으로 외모를 장식할 수 있으니 길하다"는 어지럽힐 수 없는 것이다.

이 괘는 하괘가 간艮이고 상괘가 손巽이다. 간은 산이고 손은 나무이므로 "산 위에 나무가 있다山上有木"고 했다.

54. 귀매歸妹

澤上有雷, 歸妹. 君子以永終知敝. 못 위에 우레가 있는 것이 귀매歸妹다. 군자는 이로써 부부의 도를 오래도록 지키고 폐단을 안다.

"歸妹以娣", 以恒也. "跛能履吉", 相承也. "시집보내며 여동생을 딸려 보낸다"는 상도로 하는 것이다. "절름발이도 길을 갈 수 있으니 길하다"는 서로 잇는 것이다.

"利幽人之貞", 未變常也. "죄수가 바르면 이롭다"는 상도를 아직 바꾸지 않은 것이다.

"歸妹以須", 未當也. "본래 언니를 시집보낸다"는 마땅하지 않은 것이다.

"愆期"之志, 有待而行也. "시기를 넘긴" 뜻은 기다려서 가는 것이다.

"帝乙歸妹, 不如其娣之袂良"也. 其位在中, 以貴行也. "제을이 딸을 시집보내는데 언니의 소매가 동생의 소매만큼 예쁘지 않다"는 그 자리가 중中에 있으면서 귀함으로 가는 것이다.

上六无實, 承虛筐也. 상륙이 실이 없는 것은 빈 광주리를 든 것과 같다.

이 괘는 하괘가 태兌이고 상괘가 진震이다. 태는 못이고 진은 우레이므로 "못 위에 우레가 있다澤上有雷"고 했다.

55. 풍豐

雷電皆至, 豐. 君子以折獄致刑. 우레와 번개가 모두 이르는 것이 풍豐이다. 군자는 이로써 옥사를 판단하고 형벌을 집행한다.

"雖旬无咎", 過旬災也. "열흘 안에 재앙은 없을 것이다"는 열흘이 지나면 재앙이 있는 것이다.

"有孚發若", 信以發志也. "결국 모두 좋아진다"는 성실함으로 뜻을 발휘하는 것이다.

"豐其沛", 不可大事也. "折其右肱", 終不可用也. "혜성의 빛이 사방에 비친다"는 큰일을 감당할 수 없는 것이다. "혜성의 오른팔이 부러진다"는 끝내 쓸 수 없는 것이다.

"豊其蔀", 位不當也. "日中見斗", 幽不明也. "遇其夷主", 吉行也. "해 언저리에 요사한 기운이 짙다"는 자리가 마땅하지 않은 것이다. "정오 무렵에 북두성을 본다"는 그윽하고 밝지 않은 것이다. "훼묘에 있는 선군의 신주를 본다"는 뜻이 행해지는 것이다.

六五之吉, 有慶也. 육오의 길함은 경사가 있는 것이다.

"豊其屋", 天際翔也. "闚其戶, 闃其无人", 自藏也. "방이 높고 크다"는 하늘에 닿을 듯하다는 것이다. "문 안을 엿보니 적막하고 인적이 없다"는 스스로 감춘 것이다.

이 괘는 하괘가 이離이고 상괘가 진震이다. 이離는 번개이고 진은 우레이므로 "우레와 번개가 모두 이른다雷電皆至"고 했다. "길하게 간다吉行"는 곤困괘 상륙효의 「소상」에도 보이는데, 모두 '지행志行'의 오류로 보인다.

56. 여旅

山上有火, 旅. 君子以明愼用刑而不留獄. 산 위에 불이 있는 것이 여旅다. 군자는 이로써 형벌을 사용하는 것을 밝게 알고 신중히 하며 옥사를 끌지 않는다.

"旅瑣瑣", 志窮災也. "여정이 좀스럽다"는 뜻이 궁해서 재앙인 것이다.

"得童僕貞", 終无尤也. "어린 종이 곁에서 시중을 드는데 매우 충직하다"

는 끝내 허물이 없는 것이다.

"旅焚其次", 亦以傷矣. 以旅與下, 其義喪也. "후에 객사가 불탄다"는 또한 상하는 것이다. 나그네로 아래와 더불어 하니 그 의리가 상한 것이다.

"旅于處", 未得位也. "得其資斧", 心未快也. "내가 거처로 돌아온다"는 지위를 얻지 못한 것이다. "찾아온 것은 단지 노잣돈이니" 마음이 유쾌하지 않다.

"終以譽命", 上逮也. "마지막에는 칭찬을 듣는다"는 위에 미치는 것이다. 以旅在上, 其義焚也. "喪牛于易", 終莫之聞也. 나그네로 위에 있으니 그 의리가 불사르는 것이다. "왕해가 유역씨에게 소를 빼앗기는喪牛于易 점괘"는 끝내 알아주는 사람이 없는 것이다.

이 괘는 하괘가 간艮이고 상괘가 이離다. 간은 산이고 이離는 불이므로 "산 위에 불이 있다山上有火"고 했다.

57. 손巽

隨風, 巽. 君子以申命行事. 이어지는 바람이 손巽이다. 군자는 이로써 명령을 거듭 밝히고 정사를 시행한다.

"進退", 志疑也. "利武人之貞", 志治也. "나아가고 물러남"은 뜻이 의심스러운 것이다. "군인의 바름이면 이롭다"는 뜻이 다스려진 것이다.

"紛若之吉", 得中也. "매우 바빠서 길하다"는 중中을 얻은 것이다.

"頻巽之吝", 志窮也. "점치는 일이 너무 빈번해서 인색하다"는 뜻이 궁한 것이다.

"田獲三品", 有功也. "사냥하여 세 가지 사냥감을 포획한다"는 공이 있는 것이다.

"九五之吉", 位正中也. "구오의 길함"은 자리가 바르고 중도를 지키는 것이다.

"巽在牀下", 上窮也. "喪其資斧", 正乎凶也. "산가지가 상 밑에 숨겨져 있다"는 위에서 궁한 것이다. "노잣돈을 잃어버린다"는 바름을 지켜서 흉함을 막아야 하는 것이다.

이 괘는 손巽을 중첩한 것이다. 손은 바람이므로 "이어지는 바람隨風"이라고 했다.

58. 태兌

麗(儷)澤, 兌. 君子以朋友講習. 이어진 못이 태兌다. 군자는 이로써 붕우와 강습한다.

"和兌之吉", 行未疑也. "화합함으로 기쁘니 길하다"는 행위가 의심스럽지 않은 것이다.

"孚兌之吉", 信志也. "성실함으로 기뻐서 길하다"는 뜻을 신실하게 하는 것이다.

"來兌之凶", 位不當也. "유세하러 오는 사람이 있으니 흉하다"는 자리가 마땅하지 않은 것이다.

"九四之喜", 有慶也. "구사의 기쁨"은 경사가 있는 것이다.

"孚于剝", 位正當也. "박탈당할 운명이다"는 자리가 바르고 마땅한 것이다.

"上六引兌", 未光也. "상륙은 즐거움이 계속 이어진다"는 아직 빛나지 않는 것이다.

이 괘는 태兌를 중첩한 것이다. '여麗'는 '짝 여儷'로 읽고 태는 못澤이니, 붙은 못儷澤은 곧 중태重兌다.

59. 환渙

風行水上, 渙. 先王以享于帝. 立廟. 바람이 물 위로 부는 것이 환渙이다. 선왕은 이로써 상제에게 제사를 지내고 묘를 세운다.

"初六之吉", 順也. "초륙의 길함"은 순함이다.

"渙奔其机", 得願也. "말이 사방으로 달아난다"는 원하는 바를 얻은 것이다.

"渙其躬", 志在外也. "말 한 마리가 달아난다"는 뜻이 밖에 있는 것이다.

"渙其群元吉", 光大也. "말 떼가 달아나도 매우 길하다"는 빛나고 큰 것이다.

"王居无咎", 正位也. "어쨌든 왕의 땅에 있으니 화는 없다"는 바른 자리다.

"渙其血", 遠害也. "근심이 없어진다"는 해로움을 멀리하는 것이다.

이 괘는 하괘가 감坎이고 상괘가 손巽이다. 감은 물이고 손은 바람이므로 "바람이 물 위로 분다風行水上"고 했다.

60. 절節

澤上有水, 節. 君子以制數度, 議德行. 못 위에 물이 있는 것이 절節이다. 군자는 이로써 수와 법도를 제정하고 덕행을 의논한다.

"不出戶庭", 知通塞也. "방문 앞의 정원을 나가지 않는다"는 통하고 막힘을 아는 것이다.

"不出門庭凶", 失時極也. "대문 앞의 공터를 나가지 않았으니 흉하다"는 때를 자주 잃는 것이다.

"不節之嗟", 又誰咎也. "적당할 때 물러날 줄 몰라 탄식하니" 또 누구를 탓하겠는가.

"安節之亨", 承上道也. "편안히 절제하고 검소하니 형통하다"는 위의 도를 이은 것이다.

"甘節之吉", 居位中也. "절검을 즐기니 길하다"는 자리가 중中에 있는 것이다.

"苦節貞凶", 其道窮也. "힘들게 절검해도 점복 결과가 흉하다"는 그 도가 곤궁한 것이다.

이 괘는 하괘가 태兌이고 상괘가 감坎이다. 태는 못이고 감은 물이므로 "못 위에 물이 있다澤上有水"고 했다.

61. 중부中孚

澤上有風, 中孚. 君子以議獄緩死. 못 위에 바람이 있는 것이 중부中孚다. 군자는 이로써 옥사를 의논하고 죽임을 늦춘다.

"初九虞吉", 志未變也. "초구는 미리 헤아리는 바가 있으니 길하다"는 뜻이 아직 변하지 않은 것이다.

"其子和之", 中心願也. "그 새끼들이 어미의 울음소리에 맞춰 운다"는 마음속으로 원하는 것이다.

"或鼓或罷", 位不當也. "때로 북을 치고 때로 멈춘다"는 자리가 마땅하지 않은 것이다.

"馬匹亡", 絕類上也. "말을 잃어버렸다"는 동류를 끊고 위로 가는 것이다.

"有孚攣如", 位正當也. "구하면 반드시 얻으니 좋은 운이 이어진다"는 자리가 정당한 것이다.

"翰音登于天", 何可長也? "닭이 울어 그 소리가 하늘까지 닿으니" 어찌 오래갈 수 있겠는가?

이 괘는 하괘가 태兌이고 상괘가 손巽이다. 태는 못이고 손은 바람이므로 "못 위에 바람이 있다澤上有風"고 했다.

62. 소과小過

山上有雷, 小過. 君子以行過乎恭, 喪過乎哀, 用過乎儉. 산 위에 우레가 있는 것이 소과小過다. 군자는 이로써 행동은 공손함을 과하게 하고, 상례에서는 슬픔을 과하게 하고, 씀씀이는 검소함을 과하게 한다.

"飛鳥以凶", 不可如何也. "새가 불길한 일을 몰고 온다"는 어쩔 수 없는 것이다.

"不及其君", 臣不可過也. "인군을 만나지 못한다"는 신하는 지나칠 수 없는 것이다.

"從或戕之", 凶如何也 "쫓아가 죽이려고 하니" 흉함이 어떻겠는가?

"弗過遇之", 位不當也. "往厲必戒", 終不可長也. "아직 떠나지 않아 정면으로 부딪힌다"는 자리가 마땅하지 않은 것이다. "앞으로 가면 위험하니 반드시 조심해야 한다"는 끝내 자랄 수 없는 것이다.

"密雲不雨", 已上也. "먹구름이 짙게 끼었으나 아직 비가 오지 않는다"는 이미 위로 올라간 것이다.

"弗遇過之", 已亢也. "보지 못하고 떠나갔다"는 이미 너무 높은 것이다.

이 괘는 하괘가 간艮이고 상괘가 진震이다. 간은 산이고 진은 우레이므로 "산 위에 우레가 있다山上有雷"고 했다.

63. 기제旣濟

水在火上, 旣濟. 君子以思患而豫(預)防之. 물이 불 위에 있는 것이 기제旣濟
다. 군자는 이로써 근심을 생각하고 미리 예방한다.

"曳其輪", 義无咎也. "수레를 끌면서 앞으로 나아간다"는 의리가 허물이
없는 것이다.

"七日得", 以中道也. "칠일 안에 찾는다"는 중도中道로 하기 때문이다.

"三年克之", 憊也. "삼 년이 지나야 이긴다"는 고달픈 것이다.

"終日戒", 有所疑也. "하루 종일 안절부절못한다"는 의심하는 바가 있는
것이다.

"東鄰殺牛", 不如西鄰之時也. "實受其福", 吉大來也. "동쪽 나라가 소를 죽
여 제사하는"것은 서쪽 나라가 소박한 제사를 올리는 것만 못하다.
"오히려 하늘의 복을 받는다"는 길함이 크게 오는 것이다.

"濡其首厲", 何可久也! "강물이 수레 앞부분을 적셔 좋지 않으니"어찌
오래갈 수 있겠는가?

이 괘는 하괘가 이離이고 상괘가 감坎이다. 이離는 불이고 감은 물이므
로 "물이 불 위에 있다水在火上"고 했다.

64. 미제未濟

火在水上, 未濟. 君子以愼, 辨物居方. 불이 물 위에 있는 것이 미제未濟다. 군자는 이로써 신중히 하며, 사물을 구별하고 장소에 거한다.

"濡其尾", 亦不知極也. "수레의 후미를 적신다"는 역시 지극함을 모르는 것이다.

"九二貞吉", 中以行正也. "구이는 바르고 길하다"는 중도로 바름을 행하기 때문이다.

"未濟征凶", 位不當也. "아직 강을 건너지 않는데 앞일을 예측할 수 없고 흉하다"는 자리가 마땅하지 않은 것이다.

"貞吉悔亡", 志行也. "바르면 길하고 오직 잃을까 두렵다"는 뜻이 행해지는 것이다.

"君子之光", 其暉吉也. "군자의 영광"은 그 빛남이 길한 것이다.

"飮酒濡首", 亦不知節也. "술을 마시는데 수레 앞부분을 적신다"는 역시 절제를 모르는 것이다.

이 괘는 하괘가 감坎이고 상괘가 이離다. 감은 물이고 이離는 불이므로 "불이 물 위에 있다火在水上"고 했다.

계사 상繫辭上

『계사』는 상하편으로 나뉜다. 아래에서는 이 두 편을 각각 몇 개의 장으로 나눈다.

『계사』의 내용은 주로 다음의 내용을 포함한다.

(1) 건과 곤을 논한다.

(2) 괘卦, 효爻, 상象, 사辭의 관계 및 길흉과 회린悔吝을 논한다.

(3) 대연지수揲著法와 천수天數 및 지수地數를 논한다.

(4) 태극太極, 양의兩儀, 사상四象, 팔괘八卦를 논한다.

(5) 『주역』의 연대를 논한다.

(6) 여섯 효의 자리와 음괘 및 양괘를 논한다.

(7) "자왈역운子曰易云"체로 논술한다.

마왕두이백서에 『계사』가 있는데 상하편으로 나뉘어 있지 않다. 편미에는 편제篇題와 글자 수가 있는데 아쉽게도 훼손되었다. 편제의 첫 번째 글자는 '격(또는 계)䜝'으로 되어 있는 것 같다.

이 판본은 금본과 비교해 글자의 차이가 적지 않으니, 아래의 문장에서는 금본과 마왕두이본의 대응관계 및 금본을 분명하게 바로잡을 수 있는 곳에만 주석을 달아 밝힌다.

1. 천존지비장天尊地卑章

하늘은 높고 땅은 낮아 건곤의 자리가 정해지고, 낮고 높은 자리가 정해지자 귀함과 천함도 자리를 잡으며, 하늘의 움직임과 땅의 고요함에 일정함이 생기자 강유剛柔의 성질도 구별되었으며, 천하의 관념은 분류별로 합해지고 동물과 식물은 같은 무리끼리 구분되어 길흉이 생겨난다. 하늘에 걸린 것은 표상이 되고 땅 위에 있는 것은 형체가 되어 변화의 이치가 이를 통해 드러난다. 이런 까닭에 강유가 서로 갈아서 8괘를 낳고, 8괘는 또 서로 움직여서 64괘를 만드니, 우레로 떨치고 비바람으로 적신다. 해와 달이 운행하여 추웠다 더워지고, 건의 도가 남자가 되고 곤의 도가 여자가 된다. 건의 행위는 태초의 시작에 드러나고, 곤의 행위는 만물의 생성에 드러난다. 건은 평이함으로 알려지고 곤은 간략함으로 작용을 드러내며, 평이하면 알기 쉽고 간략하면 따르기 쉬우며, 알기 쉬우면 친함이 있고 따르기 쉬우면 공이 있으며, 친함이 있으면 오래갈 수 있고, 공이 있으면 넓고 클 수가 있으니, 오래갈 수 있는 것은 현인의 덕이고 넓고 크게 할 수 있는 것은 현인의 사업이다. 그래서 건곤의 평이함과 간략함을 잘 알면 천하의 이치도 알게 되고, 천하의 이치를 알게 되면 적당한 자리에 있을 수 있다.

天尊地卑, 乾坤定矣, 卑高以陳, 貴賤位矣, 動靜有常, 剛柔斷矣, 方以類聚, 物以群分, 吉凶生矣, 在天成象, 在地成形, 變化見矣, 是故剛柔相摩, 八卦相盪, 鼓之以雷霆, 潤之以風雨. 日月運行, 一寒一暑. 乾道成男, 坤道成女. 乾知大始, 坤作成物. 乾以易知, 坤以簡能. 易則易知, 簡則易從. 易知則有親, 易從則有功. 有親則可久, 有功則可大. 可久則賢人之德, 可大則賢人之業. 易簡而天下之理得矣, 天下之理得而成位乎其中矣.

마왕두이본에 보인다. 『주역』이 알기 쉽고 따르기 쉬운 것은 건과 곤 두 괘를 강령으로 삼기 때문이라고 작자는 강조한다.

2. 성인설괘장聖人設卦章

성인이 64괘를 만들 때 물상을 살피고, 각 괘효사에 문사를 붙여서 길흉을 밝혔으며 강유를 서로 움직여 변화를 낳았다. 이런 까닭에 길흉은 잃고 얻음의 상징이며, 회린悔吝은 근심과 걱정의 상징이며, 변화는 나아가고 물러남의 상징이며, 강유는 낮과 밤의 상징이며, 육효의 변동은 천지인天地人의 도리다. 이런 까닭에 군자가 가만히 있으면서 편안할 수 있는 것은 『주역』의 차례를 살폈기 때문이며, 즐거워하면서 음미할 수 있는 것은 괘효의 문사 때문이다. 이런 까닭에 군자가 평소 거처할 때는 『주역』의 상징을 살피고 문사를 음미하며, 하는 바가 있을 때는 『주역』의 변화를 살피고 점괘를 음미한다. 이 때문에 하늘에서 도와주어 길하고 이롭지 않음이 없는 것이다.

聖人設卦觀象, 繫辭焉而明吉凶, 剛柔相推而生變化. 是故吉凶者, 失得之象也, 悔吝者, 憂虞之象也, 變化者, 進退之象也, 剛柔者, 晝夜之象也, 六爻之動, 三極之道也. 是故君子所居而安者, 易之序也, 所樂而玩者, 爻之辭也. 是故君子居則觀其象而玩其辭, 動則觀其變而玩其占, 是以自天祐之, 吉无不利.

마왕두이본에 보인다. 여기서는 괘卦, 상象, 사辭 삼자의 관계에 대해 말하고 있다. '계사繫辭'라는 말은 또 「계사 상」의 8장, 19장, 20장에도 보인다. 이 장은 길흉과 회린의 정의에 대해 언급하고 있다.

3. 단상효변장彖象爻變章

단사는 괘의 상징을 종합해서 말하고, 효사는 각 효의 변화를 나누어 설명하며, 길흉은 일처리의 득과 실을 말하며, 회린은 일처리의 약간의 폐해를 말하며, 무구는 과실을 잘 보완하는 것을 말한다. 그래서 귀함과 천함을 벌여놓는 것은 효의 자리에 있고, 유소柔小함과 강대剛大함을 확정하는 것은 괘체에 있으며, '길'과 '흉'을 변별하는 것은 괘효사에 있으며, '회悔'와 '인吝'을 염려하는 것은 구분하는 데 있으며, 움직여서 '허물이 없는' 것은 마음속의 후회에 있다. 이 때문에 괘체에는 유소함과 강대함이 있고, 괘효사에는 험함과 평이함이 있다. 괘효사는 괘가 향하는 방향을 각각 가리킨다.

彖者, 言乎象者也, 爻者, 言乎變者也, 吉凶者, 言乎其失得也, 悔吝者, 言乎其小疵也, 无咎者, 善補過也. 是故列貴賤者存乎位, 齊小大者存乎卦, 辨吉凶者存乎辭, 憂悔吝者存乎介, 震无咎者存乎悔. 是故卦有小大, 辭有險易. 辭也者, 各指其所之.

마왕두이본에 보인다. 여기서는 단, 상, 효, 변의 관계 및 길흉, 회린, 무구의 정의에 대해 언급한다. '위位'는 효의 자리를 가리킨다. '소대小大'는 음양을 가리킨다. '개介'는 『석문』에 인용된 왕숙, 간보, 한강백의 주석에서는 섬개纖介의 介로 읽고, 왕필과 공영달은 바로 앞에 언급한 '소자小疵'로 간주했다. 마왕두이본에는 '분分'으로 되어 있는데 자형이 '介'와 비슷하다. 介는 '界계'로 읽을 수 있으며 '구획하고 나눈다劃分'는 뜻도 있다. 두 글자는 섞여서 사용되는 부분이 있는 것 같다.

4. 천지귀신장天地鬼神章

『주역』은 천지와 비견되므로 천지의 도리를 두루 포함할 수 있다. (『주역』의 법칙으로) 하늘의 문채를 관찰하고 땅의 이치를 살피니, 이 때문에 유형과 무형의 이치를 알 수 있다. 사물의 처음을 미루어 사물의 끝을 구하니, 이 때문에 삶과 죽음의 규율을 알 수 있으며, 정기가 모여 사물이 되고 떠돌아다니는 혼이 변화를 이루니, 이 때문에 '귀신'의 실제 상태를 알 수 있으며, (『주역』의 의리를 분명히 알면) 천지의 이치에 가까워져서 행동이 천지자연의 규율을 어기지 않으며, 지식이 만물을 두루 알고 도가 천하를 바르게 구제할 수 있어서 행동거지가 치우치지 않으며, 권력이 널리 행해져도 넘치거나 지나치지 않고 하늘을 즐기고 명을 알기 때문에 근심하는 바가 없으며, 주어진 환경에 편안히 처하면서 인을 두터이 행하기 때문에 천하를 널리 사랑할 수 있다. 『주역』의 도는 광대해서 천지의 화육을 두루 본받아 치우치지 않고, 만물을 곡진하게 이루어 하나도 빠뜨리지 않으며, 낮과 밤의 도리를 회통하여 이치를 두루 알고 사물의 신묘함이 한쪽에 얽매이지 않아 『주역』의 변화는 고정된 형태가 없다고 한다.

易與天地準, 故能彌綸天地之道. 仰以觀於天文, 俯以察於地理, 是故知幽明之故. 原始反終, 故知死生之說, 精氣爲物, 遊魂爲變, 是故知鬼神之情狀, 與天地相似, 故不違, 知(智)周乎萬物, 而道濟天下, 故不過, 旁行而不流, 樂天知命, 故不憂, 安土敦乎仁, 故能愛. 範圍天地之化而不過, 曲成萬物而不遺, 通乎晝夜之道而知故, 神无方而易无體.

마왕두이본에 보인다. 미륜彌綸은 '주머니를 묶는다' '통섭한다'는 뜻이다. "정기가 모여 사물이 되고 떠돌아다니는 혼이 변화를 이룬다精氣爲物, 遊魂爲變"고 했는데, 『설문해자』 「귀부鬼部」에 혼魂과 백魄 두 글자에 대해 "혼은 양기陽氣다" "백은 음기陰氣다"라고 각각 정의했다. 옛사람들은 사람의 혼은 기에 붙어서 돌아다닐 수 있기 때문에 '유혼遊魂'이라 했고, 백은 몸에 꼭 붙어 있기 때문에 '체백體魄'이라 불렀다. "통호주야지도이지고通乎晝夜之道而知故"의 구절은 장정랑의 견해를 따라 '고故' 다음에서 구를 끊는다. 금본 『주역정의』는 '지知' 다음에서 구를 끊는데 왕필의 주석과 일치하지 않는다.[1] 왕필의 주석에서 "유형과 무형의 이치를 잘 알면 모르는 바가 없다通幽明之故, 則無所不知也"라고 한 것은 '지고知故'를 설로 삼은 것이 분명하니 지금 이 견해를 따라 고친다.

5. 음양위도장陰陽爲道章

음과 양의 모순 변화를 '도'라고 하고, 이 도를 계승해 만물을 만든 것

1_ 장정랑, 『장정랑논역총고』, 174쪽.

을 '선善'이라고 하며, 이 도를 무성하게 이루어 만물을 낳고 기른 것을 '성性'이라고 한다. 어진 사람이 도에 인仁의 의미가 있다는 것을 발견하면 인이라 하고, 지혜로운 자가 도에 지혜의 의미가 있다는 것을 발견하면 지라고 한다. 백성은 일상에서 이 도를 사용하면서도 전혀 알지 못하기 때문에 군자의 도를 아는 사람이 드물다. 천지의 도는 인의 덕으로 드러나고, 일상의 사용에 잠재해 있으면서 만물을 움직이고 길러서 성인처럼 근심하지 않으나, 성인의 성대한 덕과 큰 공업功業은 지극하다! 만물을 넓게 소유하는 것을 큰 공업이라 하고, 날마다 새로워지는 것을 성대한 덕이라 하며, 음양이 돌아가면서 낳고 낳는 것을 변역이라 하며, 괘를 그려 하늘의 상징을 만든 것을 건乾이라 하며, 괘를 그려 땅의 법식을 모방한 것을 곤坤이라 하며, 시초의 수를 궁구해 장래의 일을 예측하는 것을 점서라 하며, 서로 통해 변하는 것을 사태라 하며, 음양의 변화를 예측할 수 없는 것을 신묘함이라 한다.

一陰一陽之謂道, 繼之者善也, 成之者性也. 仁者見之謂之仁, 知(智)者見之謂之知(智), 百姓日用而不知, 故君子之道鮮矣. 顯諸仁, 藏諸用, 鼓萬物而不與聖人同憂, 盛德大業至矣哉! 富有之謂大業, 日新之謂盛德, 生生之謂易, 成象之謂乾, 效法之謂坤, 極數知來之謂占, 通變之謂事, 陰陽不測之謂神.

마왕두이본에 보인다. "음과 양의 모순 변화를 '도'라고 한다一陰一陽之謂道"고 했는데, 『장자』 「천하」 편에서 "『역』은 음양 변화를 탐구하는 것이다"라고 했다. "생생지위역生生之謂易"은 변역變易의 역易이다.

6. 부역광대장夫易廣大章

『주역』의 상징은 광대하다. 먼 곳에 견주면 변화와 깊이가 끝이 없고, 가까운 곳에 비견하면 고요하고 바르며, 천지 사이로 말하면 모든 것이 갖추어져 있다. 양을 상징하는 건은 고요할 때는 오로지 기르며 움직일 때는 곧으니, 이 때문에 강하고 큰 기운이 생겨났다. 음을 상징하는 곤은 고요할 때는 미약하게 숨어 있다가 움직일 때는 새롭게 생겨나 펼쳐지니, 이 때문에 넓고 부드러운 기운이 생겨났다. 넓고 부드러우며 강하고 큰 기운은 천지의 형상에 짝하며, 변화하여 서로 통하는 것은 사계절의 규율에 짝하며, 양강과 음유의 뜻은 해와 달에 짝하며, 평이하고 간략함의 선한 이치는 지극한 덕과 짝한다.

夫易廣矣大矣, 以言乎遠則不禦, 以言乎邇則靜而正, 以言乎天地之間則備矣. 夫乾, 其靜也專, 其動也直, 是以大生焉. 夫坤, 其靜也翕, 其動也闢, 是以廣生焉. 廣大配天地, 變通配四時, 陰陽之義配日月, 易簡之善配至德.

마왕두이본에 보인다. 이 절은 건곤을 천지와 짝짓고 변통變通을 사계절과, 음양을 해와 달과, 이간易簡을 지극한 덕과 짝짓는다.

7. 천지설위장天地設位章

공자가 말했다. "『주역』의 이치는 지극하구나! 『주역』은 성인이 덕을 높이고 사업을 넓히는 데 사용한다. 지혜는 숭고함을 중시하고 예절은 겸손함을 중시하며, 숭고함은 하늘을 본받고, 겸손함은 땅을 본받는다. 천지가 상하존비의 위치를 만드니 『주역』의 이치는 그 가운데 변화하고 두루 통한다. (『주역』의 이치로 자신을 닦고) 훌륭한 덕성을 이루고 반복해서 쌓고 보존하는 것이 '도'와 '의'로 통하는 문을 찾는 일이다."

子曰: "易其至矣乎! 夫易, 聖人所以崇德而廣業也. 知崇禮卑, 崇效天, 卑法地. 天地設位, 而易行乎其中矣. 成性存存, 道義之門."

마왕두이본에 보인다. "천지가 상하존비의 위치를 만든다天地設位"는 『주역』이 건과 곤을 머리로 하는 것을 가리킨다. 이 장에는 "자왈子曰"이 있지만 『주역』을 인용하지는 않았다.

8. 성인계사장聖人繫辭章

성인이 천하의 깊고 은미한 이치를 발견해 구체적인 모습으로 비유하고 사물의 적절한 의의를 상징했기 때문에 '상象'이라고 부른다. 성인이 천하 만물의 움직임을 발견하고 그 가운데 합하고 변통하는 이치를 관찰해 전장법도典章法度와 예의를 행하며 각 효에 문사를 붙여 길흉을 판단했기 때문에 '효爻'라고 부른다. 천하의 지극히 깊고 은미한 이치를 말했지만 (각 상징의 평이함을) 가볍게 볼 수 없고, 천하의 지극한 움직임을 말했지만 (포함된 규율을) 어지럽힐 수 없다. (『주역』을 지은 사람은) 사물의 상징物象을 비유한 다음에 이치를 말하고, 사물의 실정을 살핀 다음에 움직임을 보여주니 상징을 비유하고 실정을 살핌으로써 변화를 이루었다.

聖人有以見天下之蹟, 而擬諸其形容, 象其物宜, 是故謂之象. 聖人有以見天下之動, 而觀其會通, 以行其典禮, 繫辭焉以斷其吉凶, 是故謂之爻. 言天下之至蹟而不可惡也, 言天下之至動而不可亂也. 擬之而後言, 議之而後動, 擬議以成其變化.

마왕두이본에 보인다. 여기서는 다시 효, 상, 사辭의 관계를 언급하고 있다.

9. 자왈역운장子曰易云章 1

"두루미가 나무 그늘에서 우니 그 새끼들이 울음소리에 맞춰 울고, 내
좋은 술이 있으니 너와 같이 즐기기를 청한다." 공자는 이 구절을 이렇
게 해석한다. "군자가 평소 집에 있을 때 선한 말을 하면 천 리 밖에 있
는 사람도 응하는데 하물며 가까이 있는 사람이겠는가? 평소 집에 있
을 때 불선한 말을 하면 천 리 밖에 있는 사람도 어기는데 하물며 가까
이 있는 사람이겠는가? 말은 자신으로부터 나와서 백성에게 미치고,
행위는 가까운 곳에서 나와서 멀리 있는 사람도 볼 수 있으니 말과 행
동은 군자의 핵심이다. 이 핵심을 일깨우는 것이 영화로움과 욕됨의 관
건이다. 말과 행동은 군자가 천지만물을 움직이게 하는 바니 신중하지
않을 수 있겠는가?"

"鳴鶴在陰, 其子和之, 我有好爵, 吾與爾靡之." 子曰: "君子居其室, 出其言善, 則
千里之外應之, 況其邇者乎? 居其室, 出其言不善, 則千里之外違之, 況其邇者乎?
言出乎身, 加乎民, 行發乎邇, 見乎遠. 言行, 君子之樞機. 樞機之發, 榮辱之主也.
言行, 君子之所以動天地也, 可不慎乎!"

마왕두이본에 보인다. 9장에서 15장까지는 "역왈易曰에 자왈子曰을 더한"
문체다. 인용된 『역』은 중부괘의 구이효에 보인다.

10. 자왈역운장 2

"군대를 모으니 왜 먼저는 실성통곡했다가 뒤에는 눈물이 웃음으로 바뀌었는가?" 공자는 이 구절을 이렇게 해석한다. "군자의 도리는 어떤 때는 나가서 일을 하고 어떤 때는 집에서 편안히 거처하며, 어떤 때는 말없이 있으며 어떤 때는 말을 한다. 두 사람이 마음이 같다면 그 날카로움은 쇠를 자를 수 있으며, 마음이 같은 상태에서 나오는 말은 그 냄새와 맛이 난초와 같이 향기롭다."

"同人先號咷而後笑." 子曰: "君子之道, 或出或處, 或黙或語. 二人同心, 其利斷金, 同心之言, 其臭如蘭."

마왕두이본에 보인다. 인용된 『역』은 동인괘의 구오효에 보인다.

11. 자왈역운장 3

"초륙, 흰 떠풀을 깔고 제물을 놓으니 화가 없다." 공자는 이 구절을 이렇게 해석한다. "직접 땅에 놓아도 괜찮은데, 다시 떠풀을 까니 또 무슨 허물이 있겠는가? 지극히 신중하다. 떠풀은 볼품없는 물건이지만 쓰임은 크게 할 수 있다. 이런 방법을 신중하게 지켜가면 반드시 과실이 없을 것이다."

"初六, 藉用白茅, 无咎." 子曰: "苟錯諸地而可矣, 藉之用茅, 何咎之有? 愼之至也. 夫茅之爲物薄, 而用可重也. 愼斯術也, 以往, 其无所失矣."

마왕두이본에 보인다. 인용된 『역』은 대과괘의 초륙효에 보인다.

12. 자왈역운장 4

"큰 공을 세웠으나 매우 겸손하다. 군자가 일을 함에 시작과 끝이 좋고 길하다." 공자는 이 구절을 이렇게 해석한다. "수고롭지만 자랑하지 않고 공이 있으나 덕이라고 여기지 않으니, 지극한 돈후함이요 공이 있으나 자신을 낮추는 것을 말한다. 덕은 융성해야 하고 예는 공손해야 한다. 겸손이란 공손함을 다해서 그 지위를 보존한다는 것이다."

"勞謙, 君子有終, 吉." 子曰: "勞而不伐, 有功而不德, 厚之至也, 語以其功下人者也. 德言盛, 禮言恭. 謙也者, 致恭以存其位者也."

마왕두이본에 보인다. 인용된 『역』은 겸괘 구삼효에 보인다.

13. 자왈역운장 5

"용이 매우 높이 나는 것과 같으니 후회를 면치 못한다." 공자는 이 구절을 이렇게 해석한다. "존귀하지만 지위가 없고 숭고하지만 백성이 없으며, 현명한 사람이 아래 지위에 있으면서 그를 도와주지 않으니, 이 때문에 함부로 움직여 후회가 있을 것이다."

"亢龍有悔." 子曰: "貴而无位, 高而无民, 賢人在下位而无輔, 是以動而有悔也."

마왕두이본에 보인다. 인용된 『역』은 건乾괘의 상구효에 나온다.

14. 자왈역운장 6

"방문 앞의 정원을 나가지 않았으니 화가 없다." 공자는 이 구절을 이렇게 해석한다. "어지러움이 생기는 것은 말이 그 원인이 된다. 인군이 말을 신중하게 하지 않으면 신하에게 손실을 끼치고, 신하가 말을 신중하게 하지 않으면 자신에게 손실을 끼치며, 일을 처음 시작할 때 말을 신중하게 하지 않으면 해로움이 생기니, 이 때문에 군자는 말을 신중하게 하고 함부로 내뱉지 않는다."

"不出戶庭, 无咎." 子曰: "亂之所生也, 則言語以爲階. 君不密則失臣, 臣不密則失身, 幾事不密則害成. 是以君子愼密而不出也."

마왕두이본에 보인다. 인용된 『역』은 절괘의 초구효에 보인다.

15. 자왈역운장 7

공자가 이렇게 말했다. "『주역』을 지은 사람은 도적에 대해 알고 있었던가? 『주역』에 '어깨에 메고 손에 들고 수레에 가득 싣고 돌아오니 강도를 부를 것이다負且乘致寇至'라고 했다. 어깨에 메는 것은 소인의 일이고, 타는 것은 군자의 기구다. 소인이 군자의 기구를 타면 도적은 이를 빼앗으려고 한다. 위에 있는 사람은 거만하고 아래에 있는 사람은 포학하면 도적은 이를 치려고 한다. 재물을 소홀히 보관하면 사람들을 도적질하게 만들고, 용모를 요염하게 가꾸면 사람들을 음탕하게 만든다. 『주역』에서 '부차승 치어구'라고 한 것은 도적을 부른다는 뜻이다."

子曰: "作易者其知盜乎? 易曰'負且乘, 致寇至.' 負也者, 小人之事也. 乘也者, 君子之器也. 小人而乘君子之器, 盜思奪之矣. 上慢下暴, 盜思伐之矣. 慢藏誨盜, 冶容誨淫. 易曰: '負且乘, 致寇至', 盜之招也."

마왕두이본에 보인다. 인용된 『역』은 해괘의 육삼효에 나온다.

16. 대연지수장大衍之數章

크게 연역된 수大衍之數는 50개의 시초로 표시하는데 그 가운데 49개만 사용한다. 나누어 둘로 만들어 천지 양의兩儀를 상징하고, 그 가운데서 하나를 뽑아 (왼손 새끼손가락에) 걸어서 천지인 삼재를 상징하며, 네 개씩 시책을 세어서 사계절을 상징하며, (오른쪽의) 세고 남은 시책을 (왼손 무명지 사이에) 끼워서 윤달을 상징하는데, 5년에 윤달이 두 번 나온다. 이에 다시 (왼쪽의) 세고 남은 시초를 (왼손 중지 사이에) 끼우고 나서 시초를 센다.

하늘의 수天數에는 1, 3, 5, 7, 9 등 5개의 홀수奇數가 있고, 땅의 수地數에는 2, 4, 6, 8, 10 등 5개의 짝수偶數가 있는데, 5개의 홀수와 짝수가 서로 배합해 조화를 이룬다. 5개의 천수는 더하면 25가 되고, 5개의 지수는 더하면 30이 되니 천지의 수는 모두 55다. 이것은 변화를 이루고 음양 귀신에 두루 통하는 이치를 나타낸다.

건괘는 시초 가운데 216개의 시초가 되고, 곤괘는 144개의 시초가 되니, 건과 곤은 모두 360개의 시초로 1년 360일에 해당한다. 『주역』 상하경 64괘는 1만1520개의 시초가 되니 만물의 수에 해당한다.

이 때문에 (둘로 나누고, 하나를 걸고, 네 개씩 세고, 남은 것을 거는)

'네 가지 차례四營'를 통하면『주역』의 괘형을 점쳐서 얻고, 그런 가운데 18차례의 변수는 하나의 괘를 이루고, 9차례의 변수로 나온 8괘는 소성괘의 상이 된다. 이렇게 펴서 64괘로 늘어나가고, 유사한 일을 건드려서 의미를 더해 나가면 천하의 밝힐 수 있는 일이 모두 갖추어진다.『주역』은 은미한 도리를 밝게 드러내고 덕행을 신묘하게 이루기 때문에 만물의 이치에 응대하고 신령을 도울 수 있는 것이다. 공자는 "변화의 도리를 아는 자는 신묘한 자연의 규율을 알 것이다"라고 했다.

大衍之數五十; 其用四十有九. 分而爲二以象兩, 掛一以象三, 揲之以四以象四時, 歸奇於扐以象閏, 五歲再閏, 故再扐而後掛.

天數五, 地數五, 五位相得而各有合. 天數二十有五, 地數三十; 凡天地之數五十有五. 此所以成變化而行鬼神也.

乾之策二百一十有六, 坤之策百四十有四, 凡三百有六十; 當期之日. 二篇之策, 萬有一千五百二十; 當萬物之數也.

是故四營而成易, 十有八變而成卦, 八卦而小成, 引而伸之, 觸類而長之, 天下之能事畢矣. 顯道神德行, 是故可與酬酢, 可與祐神矣. 子曰: "知變化之道者, 其知神之所爲乎!"

마왕두이본에는 이 장이 없다. 이 단락은 어떻게 괘를 뽑는지에 대해 말하는데 매우 중요하다.

(1) 대연지수오십 기용사십구大衍之數五十; 其用四十有九

서법筮法은 산법算法에서 비롯되는데, '대연大衍'은 '大演대연'과 같은 말로 아래의 연산 방법을 가리키며, 이전 사람들은 대부분 '설시지법揲蓍之法'이라고 칭했다. 여기서 말하는 것은 연역演易은 50개의 시초蓍草(혹은 대꼬챙이로 대체한다)만 사용하며 각 시초를 일책一策이라고 부르는데, 먼저 시초 하나를 한쪽에 놓고 사용하지 않아서 49책만 사용한다는 것이다. 이 방법은 '허일虛一'이라고 약칭할 수 있다. 어떤 사람은 비워두고 사용하지 않는 '하나一'가 태극을 대표한다고 말하기도 한다. 이것이 첫 번째 단계다.

(2) 분이위이상량分而爲二以象兩

이 49책의 시초를 임의로 두 부분으로 나누어 '양兩'을 나타낸다. 이 방법은 '분이分二'라고 약칭할 수 있다. 어떤 사람은 '분이위이分而爲二'의 '이二'는 양의兩儀, 곧 천지를 나타낸다고 말하기도 한다. 이것이 두 번째 단계다.

(3) 괘일이상삼掛一以象三

이 두 무더기의 시초 가운데서 임의로 시초 하나를 취해 손가락 사이에 걸어두고 앞의 '양兩'과 더하니 삼三을 나타낸다. 이 방법은 '괘일掛一'이라고 약칭할 수 있다. 어떤 사람은 "괘일이상삼掛一以象三"의 '일一'은 천지 사이에 서 있는 사람을 나타내며 '삼三'은 삼재三才를 나타낸다고도 한다. 이것이 세 번째 단계다.

(4) 설지이사이상사시揲之以四以象四時

이 두 무더기의 시초 가운데서 먼저 한 무더기를 뽑아 4개씩 덜어내어 몇 개의 단위로 나누는데, 이는 사계절을 나타낸다. 이 방법은 '설사揲四'라고 약칭할 수 있다. 『설문해자』 「수부手部」에서 "설揲은 세면서閱 손에 가지는持 것이다"라고 풀이하고, 단옥재의 『설문해자주』에서는 "열閱은 자세하게 세는 것이니, 중첩시켜 세는 것이다"라고 풀이했으니, 여기서 "설지이사이상사시撰之以四以象四時"는 "4개씩 세는 것을 말한다"고 생각된다. 이것이 네 번째 단계다.

(5) 귀기어륵이상윤歸奇於扐以象閏

'기奇'는 남은 것, 곧 4개를 세고 난 나머지 수로 1개나 2개, 또는 3개나 4개가 된다. '륵扐'의 뜻을 마융은 '손가락 사이'로 풀이했다(『석문』에 인용). '윤閏'은 3년에 한 차례 오는 윤달과 5년에 두 차례 오는 윤달을 말한다. 여기서는 남은 시초를 손가락 사이에 끼우는 것을 가리키며 윤달閏餘을 나타낸다. 이 방법은 '귀기歸奇'로 약칭할 수 있다. 이것이 다섯 번째 단계다.

(6) 오세재윤 고재륵이후괘五歲再閏, 故再扐而後掛

두 무더기의 시초 중에서 나머지 한 무더기를 같은 방법으로 다시 시초를 뽑는 과정이 5년에 두 차례 오는 윤달과 같다는 것을 설명한다. 이 방법은 '재륵再扐'이라 약칭할 수 있다. 이렇게 두 차례 시행한 후에 남은 숫자를 더해서 손가락 사이에 걸어두면 마지막 남은 수가 된다. 이것이 여섯 번째 단계다.

(7) "천수오 지수오天數五, 地數五" 등 일곱 구절은 앞의 '오세재윤五歲再閏'을 이어받았기 때문에 5를 숫자로 하여 10개의 수로 나누어진다. 10개의 수를 나누는 방법은 두 가지다. 하나는 천수와 지수이고, 다른 하나는 생수生數와 성수成數다. 천수는 1, 3, 5, 7, 9로 10개의 수 가운데 5개의 홀수이며, 모두 더하면 25가 된다. 지수는 2, 4, 6, 8, 10으로 10개의 수 가운데 5개의 짝수이며, 모두 더하면 30이 된다. 생수는 1, 2, 3, 4, 5로 10개

의 수 가운데 앞쪽 5개의 수이며, 모두 더하면 15가 된다. 성수는 6, 7, 8, 9, 10으로 10개의 수 가운데 뒤쪽 5개의 수이며, 모두 더하면 40이 된다. 여기서 말하는 "오위상득이각유합五位相得而各有合"은 세 가지 해석이 있을 수 있다. 첫째는 홀수와 짝수가 서로 합치는 것인데, 어떤 홀수든 1을 더하면 짝수가 되고 어떤 짝수든 1을 빼면 기수가 된다. 둘째는 생수와 성수가 서로 합치는 것인데, 어떤 생수든 5를 더하면 성수가 되고 어떤 성수든 5를 빼면 생수가 된다. 셋째는 1과 9가 합해 건乾/곤坤이 되고, 2와 8이 합해 진震/손巽이 되며, 3과 7이 합해 감坎/이離가 되며, 4와 6이 합해 간艮/태兌가 되며, 5와 10이 합해 중앙의 토土가 되는 것이다. 『예기』「월령」의 '짝짓는 수配數'가 바로 이런 종류에 속한다.

(8) "건지책이백십육乾之策二百一十有六" 등의 네 구절은 건과 곤 두 괘의 책수策數를 말한다. 즉, 건괘의 여섯 효가 모두 9이면 각 효는 36책이니 여섯 효는 모두 216책(36×6)이 된다. 곤괘의 여섯 효가 모두 6이면 각 효는 24책이니 여섯 효는 모두 144책(24×6)이 된다. 두 괘의 책수를 서로 더하면 모두 360책(216+144)이 되고, 1년 360일의 수와 일치한다. '기期'는 기년期年이니, 곧 1년이다.

(9) "이편지책二篇之策" 등의 세 구절을 살펴보면 『역경』 상하편에는 음효와 양효가 각각 192개씩 있다. 양효는 각 효가 36책이니 모두 6912책(36×192)이 되고, 음효는 각 효가 24책이니 모두 4608책(24×192)이 된다. 두 효의 책수를 서로 더하면 모두 1만1520책이 되니 만물의 수와 일치한다.

(10) "시고사영이성역是故四營而成易"에서 '사영四營'은 7, 8, 9, 6의 과정을 가리키니, 곧 7은 28책에서 얻고, 8은 32책에서 얻고, 9는 36책에서 얻고, 6은 24책에서 얻은 것이다.² 여기서 '역易'은 일반적인 명칭으로 삼역三易을 포함하는 것이지 어떤 한 책을 가리키는 것은 아니다.

(11) 십유팔변이성괘十有八變而成卦

일반적으로 여기서 '괘'는 6효괘로 여섯 효가 18번 변하면 하나의 효는 3번 변한다고 생각하는 경우가 많지만, 앞에서 언급한 설시법揲蓍法은 여섯 단계로 나누어 진행한다. 내 생각에 여기서 '괘'는 3효괘이며, 하나의 효가 6번 변하는 것이다.

(12) 팔괘이소성八卦而小成

앞의 "십유팔변이성괘十有八變而成卦"에서는 단괘單卦(3효괘)뿐이고, 여기에 와서야 8괘가 있다. 8괘는 '소성小成'이고, '대성大成'은 64괘다.

(13) "인이신지引而伸之" 등 세 구절은 마땅히 64괘를 가리킨다.

17. 성인사도장聖人四道章

『주역』에는 성인의 도리 네 가지가 있다. 『주역』으로 말하는 사람은 문사를 숭상하고, 행동하는 사람은 변화규율을 숭상하고, 기물을 만드는

2_ '사영'을 '분이分二' '괘일掛一' '설사揲四' '귀기歸奇'로 보는 다른 설도 있다.

사람은 괘효의 상징을 숭상하고, 점을 치는 사람은 점서의 원리를 숭상한다.

그래서 군자가 어떤 일을 하고 행동하려고 할 때, 『주역』으로 점을 쳐서 말하고 일을 하면, 『주역』은 메아리처럼 점치는 사람의 명령을 받아들이니 멀고 가까운 일, 드러나지 않고 깊은 일을 막론하고 장래의 일을 알 수 있다. 천하의 지극히 정밀한 도리가 아니면 누가 이렇게 할 수 있겠는가? 여러 번 변화시켜 구하고 이리저리 섞어서 시초의 수를 미루어 나아가 그 변화를 회통하면 천지의 문채를 형성할 수 있고, 시초의 수를 궁구하면 천하 사물의 상징을 정할 수 있다. 천하의 지극한 변화가 아니면 누가 이렇게 할 수 있겠는가? 『주역』의 도리는 깊이 생각한 것도 아니고 자연스럽게 얻은 것이며, 아주 고요하며 움직이지 않으니 음양 교감 상응의 이치에 근거하면 천하의 모든 일을 회통할 수 있다. 천하의 지극히 신묘한 규율이 아니면 누가 이렇게 할 수 있겠는가? 『주역』은 성인이 심원한 이치를 지극히 탐구하고 잘 드러나지 않는 기미를 연구하는 책이다. 심원한 이치를 지극히 탐구해야 천하의 뜻을 회통할 수 있고, 잘 드러나지 않는 기미를 연구해야 천하의 일을 이룰 수가 있다. 『주역』의 도리를 신기하게 관통해야 급히 하지 않아도 만사가 속히 이루어지고 행하지 않아도 모든 이치가 절로 이르게 된다. 공자가 "『주역』에는 성인의 도리 네 가지가 있다"고 한 것은 이것을 말한다.

易有聖人之道四焉: 以言者尚其辭, 以動者尚其變, 以制器者尚其象, 以卜筮者尚其占.

是以君子將有爲也, 將有行也, 問焉而以言, 其受命也如嚮, 无有遠近幽深, 遂知來物. 非天下之至精, 其孰能與於此. 參伍以變, 錯綜其數. 通其變, 遂成天下之文, 極其數, 遂定天下之象. 非天下之至變, 其孰能與於此. 易无思也, 无爲也, 寂然不動, 感而遂通天下之故. 非天下之至神, 其孰能與於此.

夫易, 聖人之所以極深而研幾也. 唯深也, 故能通天下之志, 唯幾也, 故能成天下之務, 唯神也, 故不疾而速, 不行而至. 子曰"易有聖人之道四焉"者, 此之謂也.

마왕두이본에 보인다. 성인의 네 가지 도리는 사辭, 변變, 상象, 점占을 가리킨다.

18. 천수지수장天數地數章

천수 1, 지수 2, 천수 3, 지수 4, 천수 5, 지수 6, 천수 7, 지수 8, 천수 9, 지수 10.

공자는 "『주역』은 왜 이런 천지의 수를 취하는가? 이것은 성인이 (수리를 탐구하고 서법을 만들어) 만물의 지혜를 열어주고 천하의 사업을 성취시키며, 천하의 도리를 다 뒤덮는 것에 지나지 않는다"라고 했다. 이런 까닭에 성인은 『주역』의 이치로 천하의 뜻을 회통하고 천하의 사업을 확정하며 천하의 의혹된 것을 결단한다.

이런 까닭에 시수의 성질은 둥글게 통하면서 신기하고, 괘의 성질은 방정하면서 지혜로우며, 육효의 의의는 변화를 통해 길흉을 알려준다. 성인은 『주역』으로 그 마음을 정화하고, 물러나 그 쓰임을 은밀한 곳에 감추니 길흉은 백성과 우환을 같이한다. 신묘함으로 앞으로의 일을 알 수 있고, 지혜로움으로 지난 일을 간직하고 있으니 누가 이렇게 할 수 있겠는가? 옛날에 총명하면서 예지가 있으며 신묘한 무용이 있으면서 형벌로 죽이지 않는 사람일 것이다.

그래서 하늘의 도리를 명확하게 알고 백성들의 일을 살펴서 신묘한 시초점을 만들어 백성들을 이끌어 이용하게 했다. 성인이 『주역』으로 수양하고 경계시킨 것은 그 덕을 신묘하게 밝히기 위함이었다.

이런 까닭에 (『주역』은 음양의 변화와 낳고 기르는 도를 체현하고 있으니) 문을 닫는 것을 곤坤이라 하고, 문을 여는 것을 건乾이라 하고, 닫혔다 열리는 것을 변화變라고 하고, 왕래하면서 변화가 무궁한 것을 회통通이라고 하고, 변화의 현상이 뚜렷하게 드러나는 것을 표상象이라고 하고, 변화하여 형체가 되는 것을 기물器이라고 하고, 기물을 만들어 사람들이 사용하도록 하는 것을 본받는다法고 하고, 기물이 반복해서 사용되며 백성들이 모두 사용하기에 편한 것을 신묘하다고 한다.

天一, 地二, 天三, 地四, 天五, 地六, 天七, 地八, 天九, 地十.

子曰: "夫易何爲者也? 夫易開物成務, 冒天下之道, 如斯而已者也."

是故聖人以通天下之志, 以定天下之業, 以斷天下之疑.

是故著之德圓而神, 卦之德方以知, 六爻之義易以貢. 聖人以此洗心, 退藏於密, 吉凶與民同患. 神以知來, 知(智)以藏往, 其孰能與此哉! 古之聰明叡知(智), 神武而不殺者夫.

是以明於天之道, 而察於民之故, 是興神物以前民用. 聖人以此齊戒, 以神明其德夫.

是故闔戶謂之坤, 闢戶謂之乾, 一闔一闢謂之變, 往來不窮謂之通, 見乃謂之象, 形乃謂之器, 制而用之謂之法, 利用出入, 民咸用之謂之神.

'천일天一'에서 '지십地十'까지는 마왕두이본에 보인다. 천수는 홀수로 1, 3, 5, 7, 9이고, 지수는 짝수로 2, 4, 6, 8, 10이다.

19. 태극팔괘장太極八卦章

이런 까닭에 『주역』이 지어지기 전에 태극이 있었고, 태극은 양의를 낳았고, 양의는 사상四象을 낳았고, 사상은 팔괘를 낳았으니, 팔괘는 길흉을 판정할 수 있고, 길흉의 판정은 성대한 사업을 낳는다.

이런 까닭에 본받음은 천지보다 큰 것이 없으며, 변화와 회통은 사계절보다 큰 것이 없으며, 상을 높이 걸고 광명을 드러냄은 해와 달보다 큰 것이 없으며, 숭고함은 부귀영화보다 큰 것이 없으며, 사물을 갖추어 사용하고 기구를 만들어 천하의 이로움으로 만듦은 성인보다 큰 것이 없으며, 심오한 이치를 탐구하고 깊고 먼 곳의 사물을 끄집어내어 천하의 길흉을 판정하고 천하의 미묘한 공을 이룸은 시초점과 거북점보다 큰 것이 없다.

이런 까닭에 하늘이 신기한 시초와 거북을 내자 성인이 그것을 본받아 복서卜筮를 만들었으며, 천지가 사계절의 변화를 드러내자 성인이 그것을 본받아 형벌과 상賞의 법령을 만들었으며, 하늘이 해와 달, 별 등의 상을 드리워 길흉의 징조를 드러내자 성인이 그것을 본떠 천문을 살피는 기구를 만들었으며, 황하에서 그림이 나오고 낙수에서 글이 나오자 성인이 그것을 본받아 팔괘와 구주를 만들었다.

『주역』에 사상四象이 있는 것은 변화의 징조를 드러내는 것이며, 괘 아래 문사를 붙인 것은 변화의 상태를 알린 것이며, 길흉으로 판단한 것은 일의 득실을 판단한 것이다.

是故易有太極, 是生兩儀, 兩儀生四象, 四象生八卦, 八卦定吉凶, 吉凶生大業.

是故法象莫大乎天地, 變通莫大乎四時, 縣(懸)象著明莫大乎日月, 崇高莫大乎富貴, 備物致用, 立成器以爲天下利, 莫大乎聖人, 探賾索隱, 鉤深致遠, 以定天下之吉凶, 成天下之亹亹者, 莫大乎蓍龜.

是故天生神物, 聖人則之, 天地變化, 聖人效之, 天垂象, 見吉凶, 聖人象之, 河出
圖, 洛出書, 聖人則之.

易有四象, 所以示也: 繫辭焉, 所以告也, 定之以吉凶, 所以斷也.

마왕두이본에 보인다. '태극太極'은 마왕두이본에는 '대항大恒'으로 되어
있다. '태극'은 도를 가리킨다. '양의兩儀'는 천지 혹은 음양을 가리킨다. '사
상四象'은 사계절 혹은 노양老陽·노음老陰·소양少陽·소음少陰을 가리킨다.
'팔괘'는 건·곤·진·손·감·이·간·태를 가리킨다. '미미亹亹'의 뜻에 대해서
는 옛 설이 분분해 '힘쓰다' '부지런한 모양' '미약하다' 등의 풀이가 있다. 여
러 가지 설 가운데 왕필의 주석(『문선文選』 권55에 실린 유효표劉孝標 「광결교
론廣結交論」의 이선李善 주석에 인용)이 가장 적절한 것 같다. 왕필의 주석은
미묘하다는 뜻으로 풀고 있으며, 유환劉瓛의 주석(『현응음의玄應音義』 권
78에 인용)도 동일하다.

20. 자왈역운장 8

『주역』에 "하늘이 보우하니 길하며 일에 불리함이 없다自天祐之, 吉无不
利"라고 했다. 공자는 이 구절에 대해 "우祐는 돕는다는 뜻이다. 하늘
이 돕는 사람은 바른 도에 순종하고, 사람이 돕는 사람은 성신誠信을
독실하게 지킨다. 성신을 실천하고 바른 도에 순종할 것을 생각하고,
현명한 사람을 높이 받들기 때문에 '하늘이 보우하니 길하며 일에 불리
함이 없다'"라고 풀이했다.

공자는 "문자는 말을 완전히 표현할 수 없고, 말은 생각을 다 표현할 수 없다"라고 했다. 그렇다면 성인의 생각은 구체적으로 드러낼 수 없을까?

공자는 또 말하기를 "성인은 상징을 만들어서 자신의 생각을 최대한 표현했고, 64괘를 만들어서 만물의 참된 실정과 거짓됨을 최대한 반영했으며, 괘 아래에 문사를 붙여 자신의 말을 최대한 표현하고, 384효를 변화 회통시켜 만물에 최대한 이로움을 베풀었으니, 이에 천하를 고무시켜 『주역』의 신묘한 도리를 최대한 발휘할 수 있었다"라고 했다.

건괘와 곤괘는 『주역』의 근원일 것이다. 건괘와 곤괘가 상하로 나누어지자 『주역』이 그 가운데 확립되었으며, 건괘와 곤괘의 상징이 없어지면 『주역』이 출현할 수가 없으며, 『주역』이 출현할 수 없으면 건괘와 곤괘의 화육의 도는 거의 멈추게 된다.

이런 까닭에 형체를 벗어난 정신 요소를 '도道'라고 하고 형체를 갖추고 있는 물질 요소를 '기器'라고 하며, 이 '도'와 '기'의 작용으로 사물이 만들어지고 길러지며 서로 절제하는 것을 '변變'이라 하며, 변화에 따라 넓혀 나가고 널리 행하는 것을 '통通'이라고 하며, 이런 도리를 천하 백성들에게 사용하게 하는 것을 '사업事業'이라고 한다.

이런 까닭에 '상'이란, 성인이 천하에 드러나지 않고 깊은 이치를 발견해 구체적인 형상에 빗대어 특정한 사물의 적합한 뜻을 상징했기 때문에 '상'이라고 한다. 성인이 천하 만물의 끊임없는 운동을 발견하고 그속의 회합과 변통을 관찰해 전장법도와 예의를 행하고, 64괘와 384효 아래 문사를 붙여서 사물 변화의 길흉을 판단했으니, 이 때문에 '효'라고 한다. 천하에 드러나지 않고 깊은 이치를 추구하는 것은 괘형의 상징에 달려 있으며, 천하를 진작시키는 것은 괘효사의 정밀한 뜻에 달려 있으며, 만물을 서로 변화시키고 절제시키는 것은 변동에 달려 있으며, 만물을 변화에 따라 넓혀나가고 널리 행하는 것은 '회통'에 달려 있으며, 『주역』의 이치를 신묘하고 밝게 드러내는 것은 『주역』을 이용하는 사람에게 달려 있으며, 말없이 실행하지만 이루는 바가 있고 말하지 않아도 신뢰를 받는 것은 훌륭한 덕행에 달려 있다.

易曰: "自天祐之, 吉无不利." 子曰: "祐者, 助也, 天之所助者, 順也, 人之所助者, 信也. 履信思乎順, 又以尙賢也, 是以自天祐之, 吉无不利'也."

子曰: "書不盡言, 言不盡意." 然則聖人之意, 其不可見乎?

子曰: "聖人立象以盡意, 設卦以盡情僞, 繫辭焉以盡其言, 變而通之以盡利, 鼓之舞之以盡神."

乾坤其易之縕邪? 乾坤成列, 而易立乎其中矣, 乾坤毁, 則无以見易. 易不可見, 則乾坤或幾乎息矣.

是故形而上者謂之道, 形而下者謂之器, 化而裁之謂之變, 推而行之謂之通, 擧而錯之天下之民謂之事業.

是故夫象, 聖人有以見天下之賾, 而擬諸其形容, 象其物宜, 是故謂之象. 聖人有以見天下之動, 而觀其會通, 以行其典禮, 繫辭焉以斷其吉凶, 是故謂之爻. 極天下之賾者存乎卦, 鼓天下之動者存乎辭, 化而裁之存乎變, 推而行之存乎通, 神而明之存乎其人, 默而成之, 不言而信, 存乎德行.

마왕두이본에 보인다. "건괘와 곤괘는 『주역』의 근원이다乾坤, 其易之縕邪"에서 '온縕'은 마왕두이본에는 '경經'으로 되어 있다. 인용된 『역』은 대유괘 상구효에 보인다. "문자는 말을 완전히 표현할 수 없고, 말은 생각을 다 표현할 수 없다書不盡言, 言不盡意"거나 "형체를 벗어난 정신 요소를 '도'라 하고 형체를 갖추고 있는 물질 요소를 '기'라 한다形而上者謂之道, 形而下者謂之器"는 구절은 『역전』의 명구다. 여기서는 괘, 효, 상, 사의 관계를 다시 언급하고 있다.

계사 하繫辭下

1. 팔괘성열장八卦成列章

8괘가 만들어져 차례로 줄을 이루니 만물의 상징이 모두 그 가운데 있고, 8괘에 근거해 거듭해서 64괘를 만드니 384효가 모두 그 가운데 있으며, 강효와 유효가 서로 변화시키니 변화의 이치가 모두 그 가운데 있으며, 괘와 효 아래 문사를 붙여서 길흉을 밝히니 때에 따라 변화하는 규율이 그 가운데 있게 되었다. '길함吉'과 '흉함凶', '후회悔'와 '인색함吝'은 변화에서 생기고, 양강과 음유는 한 괘를 확립하는 근본이며, 변화와 회통은 적당한 때를 쫓아가는 것이다. 길흉의 규율은 바름을 지키면 이기는 것을 말하며, 천지의 도는 바름을 지키면 사람들이 우러러보는 것을 말하며, 해와 달의 도는 바름을 지키면 광명을 발하는 것을 말하며, 천하의 변동은 만물이 모두 한결같이 바름을 지켜야 함을 말한다. 건乾의 특징은 굳세고 강건하면서 평이함으로 사람들에게 보여주고, 곤坤의 특징은 약하고 유순하면서 간이함으로 사람들에게 보여준다. 효는 사물의 변동을 모방하는 것이고, 상은 사물의 상태를 본뜬 것이다. 효와 상은 괘 안에서 발동하고 길흉은 괘 밖에서 드러나며, 공업功業은 변동으로 드러나며 성인의 뜻은 괘효사로 드러난다. 천지의 큰 덕은 '화육과 생장'이며, 성인의 큰 보배는 '성대한 지위'다. 무엇으로 성대한 지위를 지키는가? '어진 사람'이다. 무엇으로 어진 사람을 모으는가? 재물이다. 재물을 관리하고 언사를 바르게 하고 백성들이 잘못을 저지르지 않게 하는 것은 '의義'다.

八卦成列, 象在其中矣, 因而重之, 爻在其中矣, 剛柔相推, 變在其中矣, 繫辭焉而命之, 動在其中矣. 吉凶悔吝者, 生乎動者也, 剛柔者, 立本者也, 變通者, 趣時者也. 吉凶者, 貞勝者也, 天地之道, 貞觀者也, 日月之道, 貞明者也, 天下之動, 貞夫一者也. 夫乾, 確然示人易矣, 夫坤, 隤然示人簡矣. 爻也者, 效此者也. 象也者, 像此者也. 爻象動乎內, 吉凶見乎外, 功業見乎變, 聖人之情見乎辭. 天地之大德曰生, 聖人之大寶曰位. 何以守位? 曰仁. 何以聚人? 曰財. 理財正辭,禁民爲非曰義.

마왕두이본에 보인다. 이 장은 상象·효爻·사辭의 구별 및 강유剛柔·길흉吉凶·회린悔吝을 논하고 있다.

2. 시작팔괘장始作八卦章

옛날 복희씨가 천하를 다스릴 때 고개를 들어 하늘의 표상을 관찰하고 몸을 숙여 땅의 형상을 관찰했으며, 날짐승과 들짐승의 무늬 및 땅 위에서 자유롭게 살아가는 사물들을 관찰해 가까이 사람의 몸에서 취해서 상징을 삼고 멀리 각종 사물의 형상을 취해서 상징으로 삼았다. 이에 비로소 8괘를 만들어 신묘하고 광명을 발하는 덕을 관통하고 천하만물의 상태를 분류했다. 복희씨는 끈을 묶는 방법을 발명해 그물을 만들어 짐승을 잡고 물고기를 잡으니 대체로 이離괘의 상징을 취했다.

복희씨가 죽고 신농씨가 그 뒤를 이어 나무를 깎아서 쟁기의 보습을 만들고 나무를 휘어 쟁기자루를 만들었으며, 이러한 뒤집고 김매는 농기구의 이로움으로 천하 백성을 가르치니 대체로 익괘의 상징을 취했다. 정오를 시장이 서는 시간으로 정해 천하 백성을 불러 모으고 천하의 재화를 모아서 교환하고 돌아오니 각자 필요한 물건을 얻었다. 대체로 서합괘의 상징을 취했다.

신농씨가 죽고 황제黃帝와 요, 순이 그 뒤를 이어 일어나 전대의 기물과 제도의 변화를 통해 백성들을 나태하지 않게 했으며, 또 신기하게 변화시켜 백성들이 적절히 응용하게 했다. 『주역』의 이치는 궁하면 변하고, 변하면 통하며, 통하면 오래간다. 이 때문에 "하늘이 보우하니 길하며 일에 불리함이 없는 것이다". 황제와 요, 순이 백성들에게 길게 드리우는 옷을 입게 하자 천하가 크게 다스려졌으니, 이것은 대체로 건괘와 곤괘의 상징을 취했다. 나무를 파서 배를 만들고 목재를 깎아서 노를 만들자 배와 노의 이로움으로 다닐 수 없던 강도 건너게 되고 멀리까지 가서 천하를 이롭게 할 수 있었으니, 이것은 대체로 환괘의 상징을 취했다. 소를 부리고 말을 타자 무거운 물건을 운반해 멀리까지 가져가서 천하를 이롭게 했으니, 이것은 대체로 수隨괘의 상징을 취했다. 여러 겹으로 문을 설치하고 밤에 딱따기를 쳐서 강도를 방비한 것은 대체로 예괘의 상징을 취했다. 나무를 베어 절구공이를 만들고 땅을 파서 절구를 만들자 절구와 절구공이의 이로움으로 천하 백성이 곡식을 찧어 먹을 수 있었으니, 이것은 대체로 소과괘의 상징을 취했다. 나무를 휘어 그 양 끝을 묶어 활을 만들고 나뭇가지를 뾰족하게 깎아서 화살을 만들자 활과 화살의 이로움으로 천하를 복종시킬 수 있었으니,

이것은 대체로 규괘의 상징을 취했다.

상고시대의 사람들은 동굴이나 들판에 살다가 후대에 성인이 집을 만들어 이전의 거주 방식을 바꾸었다. 위에는 기둥과 들보를 두고 아래에는 처마를 두어 비바람을 방비했으니, 이것은 대체로 대장괘의 상징을 취했다.

옛날에 장사를 지낼 때는 건초로 죽은 사람의 몸을 두텁게 싸서 들판에 묻었을 뿐, 묘를 만들지도 않고 나무로 표식도 하지 않았으며 상례 기간도 정하지 않았다. 후대에 성인이 관과 곽을 만들어 이전의 상례 풍속을 바꾸었으니, 이것은 대체로 대과괘의 상징을 취했다. 상고시대의 사람들은 묶은 끈을 표식으로 삼아 일을 처리했는데 후대의 성인이 문자를 새겨 이전의 끈을 묶던 방식을 바꾸자 백관이 정사를 처리할 수 있었고 백성은 일상의 일을 살필 수 있었으니, 이것은 대체로 쾌괘의 상징을 취했다.

古者包犧氏之王天下也, 仰則觀象於天, 俯則觀法於地, 觀鳥獸之文, 與地之宜, 近取諸身, 遠取諸物, 於是始作八卦, 以通神明之德, 以類萬物之情. 作結繩而爲罔罟, 以佃以漁, 蓋取諸離. 包犧氏沒, 神農氏作, 斲木爲耜, 揉木爲耒, 耒耨之利, 以敎天下, 蓋取諸益. 日中爲市, 致天下之民, 聚天下之貨, 交易而退, 各得其所, 蓋取諸噬嗑.

神農氏沒, 黃帝,堯,舜氏作, 通其變, 使民不倦, 神而化之, 使民宜之. 易窮則變, 變則通, 通則久, 是以"自天祐之, 吉无不利". 黃帝,堯,舜垂衣裳而天下治, 蓋取諸乾坤. 刳木爲舟, 剡木爲楫, 舟楫之利, 以濟不通, 致遠以利天下, 蓋取諸渙. 服牛乘馬, 引重致遠, 以利天下, 蓋取諸隨. 重門擊柝, 以待暴客, 蓋取諸豫. 斷木爲杵, 掘地爲臼, 臼杵之利, 萬民以濟, 蓋取諸小過. 弦木爲弧, 剡木爲矢, 弧矢之利, 以威天下, 蓋取諸睽.

上古穴居而野處, 後世聖人易之以宮室, 上棟下宇, 以待風雨, 蓋取諸大壯.

古之葬者, 厚衣之以薪, 葬之中野, 不封不樹, 喪期無數. 後世聖人易之以棺椁, 蓋取諸大過. 上古結繩而治, 後世聖人易之以書契, 百官以治, 萬民以察, 蓋取諸夬.

마왕두이본에 보인다. 이 장은 처음으로『주역』의 연대에 대해 거론했다. 작자는『역』의 괘를 이용해서 상고시대의 발명 전설을 해석하면서 복희씨와 황제, 요, 순에 대해 언급했다. 원문의 "개취제쾌蓋取諸夬"는 마왕두이본에는 쾌夬가 대과大過로 되어 있다.

3. 역상단효장易象彖爻章

이런 까닭에『주역』은 상징이며, 상징은 외물을 모방해 뜻을 비유한 것이다. 단사는 한 괘의 재덕材德을 종합적으로 말한 것이며, 육효는 천하 만물의 발생과 변동을 본뜬 것이다. 이런 까닭에 '길'과 '흉'이 생겨나고 '후회'와 '인색함'이 나타난다.

是故易者, 象也, 象也者, 像也, 彖者, 材也, 爻也者, 效天下之動者也. 是故吉凶生而悔吝著也.

마왕두이본에 보인다. 이 장은 상, 단彖, 효의 차이 및 길흉과 회린悔吝에 대해 논하고 있다.

4. 양괘음괘장陽卦陰卦章

양괘 속에는 음효가 많고 음괘 속에는 양효가 많은데, 그 까닭은 무엇인가? 양괘는 양효 하나를 위주로 삼고 음괘는 양효 2개를 위주로 하는데, 그 덕행은 무엇인가? 양괘는 군주 한 명에 백성 두 명으로 군자의 도이며, 음괘는 군주 두 명에 백성 한 명으로 소인의 도다.

陽卦多陰, 陰卦多陽, 其故何也? 陽卦奇, 陰卦耦. 其德行何也? 陽一君而二民, 君子之道也, 陰二君而一民, 小人之道也.

마왕두이본에 보인다. 『주역』의 작자는 양괘는 양효 하나에 음효가 2개이고, 음괘는 음효 하나에 양효가 2개라고 말한다. 전자는 군자의 도이고, 후자는 소인의 도다.

5. 자왈역운장 9

『주역』에 "급하게 아내를 맞이하러 갔다가 급하게 돌아오니 벗들이 너를 따른다"라는 구절이 있는데, 공자는 이렇게 해석했다. "천하의 일을 어찌 생각하고 걱정할 필요 있겠는가? 천하 만물은 길은 다르지만 목표는 동일해 수많은 생각이 하나되게 한다. 천하의 일을 어찌 생각하고 걱정할 필요 있겠는가? 비유하자면 해가 지면 달이 뜨고, 달이 지면 해가 떠오르니 해와 달이 서로 변화시켜서 밝음이 생겨난다. 추위가 가면 더위가 오고 더위가 가면 추위가 오니, 추위와 더위가 서로 변화시켜서 한 해가 만들어진다. '간다往'는 것은 수축하는 것이고, '온다來'는 것은 펴지는 것으로, 수축하고 펴지는 것이 서로 감응해서 이로움이 생겨난다. 자벌레가 몸을 수축하는 것은 펴기 위함이고, 용과 뱀이 겨울잠을 자는 것은 자신을 보존하기 위함이다. 의리를 정밀하게 따지고 신묘한 이치를 깊이 파고드는 것은 쓰임을 이루기 위함이다. 쓰임을 이롭게 하고 몸을 편안하게 하는 것은 덕을 높이기 위함이다. 이것을 넘어서는 것을 아는 바가 없다. 신묘한 이치를 지극히 하고 변화를 아는 것은 덕의 성함으로 생긴 결과다."

易曰:"憧憧往來, 朋從爾思." 子曰:"天下何思何慮? 天下同歸而殊塗, 一致而百慮. 天下何思何慮? 日往則月來, 月往則日來, 日月相推而明生焉. 寒往則暑來, 暑往則寒來, 寒暑相推而歲成焉. 往者屈也, 來者信(伸)也, 屈信(伸)相感而利生焉. 尺蠖之屈, 以求信(伸)也, 龍蛇之蟄, 以存身也, 精義入神, 以致用也, 利用安身, 以崇德也. 過此以往, 未之或知也. 窮神知化, 德之盛也."

마왕두이본에 보인다. 5장에서 7장까지는 "역왈易日에 자왈子日을 더한" 문체다. 인용된 『역』은 함괘의 구사효에 보인다.

6. 자왈역운장 10

『주역』에 "산의 돌이 들쭉날쭉하고 가시나무가 무더기로 자라 걷기가 불편하다. 가까스로 집으로 들어가도 아내를 보지 못하고 매우 불길하다"라는 구절이 있는데, 공자는 이렇게 해석했다. "적당하지 않은 곳에 곤궁하니 이름이 반드시 욕되고, 적당하지 않은 곳에 의거하니 몸이 반드시 위험해진다. 욕되고 위험해져 죽을 날이 도래할 것이니 아내를 볼 수 있겠는가?"

易曰: "困于石, 據于蒺藜, 入于其宮, 不見其妻, 凶." 子曰: "非所困而困焉, 名必辱, 非所據而據焉, 身必危. 既辱且危, 死期將至, 妻其可得見邪!"

마왕두이본에 보인다. 인용된 『역』은 곤困괘의 육삼효에 보인다.

7. 자왈역운장 11

『주역』에 "왕공이 높은 성벽에서 새매를 쏘아 마침내 떨어뜨리니 일에 불리함이 없다"라는 구절이 있는데, 공자는 이렇게 해석했다. "새매는 날짐승이고, 활과 화살은 무기이며, 새매를 쏘는 것은 사람이다. 군자가 몸에 기물을 지니고 있다가 때를 기다려 움직이니 무슨 불리함이 있겠는가? 움직이되 조금의 장애물도 없어 나가면 반드시 잡는 것이니, 먼저 기물을 갖춘 다음에 움직인다는 것을 설명한다."

易曰: "公用射隼于高墉之上, 獲之, 无不利." 子曰: "隼者, 禽也, 弓矢者, 器也, 射之者, 人也. 君子藏器于身, 待時而動, 何不利之有? 動而不括, 是以出而有獲, 語成器而動者也."

마왕두이본에 보인다. 인용된 『역』은 해괘 상륙효에 보인다.

8. 자왈역운장 12

공자가 이렇게 말했다. "소인은 부끄러운 줄 모르고 어질지 않으며, 바른 도리를 두려워하지 않고 의리를 행하지 않으며, 이익을 보지 않으면

부지런하지 않으며, 위협당하지 않으면 경계하지 않는다. 작은 징벌을 받지만 크게 경계하니 이것은 소인의 복이다. 『주역』에서 '발에 씌운 형구가 두 다리를 훼손하니 화가 없다'고 한 것은 이것을 말한다. 선행이 쌓이지 않으면 이름을 이룰 수 없고, 악행이 쌓이지 않으면 몸을 망칠 수 없다. 소인은 작은 선행을 무익하다고 여겨 행하지 않고, 작은 악행을 무해하다고 여겨 없애지 않는다. 그러므로 악행이 쌓여서 가릴 수 없고 죄상이 커져서 해소할 수 없는 것이다. 이 때문에 『주역』에서 '어깨 위의 형구가 귀를 훼손하니 흉하다'고 한 것이다."

子曰: "小人不恥不仁, 不畏不義, 不見利不勸, 不威不懲. 小懲而大戒, 此小人之福也. 易曰: '履校滅趾, 无咎.' 此之謂也. 善不積不足以成名, 惡不積不足以滅身. 小人以小善爲无益而弗爲也, 以小惡爲无傷而弗去也, 故惡積而不可掩, 罪大而不可解. 易曰: '何校滅耳, 凶.'"

마왕두이본에 보인다. 8장에서 14장까지는 "자왈子曰에 역왈易曰을 더한" 문체다. 인용된 『역』은 서합괘의 초구효와 상구효에 보인다.

9. 자왈역운장 13

공자가 말했다. "위태로운 것은 그 자리에 편안하게 있었기 때문이며, 멸망한 것은 길이 보존되리라 여겼기 때문이며, 어지러운 것은 다스려지리라 믿었기 때문이다. 이 때문에 군자는 편안히 있으면서도 위태로움을 잊지 않고, 보존되면서도 망할 것을 잊지 않으며, 다스려지면서도 어지러움을 잊지 않아서 자신은 늘 편안하고 나라는 길이 보존할 수 있다. 그래서 『주역』에서 '새가 흩어졌다가 뽕나무에 내려앉네'라고 한 것이다."

子曰: "危者, 安其位者也; 亡者, 保其存者也, 亂者, 有其治者也. 是故君子安而不忘危, 存而不忘亡, 治而不忘亂, 是以身安而國家可保也. 易曰: '其亡其亡, 繫于苞桑.'"

마왕두이본에는 없지만 마왕두이백서 「요要」 편에 보인다. 인용된 『역』은 비否괘의 구오효에 보인다.

10. 자왈역운장 14

공자가 말했다. "덕은 적으면서 지위는 높고, 지혜는 작으면서 도모함은 크며, 힘은 약하면서 맡은 바는 무거우면 재앙이 미치지 않는 경우가 드물다. 그래서 『주역』에서는 '솥발이 부러져 솥 안의 음식을 엎지르니 바닥이 온통 음식물투성이로 끈적끈적하고 엉망이다'라고 했으니, 맡은 일을 감당하지 못한다는 것을 말한다."

子曰: "德薄而位尊, 知小而謀大, 力小而任重, 鮮不及矣. 易曰: '鼎折足, 覆公餗, 其形渥, 凶.' 言不勝其任也."

마왕두이본에는 없지만 마왕두이백서의 「요」편에 보인다. 인용된 『역』은 정鼎괘의 구사효에 보인다.

11. 자왈역운장 15

공자가 말했다. "기미를 알면 신묘한 경지에 이를 것이다! 군자가 윗사람과 왕래함에 아첨하지 않고 아랫사람과 왕래함에 거만하지 않으면 기미를 알 것이다. 기미는 사물이 변동할 때의 작은 조짐으로 길흉이 먼저 드러나는 것이다. 군자는 기미를 보면 신속하게 행해서 하루가 다하기를 기다리지 않는다. 그래서 『주역』에서 '절개가 돌과 같아 하루를 마치지 않으니, 바르면 길하다'라고 했으니, 완고함이 돌과 같으면 어찌 하루가 필요하겠는가? 바로 판단해 알 수 있다. 군자는 기미를 알면 밝게 드러나는 결과를 알고 음유함을 알면 양강함을 아니 사람들이 모두 우러러 본다."

子曰: "知幾其神乎! 君子上交不諂, 下交不瀆, 其知幾乎? 幾者, 動之微, 吉之先見者也. 君子見幾而作, 不俟終日. 易曰: '介于石, 不終日, 貞吉.' 介如石焉, 寧用終日? 斷可識矣. 君子知微知彰, 知柔知剛, 萬夫之望."

마왕두이본에 보이지만 "자왈子曰"부터 "길지선현자야吉之先見者也"까지는 보이지 않는다. 인용된 『역』은 예괘의 육이효에 보인다.

12. 자왈역운장 16

공자가 말했다. "안연은 그 덕이 거의 도에 가깝다. 불선함이 있으면 모른 적이 없었고, 불선함을 알면 다시 행한 적이 없었다. 『주역』에 '문을 나선 지 얼마 되지 않아 원래의 길로 돌아온다면, 당연히 크게 후회하지 않고 반대로 길하다'라고 했다. 천지가 쌓이고 합해 만물이 번성하고 남녀가 정기를 얽어서 만물이 생겨난다. 그래서 『주역』에서는 '세 사람이 길을 가면 종종 한 사람을 덜어내지만, 한 사람이 길을 가면 도와주는 벗이 있다'라고 했으니, 음양이 서로 구하는 것은 마음을 한곳에 기울여야 함을 말한 것이다."

子曰: "顔氏之子, 其殆庶幾乎? 有不善未嘗不知, 知之未嘗復行也. 易曰: '不遠復, 无祗悔, 元吉.' 天地絪縕, 萬物化醇. 男女構精, 萬物化生. 易曰: '三人行則損一人, 一人行則得其友.' 言致一也."

마왕두이본에는 없지만 마왕두이백서의 「요」 편에 보인다. 인용된 『역』은 복괘의 초구효와 손損괘의 육삼효에 보인다.

13. 자왈역운장 17

공자가 말했다. "군자는 자신을 먼저 편안하게 한 다음에 움직이고, 마음을 먼저 안정시킨 다음에 말하며, 사귐을 확고하게 한 다음에 구한다. 군자는 이 세 가지를 닦기 때문에 자신과 다른 사람의 이로움을 온전히 한다. 위태로우면서 움직이면 백성들이 도움을 주지 않으며, 두려워하면서 말하면 백성들이 호응하지 않으며, 사귐이 없으면서 구하면 백성들이 주지 않으며, 주는 사람이 없으면 그를 상하게 하는 사람이 온다. 그래서 『주역』에서는 '토목공사를 확대하지 말아야 하니 누군가가 공격할 수도 있다. 뜻을 세워 항상됨을 지킬 수 없으면 반드시 흉함이 있다'라고 했다."

子曰: "君子安其身而後動, 易其心而後語, 定其交而後求. 君子修此三者, 故全也.

危以動, 則民不與也, 懼以語, 則民不應也, 无交而求, 則民不與也, 莫之與, 則傷
之者至矣. 易曰: '莫益之, 或擊之, 立心勿恒, 凶.'"

마왕두이본에는 없지만 마왕두이백서 「요」편에 보인다. 인용된 『역』은 익
괘의 상구효에 보인다.

14. 자왈역운장 18

공자가 말했다. "건괘와 곤괘는 『주역』의 변화가 일어나는 문이다."
건괘는 양을 상징하는 형상이고, 곤괘는 음을 상징하는 형상이다. 음
과 양이 덕을 합하고 강과 유가 형체를 이루니 천지 사이에 비유되는
광대한 사물을 구체적으로 살필 수 있고 신묘한 덕을 훤히 통할 수 있
다. 『주역』 괘효사에서 나오는 사물의 명칭은 번잡하지만 괘효의 의리
를 뛰어넘지 않으며, 괘효사에서 나오는 사물들을 살펴보면 쇠망한 시
대의 뜻을 드러낸다. 『주역』은 지난 일을 밝게 드러내고 앞으로의 일을
살펴서 은미한 징후를 뚜렷하게 하고 깊고 그윽한 도리를 분명하게 밝
혔으며, 괘효사를 해석해 괘효의 명칭과 함의가 맞게 하고 사물의 형상
을 구별하였으며, 언어는 바르고 문사를 결단력 있게 하여 천하의 이치
가 갖추어졌다. 괘효사에서 일컫는 명칭은 작지만 비유하는 사물은 광
대하다. 뜻은 심원하고 문사는 문채가 있으며, 언어는 곡절하면서 사리
에 맞고 전고는 명백하면서 뜻이 심오하다. 『주역』 음양의 도리에 근거
해 백성의 행동을 돕고 길흉득실의 징조를 분명하게 알 수 있다.
子曰: "乾坤, 其易之門邪?" 乾, 陽物也. 坤, 陰物也. 陰陽合德, 而剛柔有體, 以

體天地之撰, 以通神明之德. 其稱名也, 雜而不越, 於稽其類, 其衰世之意邪? 夫易, 彰往而察來, 而微顯闡幽, 開而當名辨物, 正言斷辭, 則備矣. 其稱名也小, 其取類也大. 其旨遠, 其辭文, 其言曲而中, 其事肆而隱. 因貳以濟民行, 以明失得之報.

마왕두이본에는 없지만 '자왈子曰'에서 '이체천지지찬以體天地之撰'까지는 마왕두이백서의 「충衷」 편에 보이고, '이통신명지덕以通神明之德'에서 '이명실득지보以明失得之報'까지도 마왕두이백서 「충」 편에 보인다. "사물의 명칭은 번잡하지만 괘효의 의리를 뛰어넘지 않으며, 괘효사에서 나오는 사물들을 살펴보면 쇠망한 시대의 뜻을 드러낸다其稱名也, 雜而不越, 於稽其類, 其衰世之意邪"는 구절도 역시 연대와 관계가 있다.

15. 역흥중고장易興中古章

『주역』이 흥기한 것은 은나라 말기의 중고中古 시기일 것이다. 『주역』을 지은 사람은 마음속에 근심이 있었을 것이다. 이런 까닭에 이履괘는 덕을 세우는 기초이며, 겸괘는 덕을 움켜잡는 손잡이이며, 복괘는 덕에 나아가는 근본이며, 항괘는 덕을 견고하게 하는 전제이며, 손損괘는 덕을 닦는 길이며, 익괘는 덕을 넉넉하게 하는 방법이며, 곤困괘는 덕을 구별하는 척도이며, 정井괘는 덕을 지키는 곳이며, 손巽괘는 덕을 펼쳐 보이는 제도다. 이履괘는 예에 맞게 행하면서 목적지에 이르게 하며, 겸괘는 사람들의 존중을 받으면서 덕이 광대해지게 하며, 복괘는 은미한 징조에도 사물의 선악을 변별하게 하며, 항괘는 사악한 도와 섞여 있어도 바른 도를 지키고 지루하지 않게 하며, 손損괘는 먼저 덜어내어 어렵게 하지만 뒤에는 더하여 쉽게 해주며, 익괘는 사람들에게 이로움을 베풀어 자신의 덕을 넉넉하게 하고 이로움을 헛되이 두지 않게 하며, 곤困괘는 곤궁한 때에 바름을 지켜서 형통함을 구하게 하며, 정井괘는 편안한 거처를 얻어 은택을 널리 베풀게 하며, 손巽괘는 반복해서 명령을 내리지만 위엄을 드러내지 않게 한다. 이履괘는 절도에 맞고 예에 맞게 행할 수 있으며, 겸괘는 예절을 제어해 사물을 겸허하게 대할 수 있으며, 복괘는 스스로 불선不善을 알아 바른 도를 회복할 수 있으며, 항괘는 한결같이 덕을 지킬 수 있으며, 손損괘는 불선을 덜어내어 해로움을 멀리할 수 있으며, 익괘는 이로움을 널리 일으킬 수 있으며, 곤困괘는 곤궁한 때에 처해 하늘을 원망하고 사람을 탓하지 않을 수 있으며, 정井괘는 만물을 길러 도의를 밝힐 수 있으며, 손巽괘는 상황에 따라 이끌어 권력을 행사할 수 있다.

易之興也, 其於中古乎? 作易者, 其有憂患乎? 是故履, 德之基也, 謙, 德之柄也, 復, 德之本也, 恒, 德之固也, 損, 德之修也, 益, 德之裕也, 困, 德之辨也, 井, 德之地也, 巽, 德之制也. 履, 和而至, 謙, 尊而光, 復, 小而辨於物, 恒, 雜而不厭, 損, 先難而後易, 益, 長裕而不設, 困, 窮而通, 井, 居其所而遷, 巽, 稱而隱. 履以和行, 謙以制禮, 復以自知, 恒以一德, 損以遠害, 益以興利, 困以寡怨, 井以辨義, 巽以行權.

마왕두이본에는 없지만 마왕두이백서의 「충」 편에 보인다. 이 장은 두 번째로 『주역』의 연대를 거론한다. 작자는 "『주역』이 지어진 것은 중고 시기일 것이다. 『주역』을 지은 사람은 마음속으로 근심이 있었을 것이다"라고 했는데, '중고 시기'는 상나라와 주나라의 교체기 무렵을 가리킨다.

16. 역지위서장易之爲書章

『주역』이라는 책은 잠시라도 멀리할 수 없으니 드러내는 도는 반복해서 변하며, 변동하면서 그치지 않으며, 각 괘의 여섯 효 사이에 두루 움직이면서 올라갔다 내려왔다 일정하지 않으며, 양강과 음유가 서로를 변화시켜 변치 않는 준칙을 구할 수 없다. 오직 변화만이 나아가는 방향이다. 『주역』은 도수에 따라 출입하고 행장行藏하게 하며 내외은현內外隱現의 때에 처해 득실을 알고 경계하게 한다. 또 장래의 우환과 과거의 일을 밝게 알아 사보師保가 없어도 부모의 가르침을 대하듯이 계발시켜준다. 일을 처리하는 처음에 괘효사에 따라서 행동 방식을 헤아리면 변화에 맞는 일정한 규율을 가질 수 있다. 탐구하고 밝게 드러낼 마땅한 사람이 아니라면 『주역』의 도는 제 혼자 헛되이 행하지 않는다.

『주역』이라는 책은 사물의 처음을 살펴보고 그 끝을 귀납해 괘체의 대의로 삼는다. 각 괘에 여섯 효가 섞여 있는 것은 단지 특정한 때와 음과 양의 물상을 반영하는 것이다. 초효의 뜻은 알기 어렵고 상효의 뜻은 알기 쉽다. 초효는 처음이고 상효는 끝이어서 초효의 효사에서 사물이 생겨난 단서를 입안하고 상효에서 사물의 발전이 완결되어 괘의 뜻이 마지막으로 이루어지기 때문이다. 사물이 음과 양의 사물을 섞어 놓고 각각 그 덕을 드러내는데 이들의 시비를 구별하려면 가운데 네 효가 아니면 전체적으로 이해할 수 없다. 아! 이 네 효의 뜻을 알면 존망길흉의 규율도 파악하고 가만히 있어도 이치를 알 수 있다. 지혜로운 사람이 괘사를 관찰하면 전체 괘의 대의를 대부분 알게 된다. 이효와 사효는 음유의 공이 같지만 상괘와 하괘로 자리가 다르며 두 효가 상징하는 길흉득실도 다르다. 이효는 상괘의 중의 자리에 있어 좋은 일이 많으며, 사효는 상괘의 아랫자리에 있어 경계하는 일이 많은데 인군의 자리에 가깝기 때문이다. 음유의 도는 원대한 일을 하는 데 불리하고, 요지는 '허물이 없는 것'을 구하는 데 있으며, 그 공은 유하면서 중을 지키는 데 있다. 삼효와 오효는 양강의 공은 같지만 상괘와 하괘로 자리가 다르다. 삼효는 하괘의 끝에 있어 흉함이 많고, 오효는 존귀하면서 중의 자리에 있어 공이 많다. 이것은 상하귀천의 등급으로 발생한 것이다. 대체로 음유한 자질로 삼효와 오효의 양의 자리에 있으면 위태롭고, 양강의 자질로 삼효와 오효의 양의 자리에 있으면 맡은 일을 감당해 위태로움이 없다.

『주역』이라는 책은 도리가 넓고 크며 두루 갖추고 있으니 하늘의 도리, 사람의 도리, 땅의 도리를 품고 있다. 3획의 괘 속에 천지인의 상징을 합하고 2개씩 중첩시키기 때문에 6획괘가 된다. 6획괘는 다른 뜻이 있는 것이 아니라 천지인 삼재의 도를 상징한다. 『주역』에 도의 변화 운동이 있기 때문에 효爻라 하고, 효에 등급이 있기 때문에 물상物이라 하며, 음과 양의 물상이 섞여 있기 때문에 무늬文라 하는데, 무늬가 마땅하지 않기 때문에 길흉이 생겨난다.

易之爲書也不可遠, 爲道也屢遷, 變動不居, 周流六虛, 上下无常, 剛柔相易, 不可爲典要. 唯變所適, 其出入以度, 外內使知懼. 又明於憂患與故, 无有師保, 如臨父母. 初率其辭而揆其方, 旣有典常, 苟非其人, 道不虛行.

易之爲書也, 原始要終, 以爲質也. 六爻相雜, 唯其時物也. 其初難知, 其上易知,本[難知], 末[易知]也. 初辭(始)擬(疑)之, 卒成之終. 若夫雜物撰德, 辨是與非, 則非其中爻不備. 噫! 亦要存亡吉凶, 則居(處)可知矣. 知(智)者觀其彖辭, 則思過半矣. 二與四同功而異位, 其善不同, 二多譽, 四多懼, 近也. 柔之爲道, 不利遠者, 其要无咎, 其用柔中也. 三與五同功而異位, 三多凶, 五多功, 貴賤之等也. 其柔危, 其剛勝邪?

易之爲書也, 廣大悉備. 有天道焉, 有人道焉, 有地道焉. 兼三才而兩之, 故六. 六者非它也, 三才之道也. 道有變動, 故曰爻. 爻有等, 故曰物, 物相雜, 故曰文, 文不當, 故吉凶生焉.

세 단락의 말 가운데 첫 번째 단락은 마왕두이백서의 「충」 편에 보인다. 두 번째 단락에서 '역지위서야易之爲書也'부터 '졸성지종卒成之終'까지는 마왕두이백서의 「충」 편에 보이고, '약부잡물찬덕若夫雜物撰德'부터 '즉거(처)가지의則居(處)可知矣'까지는 마왕두이본에 보이며, '지(지)자관기단사知(智)者觀其彖辭'부터 '기강승야其剛勝邪'까지는 마왕두이백서의 「충」 편에 보인다. 세 번째 단락은 마왕두이백서 「요」 편의 첫 번째 부분에 보인다. 이 장에서는 "역지위서易之爲書"를 세 번 논하는데, 두 번째 부분이 가장 중요하다. 금본의 "초효의 뜻은 알기 어렵고 상효의 뜻은 알기 쉽다. 초효는 처음이고 상효는 끝이어서 초효의 효사에서 사물이 생겨난 단서를 입안하고 상효에서 사물의 발전이 완결되어 괘의 뜻이 마지막으로 이루어지기 때문이다其初難知, 其上易知, 本末也. 初辭擬之, 卒成之終"에서 문장에 빠지거나 잘못된 부분이 있으니 마왕두이백서의 「충」 편에 근거해 고칠 만하다.[1] 여섯 효 가운데

1_ 장정랑, 『장정랑논역총고』, 237쪽.

'초初'와 '본本'은 첫 번째 효를 가리키며, '상上'과 '말末'은 여섯 번째 효를 가리킨다. 그 다음의 말은 나머지 네 효를 가리킨다. 이 네 효 가운데 이효와 사효는 음효로 "공은 같지만 자리는 다른同功而異位" 경우에 속하며, 삼효와 오효는 양효로 역시 "공은 같지만 자리는 다른" 경우에 속한다. 음효는 아래에서 가까울수록 좋고 위로 갈수록 좋지 않으며, 양효는 위에서 가까울수록 좋고 아래로 갈수록 좋지 않다. 예를 들어 육이효는 육사효보다 좋고 구오효는 구삼효보다 좋다. 육이효가 하괘의 중의 자리에 있는 것은 '유중柔中'에 속하며, 음효 가운데서 가장 좋다. 구오는 상괘의 중의 자리에 있어 '강중剛中'에 속하며, 양효 가운데서 가장 좋다.

17. 역흥은말장易興殷末章

『주역』이 흥기한 때는 은나라 말기 주 문왕周文王의 덕이 융성했던 시기일 것이다. 문왕이 은나라 주왕紂王을 섬길 때다. 이런 까닭에 괘효사에는 위태로운 뜻이 포함되어 있다. 위태로움을 알면 사람들을 편안하게 하고 소홀히 여기면 사람들을 기울어져 망하게 한다. 그 속의 도는 매우 광대해서 온갖 사물이 버려지지 않는다. 시종 경계심을 가지는 것은 그 요지가 '허물이 없음'을 구하는 데 있으니, 이것을 『주역』의 도라고 한다.

易之興也, 其當殷之末世, 周之盛德邪? 當文王與紂之事邪? 是故其辭危. 危者使平, 易者使傾. 其道甚大, 百物不廢. 懼以終始, 其要无咎, 此之謂易之道也.

마왕두이본에는 없지만 마왕두이백서의 「요」 편에 보인다. 이 장은 세 번째로 『주역』의 연대를 거론한다. 『주역』의 작자는 『주역』이 흥기한 시기는 은나라 말기에 해당한다고 추측한다.

18. 건건곤순장乾健坤順章

건乾은 천하의 지극히 강건함을 상징하며, 덕행이 오래가면서 평이하며 험난함을 알 수 있다. 곤坤은 천하의 지극히 유순함을 상징하며, 덕행이 오래가면서 간략하며 막힘을 알 수 있다. 이러한 건과 곤의 덕행을 이해하면 마음을 즐겁게 하고 생각을 갈고 닦아주며 천하 만사의 길흉득실을 판정하고 천하 만물의 미묘한 것을 이루어준다. 이런 까닭에 『주역』의 변화규율에 따라 일을 행하는 것은 길한 일이 드러나게 하기 위함이며, 비유한 물상을 관찰하면 기물의 형성을 알 수 있고 현재의 일을 점치면 장래의 일을 알 수 있다. 천지가 강유존비剛柔尊卑의 위치를 두자 성인은 이에 따라 『주역』을 지어 쓰임을 널리 베풀었다. 이에 사람의 생각이 귀신의 생각과 통해 일반 백성들도 『주역』의 쓰임을 파악할 수 있었다. 팔괘는 괘형의 상징으로 이치를 드러내었고, 괘효사는 사물의 구체적인 상태를 취해 괘의 뜻을 말했다. 여섯 효의 음양 강유가 뒤섞여 각 자리에 위치하자 길흉의 도리를 드러낼 수 있었다. 각 효의 변동이 마땅한지 여부는 '이롭다'나 '불리하다'로 말하고 길흉의 결과는 사물의 상태에 따라 변한다. 이런 까닭에 아끼고 싫어하는 것이 서로 충돌하면서 길흉이 생겨나고, 호응과 친비親比의 취사가 마땅하지 않아서 후회와 인색함이 생겨나며, 진정과 허위로 느끼면서 이로움과 해로움이 생겨난다. 『주역』의 각 효의 상태가 서로 비근하지만 서로 얻지 못하면 흉하며, 혹 해로움을 당하니 후회가 있고 인색하다. 배반하려는 사람은 그 말이 부끄럽고 불안하며, 마음에 의혹이 있는 사람은 그 말이 어지러우며, 길한 사람의 말은 적으면서 순수하며, 초조한 사람의 말은 많고 번잡하며, 선량함을 가장한 사람은 그 말이 실하지 않고 겉돌며, 직무를 지키지 못한 사람은 그 말이 바르지 않다.

夫乾, 天下之至健也, 德行恒易以知險. 夫坤, 天下之至順也, 德行恒簡以知阻. 能說(悅)諸心, 能硏諸侯之慮, 定天下之吉凶, 成天下之亹亹者. 是故變化云爲, 吉事有祥. 象事知器, 占事知來. 天地設位, 聖人成能. 人謀鬼謀, 百姓與能. 八卦以象告, 爻彖以情言. 剛柔雜居(處), 而吉凶可見矣. 變動以利言, 吉凶以情遷. 是故愛惡相攻而吉凶生, 遠近相取而悔吝生, 情僞相感而利害生. 凡易之情, 近而不相得則凶, 或害之, 悔且吝. 將叛者其辭慙, 中心疑者其辭枝, 吉人之辭寡, 躁人之辭多, 誣善之人其辭游, 失其守者其辭屈.

이 장은 마왕두이본에 보인다.

『역전』7

문언文言

이전 사람들이 '문언文言'을 해석하는 데는 주로 세 가지 설이 있다.

하나는 '문왕'설로 『석문』에 인용된 양 무제梁武帝에 보이는데, "「문언」은 문왕이 지었다文言是文王所制"라는 설이다. 이런 설은 견강부회한 것이 분명하니 근본적으로 믿을 수가 없다.

다른 하나는 '문식文飾'설로 『석문』에 보이는데, "「문언」은 괘 아래에 문식한 말이며 공자의 십익十翼이다"라고 했으며, 공영달의 소에서 인용한 장씨莊氏의 설에서는 "문은 문식을 말하는데 건곤의 덕이 크기 때문에 특별히 문식해 「문언」을 지었다"라고 했다. 전자의 설은 「문언」을 십익에서 보편적으로 채용한 문체로 보았고, 후자의 설은 「문언」을 건괘와 곤괘에 대해서만 설명한 것으로 보았다.

나머지 하나는 '석경釋經', 곧 '경을 해석한 것'이라고 보는 설이다. 이 설은 공영달의 소에 보이며 전자의 설과 유사하지만, '문文'을 '문식'으로 풀이하는 데는 동의하지 않는다. 공영달은 이렇게 말했다. "지금 생각건대, 공자는 단지 역의 도를 밝히고 역의 이치를 거듭 설명했지 문식하고 꾸민 것은 아니다. 두 괘의 경문을 해석했기 때문에 「문언」이라고 부른다고 말해야 한다."

상술한 세 가지 설은 내 생각에는, 공영달의 소가 가장 진실에 가깝다. '문언'의 함의는 결코 복잡하지 않고, 단지 "경의 문장을 끌어와 그 뜻을 말한 것"에 불과하다. 이런 문체는 십익에 많이 있으니 결코 「문언」에만 국한되지 않는다. 다만 건괘와 곤괘는 『역』으로 들어가는 문에 해당하므로 이 편에서는 건괘와 곤괘만을 논하고 다른 괘는 언급하지 않은 것이다. 이 점이 다른 편과 다르다.

이 편에는 다음과 같은 사례辭例가 있다.

(1) "潛"之爲言也, 隱而未見, 行而未成, 是以君子"弗用"也.

(2) "亢"之爲言也, 知進而不知退, 知存而不知亡, 知得而不知喪.

(3) 易曰: "履霜, 堅冰至", 蓋言順也.

(4) 易曰: "括囊, 无咎无譽", 蓋言謹也.

이런 사례에서 볼 수 있듯이 '문언'이란 이런 체례體例를 가리키는 것이라 이해된다.

1. 건乾

1-1 괘를 논함 ①

'원元'은 뭇 선 중에서 어른이며, '형亨'은 아름다움이 모인 것이며, '이利'는 마땅함이 화목하게 어울리는 것이며, '정貞'은 일을 함에 근본이 되는 것이다. 군자는 인을 본체로 삼아 사람들의 어른이 될 수 있고, 아름다움이 모인 것을 찾으면 예와 부합하고, 다른 사물에 이로움을 베풀면 의와 부합하고, 바르고 굳은 절개를 견지하면 일을 잘 처리할 수 있

다. 군자는 이 네 가지 덕을 행하는 사람이기 때문에, "건괘는 처음이
며 형통하며 이로우며 바르고 굳다"라고 했다.

"元"者, 善之長也, "亨"者, 嘉之會也, "利"者, 義之和也, 貞者, 事之幹也. 君子體
仁足以長人, 嘉會足以合禮, 利物足以和義, 貞固足以幹事. 君子行此四德者, 故曰
"乾: 元亨利貞".

옛사람들이 '원형元亨'과 '이정利貞'을 네 글자로 쪼개어 읽은 것은 문자를
훈고한 것이 아니라 도덕을 발휘한 것이며, 옛사람들이 항상 말하는 '단장
취의斷章取義'에 속한다는 점에 주의해야 한다. 『좌전』 양공 9년 조목에 "원
元은 몸에서 가장 귀중한 곳이며, 형亨은 경사스러운 예식에서 주인과 빈객
이 만나는 것이며, 이利는 도의의 총화이며, 정貞은 일의 본체다. 인을 실현
하면 사람들을 이끌 수 있고, 좋은 만남은 예의를 조화롭게 할 수 있고,
만물에 유리하면 도의를 총괄할 수 있고, 본체가 공고하면 일을 잘 처리할
수 있다元, 體之長也, 亨, 嘉之會也, 利, 義之和也, 貞, 事之幹也. 體仁足以長人, 嘉會
足以合禮, 利物足以和義, 貞固足以幹事"라고 했는데, 곧 「문언」의 바탕이다.

1-2 효를 논함 ①

초구효사에서 "깊이 잠겨 나타나지 않는 용과 같으니 무슨 일이든지
하지 않는다潛龍勿用"라고 했는데, 무엇을 말하는가? 공자가 말했다.
"이것은 용과 같은 덕이 있으면서 은거하는 사람을 비유한 것이다. 혼
탁한 세상에 절개를 바꾸지 않으며, 공명에 연연하지 않으며, 세상을
떠나도 고민하지 않으며, 사람들에게 제대로 평가받지 못해도 고민하

지 않는다. 마음에 맞으면 실행하고 마음에 맞지 않으면 실행하지 않으며, 뜻이 확고해서 흔들 수 없으니 이것이 잠긴 용潛龍이다."

구이효사에서 "들에서 용을 본 것과 같으니 대인을 보는 것이 이롭다見龍在田, 利見大人"라고 했는데, 무엇을 말하는가? 공자가 말했다. "이것은 용과 같은 덕이 있으면서 중정한 사람을 비유한 것이다." 이런 사람은 평상시 말이 행해지고 평상시 행동이 신중하며 사악한 언행을 막아 진실됨을 유지하고, 세상에 선을 행해도 자랑하지 않아 덕이 넓어 천하를 감화시킬 수 있다. 『주역』에 "들에서 용을 본 것과 같으니, 대인을 보는 것이 이롭다"고 했으니, 군주의 덕을 말한다.

구삼효사에서 "군자는 쉼 없이 힘써서 종일 온힘을 다하고 밤에도 조심하니 위험이 있더라도 큰 근심은 없다君子終日乾乾, 夕惕若, 厲, 无咎"라고 했는데, 무엇을 말하는가? 공자가 말했다. "이것은 군자가 덕을 나아가게 하고 공업을 세우는 것을 비유한 것이다. 충성과 신의가 있으면 덕을 나아가게 할 수 있고 언사를 수식하되 성실함을 세우면 공업을 쌓을 수 있다. 도달해야 할 목표를 알고 실행하면 이런 사람과 사물의 징조를 같이 논할 수 있고 마쳐야 할 때를 알고 마치면 이런 사람과 사물의 마땅한 상태를 같이 보전할 수 있다. 이런 까닭에 윗자리에 있으나 교만하지 않고 아랫자리에 있으면서 근심하지 않는다. 그러므로 스스로 쉬지 않고 힘쓰고 때에 맞게 삼가고 조심하니 위태로워도 허물은 없다."

구사효사에서 "용이 깊은 못에 잠겼다가 때때로 물 위로 도약하는 것과 같아 역시 큰 근심은 없다或躍在淵, 无咎"라고 했는데, 무엇을 말하는가? 공자가 말했다. "이것은 현인이 일정하지 않게 올라가고 내려오는 것이 그릇된 생각에서 나온 것이 아니며, 일정하지 않게 나아가고 물러나는 것이 사람들을 벗어나지 않음을 비유한 것이다. 군자는 덕을 나아가게 하고 공업을 세우는 데 때를 놓치지 않으려고 하기 때문에 허물이 없다."

구오효사에서 "승천하는 용이 하늘에 있는 것과 같으니 대인을 보는 것이 이롭다飛龍在天, 利見大人"라고 했는데, 무엇을 말하는가? 공자가 말했다. "이것은 같은 소리는 서로 응하고 같은 기운은 서로 구하며, 물은 습한 곳으로 흐르고 불은 마른 곳으로 타들어가며, 구름은 용 울음소리에 따라 생겨나고 바람은 호랑이 포효 소리에 따라 생겨남을 비유한 것이다. 성인이 일어나 세상을 다스리면 만물의 본색이 모두 드러난다. 하늘을 근본으로 한 것은 위로 친하고, 땅을 근본으로 한 것은 아래로 친하니 각각 같은 부류를 따르면서 작용을 발휘한다."

상구효사에 말하기를 "용이 매우 높이 나는 것과 같으니 후회를 면치 못한다亢龍有悔"라고 했는데, 무엇을 말하는가? 공자가 말했다. "이것은 귀하지만 실제 지위는 없고, 높지만 다스릴 백성이 없으며, 현인이 아랫자리에 있지만 도움을 주지 못함을 비유한 것이다. 이 때문에 한번 경솔하게 움직이면 후회하는 일이 생기게 된다."

初九曰"潛龍勿用", 何謂也? 子曰: "龍, 德而隱者也. 不易乎世, 不成乎名, 遯世无悶, 不見是而无悶. 樂則行之, 憂則違之, 確乎其不可拔, 潛龍也."

九二曰"見龍在田, 利見大人", 何謂也? 子曰: "龍, 德而正中者也. 庸言之信, 庸行之謹, 閑邪存其誠, 善世而不伐, 德博而化. 易曰: '見龍在田, 利見大人' 君德也."

九三曰"君子終日乾乾, 夕惕若, 厲, 无咎", 何謂也? 子曰: "君子進德脩業. 忠信所以進德也, 修辭立其誠, 所以居業也. 知至至之, 可與幾也. 知終終之, 可與存義也. 是故居上位而不驕, 在下位而不憂, 故乾乾, 因其時而惕, 雖危无咎矣."

九四曰 "或躍在淵, 无咎", 何謂也? 子曰: "上下无常, 非爲邪也; 進退无恒, 非離群也. 君子進德修業, 欲及時也, 故无咎."

九五曰 "飛龍在天, 利見大人", 何謂也? 子曰: "同聲相應, 同氣相求. 水流濕, 火就燥, 雲從龍, 風從虎, 聖人作而萬物覩. 本乎天者親上, 本乎地者親下, 則各從其類也."

上九曰 "亢龍有悔", 何謂也? 子曰: "貴而无位, 高而无民, 賢人在下位而无輔, 是以動而有悔也."

이 절은 효를 나누어 해석한 것인데, 각 단락이 하나의 효에 대응하되 용구用九는 포함하지 않는다. 체례는 먼저 『역경』을 인용한 다음에 '자왈子曰'을 붙였으니 '자왈역운子曰易云'체에 속하며, 뒤에 나오는 체례와 다르다.

1-3 효를 논함 ②

"깊이 잠겨 나타나지 않는 용과 같으니 무슨 일이든지 하지 않는다"는 지위가 낮은 것을 말한다.

"들에서 용을 본 것과 같다"는 때가 펼쳐지는 것을 말한다.

"쉼 없이 힘써서 종일 온힘을 다한다"는 일을 실행하는 것을 말한다.

"용이 깊은 못에 잠겼다가 때때로 수면으로 도약하는 것과 같다"는 스스로 시험하는 것을 말한다.

"승천하는 용이 하늘에 있다"는 훌륭하게 다스려지는 것을 말한다.

"용이 매우 높이 나는 것과 같으니 후회를 면치 못한다"는 곤궁에서 비롯된 재앙을 말한다.

하늘이 처음의 덕이 있고 양이 모두 음으로 바뀌는 구九를 쓰는 것은 천하가 크게 다스려지는 것이 필연적 추세라는 것을 말한다.

"潛龍勿用", 下也.

"見龍在田", 時舍也.

"終日乾乾", 行事也.

"或躍在淵", 自試也.

"飛龍在天", 上治也.

"亢龍有悔", 窮之災也.

乾元"用九", 天下治也.

이 절은 효를 나누어 해석한 것으로, 각 단락은 각각의 효에 응하고 아울러 용구用九의 해석을 붙였다.

1-4 효를 논함 ③

"깊이 잠겨 나타나지 않는 용과 같으니 무슨 일이든지 하지 않는다"는 양기가 숨어서 드러나지 않는 것을 말한다.

"들에서 용을 본 것과 같다"는 천하가 문채 나서 밝은 것을 말한다.

"쉼 없이 힘써서 종일 온힘을 다한다"는 때에 따라 나아가는 것을 말한다.

"용이 깊은 못에 잠겼다가 때때로 수면으로 도약하는 것과 같다"는 천도가 변화해 바뀌는 것을 말한다.

"승천하는 용이 하늘에 있다"는 양기가 왕성함이 하늘의 지위에 있는 것을 말한다.

"용이 매우 높이 나는 것과 같으니 후회를 면치 못한다"는 때와 더불어 다하고 쇠락하는 것을 말한다.

하늘이 처음의 덕이 있고 양이 모두 음으로 바뀌는 구九를 쓰는 것은 하늘의 법칙을 구체적으로 드러낸 것이다.

"潛龍勿用", 陽氣潛藏.

"見龍在田", 天下文明.

"終日乾乾", 與時偕行.

"或躍在淵", 乾道乃革.

"飛龍在天", 乃位乎天德.

"亢龍有悔", 與時偕極.

乾元"用九", 乃見天則.

이 절은 효를 나누어 해석한 것으로, 각 단락은 각 효에 응하고 아울러 용구의 해석을 붙였다.

1-5 괘를 논함 ②, 아울러 단전을 논함

건괘의 원元이란 하늘의 덕은 만물을 처음 만들고 형통하게 하는 데 있음을 말한다. "이롭고 바르다"는 하늘이 내포하는 본성과 감정이다. 하늘은 처음에 아름다운 이로움으로 천하를 이롭게 하지만 베푸는 이로움에 대해 말하지 않는다. 이것은 지극히 큰 이로움이다. 위대한 하늘은 강건하고 중의 자리에 있으면서 바르며, 순하고 지극히 정밀하다.

건괘 여섯 효의 운동과 변화는 만물의 발전의 이치를 두루 통하게 하니, 계절에 따라 여섯 마리 용을 타고 하늘을 부리며 구름을 띄우고 비를 내려 천하를 태평하게 하는 것과 같다.

乾元者, 始而亨者也. 利貞者, 性情也. 乾始能以美利利天下, 不言所利, 大矣哉! 大哉乾乎, 剛健中正, 純粹精也. 六爻發揮, 旁通情也. 時乘六龍, 以御天也. 雲行雨施, 天下平也.

이 절은 먼저 괘를 해석하고 난 다음에 단전을 해석했다. '원형이정元亨利貞'을 네 글자로 읽지 않는 것은 앞의 내용과 다르다. '대재건호大哉乾乎'는 곧 「단전 상」 1의 '대재건원大哉乾元'이다. '육효발휘六爻發揮'는 곧 「단전 상」 1의 '육위시성六位時成'이다. '시승육룡 이어천야時乘六龍, 以御天也'는 곧 「단전 상」 1의 '시승육룡이어천時乘六龍以御天'이다. '운행우시雲行雨施'는 곧 「단전 상」 1의 '운행우시雲行雨施'다.

1-6 효를 논함 ④

군자가 덕을 이룸을 행동의 목표로 삼은 것은 매일 구체적으로 드러낼 수 있는 행위다. 초구효사에서 말하는 '잠潛'이란 숨어서 아직 드러나지 않고 행하나 아직 이루어지지 않았다는 뜻이다. 이 때문에 군자는 "무슨 일이든지 하지 않는다".

군자는 배움으로 지식을 쌓고, 물음으로 의문 나는 점을 해결하고, 관대함으로 적당한 지위에 있고, 어진 마음으로 실행한다. 『주역』에서 "들에서 용을 본 것과 같으니 대인을 보는 것이 이롭다"라고 했는데,

이런 대인은 인군의 덕을 지니고 있다.

구삼은 양강을 중첩시켰고 중의 자리도 아니며, 위로 하늘에 있지 않고 아래로 땅에 있지 않다. 그러므로 스스로 쉬지 않고 힘쓰고 때에 맞게 삼가고 조심하니 위태로워도 허물은 없다.

구사는 양강을 중첩시켰고 중의 자리도 아니며, 위로 하늘에 있지 않고 아래로 땅에 있지 않으며 가운데로 사람 사이에 있지도 않다. 그러므로 '혹'을 강조한다. '혹'을 강조한 것은 의심하여 염려스러운 바가 있어 자세히 살피기 때문에 "허물이 없다"는 것이다.

구오효사에서 말하는 '대인'은 천지와 그 덕을 합하고, 해와 달과 그 밝기를 합하고, 사계절과 그 차례를 합하고, 귀신과 길흉의 오묘함을 합한다. 하늘의 천문현상 앞에 일을 처리하나 하늘이 어기지 않고, 하늘의 천문현상 뒤에 일을 처리해도 하늘의 변화규율을 따를 수 있다. 하늘도 어기지 않는데 하물며 사람이겠는가? 하물며 귀신이겠는가?

상구효사에서 말하는 '항亢'은 사람이 나아갈 줄만 알고 물러날 줄 모르며, 보존할 줄만 알고 쇠망할 줄 모르며, 이로움을 얻을 줄만 알고 잃을 줄은 모르는 것이다. 오직 성인만이 밝고 지혜롭다. 나아가고 물러나며 보존하고 쇠망하는 도리를 알면서 행위가 바른 길을 잃지 않는 것은 오직 성인만이 그렇다.

君子以成德爲行, 日可見之行也. "潛"之爲言也, 隱而未見, 行而未成, 是以君子"弗用"也.

君子學以聚之, 問以辯之, 寬以居之, 仁以行之. 易曰: "見龍在田, 利見大人", 君德也.

九三重剛而不中, 上不在天, 下不在田, 故乾乾, 因其時而惕, 雖危无咎矣.

九四重剛而不中, 上不在天, 下不在田, 中不在人, 故"或"之. "或"之者, 疑之也, 故
"无咎".

夫"大人"者, 與天地合其德, 與日月合其明, 與四時合其序, 與鬼神合其吉凶, 先天
而天弗違, 後天而奉天時. 天且弗違, 而況於人乎? 況於鬼神乎?

"亢"之爲言也, 知進而不知退, 知存而不知亡, 知得而不知喪. 其唯聖人乎! 知進退
存亡而不失其正者, 其唯聖人乎!

이 절은 효를 나누어 해석한 것으로, 각 단락은 각 효에 응한다.

2. 곤坤

2-1 괘를 논함

곤은 지극히 유순하나 움직일 때는 강하며, 지극히 고요하나 그 덕이
사방에 널리 퍼진다. 사람들의 뒤에 있으면서 주인을 얻어 오래도록 복
을 누리며, 만물을 포용해 빛을 발한다. 곤의 도는 유순하니, 하늘의 뜻
을 이어받아 계절에 따라 운행한다. 선행을 쌓은 집안은 반드시 후대
에 복이 있고 불선을 쌓은 집안은 반드시 후대에 재앙이 있다. 신하가
인군을 죽이고 자식이 아비를 죽이는 일은 하루 아침의 일이 아니며 그
유래가 점차적으로 싹터왔으니 인군과 아비가 일찌감치 분별하지 못
했기 때문이다.

坤至柔而動也剛, 至靜而德方, 後得主而有常, 含萬物而化光. 坤道其順乎, 承天而
時行. 積善之家必有餘慶, 積不善之家必有餘殃. 臣弑其君, 子弑其父, 非一朝一

夕之故, 其所由來者漸矣, 由辨之不早辨也.

곤은 부드러움柔이고, 고요함靜이며, 순함順이다.

2-2 효를 논함

『주역』에 말하기를 "얇은 서리를 밟으니 삼 척 두꺼운 얼음이 얼 날이 머지않았다"라고 했는데, 드러나지 않는 악행이 일정한 방향을 따라 발전함을 말한다.

'직直'은 품성이 순정한 것을 말하고, '방方'은 행위가 마땅함을 말한다. 군자는 경敬으로 마음을 곧게 하고 의로써 바깥을 바르게 한다. 경과 의가 서면 덕은 외롭지 않다. "곧고 네모 반듯하고 끝없이 광활하니 대지의 상이다. 계속해서 점칠 필요 없으며, 이롭지 않은 바가 없다"는 행하는 바를 의심할 필요가 없음을 말한다.

음유하면서 아랫자리에 있는 자가 아름다운 덕이 있더라도 머금고 드러내지 않으며, 왕의 일을 행하면서 감히 공을 자신의 것으로 하지 않는다. 이것은 땅의 도이며, 아내의 도이며, 신하의 도인 것이니, 땅의 도는 공을 자신의 것으로 하지 않고 하늘을 대신해 일을 끝까지 마친다.

천지가 변화함에 초목이 번식하고 천지가 닫힘에 현인은 숨는다.『주역』에 "자루 주둥이를 묶은 것처럼 한마디도 하지 않으니 비난도 없고 과찬도 없다"라고 한 것은 조심스럽게 세상을 살아가는 도리를 말한다.

군자의 아름다운 바탕은 황색의 중화와 문리에 통달한 것과 같으니 바른 자리에 거처해야 아름다움이 마음에 있어서 사지로 흘러 사업에 발휘된다. 이것이 아름다움의 지극함이다.

음이 양과 비슷해지면 반드시 싸운다. 『역』을 지은 사람은 독자들이 곤괘에 양이 없다고 의심할까 봐 효사에 '용龍'이라고 말해 양을 나타냈다. 또 음은 그 짝인 양을 떠난 적이 없기 때문에 효사에 '피血'를 말해 음양의 화합을 말했다. 피 색깔이 검고 누렇다는 것은 천지음양의 피가 섞여 있을 것을 말한다. 하늘은 검고 땅은 누렇다.

易曰: "履霜, 堅冰至" 蓋言順也.

"直"其正也, "方"其義也. 君子敬以直內, 義以方外, 敬義立而德不孤. "直,方,大, 不習无不利", 則不疑其所行也.

陰雖有美, "含"之以從王事, 弗敢成也. 地道也, 妻道也, 臣道也, 地道無成而代有終也.

天地變化, 草木蕃. 天地閉, 賢人隱. 易曰: "括囊, 无咎无譽", 蓋言謹也.

君子黃中通理, 正位居體, 美在其中而暢於四支(肢), 發於事業, 美之至也.

陰疑於陽必戰, 爲其嫌於无陽也, 故稱"龍"焉. 猶未離其類也, 故稱"血"焉. 夫玄黃者, 天地之雜也, 天玄而地黃.

이 절은 효를 나누어 해석한 것으로, 각 단락은 각 효에 응한다.

설괘說掛

『역전』에서 8괘로 천지만물과 사방팔위, 음양사시를 짝짓는 데는 한 세트의 코드가 필요하다. 「설괘」는 바로 『역경』의 '암호책'으로, 8괘의 각 괘가 무엇을 가리키는지가 이 편에, 특히 마지막 8장에 보인다.[1] 옛사람들은 이 '암호책'이 있어서 조물주에게 전보를 치고 또 받을 수도 있었다.

「설괘」의 '괘卦'는 주로 8괘다. 괘에는 경괘經卦와 별괘別卦의 구분이 있는데(『주례』「춘관·대복」), 경괘인 8개는 삼효괘이고 별괘인 64개는 육효괘다. 64괘 가운데 8경괘를 중첩한 괘도 육효괘인데, 이전 사람들은 이를 순괘純卦라고 불렀다. 순괘도 8개다.

여기서는 이 편을 세 부분으로 나눈다. 첫 번째 부분은 역괘의 구성 원리를 설명하는데, 모두 2장으로 이루어진다. 두 번째와 세 번째 부분은 8괘가 가리키는 의미를 설명하는데, 점을 종합적으로 서술하는 내용이 모두 8장, 점을 나누어 설명하는 내용이 모두 8장이다.

『역전』은 『역경』을 음양오행화하고 있는데, 그중에서도 이 편이 대표적

1_ 이전 사람들은 한나라 역에서 논하는 것 중에 이 편에 보이지 않는 '상象'을 '일상逸象'이라고 불렀다. 상빙허의 책은 이 '일상'에 대해 설명하는 것이 특징이다.

이다.

1. 역괘의 원리

1-1 시수괘효장蓍數卦爻章

옛날에 성인이 『주역』을 지을 때 신명으로부터 도움을 받아 시초점을
만들고 하늘의 수 '삼三'과 땅의 수 '양兩'을 취해 기수와 우수의 상징을
세웠으며, 천지음양의 변화규율을 관찰해 괘의 모양을 만들었으며, 강
효와 유효를 발휘해 효의 변화를 낳았으며, 그런 다음에 도덕을 순조롭
게 만들어 마땅한 방법으로 다스리고, 오묘한 이치와 만물의 성질을 궁
구해 천지의 변화규율을 훤히 알게 되었다.

昔者聖人之作易也, 幽贊於神明而生蓍, 參(三)天兩地而倚數, 觀變於陰陽而立卦,
發揮於剛柔而生爻, 和順於道德而理於義, 窮理盡性以至於命.

마왕두이백서 「충」 편에 보이는데 '생시生蓍'는 '생점生占'으로 되어 있다. 산
가지蓍와 수數, 괘, 효는 8괘를 구성하는 4대 요소다. '생시' 구절은 신과 인
간을 소통시키기 위해서 시초로 점복하는 것을 발명했음을 말한다. '의수
倚數' 구절은 산가지를 세어 수를 이루고 천지를 모방하니 비로소 하늘의
수天數(홀수)와 땅의 수地數(짝수)가 생긴 것을 말한다. '입괘立卦' 구절은 수
의 변화를 관찰해 홀수와 짝수로 음양을 정하니 비로소 괘형卦形이 생긴
것을 말한다. '생효生爻' 구절은 양효는 강剛이 되고 음효는 유柔가 되어 음
양으로 강유를 미루어나가 비로소 효변爻變이 생긴 것을 말한다. 마지막

두 구절은 곧 뒤의 육획성괘장에서 말하는 '순성명지리順性命之理(만물의 성질과 천지의 변화규율에 따른다)'와 '입인지도 왈인여의立人之道, 曰仁與義(사람의 도를 세워 인과 의라고 한다)'다. 여기에는 두 가지 토론할 점이 있는데, 첫 번째는 '삼(삼)천양지이의수參(三)天兩地而倚數'가 무슨 의미냐는 것이다. 이와 관련해서는 설이 분분한데,[2] 내가 이해하기로는 「계사 상」 16의 "나누어 둘로 만들어 천지 양의를 상징하고, 그 가운데서 하나를 뽑아 걸어서 천지인 삼재를 상징하는分而爲二以象兩, 掛一以象三" 것도 아니고, 다음 장의 "3획 괘 속의 천지인의 상징을 합하고 2개씩 중첩한兼三才而兩之" 것도 아니며, 바로 천수와 지수를 가리킨다. 다시 말해 '삼천參(三)天'은 천수를, '양지兩地'는 지수를 가리킨다. 두 번째는 '괘'가 왜 '효' 앞에 서술되어 있느냐는 점이다. 내가 이해하기로는, 여기서의 '입괘立卦'는 괘형을 세우는 것을 가리키고, '생효生爻'는 효변을 낳는 것을 가리키는 것이지, 결코 먼저 괘가 생기고 나중에 효가 생겼다는 말은 아니다.

1-2 육획성괘장六畫成卦章

옛날에 성인이 『주역』을 지었을 때 만물의 성질과 천지의 변화규율

2_ 마융, 정현, 왕숙은 '천수지수'설을 주장해 '삼參'은 천수로 1, 3, 5를 가리키고, '양兩'은 지수로 2, 4를 가리킨다고 했다(공영달의 소에 인용). 한강백은 '대연지수'를 주장해 '參'은 7, 9이고 '兩'은 6, 8이라고 했다. 두 설은 모두 '參'과 '兩'으로 홀수와 짝수를 가리키는데, 차이점은 전자는 '參'과 '兩'을 일반적인 지칭인 천수와 지수로 간주한 반면에 후자는 '參'과 '兩'은 산가지를 세어 얻은 것으로 오로지 7, 8, 9, 10을 가리킨다고 간주한 데 있다. 공영달의 말에 따르면, 이 구절에서 말한 내용은 "산가지를 뽑는 방법 이후이며 괘형을 만들기 이전"에 해당하니 한강백의 설이 옳다고 봐야 한다. 한강백이 말한 내용은 사실 생수와 성수에 속하며(뒤의 성언호간장成言乎艮章에서 상세히 서술) 천지와는 무관하다.

에 순하게 합하려고 했다. 이 때문에 하늘의 도를 세워 '음'과 '양'이라고 했으며, 땅의 도를 세워 '유'와 '강'이라고 했으며, 사람의 도를 세워 '인'과 '의'라고 했다. 3획의 괘 속에 천지인의 상징을 합하고 2개씩 중첩하기 때문에 『역』을 지은 사람은 6획으로 하나의 괘를 형성했다. 음과 양으로 나누고 유효柔爻와 강효剛爻를 바꿔가며 사용하기 때문에 『주역』의 괘체는 여섯 자리를 갖추어야 뚜렷한 이치를 이룬다.

昔者聖人之作易也, 將以順性命之理. 是以立天之道, 曰陰與陽, 立地之道, 曰柔與剛, 立人之道, 曰仁與義. 兼三才而兩之, 故易六畫而成卦. 分陰分陽, 迭用柔剛, 故易六位而成章.

마왕두이백서의 「충」편에 보인다. 앞의 시수괘효장에서는 주로 경괘經卦에 대해 말했고, 이 장에서는 주로 별괘別卦에 대해 말한다. "『역』은 6획으로 괘를 이룬다易六畫而成卦"와 "『역』은 여섯 자리를 갖추어야 뚜렷한 이치를 이룬다易六位而成章"는 모두 별괘에 대해 말한 것이다. 경괘는 세 효만 있고, 별괘에서 비로소 여섯 효가 있다. 별괘의 구성 원리는 매우 간단해서 "3획의 괘 속에 천지인의 상징을 합하고 2개씩 중첩시킨다兼三才而兩之". '삼三'은 단괘單卦로 세 효만 있고, '양兩'은 중괘重卦로 여섯 효를 포함한다. 「계사 하」 18에도 이 구절이 있는데, "『주역』이라는 책은 도리가 넓고 크며 두루 갖추고 있으니 하늘의 도리, 사람의 도리, 땅의 도리를 품고 있다. 3획의 괘 속에 천지인의 상징을 합하고 2개씩 중첩시키기 때문에 6획괘가 된다. 6획괘는 다른 뜻이 있는 것이 아니라 천지인 삼재의 도를 상징한다易之爲書也, 廣大悉備. 有天道焉, 有人道焉, 有地道焉. 兼三才而兩之, 故六. 六者非它也, 三材之道也"라고 했다.

2. 팔괘 총론

2-1 천지정위장天地定位章(『주역』 괘의 차례)

천지가 자리를 정하고, 산과 못은 기운을 통하고, 우레와 바람은 서로 응하고, 물과 불은 서로 버리지 않으니, 팔괘는 이처럼 대립 통일하면서 서로 뒤섞여 있다. 이런 대립 통일의 규율을 알고서 과거의 일을 알고자 하면 순하게 알 수 있고 미래의 일을 알고자 하면 역으로 알 수가 있다. 이 때문에 『주역』의 중요한 역할은 미래의 일을 역으로 헤아리는 것이다.

天地定位, 山澤通氣, 雷風相薄(迫), 水火(不)相射, 八卦相錯. 數往者順, 知來者逆, 是故易逆數也.

이 장과 뒤의 2-2, 2-3은 『주역』과 『귀장』 그리고 『연산』의 괘의 차례에 대해 말한다. 『주역』 「춘관·대복」에 "(대복)은 삼역三易의 점법을 담당하니 하나는 『연산』이고 또 하나는 『귀장』이며, 나머지 하나는 『주역』이다. 그중에 경괘는 모두 8개이고, 별괘는 모두 64개다"라고 했다. 여기서는 먼저 『주역』에 대해 말하겠다. '천지정위天地定位'는 건과 곤으로 먼저 남과 북을 정한 것이다. 남북의 자리가 정해지면 나머지 여섯 방위는 미루어 정할 수 있다. '산택통기山澤通氣'는 간艮과 태兌로 서북과 동남을 정한 것이다. '뇌풍상박雷風相薄'은 진震과 손巽으로 동북과 서남을 정한 것이다. '수화불상사水火不相射'는 마왕두이백서의 「충」 편에 근거하면 여기서 '불不'은 연문이다. '수화상사水火相射'는 이離와 감坎으로 동과 서를 정한 것이다. 이런 괘의 차례는 '하늘天'을 으뜸으로 치니 송나라 유자들은 '선천괘서先天卦序'라고 불렀으며, 아울러 이것을 『낙서洛書』라고 여겼다(「계사 상」 19에 보임). 이 '선천 괘서'는 천수와 지수를 나누어 다섯 자리에 배치하고 2와 8은 자리를 바꾸고 교차시켜 만든 것으로, 일종의 매직스퀘어(가로, 세로, 사선 방향의 세 수를 서로 더하면 모두 15가 되는 것)와 같다.3 2×5=10에서 2를 강조하는데, 곧 2개씩 상대하게 하고 다섯 조로 나누었다. 다음 문장에서 서술한 팔괘는 대부분 건/곤(이정二正이 상대), 진震/손巽(이우二隅는 사선으로 상대), 감坎/이離(二正이 상대), 간艮/태兌(二隅는 사선으로 상대)로 순서를 배열하니 여기서 말하는 것과는 조금 다르다. 금본 『주역』이 건/곤(二正이 상대), 감/이(二正이 상대), 진/간(二隅가 횡으로 연결), 손/태(二隅가 횡으로 연결)로 순서를 배열한 것도 다르지만, 이들은 큰 분류에서는 동일한 것에 속한다. 『주역』은 건괘를 처음으로 삼는다.

2-2 곤이장지장坤以藏之章(『귀장』 괘의 차례)

우레는 만물을 움직이며, 바람은 흩트리며, 비는 윤택하게 하며, 해는 따뜻하게 하며, 간은 그치게 하며, 태는 기쁘게 하며, 건은 군주가 되며, 곤은 저장한다.

雷以動之, 風以散之, 雨以潤之, 日以烜之, 艮以止之, 兌以說(悅)之, 乾以君之, 坤以藏之.

3_ 리링, 『중국방술정고』, 중화서국, 2006, 120~121쪽 참고. 10개의 숫자는 5개 2조로 조성되어 2×5=10이 되는데, 2를 더욱 강조한다.

이 장은 『귀장』에 대해 말한다.4 '뇌이동지雷以動之'에서 우레雷는 진震의 상이며, 동動은 진동시키는 것을 가리킨다. '풍이산지風以散之'에서 바람風은 손巽의 상이며, 산散은 흩뿌리는 것을 가리킨다. '우이윤지雨以潤之'에서 비雨는 물이니 물은 감坎의 상이며, 윤潤은 윤택함을 가리킨다. '일이훤지日以烜之'에서 해日는 이離의 상이며, 훤烜은 햇볕에 말리는 것을 가리킨다. '간이지지艮以止之'에서 '한限'자는 간艮을 따르며 艮에는 그치다의 뜻이 있다. '태이열지兌以說之'에서 태兌는 곧 說이 따르는 바이며, 說은 '열悅'로 읽는다. '건이군지乾以君之'에 관해서는 아래의 3-1 건위천장乾爲天章에서 "(건)은 군주(乾)爲君"라고 했는데, 군주는 건乾의 상이다. '곤이장지坤以藏之'에서 곤坤은 땅이니, 곧 만물이 돌아가서 저장되는 장소다. 여기서는 진/손, 감/이, 간/태, 건/곤의 차례로 하여 순서를 뒤집어 놓았으며, 마지막에 곤으로 귀결시킨 것은 '귀장歸藏'의 뜻과 일치한다. 『귀장』은 곤괘를 처음 괘로 한다.

2-3 성언호간장成言乎艮章(『연산』 괘의 차례)

원기로 인해 만물은 진震에서 나오고, 손巽에서 질서 있게 생장하고, 이離에서 분분히 나타나고, 곤坤에서 힘써 일하고, 태兌에서 성숙해 기뻐하고, 건乾에서 싸우고, 감坎에서 저장되고, 간艮에서 이루며 새로 시작한다. 만물이 진에서 나오는 것은 진이 동쪽을 상징하기 때문이다. 손에서 질서 있게 생장하는 것은 손이 동남쪽을 상징하기 때문이며, 질

4_ 마국한馬國翰, 『옥함산방집일서玉函山房輯佚書』, 상하이고적출판사, 1980, 제1책, 31~43쪽 참고.

서 있게 생장한다는 것은 만물의 생장이 정결하고 가지런하다는 것을 말한다. 이離는 광명을 상징하며, 만물이 모두 왕성하면서 밝게 드러나니 남방을 대표하는 괘다. 성인이 남쪽을 향해 앉아서 천하의 정사를 듣고 밝은 곳을 향해 천하를 다스린 것은 대개 이 괘의 상징을 취한 것이다. 곤은 땅을 상징하며, 만물이 모두 땅에서 길러지므로 "곤에서 힘써 일한다"고 한 것이다. 태는 중추仲秋를 상징하며, 만물이 이때에 성숙해 기뻐하므로 "태에서 성숙해 기뻐한다"고 한 것이다. 건에서 싸운다는 것은 건괘가 서북쪽을 상징하는 괘이며, 음양이 여기서 서로 들어가서 응하는 것을 말한다. 감은 물을 상징하며, 정북쪽을 나타내는 괘이면서 또 구덩이를 나타내는 괘이기도 하다. 만물이 수고로우면 반드시 돌아가서 쉬기 때문에 "감에서 저장된다"고 한 것이다. 간은 동북쪽을 상징하는 괘이며, 만물이 여기서 그 마지막을 이루고 다시 시작하므로 "간에서 이루며 새로 시작한다"고 한 것이다.

帝出乎震, 齊乎巽, 相見乎離, 致役乎坤, 說(悅)言乎兌, 戰乎乾, 勞(牢)乎坎, 成言乎艮. 萬物出乎震, 震, 東方也. 齊乎巽, 巽, 東南也. 齊也者, 言萬物之絜齊也. 離也者, 明也, 萬物皆相見, 南方之卦也. 聖人南面而聽天下, 嚮明而治, 蓋取諸此也. 坤也者, 地也, 萬物皆致養焉, 故曰致役乎坤. 兌, 正秋也, 萬物之所說也, 故曰說言乎兌. 戰乎乾, 乾, 西北之卦也, 言陰陽相薄也. 坎者水也, 正北方之卦也, 勞(牢)卦也, 萬物之所歸也, 故曰勞(牢)乎坎. 艮, 東北之卦也. 萬物之所成終而所成始也, 故曰成言乎艮.

이 장은 『연산』에 대해 말한다.5 '연산連山'은 곧 간艮을 중첩한 것이다. 『연산』은 『주역』이나 『귀장』과 다르다. 『주역』과 『귀장』은 천지로 자리를 정한 반면, 『연산』은 오행으로 자리를 정했다. 『연산』은 팔괘를 사방과 팔위와 짝지어 진은 동쪽, 손은 동남쪽, 이離는 남쪽, 곤은 서남쪽, 태는 서쪽, 건은 서북쪽, 감은 북쪽, 간은 동북쪽에 배속시켰다. 원문에는 사계절과 12달에 대해 전면적으로 말하지 않았지만 "태는 중추를 상징한다兌, 正秋也"는 구절에서 사계절 및 12달과 대응관계가 있음을 알 수 있다. 이러한 관계는 진은 중춘仲春, 손은 계춘季春과 맹하孟夏의 사이, 이는 중하仲夏, 곤은 계하季夏와 맹추孟秋의 사이, 태는 중추仲秋, 건은 계추季秋와 맹동孟冬 사이, 감은 중동仲冬, 간은 계동季冬과 맹춘孟春의 사이에 짝지은 것이다. 이런 괘의 차례는 곧 한역괘기설漢易卦氣說의 근본이며, 송나라 유학자들은 '후천괘서後天卦序'라고 칭하고 아울러 이것을 『하도河圖』(「계사 상」 19에 보임)라고 여겼다. 『연산』은 생수生數와 성수成數를 다섯 자리에 나누어 위치시키고 교차시켜 만들었다.6 2×5=10에서 강조하는 숫자는 5다. 고대 중국에서는 10개의 숫자를 나누는 방법이 두 가지가 있었는데, 하나는 홀수와 짝수로 나누어 천수와 지수로 사용했고, 다른 하나는 앞뒤로 나누어 생수와 성수로 사용했다. 천수와 지수는 「계사 상」 16과 18에 보이는데 앞에서 이미 설명했다. 생수와 성수는 오행과 짝짓는다. 『예기』 「월령」에서는 봄을 나무와 짝짓는데 그 수는 8이며, 여름을 불과 짝짓는데 그 수는 7이며, 중앙을 흙土과 짝짓는데 그 수는 5이며, 가을을 쇠金와 짝짓는데 그 수는 7이며, 겨울을 물水과 짝짓는데 그 수는 9다. 정현의 주석에서 이렇게 짝지은 수는

5_ 마국한, 『옥함산방집일서』, 제1책, 23~31쪽 참조. '제출호진帝出乎震'으로 시작되는 8구절은 마국한이 간보의 『주례주』와 나필羅泌의 『노사路史』 「발휘發揮」에 근거해 『연산』의 일문으로 정한 것이다. 상빙허도 이 설을 주장하는데, 그의 저서 『주역상씨학』(중화서국, 1980, 324쪽)에 보인다.

6_ 리링, 『중국방술정고』, 121~123쪽 참고.

"천지의 생물生物과 성물成物을 돕는 오행의 차례"라고 설명했다. 공영달의 소에서는 1, 2, 3, 4, 5는 생수이고, 6, 7, 8, 9, 10은 성수라고 했다. 오행은 팔괘와 짝지어 진과 손은 나무木, 이離는 불火, 곤은 흙土, 건과 태는 쇠金, 감은 물水, 간은 흙土과 짝지었다. '제출호진帝出乎震'은 천제天帝의 운행이 진에서 시작됨을 말한다. '제호손齊乎巽'은 만물이 손에서 구비됨을 말한다. '제齊'는 원문에서 '결제絜齊'로 풀이했는데, '絜齊'는 가지런하다는 뜻이다. '상현호리相見乎離'는 양陽이 이離에서 성한 것을 가리킨다. 이離는 밝음明이므로 '서로 드러난다相見'고 한 것이다. '치역호곤致役乎坤'은 만물이 곤에게 순종함을 가리킨다. 곤은 땅이고 순함이며, 땅은 만물을 기르기 때문에 만물이 곤에게 순종하는 것이다. '열언호태說言乎兌'에서 태兌는 說이고 說은 '悅열'로 읽는다. '전호건戰乎乾'은 음양이 서로 싸우는 것을 가리킨다. '노호감勞乎坎'에서 '노勞'는 뇌牢로 독해하는데, 깊이 파인 구덩이로 물이 흘러 돌아가고 만물이 저장되는 것을 가리킨다. '성언호간成言乎艮'은 오행의 순환이 간에서 마치는 것을 가리킨다. 간艮은 지止이고, 止에는 마친다는 뜻이 있다. 옛사람들은 천지가 만물을 낳고 만물을 이룬다고 생각했다. 『연산』에서 강조하는 것은 만물의 생성이다.

2-4 신묘만물장神妙萬物章

신묘함이란 만물을 신묘하게 낳고 기르는 것을 말한다. 만물을 움직이는 데는 우레보다 빠른 것이 없으며, 만물을 휘게 만드는 데는 바람보다 빠른 것이 없으며, 만물을 말리는 데는 불보다 뜨거운 것이 없으며, 만물을 기쁘게 하는 데는 못澤보다 나은 것이 없으며, 만물을 윤택하게 하는 데는 물보다 나은 것이 없으며, 만물을 이루고 새로 시작하는 데는 간艮보다 성한 것이 없다. 그러므로 물과 불이 서로 미치고 우레와 바람이 서로 어기며, 산과 못이 기운을 통한 다음에 변화해 만물을 이룰 수 있다.

神也者, 妙萬物而爲言者也. 動萬物者莫疾乎雷, 橈萬物者莫疾乎風, 燥萬物者莫熯乎火, 說(悅)萬物者莫說(悅)乎澤, 潤萬物者莫潤乎水, 終萬物始萬物者莫盛乎艮. 故水火相逮, 雷風(不)相悖, 山澤通氣, 然後能變化, 旣成萬物也.

여기서는 여섯 괘에 대해서만 말해 이離 다음에 곤이 빠져 있고, 태兌 다음에 건이 빠져 있지만 나머지는 2-3과 같으니 응당 후천괘의 차례에 속한다. "신묘함이란 만물을 신묘하게 낳고 기르는 것을 말한다神也者, 妙萬物而爲言者也"고 했는데, 여기서는 만물에 대해서만 말하고 천지는 말하지 않았으며, 다음 구절에는 모두 '만물萬物'이라는 글자가 생략되어 있다. "만물을 움직이는 데는 우레보다 빠른 것이 없다動萬物者莫疾乎雷"에서 우레雷는 진震의 상이고, 진은 움직임動으로 풀이한다. "만물을 휘게 만드는 데는 바람보다 빠른 것이 없다橈萬物者莫疾乎風"에서 바람風은 손의 상이고, '요橈'는 사물을 휘게 만드는 것을 뜻한다. "만물을 말리는 데는 불보다 뜨거운 것이 없다燥萬物者莫熯乎火"에서 불火은 이離의 상이고, 한熯은 불이 사물을 마르게 하는 것을 가리킨다. "만물을 기쁘게 하는 데는 못보다 나은 것이 없다說萬物者莫說乎澤"에서 못澤은 태의 상이고, 說은 '悅열'로 읽는다. "만물을 윤택하게 하는 데는 물보다 나은 것이 없다潤萬物者莫潤乎水"에서 물水은 감의 상이다. "만물을 이루고 새로 시작하는 데는 간보다 성한 것이 없다終萬物始萬物者莫盛乎艮"에서 간艮은 그침止으로 풀이하니, 옛것을 마치고 새로운 것을 시작하는 것이다.

2-5 팔괘지의장八卦之義章

건은 굳셈, 곤은 순함, 진은 움직임, 손은 들어감, 감은 빠짐, 이는 붙음, 간은 그침, 태는 기쁨을 나타낸다.

乾, 健也. 坤, 順也. 震, 動也. 巽, 入也. 坎, 陷也. 離, 麗也. 艮, 止也. 兌, 說也.

2-5, 2-6, 2-7, 2-8은 모두 건/곤, 진/손, 감/이, 간/태를 차례로 삼는다. 이런 차례는 4개의 양괘를 4개의 음괘에 짝지은 것이니 선천괘의 차례에 속한다. 뒤에 나오는 세 번째 부분도 이런 차례에 따라 설명한다. 여기서의 해석은 대부분 「단전」과 같고 손과 감만 조금 다르다. 「단사」의 훈고체례는 건은 굳셈健, 곤은 순함順, 진은 움직임動, 손은 손순함('遜巽'으로 읽음), 감은 험함險, 이는 밝음明 또는 붙음麗, 간은 그침止, 태는 기쁨說('悅열'로 읽음)으로 풀이한다. '손은 들어감巽, 入也'에서 '巽'은 遜으로 읽는다. 遜에는 양보한다는 뜻이 있고, 입入에도 물러난다는 뜻이 있다. 『주례』 「하관·대사마」의 "북을 울려 남쪽에서 북쪽으로 퇴각할 것을 명한다乃鼓退"는 구절에 대해 정현은 "전투를 익히는 예는 들고 나는 것이 동일하다習戰之禮 出入一也"라고 주석했고, 손이양孫詒讓의 『주례정의周禮正義』에서는 "나가는 것을 진進이라 하고, 들어오는 것을 퇴退라고 한다"라고 풀이했다. "감은 빠짐"이라고 했는데, 감은 깊은 구덩이를 말하니 본래 빠진다는 뜻이 있다.

2-6 육축배괘장六畜配卦章

건은 말, 곤은 소, 진은 용, 손은 닭, 감은 돼지, 이는 꿩, 간은 개, 태는
양을 상징한다.

乾爲馬, 坤爲牛, 震爲龍, 巽爲雞, 坎爲豕, 離爲雉, 艮爲狗, 兌爲羊.

이 장은 육축을 팔괘와 짝지은 것이다. 육축은 8이라는 수에 못 미치기
때문에 용과 꿩 두 종류를 더했다. '진은 용이다震爲龍'라고 했는데, 진은 사
계절의 봄春에 해당하고 봄에 용성龍星이 처음으로 나타나니 속칭 "용이
고개를 든다"고 한다. '진은 용이다震爲龍'는 뒤에 나오는 3-3의 진위뇌장震
爲雷章에도 보인다. '치雉'는 꿩을 말한다.

2-7 인체배괘장人體配卦章

건은 머리, 곤은 배, 진은 발, 손은 넓적다리, 감은 귀, 이는 눈, 간은
손, 태는 입을 상징한다.

乾爲首, 坤爲腹, 震爲足, 巽爲股, 坎爲耳, 離爲目, 艮爲手, 兌爲口.

이 장은 인체를 8괘와 짝지었다.

2-8 건곤육자장乾坤六子章

건을 하늘을 상징하기 때문에 아버지라고 부른다. 곤은 땅을 상징하
기 때문에 어머니라고 부른다. 진은 음양이 첫 번째로 서로 구해서 아

들을 얻었기 때문에 장남이라고 한다. 손은 첫 번째로 서로 구해서 딸을 얻었기 때문에 장녀라고 한다. 감은 두 번째로 서로 구해서 아들을 얻었기 때문에 중남中男이라고 한다. 이는 두 번째로 서로 구해서 딸을 얻었기 때문에 중녀中女라고 한다. 간은 세 번째로 서로 구해서 아들을 얻었기 때문에 소남少男이라고 한다. 태는 세 번째로 서로 구해서 딸을 얻었기 때문에 소녀少女라고 한다.

乾, 天也, 故稱乎父. 坤, 地也, 故稱乎母. 震一索而得男, 故謂之長男. 巽一索而得女, 故謂之長女. 坎再索而得男, 故謂之中男. 離再索而得女, 故謂之中女. 艮三索而得男, 故謂之少男. 兌三索而得女, 故謂之少女.

건은 아버지가 되고 곤은 어머니가 되며, 진은 장남이 되고 손은 장녀가 되며, 감은 중남이 되고 이는 중녀가 되며, 간은 소남이 되고 태는 소녀가 된다. 이것이 바로 '건곤육자乾坤六子'설이다. '색索'에 대해 마융은 세다數로 풀이하고(『석문』에 인용), 왕숙은 구하다求로 풀이했는데(『석문』에 인용) 모두 이치에 그다지 맞지 않는다. 여기서는 응당 주효主爻가 있는 위치를 가리킨다. 여기서 8괘는 양사괘를 음사괘와 짝지은 것이다. 양괘는 양효를 위주로 하고 음괘는 음효를 위주로 한다. '진일색이득남震一索而得男'은 진괘의 첫 번째 효가 양이 됨을 가리키고, '손일색이득녀巽一索而得女'는 손괘의 첫 번째 효가 음이 됨을 가리킨다. '감재색이득남坎再索而得男'은 감괘의 두 번째 효가 양이 됨을 가리키고, '이재색이득녀離再索而得女'는 이괘의 두 번째 효가 음이 됨을 가리킨다. '간삼색이득남艮三索而得男'은 간괘의 세 번째 효가 양이 됨을 가리키고, '태삼색이득녀兌三索而得女'는 태괘의 세 번째 효가 음이 됨을 가리킨다.

3. 팔괘 각론

3-1 건위천장乾爲天章

건은 하늘, 둥근 것, 군주, 아버지, 옥, 금, 추위, 얼음, 진홍색, 좋은 말, 늙은 말, 마른 말, 얼룩말, 나무 열매를 상징한다.

乾爲天, 爲圜, 爲君, 爲父, 爲玉, 爲金, 爲寒, 爲冰, 爲大赤, 爲良馬, 爲老馬, 爲瘠馬, 爲駁馬, 爲木果.

여기서의 괘의 차례도 선천괘의 차례에 속하며, 이하 동일하다. 옛사람들은 하늘은 둥글고 땅은 모나다고 여겼는데, 여기서 '환圜'은 하늘이 둥글다는 것을 가리킨다. '군君'과 '부父'는 한 나라의 군주와 한 집안의 주인이니 모두 남성이다. '옥玉'과 '금金'은 돌 중에 귀한 것으로 성질이 강하다. '대적大赤'을 우번은 태양으로 보았다(『주역집해』에 인용). 앞의 2-6에서 "건은 말을 상징한다乾爲馬"고 했는데, 여기서는 네 종류의 말을 언급하면서 암말은 포함시키지 않았다. '척마瘠馬'는 마른 말이다. '박마駁馬'는 얼룩말(여러 가지 색깔이 섞인 말)이다. '목과木果'는 목본식물의 열매이며 씨가 있다.

3-2 곤위지장坤爲地章

곤은 땅, 어머니, 베, 솥, 인색함, 고른 것, 새끼 소와 어미 소, 큰 수레, 문채 나는 것, 많은 것, 초목의 줄기를 상징한다. 땅에 있어서는 검은색 토양을 상징한다.

坤爲地, 爲母, 爲布, 爲釜, 爲吝嗇, 爲均, 爲子母牛, 爲大輿, 爲文, 爲衆, 爲柄. 其於地也, 爲黑.

'포布'에 대해서는 두 가지 해석이 있다. 하나는 포백布帛의 포인데, 이때 포는 마직품麻織品으로 사직품絲織品과 구별된다. 다른 하나는 천포泉布의 포로 화폐布幣7를 가리킨다. 중국 고대의 화폐는 삽錢이나 괭이鏄(두 종류의 농기구)를 모방했다. 여기서는 후자를 취했다.8 '부釜'도 두 가지 해석이 있다. 하나는 취사 도구로 한나라 때 유행했는데, 초기에는 알려지지 않았다. 다른 하나는 '斧부'로 독해하는데, 역시 화폐를 가리키는 것으로 바로 여旅괘 구사九의 '자부資斧'에 해당한다. '인색吝嗇'과 '균均' 역시 상업과 관계가 있다. '자모우子母牛'는 새끼 소와 어미 소를 말하는데, 앞의 2-6에서 "곤은 소를 상징한다坤爲牛"고 했다. '대여大輿'에 대해서는 옛사람들은 하늘은 둥근 것이 수레 덮개車蓋(수레 차체 위의 일산)와 비슷하며, 땅은 모난 것이 수레 차체車輿(일산 밑의 수레 차체)와 비슷하다고 생각했다. 옛사람들은 늘 수레를 땅에 비유해 '여지輿地'나 '여도輿圖' 같은 호칭이 생겼는데, 그 원인은 수레가 모난 모양이기 때문이다. 예를 들어 『회남자』 「원도原道」에서는 하늘을 수레 덮개(수레의 일산), 땅을 수레 차체, 사계절을 말로 보고, 음양은 말을 부리는 사람으로 보았다. '문文'은 질質과 상대되는 말이다. '중衆'은 백성으로, 군君과 상대된다. '병柄'은 식물의 줄기 부분을 가리키는 것 같다. '기어지야, 위흑其於地也, 爲黑'은 검은 토양을 가리킨다.

7_ 고대의 부삽 모양의 화폐.—옮긴이

8_ 황시취안黃錫全, 『선진화폐통론先進貨幣通論』, 자금성출판사, 2001, 81쪽.

3-3 진위뇌장震爲雷章

진은 우레, 용, 검정과 누런색이 섞인 것, 꽃, 큰길, 장자長子, 급한 것, 어리고 푸른 대나무, 억새와 갈대를 상징한다. 말에 있어서는 잘 우는 말, 무릎 위가 흰 말, 앞 오른발이 흰 말, 이마가 흰 말을 상징한다. 곡식에 있어서는 뿌리 열매를 상징한다. 지극해지면 굳세지며, 만물이 소생하는 것을 상징한다.

震爲雷, 爲龍, 爲玄黃, 爲旉(花), 爲大塗, 爲長子, 爲決(趹)躁, 爲蒼筤竹, 爲萑葦. 其於馬也, 爲善鳴, 爲馵足, 爲作足, 爲的顙. 其於稼也, 爲反生. 其究爲健, 爲蕃鮮.

고대에 용龍을 따르는 글자는 방尨을 따르는 글자와 종종 서로 통용되었으며, 용의 간체자인 龙자는 '尨방'자에서 왔다. 진震이 용을 상징한다는 것은 앞의 2-6과 같다. 앞의 2-6의 '龍'은 동물이지 색깔이 아니며 여기서도 일치하지만, 정현과 우번은 해석을 달리해 색깔을 설로 삼았다. 정현의 주석은 "용龍은 방尨으로 읽으며, 해가 뜰 때 색깔이 물드는 것을 취했다"(『한상역전漢上易傳』에 인용)라고 풀이해 색깔이 섞인 것을 설로 삼았다. 우번은 "방駹은 흑황색蒼色이며 진震은 동쪽이므로 방駹이 되어 옛날에 용龍으로 읽었지만, 위에서 이미 용으로 된 것은 잘못이다"(『주역집해』에 인용)라고 풀이해 흑황색을 설로 삼았는데,9 아마도 다음 문장에서 색깔에 대해 말하기 때문에 유추해서 언급했을 것이다. '현황玄黃'은 앞의 2-3에서는 진괘를 동쪽과 짝짓고 동쪽의 색깔을 흑황색으로 풀이했다. 흑색과 황색이 섞여 있는 것이 바로 창색蒼色이다. '부旉'는 꽃을 가리킨다. 간보의 주석에서는

9_ 尨은 털색이 섞여 있는 개나 흑황색 개다. 駹은 털색이 섞여 있는 말이나 흑황색 말이다.

"꽃花의 통칭으로 꽃모양으로 펼쳐놓은 것을 부敷라고 한다"(『석문』에 인용)라고 풀이했는데, 부旉는 방모어부滂母魚部의 글자이며 화花는 갑모어부匣母魚部의 글자로 고음이 서로 가깝다.[10] '대도大塗'에서 도塗는 '途도'와 같고 큰 길을 가리키는데, 뒤에 나오는 3-7의 '작은 길徑路'과 반대된다. '장자長子'는 앞의 2-8에서 말한 '장남長男'이다. '결조決躁'의 두 글자는 모두 빠르다疾는 뜻이 있다. '決'은 '駃결'과 같고 말이 급히 달린다는 뜻인데, 바로 지금의 쾌快자에 해당하며, '趹결'이나 '趹결'로 쓰기도 한다. '조躁'도 빠르게 달린다는 뜻이다. 진震은 맹렬한 우레이기 때문에 이런 뜻이 있다. '창랑죽蒼筤竹'에 대해서는 『구가역九家易』에 "창랑蒼筤은 청색"(『주역집해』에 인용)이라고 풀이했다. '환위萑葦'는 각각의 모양은 비슷하지만 다른 두 종류의 식물이다. 환萑은 지금의 명칭은 적荻, Triarrhena sacchariflora이며, 처음 났을 때는 담菼이라 부르고, 꽃이 피고 열매가 맺히기 전에는 난薍이라 부르며, 꽃이 피고 열매가 맺힌 후에는 환萑 또는 적荻이라고 부른다. 위葦의 지금 명칭은 노위蘆葦, Phragmites communis인데, 처음 났을 때는 가葭라고 부르고, 꽃이 피고 열매가 맺히기 전에는 겸蒹 또는 노蘆라고 부르며, 꽃이 피고 열매가 맺힌 후에는 위葦라고 부른다. '기어마야其於馬也'는 말에 대해 살펴보는 것이다. 이어서 네 종류의 말을 언급하는데 '잘 우는 것善鳴'을 제외하면 대부분 흰색과 관계가 있다. '주족馵足'은 흰 다리를 가진 말이다. 『이아』 「석축」에 8종류의 흰 다리를 가진 말을 언급했는데, 무릎 윗부분이 모두 흰 것, 무릎 아랫부분이 모두 흰 것, 두 앞발이 흰 것, 두 뒷발이 흰 것, 오른쪽 앞

10_ 부旉와 전尃을 옛사람들은 매번 섞어서 사용했다. '旉'는 정현본과 우번본, 요적본에 '尃'으로 되어 있으며(『석문』에 인용), 『주역집해』도 같다.

발이 흰 것, 왼쪽 앞발이 흰 것, 오른쪽 뒷발이 흰 것, 왼쪽 뒷발이 흰 것 등이다. 그중에 첫 번째 종류의 말인 '무릎 윗부분이 모두 흰' 말을 '주騜'라고 부르며, 마지막 종류인 '좌백左白(왼쪽 뒷발이 흰 것을 가리킴)' 말도 '주'라고 부른다. '작족作足'의 '작作'은 시작한다는 뜻이 있으며, 아마도 이 8종류의 흰 다리를 가진 말 가운데 다섯 번째 말, 곧 '오른쪽 앞발이 흰 계啓'를 말하는 것 같다. '적상的顙'은 이마가 흰 말을 가리킨다. '기어가야其於稼也'는 농작물에 대해 살피는 것이다. '반생反生'은 뿌리줄기가 열매가 되는 것으로, 열매가 땅속에서 자라는 식물을 가리킨다. '기구위건其究爲健'의 '구究'는 지극하다極로 풀이하고, '건健'은 괘명이니 3-4에 나오는 '기구위조괘其究爲躁卦'와 같다. 건乾, 진震, 감坎, 태兌의 네 양괘에서 건은 순양으로 양괘가 지극하므로 '기구위건'이라고 한 것이다. '번선蕃鮮'은 봄에 우레가 칩거한 동물들을 깨워 만물이 소생하기 때문에 '번선'이라고 한 것이다. 선천도先天圖에서 진震은 동쪽의 괘에 속하는데, 동쪽은 흑황색이나 청색을 바른 색正色으로 하며 백색은 반대 방향의 색깔이다.

3-4 손위목장巽爲木章

손은 나무, 바람, 장녀, 먹줄, 기술이 뛰어난 것, 흰색, 긴 것, 높은 것, 나아가고 물러나는 것, 과단성이 없는 것, 냄새를 상징한다. 사람에게 있어서는 머리숱이 적은 것, 이마가 넓은 것, 눈에 흰자위가 많은 것, 이익에 가까워 시장에서 세 배의 이익을 얻는 것을 상징하며, 이 괘는 지극하면 조급한 괘가 된다.

巽爲木, 爲風, 爲長女, 爲繩直, 爲工, 爲白, 爲長, 爲高, 爲進退, 爲不果, 爲臭.

其於人也, 爲寡髮, 爲廣顙, 爲多白眼, 爲近利市三倍, 其究爲躁卦.

"손은 나무, 바람巽爲木, 爲風"으로 풀이하는 방식은 「단사」의 훈고 체례와 같다. '장녀長女'는 앞의 2-8에 보인다. '승직繩直'은 목공 일과 관계가 있다. '공工'은 목수를 가리키는 것 같다. '백白'은 서쪽이나 서남쪽의 색깔이다. 선천도에서 손巽은 동남쪽의 괘에 속한다. 동남쪽의 괘는 흑황색이나 청색을 바른 색으로 하고 흰색은 반대 방향의 색깔이다. '진퇴進退'는 손巽괘의 초륙효에 "군인이 진퇴를 묻는 점에 이롭다"고 했는데, 군대의 일과 관계가 있다. '불과不果'는 주저하며 결정하지 못하는 것을 말하며, 군대의 일과도 관계가 있다. 손巽은 '遜손'으로 읽을 수 있는데 자신을 낮추고 물러난다는 뜻이 있다. '취臭'는 냄새다. 냄새가 바람을 따라 퍼지는 것이다. '기어인야其於人也'는 얼굴을 관찰하는 것에 대해 말한다. '과발寡髮'은 머리카락이 드문드문 난 것을 말한다. '광상廣顙'은 이마가 넓은 것이다. '다백안多白眼'은 눈동자가 흰색이 많고 검은색이 적은 것이다. 『설문해자』 「목부目部」에 "판販은 눈에 흰자위가 많은 것이다"라고 풀이했다. '근리시삼배近利市三倍'는 장사를 해서 3배 가까이 이득을 본다는 뜻이다. '기구위조괘其究爲躁卦'에서 조躁는 빠르다는 뜻으로 풀이한다. 손巽은 바람風인데, 앞의 2-4에서 "만물을 휘게 만드는 데는 바람보다 빠른 것이 없다橈萬物者莫疾乎風"라고 했고, 『손자』 「군쟁」 편에서는 "빠르기가 바람과 같다其疾如風"라고 했다.

3-5 감위수장坎爲水章

감은 물, 웅덩이나 도랑, 숨고 엎드려 있는 것, 곧은 것을 휘는 것, 활이나 수레바퀴를 상징한다. 사람에게 있어서는 걱정이 깊은 병, 마음의 병, 귓병, 피를 나타내는 괘, 적색을 상징한다. 말에 있어서는 등이 좋은 말, 초조한 말, 머리를 아래로 숙이는 말, 발굽으로 자주 땅을 차는 말, 수레를 끄는 말을 상징한다. 수레에 있어서는 어려움이 많은 수레, 막힘없이 잘 통하는 것, 달, 도적을 상징한다. 나무에 있어서는 단단하면서 오래된 것을 상징한다.

坎爲水, 爲溝瀆, 爲隱伏. 爲矯輮, 爲弓輪. 其於人也, 爲加憂, 爲心病, 爲耳痛. 爲血卦, 爲赤. 其於馬也, 爲美脊, 爲亟心, 爲下首, 爲薄蹄, 爲曳. 其於輿也, 爲多眚, 爲通. 爲月, 爲盜. 其於木也, 爲堅多心.

'구독溝瀆'은 감坎이 물이고 물의 성질은 지극히 부드러워 도랑을 따라 흘러갈 수 있음을 나타낸다. '은복隱伏'은 감坎이 구덩이이므로 몸을 숨기고 엎드릴 수 있다는 것이다. '교유矯輮'는 곧은 물건을 굽게 변화시키는 것이다. '궁륜弓輪'에서 궁시弓矢의 궁弓과 거륜車輪의 륜輪은 모두 곧은 것을 휘게 만드는 방법으로 만든 것이다. '기어인야其於人也'는 병을 진찰하는 일에 대해 말한다. '가우加憂'와 '심병心病' 그리고 '이통耳痛'은 모두 병이다. '피를 나타내는 괘血卦'라고 했는데, 피는 물처럼 흐르고 그 색깔이 붉기 때문에 감괘는 혈괘血卦가 되는 것이다. '적赤'은 남쪽 또는 서남쪽의 색깔이다. 감괘는 흑색을 바른 색으로 한다. 적색은 반대 방향의 색이다. '기어마야其於馬也'는 말을 살펴 말한 것이다. '미척美脊'은 말의 등뼈가 훌륭한 것을 말한다. '극심亟心'에 대해서는 자세히 알 수 없다. '하수下首'는 머리를 숙이는 것이다. '예曳'는 수레를 끄는 것이다. '기어여야其於輿也'는 수레를 살펴 말한 것이다. '다생多眚'은 재앙이 많은 것이다. '통通'은 막힘없이 통하는 것이다.

'달月'은 곧 감坎이고, 해는 이離다. '도盜'는 '숨고 엎드리는 것隱伏'과 관계가 있다. '기어목야其於木也'는 나무를 살펴 말한 것이다. '견다심堅多心'은 목재가 견고하고 나이테가 많은 것을 가리키는 것으로 생각된다.

3-6 이위화장離爲火章

이離는 불, 해, 번개, 중녀, 갑옷, 무기를 상징한다. 사람에게 있어서는 크게 부른 배, 건조한 괘, 자라, 게, 소라, 조개, 거북을 상징한다. 나무에 있어서는 줄기의 속이 비고 윗부분은 마른 것을 상징한다.

離爲火, 爲日, 爲電, 爲中女, 爲甲冑, 爲戈兵. 其於人也, 爲大腹. 爲乾卦. 爲鼈, 爲蟹, 爲蠃(螺), 爲蚌, 爲龜. 其於木也, 爲科(棵)上槁.

'불火'과 '해日', '번개電'의 공통점은 밝다는 것이다. '중녀中女'는 앞의 2-8에 보인다. 이離괘는 감괘와 상반되니 2개의 양이 하나의 음을 끼고 있으며, 밖은 강하면서 안은 부드러우며, 밖은 차 있으면서 안은 비어 있다. '갑주甲冑'와 '과병戈兵'은 모두 몸을 보호하는 물건으로 바로 여기서 취한 것이다. '대복大腹'도 안이 비어 있는 것이다. '건괘乾卦'라고 한 것은 이離는 불이며, 건조한 것을 특징으로 하는 괘이기 때문이다. 앞의 2-4에서 "만물을 말리는 데는 불보다 뜨거운 것이 없다燥萬物者莫熯乎火"라고 했다. '자라鼈' '게蟹' '소라蠃' '조개蚌' '거북龜'은 모두 딱딱한 껍질을 가진 동물로, 옛사람들은 개충介蟲이라 불렀다. '과상고科上槁'에서 '과科'는 '棵과'로 읽으며, 뜨거운 열로 나무의 줄기 윗부분이 말라버린 것을 가리킨다.

3-7 간위산장艮爲山章

간은 산, 작은 길, 작은 돌, 높이 솟은 문, 나무 열매와 풀 열매, 혼인과 시인, 손가락, 개, 쥐, 검은 주둥이의 날짐승과 들짐승을 상징한다. 나무에 있어서는 단단하고 마디가 많은 나무를 상징한다.

艮爲山, 爲徑路, 爲小石, 爲門闕, 爲果蓏, 爲閽寺, 爲指, 爲狗, 爲鼠, 爲黔喙之屬. 其於木也, 爲堅多節.

'경로徑路'은 작은 길로 앞의 3-3에서 언급한 '큰길大塗(途)'과 구별된다. 정현은 주석에서 "밭 사이의 길을 경로徑路라고 한다. 간艮이 작은 길이 되는 것은 산속의 사슴이나 토끼가 다니는 길을 취한 것이다"라고 하고, 우번은 "간艮은 산속의 작은 길이 된다. 진震의 양陽이 초효初爻에 있으면 큰길이 된다. 간의 양陽은 작기 때문에 작은 길이 된다"라고 하여 모두 산속의 작은 길로 풀이했다. '소석小石'도 산과 관계가 있다. 왕필의 주석에서는 '양괘의 작은 것'으로 풀이했고, 육적의 주석에서는 '강괘剛卦의 작은 것'으로 풀이했다(『주역집해』에 인용). '문궐門闕'과 관련해서는, 간괘는 양 하나가 위에 있고 음 2개가 아래에 있으니 위는 차 있고 아래는 비어 있어 문을 상징하고, 중첩된 괘重卦는 2개의 작은 산이 되니 높은 문闕을 상징한다.[11] '과라果蓏'는 앞의 3-1에서 언급한 '목과木果'와는 다르다. 목과는 복숭아나 오얏 같은 과일로 나무에서 자라는 데 비해, 과라는 주로 땅 표면에서 자라는 박과의 각종 오이를 가리킨다.[12] '혼시閽寺'는 혼인閽人과 시인寺人을 줄인 말

11_ 우번의 주석에서는 "건乾은 문이고 간艮의 양이 문밖에 있기 때문에 문궐門闕이 된다. 2개의 작은 산은 궐闕의 상이다"라고 풀이했다(『주역집해』에 인용).

인데, 둘 다 궁궐의 문을 지키는 사람들로 앞의 '문궐門闕'과 관계가 있다. '지指'는 『역경』에서는 '무拇'라고 칭하는데, 함괘의 초륙효와 해괘의 구사효에 보인다. 간艮은 그침止으로 풀이하는데, 止는 곧 옛날의 '趾지'자이며, 발과 발가락을 아울러 가리킨다. '구狗'에 관해서는 앞의 2-6에서 "간은 개가 된다艮爲狗"라고 했다.[13] '검훼黔喙'는 날짐승과 들짐승의 주둥이를 모두 훼喙라고 부를 수 있는데, 여기서는 검은색 주둥이를 가진 날짐승과 들짐승을 가리킨다. 마융은 이리나 승냥이로 보았고(『주역집해』에 인용), 정현은 호랑이나 표범으로 보았는데(『석문』에 인용), 이는 이리나 승냥이, 호랑이나 표범이 모두 산림에 서식하기 때문이다. 사실은 검은색 주둥이는 아마도 날짐승을 가리킬 것이다. '견다절堅多節'은 손가락이나 발가락과 비슷하고 단단하면서 마디가 많은 나무를 가리키는데 대나무는 아니다. 간艮은 '艱간'으로 풀이할 수 있는데, 견堅과 해음諧音(독음이 같거나 비슷함)이며 또 제한限의 뜻이 있으니 '견다절堅多節'과 일치한다. 『이아』 「석초草」에서는 대나무를 풀로 보고 나무木라 칭하지 않았다.

3-8 태위택장兌爲澤章

태는 못, 소녀, 무녀, 혀, 상하고 부러지는 것, 넘어지고 벌어지는 것을

12_ 왕필의 주석에서 "나무 열매는 과果가 되고, 풀 열매는 나蓏가 된다"라고 했으며, 송충宋衷의 주석에서는 "나무 열매를 과果라 하고 풀 열매를 나蓏라고 한다"(『주역집해』에 인용)라고 풀이했다.

13_ 『주역집해』는 우번의 주석에 근거해 '狗'를 '狗'로 고쳤다. 앞 문장에 이미 '狗'가 있기 때문에 여기서는 '狗'가 되어서는 안 된다고 여긴 것인데 이치에 맞지 않다. 여기서도 '狗'로 쓰는 것이 옳다.

상징한다. 땅에 있어서는 단단하고 척박한 땅, 첩, 양을 상징한다.

兌爲澤, 爲少女, 爲巫, 爲口舌, 爲毀折, 爲附(卟)決. 其於地也, 爲剛鹵. 爲妾, 爲羊.

'소녀少女'는 앞의 2-8에 보인다. '무巫'는 여자 무당이다. 남자 무당과 여자 무당을 모두 무巫라고 부를 수 있다. 하지만 성별로 구분하면 여자 무당은 무巫, 남자 무당은 격覡이라 부른다. '구설口舌'과 관련해서는 앞의 2-7에서 '태는 입이 된다兌爲口'라고 했다. 태兌는 '說설'로 읽을 수 있기 때문에 혀가 된다. '훼절毀折'에 관해서는, 兌는 '銳예'로 읽을 수 있으며 銳는 견고하고 날카로워 상하기 쉽고 부러지기 쉽다. '부결附決'은 '복결卟決'로 읽어야 할 것 같다. 복卟은 기울어지고 전도되는 것이며, 결決은 벌어지고 찢어지는 것이니 '훼절毀折'과 비슷하다.[14] '기어지야其於地也'는 땅을 살펴 말한 것이다. '강로剛鹵'에서 강剛은 땅이 덩어리가 지고 단단한 것이며, 로鹵는 땅에 소금기가 있는 것이다. '첩妾'은 신분이 비교적 낮은 여성이다. '양羊'에 대해서는 앞의 2-6에서 "태는 양이 된다兌爲羊"라고 했다.

[14]_ 공영달의 소에서는 "兌는 가을을 주관하며 가을에 물건이 성숙함을 취한다. 볏짚 종류는 상하고 부러지며, 나무 열매와 풀 열매 종류는 넘어지고 찢어진다"라고 풀이해 '훼절毀折'을 볏짚이 잘리거나 부러지는 것으로 보고, '부결附決'을 오이가 익어 꼭지가 떨어지는 것으로 보았다.

부록: 괘상분류표

분류	건	곤	진	손
팔괘의 상	하늘, 추위, 얼음, 옥, 금	땅, 토양, 흑색	우레	나무, 바람
팔괘의 이명				조급한 괘
초목	나무 열매	초목의 줄기	꽃, 어리고 푸른 대나무, 억새와 갈대	
조수충어			용	
육축	말: 좋은말, 늙은 말, 마른 말, 얼룩 말	소: 새끼 소와 어미 소	말: 잘 우는 말, 무릎 위가 흰 말, 오른쪽 앞발이 흰 말, 이마가 흰 말	닭
몸	머리	배	발	넓적다리·사람, 머리숱이 적은 것, 이마가 넓은 것, 눈에 흰자위가 많은 것
집	아버지	어머니	장자 혹은 장남	장녀
나라	군주	많은 백성		공인
농사		보관하기	농사: 뿌리열매, 굳센 것, 만물이 소생하는 것	
공교	둥근 것, 진홍색	큰 수레, 문채	흑황색	먹줄, 흰 색, 긴 것, 높은 것
화식		베, 솥, 인색함, 고른 것		이익에 가까워 시장에서 세 배의 이익을 얻는 것
교통			큰길	
군사				나아가고 물러나는 것, 과단성이 없는 것
기타			급한 것	냄새

분류	감	이	간	태
팔괘의 상	비, 물, 도랑, 달	불, 해, 번개	산, 작은 돌	못, 토양: 덩어리가 지고 소금기 있는 땅
팔괘의 이명	피를 나타내는 괘	건조한 괘		
초목	나무: 단단하고 오래된 것	나무: 줄기의 속이 비고 윗부분은 마른 것	풀, 나무 열매, 나무: 단단하고 마디가 많은 것	
조수충어		꿩, 자라, 게, 소라, 조개, 거북	쥐, 검은 주둥이의 날짐승과 들짐승	
육축	돼지, 말: 등이 좋은 말, 초조한 말, 머리를 아래로 숙이는 말, 발굽으로 자주 땅을 차는 말, 수레를 끄는 말		개	양
몸	귀, 사람, 걱정이 깊은 병, 마음의 병, 귓병	눈, 사람, 크게 부른 배	손, 손가락	입, 혀
집	중남	중녀	소남	소녀
나라	도둑		혼인과 시인	무당, 첩
농사				
공교	활이나 수레바퀴, 곧은 것을 휘는 것, 적색	갑옷, 무기	높은 문	
화식				
교통	어려움이 많은 수레, 막힘없이 잘 통하는 것		작은 길	
군사				
기타	숨고 엎드려 있는 것			상하고 부러지는 것, 넘어지고 벌어지는 것

서괘序卦

『역전』의 마지막 두 편은 『역경』 64괘의 목록인데, 각 괘는 모두 괘명과 간단한 해석으로 구성되어 있다.

『역경』 64괘는 금본에서는 둘씩 짝을 지어 배열되어 있다. 여기서 짝을 이루는 각각의 두 괘는 왜 서로 가깝거나 상반되는지, 또 어떻게 앞의 짝에서 다음 짝으로 넘어가는지, 「서괘」에는 자체의 논리가 있다. 하지만 이런 해석들이 반드시 합리적인 것은 아니다.

「서괘」 전체는 32개의 절로 나뉘는데, 1~15절은 상경, 16~32절은 하경을 이룬다.

상경

1. 천지가 있은 다음에 만물이 생겨난다.

有天地, 然後萬物生焉.

'유천지有天地'는 건과 곤 두 괘를 가리킨다. 이 두 괘는 팔순괘八純卦에 속할 뿐 아니라 팔순괘의 첫 번째 짝이다. "연후만물생언然後萬物生焉"은 천지가 만물을 낳는 것을 가리킨다. 다음의 두 괘는 만물의 시작에 대해 말한다.

2. 처음 천지를 채운 것은 오직 만물뿐이었기 때문에 둔屯괘로 받았다. 둔은 음양의 낳고 기르는 기운이 가득 찬 것을 나타낸다. 둔은 사물이 처음 생겨나는 것을 의미한다. 사물이 처음 생기면 반드시 몽매하기 때문에 몽蒙괘로 받았다. 몽은 몽매함을 나타내며, 사물이 아직 어리다는 것을 의미한다.

盈天地之間者唯萬物, 故受之以屯. 屯者, 盈也. 屯者, 物之始生也. 物生必蒙, 故受之以蒙. 蒙者, 蒙也, 物之穉也.

"영천지지간자유만물盈天地之間者唯萬物"은 만물이 천지 사이에 가득 찬 것을 가리킨다. '수受'는 승承과 같은 말로 '이어받는다'는 뜻이며, 어떤 괘가 다른 어떤 괘를 이어받는 것을 가리킨다. 이것은 앞과 뒤가 이어진다는 말이며, 이하 동일하다. '둔자 영야屯者, 盈也'에서 '둔屯'에는 세 가지 뜻이 있는데(경經의 둔괘 주석에서 자세히 설명했다), 이 뜻은 그중의 하나다. '영盈'은 '가득 차다'로 풀이하니, '둔屯'을 '둔囤돈'으로 본 것이다. 둔屯과 몽 두 괘는 모두 만물의 시작에 대해 말한다. '屯'은 '만물이 처음 생긴' 것이고, '蒙'은 '만물이 어린' 것이다. '몽자 몽야蒙者, 蒙也'라고 한 것은 '본자위훈本字爲訓(본래의 글자로 뜻풀이함)'이라 부른다. '본자위훈'은 '역자위훈易字爲訓(글자를 바꾸어 뜻풀이함)'과 차이가 있으니,[1] 본래의 글자대로 읽는 것은 통가자通假字나 동의자同義字에 따라 해석하지 않는다. 당연히 이른바 '본 글자本字'는 단지 뜻풀이를 하는 사람이 당시에 이해한 '본 글자'일 뿐이며, 당시의 서사書寫 습관이나 독서 습관에서 가장 통용되고 가장 표준적인 용법이라고 해서 반드시 고문자 학자가 이해하는 고문자 최초의 필법이나 독법은 아닌 것이다. 이런 예는 드문 편이다. 고대의 훈고 방법은 주로 '역자위훈'으로 독음이 같거나 비슷한 글자(통가자나 음훈자)도 포함하고, 의의가 같거나 비슷한 글자(동의환독자同義換讀字나 의훈자義訓字)도 포함한다. 예를 들어 『이아』나 『소이아小爾雅』 『석명』 『광아』를 비롯해 역대의 전주傳注에서는 모두 '역자위훈'이 가장 많다. 하지만 '본자위훈'도 매우 중요하다. 뒤에 나오는 몽괘와 비比괘, 박괘의 세 괘도 「서괘」에서는 이런 방식으로 해석하니 참고할 만하다.

3. 사물이 어리면 기르지 않을 수 없기 때문에 수需괘로 받았다. 수는 음식을 대접하는 도道다. 음식에는 반드시 다툼이 있으므로 송訟괘로 받았다.

物稺不可不養也, 故受之以需. 需者, 飮食之道也. 飮食必有訟, 故受之以訟.

앞의 문장에서는 만물이 처음 났을 때는 아직 어리고 여려서 먹을 것을

1_ 고광기顧廣圻의 『석명약례釋名略例』는 『석명』의 예를 10종류로 분류하는데, 그 가운데 네 번째인 '본자이역자本字而易字'가 이 종류에 속한다. 양수다의 『석명신약례』는 『석명』의 음훈의 예를 3종류 9가지로 분류하는데, 그 가운데 첫 번째를 '본자위훈'이라 부른 것도 이 종류를 가리킨다. 고광기의 『고천리집顧千里集』(왕신푸王欣夫 편, 중화서국, 2007, 84~85쪽)과 양수다의 『적미거소학금석논총積微居小學金石論叢』(과학출판사, 1955, 233~234쪽) 참고. 이런 예는 아직도 많다. 예를 들어 『맹자』 「등문공 상」의 "철은 통한다는 뜻이다徹者, 徹也"는 비교적 이른 시기의 예다.

달라고 우는 아이와 같으므로 반드시 길러주는 바가 있어야 한다고 말한다. "수자 음식지도야需者, 飮食之道也"에서 '수需'는 '젖乳'으로 본다(경의 수괘 주석에 자세히 설명했다). 수需괘와 송괘가 무슨 관계인지 원문을 통해서는 알 수 없는데, 여기서 하나의 해석을 제시해본다. "음식필유송飮食必有訟"은 인류가 생존의 필요에서 출발해 다른 사람의 밥그릇을 빼앗기 위해서는 충돌을 피하기 어려워 늘 다투고 소송한다는 것을 말한다.

4. 다툼은 반드시 많은 사람이 일어나는 바가 있기 때문에 사師괘로 받았다. 사는 사람이 많다는 뜻이다. 사람들이 많을 때는 반드시 가까이 하는 바가 있기 때문에 비比괘로 받았다. 비는 가까이하고 도와준다는 뜻이다.

訟必有衆起, 故受之以師. 師者, 衆也. 衆必有所比, 故受之以比. 比者, 比也.

여기서는 충돌이 확대되어 입을 쓰는 데서 손을 쓰는 데로 발전해 군대를 동원하고 전쟁을 일으키는 까닭에 사괘는 앞의 송괘를 이어받는다고 말한다. '사師'는 군대다. 「서괘」를 지은 사람은 군대는 '사람들衆'이며 '사람들'을 조직하는 것은 '가까이하고 돕는 것比'에 기대어야 한다고 말한다. '비比'는 '친하게 붙는다'는 뜻으로 위아래가 마음을 같이하고 힘을 모으는 것이다. 이와 같은 해석은 매우 합리적인 것 같다. 다만 비괘의 '比'는 내정內政과 외교外交에 대해 말한 것이지 군사에 대해 말한 것은 아니다. 여기서 "비는 가까이하고 도와준다比者, 比也"는 의미로 '동자위훈同字爲訓(같은 글자로 뜻풀이함)'에 속한다. 뒤에 나올 "박은 다 떨어진다는 뜻이다剝者, 剝也"가 같은 예다.

5. 서로 가까이하고 돕는 것에는 반드시 쌓이는 바가 있기 때문에 소축
小畜괘로 받았다. 사물이 쌓인 다음에 예절이 있어야 하기 때문에 이履
괘로 받았다.

比必有所畜, 故受之以小畜. 物畜然後有禮, 故受之以履.

비比는 친하게 붙는다는 뜻이며, 친하게 붙는 것은 백성들에게 은혜를
베푸는 데 달려 있다. 소축은 백성들에게 은혜를 베푸는 것에 대해 말한
다. 나라에는 반드시 쌓는 바가 있어야 백성들에게 은혜를 베풀 수가 있
다. 이것이 앞의 두 구절에서 말하는 내용이다. 뒤의 두 구절은 의식이 충
분해야 예의를 입에 올릴 수 있다고 말한다. 『설문해자』「시부示部」에 "예는
밟고 행한다는 뜻이다禮, 履也"라고 했는데, 옛사람들은 늘 이履를 예禮로
풀이해 실천을 강조했다.

6. 예에 따라 조심스럽게 다녀서 통한 다음에 만사가 평안해지기 때문
에 태泰괘로 받았다. 태는 평안하고 형통하다는 뜻이다. 사물은 끝까지
통할 수 없기 때문에 비否괘로 받았다.

履而泰, 然後安, 故受之以泰. 泰者, 通也. 物不可以終通, 故受之以否.

'이履'는 착실하기 때문에 평안할 수 있다. '태泰'는 평안하다는 뜻이며,

또 '통하다通'나 '이르다達'로도 풀이할 수 있다. 비否는 막혀서 통하지 않는 것이니 '태'와 반대된다.

7. 사물은 끝까지 비색할 수 없기 때문에 동인同人괘로 받았다. 사람들과 같이하면 외물이 반드시 돌아가기 때문에 대유大有괘로 받았다.
物不可以終否, 故受之以同人. 與人同者, 物必歸焉, 故受之以大有.

"사물은 끝까지 비색할 수 없다物不可以終否"고 하는데, 앞의 문장에서 "사물은 끝까지 통할 수 없기 때문에 비괘로 받았다物不可以終通, 故受之以否"고 하고 여기서는 반대로 말한 것은 사물은 시종 반대가 될 수 없으니 또 같음을 강구해야 한다는 의미다. 「잡괘」에서 "대유는 사람들이 많은 것이며, 동인은 사람들과 친한 것이다大有, 衆也, 同人, 親也""라고 하여 대유를 사람들을 얻는다는 뜻으로 보았고, 동인은 친한 사람을 얻는다는 뜻으로 보았다. 여기서는 사람들을 얻어야 사물을 얻고 이익을 얻을 수 있으며, 사람들과 이익을 같이해야 사물들이 돌아올 수 있다는 뜻인 것 같다. 하지만 경經의 뜻을 살펴보면 '동인'의 의미는 결코 '사람들과 이익을 같이하는 것'이 아니라 군사와 사람을 모으는 것이다. 이것은 경의 뜻과 부합하지 않는다.

8. 가진 것이 많은 사람은 교만해서는 안 되기 때문에 겸謙괘로 받았다. 가진 것이 많지만 겸손할 수 있으면 반드시 즐겁기 때문에 예豫괘

로 받았다.

有大者, 不可以盈, 故受之以謙. 有大而能謙必豫, 故受之以豫.

예豫괘의 '豫'는 일예逸豫(멋대로 즐기며 놂)의 '예'이니 부정적인 의미가 있다. 다음 문장에서는 "기쁨으로 다른 사람을 따르면 반드시 일이 있다以喜隨人者必有事"고 하여 '豫'를 기쁜 일로 보고 있는데, 역시 경의 뜻과 부합하지 않는다.

9. 즐거우면 반드시 따르는 바가 있기 때문에 수隨괘로 받았다. 기쁨으로 다른 사람을 따르면 반드시 일이 있기 때문에 고蠱괘로 받았다. 고는 일이라는 뜻이다.

豫必有隨, 故受之以隨. 以喜隨人者必有事, 故受之以蠱. 蠱者, 事也.

「잡괘」에 "수는 일이 없는 것이다隨, 無故也"라고 하여 '일이 없는 것無故'을 강조했다. 고蠱괘는 수괘와 반대로 "기쁨으로 사람을 따르면 반드시 일이 있다以喜隨人者必有事"고 하여 '일이 있음有事'을 강조한다. "고는 일이라는 뜻이다蠱者, 事也"에서 '고蠱'를 왕인지의 『경의술문』「주역 상」에서는 사고事故의 고故로 읽는다.[2]

2_ 완원 편, 『청경해』, 제6책, 771쪽.

10. 일이 있은 다음에 클 수 있기 때문에 임臨괘로 받았다. 임은 사물이 크다는 뜻이다. 사물이 큰 다음에 볼 만하기 때문에 관觀괘로 받았다.

有事而後可大, 故受之以「臨」. 臨者, 大也. 物大然後可觀, 故受之以觀.

'임臨'은 '크다'로 풀이할 수 있다. 「서괘」 작자가 '임臨'은 사물이 크다는 뜻이고 '관觀'은 볼만하다는 뜻이라고 한 것도 역시 경의 뜻과 부합하지 않는다.

11. 볼만한 다음에 합하는 바가 있기 때문에 서합噬嗑괘로 받았다. 합嗑은 합한다는 뜻이다. 사물은 구차하게 합할 수 없기 때문에 비賁괘로 받았다. 비는 수식한다는 뜻이다.

可觀而後有所合, 故受之以噬嗑. 嗑者, 合也. 物不可以苟合而已, 故受之以賁. 賁者, 飾也.

'합嗑'은 '合합'으로 읽을 수 있다. 여기서 "구차하게 합한다苟合"라고 한 것은 「서괘」를 지은 사람의 해석이며, 경의 뜻과 부합하지 않는다.

12. 수식한 다음에 형통함은 다하기 때문에 박剝괘로 받았다. 박은 깎여 없어진다는 뜻이다. 사물은 끝내 다 깎일 수 없고 위에서 다하면 아래에서 회복하기 때문에 복復괘로 받았다.

致飾, 然後亨則盡矣, 故受之以剝. 剝者, 剝也. 物不可以終盡剝, 窮上反下, 故受之以復.

여기서는 '진盡'자를 두 번 사용했다. 「서괘」를 지은 사람은 '박剝'을 '다하다盡'로 해석했다. "박은 깎여 없어지는 것이다剝者, 剝也"라고 풀이한 것도 '동자위훈'이다.

13. 회복하면 제멋대로 행하지 않기 때문에 무망无妄괘로 받았다. 제멋대로 행하지 않은 다음에 쌓을 수 있기 때문에 대축大畜괘로 받았다.
復則不妄矣, 故受之以无妄. 有无妄, 然後可畜, 故受之以大畜.

여기서는 '무망无妄'을 '제멋대로 행하지 않는다不妄'로 풀이했다. 무엇이 '망妄'인지에 대해서 「서괘」를 지은 사람은 해석하지 않았는데, 본래의 글자대로 읽어야 할 것 같다.

14. 사물은 쌓인 다음에 기를 수 있기 때문에 이頤괘로 받았다. 이頤는 기른다는 뜻이다. 기르지 않으면 움직일 수 없기 때문에 대과大過괘로 받았다.
物畜然後可養, 故受之以頤. 頤者, 養也. 不養則不可動, 故受之以大過.

「잡괘」에서 "이頤는 바른 도리를 기르는 것이다頤, 養正也"라고 했는데, '이頤'는 얼굴의 볼을 말하며, 음식을 먹는 데 쓰인다. 음식을 먹는 것을 '기른다養'고 하는데, 첫째는 자신을 기르는 것이요, 둘째는 다른 사람을 기르는 것이다. 「서괘」의 작자는 "사물이 쌓인 다음에 기를 수 있다物畜然後可養"

라고 했는데, 재화가 풍부해져야 사람을 기를 수 있다는 의미다. '불양不養'은 백성들이 길러주지 않는다는 뜻이다. 백성들이 길러주는 않으면 윗사람은 백성들을 수고롭게 하거나 동원할 수 없다. 백성들이 길러주지 않는 까닭은 재화가 부족한 데 있고, 부족한 것의 반대는 '대과大過'다. '大過'는 크게 지나치다는 뜻이다.

15. 사물은 끝까지 지나칠 수 없기 때문에 감坎괘로 받았다. 감은 빠진다는 뜻이다. 빠지면 반드시 붙기 때문에 이離괘로 받았다. 이離는 붙는다는 뜻이다.

物不可以終過, 故受之以坎. 坎者, 陷也. 陷必有所麗, 故受之以離. 離者, 麗也.

"사물은 끝까지 지나칠 수 없기 때문에 감괘로 받았다物不可以終過, 故受之以坎"는 너무 지나치면 일을 망치게 되어 깊은 구덩이에 빠지는 것과 같다는 의미다. 「서괘」의 작자는 감坎은 깊은 구덩이니 깊은 구덩이에 빠지면 기댈 곳이 있어야 한다고 해석한다. '여麗'는 붙는다는 뜻으로, 의지하는 바가 있다는 것이다. 감과 이 두 괘도 팔경괘八經卦에 속한다. 감坎은 물이며, 이離는 불이다. 물과 불의 대립은 기본적인 대립이다. 하지만 여기서는 다른 해석을 취했다.

16. 천지가 있은 다음에 만물이 있고, 만물이 있은 다음에 남녀가 있고, 남녀가 있은 다음에 부부가 있고, 부부가 있은 다음에 부자가 있고, 부자가 있은 다음에 군신이 있고, 군신이 있은 다음에 상하가 있고, 상하가 있은 다음에 예의가 자리 잡는 바가 있다. 부부의 도는 오래 가지 않을 수 없으므로 항恒괘로 받았다. 항은 오래간다는 뜻이다.

有天地然後有萬物, 有萬物然後有男女, 有男女然後有夫婦, 有夫婦然後有父子, 有父子然後有君臣, 有君臣然後有上下, 有上下然後禮義有所錯. 夫婦之道不可以不久也, 故受之以恒. 恒者, 久也.

이 절은 앞의 15절과 확연히 나뉘어 앞뒤로 연결되는 것에 대한 어떤 말도 없지만 상경과 하경으로 나누어 말하는 것임을 알 수 있다. 『역』은 상경과 하경으로 나뉘는데, 상경은 천지에 대해 말하는 건괘와 곤괘에서 시작하고, 하경은 남녀에 대해 말하는 함咸괘와 항恒괘에서 시작한다. 이 절은 함괘와 항괘에 해당하지만, 함괘의 이름은 보이지 않고 항괘만 언급했다. 「잡괘」에서 "항은 오래간다는 뜻이다恒久也"라고 했는데, 여기서의 의미와 같다.

17. 사물은 그 장소에 오랫동안 있을 수 없기 때문에 둔遯괘로 받았다. 둔은 물러난다는 뜻이다. 사물은 끝까지 물러날 수 없기 때문에 대장大壯괘로 받았다.

物不可以久居其所, 故受之以遯. 遯者, 退也. 物不可以終遯, 故受之以大壯.

「잡괘」에 "둔은 물러나는 뜻이다遯則退也"라고 했는데, 여기서의 의미와
같다. '遯'은 '遁둔'과 같으니 '물러나 피한다'는 뜻이 있다.

18. 사물은 끝까지 장성할 수 없기 때문에 진晉괘로 받았다. 진은 나아
간다는 뜻이다. 나아가면 반드시 상함이 있기 때문에 명이明夷괘로 받
았다. 이夷는 상한다는 뜻이다.

物不可以終壯, 故受之以晉. 晉者, 進也. 進必有所傷, 故受之以明夷. 夷者, 傷也.

'진晉'은 해가 뜨는 것을 말하며, 진進은 해가 점점 높이 떠오르는 것을
가리킨다. 명이괘는 해가 지는 것을 말하고 있는데, '이夷'는 해가 점점 어
두워지는 것을 가리킨다. '夷'는 '훼손되고 상한다'는 뜻이다.

19. 밖에서 상한 자는 반드시 집으로 돌아오기 때문에 가인家人괘로 받
았다. 집안의 도가 궁하면 반드시 어그러지기 때문에 규睽괘로 받았다.
규는 어그러진다는 뜻이다.

傷於外者必反於家, 故受之以家人. 家道窮必乖, 故受之以睽. 睽者, 乖也.

"밖에서 상한 자는 반드시 집으로 돌아온다傷於外者必反於家"는 집을 안
內으로 본 것이다. 하지만 앞의 문장에서 말한 '상傷'은 지는 해가 밝음을

상한 것으로서 사람과 무관하니, 여기서 앞뒤의 연결이 억지스럽다. 「잡괘」
에서 "규는 밖이고 가인은 안이다"라고 풀이한 것도 '집家'을 안으로 본 것
이지만, '밖外'은 명이괘가 아니고 규괘다.

20. 어그러지면 반드시 어려움이 있기 때문에 건蹇괘로 받았다. 건은
어렵다는 뜻이다. 사물은 끝까지 어려울 수 없기 때문에 해解괘로 받았
다. 해는 풀어버린다는 뜻이다.

乖必有難, 故受之以蹇. 蹇者, 難也. 物不可以終難, 故受之以解. 解者, 緩也.

「잡괘」에서 "해는 풀어버리는 것이고, 건蹇은 어려움이다解緩也, 蹇難也"
라고 풀이했는데, 여기와 같다.

21. 느슨해지면 반드시 잃어버리는 바가 있기 때문에 손損괘로 받았
다. 손상됨이 그치지 않으면 반드시 더해짐이 있기 때문에 익益괘로
받았다.

緩必有所失, 故受之以損. 損而不已必益, 故受之以益.

손은 아래를 덜어 위에 더하는 것이며, 익은 위를 덜어 아래에 더하는
것이다.

22. 더해짐이 그치지 않으면 반드시 결단나기 때문에 쾌夬괘로 받았

다. 쾌는 결단한다는 뜻이다. 결단나면 반드시 만나는 바가 있기 때문에 구姤괘로 받았다. 구는 만난다는 뜻이다.

益而不已必決, 故受之以夬. 夬者, 決也. 決必有遇, 故受之以姤. 姤者, 遇也.

「잡괘」에서 "쾌는 결단이니, 강이 유를 결단하는 것이다夬決也, 剛決柔也"라고 하고 "구姤는 만나는 것이다姤者, 遇也"라고 했는데, 여기와 같다. '夬'는 '決결'과 같으니 단절을 가리킨다. '姤'는 '逅구'와 같으며, 만나는 것을 가리킨다.

23. 사물이 서로 만난 다음에 모이기 때문에 췌萃괘로 받았다. 췌는 모인다는 뜻이다. 모여서 올라가는 것을 승升이라고 하기 때문에 승升괘로 받았다.

物相遇而後聚, 故受之以萃. 萃者, 聚也. 聚而上者謂之升, 故受之以升.

「잡괘」에 "췌는 모이고 승은 올라가서 돌아오지 않는다萃聚而升不來也"라고 했으니, '췌萃'는 모이는 것이고 '승升'은 잡고 오르는 것이다. 모이는 것이 그침이 없으면 잡고 오르는 것과 같다.

24. 오르는 것이 그침이 없으면 반드시 곤궁해지기 때문에 곤困괘로 받았다. 위에서 곤궁한 자는 반드시 아래로 돌아오기 때문에 정井괘로 받았다.

升而不已必困, 故受之以困. 困乎上者必反下, 故受之以井.

'곤困'은 위에서 곤궁한 것이고, '정井'은 아래로 통하는 것이다.

25. 우물의 도는 바꾸지 않을 수 없기 때문에 혁革괘로 받았다. 사물에 새기는 것은 솥만 한 것이 없기 때문에 정鼎괘로 받았다.
井道不可不革, 故受之以革. 革物者莫若鼎, 故受之以鼎.

'혁革'은 바꾸어 없애는 것이다. "우물의 도는 바꾸지 않을 수 없다井道不可不革"는 우물을 치는 것을 가리킨다. '사물을 바꾸는 것革物者'에서 革은 고서에서 흔히 '勒늑'이나 '刻각'과 통가자로 쓰인다. 여기서는 '늑물자勒物者'나 '각물자刻物者'로 독해해야 할 것이며, 솥에 명문을 새기는 것을 가리킨다.

26. 기물을 담당하는 데는 장자長子만 한 사람이 없기 때문에 진震괘로 받았다. 진은 움직인다는 뜻이다. 사물이 끝까지 움직일 수 없기 때문에 간艮괘로 받았다. 간은 그친다는 뜻이다.
主器者莫若長子, 故受之以震. 震者, 動也. 物不可以終動, 止之, 故受之以艮. 艮者, 止也.

「잡괘」에서 "진震은 일어나고 간艮은 그친다震起也, 艮止也"라고 했으며,

「설괘」 2:1의 '건곤육자장'에서 진震은 장남長男의 상이라고 했다. 진은 움직임이고 간은 그침이니, 뜻이 상대적이다.

27. 사물은 끝까지 그칠 수 없기 때문에 점漸괘로 받았다. 점은 나아간다는 뜻이다. 나아가면 반드시 돌아오는 바가 있기 때문에 귀매歸妹괘로 받았다.

物不可以終止, 故受之以漸. 漸者, 進也. 進必有所歸, 故受之以歸妹.

'점漸'은 나아간다는 뜻이고, '귀歸'는 돌아가서 묵는다는 뜻이다. 귀매의 '귀'는 본래 여자를 시집보내는 것을 가리키는데, 여기서는 일반적인 의미의 歸자에 해당한다.

28. 돌아갈 바를 얻은 자는 반드시 크기 때문에 풍豊괘로 받았다. 풍은 크다는 뜻이다. 더할 나위 없이 커버린 자는 반드시 거처를 잃기 때문에 여旅괘로 받았다.

得其所歸者必大, 故受之以豊. 豊者, 大也. 窮大者必失其居(處), 故受之以旅.

'풍豊'은 크다는 뜻이다. 너무 커서 도리어 몸을 둘 곳이 없으니 도처로 여행할 수밖에 없다.

29. 여행에 몸을 들일 곳이 없기 때문에 손巽괘로 받았다. 손은 들이는 것이다. 들인 다음에 벗어나기 때문에 태兌괘로 받았다. 태는 벗어난다는 뜻이다.

旅而无所容, 故受之以巽. 巽(遜)者, 入(納)也. 入(納)而後說(脫)之, 故受之以兌. 兌者, 說(脫)也.

"여행에 몸을 들일 곳이 없다旅而无所容"에서 '용容'은 용납容納의 容이다. '입入'은 용납의 납納으로 독해하며, '손巽'은 엎드려 숨는다는 뜻이 있으니 용납의 뜻과 비슷하다. '說'은 『역전』에 보이는 것은 대부분 '悅열'로 읽지만, 다음 문장인 "벗어난 다음에 흩어진다說(脫)而後散之"의 경우에는 '脫탈'로 읽어야 마땅할 듯하며, 의미는 '입入'과 반대가 된다.

30. 벗어난 다음에 흩어지기 때문에 환渙괘로 받았다. 환은 떠난다는 뜻이다. 사물은 끝까지 떠날 수 없기 때문에 절節괘로 받았다.

說(脫)而後散之, 故受之以渙. 渙者, 離也. 物不可以終離, 故受之以節.

「잡괘」에서 "환은 떠나는 것이다渙離也"라고 했는데, '이離'는 헤어져 흩어진다는 뜻이다. '절節'은 헤어져 흩어지는 것을 제어하고 막는 것이다.

31. 절제해서 믿기 때문에 중부中孚괘로 받았다. 믿음이 있는 자는 반드시 행하기 때문에 소과小過괘로 받았다.

節而信之, 故受之以中孚. 有其信者必行之, 故受之以小過.

「잡괘」에서 "중부는 마음이 신실한 것이다中孚信也"라고 풀이했다.

32. 지나침이 있는 자는 반드시 물을 건너기 때문에 기제旣濟괘로 받았다. 사물은 다해 없어질 수 없기 때문에 미제未濟괘로 받아 마쳤다.
有過物者必濟, 故受之以旣濟. 物不可窮也, 故受之以未濟, 終焉.

"지나침이 있다有過物者"는 앞의 소과괘를 가리킨다. 64괘는 미제괘로 끝난다.

잡괘雜掛

　「잡괘」와 「서괘」는 모두 64괘에 대해 말하지만, 설명하는 방법은 다르다. '서序'는 본래의 차례를 따르는 것이고, '잡雜'은 섞어서 순서를 배열한 것이다. 이 편도 괘의 차례에 대해 말하지만 『역경』 본래의 차례에 따라 긴밀하게 이어나가는 것이 아니라 둘씩 짝을 짓고 운각韻脚에 따라 새롭게 편집했다.

　「잡괘」는 64괘의 구결口訣이며, 하나의 괘가 한 구절이 되거나 두 괘가 한 구절이 되어 괘명과 괘의를 제시한다. 구절은 보통 짧아서, 하나의 괘가 한 구절이 되는 경우는 대부분 4자구나 3자구이며,[1] 두 괘가 한 구절이 되는 경우는 대부분 7자구나 6자구다.[2]

　「잡괘」는 일종의 외우기 놀이와 같다. 배우는 사람이 암송하기 편하게 하기 위해 64괘의 순서를 어지럽게 섞어놓고 운문으로 엮어놓았다. 이런 괘들 가운데 앞의 56괘는 모두 둘씩 짝을 지었지만 마지막 8개의 괘는 하나씩 되어 있다. 이제 운부韻部의 차이에 따라 16조로 나누고,[3] 뒤에 64괘의

1_ 2자구는 2개, 3자구는 13개, 4자구는 25개, 6자구는 2개, 7자구는 4개의 예가 있다.

2_ 6자구는 4개, 7자구는 3개, 8자구는 1개의 예가 있다.

본래 차례에 따라 배열한 대조표를 붙여두었으니 「서괘」와 비교할 수 있다.

1. 건은 양강하고 곤은 음유하다. 비는 즐겁고 사는 근심스럽다. 임과
관의 의의는 베풀거나 구하는 것이다.

乾剛坤柔, 比樂師憂. 臨·觀之義, 或與或求.

유柔, 우憂, 구求는 유부幽部로 운을 맞춘 것이다. "건강곤유乾剛坤柔"에서
'강剛'은 강건함이고 '유柔'는 유순함이다. "비락사우比樂師憂"에서 비比는 내
정과 외교에 대해 말하는데, 친화를 강조하기 때문에 '즐겁다樂'고 했다. 사
師는 군대를 출동시키고 병사를 부리는 일에 대해 말하는데, 군대의 일은
흉사이기 때문에 '근심스럽다憂'고 했다. 임臨과 관觀 두 괘는 백성을 다스
리는 일에 대해 말하는데, 백성들에게 구하거나 백성들에게 베풀기 때문
에 '주거나 구한다或與或求'고 했다.

2. 둔은 만물이 나면서 거처를 떠나지 않는 것이며, 몽은 섞여서 정해
져 있는 것이다.

屯見(現)而不失其居(處), 蒙雜而著.

3_ 1개의 괘로 된 것이 1개 조, 2개의 괘로 된 것이 6개 조, 3개의 괘로 된 것이 1개 조, 4개의
괘로 된 것은 2개 조, 6개의 괘로 된 것은 5개 조, 10개의 괘로 된 것이 1개 조로, 총 16개 조를
이룬다.

거居, 저著는 어부魚部로 환운한 것이다. "둔견이부실기거屯見而不失其居"에서 '견見'은 현現으로 독해하며, 만물이 처음 싹 나는 것을 가리킨다. '부실기거不失其居'는 '부실기처不失其處'로 독해하며, 집에 거처하면서 밖으로 나가서는 안 된다는 의미다. 이와 관련해서는 둔屯괘 초구효의 "거처할 집을 점치는 것이 이롭다利居(處)貞"의 주석에 자세히 설명했다. "몽잡이저蒙雜而著"에 대해 우번은 '잡雜'은 구이와 상구가 음의 자리에 있는 것을 가리킨다(『주역집해』에 인용)라고 풀이했고, 한강백의 주석에서는 '저著'를 정한다는 뜻으로 풀이했다.

3. 진은 일어나고 간은 그치며, 손·익은 성함과 쇠함이 바뀌는 시작이다. 대축은 하늘의 때에 맞는 것이고 무망은 재앙이다. 췌는 모이고 승은 내려오지 않는다. 겸은 가볍게 여기고 예는 나태하다.
震起也, 艮止也, 損·益盛衰之始也. 大畜時也, 无妄災也. 萃聚而升不來也, 謙輕而豫怠也.

기起, 지止, 시始, 시時, 재災, 내來, 태怠는 지부之部로 환운한 것이다. "진기야 간지야震起也, 艮止也"와 관련해서는 8괘의 차례에 이른바 '선천팔괘'와 '후천팔괘'가 있는데, '후천팔괘'는 진震을 시작으로 보고 간艮을 그침으로 보니 「설괘」 제5장에 보인다. "손·익성쇠지시야損·益盛衰之始也"에서 손損은 하괘의 양 하나를 덜어서 상괘에 더하는 것이고, 익益은 상괘의 양 하나를 덜어서 하괘에 더하는 것이다. 이 괘의 승강升降은 본래의 평형을 깼기 때문에 "손·익은 성함과 쇠함이 바뀌는 시작"이라고 한 것이다. "대축시야大

畜時也'에서 '시時'는 천시에 합하는 것으로, 대축괘 상구효의 "위로 천도를 잇는다何(荷)天之衢"를 가리킨다. "무망재야无妄災也"에서 '재앙災'은 천시에 합하지 않은 것이니, 무망괘 육삼효의 "무망의 재앙无妄(望)之災"을 가리킨다. "췌취이승불래야萃聚而升不來也"에서 췌는 모으는 것을 말하고 승은 오르는 것을 말하니 두 괘는 무관한 것 같지만, 붙잡고 오르면서 올라갈 줄만 알고 내려올 줄 모르는 것은 쉼 없이 모으고 욕심이 끝이 없는 것과 동일한 이치다. "겸경이예태야謙輕而豫怠也"에서 '경輕'은 공명을 가벼이 여기는 것이고, '태怠'는 즐거움에 빠져 일을 게을리 하는 것이다.

4. 서합은 먹고 비는 색이 없다. 태는 드러나며 손은 숨는다. 수는 일이 생기지 않으며 고는 바로잡는다.

噬嗑食也, 賁无色也. 兌見而巽伏也. 隨无故也, 蠱則飭也.

식食, 색色, 복伏, 칙飭은 직부職部로 환운한 것이다. 서합은 고기를 먹는 일에 대해 말하기 때문에 '먹는다食'라고 했다. 비賁괘는 흰색을 숭상하니 비괘 구사효와 상구효에 보인다. 흰색은 곧 '무색'이다. '태兌'는 탈脫로 독해할 수 있으며 '나간다'로 풀이한다. '견見'은 현現으로 독해하는데, 밖으로 드러나는 것을 가리키니 함의가 비슷하다. '손巽'은 '遜손'으로 읽을 수 있는데, '엎드려 숨는다'는 뜻으로 '현見'과 상반된다. 수隨괘는 달아난 범인을 잡는 일이 매우 순조롭고 의외의 사고 없음을 말한다. '무고无故'는 사고가 나지 않는다는 뜻이다. 고蠱괘에서 '蠱'는 '故고'로 독해할 수 있는데 '무고'와 상반된다. '칙飭'은 수정한다는 뜻이다. 고괘에 '간幹'자가 자주 보이는데, 幹

은 '바로잡다'는 뜻이 있으니 함의가 비슷하다.

5. 박은 다하는 것이고 복은 돌아오는 것이다.
剝爛(闌)也, 復反也.

난爛과 반反은 원부元部로 환운한 것이다. '난爛'은 한강백의 주석에 "만물은 익으면 떨어진다物熟則剝落也"라고 풀이해 난숙爛熟의 난爛이라고 여겼다. 사실 난숙의 爛은 '闌난'자에서 확장된 것이다. 이것은 천구잉陳鼓應과 자오젠웨이趙建偉의 설을 따라 闌으로 읽고 '다하다盡'로 풀이한다.[4] 「서괘」에 "수식한 다음에는 형통함이 다하기 때문에 박괘로 받았다. 박은 깎여 없어진다는 뜻이다. 사물은 끝내 다 깎일 수 없고 위에서 다하면 아래에서 회복하기 때문에 복괘로 받았다致飾, 然後亨則盡矣, 故受之以剝. 剝者, 剝也. 物不可以終盡剝, 窮上反下, 故受之以復"라고 했는데, 이 가운데 바로 '진盡'자가 있다. '반反'은 사물이 지극하면 반드시 돌아온다는 뜻인데, 박괘는 다함盡에 대해 말했으니 사물이 지극하면 다하기 때문에 '돌아온다反'로 받은 것이다.

6. 진은 낮이고 명이는 사라져 없어지는 것이다. 정은 통하고 곤은 서로 만난다.
晉晝也, 明夷誅也. 井通而困相遇也.

4_ 천구잉·자오젠웨이, 『주역금주금역』, 759쪽.

주畫, 주誅, 우遇는 후부侯部로 환운한 것이다. 「서괘」에 "진晉은 나아가는 것이다 (…) 이夷는 상하는 것이다晉者, 進也 (…) 夷者, 傷也"라고 했는데, 진晉은 아침 해가 동쪽에서 솟아오르는 것을 말하기 때문에 '낮畫'이라고 했다. '주畫'는 대낮이다. 명이는 해가 서산으로 지는 것을 말하므로 '주誅'라고 했다. '誅'는 햇빛이 사라지는 것을 가리킨다. 정井괘는 위는 우물을, 아래는 줄을 상징한다. '통通'은 우물의 도가 상하로 서로 통함을 가리킨다. 곤괘는 아래는 험함, 위는 끊어짐을 상징한다. '우遇'는 '거스르다'로 풀이할 수 있으니, 상하가 서로 통하지 않음을 가리킨다.

7. 함은 빠른 것이고 항은 오래하는 것이다. 환은 떠나는 것이고 절은 그치는 것이다.

咸速也, 恒久也. 渙離也, 節止也.

구久, 지止는 지부之部로 환운한 것이다. 함괘 구사효爻에 "바삐 오고 간다憧憧往來"는 구절이 있는데, 왕래가 일정하지 않은 것을 형용한다. 여기서 '동동憧憧'은 '총총怱怱'으로 읽어야 할 듯하니, 오고 가는 것이 바쁘다는 의미다. '총총'은 급한 모양을 형용하는데, 『광운』「동운東韻」에서 바로 빠르다速로 풀이했다. 항은 이와 정반대로 항구함에 대해 말한다. 환渙은 흩어지는 것이므로 '이離'라고 했다. 절節은 절제를 말하기 때문에 '그치다止'라고 했다.

8. 해는 느슨해지는 것이며, 건은 어려운 것이다.

解緩也, 蹇難也.

완緩과 난難은 원부元部로 환운한 것이다. '완緩'은 느슨해지는 것을 가리키고, '난難'은 길을 가기가 어려운 것을 가리킨다.

9. 규는 바깥이고 가인은 안이다. 비와 태는 상반된 부류다. 대장은 그치고 둔은 물러난다.

睽外也, 家人內也. 否·泰反其類也. 大壯則止, 遯則退也.

내內, 유類, 퇴退는 물부物部로 환운한 것이다. 규睽는 떠난다는 뜻이 있으므로 '바깥이다外也'라고 했다. 가인은 집안의 일에 대해 말하기 때문에 '안이다內也'라고 했다. 비否와 태泰는 하나는 통하고 하나는 막힌 것이니 서로 반대되기 때문에 "상반된 부류다反其類"라고 했다. 대장은 사물이 장성하면 늙어 더이상 앞으로 나아갈 수 없음을 말하기 때문에 '그친다止'라고 했다. '둔遯'은 '숨을 둔遁'과 같으며, 물러나 피한다는 뜻이 있다.

10. 대유는 많은 사람을 얻는 것이고, 동인은 친한 사람을 얻는 것이다. 혁은 옛것을 없애는 것이고 정은 새것을 취하는 것이다. 소과는 지나친 것이고, 중부는 미더운 것이다.

大有衆也, 同人親也. 革去故也, 鼎取新也. 小過過也, 中孚信也.

친親, 신新, 신信은 진부眞部로 환운한 것이다. '중야衆也'는 사람들을 얻는 것을 가리키고, '친야親也'는 친한 사람을 얻는 것을 가리킨다. '거고去故'는 옛것을 제거한다는 뜻이며, '취신取新'은 새것을 얻는다는 말이다. 중부의 부孚는 미더움으로 풀이한다.

11. 풍은 재난이 많은 것이고, 친한 사람이 적은 것이 여旅다. 이離는 위에 걸려 있는 것이고 감은 아래로 들어가 있는 것이다. 소축은 적게 쌓인 것이며, 이履는 집을 나가 밖에 있는 것이다.

豐多故也, 親寡旅也. 離上而坎下也. 小畜寡也, 履不處也.

고故, 여旅, 하下, 과寡, 처處는 어부魚部로 환운한 것이다. '다고多故'는 재난이 많은 것이다. '친과親寡'는 집을 떠나 밖에 있으면서 주위에 친한 사람이 없는 것이다. '이離'는 해를 말하는데, 하늘에 높이 걸려 있기 때문에 '상上'이라고 했다. '감坎'은 구덩이를 말하는데, 땅속으로 깊이 들어가 있기 때문에 '하下'라고 했다. '과寡'는 쌓인 바가 많지 않은 것이고, '불처不處'는 집을 떠나 밖에 있는 것이다.

12. 수는 앞으로 나아가지 못하는 것이고, 송은 친하지 않은 것이다. 대과는 물을 건너다 머리를 잠기게 하는 것이다.

需不進也, 訟不親也. 大過顛也.

진進, 친親, 전顚은 진부眞部로 환운한 것이다. '수需'는 '나儒'로 독해할 수 있으니, 겁이 많고 나약해서 앞으로 나아가지 못하는 것을 가리킨다. '불친 不親'은 서로 송사로 다투어 얼굴을 붉히니 당연히 친하지도 않은 것이다. '전야顚也'는 괘명과 연결해 읽으면 "대과는 물을 건너 머리까지 잠긴다大 過, 過顚也"는 말과 같으며, 이 괘의 상륙효의 '과섭멸정過涉滅頂'을 가리킨다.

13. 구는 만나는 것이니, 유가 강을 만난다. 점은 여자가 시집가는 것 이니, 남자가 데려가기를 기다리는 것이다.
姤遇也, 柔遇剛也. 漸女歸, 待男行也.

강剛, 행行은 양부陽部로 환운한 것이다. '구姤'는 '遘구'와 같으며, '만나다 遇'로 풀이한다. '여귀女歸'는 여자가 성장해서 시집가는 것을 말한다. '대남 행야待男行也'는 남자가 데려가기를 기다린다는 뜻이다. 귀매괘 구사효의 "시집보내는 시기를 놓쳐 지금까지 왔으며 여전히 집에서 시집가기를 기다 린다歸妹愆期, 遲歸有時(待)"는 구절을 참고하라.

14. 이는 바름을 기르는 것이다. 기제는 안정된 것이다.
頤養正也. 旣濟定也.

정正, 정定은 경부耕部로 환운한 것이다. 定은 正의 소리를 따른다. 定은 正과 음과 뜻이 비슷하다. '양정養正'은 몽괘와 이頤괘의 「단사」에 보인다.

15. 귀매는 여자의 마침이다. 미제는 남자의 마침이다.

歸妹女之終也. 未濟男之窮也.

종終, 궁窮은 동부冬部로 환운한 것이다. 귀매는 여자를 시집보내는 일을 말하는데 마지막을 상륙上六으로 마치기 때문에 '여자의 마침女之終'이라고 했다. 미제는 강을 건너는 일을 말하는데 마지막을 상구上九로 마치기 때문에 '남자의 마침男之窮'이라고 했다.

16. 쾌는 결단하는 것이니, 양강이 음유를 결단한다. 군자의 도는 자라고, 소인의 도는 근심스럽다.

夬決也, 剛決柔也. 君子道長, 小人道憂也.

유柔, 우憂는 유부幽部로 환운한 것이다. "쾌는 결단하는 것이니, 양강이 음유를 결단한다夬決也, 剛決柔也"는 말은 이 괘의 「단사」의 설법과 같다. 이 괘는 음 하나가 위에 있고 양 다섯이 아래에 있으니 '강이 유를 결단하는 것剛決柔也'이 된다. "군자의 도는 자라고, 소인의 도는 근심스럽다君子道長, 小人道憂也"라고 했는데, 태泰괘의 「단사」에 "군자의 도는 자라고 소인의 도는 사라진다君子道長, 小人道消"라는 구절이 있으며, 『주역집해』에는 '우憂'가 '소消'로 되어 있다. 소消는 소부宵部의 글자다.

부록: 대조표

「서괘」의 순서	「잡괘」의 해석	「서괘」의 순서	「잡괘」의 해석
건乾	건은 양강하다乾剛	곤坤	곤은 음유하다坤柔
둔屯	둔은 만물이 나면서 거처를 떠나지 않는 것이다屯見而不失其居(處)	몽蒙	몽은 섞여서 정해져 있는 것이다蒙雜而著
수需	수는 앞으로 나아가지 못하는 것이다需不進也	송訟	송은 친하지 않은 것이다訟不親也
사師	사는 근심스럽다師憂	비比	비는 즐겁다比樂
소축小畜	소축은 적게 쌓인 것이다小畜寡也	이履	이는 집을 나가 밖에 있는 것이다履不處也
태泰	비와 태는 상반된 부류다否·泰反其類也	비否	비와 태는 상반된 부류다否·泰反其類也
동인同人	동인은 친한 사람을 얻는 것이다同人親也	대유大有	대유는 많은 사람을 얻는 것이다大有衆也
겸謙	겸은 가벼이 여기고 예는 나태하다謙輕而豫怠也	예豫	겸은 가벼이 여기고 예는 나태하다謙輕而豫怠也
수隨	수는 일이 생기지 않는다隨无故也	고蠱	고는 바로잡는다蠱則飭也
임臨	임과 관의 의의는 베풀거나 구하는 것이다臨·觀之義, 或與或求	관觀	임과 관의 의의는 베풀거나 구하는 것이다臨·觀之義, 或與或求
서합噬嗑	서합은 먹는 것이다噬嗑食也	비賁	비는 색이 없다賁无色也
박剝	박은 다하는 것이다剝爛也	복復	복은 돌아오는 것이다復反也

「서괘」의 순서	「잡괘」의 해석	「서괘」의 순서	「잡괘」의 해석
무망无妄	무망은 재앙이다无妄災也	대축大畜	대축은 하늘의 때에 맞는 것이다大畜時也
이頤	이는 바름을 기르는 것이다頤養正也	대과大過	대과는 머리를 잠기게 하는 것이다大過顚也
감坎	이는 위에 걸려 있는 것이고 감은 아래로 들어가 있는 것이다離上而坎下也	이離	이는 위에 걸려 있는 것이고 감은 아래로 들어가 있는 것이다離上而坎下也
함咸	함은 빠른 것이다咸速也	항恒	항은 오래하는 것이다恒久也
둔遯	둔은 물러난다遯則退也	대장大壯	대장은 그친다大壯止
진晉	진은 낮이다晉晝也	명이明夷	명이는 사라져 없어지는 것이다明夷誅也
가인家人	가인은 안이다家人內也	규睽	규는 바깥이다睽外也
건蹇	건은 어려운 것이다蹇難也	해解	해는 느슨해지는 것이다解緩也
손損	손과 익은 성함과 쇠함이 바뀌는 시작이다損·益, 盛衰之始也	익益	손과 익은 성함과 쇠함이 바뀌는 시작이다損·益, 盛衰之始也
쾌夬	쾌는 결단하는 것이니, 양강이 음유를 결단한다. 군자의 도는 자라고 소인의 도는 근심스럽다夬決也, 剛決柔也. 君子道長, 小人道憂也	구姤	구는 만나는 것이니, 유가 강을 만난다姤遇也, 柔遇剛也
췌萃	췌는 모이고 승은 내려오지 않는다萃聚而升不來也	승升	췌는 모이고 승은 내려오지 않는다萃聚而升不來也
곤困	정은 통하고 곤은 서로 만난다井通而困相遇也	정井	정은 통하고 곤은 서로 만난다井通而困相遇也

「서괘」의 순서	「잡괘」의 해석	「서괘」의 순서	「잡괘」의 해석
혁革	혁은 옛것을 없애는 것이다革去故也	정鼎	정은 새것을 취하는 것이다鼎取新也
진震	진은 일어나는 것이다震起也	간艮	간은 그치는 것이다艮止也
점漸	점은 여자가 시집가는 것이니, 남자가 데려가기를 기다리는 것이다漸女歸, 待男行也	귀매歸妹	귀매는 여자의 마침이다歸妹女之終也
풍豐	풍은 재난이 많은 것이다豐多故也	여旅	친한 사람이 적은 것이다 여다親寡旅也
손巽	태는 드러나며 손은 숨는다兌見(現)而巽伏也	태兌	태는 드러나며 손은 숨는다兌見(現)而巽伏也
환渙	환은 떠나는 것이다渙離也	절節	절은 그치는 것이다節止也
중부中孚	중부는 미더운 것이다中孚信也	소과小過	소과는 지나친 것이다小過過也
기제旣濟	기제는 안정된 것이다旣濟定也	미제未濟	미제는 남자의 마침이다未濟男之窮也

한위당송漢魏唐宋시대의 주

〔서한〕경방京房, 『경씨역전京氏易傳』, 『유장儒藏』(정화 편1), 베이징: 베이징대학출판사, 2009년, 1~52쪽

〔동한〕정현鄭玄, 『주역정씨주周易鄭氏注』, 『유장』(정화 편1), 53~174쪽

〔청〕손당집孫堂輯, 『한위이십일가역주漢魏二十一家易注』, 『유장』(정화 편1), 175~688쪽

〔위〕왕필王弼·한강백韓康伯, 『주역주周易注』, 왕필 『주역약례周易略例』에 포함, 『유장』(정화 편1), 689~828쪽

〔당〕공영달孔穎達, 『주역정의周易正義』, 청대 완원阮元 교각 『십삼경주소十三經注疏』 수록, 부록 당대 육덕명陸德明의 『경전석문經典釋文·주역음의周易音義』, 중화서국 영인본(베이징: 중화서국, 2009년, 청 가경嘉慶 20년 강서 남창부학간본南昌府學刊本을 저본으로 함)에 보임, 제1책, 1~228

〔당〕이정조李鼎祚, 『주역집해周易集解』, 청대 이도평李道平의 『주역집해찬술周易集解纂述』에 보임, 판위팅潘雨廷 점교, 베이징: 중화서국, 1994년

〔송〕정이程頤, 『주역정씨전周易程氏傳』, 정호程顥·정이 『이정집二程集』에 수록, 왕샤오위위王孝魚 점교, 베이징: 중화서국, 1981년, 하책, 689~1026쪽(이 판본 역시 『유장』 212~213쪽. 『이정전서』 참고해도 좋음, 장하이쥔姜海軍 교점, 베이징대학출판사, 2009년)

〔송〕주희朱熹, 『주역본의周易本義』, 랴오밍춘廖名春 점교, 베이징: 중화서국, 2009년

청대 저술

왕인지王引之, 『경의술문經義述聞』, 완원 편 『황청경해皇淸經解』에 수록, 『청경해淸經解』본 있음, 상하이: 상하이서점, 1988년, 제6책, 766~786쪽

유월俞樾, 『군경평의群經平議 · 주역周易』, 왕선겸의 『청경해속편』에 수록, 상하이: 상하이 서점, 1988년, 제5책, 1025~1037쪽

이부손李富孫, 『역경이문석揚經異文釋』, 왕선겸王先謙의 『청경해속편淸經解續編』에 수록, 상하이: 상하이서점, 1988년, 제2책, 1309~1332쪽

주준성朱駿聲, 『육십사괘경해六十史卦經解』, 베이징: 중화서국, 2009년(1953년 초판)

혜동惠棟, 『주역술周易述』(부록: 『역한학易漢學』 · 『역례易例』), 정완경鄭萬耕 점교, 베이징: 중화서국, 2007년

근대 저술

가오헝高亨, 『주역고경금주周易古經今注』(중정본), 중화서국본(베이징: 중화서국, 1984년)과 칭화대학출판사본(『가오헝저작집림高亨著作集林』, 베이징: 칭화대학출판사, 2004년, 제 1권, 1~424쪽)이 있음

———, 『주역대전금주周易大傳今注』, 제로서사본(1979)과 칭화대학출판사본(『가오헝저작 집림』에 수록, 제2권)이 있음

———, 『주역잡론周易雜論』, 제로서사본(1979)과 칭화대학출판사본(『가오헝저작집림』에 수록, 제1권, 425~529쪽)이 있음

리징츠李鏡池, 『주역탐원周易探源』, 베이징: 중화서국, 1978년

———, 『주역통의周易通義』, 베이징: 중화서국, 1981년

상빙허尙秉和, 『주역상씨학周易尙氏學』, 베이징: 중화서국, 1980년

———, 『초씨역림주焦氏易林注』, 베이징: 구주출판사, 2010년

———, 『초씨역고焦氏易詁』, 베이징: 구주출판사, 2010년

양수다楊樹達, 『주역고의周易古義』, 상하이: 상하이고적출판사, 2006년

원이둬聞一多, 『주역의증유찬周易義證類纂』, 주쯔칭朱自淸 편, 『원이둬전집』에 수록, 베이 징: 삼련서점, 1982년[상하이 개명서점 1948년판에 따라 인쇄], 제2책, 1~65책

위싱우于省吾, 『쌍검치역경신증雙劍誃易經新證』, 『위싱우저작집』에 수록, 베이징: 중화서국, 2009년, 581~781쪽

진징팡金景芳, 『주역강좌周易講座』, 구이린: 광서사범대학출판사, 2005년

천구잉陳鼓應·자오젠웨이趙建偉, 『주역주 번역과 연구周易注譯與硏究』, 타이베이: 타이완상무인서관, 1999년; 천구잉·자오젠웨이, 『주역금주금역周易今注今譯』, 베이징: 상무인서관, 2005년

출토문헌 연구

딩쓰신丁四新, 『초죽서와 한백서주역교주楚竹書與漢帛書周易校注』, 상하이: 상하이고적출판사, 2011년

랴오밍춘廖名春, 『백서역전초탐帛書易傳初探』, 타이베이: 문사철출판사, 1998년

———, 『백서주역논집帛書周易論集』, 상하이: 상하이고적출판사, 2008년

리쉐친李學勤, 『주역소원周易溯源』, 파촉서사巴蜀書社, 2006년

마청위안馬承源 주편, 『상하이박물관장전국 소장 전국초죽서上海博物館藏戰國楚竹書』, 상하이: 상하이고적출판사, 2003년, 도판: 11~70쪽, 석문고석: 131~260쪽, 푸마오쭤濮茅左 정리

장정랑張政烺, 『마왕두이백서주역경전교독馬王堆帛書周易經傳交讀』, 리링 등 정리, 베이징: 중화서국, 2008년

———, 『장정랑논역총고張政烺論易叢稿』, 리링 등 정리, 베이징: 중화서국, 2011년

취완리屈萬里, 『한석경주역잔자집해漢石經周易殘字集釋』, 타이베이: 중앙연구원역사어언연구소, 1960년

푸마오쭤, 『초죽서주역연구선진양한출토와 역대 역학문헌자료 겸술함楚竹書周易硏究─兼述先秦兩漢出土與傳世易學文獻資料』, 상하이: 상하이고적출판사, 2006년

한쯔창韓自強, 『부양한간주역연구阜陽漢簡周易硏究』, 상하이: 상하이고적출판사, 2004년

역학사 및 기타 서목

류샤오강呂紹剛 주편, 『주역사전周易辭典』, 창춘: 지린대학출판사, 1992년

류위젠劉玉建, 『양한상수역학연구兩漢象數易學研究』, 난닝: 광서교육출판사, 1996년

주보쿤朱伯崑, 『역학철학사易學哲學史』, 베이징: 화하출판사, 1995년

판위팅, 『독역제요讀易提要』·『역학사논총易學史論叢』·『역학삼종易學三種』, 상하이: 상하이
  고적출판사, 2007년

요즘 시대를 인문학의 위기라고 한다. 나는 인문학이란 그동안 인류가 걸어오면서 만들어놓은 인간다운 무늬라고 생각한다. 그 인간다움에는 좋은 무늬도 있고 나쁜 무늬도 있을 테지만 나쁜 무늬도 좋은 영향을 발휘하는 선에서 인문학의 방향에 자극을 줬으리라 여겨진다. 하지만 인문학의 아름다운 무늬란 얼마나 지난한 일인가! 저 설악산의 기암괴석처럼 유구한 세월 동안 바람을 맞아 천만 년을 깎이고 깎이어 손톱만큼의 자취를 남기니 말이다. 그래서 인문학에 있어 위기라는 건 성립하지 않는 말일지도 모른다는 생각이 든다. 이 시대에 인문학을 공부하는 일개 학자로서 책임감을 느끼는 대목이기도 하다.

『주역』은 중국의 고전 중에서도 가장 난해한 것으로 유명하다. 아마도 모호한 의미 체계, 시적인 언어, 맥락 없이 전하는 암시적 문구가 역대로 연구자나 독자들에게 깊은 인상을 남기지 않았나 싶다. 우리나라도 이미 오래전부터 『주역』에 대한 연구가 진행되었다. 『주역』에는 상수학과 의리학 두 가지 큰 흐름의 연구 방향이 있는데, 우리나라는 특히 성리학이 전해진 고려 중후기부터 의리학 일변도로 발전해왔으며, 이 의리학은 또 우주자연의 이법인 이理에 대한 학문에 치중했다고 판단된다. 중국에는 왕필의 의리학이 출현하기 이전까지 상수학의 뿌리 깊은 전통이 있었으니, 주역철학사의 입장에서 보면 의리학보다 상수학이 근본적이라고 할 수 있다. 이런 역사적 흐름 속에서 의리학만 연구하는 것은 『주역』의 전체적인 면모를 파악하는 데 걸림돌이 될 수도 있다. 근래 들어 우리나라에서 『주역』의 초기 문헌과 관련하여 연구 성과가 나오기는 하지만 그동안의 주류 연구에 비하면 아직 턱없이 부족한 실정이다. 이런 상황에서 『주역』의 초기문헌에 근거한 문자학적 연구를 오랫동안 축적시킨 저자의 책이 소개된 것은 중요한 의의를 지닌다고 할 수 있다. 동시에 본 책을 우리나라에 번역서로 소개한 것에 대해 역자도 뿌듯함과 책임감을 느낀다.

이 책의 가장 큰 특징은 『주역』을 점서로 이해하고 경문인 괘사와 효사를 중심으로 해석하고 있다는 점이다. 또 경문은 왕필본을 저본으로 하면서 『상하이박물관 소장 전국초죽서上海博物館藏戰國楚竹書』『마왕두이백서馬王堆帛書』『솽구두이한간雙古堆漢簡』『왕가대진간王家臺秦簡 귀장歸藏』 등의 초기 출토본을 중심으로 판본의 차이를 밝힌 다음 『춘추좌전』『국어』『시경』『예기』『주례』『손자』 등 『주역』과 관련된 초기문헌을 인용하여 『주역』 경문의 본래 뜻을 광범위하게 방증하고 있다. 그런 다음 『설문해자』『경전석문』 등 문자학 서적 및 음운학 성과를 반영하여 『주역』 본래 의미의 근거를 촘촘하게 넓혀나가고 있다. 따라서 이 책은 방대한 문헌학적 자료에 근거한 『주역』 해석서라고 할 수 있다. 한편 저자는 『주역』 경문을 위주로 하고 『역전易傳』인 십익十翼 부분은 부차적인 해석으로 두면서 『역전』의 해석에 대해서는 현대어역을 달지 않았다. 번역서에서는 독자들의 편의를 위해 저자의 기본적인 해석 원칙에 따라 이 부분의 번역을 달았음을 밝혀둔다.

이 책을 처음 소개받고 번역을 시작한 지 거의 4년이 다 되어간다. 박사

논문을 마침 끝낸 뒤라 의욕이 넘치는 데다가 역자의 전공인 소식 문학 연구에 있어서도 『동파역전東坡易傳』은 중요한 부분을 차지하던 터라 야심만만하게 번역을 시작하게 되었다. 그리고 청명 임창순 선생님께서 세우신 지곡서당에서 공부하면서 『주역』에 대한 공부가 가장 미진하여 선생님에 대한 일종의 부채의식도 작용하던 터라 이 책에 대한 욕심이 한껏 부풀어 오르기도 했다. 차츰 책의 본론으로 들어가면서 수많은 전적의 인용 앞에서 난감함을 느끼는 동시에 역자의 『주역』 공부의 부족함을 느낄 때도 많았다. 이 책의 번역을 마칠 수 있었던 것은 역자 개인의 성과라기보다는 격려와 지지를 아끼지 않았던 주위 분들의 성원이 만들어낸 결과임을 분명하게 밝힌다.

끝으로 이 책이 만들어지기까지 도움을 주신 분들께 감사의 마음 전한다. 무엇보다 역자를 지금의 이 자리에 설 수 있도록 키워주신 부모님께 약소하지만 이 책의 출판에 즈음하여 공을 돌린다. 한문 공부의 틀을 잡아주고 자식처럼 대해주신 태동고전연구소의 김만일 선생님을 비롯한 여러 선생님 및 선후배님들께도 깊은 감사의 마음 전하며, 특히 역자를 살뜰히 챙기며 『주역』 공부를 지도해주신 엄연석 형께도 진심 어린 감사의 마음 전한다. 대학 입학에서 박사학위 지도까지 늘 깊은 애정과 격려로 이끌어주신 이동향 선생님께도 감사의 마음 전한다. 이 책을 번역하게끔 소개해준 글항아리 사장님과 노승현 선생님께 감사의 마음 전하며, 특히 졸렬한 번역원고를 끝까지 정성을 다해 고쳐주신 이두루 편집자께도 진심 어린 감사의 말씀 전한다. 그동안 우둔하고 무능한 역자를 위해 말없이 지켜봐준 아내에게 가을의 계수나무 향기 전한다.

리링의 주역 강의

1판 1쇄 2016년 11월 7일
1판 2쇄 2019년 10월 2일

지은이   리링
옮긴이   차영익
펴낸이   강성민
기획   노승현
편집장   이은혜
마케팅   정민호 정현민 김도윤
홍보   김희숙 김상만 오혜림
독자모니터링 황치영

펴낸곳   (주)글항아리 | 출판등록 2009년 1월 19일 제406-2009-000002호

주소   10881 경기도 파주시 회동길 210
전자우편 bookpot@hanmail.net
전화번호 031-955-1934(편집부) 031-955-8891(마케팅)
팩스   031-955-2557

ISBN 978-89-6735-388-9 03140

글항아리는 (주)문학동네의 계열사입니다.

이 도서의 국립중앙도서관 출판예정도서목록(CIP)은 서지정보유통지원시스템 홈페이지(http://seoji.
nl.go.kr)와 국가자료공동목록시스템(http://www.nl.go.kr/kolisnet)에서 이용하실 수 있습니다.
(CIP제어번호 : 2016024696)